浦江年鉴

浦江县地方志编纂室 编

2023

方志出版社
Publishing House of Local Records

图书在版编目(CIP)数据

浦江年鉴. 2023 / 浦江县地方志编纂室编. — 北京:方志出版社, 2023.11

ISBN 978-7-5144-5948-7

Ⅰ. ①浦… Ⅱ. ①浦… Ⅲ. ①浦江县—2023—年鉴 Ⅳ. ①Z525.54

中国国家版本馆CIP数据核字(2023)第241536号

责任编辑:李 静
责任校对:张玉霞
责任印制:梅中英
出 版 者:方志出版社
地　　址:北京市朝阳区潘家园东里9号(国家方志馆4层)
邮　　编:100021
网　　址:http://www.zgfzcb.cn
发　　行:方志出版社图书营销中心(010-67110500)
印　　刷:金华市曙光印务有限公司
开　　本:889毫米×1194毫米 1/16
印　　张:29
字　　数:668千字
版　　次:2023年11月第1版
印　　次:2023年11月第1次印刷
定　　价:200.00元

编辑说明

一、《浦江年鉴》是由中国共产党浦江县委员会领导、浦江县人民政府主办、浦江县地方志编纂室承编的地方综合年鉴。《浦江年鉴》首次出版于2018年,《浦江年鉴(2023)》为第6卷。

二、《浦江年鉴》(以下简称本卷年鉴)以马克思列宁主义、毛泽东思想、邓小平理论、"三个代表"重要思想、科学发展观、习近平新时代中国特色社会主义思想为指导,坚持辩证唯物主义和历史唯物主义的立场、观点和方法,旨在全面、客观、真实、系统地记述浦江县年度自然、政治、经济、文化、社会等方面发展情况。

三、《浦江年鉴(2023)》记述时限为2022年1月1日至2022年12月31日,记述全县人民在县委、县政府的领导下所取得的新成就、新经验以及遇到的新情况和新问题,着重反映各行各业年度大事、要事、特事,着力体现年度特点和浦江特色。

四、本卷年鉴按照《地方综合年鉴编纂出版规定》及其补充规定分类目、分目、条目三个层次,部分分目下设子分目,其中分目158条、子分目19条、条目1185条。有地图2张,卷首彩图52张,随文插图143张,表格44个。卷首设特载、大事记、县情概览,卷尾设有人物·荣誉、附录、索引。正文设有中国共产党浦江县委员会、浦江县人民代表大会、浦江县人民政府、中国人民政治协商会议浙江省浦江县委员会、中国共产党浦江县纪律检查委员会　浦江县监察委员会、群众团体、法治、军事、经济管理、金融业、城乡建设、交通·邮政·通信、生态环境保护、农业·农村·水利、工业、商贸服务业、文化·传媒·体育、教育、科技·卫生、社会生活、乡镇·街道21个类目。

五、在本卷年鉴正文中,"党"均指"中国共产党","县委"均指"中共浦江县委","党员"均指"中国共产党党员","党建"均指"中国共产党建设"。年鉴中的"省""市""县"分别指"浙江省""金华市""浦江县",其他省、市、县则冠以地名。大事记中的"△"表示同日。作者署名在各分目之后。

六、本卷年鉴数字用法、标点符号用法分别采用国家标准《出版物上数字用法》(GB/T 15835—2011)、《标点符号用法》(GB/T 15834—2011),计量单位采用国家技术监督局1993年12月发布的《量和单位》系列国家标准,但个别特定的计量单位不作更改。

七、本卷年鉴刊用的稿件均由各部门、各乡镇街道提供,并经各单位主要领导审定和档案、保密部门审核。所刊载的综合性数据均由县统计局提供,条目中酌用各单位提供的数据。由于统计数据的来源、口径、方式、时间的不同可能有差异,请读者以统计局提供的统计资料为准。

美丽浦江

浦阳十景之昭灵仙迹　　（吴拥军 摄）

浦阳十景之月泉春诵 （魏礼鸿 摄）

浦阳十景之南江夕照 （何 敏 摄）

浦阳十景之仙华岩雪　　（高　攀　摄）

浦阳十景之龙峰古塔　　（县地方志编纂室提供）

基础建设

210省道浦江城区段

351国道浦江段 （何 敏 摄）

（何　敏摄）

黄郑线宋濂大道路口　（县交通局提供）

浦阳江畔体育公园

（刘玲杭 摄）

火炬传递

2022年9月21日，浙江省第十七届运动会圣火采集暨火炬传递启动仪式在浦江县上山考古遗址公园举行

（胡肖飞 摄）

2022年9月21日，浙江省第十七届运动会圣火采集仪式 （县上山遗址管理中心提供）

浦江籍奥运选手、皮划艇运动员王丛康为火炬传递（浦江站）首棒火炬手（县融媒体中心提供）

火炬传递（浦江站）第7棒火炬手胡顺光（右三）、第8棒火炬手胡小丹（左三）　（县融媒体中心提供）

火炬传递（浦江站）第27棒火炬手薛暄（前排右二）、第28棒火炬手陈琼英（左一）　（县融媒体中心提供）

火炬传递（浦江站）第29棒火炬手王平平（左二）收火　（县融媒体中心提供）

火炬传递（浦江站）圣火护卫队护送圣火　（县融媒体中心提供）

文化生活

2022年11月25日，2022浦江·第十五届中国书画节暨2022“万年浦江”全国中国画作品展览开幕

（县融媒体中心提供）

2022年11月25日，之江同心·党外知识分子优秀书画作品浦江巡展　（陈晨镭 摄）

2022年12月17日，浦江县首届民俗文化活动现场　　　　（金　航　摄）

2022年7月1日，“东山有戏”群文大舞台演出现场　　　　（吴拥军　摄）

经济发展

2022年12月2日，2022浦江·第13届水晶玻璃产业博览会开幕　　（县融媒体中心提供）

2022年12月2日，2022浦江·第13届水晶玻璃产业博览会会展现场　　（县融媒体中心提供）

2022年，2022浦江·第13届水晶玻璃产业博览会上展示的工艺品　（县水晶园区管委会提供）

交警和志愿者为行人指路(何　敏　摄)

志愿者搀扶老人过斑马线(何　敏　摄)

民生生活

交警引导学生过人行道

城市绿化工作者　　（何　敏摄）

（何　敏摄）

2022年3月5日，浦江县举办第六届道德模范颁奖仪式　　（吴瑞倩 摄）

2022年3月11日，浦江县举办“同心植绿播种希望 青春助力生态立县”活动　　（楼倩旻 摄）

2022年,“共享爷爷”工作室演奏活动　　（张秋霞 摄）

2022年12月17日,“檀溪杯”2022年浙江省冬泳系列赛(浦江站)在檀溪镇潘周家村举行　（吴拥军 摄）

仙华山少女峰营地　　　　（县文广旅体局提供）

乡村振兴

神丽峡露营基地（县文广旅体局提供）

高塘露营基地　　　　（魏礼鸿 摄）

虞宅17K露营公园·深渡站　　（吴拥军 摄）

“村尚村宿”民宿　　（虞宅乡提供）

“登云山居”民宿 （仙华街道办事处提供）

“陌野”民宿 （大畈乡提供）

2022年，助农直播现场　　　　（黄晨琳 摄）

2022年4月29日，共青团浦江县委联合浦江县电子商务公共服务中心开展“最青春·助共富”青春云助农活动　　　　（楼倩爻 摄）

2022年，大畈乡湃桥村台湾金钻凤梨种植基地
（曹航玮 摄）

2022年，杭坪镇程家村留家坪香榧基地采摘香榧
（县文广旅体局提供）

2022年，浦江葡萄丰收
（黄宅镇 提供）

2022年，中余黄桃丰收 （傅靓靓 摄）

2022年，浙江·浦江云上葡萄节直播主会场（冯阳康 摄）

目 录

特　载

大事记

县情概览

中国共产党浦江县委员会

浦江县人民代表大会

浦江县人民政府

中国人民政治协商会议浙江省浦江县委员会

中国共产党浦江县纪律检查委员会 浦江县监察委员会

群众团体

法　治

军　事

经济管理

金融业

城乡建设

交通·邮政·通信

生态环境保护

农业·农村·水利

工　业

商贸服务业

文化·传媒·体育

教　育

科技·卫生

社会生活

乡镇·街道

人物·荣誉

附 录

索　引

抢抓机遇　实干争先
奋力谱写高水平开放发展新篇章

——在县委十五届二次全体(扩大)会议暨县政府第一次全体会议上的报告

(摘录)

浦江县委书记　俞佩芬

2022年9月28日

一、统筹发展与安全,勇于担当、克难奋进,推动实现经济社会发展稳中向好

2022年以来,县委团结带领全县上下认真贯彻落实"疫情要防住、经济要稳住、发展要安全"的工作要求,以"招大引强突破年""暖企助企服务年""信访积案攻坚年"活动为主抓手,通过"六个一"工作机制强化领导带头带领、倒逼干部赶超争先,扎实推进稳进提质、除险保安、塑造变革,经济社会发展呈现稳中向好态势。上半年,全县地区生产总值比上年增长2.7%,增速高于全国、全省平均水平;"好家风"评价指数相关素材获中共中央政治局常委、中央纪委书记赵乐际,省委书记袁家军等领导批示;以全省综合考核第一的成绩实现平安建设"十六连冠";再捧"大禹鼎"金鼎,成为全省两个连续八次夺得"大禹鼎"的县(市、区)之一。

(一)实体经济稳进提质。坚决扛起经济发展重任,深入实施"暖企助企服务年"活动,以超常规手段、突破性举措全力推动经济稳进提质。下好春节复工复产先手棋,助企"开门稳、开门好"。迭代出台4轮96条经济稳进提质政策举措,累计减负降本8.6亿元,兑现政策奖补2.4亿元,组织"稳进提质"现场集中办公活动,助力企业纾难解困。出台营商环境改革浦江方案,开展"清风护航""涉企科室评价"等专项行动,让企业安心舒心发展。制造业高质量发展"12347"三年计划实现良好开局,1—8月,新申报高新技术企业37家、新增工业贷款35.3亿元、整治低效工业企业面积1562亩,均提前完成计划目标任务;制造业投资增速、招引亿元以上制造业项目数、R&D经费支出增速、金融贷款不良率等指标达到时序进度要求。

(二)招大引强成效显著。聚力推进"招大引强突破年"活动,以大招商做实大产业,以大产业促进大发展。连续发布四期“招贤令”，县领导领衔10个招商分部出征各地，绘制28张产业链图谱精准出击，形成高位推进、联动衔接的大招商格局。截至9月，签约10亿元以上制造业项目4个，落地3个、开工2个。总投资20亿元的祥邦永晟新能源项目从首次接触到拿地开工仅用时139天，成功列入省重大产业项目，有望实现当年签约、当年投产、当年纳税。建立“三色”管理机制，全力推进重大项目早开工、快建设，1—8月，全县高新技术产业投资、固定资产投资增速分别排名全市第一、第二。

（三）要素支撑有力提升。牢固树立“窗口期”意识，全方位、多渠道积极对接争取，为未来发展赢得更多支撑保障。把握“三区三线”省级重点项目增补“窗口期”，谋划增补项目80个，总投资2052.3亿元，总用地面积8.7万亩，项目申报成功率97.3%。抢抓专项债券政策机遇，申报专项债券项目19个，申请年度专项债券额度41.9亿元，项目审核通过率84%，排名全市第三，储备专项债券项目26个。加强与科研院所对接合作，浙江大学金华研究院浦江分院挂牌成立。深入实施新一轮制造业“腾笼换鸟、凤凰涅槃”攻坚行动，组建实体工作专班，构建“1+5+7”政策体系，全力攻坚低效工业用地专项整治。1—8月，累计整治仓储物流用地105亩、临时改变房屋用途工业用地5.3万平方米，拆除集中连片整治区域651亩。

（四）改革体系加快重塑。坚持以数字化改革为牵引，持续迭代“1612”体系构架，加快推动流程再造、制度重构、系统变革。新增“云享药房”等数字化改革省级试点13项，杭机股份“未来工厂”“云享药房”“水源安享”三项应用获评市“最佳应用”，承诺制行政执法全流程管理获评全省第四批数字司法好应用，告知承诺信用管理应用获评全省信用数字化改革应用场景十大示范案例，“云享药房”应用列入全省“一地创新、全省共享”一本账，“水源安享”两项技术成果入选水利部推广清单，连续3年获评全国县域数字农业农村发展水平先进县。各领域改革纵深推进，新增强村富民乡村集成改革（市场化改革+集体经济、宅基地改革+乡村集成）等重点领域改革省级试点9项，五大县属国企完成整合重组。

（五）共同富裕稳步推进。聚焦缩小“三大差距”，努力让共同富裕美好生活惠及全县人民。科学编制浦江高质量发展建设共同富裕示范区系统架构图，系统梳理子跑道118条，谋划实施具有浦江辨识度的共同富裕方案7个。推动8个乡镇跨镇、跨县结对共建，打造共富示范带4条，谋划共富项目210个，成立227个“助村帮帮团”，纵深推进党建统领强村富民。上半年，城镇、农村常住居民人均可支配收入增速分别排名全市第一、第三；1—8月，全县村级集体经济经营性收入1.18亿元，比上年增长22.91%；《诗画山水 绿富丰安》《浦江葡萄的共富“密码”》获《浙江日报》专版刊登，《一串葡萄的产业链》登上央视《新闻直播间》。

（六）社会民生持续发展。始终坚持以人民为中心的发展思想，尽心尽责解难题、办实事。坚持创建为民，领导干部下沉一线，党员群众全情投入，网格化创建、阵地化共建、清单化落实，全面提升文明创建水平。提前完成10项省级民生实事年度目标，高考万人比上线率连续12年居全市前列，浦江养老中心开工建设。“无废城市”建设排名全省第三，浦阳江湿地公园正式跻身国家湿地公园行列，浦阳江（浦江段）入选全国首批美丽河湖优秀案例。东街未来社区通过省第五批未来社区审批，檀溪—大畈活力风情县域风貌区完成省级线上验收。举办深化发展新时代干部下基层开展信访工作经验理论研讨会，探索创建“无信访积案党支部”，持续发力“信访积案攻坚年”活动，上级交办的391件信访积案按期清零，1—8月，全县交通亡人事故、电信网络诈骗案件、火灾事故分别比上年下降35%、23%、42%，8月平安指数排名全省第四，县公安局荣获“全国公安机关执法示范单位”。

（七）党的领导全面加强。全面落实新时代党的建设总要求和新时代党的组织路线，以高质量党建引领高质量发展。把“七张问题清单”作为党建统领整体智治的突破性抓手，优化完善问题管控闭环机制，问题管控力量化指数8月跃升至全省第38。推进“百镇共建强基”行动，深化“揭榜挂帅”机制，开展中层干部“百岗交流”，实施稳进提质等大战大考专项考核，选人用人满意度测评排名全市第一。驰而不息贯彻落实中央八项规定精神，组织正风肃纪检查337批次，查纠问题90个。深入开展省市重大巡视巡察问题对照检查和省委巡视整改“回头看”，完成4家单位和24个村（社）党组织的第一轮巡察。保持惩治腐败高压态势，1—8月累计立案156件，结案124件。坚持党管意识形态，推动意识形态工作责任制全面落实，全县意识形态领域向上向好态势不断巩固发展。

上述成绩的取得，离不开以习近平同志为核心的党中央的掌舵领航，离不开省委、省政府、市委、市政府的正确领导，离不开全县党员干部“对浦江发展负责、对浦江人民负责”的真挚情感，离不开广大群众“心往一处想、劲往一处使”的有力行动。特别是在疫情防控常态化的大背景下，每一次进步、每一点收获更显得难能可贵、殊为不易。在此，我代表县委常委会，向全县干部群众以及关心支持浦江发展的社会各界人士，表示衷心的感谢！

在肯定成绩的同时，我们也要清醒地认识到存在的问题和困难，主要表现为：制造业高质量发展“12347”三年计划攻坚力度有待进一步加强，新供工业用地、数字经济核心产业增加值增速与预期目标相差较大；经济稳进提质政策举措的聚焦性、精准性还需进一步提高；信访维稳、安全生产等领域的风险隐患依然存在，除险保安压力较大、任重道远；城市能级和品质还不够高，城市更新力度有待加大，文明城市创建还有不少薄弱环节；少数党员干部学习意识不强、能力素质不足，面对新形势、新问题，思路不够开阔，举措不够有效，效果不够明显。以上问题需要我们高度重视，采取有力措施，切实加以解决。

二、把握精神要求，学深悟透、细照笃行，积极主动融入开放发展新格局

省第十五次党代会是在浙江省迈入高水平全面建设社会主义现代化、高质量发展建设共同富裕示范区新征程的关键时刻，为寻求变革之道、回答时代之问、共谋发展之策召开的一次重要会议。省委书记袁家军所作的报告，通篇贯穿习近平新时代中国特色社会主义思想，以及习近平总书记对浙江工作的一系列重要论述、重要指示和重大部署，彰显了坚决拥护“两个确立”、坚决做到“两个维护”的政治自觉，彰显了一以贯之深入践行“八八战略”、奋力打造“重要窗口”的使命担当，彰显了干在实处、走在前列、勇立潮头的先锋姿态。会议提出“在高质量发展中奋力推进中国特色社会主义共同富裕先行和省域现代化先行”的奋斗目标，对未来五年浙江高质量发展之路怎么走、共同富裕示范区怎么建设、“重要窗口”怎么打造，如何在新征程上继续发挥好先行和示范作用等重大问题，指明了方向，提供了遵循，必将进一步凝聚起全省上下勇担新使命、奋进新征程的磅礴力量。

市委八届二次全会紧紧围绕省第十五次党代会精神，全面承接省委赋予金华“高水平建设内陆开放枢纽中心城市”的新定位、新使命，将其作为答好都市区建设必答题的战略性举措，综合考虑市域

高水平开放的基础优势和薄弱环节，提出了打造"三中心三高地"重点任务和具体举措。"高水平建设内陆开放枢纽中心城市"，是省委从发展大局出发，基于金华的发展基础、独特优势和巨大潜力确定的，充分体现了省委对金华工作的高度重视和关心厚爱。其中，"高水平"是标准要求，"内陆开放"是方向路径，"枢纽中心城市"是目标定位。我们要认真领会、准确把握蕴含的内在逻辑与实践要义，紧密结合浦江实际，找准着力点、聚焦关键处，主动服务和融入"高水平建设内陆开放枢纽中心城市"。

省第十五次党代会提出的"着力服务和融入新发展格局"和市委八届二次全会提出的"高水平建设内陆开放枢纽中心城市"，出发点和落脚点都是开放发展。作为五大新发展理念之一，开放发展是必由之路、关键保障、重要支撑。只有坚持开放发展，才能使创新发展获得新动能；只有坚持开放发展，才能使协调发展获得新空间；只有坚持开放发展，才能使绿色发展获得新活力；只有坚持开放发展，才能使共享发展获得新基础。开放发展不仅仅是一种方式方法，更是一种思想理念。只有思想的开放，才是真正的开放。我们必须进一步放大格局，自觉把浦江放到全国发展的大格局中审视，放到区域竞争发展的大趋势中思考，跳出浦江看浦江，从更高站位谋划和推动浦江发展；必须进一步拓宽视野，在全省、全国乃至全球更大范围内找市场、配资源、聚人才，牢牢抓住"一带一路"倡议、长三角一体化等重大机遇，借势借力发展；必须进一步迭代认知，主动打开"脑门"、敞开"心门"，以更加宽容包容之心接受新理念、新思想、新知识、新方法，主动学习和借鉴先进地区的经验做法，取长补短、为我所用。

在县第十五次党代会上，县委聚焦推动经济社会高质量发展，提出了"生态立县、工业强县、开放活县、文旅富县、科创兴县"。这五个方面紧密衔接、相辅相成，既是前进方向，更是工作方法，其中"开放活县"作为方向和路径，旨在通过构建开放机制、完善开放通道、培育开放主体、打造开放平台、优化开放环境，推动实现借力借智借势、共建共赢共享。这与省第十五次党代会精神和市委八届二次全会主题高度契合。同时，从现实发展基础和未来发展需求看：浦江有显著的区位优势。地处杭州都市圈和金义都市圈的双圈交会点，随着杭温高铁二期开工建设、合温高速桐浦义段谋划推进，G60沪昆高速、351国道、210省道四通八达的交通网日益完善，到杭州"半小时交通圈"加速构建，浦江正逐步成为金义都市圈接轨杭州都市圈，融入长三角一体化的重要战略支点。浦江有强烈的开放需求。"七山一水两分田"的地理格局，决定了浦江各方面资源要素相对有限，仅仅依靠自身条件很难实现高质量发展，必须坚定不移推动"开放活县"，不断提高开放的水平和质量，才能更好利用国内国际两个市场、两种资源，才能打造竞争新优势、实现发展新突破，以开放的变量赢得发展的增量。浦江有丰富的合作实践。自"浦义同城"战略实施以来，浦江与义乌同城发展的趋势越来越明显，已经成为义乌产业配套、延伸的主阵地。近年来，浦江依托义乌光伏产业谋划打造"光伏新材料产业基地"，在杭州设立浦江（杭州）科创中心，与钱塘区达成共建"钱浦共富"产业合作区意向，与上海市闵行区浦江镇携手实施"双浦江大融合"战略，合作伙伴越交越多，"朋友圈"越扩越大。浦江完全有条件、有基础、有能力在对接和融入"高水平建设内陆开放枢纽中心城市"中发挥更大作用、展现更大作为。

三、锚定奋斗目标，攻坚突破、敢做善成，全力以赴走好新时代赶考之路

准确把握开放发展的时代内涵，抢抓机遇、乘势而上，以更加积极主动的姿态和务实有力的举措打好开放牌、走好开放路。对标对表市委提出的打造“三中心三高地”重点任务和具体举措，全面融入“高水平建设内陆开放枢纽中心城市”，进一步拓展对外开放的广度和区域合作的深度，以大开放、大合作促进大发展、大跨越。

(一)着力在经济转型升级上争取更大突破。持续深化“招大引强突破年”“暖企助企服务年”活动，紧盯制造业高质量发展“12347”三年计划中的短板弱项，加大补链强链延链力度，在融入新发展格局中寻求新机遇，以高水平开放促进高质量发展。进一步做优存量。深化传统产业“链长制”工作机制，加快企业数字化、智能化提升改造，做大做强龙头骨干企业、培育扶持“专精特新”企业，鼓励企业走品牌化发展道路。确保全年新增小升规企业40家、省级“专精特新”企业5家、产值亿元以上企业10家，加快实现上市公司“零突破”。进一步扩大增量。拓宽招商渠道、优化招商模式，紧盯义乌、杭州、上海等地优质产业溢出，聚焦光电光伏、高端装备制造、5G通信等新兴产业，力争年底前再招引10亿元以上项目4个。办好光伏聚合物国际大会，加速产业集聚，力争用两年时间打造百亿级光伏产业集群。进一步拓展市场。组织企业参加各类重点展会和网上交易会，积极推广利用“浦慧展”数字贸易云展会平台，大力发展跨境电商、直播电商，加快推进电商公共服务中心建设。大力发展商贸服务业，做好促消费工作。进一步做强支撑。加快推进浦江开发区整合提升和开发区智能装备产业平台、黄宅5G信息产业园建设，持续加大低效工业用地整治、新“四破”攻坚和金融惠企力度，力争全年新供工业用地不少于1000亩，新增贷款不少于80亿元。

(二)着力在激发科创动能上争取更大突破。抢抓新一轮科技革命和产业变革机遇，更加主动融入全国、全球创新网络，在开放合作中提升科技创新能力。推进科创主体能级跃升。迭代升级科技创新扶持政策，鼓励企业加大新工艺、新技术、新设备的研发和应用投入，积极申报创建国家级、省级科创研发中心，确保全年新增国家高新技术企业25家、省科技型中小企业100家、市级以上企业研发机构40家，高新技术产业增加值占规模以上工业增加值达到40%以上。构筑“1+N”科技创新平台。积极融入长三角G60科创走廊，主动参与浙中科创走廊科创联动区建设，进一步强化浦江(杭州)科创中心的龙头牵引作用，不断提升浦江科创园的承载功能和孵化效能，依托浙江大学金华研究院浦江分院助力更多科技成果转化落地。完善科创生态体系。用好“才聚浦江”人才新政15条，探索“人才市场化评价”机制改革，深入实施“浦才回归”计划、顶尖人才集聚计划、“浦江英才”2.0计划和浦江工匠培育计划，着力引进一批科创类服务中介，鼓励金融机构加大对科创企业融资的支持力度，推动创新资源、市场主体、金融资本的高效对接。

(三)着力在改革集成迭代上争取更大突破。以开放引领改革、倒逼改革，一体推进全面深化改革、共同富裕示范区重大改革和数字化改革，进一步激发县域发展活力。提升数字化改革实战实效。持续做好96个省级重大应用和20项省市“一件事”集成改革的承接贯通，扎实推进“云享药房”“水源安享”等市级最佳应用迭代升级，谋划打造水生态健康在线、“上山文化”、“好家风”评价指数等一批具有浦江辨识度的特色应用，争取更多浦江元素纳入“一地创新、全省共享”“一本账”。推动各领域改革走深走实。统筹推进资源要素市场化配置改革、工业用地全生命周期管理改革、国资国企市场化转型改革、强村富民集成改革，抓好省自贸区金华联动创新区、中国—中东欧经贸合作示范区金华联动区等改革试点任务，积极承接和融入义乌各项综合改革试点，加快形成一批机制性制度性成果。力促营商环境优化升级。进一步强化政企命运共同体理念，拓展深化极简极速审批模式，建立重大惠企政策评估机制，推进包容审慎监管和“合规不起诉”机制，让“办事不求人、无事不受扰”成为浦江营商环境的鲜明标识。

（四）着力在生态文明建设上争取更大突破。持续加强生态环境治理保护，确保生态环境质量始终走在前列，让绿色成为浦江开放发展的鲜明底色。扎实抓好污染防治工作。深入推进碧水、蓝天、净土、清废、治塑污染防治行动，压紧压实“河（湖、林）长制”责任，加大重点排污口整治，加快构建固体废物多元处置体系和智能化管控闭环体系，健全完善污染源自动监控体系，保持环境监管高压态势，确保国控、省控、市控水质断面100%达标，空气质量稳定达到国家二级标准。完善绿色发展长效机制。推进《浦江县生态共富实施意见（2021—2025年）》，做好山水林田湖综合治理和生物多样性保护工作，加快实施排污权、碳排放权等市场化交易，探索建立生态产品价值评价体系和实现机制，加大对清洁能源、节能环保等领域信贷支持。有序推进碳达峰碳中和。深入实施“6+1”重点领域碳达峰行动，优化产能规模和布局，加快实现碳排放全链式闭环管理，引导企业转变用能方式、降低能耗需求。积极扩大清洁能源消费替代，加快推进抽水蓄能、整县屋顶分布式光伏开发等项目实施，大力倡导绿色低碳生活。

（五）着力在城乡一体统筹上争取更大突破。围绕提升开放发展的首位度和承载力，深入推进以人为核心的新型城镇化，打造更加宜居宜业的城乡环境。攻坚文明城市创建。坚持问题导向，紧盯测评体系，加大基础设施补缺力度，做强城市综合承载功能，常态化开展“晨督夜查”，持续提升市民文明素养，充分调动全社会参与积极性，确保文明创建首创首成。加快推进城市更新。加快完成环城西路拆迁，推进金塔片区项目建设，实施未来社区（乡村）提质扩面、城乡风貌样板区提档升级工程，完成东街未来社区和3个风貌样板区建设，打造一批具有归属感、舒适感和未来感的共同富裕现代化基本单元。提档升级美丽乡村。强化乡村建设规划许可管理，开展村庄“微改造、精提升”，实施农村生活污水治理强基增效双提标五年行动，打响“浦色浦香”区域公用品牌，加快共富示范带共建项目落地见效。构建完善交通路网。加快推进杭温高铁二期浦江段工程、351国道浦江联盟至兰溪界段工程，谋划实施合温高速桐浦义段工程、235国道浦江郑家坞段工程，构建内畅外联的路网格局。

（六）着力在文旅深度融合上争取更大突破。准确把握文化旅游融合发展趋势，在大开放中拓展新视野、在大市场中发掘新天地，推动文化和旅游融合发展迈上新台阶。强化文旅融合意识。浦江文化底蕴深厚，生态资源丰富，文化和旅游相生共兴、密不可分。要坚持“宜融则融、能融尽融”原则，系统谋划、统筹布局，推进文化和旅游真融合、深融合。夯实文旅融合基础。做好遗产价值提炼，加强遗址保护和宣传展示，持续加大“上山文化”遗址群申遗力度。深入实施文化基因解码工程，加强“上山文化”、孝义文化、书画文化、诗歌文化、红色文化以及非遗文化的研究宣传，提升浦江传统文化的吸引力。谋划实施上山遗址博物馆、中国书画艺术中心（文景园）、浦江中国美术图书馆（浦江图书馆）等一批重点项目，新改扩建游客服务中心等一批配套设施，完善旅游服务功能。提升文旅融合品质。高质量举办浦江第十五届中国书画节系列活动，擦亮“书画之乡”金字招牌。招引专业团队参与文旅融合产品设计、活动筹划，兼具浦江文化特色和时代发展气息，以适应不同层次人群需求。主动走出去，到上海等一线城市推介浦江文旅资源，进一步拓展客源市场，打响"浦江旅游"品牌知名度。

（七）着力在民生普惠优享上争取更大突破。把开放发展作为促进民生持续改善、推进共建共富共享的具体抓手，全力打造民生普惠优享的幸福清单。打好"扩中""提低"组合拳。围绕构建橄榄型社会结构目标，大力实施居民收入和中等收入群体双倍增计划，强化就业优先政策，健全社会保障、慈善公益等再分配机制，在做大"蛋糕"基础上分好"蛋糕"，确保实现城乡居民收入倍差2以下。推进均等化普惠性公共服务。完善儿童托育、养老服务、医保经办服务体系建设，用心守护"一老一小"，积极打造儿童友好城市、老年友好社会，促进人的全生命周期公共服务优质共享。办好办实民生事。扎实开展"一校一品"、教育减负、评建一体工程，建强县域医共体提升基层卫生服务能力，完善基础性、普惠性、兜底性民生保障，不断增强人民群众获得感、幸福感、安全感和认同感。

（八）着力在深化除险保安上争取更大突破。紧扣"六个零发生"目标，纵深推进除险保安百日攻坚专项行动，为开放发展营造安定和谐的社会环境。坚决有力夯实基层治理基础。加快"141"体系迭代升级，抢抓基层智治七大任务进度，推动六大系统综合集成、协同赋能。压实网格责任，建全矛盾纠纷多元化解体系，从源头上防范减少社会矛盾发生。坚持和完善领导干部下访制度，创新发展新时代干部下基层开展信访工作经验，推动制度优势转化为基层治理整体效能。坚决有力推动平安建设提质增效。完善风险隐患闭环管控大平安机制，深化"七大战役除隐患、条抓块统保平安"系列创建，推进"大综合一体化"行政执法改革，保持打击各类违法犯罪高压态势，坚决遏制较大以上生产安全事故发生，全力争创平安建设"十七连冠"。

四、坚持党建统领，忠诚铸魂、担当作为，为全方位高质量开放发展保驾护航

事业兴衰，关键在党。要牢固树立"抓发展必须抓党建，抓党建就是抓发展"的理念，坚定不移推进新时代党的建设新的伟大工程，为加快构建大开放格局，推动实现"两个先行"，提供坚强的政治、思想和组织保证。

（一）锤炼对党忠诚的政治品格。深刻理解"两个确立"的决定性意义，不断提升政治判断力、政治领悟力、政治执行力，坚定不移做"两个确立"忠诚拥护者、"两个维护"示范引领者。一是坚持把理论武装作为必修课。坚持把学习贯彻习近平新时代中国特色社会主义思想作为首要政治任务，深入实施理论铸魂溯源走心工程，深化"第一议题"学习制度和理论学习中心组学习制度，及时跟进学习习近平总书记最新重要讲话、重要指示批示精神，夯实理论根基、提升理论素养。二是增强政治建设的首位意识。严格落实党的领导制度体系，牢牢掌握意识形态的领导权、话语权，推动意识形态工作系统重塑，把意识形态工作主体责任压实到"神经末梢"。全面推行大成集智机制，做到谋划工作有政治高度、推进工作有政治担当、检视工作有政治标准，牢记初心使命，胸怀"国之大者"，不断增强全县上下的政治向心力。三是言行一致抓好贯彻落实。把对党忠诚体现在贯彻党中央决策部署的行动上，体现在履职尽责、做好本职工作的实效上，体现在党员干部的日常言行上，坚决做到"总书记有号令、党中央有部署，省市见行动、浦江真落实"。

（二）筑牢坚强有力的战斗堡垒。树牢大抓基层、重抓党建鲜明导向，深入实施"红色根脉强基工程"，扎实推进"百县争创、千乡晋位、万村过硬"工

程,夯实建强基层战斗堡垒。一是持续用劲抓好固本强基。大力开展固本强基专项行动,有效防范化解各类风险隐患。深入实施"赋能十招""双雁争先"计划,提级培养百名村社书记和村级后备干部。高压推进党员干部整治立规行动,推动党员干部违法数量断崖式下降。二是持续深化党建统领整体智治。紧扣"七张问题清单",建立健全党建统领问题管控机制,进一步强化网格前哨探头作用。全面深化党建联建机制,抓实4条共富示范带建设,高质量打造百个"共富工坊",确保经营性收入50万元、100万元以上行政村占比分别达到80%、30%。三是扎实推进现代社区建设。对标落实"六大改革""十大行动",开展"一社一品"创建,深化浙里康养"宣和实践""家风码"等具有浦江辨识度的工作品牌,全面架构"善治、善养、善育、善享、善创"五大场景。

(三)锻造全面过硬的干部队伍。全方位重塑组织新形态、干部好状态,加快培养储备一批具有国际视野、熟悉内陆开放型经济发展、适应自贸时代的高素质专业化干部。一是鲜明实干实绩导向。迭代重大难题重大创新"揭榜挂帅"机制,开展机关部门领导干部"上任一件事"活动,深化乡镇(街道)领导干部"村事月考"双排名机制,滚动实施"一线考赛"专项行动,形成知人善任、人尽其才的良好生态。二是纵深推进赋能培养。聚力办好赋能提质"百场课堂",增强干部抓经济、抓发展的能力本领。实施百名干部"一线培养"工程、年轻干部"铸魂强基"行动,优化成长路径,完善梯队建设。三是坚持严管厚爱并重。全面深化干部家产家事家风全链条监督机制,强化"一把手"和领导班子闭环监督。严格执行领导干部能上能下规定,开展不适宜担任现职干部反向提名。加强干部暖心关爱,落实调休补休制度,让干部安心安身安业。

(四)巩固风清气正的政治生态。始终保持严的主基调,以永远在路上的坚定和执着,推动全面从严治党向纵深迈进,为高水平开放、高质量发展保驾护航。一是进一步强化权力监督制约。紧盯"关键少数",加强对"一把手"和领导班子监督,扎紧扎牢制度的"笼子"。充分发挥派驻"探头"与巡察"利剑"作用,确保各级重大决策部署落地见效。加快推进公权力大数据监督平台建设,提升基层公权力大数据监督应用能力,实现末梢监督全覆盖。二是进一步做实正风反腐工作。统筹"四项监督",精准运用"四种形态",一体推进不敢腐、不能腐、不想腐。深入实施基层"五整治五提升"专项行动,开展"清风暖企"专项活动,完善政商交往正面清单、负面清单,推动政商关系"亲"上加"清"。三是进一步推进清廉浦江建设。探索建立清廉浦江建设履责评价机制,构建责任共同体。以点带面推动清廉建设向各领域各行业拓展,提升清廉单元颗粒度、饱满度。深入挖掘郑义门等优秀传统文化中的清廉元素,打造一批具有浦江特色的清廉文化品牌。

大道至简,实干为要。一切美好的未来都是干出来的。我们要主动适应开放发展带来的新形势、新任务、新要求,以实干作风推动环境大优化、效能大提升、经济大发展。一是提高"时时放心不下"的责任意识。严格落实县领导"六个一"工作机制,自觉把发展的责任扛在肩上,把百姓的冷暖挂在心头,只争朝夕,立说立行,推动中央和省委、市委防疫情、稳经济、控风险等各项决策部署落到实处、取得实效,真正做到守一方水土、惠一方百姓、保一方平安。二是力行"致广大而尽精微"的成事之道。既要善于跳出一时一事、一地一己的局限,把工作放在事业全局中思考、放在过程链条中运筹,系统思维、长远谋划、统筹推进,以高站位成就大作为;也要勤于从细处着眼、从小处着手,紧盯"细枝末节”，注重量化闭环，多些细致入微的严谨、多些精益求精的执着，以细功夫促进真落实。三是增强“干一件成一件”的决心毅力。始终坚信“办法总比困难多”，知难不畏难、遇事不避事、担责不推责，以舍我其谁、敢于亮剑的勇气直面问题，以科学精准、务实管用的办法解决问题，一件一件抓落实，一事一事见成效，不达目的不罢休。努力通过具体问题的解决推动面上制度的完善，不断探索迭代实现新使命、新任务的破题方法、实战打法、变革章法。

同志们，新的目标已经确立、新的征程已经开启。让我们更加紧密地团结在以习近平同志为核心的党中央周围，在省委、市委坚强领导下，踔厉奋发、勇毅前行，以更加开放包容的姿态融入新发展格局，创造新发展业绩，向党的二十大胜利召开献礼。

1月

4日 浦江县"上山文化"入选"浙江文化标识"项目。

11日 省政协副主席陈铁雄一行到浦江调研企业发展。

22—25日 中国人民政治协商会议浦江县第十届委员第一次会议召开。

22—26日 浦江县第十五届人民代表大会第一次会议召开。

24日 生态环境部公布全国首批9个美丽河湖优秀案例、9个美丽河湖提名案例，浦阳江（浦江段）入选优秀案例。

2月

5日 浦江县召开经济界代表人士新春座谈会。

7日 《金华日报》专版刊登报道《抓要素保障 兴实体经济 新春开篇看浦江》，配发评论文章《共富路上"勇争先"》。

10日 浦江县干部大会暨"招大引强突破年""暖企助企服务年""信访积案攻坚年"活动动员部署会召开。

△金华市委常委、市纪委书记、市监委代主任吴燕到浦江调研。考察村级监察联络站、清廉村居建设、基层信访等工作。

11日 《浙江日报》在要闻版刊发新闻《浦江激发乡镇领导班子干事创业动力 做好"一件事" 传好"接力棒"》，介绍浦江县聚焦"发展要事""纠纷急事""民生实事""改革难事"，动员乡镇领导班子一人认领一件事。

△中国共产党浦江县第十五届纪律检查委员会第二次会议召开。

14日 浦江邮政管理局成立大会暨揭牌仪式举行。

16日 浙江省委书记袁家军到浦江考察上山考古遗址公园和浙江杭机股份有限公司高端磨床智能制造产业化项目。

17日 省生态环境厅督察专员马青骏带队到浦江开展"助企开门红"走访调研活动。

△浦江县开通“88912347”营商环境热线。

△浦江县首个一般工业固体废物收运分拣收集点——浦江万洋园区收集点正式启动。

22日　在首届全球数字贸易博览会“数字贸易赋能共同富裕发展论坛”上，省商务厅发布两批共34个商务领域共同富裕试点项目，浦江县“消费品供应链新服务助力县域共富”项目在其中。

25日　浦江县首个数字化卫生室——中余乡普丰村未来数字化卫生室正式揭牌。

3月

3日　浦江县建成金华市第一个工伤智控平台。

△中央广播电视总台浙江总站发布《浙山浙水｜仙华山云海缥缈》视频。

5日　浦江县第六届道德模范颁奖暨学雷锋志愿服务助力创建全国文明城市行动启动仪式举行，动员全县上下学习道德模范、弘扬雷锋精神、共创文明城市。

△浦江县首家国有渣土运输企业——浦江县丰安渣土运输有限公司揭牌成立。

7日　中央电视台《朝闻天下》栏目播出浦江仙华山画面。中央电视台《新闻联播》栏目播出浦江金狮湖画面。

11日　省水利厅党组书记、厅长马林云带队到浦江调研水利工作，先后察看郑家坞镇大陈江流域综合治理工程、仙华街道梅坞水库、浦江县通济水厂等工程和单位。

△金华市人大常委会秘书长周丽水带队到浦江调研指导“金督司”（两官评议）应用场景建设工作。

△浦江县社会发展投资集团有限公司成立。公司是县属国有独资企业，主要负责全县文化旅游、卫生健康、民政养老、教育体育、农业农村五大板块的投资、建设、经营和管理。

15日　金华市委常委、统战部部长王志强一行到浦江，以实地走访和座谈方式对县域疫情防控工作进行调研。

18日　杭温高铁二期浦江段首座隧道贯通。

21日　《金华日报》整版刊登报道《用温暖和坚持　守住一方平安　浦江全力以赴筑牢疫情防控防线》。

24日　全省第二批大花园八大类26个“耀眼明珠”遴选评审结果公示。浦江上山考古遗址公园和马岭古道分别入选遗址公园类和森林古道类“耀眼明珠”。

△浦江县建设局房管处成立浦江首届物业行业联盟，并召开第一届物业行业联盟会议。

25日　浦江县主导制定的第一个现代新型农业科技领域的《含腐植酸水溶肥料　固体大量元素型》“浙江制造”团体标准发布。

4月

1日　浙江省群星女书法家作品在浦江县巡展。

2日　浦江县获得浙江省2021年度“平安县”称号。

4日　浦江县以96.64的高分，连续两年获得浙江省统计局民生民意调查中心的全省“垃圾分类”工作群众满意度测评全省第一。

7日　浦江县迎亚运省运工作推进会召开。

11日　《金华日报》市两会“扛旗争先 崛起浙中”专版，以整版篇幅刊登报道《春风浩荡满目新 记录浦江县“奋力赶超”的别样风景》。

5月

6日　《金华日报》头版报道《招大引强向价值链高端攀升 浦江依托新能源产业赋能绿色转型》。

11日　浦江入选《2021年中国投资潜力百强县》。

13日　浙江省“上山文化”遗址保护和申遗工作专班第一次工作例会在浦江县召开，并举行联合申遗城市签约仪式。6个遗址分布所在县市签订联合申遗合作协议。

15日　浦江县内最大的屋顶分布式光伏发电项目——浦江三思光电4兆瓦屋顶分布式光伏发电项目，正式投产发电。

24日　浙江浦江抽水蓄能电站预可行性研究报告审查会在浦江召开。

△金华开发区党工委副书记董智频率区党工委、管委会和三江街道、秋滨街道、西关街道主要负责人到浦江县参观交流，开展共建结对考察交流活动。

△浦江县融媒体中心报送的《金华浦江人的24小时》获2022年全国县级融媒体中心优秀作品春赛三等奖。

25日　浦江县公共卫生临床中心正式启用，主要用于传染病防控和感染性疾病诊疗工作。

27日　市委常委、统战部部长王志强带队到浦江，就认真贯彻落实中央和省委、市委各项决策部署，高效统筹疫情防控和经济社会发展问题开展督导。

31日　喜迎二十大奋进新时代——浙江省第十三届微型党课大赛复赛美术微型党课决赛在湖州市德清县新闻中心举行。由浦江县委宣传部指导选送的微型党课《粒粒辛苦皆为幸福》获一等奖，宣讲者为丰安青年理论宣讲团成员赵丽娟。

6月

1日　市委书记凌志峰到浦江，深入乡村、水库、企业调研基层社会治理、防疫防汛、经济运行等工作。

6日　《金华日报》头版报道《降能耗 提质量 增效益 浦江企业数字赋能精益制造》，介绍浦江企业数字化、智能化改造发展成效。

△浦江县OCR（光学字符识别）智能零星报销系统为核心的数字化场景应用获批市级试点。

9日　金华市政协主席宋志恒一行到浦江调研。宋志恒对近几年浦江破解发展难题、清晰发展战略以及招商引资稳经济的良好发展势头表示肯定。

15日　金华市委常委、统战部部长王志强一行到浦江，深入企业调研生产经营情况，重点了解企业的所需所盼所想。

16日　县妇幼保健院儿童康复科通过2022年省政府民生实事项目——提升建设规范化残疾儿童康复机构省级评估验收。

18日　浦江县融媒体中心编导芮文秀获评金华市电影电视艺术家协会举办的“十佳新锐（编）导演”。

22日　浙江·浦江“浦色浦香”区域公用品牌线上发布会举行。

28日　公众号“浦江发布”的《山乡红灯》在2021年度浙江省政务融媒体作品评选结果中获短视频专题报道二等奖。

28—30日　浙江省委副书记、省长王浩到金华宣讲省第十五次党代会精神并调研经济稳进提质工作。调研期间，王浩考察浦江三思光电技术有限公司、上山考古遗址公园建设项目。

7月

1日　《金华日报》以整版篇幅刊发报道《亩均标尺“向存量要增量”浦江政策“唤醒”低效用地》，并配发评论《致敬“亩均效益”领跑者》，介绍浦江在整治闲置低效工业用地工作上的探索、创新和成效。

4日　《金华日报》以整版篇幅刊发报道《从“四面环山”到“八面来风”　浦江赶超发展谋突围》，并配发评论《从“浦江制造”到“浦江智造”》，介绍浦江经济赶超发展的“突围”之道。

8日　浦江县被授予“五水共治”工作最高奖项“大禹鼎”金鼎。2021年度美丽浙江建设工作获评优秀，檀溪镇获2021年度新时代美丽城镇建设省级样板。

10日　市委常委、统战部部长王志强到浦江县大畈乡上河村宣讲省第十五次党代会精神。

12日　中国新闻网联合新西兰、阿根廷、加拿大等国媒体，在上山考古遗址公园进行名为《文明的坐标丨一粒米讲述万年“稻”路》的直播，向海内外介绍世界稻作文明起源，解码最早的水稻耕种。

16日　浦江县获评全国县域数字农业农村发展水平先进县。

17日　“上山文化”元素在全球重要农业文化遗产大会展出。

24日　《金华日报》头版报道《浦江着力健全稳进提质长效机制》，介绍浦江通过“稳进提质”现场集中办公活动。

28日　浦江县“老兵永远跟党走”暨庆祝中国人民解放军建军95周年文艺晚会举行。晚会表彰了首批“社会化拥军成绩突出单位”、第三届“双拥工作先进个人”和第三届“最美退役军人”荣誉称号的单位和个人。

30日　浙江省第十七届运动会国际象棋比赛在浦江举行开幕式，并举行第一轮的比赛。

△2022浙江·浦江第十五届葡萄节合肥品鉴推介会在安徽省合肥市蜀山区举行。

△《浙江日报》以整版篇幅刊发《浦江葡萄的共富“密码”》。

8月

3日　县第十五届人民代表大会常务委员会第五次会议任命胡作滔为浦江县人民政府副县长、代理县长，接受戴翀辞去浦江县人民政府县长职务。

5日　2022浙江浦江云上葡萄节开幕。本次葡萄节以线上直播的方式，带领大家近距离了解浦江葡萄，讲述甜蜜产业背后的共富故事。

△央视新闻直播间“在希望的田野上”专栏，推出报道《串串葡萄迎丰收　科技种植促进产业发展》，专题报道浦江县葡萄产业。

9日 《浙江日报》头版刊登《浦江破题葡农增产不增收 葡萄减产一半 农户收入翻番》一文，报道了浦江县用“减法”解决农产品增产不增收问题，实现葡农收益逐年增长。

21日 第二届中国工艺美术博览会“百鹤杯”颁奖典礼上，浦江县非遗传承人叶道荣的竹编作品《南湖红船》获得最高奖——“百鹤金鼎奖”。

26日 市委常委、组织部部长，大陈江（浦江段）市级河长王尧祥到浦江巡河并召开专题工作会议。

30日 国家文物局考古司考古处处长张凌一行调研指导上山考古遗址公园建设。

31日 浙江省第十七届运动会足球项目（女子乙组）比赛在浦江县体育中心开赛。

9月

1日 浦江县公安局获评公安部颁发的“全国公安机关执法示范单位”称号。

△全国中小学生《开学第一课》讲述上山稻米故事。

△上山文化元素在河南郑州“繁星盈天——中国百年百大考古发现展”展出。

4日 浦江县虞宅乡农村产业融合发展示范园入选第四批省级农村产业融合发展示范园创建名单。

5日 《金华日报》以整版篇幅刊发报道《打通“15分钟便民服务圈” 浦江政务服务全面延伸到村》，并配发评论《网办“代跑” 变“零跑”的背后》，讲述浦江县数字赋能政务服务打通乡镇到村（社区）“最后一公里”，真正实现村民办事“就近办、村里办”，切实提升基层治理体系和治理能力现代化水平。

7日 由浦江光远电力建设有限公司投资建设的浦江最大充电桩项目——海乐城电动汽车快充站项目落地。

△县融媒体中心报送的作品《等你来》获2022年全国县级融媒体中心优秀作品夏赛三等奖。

12日 浦江县被评为第一批13个生态文明建设实践体验地县（市）之一。

12—14日 浙江省十七届运动会空手道比赛在浦江县体育中心体育馆举行。

13日 市委常委、统战部部长王志强带队到浦江督查指导防汛防台工作。

14—20日 “翰墨丹青绘伟业·同心喜迎二十大”全省老干部书画大赛作品展在浦江县举行。

15日 浦江获评全省数字乡村“金翼奖”十佳县、2022年度浙江省数字乡村建设工作突出贡献集体，白马镇群心村和中余乡五星村获评“百优村”。

16日 浦江县麦秆剪贴《风景》《中国龙》《锦上添花、雄姿勃发》入选国家非物质文化遗产馆藏（展）品。

18日 坚持和完善领导干部下访接访制度暨深化发展新时代干部下基层开展信访工作经验理论研讨会在浦江召开。来自全国各地多所高校的专家学者以“线上+线下”的形式展开深入研讨交流，共商新时代信访工作现代化发展路径。

20日 生态环境部太湖东海局副局长江溢带队到浦江开展美丽河湖优秀案例浦阳江调研活动。

21日 浙江省第十七届运动会圣火采集暨火炬传递启动仪式在浦江县上山考古遗址公园举行。

△吴茀之纪念馆浙江省盟员传统教育基地揭牌暨“喜迎二十大·永远跟党走”书画作品展开展仪式在吴茀之纪念馆举行。

23日 浦江县麦秆剪贴传承人张霓环应邀为

香港学生上非遗公开课。

25日　浙江大学金华研究院浦江分院签约揭牌仪式举行。

26日　“万年上山、世界稻源——‘上山文化’考古特展”在金华市博物馆开展。

△《金华日报》整版刊登报道《平台上移　服务下行　浦江拥抱智慧共治数字化时代》，并配发评论《勇当数字化改革弄潮儿》，详细介绍并评价浦江打造下访接访信访工作国家级标准化试点和数字化应用场景，提升社会治理中心规范化建设质效，为全省乃至全国的领导干部下访接访工作树立示范性样板。

29日　“万年上山　诗画浦江”全国摄影大展活动启动仪式在上山考古遗址公园举办。

△县第十五届人大常委会第六次会议听取县监察委员会关于整治群众身边不正之风和腐败问题工作开展情况的报告。

10月

9日　省生态环境厅党组书记、厅长郎文荣一行到浦江调研生态环境保护工作。

9—10日　省财政厅党组书记、厅长尹学群带队到金华市、义乌市、浦江县等地开展工作思路调研，深入了解当地经济社会发展情况及财政收支运行情况，听取意见建议，帮助解决实际问题。

15日　《浦江文献集成》新闻发布会、浦江传统文化深层次开发研究课题启动仪式相继在月泉书院举行。

17日　浦江县中余乡获评浙江省农村文化礼堂建设示范乡镇(街道)。

18日　浦江中国书画之乡政协委员会客厅成立。

△杭温高铁浦江段首孔箱梁架设成功。

24日　由浙江广电集团出品的三集考古文献纪录片《万年上山》在浙江卫视开播。

27日　由上海市太阳能学会、浙江省太阳能光伏行业协会、光伏领跑者创新论坛主办的第九届光伏聚合物国际大会在浦江举行。

△浦江“阳光玫瑰”葡萄首次出口新加坡。

31日　浦江县残疾人联合会第七次代表大会召开。

11月

1日　虞宅乡(休闲旅游产业)获得全国“一村一品”示范村镇。

5日　“万年上山　诗画浦江”——浦江县美术作品展在安吉吴昌硕纪念馆展出。

8日　金华市委常委、市纪委书记、市监委主任吴燕一行到浦江调研基层“五整治五提升”专项行动工作情况，并召开座谈会。

9日　浦江县岩头镇礼张村、白马镇嵩溪村获评美育示范村，并在现场交流成功经验。

△金华市委常委、统战部部长王志强带队到浦江宣讲党的二十大精神并调研。

16日　浙江省侨联助力浦江“上山文化”遗址群申遗暨“之江同心·2022高层次留学回国人才为国服务志愿团”走进浦江活动启动仪式在浦江举行。

17日　中共中央政治局委员、省委书记袁家军在11月16日《浙江日报》刊发的《做一粒好种子——追记浦江县委常委、宣传部部长徐利民》上作出批示：徐利民同志的事迹很感人，体现了一位优秀共产党人的境界和情怀，是全省宣传战线的好典型，要深入挖掘徐利民同志的事迹，激励更多党员干部投身中国式现代化的奋斗征程！省委常委、宣传部部长王纲，市委书记朱重烈相继作批示。

20日　浙江外国语学院跨境电商浦江研究院在浦江成立。

△《最金华》十集纪录片在非洲播出，浦江县上山考古遗址公园在第一集播出。

22日　“万年上山 诗画浦江”2022浙江浦江文旅（上海）推介会在上海黄浦江畔举办，全面展示浦江文化旅游资源。

△“万年上山 诗画浦江”浦江县中国画作品展在上海宝龙美术馆开幕。

24日　在浙江省第十七届运动会赛艇女子甲组单桨2000米、女子甲组双人单桨6000米决赛中，浦江籍运动小将陈雯丽夺得2金。

25日　2022浦江·第十五届中国书画节暨2022“万年浦江”全国中国画作品展览在仙华文景园书画会展中心开幕。

△之江同心·党外知识分子优秀书画作品浦江巡展在浦江博物馆开展。

△“上山文化”元素被列入“金彩世界 云涌非洲”云上展览。

△“唯一艺术·全国少儿数字艺术创作大赛作品展”和“水墨嵩溪——乡村跨代美育”项目签约仪式在浦江山明美术院举行。

△全国画乡烟霞——全国中青年山水画家邀请展在浦江县方增先书画碑刻院开展。

29日　浦江县浦创产业投资集团有限公司成立。

12月

2—4日　第13届浦江水晶玻璃产业博览会在水晶小镇举行。

6日　全县领导干部集体收看江泽民同志追悼大会。

7日　《金华日报》专版刊发报道《浦江：构建多业态融合发展的现代服务业体系》，介绍浦江将形成更深程度的浦义产业配套互补的现代产业体系，带动现代服务业迈向更高台阶，推动区域社会经济高质量发展，推动区域群众高质量共同富裕。

9日　金华首个“幸福河湖”展示中心在浦江建成。

10日　浦江县“水源安享”应用入选省政府数字政府系统优秀应用案例集。

12日　第七届青年创业创新大赛决赛在县融媒体中心演播大厅举行。

△浦江县顺风饭店24小时工会户外劳动者服务站点被确认为2022年“最美工会户外劳动者服务站点”。

19日　市委常委、统战部部长王志强到浦江开展食品安全“两个责任”督导工作，下访接待来访群众。

△《金华日报》专版刊发报道《浦江：全民奔赴共富之约》，并配发评论《吹响共同富裕“集结号”》，介绍浦江正多措并举奋力打造共同富裕“浦江样板”，以更高站位扛起高质量发展助推共同富裕示范工作的使命担当，谱写属于浦江的精彩篇章。

21日　浦江县人民广场街区获省级“高品质示范街区”称号，新华东路（和平北路—环城东路）获省级“街容示范街”称号。

自然理地

【地理位置】 浦江县位于浙江省中部偏西，北纬29°21′～29°41′，东经119°42′～120°07′。浦江县城北至省城杭州市94千米（径距，下同），南距金华婺城区46千米，东南离义乌市稠城街道27千米，东北距诸暨市城关镇46千米，西南至兰溪市兰江镇48千米，西北与建德市、桐庐县接壤，距建德市新安江镇42千米。土地总面积918.16平方千米，占浙江省陆域总面积的0.88%。土地总面积中，山地占67.48%，水域占4.25%，耕地占14.21%。浦江县属亚热带季风气候区，是一个以低山丘陵为主，又有河谷、盆地，地形比较复杂的县份，兼有亚热带季风气候和山地、盆地气候特色：冬夏季风交替明显，四季冷暖干湿分明；降水丰沛，季节分配不均，年际变化大，旱涝发生频率高；光照充足，昼夜温差大；气候类型多样，立体气候明显。

【地形地貌】 在区域性地质构造上，浦江县位于浙江江山—绍兴断裂带西侧，属华夏古陆南岭准地槽钱塘江拗陷带，地层出露较为齐全，除晚古生界外，元古界至新生界均有发育。中生界火山岩遍布全县，约占全县面积的1/3。县境东北部主要以古生界以前海相地层为主，间有海陆交互相地层发育；西部主要为中生界火山岩陆相地层；东南部则为新生界第四纪松散堆积地层。

浦江县地貌以分割破碎的低山丘陵为主，西北高东南低。县内最高峰为县北大畈乡朝天门山，海拔1050米。白马镇与诸暨县交界处的浦阳江道为全县最低点，海拔仅24米。境内地表高低起伏，山丘广布，溪涧萦纡。东南为环山的浦江盆地，平湖、杭坪、虞宅等乡亦有小块盆地错落；高丘山地多分布于县境西北部。地貌类型分为平畈、岗地、丘陵和山地。

浦江县山脉属仙霞岭龙门山脉，与会稽山脉东西遥接。县内山脉分南支、北支、中支和浦东山脉，盘亘于与建德、桐庐、诸暨三县边界，重峦叠嶂，地势高峻。中支山脉俗称北山，北山诸胜，首推仙华山。北山西起花桥乡境，连绵曲折，横贯多个乡镇，延经60余千米，将浦江劈成南、北两个地形带。南支山脉蜿蜒于浦江、兰溪、义乌边界，习称南山。北、中两山脉之间，山深林密，盛产竹木茶叶之属；

中、南两山脉和浦东诸山环拱而成浦江盆地，为粮棉的主要产地。

浦江县域河流均属钱塘江水系，具有源短流急、河床比降大、径流季节性变化明显等山溪型特征。主要干流有浦阳江和壶源江，为钱塘江的一、二级支流。浦阳江源出花桥乡天灵岩南麓，横穿浦江盆地，东流经诸暨、萧山入钱塘江，夹岸人烟稠密，工农业均较发达。壶源江源自天灵岩西北麓，纵贯北部山区，北流经桐庐、诸暨、富阳入富春江，沿岸茂林修竹，景色秀丽。

【气候水文】 2022年，浦江总的气候特点是：气温偏高，雨量、雨日偏少，日照接近常年。年初低温阴雨、盛夏高温酷热、夏秋持续干旱等对生产、生活造成较大影响。年平均气温18.1℃，比常年（1991—2020年）偏高0.9℃，居历史第二高，其中1月、3月、7月、8月、11月显著偏高，6月明显偏高，4月、9月接近常年略偏高，2月显著偏低，5月、12月明显偏低，10月接近常年略偏低。年最高温度42.3℃，创历史新高，出现在8月23日，日最高气温35℃以上高温总日数66天，创历史新高，比常年偏多31天，最低温度-4.8℃，出现在12月18日，全年出现0℃以下低温总日数14天，比常年偏少11.1天。年降水量1285.3毫米，比常年偏少16%，其中2月显著偏多，3月、11月明显偏多，7月、9月异常偏少，4月、5月、8月显著偏少，10月、12月明显偏少，其他月份接近常年。年雨日149天，比常年偏少6天，其中2月、11月、12月显著偏多，1月、3月明显偏多，7月、8月、9月显著偏少，4月、10月明显偏少，其他月份接近常年。年日照时数1669.5小时，接近长年略偏少，其中7月、8月、9月明显偏多，1月、2月、11月显著偏少，5月、12月明显偏少，其他月份接近常年。

2022年浦江县逐月及年气候统计表

表1

月份	2022年平均气温（℃）	距平值	2022年降水量（毫米）	距平值（%）	2022年雨日（天）	距平值	2022年日照时数（小时）	距平值（%）
1月	6.4	1.5	95	8.4	20	6.7	62.6	-35.2
2月	4.9	-2.2	158.1	71.3	19	5.9	49.8	-48.6
3月	14.5	3.3	194.3	30.9	20	3.7	123.7	7.6
4月	17.9	0.9	79.4	-48.1	15	-0.4	145.2	4.4
5月	20	-1.8	109.9	-32.6	17	1.6	122.6	-20.4
6月	25.7	0.9	309.5	5.0	17	-0.1	120.5	-6.5
7月	31.3	2.5	32	-77.8	9	-2.8	275.2	22.3
8月	31.6	3.3	99.5	-33.9	10	-3.4	273.5	33.5
9月	24.8	0.7	17.9	-82.9	10	-0.4	172	11.1
10月	18.6	-0.1	44.6	16.9	10	1.8	151.9	-2.5
11月	16.2	3.1	92.7	26.3	21	10.5	65.3	-47.8
12月	5.5	-1.5	52.4	-17.6	15	4.8	107.2	-12.6

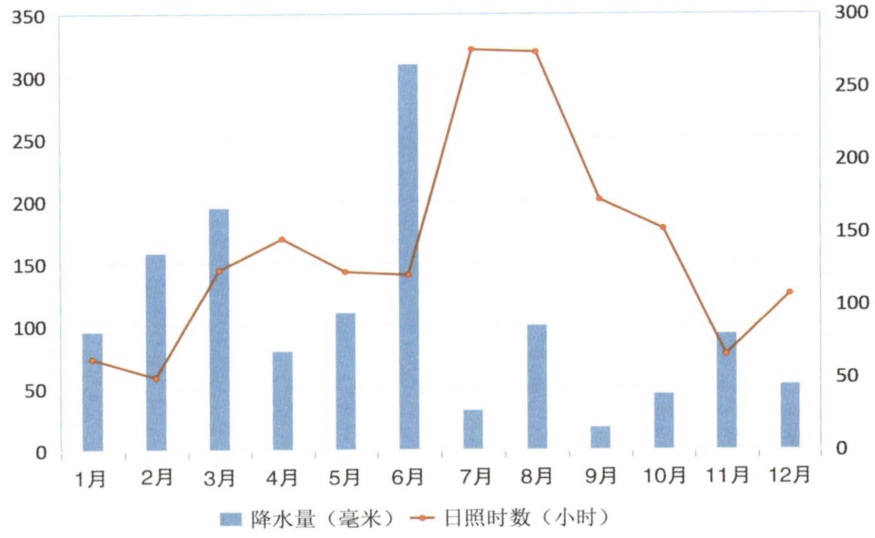

2022年浦江县各月降水量、日照时数图

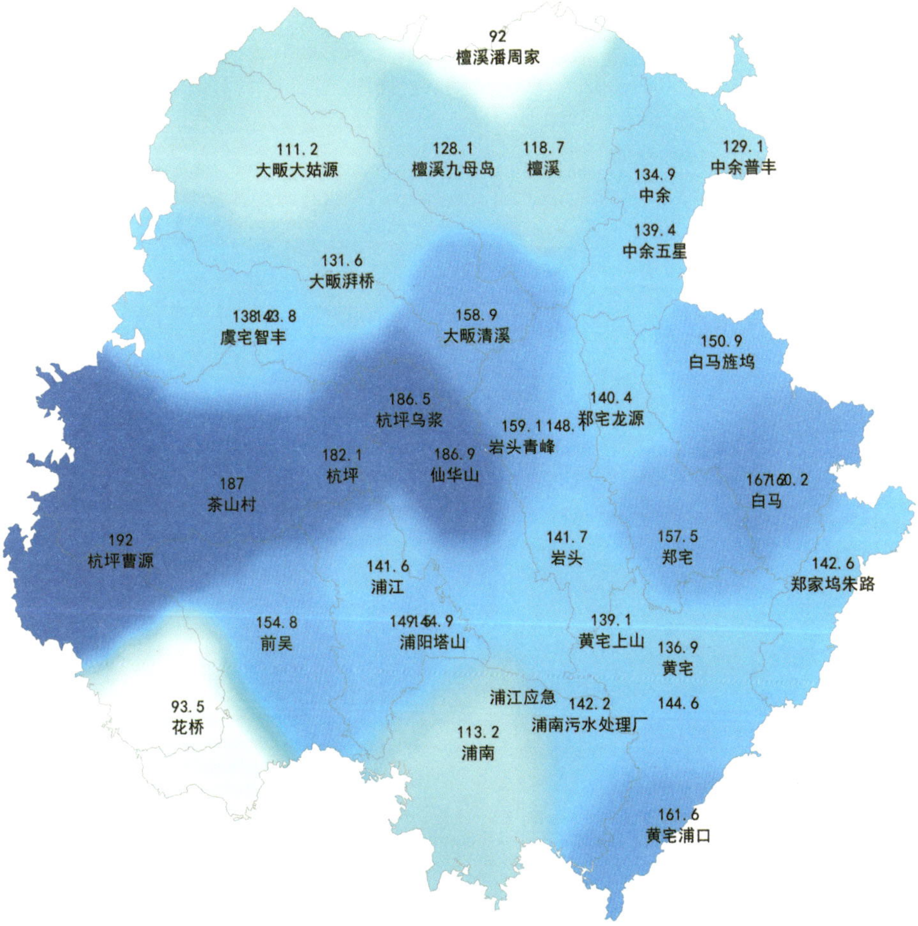

2022年浦江梅雨期累计降水分布图(单位:毫米)

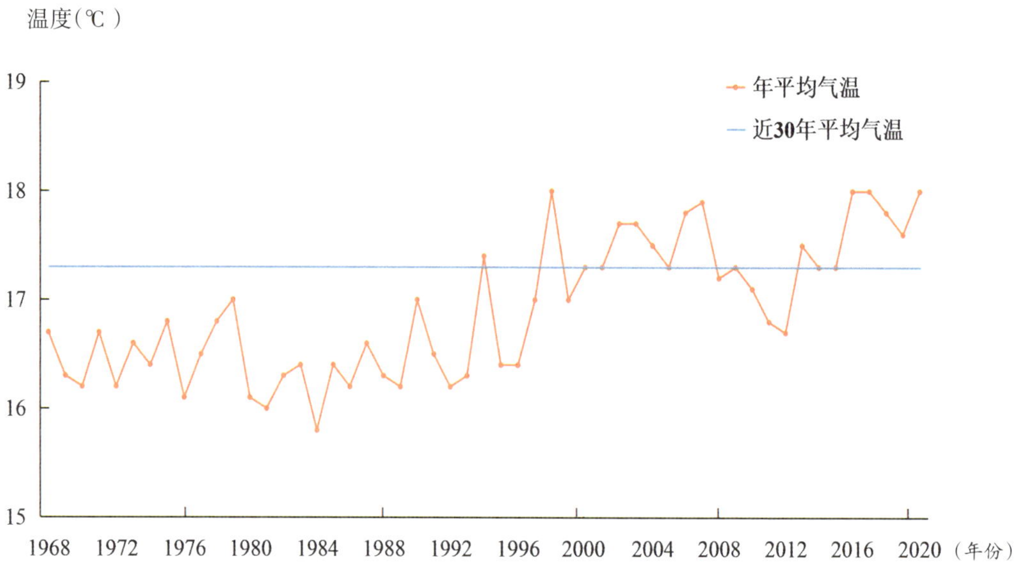

1968—2022年，部分年份浦江城区年平均气温变化曲线图

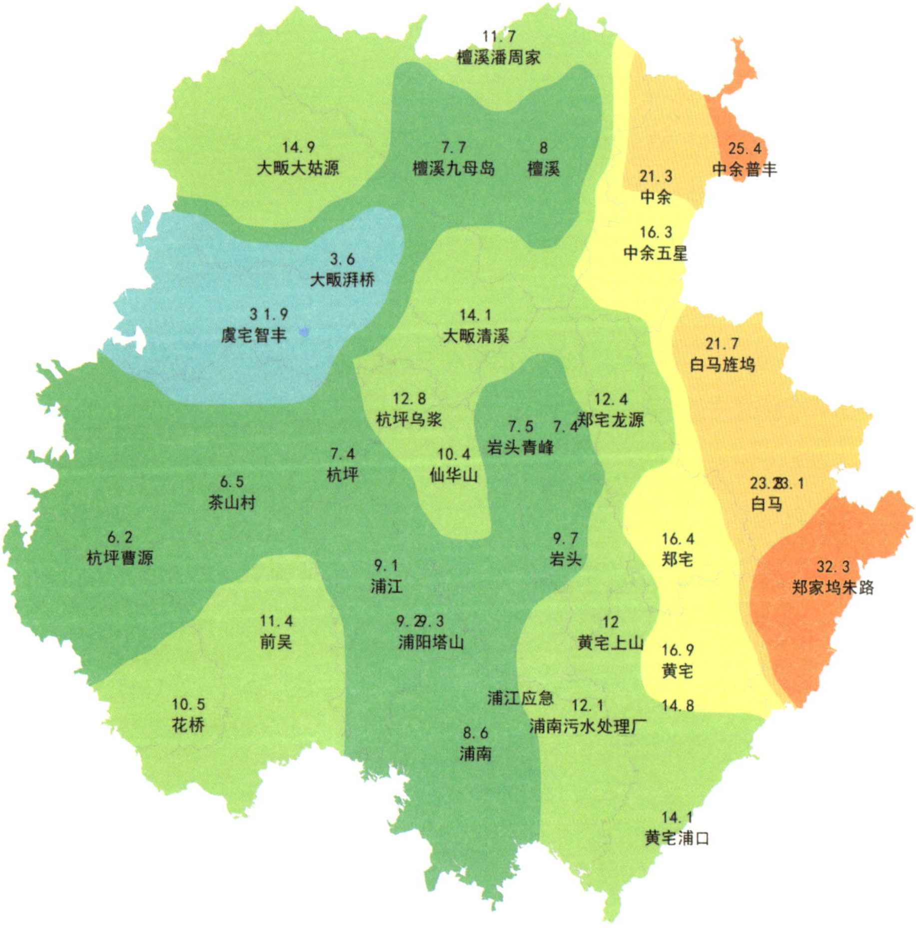

2022年9月，“轩岚诺”台风影响期间累积雨量分布图(单位：毫米)

年均气温偏高居历史第二：浦江县城区年均气温18.1℃，系历史第二高，仅次于2021年，连续10年偏高。其中3月、8月、11月平均气温分别异常偏高3.3℃、3.3℃、3.1℃，其中8月、11月平均气温创历史同期新高，7月居历史同期第二高。盛夏高温历史最强，夏秋气象干旱罕见：年内浦江出梅后迅速进入盛夏，盛夏期间高温强度为历年（指1968年以来）最高，≥35℃天数共66天、≥38℃天数共42天、≥40℃天数20天，均创历史新多，极端最高气温42.3℃（8月23日），创历史新高。夏季高温范围之广、持续时间之长、极端性之强，历史罕见。年内共发布高温预警45期，最高级别的高温红色预警35期，属历史最多；7月至11月上旬降水持续偏少，累计降水量201.0毫米，比常年同期偏少近六成，为历年第三少。在长时间少雨和高温酷热共同影响下，出现夏秋连旱（气象干旱），浦江大部分地区出现中旱，局部达重旱。年初阴雨寡照破纪录：1月21日至2月23日，浦江县出现长达34天连阴雨（雪）天气，其间有6次较明显的雨雪天气过程。城区平均温度较常年同期偏低1.4℃，雨量较常年同期偏多123.3%，居历史同期第二位，雨日28天，日照时数仅14.3小时，雨日之多、日照之少均破历史同期纪录。

全县5月平均气温20.0℃，为1990年以来最低，系历史第四低。6月10日入梅、26日出梅，出入梅均较常年偏早，梅雨期较常年偏短，梅雨量较常年偏少五成。9月上中旬“轩岚诺”和“梅花”2个台风影响浦江县，台风影响时间偏晚。台风主要给县东部、北部地区带来较明显降水，一定程度上缓和当地的旱情，但其他地区雨量不大，气象干旱持续。11月中旬到12月上旬浦江城区降水124毫米，较常年同期偏多56.8%，系历史同期第6高位。气象部门抓住有利时机开展人工增雨作业，受自然降水和人工增雨作业共同影响，旱情得到明显缓解。秋末受寒潮影响，浦江县出现剧烈降温，日平均气温从11月29日的14.9℃降到12月1日的1.4℃，日平均气温过程降温幅度13.5℃，11月30日正式进入气象意义上的冬季。

【土壤矿产】 浦江县土壤属亚热带常绿阔叶林红壤带。有红壤、黄壤、紫色土、黑色石灰土、粗骨土、石质土、新积土、潮土和水稻土9个土类、14个亚类、32个土属、48个土种。土壤中以红壤分布最广，水稻土次之。矿产资源蕴藏量不多，仅有原煤、石煤、萤石、磷矿、瓷石矿、石灰石及膨胀珍珠岩等。

【动植物资源】 浦江县动植物资源丰富，有动物6门16纲67目264科880种，有植物6门13纲68目185科1145种。浦江县有木本植物近700种，主要分布于山间。山地植被覆盖率在85%以上。马尾松天然林占山地面积的60%，林下普遍混生白栎、胡枝子、杜鹃和芒萁等灌木。木荷、青冈等常绿阔叶林常与枫香、化香等落叶阔叶林混交。山脚坡地及河谷平畈之溪坎路旁多被野草覆盖，牧草主要有马唐（俗称八月草）、画眉草、狗尾草等百余种。在药用植物种类中，常用中草药有300余种，花卉有凤仙、鸡冠、牡丹、兰、菊、月季、玫瑰、芙蓉、山茶、蜡梅等百余种，食用和药用蕈类主要有野蘑菇、竹菇、木耳、灵芝，常见水生植物有薀、蘋、莲、菱等。

浦江县域内哺乳类动物有豹、狼、貉、獾、穿山甲、大灵猫、豪猪等30种。鸟类有雉鸡、斑鸠、鸢、猫头鹰、画眉、鸳鸯等近200种。爬行类动物有龟、鳖、蛇、蜥蜴等，两栖动物主要有青蛙、蟾蜍、泥螈等。鱼类有鲤鱼、鲫鱼、黄鳝、泥鳅等60余种，水域中亦有螺蛳、田螺、河蚌、蟹、河虾等腹足和甲壳动物。多足动物有蜈蚣、马陆等。昆虫种类数以万计，蜻蜓、蝴蝶、蚱蜢、蜜蜂、蟋蟀、螳螂、萤火虫、蝉、蝼蛄、天牛、金龟子等常见。

人文历史

【历史名人】 浦江人文荟萃，人才辈出，尤以文学、书画为著。北宋，于房一家7人以博洽善文名世。南宋，方凤以文学著称于世，元代著名文人吴莱、柳贯、黄溍等皆出自其门下。元初，吴渭倡组“月泉吟社”名闻海内。明代，宋濂为“明代开国文臣之首”，戴良、张孟兼等亦以诗文或书法为世所崇。清代，倪仁吉工诗善画，尤精刺绣；东皋心越诗画书法篆刻俱佳，兼通琴道，被推为“日本篆刻之父”。民国时期，曹聚仁、张世禄、石西民等在文学、史学和文字音韵学上卓有成就，张书旂、吴茀之、张振铎等载誉画坛。

【传统艺术】 浦江地方剧种“浦江乱弹”，约形成于明末清初，表演和音乐具有粗犷奔放的特色，曲调或高亢激越，或婉转优美，雅俗共赏。灯彩种类繁多，制作精良，熔书画、扎制工艺于一炉，有板凳龙、滚龙灯、马灯、花灯四大种类。民间曲艺以道情最为普遍，由盲艺人演唱，用渔鼓和竹夹板配奏。民间传统工艺以剪纸、麦秆贴画和草编、绗缝最为有名。

浦江剪纸被联合国教科文组织于2010年10月列入人类非物质文化遗产代表作名录；浦江板凳龙、浦江乱弹、浦江麦秆剪贴、郑义门营造技艺、浦江迎会被列入国家级非物质文化遗产名录；浦江滚地龙、浦江擂马、浦江什锦、浦江豆腐皮捞制技艺、杭坪摆祭被列入省级非物质文化遗产名录。还有市级、县级非物质文化遗产项目近50个。

【方言方音】 浦江县古属吴越之地，其方言塞音和塞擦音分清、次清和浊清三套，属于吴方言。吴方言分南北两个次方言，其界线在浙江中部，正处于浦江与诸暨两县之间。位于南部吴语区北缘的浦江，兼具南北两部的特点，而以南部的为多。在语音上，南部吴语多有文白两读的分歧，而浦江话的文白分歧较小，对应亦颇整齐。

浦江话共有声母32个，文读韵母39个，白读韵母40个。声调也有文白之分，文读和白读声调各为8个。音韵、词汇和语法结构均有鲜明的地方特点，如浦江话中出现的音节，以韵为纲，同韵按不同声母排列，声韵皆同者以声调为序。县内语言基本一致，但各地方言口音仍有差异，大致可分为南乡、北乡、城区、东乡口音。

建置区划

【建置沿革】 浦江县自东汉建县迄今，已有1800余年历史。古称丰安县、浦阳县。1949年5月，浦江县解放。1960年1月撤销浦江县建制，1966年12月恢复浦江县，县城在浦阳镇。浦阳镇位于浦江县中南部，自唐代以来即为县治所在。2002年，浦江县行政区划规模调整后，县人民政府驻地为浦阳街道。

【人口】 2022年，全县户籍人口39.84万人，比2021年减少1014人；流动人口18.35万人，比2021年减少1.57万人。全年出生人口2124人，年出生率5.32‰，比2021年的6.04‰下降0.72‰；死亡注销人口2698人，年死亡率6.76‰，比2021年的6.59‰上升0.17‰。全县人口自然增长-574人，年自然增长率为-1.43‰，年自然增长率比2021年的-0.54‰

下降0.89‰。在户籍人口中，男性206565人，女性191860人，男女性别比为108（女为100）。17岁以下6.2万人，占总人口的15.61%；18～34岁7.8万人，占总人口的19.58%；35～59岁16.3万人，占总人口的40.92%；60岁以上9.5万人，占总人口的23.89%。

【行政区划】 2022年，浦江县辖3个街道、7个镇、5个乡：浦阳街道、仙华街道、浦南街道、黄宅镇、岩头镇、郑宅镇、白马镇、郑家坞镇、杭坪镇、檀溪镇、前吴乡、花桥乡、虞宅乡、大畈乡、中余乡。全县有社区17个、行政村227个。

2022年浦江县行政区划一览表

表2

乡镇、街道	社区、行政村	自 然 村
浦阳街道	文景社区	
	月泉社区	倒米岭脚、炉来、清水沿、柴村
	龙峰社区	
	西街社区	溪下
	太白社区	
	塔山社区	
	南苑社区	
	宣和社区	
	西站社区	石马头、黄坛小区、白林新区、珠红新区
	金狮社区	金狮岭、前山头
	群 生	上季宅、横大路、许里、陈逢坑、长地
	兆 丰	石塔湾、杨坞、樟坞岭脚、白泥岭脚、上新铺、下新铺
	狮 岩	石陵、丁岩坞、竹窠头、楼宅
	善 庆	桃岭脚、珠山后、宋店、横山、桥头、马项颈
	联 盟	傅店、少桃岭、杭口岭脚、新屋来、新徐、马家、桃花岭脚、大坞塘、新杨里、塘后坤、东庄坞、东塘、岭背、炭灶坪、下篷
	沉 湖	乌珠山下、前王宅、樟后塘、樟畈
	铜 桥	溪塍头、下旺、蓬店、新屋里、乌泥畈、毛桥
	杨 田	杨田周、下店
	同 乐	石宅
仙华街道	中埂社区	蒋村、章店、金店、莲塘、茶壶窑
	金宅社区	陈塘、后金宅、姓谢、姓吴、后潘、廿亩山
	七里社区	七里、周宅、下张湾
	五里社区	上五里、下五里

续表2

乡镇、街道	社区、行政村	自　然　村
仙华街道	项宅社区	项宅新区(由原堂楼店、银店、山枝头、前宅、后宅自然村合并)、徐村、山背周、殿后里、梅竹园、曹村
	大　许	大许、前店
	后　谢	后谢、胡门、林村
	冯　村	冯村、上叶、岳塘下张、方门
	马　墅	马墅
	五善塘	五善塘、十里头、新傅村、旧傅村
	河　山	河上山头
	十里亭	仙里、蔡横塘、大店、曹村、金冠样
	后　郎	后郎、塘后坤、田龙来、杨梅院、金村
	天　仙	天仙塘、姚塘、东庄
	红　旗	黄裳弄、周美角、董宅、一大塘、田畈中央
	浦　北	赤土岭脚、板桥、花院、胡司、后塘、西官畈、仙华新区(由原仙华山、毛店村合并)、六和小区(由原西安、毛田、云宫、黄山、石塔下、上山等村合并)
	曙　光	张店、下店、山湾来、卢宅、灵岩朱、李宅、坦塘
	方　宅	方宅
	戴　宅	戴宅
	仙　华	仙华新村、金坑塘下
	登　高	登高山
	道　光	山背来、道光口、南湖塘、石宕、登高口、寺口、燕窠来、下新屋、毛竹沿
浦南街道	文溪社区	下季宅、大溪楼、毛都、牛车头、蒋塘、四方头、前溪、店来、道院前楼
	江滨社区	
	浦　南	魏店、寺口、下落、下落店、角山院、田畈中央、辛山黄、下新屋、上新屋、油塘顶、后家里、溪塍、叶坞、后徐
	前　于	前于、前于水阁、中央宅、樟树下、小四村
	平　一	平安张、后陈、新店
	平　二	平安张
	石埠头	石埠头
	金　星	吴骆山岗、吴店、琴头、徐村、芮宅、赵宅、赵田畈、楼宅、司村、丽水景宁移民村

续表2

乡镇、街道	社区、行政村	自然村
浦南街道	横塘	郑横塘
	西张	西张、白石源口、桃源口、水阁、上朱宅、下朱宅、大塘沿、上余
	巧溪	巧溪、下于、下方、沙丘、新屋下、陈村、大房
	宋溪	火烧张、上孙、严村、后孙、范马车
	七村	东许、下蔡、大店、郭村、大坞口、陈台、上陈、傅村
	八村	中央宅、石鼓、湖塘、樟山头
	湖山	吴郎中、上湖山、下湖山、武书堂、东龙山、华墙
	丽水	源口
	长春	下杨
	潘宅	潘宅、童店、尼山、万田、塘角、新厅、市点
	四村	桥头、胡里、新楼下
	五村	麻车、东陈、程村、郭店、上东陈、前门、傅店
	三村	杨先生、上黄、西杨、许堆、山头荷
	黄都	黄都、下邵、余大宅、前黄
	朱云	杨里、后黄、寺口、余间、洪田畈
黄宅镇	新华	新店、黄宅市、后潘都、塘下、三角塘、新华新村
	下店	下店
	永锋	后店、石宅、后桑园
	信华	下于市、上潮溪、下新屋
	上市	上市
	群联	桂花明堂、葛宅、新大份、潘都、始美堂、周塘、新小份、日乾堂、惇裕堂
	六联	小份、大份、大房、小房、二房、上店
	一心	上宅、鲍村、姚店
	朱宅	后宅、中央宅、前宅(以上总称桐木殿朱宅)、后屋、前金、山头来
	智勇	童村、黄司、楼宅、瑞狮塘、何村、桐树岗
	上山	新骆村、旧骆村、上方村、下方村、塘塍来、新屋下、姓周、旧山背、新山背、亘塘、费宅、下畈
	合心	店来、姓周、邵店、界山、新屋里、楼来、邵司、西溪、下屋、何田畈

续表2

乡镇、街道	社区、行政村	自　然　村
黄宅镇	渠　北	后陈、八石塘、下何、戴山头
	鹤　塘	岳塘桥头、岳塘山背、岳溪、下新屋
	日　升	中央店、莲塘沿、前店(以上总称李源)、卤冰店、魏村
	前　一	前陈、康王殿
	前　二	前陈、戚家塘、溪后
	胜　丰	王先生、达塘、徐司
	后　江	后江村
	星　塘	前王郑、姓陈、立新
	西　溪	甄村、西庄、下宕、杨林
	横　山	曹街、梅石坞、蒋才文
	官　岩	沙塍头、下于桥头、荷坟来、蒋宅
	海　塘	海塘
	新　宅	新宅
	集　贤	钟村、下潮溪
	红　星	夏杨畈、下宅市、郭村、银坞
	东　一	东塘、下吴
	沿　江	彭村、蒋村
	振　兴	宅口、陈三湖、蒋店、塘岭、应店、杨店、陈官
	何　村	何村、杨塘
	八　联	丁塘、余店、大园来、白露塘、下潘宅、塘沿、王家、店来
	刘　铁	刘铁、花园、烟塘
	张　官	张官
	胜　利	樟树下、下傅、龙田、前方、盛家
	古　塘	古塘、山里翁
	项　店	项店、任店、潘家、对店
	四　联	下灰山、上灰山、后盛、长塘
	六　一	石斛桥、石塘头、翁店

续表2

乡镇、街道	社区、行政村	自　然　村
黄宅镇	八　一	上余、下湖、楼街、华塘、坑塘、姓张里、松门、宣井
	浦　口	戚村桥、坑城、王村、下坑、毛竹塘、安基、山塘弄、林塘、塘头、上新屋、下新屋
	赤　心	铁店、陈店、坞里山、沈坞、和尚楼、中戚、上戚
岩头镇	岩头陈	岩头陈
	蜈　溪	洪家、三步石、三星岩
	胜　建	芳地、岩头里、何大园、山下畈、木勺岗脚
	车　门	车门头、麻车山、后严
	宏　亮	倪山背、晓山、三雅典
	荷　塘	后叶、上祝、桐店、白虎头、元丘
	飞　轮	牛轭垄、官山头、新岭脚、金岗坞、泥都(上三村迁至牛轭垄)
	拥　建	高三石、后田畈、上屋(以上总称下杨)、下宅口、仙水塘、新张宅、桑园来
	和　丰	许村、新许村、泉塘沿口、后金、毛尤
	王　店	大王店、小王店、三垄王店
	三　红	东山、赵宅、凌宅、下东山
	宏　伟	姓应、后大塘、李村、五大塘、新屋来
	西　黄	西黄、吴店、花山
	朝　阳	方店、丁步头、下方店、于门、前何、湖桥、缸沿
	礼　张	礼张、礼东山、荷店、陈塘坞、礼沿
	龙　溪	刘笙、八石、黄源、少岭脚、大岭脚、大岭头、殿口
	群　丰	沈宅、赵宅、和祥山、间间、马后山
	青　锋	静村、马路来、田来、石六、官山坞、西坞口、西坞、永盛、新长盛、东盛、上西坞
	夏　泉	夏泉、枣树坪
	幸福新村	(由原岩山、湾来、黄岭头、彭岭头、石砚、徐地坞、四石、白岩岭头、长盛自然村合并)
郑宅镇	麟　溪	上郑、五房、冷水塘沿、东庄
	东　明	郑宅后曹村、黄墙弄、后溪、板桥头、后门头、祠堂弄、上仓、下仓
	玄　鹿	外岭脚、上山头、高畈、枣园
	孝　门	孝门桥下、桃坞、田来、下新屋、石姆岭、街南、街北

续表2

乡镇、街道	社区、行政村	自　然　村
郑宅镇	安　山	马鞍山、上林塘、下林塘、上桑园、山下甲、何家、鱼家塘、杨木泉、小下金
	芦　溪	厚庐金(后卢金)
	广　方	前于、后黄、下方、下金、屠村、蒲塘、三份头
	深　一	樟桥头、郎下头、三埂口、前份、周村
	深　二	水阁、相连宅、西店
	前　店	前店、秧田王、山头店
	三　郑	旧三郑、新三郑、莲台塘
	青　山	横溪、堂头、东畈、湖顶
	龙　源	蒙山、塘慈坑、九婆、郑都、毛岭、牛磊丼、石八畈、铁炉下、虬门、陈山、岭脚畈、阳山、大山、毛坪
	寺　后	火龙塔、赵郎、新赵郎、寺口、花坟头、蔡村、六转、岭脚
	红　光	地畈、横塘、横大路、三雅、上新屋
白马镇	五　丰	傅宅
	利　丰	傅宅
	永　丰	永丰、天中寺、方横店、蓬来、洋润岭脚、杜溪坞、金竹园
	高　坪	和尚庄、祥湾口、仙岭脚、虬树坪
	旌　坞	旌坞、江西坞、中门里
	嵩　溪	嵩溪、樟坞、严宅、大样山、前山
	联　丰	官田、贾保坞、白角湾、楮树下、东山、内坞
	双　溪	里傅、里里傅、沈家坞、鲍家、船塘来、梧桐、塘角
	柴　坞	外柴坞、里柴坞、焦坞、三百亩
	同　新	许家、肥地坞、塘里、上宣、寿家
	清　塘	清塘、宝应、珠岭
	长　地	长地、横溪、上纸坊、下纸坊
	柳　宅	柳宅
	群　心	刘店、祝宅、郑街铺
	夏　张	夏张
	东　平	新何、霞岩

续表2

乡镇、街道	社区、行政村	自　然　村
白马镇	豪　墅	豪墅、前严、上新屋
	兰　塘	严兰塘、邵宅、上贾、塘头下贾
	联　江	石渠口、严店
郑家坞镇	吴　店	上吴店、吴一、吴二
	双　丰	下店、前葛、后葛、西山下葛
	杨　家	杨家、山湾、程家、小杨家、江桥
	江　东	溪东、大店、叶坞、郑家坞
	钟　宅	钟宅、方塘角、龙潭、方坞
	朱　路	朱路、下新屋、吴朱舍、大何街、小何街、冠桥
	沈　里	沈街、里仁
	云　溪	金宅、前山头、余店、郭坞塘
	吴大路	吴大路、檀树丘、皂结坑
杭坪镇	杭　坪	杭口坪、石象头、上薛宅、下陈、笑流坞口、大楼、横山
	寺　坪	殿后、殿口、观音堂、旧屋、八十、沙丘(以上总称寺坪)、寺坞、塘雪、果树坞、毛竹坞口
	乌　浆	乌浆山旧屋、乌浆山新屋、盆塘、中央畈、乌浆山、王安
	薛　家	薛下庄、大王潭、后山、下薛宅、里棚
	中　村	中村、前河、溪头
	石　宅	石宅、石响、外外胡、泥堆山
	大　塘	大塘、桐子湾、大岩岭脚、桐坞、大坪、立岗山脚、螺蛳殿、泥舍坞
	裕　民	东坞口、东坞、高畈、宝金山、樟山脚、上旺、珠山、何家
	东　岭	东岭、里朱、西山坪、里前胡、前胡
	程　家	程家、五家村、花厅、下新屋、中何、大坞
	登　丰	周坞口、下雪坞、上雪坞、何徐岭头、截柘岭头
	曹　源	曹源
	壶　源	曹源口、张山顶、张山脚、徐坞、王塘、马坞
	芦　峰	派顶、殿口、朱坞
	后　阳	后阳、石明堂、黄塘、上坞
	茶　山	茶山、石狮头、上马

续表2

乡镇、街道	社区、行政村	自　然　村
檀溪镇	寺　前	寺前、惠云寺
	毛　店	下毛店、林家
	城　头	城头、齐陈新村
	洪　山	湖山、山环、洪家、下方、下大湫、上毛宅、下毛宅
	平　湖	平湖、石母岭下、油车、陈村、塘家会
	下　宅	下宅
	会　龙	会龙桥、山干宅、塔头、白岩殿下、车方岭脚
	潘周家	潘家、立前畈、周家、大梓树脚、杨家畈
	大　元	大元、湖塘
	廿七都	荒坞口、升舞岭脚、姚家、葛岭头、新屋、草舍、大地、柘树、姚坞、毛家、小湫、下余、项家、岭葛、小湫岭脚
	罗　家	里罗家、抛坑顶、扶名坞口、前溪滩、水竹湾
	九母岛	大坎头、盘山岭下
	赤　岩	外罗家、何坞口、何岭头、金家、何坞、陈家、官田后塴、前方、前方溪滩、黄塘下、赵氏岗、古塘口
前吴乡	塘岭金	塘岭金、大箬溪、木勺山、塘岭下、塘岭头
	臯　溪	臯溪、下大地、横坞口、和尚坪、三十田、罗桐山、英坞坪、上新屋、泥宕、后坪、下新屋、宅树坞、上大地、山头脚、上屋、前店
	毛　家	毛家、塘坞口、西山、大地、和尚坞、麻车、童麻车
	寿　溪	寿溪、上范
	马　桥	马桥头
	塛　山	塛山口
	前　吴	前吴、上赵、塘里、古塘
	灵　溪	罗塘、童宅、三桠、西桠、小东桠
	通　济	安头、下葛、岩下、真溪、徐店、龚坞
	朱　桥	朱桥头、茅田庵顶、茅田庵脚、仁忠坞、朱思坞、下方、古塘源
	罗　源	殿下、前山、八十(以上合称里罗)、外罗、朱源
	民　生	山隍殿、西源、费宅、宋宅、坞坑、觉寺、张山源、山脚、毛竹坞、徐家
	桃　源	里黄、章山、独塘

续表2

乡镇、街道	社区、行政村	自 然 村
花桥乡	外黄宅	外黄宅、盛田畈、前坞口
	花 桥	花桥、双溪口、黄村、后埂、乐山庵
	源 头	高塘、深坑、上陈、岭脚、三十六
	林坞口	林坞口
	长 畈	长畈、王社、富世坪
	光 明	王纸坊、外童、金坞、上童山、童坞
	塘 波	塘波
	下宅溪	下宅溪、台头湾、西畈、横山
	里黄宅	里黄宅、马坞、马坞口、白石、范山、杨坞、王夜、东塘、岭头、竹窠
	马 宅	马宅、长源坑、长凹、东官殿、乌岩坪、食饭坪、尖峰坞、老虎尖
	前 坞	前坞、下黄、前河
虞宅乡	虞 宅	虞宅、虞宅上塘、王宅弄、西塘、寺岭脚
	马 岭	马岭脚、瓦屋、卢家、石大门、桥头、朱村畈、坞坑、乌儿山、程宅畈、枫树下、新店
	智 丰	朱宅旧屋
	新 光	朱宅新屋(朱宅旧屋、朱宅新屋合称朱宅,亦称廿五都朱宅)、下湾、岭脚、汤台岭脚、方坞寺、牛头殿
	前 明	西山、荷花塘、前山畈、后瞿岭脚、高坞口、王前庄、马坞口、海豹岭脚、西山新区、高山
	高 坑	外高坑、里高坑、深渡、荷叶弄、柘林、山岗后
	张 村	下张村、上张村、王村、石台盘、茶坪
大畈乡	夏 明	大畈、夏黄、白岩山前
	大姑源	郑家、大姑寺、大坪来、新田畈、华桃坑口、桑园湾、黄坞口、大官殿、门口、琴岩脚、梓木岭口、黄家、枫树坑
	小姑源	海母口、红火烧、田后蓬、廿三蓬、玉书、里毛山、石栏杆
	湃 桥	低畈、南山、湃桥、牛栏坪、葛山头、上黄、鱼家坑口、叶家、平地、前黄、上前黄、柳秀坑口、小明堂
	上 河	上河、时造、廊家畈、茅坪头
	建 明	石井于、仓来、新屋来、王山头下、燥丘、水口、新廊下
	清 溪	大岭口、上马坞、长店、经耕沿、方家、竹园、丁家、马村、廊下

续表2

乡镇、街道	社区、行政村	自然村
中余乡	中余	中余、前山脚、桥头、黄古岭脚、塘下坞、盘里坞、周宅
	蒲阳	蒲阳、尖蓬、角弄、塘沿、江山岭脚、王佳山、西坞坑
	普丰	芝都坞、养元坑、大地、后坞、许坞、蔡家、黄坞
	方家	方家、富白坪、上湖山、石塔顶、小湫畈、里舍
	五星	新店、大竹畈、栖云、前周、后山坞、黄毛
	高桥	佛堂店、高桥头、杨宅坞、义村
	冷坞	冷坞、坪上
	雅湖畈	雅湖、王家、石榴坞、塔龙、顾家、落塘、大元、思母岭脚、叶岭、东坞底、车岭顶

经济发展

【旧时经济】 在新石器时代，县境内已有陶器生产。宋代时有绢、绸、绵等手工业品之课征。明代造纸业亦有相当规模。清代，有糕饼、酱油和黄烟等较大的手工业作坊，除食盐业外，无较大的商铺。当地的竹木、茶叶、火腿、桐油、柏油等土特产品运销外地。浦江工商业生产发展极其缓慢，农业依旧是浦江经济的基础。

民国时期，设有乡合作社25个、保合作社44个。全县有酱园、南北货、食盐、杂货、棉布、百货、烟酒、医药等10多个行业，600多家商店。工业生产开始使用机械动力设备，出现制造业、加工业、手工业等行业。

【现代经济】 自1949年，国营商业、粮食业和供销商业相继建立，社会总产值2169万元，其中农业占92%，工业占5%，商业占3%。1956年，有国营企业1个、公私合营企业7个、手工业生产合作社（组）127个。1958年，新增国营企业26个。1978年，社会总产值11255万元，工农业产值中，工业占44.9%，农业占55.1%。

1985年，全县乡镇工业产值12675万元，占工业产值的54%。有机械、纺织、食品、建材、化学、缝纫、造纸、皮革、文教艺术用品、电力、森林、煤炭等工业，其中机械、纺织等工业占主导地位，建材、缝纫、文教艺术用品等工业也发展迅速。全县纯商业网点数2509家，比1952年增加4.86倍，比1977年增加5.35倍。农业总产值11223万元，比1949年的2006万元增加4.6倍，乡镇企业产值占农村社会总产值的42.7%。

2000年，全县有工业企业3454家，工业总产值877247万元，比1986年增长34.7倍。有商业行业40多种，商品零售总额10.5亿元，是1986年的9.5倍。农业总产值比1986年增长2.8倍，农村经济总收入915447万元，比1986年增长34.1倍，农业各业和种植、养殖业都有较快发展。

2021年，全县地区生产总值较2016年增长25.2%，一般公共预算收入增长45.1%，规模以上工业增加值增长34.2%，三次产业比率由5.6∶47.4∶

47.0优化调整为4.2∶44.6∶51.2，城乡居民人均可支配收入分别增长43.4%和56.9%。实体化运作县营商办，实施“1+14”政策体系，累计减免税费27.3亿元、兑现各类企业奖励扶持资金16.9亿元，全省营商环境便利度排名从第50位跃升至第27位。

2022年，全县生产总值（GDP）274.76亿元，较2021年增长2.6%。实现财政总收入35.06亿元，比2021年下降2.6%。一般公共预算收入24.38亿元，比2021年增长1.2%；一般公共预算支出54.16亿元，比2021年下降1.5%。按常住人口计算，全县常住人口人均地区生产总值59417元，比2021年增长2.5%。第一产业增加值11.76亿元，比2021年增长2.5%；第二产业增加值123.05亿元，比2021年增长2.4%；第三产业增加值139.95亿元，比2021年增长2.8%。全县生产总值（GDP）三次产业增加值结构为4.3∶44.8∶50.9。规模以上工业增加值54.19亿元，比2021年增长1.1%，销售产值301.15亿元，比2021年增长6.4%。全年实现农林牧渔业增加值12.00亿元，比上年增长2.6%。全年进出口额、出口额、进口额分别为104.22亿元、100.14亿元、4.08亿元，比2021年增长17.2%、15.9%和61.5%。固定资产投资88.4亿元，比上年增长16.7%；社会消费品零售总额104.4亿元，比上年增长2%。城乡居民人均可支配收入分别为57731元和29465元，比上年增长4.8%和5.2%。招引亿元以上项目27个，其中3亿元以上17个、10亿元以上制造业5个。丰安股份在北交所上市，上市公司实现零的突破；新增国家“专精特新‘小巨人’”企业5家、国家“专精特新”重点“小巨人”企业1家，“水晶产业大脑”入选省工业领域行业产业大脑建设名单。

中国共产党浦江县委员会

综　述

2022年，中共浦江县委坚持以习近平新时代中国特色社会主义思想为指导，深入学习贯彻党的十九届六中全会和党的二十大精神，全面落实省第十五次党代会、市第八次党代会部署要求，高效统筹“疫情要防住、经济要稳住、发展要安全”三件事，深入实施“五大发展战略”，积极推行县领导“六个一”工作机制，扎实开展“招大引强突破年”“暖企助企服务年”“信访积案攻坚年”活动，克难求进、实干争先，全县经济社会发展实现立中起势良好态势。全年地区生产总值增长2.6%，排名全市第四，固定资产投资增长16.7%，排名全市第三，高新技术产业投资增长89.9%，排名全市第一。

紧扣全面学习、全面把握、全面落实的要求，迅速掀起学习宣传贯彻党的二十大精神热潮。推进“六学六进六争先”学习实践活动，县领导带头到基层联系点进行宣讲，并通过开展多形式、分层次、全覆盖的学习培训，引导党员干部完整、准确、全面领会党的二十大精神。发挥县委宣讲团、专家骨干宣讲团和青年理论宣讲团等32支特色宣讲团作用，深入开展“百千万”宣讲行动，累计开展宣讲780余场，策划推出专题报道100余篇，推动党的二十大精神飞入寻常百姓家。注重学用结合、以学促干，把推动落实习近平总书记在浙江任职期间，对浦江信访工作和“上山文化”研究宣传的重要指示批示精神，作为学习贯彻党的二十大精神，坚定捍卫“两个确立”、坚决做到“两个维护”的实际行动。组织召开深化发展新时代干部下基层开展信访工作经验理论研讨会，“下访接访”国家级标准化试点通过验收；省运圣火在上山遗址点燃，“两步走”申遗路线图正式确定，6个遗址地县（市、区）签订申遗合作协议，浦江县在全省文物工作会议上作交流发言。

坚决扛起稳住经济大盘的重大政治责任，以超常规力度和举措抓好稳增长各项政策落地见效。落实国家、省、市系列稳经济政策，迭代出台4轮96条县级惠企政策，减负降本10.2亿元，兑付资金2.72亿元，惠及企业6328家。浙江丰安齿轮股份有限公司（简称丰安股份）成为浦江首家A股上市公司，新增国家“专精特新‘小巨人’”企业5家，入选省数字生活新服务样板县。“十三五”以来，首次荣获全市2022年度工业经济综合目标责任制考核先进单位。出台营商环境改革浦江方案，开展“稳进提质”现场集中办公，创新实施涉企科室评价和企业行政合规试点，政务服务“好差评”满意率99.8%。连续发布四期“双招双引”招贤令，编制28张产业链图谱，组建百人招商团，10个招商分部出征各地，招引亿元以上项目25个，总投资164.4亿元，其中10亿元以上制造业项目签约5个、落地5个、开工4个，为历年最好。举办第九届光伏聚合物国际大会，总投资20亿元的祥邦永晟新能源项目列入省示范性重大产业项目，实现当年签约、当年投产、当年纳税，以浦江三思光电技术有限公司、浙江赛伍应用技术有限公司、浙江祥邦科技股份有限公司、上海亥博胶粘材料有限公司为龙头的百亿级光伏光电产业集群雏形显现。累计完成低效用地再开发111.67公顷，出清低效企业116家157公顷，新增建设用地指标88.95公顷。

用好改革关键一招，激活创新“关键变量”，不断增强竞争优势。新增省级数字化改革试点23项，获评市“最佳应用”4项，告知承诺信用管理应用获评全省信用数字化改革应用场景十大示范案例，“云享药房”列入“一地创新、全省共享”“一本账”，“水源安享”两项技术成果入选水利部推广清单，“葡萄产业大脑”入选省数字经济系统产业大脑优秀案例，获评全省首届数字乡村先锋榜“金翼奖”十佳县和省数字乡村建设突出贡献集体，连续三年获评全国县域数字农业农村发展先进县。“好家风”评价指数获中央领导批示，入选省高质量发展建设共同富裕示范区最佳实践。“市场化改革+集体经济”“宅基地改革+乡村建设”，入选全省强村富民乡村集成改革实践试点名单。浙江大学金华研究院檀溪科创谷、浦江北部科创培育带入选省重点建设项目库；浙江大学金华研究院浦江分院、浙江外国语学院跨境电商浦江研究院挂牌运行，国家引才计划入选人数实现“破零”。“大综合一体化”行政执法改革完成事项划转1780项，形成综合行政执法+专业行政执法“1+8”执法新架构。国资国企改革持续深入，整合组建产业投资集团有限公司，县城投集团获评AA主体信用评级，县属国企资产总额增长25.6%。

坚持以高水平生态文明建设推动共同富裕，提升共富成色。生态环境质量保持前列，城区环境空气优良率达97.3%，2022年生态环境公众满意度排名全省第五，连续两年荣获五水共治“大禹鼎”金鼎，获评“美丽浙江”建设工作考核优秀县、全省首批生态文明建设实践体验地，浦阳江（浦江段）入选全国首批美丽河湖优秀案例，浦阳江湿地公园荣膺“国字号”。文旅融合不断深化，举办第十五届中国书画节、县文旅发展大会和五地旅游推介会等文旅月系列活动，上山考古遗址公园、马岭古道入选省第二批大花园“耀眼明珠”名单，连续四年上榜全国县域旅游综合实力百强。共富成效逐步显现，全面推广党建联建、“三分六统”等模式，4条共富示范带、210个共建项目和285个“共富工坊”加快实施，葡萄产业产值达到13.4亿元，全年村级集体经济经营性收入1.9亿元，增长28.7%，在全市率先实现总收入30万元以上且经营性收入15万元以上村全覆盖，城乡全体居民人均可支配收入增速排名全市第三。

始终把为民造福作为最大政绩，把好事实事做到群众心坎上。严格落实国家、省、市决策部署，迭代落实防控政策，及时将疫情防控重点从“防传染”转向“保健康、防重症、遏病亡”，推动全县上下平稳有序渡峰。连续两年教育投入超10亿元，2所公办幼儿园投入使用，新浦江人子女学校学位全部由政府购买服务，高考特控线上线人数首次突破900人。县公共卫生临床中心正式启用，县人民医院、县中医院通过二级甲等复评。建成公办智慧养老院2家、提升改造居家养老服务照料中心2家，每万名老年人持证护理员达29.7人，位居全市第三。梳理解决“民生实事”48项、“民生微事”309项，新增婴幼儿照护托位366个，未成年人工作站实现全覆盖。环城西路江滨西路至人民西路段打通，完成老旧小区改造10个，新增停车位4516个。扎实推进“五个十”文明创建专项行动。

统筹发展和安全两件大事，固根基、强治理、防风险、守底线，以和谐稳定的社会环境保障发展所需。推进“信访积案攻坚年”活动，全面开展无信访积案党支部创建，上级交办的391件信访积案全部按期清零，全覆盖建立230个“共享法庭”，万人成讼率比上年下降20.5%，诉前纠纷化解率达53.3%，位居全市第二，全省第五。迭代推进“七大战役除隐患、条抓块统保平安”争先行动，完成平安护航北京冬奥会、党的二十大、省运会等重大维稳安保任务，2022年电诈发案、交通亡人事故、火灾事故分别比上年下降20.5%、19.5%、31.4%，安全生产事故起数和亡人数较前三年平均值分别下降41.3%和36.8%，县公安局获评全国公安机关执法示范单位，以全省第一的成绩实现平安建设“十六连冠”，在全省平安建设工作会议上作典型发言。

牢固树立正确选人用人导向，干部干事创业的内生动力显著增强。推进百名干部“一线培养”，一批在疫情防控、稳进提质、除险保安等一线表现突出的干部得到提拔重用。深化“丰安讲堂”“周末学堂”等赋能平台建设，分级开展全员培训，提升干部能力素养。探索乡镇领导干部“村事月考”双排名机制，部署开展4轮“一线考赛”专项考察，倒逼干部争先创优，相关做法获得《浙江日报》等关注报道。加大年轻干部培养选拔力度，覆盖全县“90后”干部开展专项调研，轮岗交流一批中层骨干，机关单位领导班子中年轻干部占比提升5.2个百分点。严格干部日常管理，打造领导干部“家产家事家风”全链条监督机制，科级干部被检举控告、受党纪政务处分数量分别下降56%、45%。政治生态持续向好，高质量完成县党代会、县两会换届选举任务，所有组织提名人选全部满票当选，2021年选人用人“一报告两评议”满意率排名全市第一，2022年金华市评价办组织的第三方群众评价综合得分排名全市第一。

坚持真管真严、敢管敢严、长管长严，推动全面从严治党向基层延伸、向纵深发展。深入实施铸魂工程、溯源工程、走心工程，坚持用党的创新理论武装头脑，夯实理论根基、坚定理想信念。高标准推动“七张问题清单”应用贯通，迭代升级党建统领整体智治系统和基层智治系统建设，强化问题闭环管控，问题管控力量化指数评价四星半。高标准推进“红色根脉强基工程”，高质量打造“红色根脉”示范党组织，深入推进基层党建固本强基专项行动，党员干部违法数量“断崖式”下降，涉组涉干信访总量降至3年最低。持续推进清廉浦江建设，紧盯“关键少数”，聚焦“四风”顽症，强化公权力大数据监督，立案192件、处分163人。

重要会议

【县委财经委员会第三次会议】 1月10日，县委财经委员会第三次会议召开。会议传达学习了市委财经委员会第五次会议精神，听取了零基预算和2022年财政预算相关情况、2022年投资项目计划和2022年第一季度开工项目相关情况、2021年和2022年一季度“开门红”主要指标预测情况分析、全县低效用地再开发情况和2022年土地出让计划、全县低效工业企业整治情况汇报。

【全县领导干部会议】 1月22日，全县领导干部会议召开，传达学习省两会精神和全市领导干部会议精神，研究部署浦江县贯彻落实意见。县委副书记、县长戴翀传达全市领导干部会议精神，县人大常委会主任虞振贤传达省十三届人大六次会议精神，县人大常委会党组书记、县政协主席郑文红传达省政协十二届五次会议精神。会议强调，全县上下要把传达好、学习好、贯彻好省两会精神，作为当前的重要政治任务来抓，认真学习、深刻领会省委书记袁家军参加金华代表团审议时提出的“六个担当”要求，把学习贯彻省两会精神与深入领会省委十四届十次全会、省委经济工作会议精神和市委七届十一次全体(扩大)会议精神结合起来，与正在召开的县两会结合起来，与“六讲六做、扛旗争先”大宣讲活动结合起来，统筹谋划、一体推进，不断提高抓落实的系统性、创造性、精准性，不断转化为浦江“扛旗争先”、奋力赶超的内在动力，以优异成绩迎接党的二十大胜利召开。

【全县党史学习教育总结会议】 1月22日，全县党史学习教育总结会议召开。会议强调，党史学习教育是以习近平同志为核心的党中央立足百年党史新起点、着眼开创事业发展新局面作出的一项重大战略决策，要深入学习贯彻中央政治局专题民主生活会和中央、省委、市委党史学习教育总结会议精神，大力弘扬伟大建党精神，巩固拓展学习教育成果，并转化为“扛旗争先”、奋力赶超的实际行动，全力走好新时代赶考之路，以优异成绩迎接党的二十大胜利召开。

【全县干部大会暨“招大引强突破年”“暖企助企服务年”“信访积案攻坚年”活动动员部署会】 2月10日，全县干部大会暨“招大引强突破年”“暖企助企服务年”“信访积案攻坚年”活动动员部署会召开，动员全县上下全面贯彻落实县第十五次党代会、县两会各项决策部署，以“招大引强突破年”“暖企助企服务年”“信访积案攻坚年”活动为载体和抓手，进一步增强“扛旗争先”、奋力赶超的紧迫感、责任感和使命感，努力打造一支具有浦江辨识度的干部队伍，为实施制造业高质量发展“12347”三年计划、坚定不移走好“五条道路”提供坚强保障，以优异成绩迎接党的二十大胜利召开。

【县纪委十五届二次全会】 2月11日，县纪委十五届二次全会召开。会议强调，要深入学习贯彻习近平新时代中国特色社会主义思想和党的十九届六中全会精神，对标对表落实中央、省、市纪委全会的决策部署，自觉把握和运用党的百年奋斗历史经验，弘扬伟大建党精神，坚持稳中求进工作总基调，以稳促进、以进固稳，持续深化不敢腐、不能腐、不想腐一体推进，惩治震慑、制度约束、提高觉悟一体发力，推进自我革命县域新实践，谱写清廉浦江建设新篇章，持续放大新时代新征程全面从严治党新优势，为高质量发展推动共同富裕浦江实践提供坚强保障，以优异成绩迎接党的二十大胜利召开。

【全国文明城市创建暨“品质名城”建设推进会】 3月5日，全国文明城市创建暨“品质名城”建设推进会召开，动员全县上下以务实的作风、拼搏的姿态、“绣花”的功夫，只争朝夕、实干担当、“扛旗争先”，用创建全国文明城市和建设“品质名城”的实效，加快推动高质量发展建设共同富裕示范区浦江实践。

【全县数字化改革领导小组(扩大)会议暨“县乡一体、条抓块统”县域整体智治改革推进会】 3月7日,全县数字化改革领导小组(扩大)会议暨“县乡一体、条抓块统”县域整体智治改革推进会召开。会议强调,要认真贯彻落实省市有关会议精神,充分运用数字化改革理念武装头脑、指导工作,既当指挥员,又当作战员,系统推进、整体智治,不断提高抓改革、促发展、保稳定的能力水平。

【十五届县委第一轮巡察工作动员部署会】 3月9日,十五届县委第一轮巡察工作动员部署会召开。会议深入学习贯彻中央、省委、市委关于巡视巡察工作新部署新要求,总结回顾十四届县委巡察工作,研究部署十五届县委第一轮巡察工作,进一步推动浦江县巡察工作走深走实,为县域经济社会高质量发展提供坚强政治保障。

【全县基层党建工作会议暨2021年度党建、人才和意识形态工作述职评议会】 3月9日,全县基层党建工作会议暨2021年度党建、人才和意识形态工作述职评议会召开。会议强调,要深入贯彻落实全省、全市基层党建工作会议精神,高质量落实省委“红色根脉强基工程”和市委“红动八婺、扛旗强基”行动,以高度的政治感和使命感,强化担当、履职尽责,推动基层党建工作更加坚强有力,以优异成绩向党的二十大献礼。

【2022年春季义务植树活动】 3月10日,“全民参与义务植树 共建绿色低碳亚运”暨浦江县2022年春季义务植树活动启动。

【全县领导干部会议】 3月12日,全县领导干部会议召开。传达学习贯彻全国两会精神和省市领导干部会议精神,研究浦江县贯彻落实工作。会议强调,全县上下要把思想统一到习近平总书记重要讲话和全国两会精神上,把行动体现在每一项具体工作的推动落实上,以见红旗就扛、见第一就争、见任务就上的奋进姿态,为高质量建设共同富裕现代化都市区作出新的更大的浦江贡献。

【全县组织宣传统战工作会议】 3月30日,全县组织宣传统战工作会议召开。会议强调,组织宣传统战部门要以习近平新时代中国特色社会主义思想为指导,以忠诚的政治品格、过硬的能力素质、务实的工作作风,“扛旗争先”、奋力赶超,为坚定不移走好“五条道路”提供更强有力的保障,以优异成绩迎接党的二十大胜利召开。

【高质量发展推进共同富裕先行示范领导小组会议】 4月27日,全县高质量发展推进共同富裕先行示范领导小组会议召开。会议强调,要深入贯彻落实习近平总书记关于共同富裕的重要讲话精神和省委、市委决策部署,拿出“抬头志在万里、低头绣花功夫”的精神状态,奋力在高质量发展推进共同富裕先行示范上展现更多具有高度浦江辨识度的美好图景。

【县委全面深化改革委员会第八次会议暨全县数字化改革领导小组(扩大)会议】 4月27日,县委全面深化改革委员会第八次会议暨全县数字化改革领导小组(扩大)会议召开。会议强调,全县上下要进一步增强责任感和紧迫感,加快推进全面深化改革、共同富裕示范区重大改革和数字化改革一体融合,打造更多具有浦江辨识度和全省贡献度的标志性成果,为推动全县经济社会发展向更高质量、更高水平、更高层次迈进提供改革动能。

【全县第二季度开工项目攻坚行动现场会】 4月29日，全县第二季度开工项目攻坚行动现场会召开。会议强调，各责任单位务必高度重视，从思想上振奋精神，从举措上强化落实，把抓项目摆在高质量发展关键位置。要深入查找问题、认真寻找差距，全力以赴补齐短板弱项，进一步增强“一切围绕项目转、一切围绕项目干”的行动自觉，开拓思路、提振信心、大干快干，确保上半年实现“时间过半、任务过半”，力求项目建设工作取得突破。

【县委农村工作会议暨全县农业高质量发展推进会】 4月29日，县委农村工作会议暨全县农业高质量发展推进会召开。会议强调，要深入学习贯彻习近平总书记关于“三农”工作重要论述和“千万工程”系列重要指示精神，按照中央、省委、市委农村工作会议部署要求，扎实推进浦江县“三农”工作，加快打造具有浦江辨识度的标志性成果，为深入推进高质量发展建设共同富裕示范区浦江实践贡献“三农”力量。

【全县制造业高质量发展大会】 5月14日，全县制造业高质量发展大会在浦江中学新报告厅召开。会议强调，要坚决把思想和行动统一到中央和省市有关会议精神上来，坚持工业挑大梁、扛大旗，拼搏实干、开拓进取，全力加快先进制造业破茧蝶变，为“扛旗争先、崛起浙中”贡献浦江力量。

【全县高质量发展推进共同富裕先行示范工作会议】 5月14日，全县高质量发展推进共同富裕先行示范工作会议召开。会议强调，要认真贯彻落实全省高质量发展建设共同富裕示范区推进大会和全市高质量发展推进共同富裕先行示范工作会议精神，上下齐心、精准发力，坚持做大共富“蛋糕”、有的放矢、重塑变革，以更大决心、更强力度、更好状态擦亮共同富裕底色。

【浙江浦江抽水蓄能电站预可行性研究报告审查会】 5月23—24日，浙江浦江抽水蓄能电站预可行性研究报告审查会在浦江县召开，标志着该项目前期工作迈出关键一步，为项目后续可研阶段的工作开展、核准和开工建设打下坚实基础。

【丰安同心·共建共富结对行动启动仪式暨共富联盟党建示范带创建推进会】 5月25日，浦江县举行丰安同心·共建共富结对行动启动仪式暨共富联盟党建示范带创建推进会，通过开展“区域协作共赢”“乡镇共建强基”“组团联村帮扶”“乡贤助推共富”四大行动，组建8对共建结对乡镇，成立227个“助村帮帮团”，打造3条共富联盟党建示范带，探索共同富裕实现路径。会议强调，要深入贯彻落实习近平总书记关于共同富裕的重要指示精神和省市委决策部署，以“抬头志在万里、低头绣花功夫”的精神状态和“功成不必在我、功成必定有我”的使命担当，攻坚克难、砥砺前行，奋力描绘更多具有浦江辨识度的共同富裕美好图景。

【“信仰之源”大寻访活动】 5月27日，县委副书记、县长戴翀带领县四套班子领导、“法检”两长及部分单位主要负责人到仙华外国语学校，开展“信仰之源”大寻访活动，并召开县委理论学习中心组学习（扩大）会。会议强调，要持续挖掘、守护和传承好习近平总书记留给浦江的宝贵财富，并从中不断筑牢信仰根基、汲取智慧力量、赓续奋斗精神，坚定不移做“两个确立”忠诚拥护者和“两个维护”示范引领者，统筹推进疫情防控和经济社会发展工作。

【建设平安浦江暨基层智治系统建设工作推进会】 6月21日，浦江县召开建设平安浦江暨基层智治系统建设工作推进会，贯彻落实省、市有关会议精神，复盘分析总体形势，深入查找短板弱项，部署下阶段重点工作。会议强调，全县各级各部门要坚决贯彻落实省、市、县有关部署要求，勠力同心、再接再厉，全面扎实有效做好维护社会稳定、创建平安浦江、推进基层智治系统建设各项目标任务，在进一步深化平安建设和基层智治系统建设工作中展现浦江担当，以优异成绩迎接党的二十大胜利召开。

【全县领导干部会议】 6月24日，全县领导干部会议召开，传达学习贯彻省第十五次党代会和全市领导干部会议精神，研究部署浦江县贯彻落实工作。会议强调，学习好、宣传好、贯彻好省党代会精神是当前一项重大政治任务，要准确把握精髓要义，切实把思想和行动统一到省委的决策部署上来，不断把学习贯彻过程转化为坚决拥护"两个确立"、坚决做到"两个维护"的过程，把浦江各项工作放置于全省全市的发展大局去谋划、去布局、去实施，确保同向而行、步调一致。

【庆祝中国共产党成立101周年"永远跟党走"主题活动】 7月2日，庆祝中国共产党成立101周年"永远跟党走"主题活动举行，共设17个分会场。

【"稳进提质"现场集中办公活动】 7月10日，"稳进提质"现场集中办公活动在县园区小学举行。市领导面对面接待来访企业，听取意见，了解诉求，为企业纾困解难。

【全县经济稳进提质攻坚行动推进会暨半年度重点工作汇报会】 7月14日，全县经济稳进提质攻坚行动推进会暨半年度重点工作汇报会召开。会上，县委办通报相关县领导分管工作指标排名情况和"六个一"活动开展情况；县经济稳进提质行动专班通报现场办公活动企业需求解决交办和落实情况；县委副书记、县长戴翀对上半年重点工作、重要指标大晒拼情况进行点评；部分县领导对各自分管领域的重点工作、重点指标完成情况进行分析，并聚焦问题短板提出攻坚计划和具体措施；县经济商务局、县自然资源局、县建设局、县社发集团、浦阳街道负责人作表态发言。

【"丰安讲堂"第六期专题报告会】 7月23日，"丰安讲堂"第六期专题报告会在浦江中学报告厅开讲。报告会邀请浙江大学教授、博士生导师、浙商发展研究院院长王永昌，为全县党员干部、企业代表作《学习华为智慧，做新时代奋斗者》专题报告。

【"老兵永远跟党走"暨庆祝中国人民解放军建军95周年文艺晚会】 7月28日，浦江县"老兵永远跟党走"暨庆祝中国人民解放军建军95周年文艺晚会在县南苑小学报告厅举行。县委书记俞佩芬等县四套班子领导出席晚会并为受表彰的先进单位和个人颁奖。

【浦江县创建全国文明城市"集中攻坚"推进会】 8月25日，创建全国文明城市"集中攻坚"推进会召开。会议强调，要聚焦问题短板，强化责任担当，合力攻坚突破，以背水一战的决心、志在必得的信心，交出文明城市创建的高分答卷，确保在省测中成功突围，跻身2023年全国文明城市国测参评榜单。

【全县第三季度开工项目攻坚行动现场会】 9月8日，丰安齿轮年产200万件齿轮改扩建项目开工仪式暨全县第三季度开工项目攻坚行动现场会举行。会上，县委副书记、政法委书记钱福安通报2022年第二批“红旗”“黄牌”“蜗牛”项目，县委常委、常务副县长龚涛涛通报上半年开工项目进展和第三季度开工项目情况。

【全县经济稳进提质攻坚行动推进会】 9月8日，全县经济稳进提质攻坚行动推进会召开。会议强调，要坚决贯彻党中央“疫情要防住、经济要稳住、发展要安全”的要求，全面贯彻落实中央和省委、市委各项决策部署，高效统筹疫情防控和经济社会发展，深入实施经济稳进提质攻坚行动，为全省、全市大局贡献更多浦江力量。

【浙江省第十七届运动会举行圣火采集暨火炬传递启动仪式】 9月21日，浙江省第十七届运动会圣火采集暨火炬传递启动仪式在浦江县上山考古遗址公园举行。省运会组委会主任、副省长成岳冲宣布活动正式启动。

【县委十五届二次全体（扩大）会议暨县政府第一次全体会议】 9月28日，中共浦江县委十五届二次全体（扩大）会议暨县政府第一次全体会议举行。会议回顾总结了2022年以来县委常委会的主要工作，分析研判当前形势，安排部署下阶段工作。会议号召，全县党员干部群众要更加紧密地团结在以习近平同志为核心的党中央周围，在省委、市委坚强领导下，踔厉奋发、勇毅前行，以更加开放包容的姿态融入新发展格局、创造新发展业绩，向党的二十大胜利召开献礼。

【县委全面深化改革委员会第九次会议暨数字化改革领导小组（扩大）会议】 10月14日，县委全面深化改革委员会第九次会议暨数字化改革领导小组（扩大）会议召开。会议强调，要紧抓第四季度重要窗口期，以更加务实精准的举措、真抓实干的劲头，奋战第四季度，冲刺全年红，合力推动各项改革成果全面提质增效。

【浦江县精神文明建设委员会全体会议暨创建全国文明城市工作推进会】 10月20日，精神文明建设委员会全体会议暨创建全国文明城市工作推进会召开，深入学习贯彻习近平总书记关于社会主义精神文明建设的重要论述及中央、省文明办主任工作会议精神，部署安排下一阶段全县精神文明建设和全国文明城市创建工作。会议审议通过县文明委相关文件，听取近期创建全国文明城市工作汇报，通报8—9月乡镇（街道）、社区（村）、部门单位文明城市创建测评结果，部署全国文明城市创建网上资料申报工作。会议强调，要以高度的政治自觉、奋发的精神状态和务实的工作作风，高标准高质量抓好精神文明建设各项工作的落地落实，为浦江县争创全国文明城市、推动“两个先行”提供强大的精神动力。

【全县领导干部会议】 10月25日，县委召开领导干部会议，传达学习党的二十大精神，对全县学习宣传贯彻工作作出部署。会议强调，全县上下要用心感悟、深刻理解、准确把握习近平总书记所作的报告及重要讲话精神，把思想和行动统一到党的二十大精神上来，把智慧和力量凝聚到落实党的二十大提出的各项任务上来。

【第三季度攻坚争先大比拼活动暨“四攻坚四争先”行动推进会】 11月9日，第三季度攻坚争先大比拼活动暨“四攻坚四争先”行动推进会召开。会议观看了作风建设暗访曝光片,通报了向上争取资金、支持政策情况。活动现场,部分乡镇(街道)、产业园区和部门单位负责人围绕“四攻坚四争先”行动开展情况、主要经济指标完成情况、特色亮点工作等方面逐一上台,拼成果、亮作风、比担当。县委书记俞佩芬强调,要深入贯彻市委决策部署,深刻把握“扛旗争先”内涵,强化攻坚争先意识,对标先进、争当先进,以更昂扬的斗志、更务实的作风、更硬实的举措,奋战六十天,干出攻坚高效率,冲刺全年红,跑出赶超加速度。

【十五届浦江县委全面依法治县委员会第一次会议暨争创法治浙江(法治政府)建设示范县推进会】 11月8日,十五届浦江县委全面依法治县委员会第一次会议暨争创法治浙江(法治政府)建设示范县推进会召开,总结盘点浦江县法治建设工作成效,谋划部署下一步主要任务。会议强调,要切实加强对依法治县工作的组织领导,加强部门间沟通衔接;要认真总结具有行业、基层特点的好经验和好做法,积极挖掘、培育和树立一批可敬可信可学的先进典型,在全县范围内营造人人学法、人人知法、人人守法的法治格局。

【全县清廉浦江建设推进会】 11月9日,全县清廉浦江建设推进会召开。县委副书记、代县长胡作滔主持会议。会上,县委常委、县纪委书记、县监委主任傅晓辉通报党员干部违纪违法典型案例。县委宣传部、郑宅镇、县市场监管局作交流发言。会议强调,要深入学习党的二十大精神和习近平总书记关于全面从严治党的重要论述精神,落实省、市清廉建设推进会相关部署,坚定不移推动全面从严治党向纵深发展,着力打造更高水平清廉浦江。

【学习贯彻党的二十大精神市委宣讲团报告会】 11月24日,学习贯彻党的二十大精神金华市委宣讲团到浦江宣讲党的二十大精神。会议强调,全县上下要以此次市委宣讲团到浦江宣讲党的二十大精神为契机,紧紧围绕省委、市委和县委的部署要求,在前一阶段学习的基础上继续学深悟透,纵深推进“六学六进六争先”学习实践活动,扎实推动党的二十大精神在浦江落实落地。

【2022浦江·第13届水晶玻璃产业博览会】 12月2日,2022浦江·第13届水晶玻璃产业博览会开幕式在水晶小镇晶彩广场举行。博览会以“创新智造 晶彩未来”为主题,集中展示国内外水晶玻璃行业发展成果,推动新技术、新产品、新模式的交流与合作,探索水晶玻璃产业转型升级、创新发展的新路径。

【2023年工作思路汇报会】 12月14日,2023年工作思路汇报会,集中听取机关部门、乡镇(街道)、浦江开发区、县水晶产业园区2023年工作思路汇报。县委书记俞佩芬强调,要坚持以党的二十大精神为引领,谋深谋细2023年工作思路,干字当头、创先争优,以干进第一方阵的豪气和勇气,推动2022年工作收好官、2023年工作开好局,为全县经济社会高质量发展作出更大贡献。

【全县领导干部会议】 12月21日,县委召开全县领导干部会议,传达学习省委十五届二次全体(扩大)会议暨省委经济工作会议和全市领导干部会议精神,研究部署浦江县贯彻落实举措。会议传达省委书记易炼红代表省委常委会作的省委十五届二次全会报告及中共浙江省委关于全面学习贯彻党的二十大精神的《决定》精神,省委副书记、省长王浩讲话精神和全市领导干部会议精神。会议强调，全县各级党组织和广大党员要认真学习贯彻省委全会、省委经济工作会议精神，自觉把思想和行动统一到省委的各项决策部署上来，把学习省委全会精神同党的二十大精神、推动浦江县经济社会高质量发展、做好岁末年初各项工作紧密结合起来，一体推进落实，为探索中国式现代化作出浦江贡献。

【县委网信委全体会议】 12月23日，十五届县委网络安全和信息化委员会第一次全体会议召开，深入学习贯彻习近平总书记关于网络强国的重要思想，全面落实省委、市委网信委会议精神，研究部署下一阶段重点工作任务。县委书记、县委网络安全和信息化委员会主任俞佩芬强调，要坚持以习近平新时代中国特色社会主义思想特别是习近平总书记关于网络强国的重要思想为指导，不断提高网络安全和信息化工作水平，为浦江高质量发展提供强大舆论支持、可靠网络安全保障和有力信息化支撑。

县委综合党务

【概况】 2022年，县委办公室深入学习贯彻党的二十大精神，通过系列学习会、培训会，专题学习习近平总书记系列重要讲话和重要指示批示精神，不断增强政治判断力、政治领悟力、政治执行力。统筹推进招大引强突破年、暖企助企服务年、信访积案攻坚年等“三大年”活动，协同推动重大民生实事落实、重大工程项目推进、重大疑难解决等重点工作。高标准高质量完成县委全会、制造业高质量发展大会等一系列重大会议、活动筹备工作。起草领导讲话、工作汇报和典型发言等综合性文稿280余篇，编发《浦江工作》各类信息119期，组织向上级报送信息419条，被采用100余条。精心制定各级领导到浦江调研行程安排，累计接待省市领导到浦江开展调研工作282批次，约1600人次，做好外宾接待2批46人。深化党史宣传研究，开展浦江党史三卷编写工作，完成1978—2002年浦江党史大事记编写。创建市级交流基地—海峡两岸书画家工作站，举办浦台乡亲书画摄影作品展等。牵头组建数改工作专班，争取省级以上试点35项。持续加大保密警示教育力度，全面落实“三大管理”，实现保密检查全覆盖，完成1111台的信创电脑替代任务，实时活跃率74.3%。

【办文办会工作】 2022年，中共浦江县委完成县委十五届二次全会、第十五届中国书画节、全国文明城市创建暨“品质名城”建设大会方案等18次全县性重大活动的筹备工作，保障重大活动的顺利进行。共起草、审核、印发正式文件210份，及时登记、拟办、流转和归档各级收文3328份，梳理、登记县委主要领导的人民有效来信138封，交办领导批示件570件，开展督查50余次。

【督查考评工作】 2022年，督查室切实开展督促跟踪检查工作。紧盯县委县政府中心工作和领导交办工作，累计联合县纪委、县府办等相关职能部门开展50余次督查，下发10期督查通报，76个督办单，上报主要领导专报9期，推动除险保安、信访等一批重点工作的顺利开展；对重点建设项目、十件民生实事进展每月进行梳理汇总，对全会分解任务进展进行每季度梳理汇总，通过现场走访和对接联系方式督促进度不理想的工作；联合县纪委、县府办等单位组织开展6次值班纪律和应急响应督查，下发了6期督查简讯。推进“七张问题清单”应用工作。组织开展全县“七张问题清单”重大问题起底排摸，结合群众急难愁盼的迫切要求，梳理符合清单准入标准的问题，向上推送，全县共有省级问题17个，全市位列第一；第二季度以来，全县问题管控力量化指数跳出全市倒数，站稳第二方阵，冲击第一方阵；2022年以来新增的11个省级清单问题和46个市级清单问题，均为主动发现问题，省、市问题主动发现率均居全市前列。做好人民来信工作。2022年共梳理县委主要领导的人民有效来信138封，对人民来信批示办理情况进行跟踪督办并及时反馈，对主要领导每月15日下访接访的信访诉求办理情况联合信访局进行跟踪督促。开展考核评议工作。完成2021年度综合考核工作，完善修订2022年度综合考核办法；做好第一、第二、第三季度“扛旗争先”大比拼活动的组织工作；对新时代美丽乡村长效管理、文明城市社区村共建情况进行每月测评。

【信息工作】 2022年，县委办信息科紧密围绕县委县政府各项决策部署，认真抓好全县党委信息工作，较好地发挥了信息的参谋助手作用。全年共编发《浦江工作》各类信息119期，其中《领导参阅》11期、《动态信息》46期、《工作情况交流》58期、《业务通讯》4期；组织向上级报送信息419条，被采用100余条。坚守紧急信息报送安全底线，严格执行紧急信息报送纪律，及时、准确、全面地向本级党委政府和上级部门报送信息，获省、市领导批示5次，县级领导批示8次。围绕中心工作，选派1名信息科工作人员到市委办信息处、文电处顶岗工作，选派2名信息科工作人员进驻县疫情防控指挥部集中办公。健全信息网络队伍，定期开展信息员培训，全年共接收顶岗学习4批次10人，开展部门“一对一”信息培训3次。

【法规工作】 2022年，法规科认真落实省委办《2021年党内法规工作情况和2022年工作安排》和市委办关于党内法规工作的部署要求，推进党内法规工作质效稳步提升。全力抓好党内法规学习贯彻。县委高度重视党内法规制度建设，1月12日召开十五届县委常委会第3次会议、3月15日召开县委理论学习中心组专题学习会深入学习习近平总书记关于依规治党的重要论述和全国党内法规工作会议精神。严格执行前置审核制度。坚持个性化审查，注重“面对面”与拟稿单位、联审单位、协审单位充分沟通对接，梳理总结审查发现的问题，向拟稿单位出具《党的规范性文件备案审查意见书》，及时跟进审查意见反馈情况，切实有效提升县委规范性文件质量。全年共向市委备案规范性文件9件。深入推进“下备一级”审查。对87家备案单位实施清单化管理，编制《全县党的规范性文件备案审查情况统计表》，实时更新报备单位备案工作各项指标，确保报备单位眼中有“数”。全年共审查向县委备案的规范性文件56件。开展规范性文件专项清理。根据省、市要求，制定《关于做好涉计划生育党的规范性文件专项清理工作的通知》，明确清理的范围、标准、处理方式、具体工作要求，并会同县纪委县监委机关等重点单位全面开展专项清理工作。经县委、县政府研究决定，共废止涉计划生育县委党的规范性文件12件、宣布失效1件、修改1件、继续有效1件。

【党史工作】 2022年，党史研究室贯彻落实全省第十次党史工作会议精神，围绕党史教育长态化、长效化要求，对全县红色资源进行了重新排查，进一步完善红色遗址场馆建设和管理工作。开展党史进学校活动，协助浦阳第一小学建立面积300平方米的党史教育“思政馆”。完成浙江省党史部门党史1980—2021年工作成果目录报送，完成市脱贫攻坚口述材料3篇的最后定稿。制作“双星争婺，示范争先”金华市第八次党代会精神宣讲视频2个、婺江潮声“四史”宣讲团集中宣讲视频1个。在浙江新闻客户端“夜读党史”发表文章3篇：《一块遍布沧桑的夯板》《一封70年前烈士牺牲通知书》《革命烈士遗书中的铁骨柔情》。开展全国党史和文献系统中华版本普查的浦江普查工作。完成省委党史和文献研究室《一张蓝图绘到底——忠实践行“八八战略”全纪录》浦江篇的初稿撰写。着手做好《中国共产党浙江浦江历史第三卷（1978—2012年）》编写工作准备。

【外事工作】 2022年，县外事办统筹参与各类外事活动，履行外事职责。全力赋能企业“走出去”和“引进来”，用好疫情防控期间“免邀请函”政策红利，推动符合条件的企业直达快享，为企业急需外籍专家、人才等入境申请“快速通道”，全年共协助3家企业成功申报邀请外国人来华“白名单”企业；积极组织APEC商务旅行卡宣介会，普及惠企政策，助力企业海外发展；开展海外领事保护宣介活动，针对部分地区局势不稳情况，协助开展撤侨回国工作，保障浦江县公民和企业在外安全和合法权益。完成2批外宾接待工作，进一步讲好浦江故事，彰显浦江风采，不断擦亮对外开放宣传窗口。

【对台事务】 2022年，台办工作被市台办评为2022年度优秀。创建金华市两岸书画家工作站，在前期阶段，县委主要领导亲自过问选址情况，并对创建两岸书画家工作站事宜给予大力支持。县委常委、统战部部长和县委办主任、台办主任分别先后多次实地踏勘对台交流基地在月泉书院选址情况。经过一个半月装修，金华市两岸书画家工作站于12月15日揭牌成立，14名台籍书画家入驻工作站。12月初，已向省台办请示创建以两岸书画家工作站为主题的“浙江省对台交流基地”，争取早日创建成为省级对台交流基地。12月15日，举办“书画传真情 两岸一家亲”2022年浦台乡亲书画展暨“印象金台”两岸摄影家优秀作品展（统称“金台携手、同心筑梦”两岸书画摄影作品展）。书画摄影作品展由中国美术学院美术中心指导，浦江县文联、浦江县台联会联合浦江旅台同乡会、南投县名间乡妇女大学共同主办。此次书画作品既有历年来浦江旅台同乡提供的由连战、洪秀柱等名人关于中山中学建校周年庆典题词，又有来自岛内南投、台中、台北、新北、桃园等地30位乡亲的作品，摄影作品则是收集了大陆和台湾众多摄影家的作品，据统计共有87幅书画作品和40幅摄影作品参展。做好日常台胞台属台企服务。组织在浦江的台湾同胞、台生、陆生共16人到绍兴、杭州等地开展台胞“看浙江”交流联谊活动。结合端午节、中秋节等传统节日开展联谊。联合县农商银行发动在浦台胞办理“金融卡”。解决在浦台胞小升初就读问题。

【深化改革】 2022年，中共浦江县委以数字化改革为总抓手，推进数字政府、数字经济等6大领域改革，全面落实全省重大改革任务和市县特色重点改革项目。按照“五个一批”的要求，谋划建设数字化改革应用场景46个，新增省级试点23个、市级“最佳应用”4个，形成理论成果66项、制度成果65项，改革经验获省部级以上领导批示肯定5次、在省《竞跑者》刊发8次。“云享药房”应用列入全省“一地创新、全省共享”“一本账”S0；“水源安享”应用两项技术成果入选水利部重点推广名录，并入选省《数字政府系统优秀应用案例集（第三批）》和省水利厅2022年地方水利数字化改革典型案例；“葡萄产业大脑”入选省《2022年度数字经济系统产业大脑优秀案例》并获评2022年度全省农业农村数字化改革“优秀应用”；“好家风”评价指数入选《浙江省高质量发展建设共同富裕示范区最佳实践(第二批)》；告知承诺信用管理应用获评全省信用数字化改革应用场景十大示范案例。

【“三服务”工作】 2022年，中共浦江县委深入贯彻中央、省、市关于“服务群众、服务企业、服务基层”相关决策部署，围绕“疫情要防住、经济要稳住、发展要安全”的总要求，依托“暖企助企服务年”，聚焦群众急难愁盼、企业难点堵点、基层解压松绑，以“三新”举措有序开展多层次多轮次的服务活动，回应群众5600余次，服务企业4800余户次，帮扶基层2600余人次。发挥好“三服务”小管家平台功能，2022年“三服务”小管家收集问题13119件，办结率99.92%。

（郑立弓）

组织工作

【概况】 2022年，全县发展党员200人，其中女党员74人，占37%；35岁以下138人，占69%；大专以上157人，占78.5%。全县共有党员26746人，其中35岁以下6051人，36～45岁4914人，46～55岁5283人，56～60岁2536人，60岁以上7962人；大专以上13291人，高中(含中专)6403人，初中及以下7052人。全县各级党组织1281个，其中党(工)委80个，党总支34个，党支部1167个。全县现有人才总量8.63万人，占全县户籍人口21.66%，其中党政人才2298人、经营管理人才4010人、专业技术人才47663人、高技能人才24967人、农村实用人才6475人、社会工作人才881人。全县新入选国家引才计划1人、省级引才计划1人、市“双龙计划”创业项目1个，新成立科研院所2家。全县共有离休干部23人，其中安置在外4人，年龄最小的88岁，年龄最大的98岁，平均年龄93.13岁。

【干部选拔任用】 全县15个乡镇(街道)、56个机关部门单位、5家县属企业班子成员和其他县管干部共551名，法院、检察院等市管班子成员和其他市管干部31名。领导班子成员平均年龄45.57岁。在科级领导干部中，35周岁以下年轻干部43名，女干部88名，党外干部18名。全年共调整交流领导干部5批、197人，其中提拔或进一步使用干部92人，平职转任105人。2022年，县委组织部常态化开展政治素质考察、大战大考专项考察，创新“村事月考”“上任一件事”等“晒拼”机制，全面了解掌握干部工作能力和担当作为表现。聚焦招大引强、产业发展，迭代“揭榜挂帅”赛马平台，成立百人招商团队，推动亿元以上项目招引进位升级，提拔重用敢于担当、表现突出、群众公认的干部36名。实施年轻干部“领跑者”培养计划，依托“95后”年轻干部打擂比武、百岗交流等平台，分层分类储备200名优

2022年6月25日，县委组织部开展全县“95后”年轻干部能力素质大比武活动 （干部科提供）

秀年轻干部。2022年，县委选人用人满意度全市第一。

【抓实党建联建机制】 2022年，浦江县坚持以党建联建集聚整合资源要素，构建县级示范带动、镇街结对共富、区域联建抱团、村村自我造血的全域共富格局。创新实施“五重抱团”党建统领城乡区域结对帮扶机制，按照“产业叠加做大、项目共建做强、强弱结对帮带”原则，串点成线打造“浦阳江潮”“仙华同秀”“壶源山水”“江南兴业”4条共富示范带，与义乌市、金华开发区的发达镇街组建7组结对共建单位，建立62个党建联建片区，谋划村级自我造血项目1501个。2022年，全县经营性收入1.87亿元，比上年增长28.65%；在全市率先完成总收入30万元且经营性收入15万元村全覆盖；经营性收入超50万元的行政村204个，占比89.87%，位列全市第二，比上年增加73个；超100万元的行政村80个，占比35.24%，位列全市第三，比上年增加57个。

【全链管育共富骨干队伍】 2022年，浦江县持续推行村社干部“赋能十招”，每季度组织开展村社打擂比武活动，举办周末学堂、跨镇挂职等各类学习培训活动86场次。创新实施“双雁争先”培养计划，分别开展“乡村CEO”培养行动和“80·90·00”强村壮苗行动，在全县择优挑选50名村党组织书记和50名乡村振兴后备人才，通过精准分班、分类培训、动态管理、“四百”实训，推动村社干部队伍结构功能全面优化、素质能力全面跃升、闯劲干劲全面激发。常态化开展村社换届“回头看”，出台“十型问题”村社干部表现情形，细化5个方面20项检查事项，2022年累计调整不合格不胜任村社干部34名，其中村支书10名。

2022年5月25日，浦江县举行丰安同心·共建共富结对行动启动仪式暨共富联盟党建示范带创建推进会 （洪海松 摄）

2022年3月24日，浦江县举行第一季基层党建现场会暨第一季度村社打擂比武活动（张　璐 摄）

【深入推进现代社区建设】 2022年，浦江县坚持党建统领、系统变革重塑，优化设置网格、微网格，制定出台“两长一员”8项激励机制。配优配齐村社力量，招录专职社工135名，专职社工总数281人，进一步充实专职网格员队伍。探索构建现代社区居家养老“1334”模式，打造浙里康养“宣和实践”“小哥+老哥”等多个现代社区特色品牌，“宣和实践”获省委常委、组织部部长王成调研肯定，获市委常委、组织部部长王尧祥批示肯定。创新开展社区药事服务便民行动，“云享药房”应用成为“一地创新、全省共享”的数字化应用。强村富民乡村集成改革、城市社区议事协商改革工作均入选省级试点。宣和、塔山、中梗、江滨4个社区在全市率先通过市级

"争先社区"验收。10月，承办全市现代社区建设工作领导小组办公室第三次主任会议，在全市现场路演活动中获第二名，现代社区建设工作考核为全市第三名。

2022年10月27日，浦江县承办全市现代社区建设工作领导小组办公室第三次主任会议（应旗峻 摄）

【干部考核培训】 2022年，中共浦江县委干部科连续2年将干部队伍建设大会作为年初首个大会，聚焦招大引强、产业发展等发布7期"招贤令"，全面动员县领导带头挂帅、正科级干部领衔招引、退出现职领导助力攻坚、年轻干部奔赴一线，择优组建百人招商团，持续营造全员抓招商、抓经济的浓厚氛围，助力制造业投资连续两年保持30%左右增长。

2022年，中共浦江县委组织部聚焦集体经济、信访积案化解、党员整治立规等8件"村事"，考核评价乡镇领导干部抓联村工作实绩表现，推行乡镇和村社每月"双排名"机制，后进者落实一次提醒、二次通报、三次约谈，多维度识别乡镇领导干部履职状态，推动干事画像和干部画像有机融合，获《农民日报》《浙江日报》关注报道。中共浦江县委组织部坚持把干部跨单位交流工作做在日常，通过单位提名和组织排摸相结合、单位了解和组织把关相结合、单位协商和组织调配相结合、单位评价和组织管理相结合"四个结合"，推动104名干部跨单位交流，满足44个单位的用人需要，其中53名优秀年轻干部成长路径得到优化，23名基层干部进入综合部门重要岗位锻炼，4人因适岗性差等因素进行逆向交流。中共浦江县委组织部全面深化"百场课堂"平台建设，立足服务发展需要，围绕共同富裕、数字化改革、招大引强等重大决策部署，分级分层开展全员覆盖培训，邀请国内有影响力、有学术地位的专家学者讲授"丰安讲堂"，与浙江大学等高等学府以及先进地区合作办学，组织各职能部门分领域开展专题培训，推动干部放大格局、提升本领。

2022年8月26日，全县领导干部学习贯彻省第十五次党代会精神集中培训正式开班（黄天奇 摄）

【基层组织党建】 2022年，浦江县以党建创新引领基层治理，全面推行"好家风指数"评价体系，制定"5+1"家风评价标准，以红黄榜、好家风信用贷等激励群众向善向上，推动社会治理成效得到充分彰显。"好家风指数"运用以来，全县有效警情下降11.3%、治安案件下降18.2%，电诈案件下降25%、案损下降60.3%，相关做法获中共中央政治局常委、中央纪委书记赵乐际批示肯定。"好家风指数"评价体系入选全国乡村治理示范村镇典型经验，获评浙江省第二批共同富裕最佳实践案例。"好家风信用贷"获评第五届浙江省公共管理创新案例。迭代升级"丰安红管家"应用3.0版，打造"党建强"等5个子场景19个模块，应用注册用户共计29.6万人，覆盖农村人口的97.1%，累计督考基层党组织、党员干部2187次，办结群众诉求4450件，引导群众参与自治1.2万人次，访问量193.8万次。“丰安红管家”应用入选金华市首批“浙里办”优秀案例，在全省基层智治系统优秀应用路演会上做演示，作为优秀案例被编入2022年10月全省数字化改革大会书面材料。

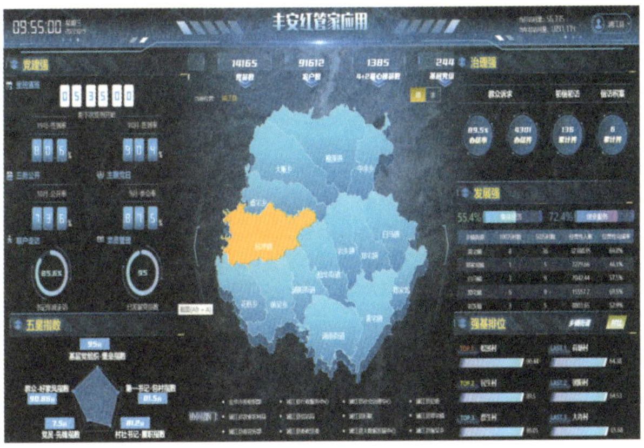

浦江县“丰安红管家”应用3.0版

【两新组织党建】 2022年，浦江县通过组织牵头，整合辖区企业、农村、行业协会（商会）、社会组织等资源要素，用好“四张清单”，推动经营状况好、企业信誉高的企业和优质社会组织精准结对村社建设工坊。引入市场化机制，因坊施策打造“企业+强村公司+农户”“三分六统”“三个三机制”等运行模式，

2022年9月2日，浦江县前吴乡“水墨前吴·共富工坊”正式揭牌 （周升帅 摄）

畅通生产、销售、分配各环节的利益机制，确保工坊高效运转。做好服务，建立包联帮扶机制，每个乡镇明确1名乡镇领导、1名驻村干部、1名村“两委”委员包联1个“共富工坊”，帮助协调解决工坊建设、运营过程中遇到的问题。全年共建成来料加工、产业赋能、电商直播、农旅融合、定向招工、品牌带动六类“共富工坊”59家，带动农村剩余劳动力和低收入农户就业1557人，人均年增收2.8万元。

【公务员管理】 2022年，县委组织部科学编制招录计划，招录公务员（参公）59人。全年开展职级晋升2批次371人，择优晋升职级186人，嘉奖494人、记三等功59人，1名公务员获评浙江省“人民满意的公务员”。实施考核提质增效专项行动，出台《关于公务员平时考核有关问题的答复意见》，创建县级示范点5家、联系点20家，以点带面推动平时考核工作整体提升。

【党管人才】 5月，县委人才工作领导小组扩大会议专题研究全年重点人才工作，通报《全县人才科技考核指标》，分析短板弱项，做好下一步工作部署；审议通过《关于实施“才聚浦江”行动打造创业创新高地的意见》等文件，要求各部门切实抓落地、抓兑现，确保好政策执行到位。召开重点人才工作推进例会，讨论研判相关单位上报的重要人才工作议题，交办人才工作事项，研究部署重点工作任务，通报督导重点人才工作、项目、指标完成情况等。

【人才发展机制提效】 迭代人才新政3.0版，全面提升入职补贴、购房补助，加大住房保障力度。规划新建价值3亿元的252套金狮湖人才公寓，把最美湖景房给最优人才。同时，“进村入企”宣传人才新政，实现规模以上企业、应届毕业生家属、在外高层次人才"三个全覆盖"。

2022年6月24日，在浦江县两新党组织书记稳经济能力提升专题培训会上进行人才新政解读

（黄天奇 摄）

【人才引进储备】 2022年，国家引才计划入选1人，实现9年来零的突破；省级引才计划入选1人，实现6年来零的突破。开展"揭榜挂帅·全球引才"活动，共计筛选发布技术难题51项。

【招引实用型人才】 2022年，中共浦江县委人才办举办"家燕归巢·智汇浦江"大学生暑期实习实践活动，征集发布企业、金融机构、机关事业单位实习实践岗位580余个，吸引640余名青年学子参与，鼓励和引导大学生发挥专业特长助力家乡发展。组建招才工作组分别到西南、西北、东北等地实施政策

2022年7月16日，浦江县"家燕归巢·智汇浦江"青年人才户外拓展活动启动（县人力社保局提供）

引才，开展各种形式招聘活动52场，新引进大学生4267人。

【本土人才培养】 高质量推进职业技能等级认定试点工作，新增备案技能等级试点企业11家，开展实施认定企业27家。部门联动规范开展职业技能竞赛，助推全县高技能人才培养工作。2022年，开展企业自主认定39场、职业技能等级竞赛6场，新增高技能人才4077人，新增高技能人才指数全市第一。

【平台能级提升】 人才发展平台提能升级，揭牌成立浙江大学金华研究院浦江分院、浙江外国语学院跨境电商浦江研究院，在浦高校分院分所增至6家，为引进更多符合浦江发展方向的产业项目和培养更多复合型高技能电商人才提供支撑。完成1200平方米智能挂锁产业工程师协同创新中心验收，投入使用占地2公顷的科创园二期工程，为人才提供更多创业创新空间，助力传统产业转型升级。

【人才发展生态提优】 2022年，中共浦江县委人才办全力推进人才工作数字化改革，推出"浦惠英才"服务平台，人才"一码在手、办事无忧"，领码数1.9万个，领码率、激活率稳居全市第一、第二。推出"乐在浦江"人才码暖心活动，瞄准人才衣食住行等关键需求，动员150余户商家推出0～9折专属优惠，惠及960余人次，青年人才幸福指数不断提升。开展"双留双引"活动，围绕"留人、引人，留才、引才"主题，发动各部门单位开展人才引留活动63场，全县形成上下大抓人才氛围。注重推动人才工作宣传，营造爱才重才的浓厚氛围，在《中国组织人事报》《浙江日报》等国家级、省级媒体发表人才工作信息报道。其中，《浦江县大力实施"浦江工匠"培

育工程 实现技能人才规模质量双提升》获副省长高兴夫批示。

宣传工作

【概况】 2022年，全县宣传思想文化战线深入学习贯彻习近平新时代中国特色社会主义思想，紧扣迎接宣传贯彻党的二十大精神这条主线，围绕宣传文化思想领域“六大行动”，自觉承担起“举旗帜、聚民心、育新人、兴文化、展形象”的使命任务，打造一批宣传思想文化领域标志性成果，为浦江纵深推进“五大战略”、坚定不移走好“五条道路”贡献宣传思想文化力量。2022年，县委宣传部被评为浙江省基层理论宣讲成绩突出集体。浦江县委网信办被评为2022年度浙江省数字乡村建设工作成绩突出集体。县社科联在全省测评中被评为优秀单位；全年各项工作获省市级领导批示7次。

【理论武装】 2022年，举办“喜迎二十大 奋进新时代”暨“共同富裕·青年说”微型党课大赛，“丰安青年”理论宣讲水平不断提高，《奔向高质量发展的“春天”》等10余个微宣讲视频在“婺江潮”公众号上推送。深入开展“六学六进六争先”学习实践活动，策划推出党的二十大精神“一镇一品”特色宣讲，累计开展各类宣讲1600余场次。推出“聚焦二十大”“共同富裕说”“两个先行”等线上微宣讲109期。宣讲作品在省市微型党课大赛中获奖10余次，其中《粒粒辛苦 皆为幸福》获省第十三届微型党课大赛美术微型党课一等奖。联合高校智库，围绕县委县政府中心工作、“五大战略”等内容，为浦江经济社会高质量发展提供智力支持。组织开展“奋进新征程 礼堂大学习”党的二十大精神群众性宣传教育活动，在村文化礼堂拍摄“基层干部说”党的二十大微视频15期。开展“读‘足迹’谈体会”理论征文活动，征集理论文章67篇。开设“丰安潮声”理论专栏，刊登理论文章18篇。中余乡获评省农村文化礼堂建设示范乡镇（街道）。高质量高规格举办“丰安讲堂”2期，邀请浙江省文史馆馆长、浙江党建研究会会长、浙商发展研究院院长、浙江大学教授、博士生导师、浙江省人大常委会原副主任王永昌，浙江省经济和信息化厅一级巡视员、省政府参事凌云到浦江授课，提升领导干部政治理论水平。每周编辑一期《学习资料》，现已编发41期，对27家党委（党组）理论学习中心组开展巡听旁听，提高基层理论学习质量。“学习强国”学习平台刊稿量位列全市前列。

2022年7月23日，王永昌（左）在“丰安讲堂”授课
（冯阳康 摄）

【新闻宣传】 2022年，推出“喜迎二十大 奋进共富路”“二十大精神在基层”等专栏报道，摄制《这一路我们感恩至今》纪录片1个，原创新媒体栏目“畅梦想 话担当”21期。围绕“五条道路”、县两会等重要节点、重点工作，开设“扛旗争先三大年 立中起势图赶超”等专栏20余个，推出各类题材新闻报道

4000余篇。紧盯省运会五大赛事、圣火采集暨首站火炬传递等关键节点，陆续开设“喜迎省运会”“聚焦省运会”“寻找身边的体育达人”等专栏12个，广播、电视每日高频播出省运会公益广告，市、县媒体累计推出报道2000余条(篇)。同时，加强与省级及以上主流媒体对接，在省运官网官微、中新网、浙江新闻客户端、民生网等平台推出报道340余条(篇)。持续传播正能量，刊播疫情防控相关报道2200篇。推出《人人配合才能人人平安》《当疫情遇到高温防疫同时要防暑》《涓涓细流汇聚成抗疫合力》等接地气的系列评论13篇。开设“战疫求助平台”24小时“不打烊”的求助通道，累计回应处置各类求助事项320余条。

【文化产业发展】 2022年，浦江县每万人公共文化设施面积达4901平方米，建成50个“15分钟品质文化生活圈”、3家乡村博物馆、2家城市书房、2家“农家书屋+新华书店”运行模式的乡村书房、1家文化驿站，公共文化服务均等化得到提升。成功举办2022“万年浦江”全国中国画作品展览。“江南第一家——郑义门”被命名为浙江省廉洁文化教育基地，上山考古遗址公园、石西民故居被纳入金华市“真理味道 信仰之源”红色文化长廊，红色塘波“初心之路”被推荐为金华市红色文化长廊精品旅游线路。举办浦江首届美食品鉴会，评选出“浦江十大金牌菜”“十大点心”“十大冷菜”等“浦江菜”系列，扎实推进文旅产业稳进提质。打造《早安浦江》栏目，创新县域文旅推广传播的新路径。

【精神文明创建工作】 2022年，文明城市创建从五大机制建设、三大难点突破、三项举措营造氛围等方面立势破局，提升城市精细化管理水平。持续开展创建全国文明城市宣传，创新推出《老哥讲文明》《盖碗茶》等特色栏目，累计推文1494篇。高分通过创建全国文明城市未成年人工作省级测评。“有礼”实践擦亮本土品牌，打造“浙江有礼·浦韵新风”文明新实践品牌，被列入全省第一批20个县市金名片展示名单；《浦江县推进“浙江有礼·浦韵新风”县域文明新实践》被《浙江宣传》录用；全年获评“金华好人”12人，“浙江好人”2人，先进典型的示范引领作用有效发挥；有礼品牌建设工作全市年度排名第一。搭建周六村社文明共建、礼让斑马线文明劝导、疫情防控等常态化载体，推动“志愿浙江”平战结合，全年组织开展活动3.59万场，参与志愿者共计85.15万人次，综合排名全省第五。浦江县百分百公益“周六公益课堂”获市级志愿服务项目大赛金奖，县“帮忙老哥”工作室获评浙江省最佳志愿服务组织。

【网络宣传】 2022年，完成和美百姓群提质扩面工作，建群率和入群率分别为100%和98%，暖心正能量转发率100%，持续位居全市第一。围绕“党的二十大”重大主题，依托和美百姓微信群矩阵，第一时间转载党的二十大有关精神，全方位营造全民学习热议的浓厚氛围。举办2022“四好浦江”——数说留浦过大年和文明浦江新风尚短视频大赛，收到各类作品160余部，累计播放量突破800万次。建立网信与多部门协同联动的工作模式，与公安联动实现“及时巡查、技术落地、信息共享”，浦江网信舆情安全闭环整体智治应用在“浙政钉”端和“浙里办”上线，与市级“金网安”实现贯通。“民情暖哨”画出最大同心圆。组建丰安啄木鸟网络举报队，主动巡查发现本地官方网站及公众号不规范表述15条。加强网络文明建设，发布《浦江县网络文明公约》，制作H5发动全体网民参与文明接力，累计参与人数超3万。围绕“除险保安”等专项治理行动开展联合执法25次，相关做法被省委网信办《浙江网信》《依法治网专刊》采用。

2022年6月，浦江县杭坪镇“民情暖哨”站点为群众提供线下服务　　（陈怡君　摄）

（郑　璐）

统一战线工作

【概况】 2022年，县委统战部以贯彻习近平总书记关于加强新时代党的统一战线工作的重要思想为主线，制定出台《浦江县统一战线助力县域经济高质量发展三年行动计划》和浦江统战2022年十大标志性项目，相关工作获省委常委、统战部部长邱启文批示1次，省委统战部副部长谢辉批示肯定1次，市委常委、统战部部长王志强批示肯定3次，在国家、省、市媒体刊登稿件180篇，其中人民网等国家级媒体50余篇，各乡镇（街道）发表宣传报道400余篇。1月，开展“同心聚力共同富裕”新春大走访大调研专题实践活动，共收到统一战线成员诤言良策200余条。3月，市委常委、统战部部长王志强到浦江调研统战工作，并批示“浦江新乡贤工作已初步形成规范化、常态化、体系化的特色品牌，值得各地学习借鉴”。响应“双浦江大融合”战略，组织“双浦守望·一江同心”对口支援活动，关键时刻将20余吨浦江特色农产品运送至上海浦江镇。5月，对全县45周岁以下、任中层正职已满两年的18位公务员或事业编制的党外干部进行“双走访”。印发《浦江基层统战工作系统性重塑实施方案》，成立村级统战工作领导小组、制定村（社）书记履行统战工作第一责任人清单、下发试点任务、加强业务培训和工作晾晒、完善考核体系，有力提升乡镇（街道）重视统战、谋划统战、做实统战的意识和能力。10月，组织全县统一战线各领域采取线下、线上等方式收听收看党的二十大开幕会，引导各领域统战人士勇担新使命、同心共向党，并推出各统战成员热议二十大系列报道。全市统战工作推进会在浦江召开。会上，浦江县进行特色应用演示，并围绕同心共富工作进行经验交流。11月，在义乌市委党校举办2022年浦江县党外代表人士暨基层统战干部培训班。下发《浦江统一战线“永远跟党走”学习宣传贯彻党的二十大精神系列主题活动方案》，进一步夯实统一战线共同思想政治基础。12月，《浦江：培育未来新乡贤　反哺家乡促共富》专报，获得省委常委、统战部部长邱启文批示。浦江县统战之家（乡贤会客厅）开工建设。

2022年3月30日，20余吨浦江特色农产品运送至上海浦江镇助力疫情防控　　（县委统战部提供）

【民主党派统战工作】 2月，中国民主促进会(以下简称“民进”)浦江基层委开展“春联万家·推动共同富裕”活动，中国民主同盟(以下简称“民盟”)浦江支部在前吴乡灵溪村开展“迎新春 送温暖”活动。4月，民盟浦江支部到前吴乡福和希望小学开展“盟校共建”活动，传承中医文化，讲授中医药知识。5月，中国国民党革命委员会(以下简称“民革”)浦江县支部到金狮社区、宣和残疾人之家开展“博爱·牵手”系列活动之公益课堂和文化下乡。民进浦江基层委到黄宅镇前一村开展“世界高血压日”义诊和宣教互动，与虞宅中学举行结对仪式，并举办“送教下乡”活动。7月，民进在浦江美术馆举办“喜迎二十大 办好省运会 争创文明城”会员书画摄影展，共展出中国画、书法、摄影、当代水墨等作品50余幅。10月，民盟浦江支部会同浦江县图书馆将800余册涉及文化、哲学、历史和科普的图书送到共建单位前吴福和希望小学和黄宅中学，正式建立“盟校共建图书驿站”。12月，民盟“吴茀之纪念馆”获评省级“盟员传统教育基地”，浙江省副省长、民盟浙江省委会主委成岳冲到浦江为教育基地揭牌。

【新乡贤工作】 2022年，春节期间，新乡贤们通过向居家养老中心捐款、给长辈发红包、为困难家庭发放过节物资等形式捐赠款物价值372万余元。黄宅镇上市村黄世专、黄岩山两位新乡贤捐资200万元成立“上市村慈善基金”，定向用于上市村助学、助老和助困等公益事项。5月，在杭坪镇召开“浦贤·绘浦”工作座谈会，与会人员围绕资料收集、工作开展载体、平台建设推广建言献策。确定《乡贤助推共富行动方案》，形成“乡贤助推共富”行动2022年重点任务清单。联合县文联举办“画说月泉”——浦江县新乡贤书画作品邀请展，展出80幅以月泉为背景的画作。制定《新乡贤爱心基金章程》和操作规范。7月，在檀溪镇召开在杭乡贤座谈会，与会乡贤们结合自身工作围绕经济建设、产业发展等方面建言献策。在郑宅镇建立新乡贤培育“青禾计划”实践基地、直播基地10个，组织大学生网络直播20余场，超3万人次观看，销售葡萄、黄桃等各类水果0.95万千克。花桥乡举办“青禾计划”启动仪式，新乡贤与青禾学子一一结对，助力学子成长。实施“乡贤助推共富”行动，郑宅镇筹集首批350万元成立“宋濂·乡贤”爱心基金，并举行“青禾兴镇 引凤还巢”2022年大学新生送学礼活动。檀溪镇举办新乡贤爱心基金奖学助学金发放仪式，57名学子获得首批奖学助学金。10月，下发《浦江县“乡贤无忧”活动方案》，在全县范围内开展乡贤无忧活动。郑宅镇新乡贤培育“青禾计划”实践基地揭牌仪式在郑宅镇泰隆银行举行，泰隆银行金华郑宅支行面向新乡贤培育群体整体授信5000万元。11月，下发《关于开展村级乡贤元素全覆盖的通知》，充分利用各村“文化礼堂”“文化长廊”“乡贤榜”等展陈载体，培育一批富有地方特色和时代精神的乡贤文化阵地。下发《关于实施新乡贤培育“青禾计划”的通知》，以大学生为培育主体，吸引更多的大学生回乡参与家乡建设。12月，启用“浦贤绘浦”平台，在“诗画浦江”App上开通“浦贤绘

2022年9月21日，浦江县吴茀之纪念馆获批省级民盟盟员传统教育基地 （高 攀 摄）

浦”频道。

2022年8月26日，郑宅镇宋濂·乡贤爱心基金成立　（陈　好　摄）

【民族宗教工作】　4月，在浦阳街道、仙华街道成立2个浦江县民族宗教事务所，专报获市委常委、统战部部长王志强批示。在浦阳教堂召开浦阳堂务扩大会议，一致通过对和平南路原浦阳教堂进行协议征收，异地重建方案。5月，在亚联小学成立首个石榴红“小主人”宣讲团。6月，浦江城市民族工作在全省“微课堂”交流会上作经验介绍。7月，联合仙华街道在金宅社区开展“六月六”活动，表演迎贵宾唱“拦门酒”、芦笙舞、手语舞《名字叫中国》等节目，并举行“石榴红家园”授牌仪式。联合县文联、县教育局、县经济开发区在亚联小学开展“艺企联心夏令营”公益活动，丰富新浦江人暑期文化生活。8月，开展全县“除险保安百日攻坚”工作，联合县民政局对12家养老机构、儿童福利院排查情况。9月，召集县政协文史办、县文联、县作家协会召开座谈会，讨论“一庙一景观一故事”编写工作。10月，开通运行“浙里民宗快响”应用和“浙里宗教财务监管在线”应用。11月，组织全县宗教界代表人士到湖州开展“踔厉奋进新时代·五教同行新征程”。12月，由省委宣传部、省委统战部、省民族宗教委员会共同主办的“学习贯彻党的二十大精神　铸牢中华民族共同体意识”全省微党课巡回宣讲活动（金华站）在水晶小镇举行。黄宅中学、仙华街道金宅社区获评第五批省级民族团结进步创建重点培育单位，江南第一家被评为2022年度省级民族团结进步教育基地。古竹林寺被评为2022年浙江省宗教活动场所消防安全标准化管理“百优争创”活动优秀单位。

2022年12月9日，全省微党课巡回宣讲活动在浦江水晶小镇举行　（徐晗欣　摄）

【非公有制经济领域统一战线工作】　4月，联合县税务局开展亲清直通车·政企恳谈会暨落实减税降费优化营商环境宣讲会。5月，联合县经济商务局开展以“稳外贸、拓市场”为主题的“亲清直通车·政企恳谈会”商务专场活动。组织各商会和会员企业参与省市县三级联动、线上“稳外贸、拓市场”商务专场政企恳谈会，共256家企业参加线上培训。7月，联合县邮政储蓄银行、郑家坞镇商会开展银企恳谈会，县邮储银行授信郑家坞镇商会3亿元。联合县关工委开展“筑梦启航·常熟浦商同心助学”活动，常熟浦江商会、杭州浦江商会为贫困学生捐赠助学款55万元。8月，完成全国工商联“万家民企评营商环境”2022年度企业问卷工作，共完成37家。9月，召开县工商联第九次会员代表大会，选举产生第九届执行委员会和领导班子，完成换届。10月，同县浙商银行签订战略合作协议，拟为会员提供不超过60亿元的意向综合授信额度。举办浦江跨境贸易峰会，近200名企业主参加。联合县消薄办为浦江首批2个"万企兴万村"实验项目（春晓副食商行和毛家村结对帮扶项目、王安园艺结对帮扶项目）授牌。12月，浦江县新生代企业家商会换届大会在恒昌集团召开，选举产生第二届理事会会长、副会长、独立监事、秘书长，浙江恒昌纺织科技有限公司总经理傅磊俊当选第二届新生代企业家商会会长。浦江县水晶商会获评2021—2022年度全国"四好"商会。

【侨务工作】 2月，深圳四季实业发展有限公司董事长、华侨石晓东向县卫健局捐赠价值23万元的消毒液，并举办捐赠仪式。3月，县侨联召开六届三次委员会议，通报2021年工作情况和2022年工作计划。浙江省侨联党组成员、副主席姚君明到浦江调研，并走访浙江锋华创芯微电子有限公司、上山考古遗址公园和任氏祖居。5月，召集县侨联委员和浦阳街道、白马镇的基层侨联主席、秘书长开展"侨心向党·跟着总书记读好书"主题活动，制定《持续擦亮"侨小二"为侨服务品牌活动方案》。7月，省委统战部副部长吴炳芳先后到浙江锋华创芯微电子有限公司、上山考古遗址公园、江南第一家廉政教育基地进行调研，并对下一步工作提出要求。8月，下发《深化"侨小二"为侨服务品牌活动方案》，指导4个基层侨联分会开展活动。11月，承办省侨联支持浦江"上山文化"遗址群申遗暨"之江同心·2022高层次留学回国人才为国服务志愿团"走进浦江活动，来自浙江大学、浙江工业大学等14所高校的34位教授、博导、博士，从产业经济、智能制造等多个领域为浦江建言献策，其间省侨联与浦江县签订《省侨联支持浦江"上山文化"遗址群申遗战略合作协议》，成立浙江省高层次留学回国人才为国服务志愿团浦江工作站。12月，充分利用优势，成功申报"上山文化"遗址博物馆为浙江省华侨国际文化交流基地。

2022年11月17日，"之江同心·2022高层次留学回国人才为国服务志愿团"走进浦江活动正式启动
（冯阳康 摄）

【统战团体与党外代表人士】 2月，浦江县欧美同学会召开"贤达同心谋浦江腾飞，诗书礼乐助家乡崛起"座谈会，商讨2023年工作计划。4月，新的社会阶层人士联谊会（以下简称"新联会"）组织会员开展慰问疫情防控卡点活动，为黄宅、郑家坞、虞宅卡口送去水果、牛奶、面包等物资。8月，举行首批浦江县党外知识分子思想教育基地授牌仪式，为檀溪镇北乡农民革命纪念馆、郑宅镇江南第一家、黄宅镇陈肇英故居等3个基地授牌。11月，举办之江同心·党外知识分子优秀书画作品浦江巡展，省委统战部副部长王利月，浙江知美画院院长、省党外知识分子联谊会（以下简称"知联会"）副会长、浙江画院二级教授何水法，市人大常委会副主任金时刚等参加活动。无党派人士、县知联会副会长、2022年全国最美教师、浦江县郑宅镇中心小学语文教师祝响响代表金华市党外知识分子首次参加在杭州

举办的之江同心·党外知识分子爱国奋斗报告会。12月，县新联会会长宣黎建获评全市唯一一个2022年度省级优秀会长。

（张洵洵）

机构编制工作

【概况】 2022年，县委机构编制委员会办公室（以下简称“县委编办”）作为县委机构编制委员会（以下简称“县委编委”）的办事机构，承担县委编委日常工作，作为县委工作机关，归口县委组织部管理。县委编办统筹推进“县乡一体、条抓块统”县域整体智治改革，持续深化“大综合一体化”行政执法改革，推进事业单位数字化改革，完善教职工编制区域调剂工作制度，日常开展事业单位登记及事业单位登记法人“双随机”抽查监管等，有序推进全县机构编制管理工作。

【十五届县委编委会议】 1月6日，十五届中共浦江县委机构编制委员会第一次会议召开。会议听取和审议《浦江县“大综合执法一体化”行政执法改革机构编制调整方案（送审稿）》《浦江县属国有企业领导管理岗位设置建议方案（送审稿）》及有关部门、单位机构编制调整事项建议方案，原则同意上述方案。9月15日，十五届中共浦江县委机构编制委员会第二次会议召开。会议学习《机构编制违规违纪违法行为处理和问责规则（试行）》《浙江省市县机构编制管理办法（试行）》《浙江省省级机关事业单位编制使用管理办法（试行）》和浙江省委机构编制委员会第四次会议精神，讨论审议推进基层治理系统建设相关配套文件和有关机构编制事项。会议原则同意《关于构建乡镇（街道）组织体系和运行模式的方案（送审稿）》《关于加强乡镇（街道）编制统筹管理助力基层治理体系建设的实施方案（送审稿）》《浦江县乡镇（街道）编制、股级职数周转管理办法（试行）（送审稿）》，通过有关单位机构编制调整事项。

【乡镇（街道）“基层治理四平台”模块化运行工作】 6月30日，出台《关于构建乡镇（街道）组织体系和运行模式的方案》，迭代完善乡镇（街道）“基层治理四平台”，设置1个综合信息指挥室和“党建统领、经济生态、平安法治、公共服务”4个功能性平台，构建乡镇（街道）扁平化平台运行机制。7月5日，召开“基层治理四平台”模块化运行推进会，督促15个乡镇（街道）印发《乡镇（街道）推进“基层治理四平台”模块化运行实施方案》，完成基层治理四平台模块化运行架构设置、浙政钉部门人员归集及平台组织架构等制度上墙工作。8月30日，出台15个乡镇（街道）《“基层治理四平台”职责、机构、岗位规定细化方案》，按照“一室四平台”架构，根据乡（镇）功能定位、职责任务和履职实际，分别设置70～77个岗位，厘清岗位职责，核定主职、兼职人数，实现“一人多岗、一岗多人”。

【“五张清单”工作】 2022年，以“三定”规定为基础，建立完善乡镇（街道）权力清单、政务服务清单、“属地管理”事项责任清单、乡镇执法事项清单、“1612”体系与“141”体系贯通事项清单制度，推进县乡职责精细化管理。4月27日，以县委全面深化改革委员会名义印发《浦江县第二批乡镇街道“属地管理”事项清单和协同机制》，开展“属地管理”事项责任清单动态调整，调整后乡镇（街道）“属地管理”事项责任清单共73项，厘清“属地管理”事项相关部门、乡镇(街道)边界分工等协同机制、工作流程。6月17日，出台《浦江县贯通乡镇(街道)事项管理机制》，规范县委工作机关、县政府工作部门可向乡镇(街道)贯通的6类事项，明确部门有关临时性工作、阶段性工作不列入贯通事项范围，建立完善贯通事项的严格准入、动态管理和退出、保障和监督制约机制，促进赋权减负、赋能增效。协同县行政服务中心分三批下文公布政务服务向基层延伸事项清单，并实行动态调整，2022年向乡镇基层延伸政务服务事项648项，涉及教育、民政、公安等23个单位，其中审批单位延伸基层事项553项、水电气集成业务95项。

【乡镇(街道)编制统筹管理工作】 1月28日，以县委全面深化改革委员会名义印发《关于全面推进“县乡一体、条抓块统”县域整体智治改革的实施方案》，明确将探索建立乡镇(街道)编制统筹管理制度作为一项改革攻坚任务。4—6月，到乡镇(街道)实地调研，对乡镇(街道)机构设置、编制核定、人员分类、职能职责、便民服务等情况进行全面摸底，听取意见建议。8月29日，出台《关于加强乡镇(街道)编制统筹管理助力基层治理体系建设的实施方案》《浦江县乡镇(街道)编制、股级职数周转管理办法(试行)》，实行乡镇、街道编制分类核减统筹，其中街道按编制比例核减统筹12名(行政5名、事业7名)、乡镇核减统筹33名(行政15名、事业18名)划入编制“周转池”，明确“干部结构改善需要且2～3年内能消化的，对贯彻落实上级重大决策部署或承担阶段性重大建设项目、重大产业发展、县委县政府重点工作任务，城乡村社现代化建设需要的”可申请使用周转编制，有效盘活编制资源。9月21日，此项工作作为典型在全省编办系统深化基层管理体制改革集中调研交流会上交流。

【“大综合一体化”行政执法改革工作】 2022年，协同县综合执法局持续深化“大综合一体化”行政执法改革，1月6日印发《浦江县“大综合一体化”行政执法改革机构编制调整方案》，县综合行政执法局挂县综合行政执法指导办公室牌子，划转12名参公事业编制到综合行政执法大队；完成部门执法队伍的撤销、整合工作，其中县劳动监察大队予以撤销，县水政监察大队、县能源监察大队、县统计执法稽查大队分别更名为县水土保持监督管理中心、县能源监测中心、县统计服务中心，更名后不再承担执法职能；赋权乡镇(街道)设置综合行政执法队，整合乡镇(街道)执法资源和各部门派驻执法力量，组建乡镇(街道)综合行政执法队。7月28日，以县府办名义印发《浦江县全面推进乡镇(街道)综合行政执法工作方案》，建立乡镇统筹执法为主配合监管执法为辅、县级主管部门加强业务指导、县级人民政府加强执法监督的乡镇(街道)综合行政执法体系。配合综合行政执法局做好执法事项赋权乡镇(街道)工作，制定乡镇(街道)法定权责清单目录，明确乡镇(街道)权限责任，选择高频易发、高需求易执法的213项执法事项赋权到浦阳街道、仙华街道、浦南街道3个街道，180项执法事项赋权到黄宅镇、白马镇、郑宅镇3个乡镇，厘清执法边界。推进执法部门落实执法人员下沉基层一线，全县执法队伍编制、人员下沉比例分别为60.83%、61.58%。

【事业单位数字化改革工作】 2022年，县委编办谋划事业单位数字化改革，制定县级事业单位改革方案，梳理以事业单位为主体的数字应用6个，其中县行政服务中心的“云政通”应用争取省市试点，县行政服务中心的《基层政务服务“不出村可网办”样板》改革项目作为全市编办系统的三个事业单位数改项目之一向市委改革办申报市改革突破奖。根据市编办统一部署,完成省委编办机构编制数字化监管平台的贯通应用。启用编外聘用人员智慧管理系统,编外聘用人员数字化管理应用实现上线运行,纳入全市编外聘用人员管理,推动编外人事管理实现"一网通办"和"一个平台全办理",实现编外聘用人员全生命周期"一件事"管理工作早应用和全覆盖。

【教职工编制区域调剂工作】 7月,县委编办向金华市委编办争取到中小学教职工编制使用权50名,按周转编制管理使用,助推县仙华外国语学校、县龙峰国际学校民转公,缓解县编制资源紧缺问题。10月27日,协同县教育局印发《浦江县教育系统调剂学校人员编制方案》,依据教育整体规划、学校数、班级数、学生数及结构变化、生源变化等,重新核定分配各学校教职工编制数,实现现有编制资源发挥最大效益,超编现象得到有效遏制。

【事业单位登记管理】 2022年,县委编办共办理事业单位设立登记6家,变更登记108家,注销登记3家,完成全县198家法人事业单位2021年度报告审核公示。10月,根据统一安排,与其他县市编办抽查人员交叉开展事业单位法人"双随机"抽查监管,随机抽取全县6家事业单位法人,通过查看办公场地、查阅台账资料、听取工作介绍、座谈等方式全面了解事业单位履职状况、财务管理、年度报告公式和法人变更等实际运行情况,当场形成"事业单位法人抽查事项清单",现场宣读检查结果,对存在问题向被核查单位及举办单位提出整改意见,并将抽查结果及时在政务网事业单位法人登记专栏内进行公示,使抽查结果依法公开,主动接受社会公众监督。

(蒋　雄)

县直机关党建

【"一码一党员"工作机制】 4月3日,县委组织部推行"一码一党员"工作机制,3867名机关党员干部下沉社区一线,按照"就近就便"原则,认领绑定5907个店铺"畅行码",坚持每日扫码打卡,按照"四监督四提醒"工作要求,把牢守好各类"小门",实现社区重点场所疫情防控监管全覆盖,为基层防疫减压松绑。

【加强离退休党员管理】 6月7日,县委组织部围绕"严管、关爱、作为"三个维度,制定实施《浦江县机关离退休党员管理三十条》,抓好落实政治引领、管理监督、激励关怀等工作,着力破解机关退休党员难管、缺管、失管问题,进一步提升机关离退休党员管理颗粒度。打造"帮忙老哥""共享爷爷"两大服务品牌,发挥老干部余热,累计开展志愿服务2000余人次,协调解决矛盾纠纷62起。

【党务规范自查整改】 7月4日,县委组织部组织全县418个机关党组织,重点对非党员从事党务工作、党员信息数据管理不到位、党建阵地展示内容陈旧、党建信息宣传未把关等党务工作不规范问题进行全面排查,查纠整改问题82项,纠正非党员从事党务工作36人,确保以查促改、以督促效,全面规范党务工作。

【"共富合伙人"主题活动】 7月25日,县委组织部聚焦共同富裕时代使命,组织开展"共富合伙人"主题活动,各机关部门以党支部为单位,深入调研了解需求,结合职能制定项目,专人服务保障成效,实现资源供需精准衔接，共富难题有效破解，累计完成“乡村直播间”“智慧葡农一键通”等共富合伙项目45个。

【机关党员干部整治立规】 8月15日，县委组织部制定下发《浦江县机关党员干部整治立规“严十条”》，全面压实机关党组织主体责任，增强机关党员规矩意识，重拳整治酒驾醉驾、赌博等违法违纪突出问题，对党员干部因酒驾醉驾被查处的，一律倒查回溯、跟进监督，做到案件“四查清”“两监督”。全面开展“纪律在身边”警示学习教育活动，连续25周在每周一下发警示教育典型案例，通过深入剖析学习，不断敲响纪律警钟，机关党员违法违纪人数比上年下降27%。

老干部工作

【概况】 2022年，县老干局深化离休干部“一人一策”精准服务，坚持“六必访”制度，上门走访慰问离休干部，为老干部提供代办代跑等服务保障。全年上门走访慰问老干部及上医院看望住院老干部195人次，协助处理好4名离休干部(张世行、刘成文、谢毅、钟有明)后事。利用好“老干部困难帮扶资金”，为56名特殊困难离休干部及遗属发放帮扶资金3.9万元。

10月，陈京浦、贾林仙、钟可政、赵宗淮、薛兴录、中共国家税务总局浦江县税务局退休支部委员会分别被评为金华市“最美老干部、最美老伴、最美子女、最美老支书、最美银龄志愿者、最美银辉党支部”。

【保障政治待遇】 1月14日，县委、县政府召开全县经济社会发展情况通报会，县委书记俞佩芬讲话，县委副书记、县长戴翀通报浦江县2021年经济社会发展情况，县委常委、组织部部长章胜辉主持会议并宣读慰问信。县领导还带队走访部分离退休干部。

【深化“帮忙老哥”老干部志愿服务品牌建设】 2022年，县老干局启动实施“银耀共富·添彩丰安”六大行动，深入开展“银耀啄木鸟助力文明城市创建”“圆梦微心愿”等特色活动，助力中心、服务大局，不断提升志愿服务质效。相关做法获得省委组织部副部长、老干部局局长龚和艳，市委组织部副部长、老干部局局长钟术清等领导批示肯定；工作室获评“2022年度浙江省最佳志愿服务组织”“2022年度金华市最佳志愿服务项目”等荣誉称号；浙江电视台钱江频道记者专程到浦江采访拍摄。

2022年4月14日，省委组织部副部长、老干部局局长龚和艳(右一)在“帮忙老哥”工作室调研

(县老干局提供)

【省委组织部副部长、老干部局局长到浦江调研】 4月14日，省委组织部副部长、老干部局局长龚和艳到浦江调研考察，龚和艳先后考察“帮忙老哥”工作室、宣和社区离退休干部党建融入城市基

层党建等情况，认为老干部学有所为、乐于奉献的氛围浓厚，离退休党建工作融入城市基层党建有特色有成效。

【"翰墨丹青绘伟业 同心喜迎二十大"全省老干部书画大赛】 9月14日，"翰墨丹青绘伟业·同心喜迎二十大"全省老干部书画大赛作品展在金华市浦江县开幕。本次书画作品展由中共浙江省委老干部局主办，中共金华市委老干部局、中共浦江县委、浦江县人民政府联合承办，西泠书画院协办，共展出特邀作品49件，优秀、入展作品200件。此次大赛从4月初发出征稿启事，累计收到参赛作品2364件，浦江县共报送90幅作品参赛，其中15幅作品获得优秀、入展作品奖，数量居全省县(市、区)首位。中共浦江县委组织部获评大赛"组织奖"，贾荣庆、吴林文所创作品获评"最佳人气作品"。会前，省部级老干部到上山考古遗址公园、江南第一家、浦江县博物馆调研考察。

2022年9月21日，金华地市级老干部在上山考古遗址公园考察　　（县老干局提供）

【省委老干部局副局长到浦江调研】 10月17日，省委老干部局副局长王晖玲到浦江调研。王晖玲一行先后调研"帮忙老哥"工作室、仙华街道中埂社区"小哥+老哥"工作品牌和"共享爷爷"品牌以及宣和社区离退休干部党建融入城市基层党建和社区"四就近"工作。王晖玲一行还看望省级"银尚达人"蒋云花，参观蒋云花麦秆剪贴博物馆和上山考古遗址公园。

【离退休干部党建工作】 2022年，县老干局以党建引领新时代老干部工作高质量发展，深入贯彻《关于加强新时代离退休干部党的建设工作的意见》，立足浦江实际，出台《浦江县离退休干部严管厚爱作为三十条》，在日常管理、组织关爱和作用发挥等维度全面强化，增强离退休干部荣誉感、归属感和幸福感。浦江县人民检察院退休支部、浦江县公安局退休支部、浦江县法院第四党支部、浦江县市场监管局离退休支部、浦江县经济商务局退休支部、浦江县黄宅镇退休干部职工党支部、浦江县自然资源局离退休党支部、浦江县水务局离退休党支部、浦江县人民医院离退休党支部9个党支部被评为"全省第二批标准化离退休干部党支部"。

党校工作

【概况】 2022年，县委党校完成党校迁建工作，新党校位于文景西路2号，占地面积19416.4平方米，建筑面积7627.87平方米。县委党校紧扣县委县政府中心工作及重点工作，持续深入开展"三课"赛马活动，稳步推动党校教科研水平提升，在2022年度金华市县(市)党校考核中获得综合类优秀单位称号。2022年共立项省市级课题12项；上报省市党校理论研讨会及相关征文活动文章18篇，共获奖项8项；撰写调研报告6篇，提交领导参阅4篇，获市人大常委会副主任、县委书记、县人大常委会主任、县政协主席等主要领导肯定性批示。全员备课新增课件20个,《共同富裕的政策解读以及浦江实践》等入围全市党校系统18门"五大战略"课程。微党课在全县"喜迎二十大 奋进新时代"理论宣讲比赛中获得二等奖和优秀奖;持续深化"精品党课下基层"品牌建设,共开展"四进"宣讲活动82场,受众近5500人次;举办各类培训班次31期,培训人数达4000余人次,比上年增长110%。

【党校迁建工作】 2022年启动党校迁建工程,4月14日完成施工招标,5月9日正式开工建设,10月底完成改建并正式投入使用。建设有行政楼、教学楼、报告楼、餐厅、篮球场等,拥有可容纳200人以上的报告厅1个;容纳80人以上的教室2间;容纳50人以上的教室2间;容纳20人以上的讨论室4间;餐厅能同时容纳200人进餐。

2022年10月,县委党校新校区投入使用

(舒真珍 摄)

【浦江县百名中层骨干培训班】 5月23—28日,县委组织部联合县委党校举办浦江县百名中层骨干培训班,来自全县各县直单位、15个乡镇街道的86名中层骨干以及14名2020年以来的选调生参训。培训班紧扣县委、县政府中心工作,设置市第八次党代会精神解读、共同富裕、数字化改革等课程内容,采取专题辅导、小组讨论、情景模拟等教学方式,全方位提高年轻干部的理论素养、党性修养和实践能力。

【深入开展"四进"宣讲活动】 2022年,县委党校深入开展主题党课"进部门、进乡镇(街道)、进村(社区)、进企业"四进宣讲活动,组织骨干教师分批次、分阶段到基层宣传宣讲。充分采用"行话""白话""土话","行话"说给内行听,"白话"说给乡亲听,"土话"说给老人听。因地制宜、因人施讲,让老百姓坐得住、听得进、明事理。2022年开展"四进"宣讲活动共计82场,受众近5500人次。

(舒真珍)

关心下一代工作

【概况】 2022年,全县共有296个基层关心下一代工作委员会(简称"县关工委")组织,其中15个乡镇(街道)关工委,244个村(社区)关工委、37个中小学关工委。县关工委开展"红船领航成长 强国复兴有我"、"老少同声颂党恩 携手喜迎二十大"、"喜迎二十大召开 劳模工匠进校园"、"千名'五老'进百家基地"("3·5"志愿服务活动)、"强国复兴有我"百场主题宣讲进基层等系列主题教育实践活动,引领青少年爱国爱党,争做新时代好少年。全年各级关工委依托各类教育阵地,累计开展主题实践活动820余场次。"'6070'银辉·红讲堂"等各级"五老"宣讲团到全县各中小学、村社企业开展主题宣讲百余场,受教育青少年2万余人次。9名"'6070'银辉·

红讲堂”宣讲团成员被金华市聘任为“婺老之声”宣讲团成员，其中1名“五老”宣讲员在全市关工委干部培训班上作经验交流发言。

着眼青少年寒暑期无人看护问题，联动镇街村社校企，动员“五老”、大学生、“巾帼”等志愿者，开办以爱国主义教育、安全教育、作业辅导等为主的“假日学校”。2022年，共创办“假日学校”100余所，惠及全县近万名青少年，成为“孩子开心、家长称心、社会放心”的“三心”工程。县关工委工作顾问团成员陈京浦、黄重枝、马深源、张国强、朱根良5人

2022年6月1日，县关工委“五老”宣讲团张国强到虞宅乡中心小学开展“红船领航成长　强国复兴有我”劳模工匠进校园主题宣讲活动（县关工委提供）

2022年，“千名五老进百家基地”3·5志愿服务活动（县关工委提供）

被评为金华市“最美五老”。浦阳街道、浦南街道、黄宅镇、檀溪镇、白马镇嵩溪村5家关工委组织被评为金华市“五好”基层关工委。

【宣传贯彻党的二十大主题活动】　2022年，县关工委开展“‘五老’宣讲二十大　非遗传承‘红领巾’”“学习二十大　争做文明廉洁好少年”“老少同声颂党恩　携手喜迎二十大”“喜迎二十大召开　劳模工匠进校园”主题宣讲进基层等系列主题教育实践活动，引导青少年学习党的二十大精神，争做新时代砥砺奋进的好少年。各“五老”工作室围绕学习宣传贯彻党的二十大精神开展一系列特色活动，推动关心下一代工作，切实发挥“五老”关爱青少年健康成长的作用，打造成新时代的“前哨站”。

2022年11月25日，县关工委宣讲团成员张国强开展“‘五老’宣讲‘二十大’　非遗传承‘红领巾’”主题宣讲活动（县关工委提供）

【关心关爱服务】　2022年，县关工委关注困难青少年群体需求，拓展关爱渠道，争取杭州市浦江商会（杭州四海浦商助学基金会）和常熟市浦江商会的支持，联合县教育局、县民政局、共青团浦江县委等多家单位和第三方向日葵志愿者团队开展“爱心圆梦”系列助学活动，通过层层审核和上门走访核实，

资助学生211人，并将助学金59万元拨付到位。8月，联合共青团浦江县委、仙华街道办事处、浦江县共赢建筑垃圾处置利用有限公司举行“扬帆启航新征程 同心共筑大学梦”共赢公益助学金发放仪式，10名困难大学生收到爱心助学金，共计5万元。此外，郑宅镇、檀溪镇依托乡贤爱心基金共资助82名大学生，助学金10万元。县关工委联合“帮忙老哥”工作室、县服装协会等，为园区小学12名困难学生送上新羽绒服和保暖围巾，也为帮扶结对地区四川成都金口河市的困境学生捐赠了800多套运动衫。

2022年5月28日，县关工委联合浦江县志愿服务总队、百分百社工中心举行“红船领航 浙里关爱·关心下一代公益项目”守护天使公益项目启动仪式

（县关工委提供）

2022年，浙江省“关心下一代 温暖来敲门”——2022暖冬关爱行动（浦江站） （县关工委提供）

为进一步关心关爱困境（留守、流浪）儿童，联合百分百社工中心，对接浙江省关心下一代工作委员会、浙江省关心下一代基金会，开展“守护天使”公益项目。该项目是金华地区唯一入选的项目，共获得4.11万元项目资金。5月28日，“守护天使”公益项目启动仪式在县新时代文明实践中心举行。6—10月，该项目通过开展“浓情端午 粽显小身手”“编程猫牵手冰墩墩 一起向未来”“欢度六一儿童节”“翰墨飘香敬少年书法创作”“中秋佳节庆团圆”“大中国我的家”等系列活动，让800余名困境儿童感受到社会各界大家庭的温暖和帮助。2022年，在省、市关工委指导下，县关工委联合县残联、狮子会等共同承办浙江省“关心下一代·温暖来敲门”——2022暖冬关爱行动（浦江站）活动，为全县275名困境儿童送去新春温暖。

【主题教育活动】 2022年，县关工委组织开展“4·15”国家安全日主题教育、“关爱明天，普法先行”青少年普法教育活动，组织法治教育宣讲团，深入学校、村（社）开展法治教育报告60余场次。同时，通过模拟法庭、观看法治宣传视频等普法新形式，以案释法，以法论事，不断引导青少年牢固树立尊法、学法、守法、用法意识，营造青少年健康成长的法治环境。

【“五老”工作室】 2022年，县关工委在仙华街道中埂社区“共享爷爷”工作室基础上，持续聚焦“一老一小”两大群体，根据青少年特点和“五老”的爱好、特长、服务经验，组织动员讲师型、专家型、工匠型等类别200余名“五老”活跃在红色根脉传承、社区关爱帮扶等一线，创设党史政策“传达室”、工匠技艺“学习室”、共享爷爷“集成室”集于一体的品牌工作室23家，惠及全县2万余名青少年。7月，《浦江县精心打造“三室”精准服务青少年》相关做法在省、市关心下一代公众号等媒体刊登报道。

“共享爷爷”工作室　　（县关工委提供）

【“百镇千村”大调研活动】　2022年，县关工委常务副主任贾荣庆带队到全县15个乡镇（街道）、部分校企、教育基地开展2022年度“百镇千村”大调研活动。县关工委工作顾问团成员，县委组织部部务会议成员、县关工委专职副主任楼秀元等参加调研。设立县关工委工作顾问团联系乡镇制度，顾问团成员协助联系镇街推进“一镇一品”品牌建设，尤其在注重加强青少年教育实践基地提升和“五老”工作室建设方面。县关工委工作顾问团通过联系乡镇制度实地走访考察，为2022年新增的23个“五老”工作室建言献策，赋能提质。

（王逸轩）

浦江县人民代表大会

综　述

【概况】　2022年，浦江县人大常委会全年召开人大常委会会议8次、主任会议13次，听取和审议专项工作报告60个，作出决议决定7个，依法任免国家机关工作人员66人次。

开展工业用地有机更新、建筑业高质量发展调研，推动稳经济政策落地见效。助力共同富裕建设，开展乡村振兴“一法一条例”、就业促进法执法检查，组织共同富裕建设视察，专题听取农产品营销队伍建设情况报告。助力“三大年”活动，开展1亿元以上制造业项目招引落地工作监督；完成县委布置的“六个一”工作任务，走访企业126家，协助解决实际困难226个，推动解决历史遗留问题24个。

督促部门抓好“八五”普法工作，先后对15部地方性法规贯彻实施情况开展执法检查；配合省、市人大开展7部地方性法规立法调研，推动“上山文化”遗址保护纳入金华市立法计划预备项目，针对《金华市居家养老服务条例（草案）》提出的5条意见建议全部被采纳；依法审查规范性文件15件。推进依法行政和依法监察，听取和审议县政府2021年度法治建设情况报告，开展《浙江省综合行政执法条例》贯彻落实工作监督，专题听取交警执法工作报告，首次开展监察工作专项监督，听取和审议县监察委员会整治群众身边不正之风和腐败问题工作报告，推动清廉浦江建设。维护社会公平正义，出台《关于进一步监督和支持检察机关法律监督工作的意见》，听取和审议法院、检察院半年工作报告。

【回应民生热点】　2022年，县人大开展十大民生实事和“微民生实事”项目、医疗保障体系建设和全县养老事业发展工作监督，关注农民建房难，提出破解建房落地难的指导性意见。力促城乡面貌改善，开展城乡规划工作监督，确保一张蓝图绘到底；推进杭温高铁浦江站建设、351国道浦江至兰溪段工程、现代物流和综合交通建设；初审浦江县2022年浦江县环境状况和环境保护目标完成情况报告。助推社会事业发展，督促压减学科类校外培训机构，助推“双减”政策落地落实，推动学校布局优化调整；开展拆迁政策专题调研，助力完善房屋征迁政策体系；督促加强退役军人就业安置、帮扶解困等，开展邮政快递工作视察，协调推进疫情背景下快递行业和电商产业的深度融合发展。

【创新多元履职渠道】 2022年，县人大做细“菜单式”监督，由代表根据自身专业优势、兴趣特长自主点选监督活动，充分激发代表履职热情；做优“专业化”监督，组建7个专业代表小组，发挥代表专业优势，提升监督的深度和针对性；加强“面对面”监督，创新推出“代表直通车”机制，形成人大代表、县人大常委会各委办、“一府一委两院”负责人进站会商机制，推动平安幼儿园开园等16项难题得到解决。健全民意表达平台，在全市率先完成四级人大代表“亮码”工作，推动领导干部代表进站接待选民活动制度化；拓展代表联系群众新途径，打造“民情茶馆”“田间叙话”等特色品牌；联动“三服务”平台、基层治理“四平台”和县“8890”便民服务平台，推动群众意见建议闭环处置，解决周期比上年缩短40%。强化代表履职保障，组织全体县人大代表在省委党校开展履职能力提升集中培训，指导各乡镇（街道）人大开展形式多样的培训活动，增强代表履职意识，提升代表履职能力；推行代表履职积分晾晒制，加强代表履职考核，推动代表“勤履职”“常进站”“多办事”。采取重点督办、跟踪督办、现场督办等形式，提升代表建议办理成效，满意率90%以上。

【人大代表构成】 2022年，县人大实选代表数239名，其中基层代表151名（含一线工人、农民、专业技术人员），公务员57名、国有和集体企业负责人1名、非公有制经济人士29名、解放军和武警部队1名。按综合情况分类，分党政领导干部、新的社会阶层人士、社区工作者、连任代表、同任两级以上代表等。

【重大决定和人事任免】 1月29日，县人大召开县十五届人大常委会第一次会议，决定任命朱红卫为浦江县人民政府副县长。

3月24日，召开县十五届人大常委会第二次会议，任命黄金泉为浦江县人大常委会办公室主任；于建松为浦江县人大常委会法制和监察司法工作委员会主任；郑秉刚为浦江县人大常委会财政经济工作委员会主任；傅昌俊为浦江县人大常委会教科文卫工作委员会主任；吴洪源为浦江县人大常委会代表与选任工作委员会主任；徐红伟为浦江县人大常委会城乡建设与环境保护工作委员会主任；邵建定为浦江县人大常委会农业农村工作委员会主任；王宏大为浦江县人大常委会社会建设工作委员会主任；潘向军为浦江县人大常委会浦阳街道工作委员会主任；张林安为浦江县人大常委会仙华街道工作委员会主任；金剑星为浦江县人大常委会浦南街道工作委员会主任；郑威珊为浦江县人民法院审判员。免去丁胜的浦江县人民法院审判委员会委员、审判员职务。决定任命郑家坤为浦江县人民政府办公室主任；沈福平为浦江县发展和改革局局长；楼建超为浦江县经济商务局局长；陈建浦为浦江县教育局局长；于朝东为浦江县科学技术局局长；金方剑为浦江县公安局局长；孙婉贞为浦江县民政局局长；石学纲为浦江县司法局局长；陈志平为浦江县财政局局长；楼志静为浦江县人力资源和社会保障局局长；陈璠为浦江县住房和城乡建设局局长；张杰为浦江县交通运输局局长；潘期枫为浦江县水务局局长；徐军峰为浦江县农业农村局局长；张华为浦江县文化和广电旅游体育局局长；方守红为浦江县卫生健康局局长；陈决星为浦江县退役军人事务局局长；吴大勇为浦江县应急管理局局长；周占伟为浦江县审计局局长；张建新为浦江县人民政府国有资产监督管理办公室主任；黄峰为浦江县市场监督管理局局长；黄英俊为浦江县统计局局长；张朝阳为浦江县医疗保障局局长；贾国锋为浦江县综合行政执法局局长。

3月24日，县十五届人大常委会作出关于批准浦江县2022年政府投资重大项目的决定。

5月31日，县人大召开县十五届人大常委会第三次会议，任命甘伟东、张青松、张娟丽、周必勇、周坚挺、俞巧军为浦阳街道工作委员会委员；毛丛敏、许丹丹、张津明、张海宇、黄铿铿、傅兴补为仙华街道工作委员会委员；于继炉、张丹丹、张根火、周邦、郑祖正、潘如贤为浦南街道工作委员会委员。

7月29日，县人大召开县十五届人大常委会第四次会议，免去石学纲的浦江县人民法院副院长、审判委员会委员、审判员职务；项凯丽的浦江县人民法院审判员职务。

7月29日，县十五届人大常委会作出关于批准浦江县2021年财政决算的决议。

8月3日，县人大召开县十五届人大常委会第五次会议，决定任命胡作滔为浦江县人民政府副县长；董闯为浦江县人民政府副县长。决定免去朱红卫的浦江县人民政府副县长职务。同日，县十五届人大常委会作出关于接受戴翀辞去浦江县人民政府县长职务的决定，并作出关于胡作滔代理浦江县人民政府县长的决定。

9月29日，县人大召开县十五届人大常委会第六次会议，任命洪建锋为浦江县人大常委会城乡建设与环境保护工作委员会副主任；孙圳为浦江县人大常委会浦阳街道工作委员会副主任;吴水秀为浦江县监察委员会委员。免去王惠建的浦江县人大常委会浦阳街道工作委员会副主任职务；张功勋的浦江县监察委员会委员职务。

9月29日，县十五届人大常委会作出关于接受花桥乡第95选区选出的黄瑞光、岩头镇第72选区选出的戴忠泉、郑家坞镇第62选区选出的楼向阳、郑宅镇第67选区选出的傅捷4位代表辞去浦江县第十五届人民代表大会代表职务的决定。

11月29日，县人大召开县十五届人大常委会第七次会议，任命张卉为浦江县人民法院审判员；薛儒君为浦江县人民法院审判员；张一将为浦江县人民法院审判员；吴轩为浦江县人民法院审判员；于华为浦江县人民法院审判员；严冰倩为浦江县人民检察院检察员。

11月29日，县十五届人大常委会作出关于批准浦江县2022年财政预算及地方政府债务限额调整方案的决定。

11月29日，县十五届人大常委会作出关于召开浦江县第十五届人民代表大会第二次会议的决定。

【人大监督】 2022年，县人大推进依法行政和依法监察，听取和审议县政府2021年度法治建设情况报告，开展《浙江省综合行政执法条例》贯彻落实工作监督，推进浦江县“大综合一体化”行政执法改革。专题听取交警执法工作报告，清单化交办5个方面7条意见建议并督促落实。首次开展监察工作专项监督，听取和审议县监察委员会整治群众身边不正之风和腐败问题工作报告，完善权力运行机制和管理监督制约体系，推动清廉浦江建设。出台《关于进一步监督和支持检察机关法律监督工作的意见》，听取和审议法院、检察院半年工作报告，开展“府院”联动工作监督，针对诉源治理、行政争议化解等方面提出17条意见建议。

【视察调研】 2022年，县人大组织科技创新创业平台建设视察，开展工业用地有机更新、建筑业高质量发展、浦义产业合作区建设调研，推动稳经济政策落地见效。组织政府投资项目建设情况视察，开展政府债务、专项债项目申报工作监督和税收管理工作调研，提出意见建议21条。专项调研深化国资国企改革工作，专题听取和审议国企国有资产管理工作报告，推动国资国企管理稳步提升。开展乡村振兴“一法一条例”执法检查和文旅富县工作监督，组织代表视察共同富裕建设，专题听取农产品营销队伍建设情况报告，开展壮大新型农村集体经济促进共同富裕课题调研，省、市、县三级人大联动开展就业促进法执法检查，推动落实就业优先政策和社会保障工作。开展全国文明城市创建和人民中路改造工作视察，监督推动老旧小区改造项目。

重要会议

【浦江县第十五届人民代表大会第一次会议】 1月23—26日，浦江县第十五届人民代表大会第一次会议召开。大会选举产生县人大常委会主任郑文红、县人民政府县长戴翀。会议通过《关于浦江县人民政府工作报告》《浦江县2021年国民经济和社会发展计划执行情况以及2022年国民经济和社会发展计划》《浦江县2021年财政预算执行情况和2022年财政预算的决议》《关于浦江县人大常委会工作报告、浦江县人民法院工作报告》《浦江县人民检察院工作报告的决议》《2022年民生实事项目》。县委副书记、县长戴翀代表县人民政府向大会作工作报告。

【浦江县第十五届人民代表大会第二次会议】 1月17—19日，浦江县第十五届人民代表大会第二次会议在县城举行。会议审议通过关于县政府工作报告、2022年国民经济和社会发展计划执行情况与2023年国民经济和社会发展计划、2022年财政预算执行情况和2023年财政预算、县人大常委会工作报告、县法院工作报告、县检察院工作报告的决议。大会以无记名投票方式，依法选举产生浦江县人民政府县长、浦江县监察委员会主任、金华市第八届人民代表大会代表1名、浦江县第十五届人民代表大会常务委员会委员1名。会议提出建议意见211件，确定2023年民生实事项目，完成预定的各项议程。

【县人大常委会会议】 1月13日，县十四届人大常委会第四十九次会议召开。会议听取和审议县政府关于2022年民生实事候选项目情况的报告，表决通过2022年民生实事候选项目。听取和审议县人大常委会和“一府两院”工作报告起草情况说明，表决通过县人大常委会工作报告稿。听取和审议县十五届人大一次会议筹备情况汇报，书面审议县十五届人大一次会议选举办法（草案）、县十五届人大相关专门委员会人员人选通过办法（草案）、2022年民生实事表决办法（草案），表决通过县十五届人大一次会议有关名单（草案）、县十五届人大一次会议议程（草案）和日程（草案）。书面审议浦江县2021年国民经济和社会发展计划执行情况的报告及2022年国民经济和社会发展计划（草案）、浦江县2021年财政预算执行情况的报告和2022年财政预算（草案）。

1月29日，县十五届人大常委会第一次会议召开。会议表决通过县人民政府关于提请任免县人民政府组成人员的议案。

3月24日，县十五届人大常委会第二次会议召开。会议表决通过县人大常委会主任会议、县人民政府、县人民法院有关人事提请。书面审议浦阳、仙华、浦南三个街道人大工委的工作报告。听取审议县政府关于浦江县2022年公共建设投资项目计划（草案）、县政府关于国企国有资产管理情况的专项报告、县疫情防控工作情况的报告，表决通过2022年政府投资重大项目、关于批准浦江县2022年政府投资重大项目的决定、关于设立浦江县十五届人大常委会代表资格审查委员会的建议案、县人大常委会2022年工作要点和县人大常委会议事规则。

5月31日，县十五届人大常委会第三次会议召开。会议表决通过县人大常委会主任会议提请的有关人事任职议案。听取和审议县政府关于就业促进法实施、就业优先政策落实和社会保障工作等情况的报告、关于全县养老事业发展情况的报告、关于浦江县房屋征迁政策修订情况的报告。

7月29日，县十五届人大常委会第四次会议召开。会议表决通过县人民法院提请的有关人事免职议案。听取和审议县政府关于2022年上半年全县经济和社会发展情况及下半年工作安排的报告、县法院、县检察院关于2022年上半年工作情况和下半年主要工作安排的报告、关于2022年上半年财政预算执行情况和2021年财政决算(草案)的报告、关于2021年度财政预算执行情况和其他财政收支的审计工作报告，表决通过关于批准浦江县2021年财政决算的决议。

8月3日，县十五届人大常委会第五次会议召开。会议表决通过有关人事议案和人大代表辞职建议案。

9月29日，县十五届人大常委会第六次会议召开。会议听取和审议县监委关于整治群众身边不正之风和腐败问题工作开展情况的报告、关于浦江县城乡规划工作情况的报告、关于发展壮大新型农村集体经济，促进共同富裕的工作情况报告、关于浦江县"大综合一体化"行政执法改革情况的工作报告，书面审议县政府关于2021年度法治政府建设情况的报告、关于贯彻实施《金华市水环境保护条例》等十部地方性法规情况的报告，表决通过县人大常委会主任会议、县监委有关人事提请和县人大代表辞职建议案。

11月29日，县十五届人大常委会第七次会议召开。会议表决通过县人民法院、县人民检察院有关人事提请。听取和审议县政府关于打造研学品牌促进文旅富县工作情况的报告、关于打造全民安心医保城市推进医疗保障体系建设情况的报告、关于2022年浦江县投资项目计划调整的报告、县政府关于代表建议办理情况的报告，书面审议浦江县2022年环境状况和环境目标任务完成情况的工作报告、县人大常委会2022年规范性文件备案审查工作情况的报告、县政府关于国有资产管理的综合报告，表决通过关于批准浦江县2022年财政预算及地方政府债务限额调整方案的决定、关于召开县十五届人大二次会议的决定、修订的浦江县政府投资项目审查监督办法。

(杨淑君)

议案建议

【概况】 2022年，县十五届人民代表大会第二次会议首次采用议案建议网上管理系统，并与市人大系统贯通。截至2023年1月17日上午11时，大会秘书处在系统中收到代表提出的建议意见211件，没有收到代表提出的议案。

【人大代表建议】 2022年，县人大代表潘宇阳提交《关于加大招商引资力度，推进低效用地再开发，助推浦江经济高质量发展的建议》，县人大代表洪向利提交《关于优化营商环境的建议》，县人大代表潘奇文提交《关于扶持我县小微企业健康发展的对策及建议》，县人大代表洪庆华提交《关于打造上山遗址文旅融合新高地的建议》，县人大代表魏斌聪提交《关于加强农村集体经济发展保障的建议》，县人大代表陈伟超提交《关于优化居家养老服务体系的建议》，县人大代表黄伟提交《关于解决农村建房难的意见建议》。

【其他建议意见】 2022年，县人大按常规程序处理的建议意见204件，其中工业经济方面19件、“三农”方面33件、城建国土环保方面38件、交通方面16件、科教文卫旅方面60件、社会保障与管理方面38件。

代表工作

【概况】 2022年，县人大在“浙里人大县乡换届选举应用”系统中，导入361名县人大代表初步候选人和239名县人大代表的基本信息，指导12个乡镇同步导入1068名乡人大代表初步候选人和754名乡人大代表当选代表的基本信息。完成选举委员会组成、选民登记和投票选举情况统计报表等13张“浙里人大选举”县乡两级报表，并在规定时间上报省市人大。浦江县176件代表建议议案中，回复169件，代表满意率90%以上。金华市人代会上，浦江代表团提交建议45件。

开展四级代表亮码工作，全县（省、市、县、乡级）1029名人大代表的“代表码”按照选区和联络站划分全部上墙“亮码”。制定《浦江县人民代表大会常务委员会关于组织开展2022年度人大代表联系监督民生实事活动的通知》，邀请代表列席常委会会议、县长办公会议、县政府常务会议，邀请代表参加美丽乡村现场考核等工作，加强对部门工作的参与及监督，拓宽人大代表知情知政渠道。5月，白马镇被列为全省首批人大践行全过程人民民主基层单元培育试点单位。

【应用数字化平台】 2022年，县人大贯通应用省市人大“浙里人大代表履职”综合应用和“金代通”两个数字化平台，15个代表联络站基层单元站点均建成，创建维护县乡两级992名人大代表信息，关联37名省市人大代表。

【参与主题活动】 2022年，县人大代表参与省、市、县人大推动高质量发展建设共同富裕示范区主题活动和“四级人大八万人大代表助力八大攻坚行动”主题活动，县乡两级人大共开展活动475次，代表参与4114人次，提出意见建议566条，解决问题444件。县人大常委会各工委在“参与立法监督”模块发布监督议题5个，收集代表和群众意见建议6531条。开展“争当三员、共富同行”主题活动，制定出台《关于开展“争当三员，共富同行”主题活动的实施方案》。监督议题点选298次，其中选择参与共同富裕议题监督的代表38人、农民建房难议题37人、“双减”政策落实议题28人、文旅富县议题26人。开展“代表直通车”活动，出台《关于开展“代表直通车”活动的实施办法》，成立包括司法、教科文卫、农业农村、财经、城建环保、代表议案建议、社会建设7个人大代表专业小组。

【人大代表学习培训】 6月10—12日，200余名浦江县第十五届人大代表与县人大机关干部参加履职能力提升培训；组织市人大代表培训，分别于7月、10月两次组织新当选的市人大代表到温州平阳省委常校分校学习；11月1—20日，按照地域划分和就近原则，组织省市县乡四级人大代表开展第一轮学习党的二十大精神培训会。

综　述

2022年,浦江县实现地区生产总值274.8亿元,比上年增长2.6%;一般公共预算收入24.4亿元,比上年增长1.2%;固定资产投资88.4亿元,比上年增长16.7%;社会消费品零售总额104.4亿元,比上年增长2%;规模以上工业增加值54.2亿元,比上年增长1.1%;城乡居民人均可支配收入分别为57731元和29465元,比上年增长4.8%和5.2%。

浦江县举办第九届光伏聚合物国际大会,祥邦永晟新能源项目列入省示范性重大产业项目,百亿级光伏新材料产业集群雏形显现,拉动全县规模以上工业产值增速6.5个百分点;招引亿元以上项目27个,其中3亿元以上17个、10亿元以上制造业5个。浙江丰安齿轮股份有限公司在北京证券交易所上市,上市公司实现零的突破;新增国家"专精特新'小巨人'"企业5家、国家"专精特新"重点"小巨人"企业1家,"水晶产业大脑"入选省工业领域行业产业大脑建设名单,浙江杭机股份有限公司入选省"未来工厂"试点企业,万家跨境电子商务产业园获评省级跨境电子商务产业园;企业参与制定国家标准2个、行业标准2个,主导制定"浙江制造"团体标准3个,通过"品字标浙江制造"认证企业7家。迭代出台4轮96条经济稳进提质政策举措,为市场主体减负降本10.2亿元,兑现政策奖补2.7亿元;开展"稳进提质"现场集中办公活动,解决企业难题85个;开展"暖企助企服务年"活动,全市率先实施企业行政合规试点,政务服务"好差评"满意率99.8%,2021年省营商环境评价总得分排名全市第三。向上争取各类财政奖补资金16.9亿元,专项债券6.6亿元;全县存贷款余额首破1000亿元,其中贷款余额538.7亿元,增长21.9%;累计完成低效用地再开发111.67公顷,出清低效企业116家157公顷,新增建设用地指标88.95公顷。新增光伏装机3.8万千瓦,抽水蓄能电站项目纳入省"十四五"核准计划。

浦江县入选省数字生活新服务样板县,"浦慧展"数字贸易云展会平台获评省多跨协同优秀示范,全年外贸出口增长15.9%;成立邮政管理局,全年快递业务量2.5亿件,增长35.7%;杭温高铁二期浦江段完成总工程量的52%,351国道二期联盟至兰溪界段完成施工准备,合肥至温州高速桐浦义段纳入《国家公路网规划(2022—2035年)》。浙江大学金华研究院浦江分院、浙江外国语学院跨境电商浦江研究院挂牌运行；新增院士专家工作站3家、国家高新技术企业36家、省科技型中小企业105家、省级知识产权示范企业2家；国家引才计划入选人数实现9年来首次破零；新增青年博士17人、高技能人才4077人，完成率均居全市第一；全年高新技术产业投资增长89.9%，排名全市第一；2021年全社会R&D经费投入强度增幅居全省第一。新增省级数字化改革试点9项，获评市"最佳应用"3个，"云享药房"应用列入全省"一地创新、全省共享""一本账"S0，"水源安享"应用两项技术成果入选水利部重点推广名录，告知承诺信用管理应用获评全省信用数字化改革应用场景十大示范案例；获评全省首届数字乡村先锋榜"金翼奖"十佳县，连续三年获评全国县域数字农业农村发展水平先进县。"好家风"评价指数入选省高质量发展建设共同富裕示范区最佳实践；"市场化改革+集体经济""宅基地改革+乡村建设"试点入选全省强村富民乡村集成改革实践试点名单；"大综合一体化"行政执法改革完成事项划转1780项，形成综合行政执法+专业行政执法"1+8"执法新架构；整合组建产业投资集团有限公司，县城投集团获评AA主体信用评级，县属国企资产总额增长25.6%。

【城乡建设】 城区环境空气优良率97.3%，生态环境公众满意度排名全省第五，2021年度"无废城市"建设总体满意度位居全省第三；连续两年获得"五水共治""大禹鼎"金鼎、"美丽浙江"建设工作考核优秀县，连续五年获评省农村生活污水治理工作优秀县，获评全省农村和城镇垃圾分类工作优秀县、省首批生态文明建设实践体验地；浦阳江（浦江段）入选全国首批美丽河湖优秀案例，东溪、蜈蚣溪获评省美丽河湖。科学划定"三区三线"，组建县片区开发建设指挥部，实施全县征迁"一本账"规范管理改革，推进金塔片区综合开发，完成环城西路区块征收、黄宅后潘都区块征迁；深入推进全国文明城市创建，完成19条城区道路人行道改造、5.3万户城区飞线整治，新增停车位4516个；东街社区、塔山社区入选省未来社区创建名单，檀溪—大畈活力风情县域风貌区获评"全省城乡风貌样板区"，黄宅镇等5个乡镇获评省级美丽城镇，获评省2021年度"无违建县"和无违建创先争优示范县。完成耕地"非粮化"整治与粮食功能区优化调整，"葡萄产业大脑"入选省级数字经济系统产业大脑优秀案例。迭代升级"五重抱团"模式，打造"浦阳江潮""壶源山水""仙华同秀""江南兴业"4条共富示范带，全年村级集体经济经营性收入1.9亿元，增长28.7%，其中村级集体经济经营性收入50万元、100万元以上行政村分别达89.9%、35.2%。创建省级引领型农村社区4个、市级完善型农村社区19个，打造省级"未来乡村"3个、市级"未来乡村"1个，虞宅乡获评全国"一村一品"示范村镇。举办第十五届浦江·中国书画节、全县文旅发展大会和上海旅游推介会等"喜迎二十大"浦江文旅月系列活动，上河村入选"2021浙江最具人气夜间文旅消费目的地"，马岭古道等入选省第二批大花园"耀眼明珠"名单，连续四年上榜全国县域旅游综合实力百强县。

【社会事业】 连续两年教育投入超10亿元，2所公办幼儿园投入使用，培智学校迁建工程完工，完成规范民办义务教育发展专项工作，实验小学获评省"双减"年度十佳样本，高考特控线上线人数首次突破900人，万人比上线率连续十二年位居全市前三；岩头镇礼张村、白马镇嵩溪村获评首批省美育示范村，"上山文化"、浦江书画、仙华山传说、江南第一家获评省优秀文化基因解码项目；县公共卫生临床中心投入使用,县人民医院、县中医院通过二级甲等综合医院复评。建成公办智慧养老院2家、提升改造居家养老服务照料中心2家;每万名老年人持证护理员29.7人,位居全市第三;城乡居民基本养老保险基础养老金提增26%,达到290元/(月·人);实现乡镇(街道)未成年人保护工作站全覆盖,建成“医防护”儿童健康管理中心和婴幼儿照护服务指导中心10个、村(社区)婴幼儿照护服务驿站10家,新增婴幼儿照护托位366个;退役军人建档立卡走在全省前列。推进“信访积案攻坚年”活动,一批信访突出问题得到依法有效处置,深化发展新时代干部下基层开展信访工作经验理论研讨会召开,“下访接访”信访工作国家级标准化试点通过终审验收;高标准完成“护航省运会、喜迎二十大”系列维稳安保工作,刑事、治安警情降幅均在10%以上,交通事故死亡人数下降28.5%,各类生产安全事故起数、死亡人数较前三年平均值分别下降41.3%和40%,县公安局获评全国公安机关执法示范单位,法治金华考核排名全市第二,连续五年获评省“无欠薪”县(市、区),平安指数排名全省前列。2022年,浦江县全面推动“钱浦共富”战略合作,通过浦江、钱塘两地资源互补,完成200公顷钱浦飞地在“三区三线”划定方案中的落实。谋划推进金浦、义浦特色优势产业合作区,打造成为金义都市区、杭州都市区的产业合作示范区。

(陈东钢)

重要会议

【浦江县第十四届人民政府第98次常务会议】 1月6日召开。会议学习《中华人民共和国个人信息保护法》,研究浦江县2022年投资项目计划(送审稿)、2022年国民经济计划报告(送审稿)、《浦江县推进“大综合一体化”行政执法改革方案》、《浦江县文化旅游体育发展“十四五”规划(送审稿)》,审议《浦江县第三次全国国土调查主要数据公报》《浦江县人民政府关于新增综合行政执法事项划转的公告》《浦江县人民政府关于确定〈中华人民共和国大气污染防治法〉第一百一十六条监督管理部门的公告》。

【浦江县第十四届人民政府第99次常务会议】 1月10日召开。会议研究2022年政府工作报告(送审稿)、2022年政府十大民生实事(送审稿)、浦江县2021年财政预算执行情况和2022年财政预算(草案)。

【浦江县第十五届人民政府第1次常务会议】 2月10日召开。会议学习《浙江省营商环境优化提升行动方案》,研究《浦江齿轮有限公司以东地块控制性详细规划编制》。

【浦江县第十五届人民政府第2次常务会议】 2月17日召开。会议听取《浦江县2021年法治政府建设年度报告》,研究《关于设立“钱浦共富”产业合作区战略合作框架协议》、浦江县污水处理收费扩面的相关事宜。

【浦江县第十五届人民政府第3次常务会议】 3月2日召开。会议学习新《浙江省人民防空工程管理办法》,研究给予县自然资源局等27个单位和个人相应行政奖励的事宜。

【浦江县第十五届人民政府第4次常务会议】 3月16日召开。会议学习《浙江省公共数据条例》,研究《浦江县电动自行车(电动三轮车)综合治理工作实施方案(送审稿)》、2022年政府系统建议提案交办方案。

【浦江县第十五届人民政府第5次常务会议】 3月31日召开。会议学习全国安全生产电视电话会议精神,研究《2022年度浦江县人民政府重大行政决策事项目录(送审稿)》《浦江县农村集体经营性建设用地入市管理办法(试行)(送审稿)》《浦江县城市燃气专项规划(2021—2035年)(报批稿)》《浦江县2022年度“珍爱生命、远离车祸”道路交通安全大会战实施方案(送审稿)》《浦江县白马镇零星地块控制性详细规划(三)》。

【浦江县第十五届人民政府第6次常务会议】 4月21日召开。会议学习《信访工作条例》,研究《浦江县新一轮制造业“腾笼换鸟、凤凰涅槃”攻坚行动方案》、351国道浦江联盟至兰溪界段工程建设模式。

【浦江县第十五届人民政府第7次常务会议】 4月26日召开。会议研究关于贯彻落实国务院安委会十五条重要举措的实施意见、《浦江经济开发区人民医院以南地块、中心粮库以南地块控制性详细规划》、《浦江县黄宅镇小微企业园控制性详细规划修编》。

【浦江县第十五届人民政府第8次常务会议】 5月12日召开。会议听取2022年浦江县未成年人思想道德建设工作专项汇报,研究《浦江县低效用地再开发“新四破”实施意见(送审稿)》《浦江县低效工业用地专项整治实施方案(送审稿)》《浦江县扶持现代农业高质量发展实施意见(送审稿)》《浦江县关于支持市场主体平稳健康发展的首轮政策意见(送审稿)》《浦江县人才新政(送审稿)》《岩头镇原王店红砖厂地块控制性详细规划》《浦江县营商环境优化提升实施方案(2022—2025年)(送审稿)》。

【浦江县第十五届人民政府第9次常务会议】 5月29日召开。会议听取《浦江县贯彻落实扎实稳住经济一揽子政策措施实施方案》《关于进一步加强国有土地上房屋临时改变用途收取土地收益金的实施意见(送审稿)》,研究《浦江县综合行政执法事项目录》、《浦江县教育发展“十四五”规划》、《浦江县县域医疗卫生专项规划》、浦江县购房契税补贴相关事宜、《浦江县金狮湖区块B-(45-48)地块控制性详细规划修改》、《浦江县低效工业资产收购实施细则(送审稿)》。

【浦江县第十五届人民政府第10次常务会议】 6月9日召开。会议研究《浦江县政府质量奖管理办法(2022年修订)(送审稿)》《浦江县351国道与珠园路交叉口东北侧地块控制性详细规划》《浦江县环城西路建设工程浦江加油站区块国有土地上房屋征收补偿方案》《浦江县规范民办义务教育发展专项工作实施方案(送审稿)》。

【浦江县第十五届人民政府第11次常务会议】 6月23日召开。会议研究浦江县2022年土地征收成片开发方案、《浦江县创新型产业用地(M0)试点政策(送审稿)》、《浦江县供而未用工业用地专项整治工作方案(送审稿)》等五个工作方案、《班班区块低效工业资产收购方案(送审稿)》、《浦江县工业企业亩均效益综合评价办法(送审稿)》、《浦江县实施“文旅富县”战略推动高质量发展的激励政策(送审稿)》、申请撤销浦江仙华山省级旅游度假区事宜、关于浦江养老中心建设工程拟采用EPC总承包邀请招标方式事宜、浦江县白马镇豪墅岭高速公路以南地块控制性详细规划。

【浦江县第十五届人民政府第12次常务会议】 7月7日召开。会议传达贯彻习近平总书记在四川考察时的重要指示精神，研究《数字浦江建设“十四五”规划(送审稿)》、《关于进一步加强国有土地上房屋临时改变用途收取土地收益金的实施意见(送审稿)》、《浦江县征收集体所有土地房屋补偿实施办法(送审稿)》、《浦江县国有土地上房屋征收与补偿实施细则(送审稿)》及房屋征收配套政策、《浦江县全面推进乡镇(街道)综合行政执法工作方案》。

【浦江县第十五届人民政府第13次常务会议】 8月12日召开。会议传达学习习近平总书记在中央统战工作会议上和省部级主要领导干部专题研讨班上的重要讲话精神、省委常委会会议精神、市委常委会会议精神及疫情防控工作研判会议精神，听取浦江县人民政府工作规则修订情况的汇报，研究金塔片区开发建设相关事宜、浦江县城市基础设施配套费征收管理有关事项、合温高速公路浦江段与杭温高铁交叉节点先行工程实施方案、2021年度亩均效益综合评价结果和听取2022年亩均效益综合评价指导意见、调整仙华檀宫资产盘活方案有关事宜。

【浦江县第十五届人民政府第14次常务会议】 9月5日召开。会议传达学习习近平总书记重要文章《全党必须完整、准确、全面贯彻新发展理念》、市政府全体会议精神和浦江县贯彻落实意见，传达贯彻习近平总书记对青海重大山洪灾害和当前防汛抗旱抢险救灾工作的重要指示精神、《关于贯彻落实中央生态环境保护督察整改工作办法的通知》(厅字〔2022〕27号)文件精神，研究关于浦江县深化经济稳进提质若干政策措施、杭温铁路杭州至义乌段工程(浦江段)线路安全保护区划定方案并公告、行政事业单位部分资产处置相关事宜、县房地产管理处位于观华路115号土地收储方案、《黄宅镇浦口村风和自然村拆迁安置区详细规划》、《浦江县浦阳街道东方蓝郡以西地块控制性详细规划》、《南苑小学北侧地块控制性详细规划》、水晶产业东部集聚区(二期)02-11至02-12地块国有建设用地使用权出让方案、原百炼地块一国有建设用地使用权出让方案、原百炼地块二国有建设用地使用权出让方案、仙华街道保尔路以南地块(A-01至A-07)地块国有建设用地使用权出让方案、关于在城区设置潮汐车位相关事宜、浦江抽水蓄能电站项目投资业主招标方案。

【浦江县第十五届人民政府第15次常务会议】 9月28日召开。会议传达贯彻中央政治局会议精神、国务院常务会议精神、海洋强省建设推进会精神、全省新一轮制造业“腾笼换鸟、凤凰涅槃”攻坚行动现场会暨“415X”产业集群推进会精神、全市新一轮制造业“腾笼换鸟、凤凰涅槃”攻坚行动暨先进制造业崛起战略实施推进会精神，研究《关于贯彻落实被征地农民参加基本养老保险若干政策的实施意见(送审稿)》、《浦江县2022年符合政府安排工作条件退役士兵安置工作方案(送审稿)》、《2022年浦江县第二批专职社区工作者招聘方案(送审稿)》、县城投集团年产60万立方米商品砼建设工程采用邀请招标的有关事项、南苑小学北侧地块国有建设用地使用权出让方案、黄宅镇小微园恒固A区以西地块国有建设用地使用权出让方案、黄宅镇小微企业东侧地块一国有建设用地使用权出让方案、黄宅镇小微企业东侧地块二国有建设用地使用权出让方案、岩头镇原王店红砖厂地块一国有建设用地使用权出让方案、岩头镇原王店红砖厂地块二国有建设用地使用权出让方案、登高村安置区地块规划指标和国有建设用地使用权出让方案。

【浦江县第十五届人民政府第16次常务会议】 10月26日召开。会议听取2022浦江第13届水晶玻璃产业博览会方案，研究《浦江县优化排污权交易改革工作方案（送审稿）》、第九批浦江县非物质文化遗产代表性项目名录相关事宜、2022年浦江县投资项目调整计划、《浦江县推进农业“双强”行动 促进农业高质量发展实施方案（2022—2025年）（送审稿）》、浦江县2023—2025年度松材线虫病防治工作实施方案相关事宜、浦江县城中村（棚户区）改造文溪安置区二期变配电子项目概算调整事宜、大许红砖厂补缺地块国有建设用地使用权出让方案、浦阳街道观华苑以北地块国有建设用地使用权出让方案、黄宅镇工商路东侧、永创路以南地块一国有建设用地使用权出让方案、诗画小镇相关事宜。

【浦江县第十五届人民政府第17次常务会议】 11月16日召开。会议传达学习中共中央政治局常务委员会会议精神，听取营商环境评价指标情况汇报，研究《年产8000吨高端聚烯烃新材料项目》投资框架协议、《年产3亿平方米光伏胶膜及电子胶膜建设项目》投资框架协议、《年产5000件光储充一体化逆变器生产线项目》投资框架协议、《“钱浦共富”战略合作框架协议（送审稿）》、浦江县高铁站场综合交通枢纽项目实施工作方案、与浙外共建跨境电商研究院协议相关事宜、《浦江县浦创产业投资集团有限公司组建方案（送审稿）》、浦江县岳塘水库以南地块二国有建设用地使用权出让方案、开发区界山以南地块三国有建设用地使用权出让方案、前方大道以南地块二国有建设用地使用权出让方案、黄宅中学以北地块国有建设用地使用权出让方案、浦江中学以东地块规划指标和国有建设用地使用权出让方案、浦南街道原外贸猪场以西地块一规划指标和国有建设用地使用权出让方案、浦南街道原外贸猪场以西地块二规划指标和国有建设用地使用权出让方案。

【浦江县第十五届人民政府第18次常务会议】 11月25日召开。会议审议2019年度、2020年度服务业企业“亩产效益”综合评价结果，研究宏业大道888号工业资产收购相关事宜、将金华贝尔油墨有限公司年产2000吨纳米干片新材料生产线等项目列为县工业储备项目事宜、总部经济相关事宜、行政事业单位部分资产处置相关事宜、浦江县2023年县属医疗单位人才引进方案、《浦江县粮功区调整优化方案（送审稿）》、《关于合作招引发展半导体产业的战略合作协议》。

【浦江县第十五届人民政府第19次常务会议】 12月15日召开。会议传达学习中共中央政治局会议精神，研究浦江县生态环境导向开发（EOD）项目相关事宜、《关于进一步完善招商招才工作机制的意见（送审稿）》和《关于进一步加强驻外招商引才工作的意见（送审稿）》、《浙江省浦江县浦南街道丽水村东侧矿地综合开发利用项目普通建筑用石料（凝灰岩）矿采矿权挂牌出让方案》、浦江县向义乌市调剂耕地占补平衡指标事宜、金塔片区综合开发投资运营授权相关事宜、恒昌集团有限公司《房屋收购协议》后续处置意见相关事宜、《浦江县殡葬基本服务项目全流程免费办法（送审稿）》相关事宜、2021年度全县“双重工作”先进集体和先进个人表彰名单、2021年度全县中心工作处理突发事件承担专项工作成绩突出单位和个人表扬名单、同系基金和百导基金经营期延期相关事宜，听取2021年度工业商贸扶持政策兑现事宜。

【浦江县第十五届人民政府第20次常务会议】 12月21日召开。会议研究《2023年政府工作报告》(送审稿)、《2023年浦江县政府十大民生实事项目》(送审稿)、《浦江县2023年投资项目计划》(送审稿)、《浦江县2022年国民经济和社会发展计划执行情况及2023年国民经济和社会发展计划的报告(草案)》(送审稿)、《浦江县2022年财政预算执行情况和2023年财政预算(草案)》(送审稿)、《浦江县工业经济"开门红"政策》《浙江浦江乌山森林运动康养基地》投资框架协议、百川导体项目变更基金管理人事项、浦江县通济金融服务有限公司股权转让方案、《浦江县通济转贷基金管理办法》、岩头镇农居点二期建设工程南侧基坑施工方案变更相关事宜、《浦江县水资源节约保护与利用总体规划》、2022年诗画小镇工程类合同解约工作及其他相关事项,听取浦江抽水蓄能项目投资主体及协议有关情况汇报。

(郭俊然)

政府施政

【经济稳进提质】 2022年,全县上下贯彻落实党中央、省、市各项决策部署,统筹经济社会发展各项工作,实施经济稳进提质攻坚行动。全年迭代出台96条政策措施,完成涉企政府补助补贴类政策资金兑付2.275亿元,兑付率100%。2022年,全县生产总值(GDP)比上年增长2.6%,由第一季度全市第十提升至全市第四。

【强化招商引资】 紧盯"3+3"百亿级集群产业目标,着眼于产业链招商、要素资源保障、政策集成、统筹发展和项目管理,大力开展招大引强。2022年,浦江县外出招商260余批次,洽谈项目160余个。重大产业项目到位资金36.1亿元,其中制造业项目到位资金20亿元;签约亿元以上项目27个,协议投资额137.9亿元;落地亿元以上项目19个,协议投资额93.85亿元,比上年增长198.4%,其中制造业项目15个,协议投资额82.43亿元,比上年增长215.2%。

【争取资源要素】 2022年,浦江县抢抓政策窗口机遇,发挥金融政策拉动作用,为企业缓解融资压力。谋划储备专项债券项目35个,总投资250.49亿元;申报2023年第一批专项债项目21个,申请年度债券需求29.1亿元;谋划"三区三线"重大项目,新增补纳入省库项目73个,申报成功率97.3%,列全市第二位。

【优化规划空间】 2022年,浦江县完成"三区三线"划定最终成果并通过自然资源部审查,开展省级重点项目核实增补,列入省统筹项目12个,核减永久基本农田任务306.67公顷,增补省级项目73个,增补成功率全市第二;完成浦江县工业控制线专项规划编制,划定一级、二级工业控制线总计1400公顷;完成《县域乡村专项规划》编制。

【推动共同富裕起势成势】 2022年,浦江县锚定"增进民生福祉,提高人民生活品质"目标,聚焦"三个一批",推出一批创新之策、务实之举、破题之计,以"滚石上山"的干劲推动共同富裕工作整体成势。全县共同富裕年度考核列全市第五,2022年度浦江县"四感"指数得分列全市第一,位于全省前30%。城乡居民人均可支配收入增速列全市第三,城乡收入倍差降至1.96。《应用"好家风"指数,拓宽基层治理新路径》入选全省第三批共同富裕最佳实践案例。

【加快项目攻坚】 2022年,浦江县打造"谋划—推进—保障"项目工作闭环。依托项目全生命周期管理系统,对项目实行全过程、可量化、闭环式管理。3个省重点项目年度投资完成率122.8%;29个市重点项目完成年度投资计划的121.4%;7个省集中开工项目完成率为117.8%。开展全县重大项目"百日攻坚"行动。探索实践"极简极速审批"模式,信用优秀企业完成提交后系统自动赋码立项,建设工程规划许可、施工许可、水保登记等联合审批事项及建设工程竣工规划核实、建设工程竣工验收消防备案等联合验收事项实现一次性申报、一次性办结。2022年,完成23个项目联合审批、7个项目联合验收,审批时间减少96%,审批事项减少50%。

(黄　杰)

【工业经济】 2022年,全县工业总产值621.49亿元,比上年增长12.17%;规模以上工业总产值306.32亿元,比上年增长7.9%;规模以上工业增加值54.19亿元,比上年增长1.1%;工业增加值占全县生产总值(GDP)比重由2021年35.59%提高至2022年的38.43%,其中规模以上规模以下比重由45:55调整至54:46,全县生产总值(GDP)构成越来越合理。制造业投资35.67亿元,比上年增长20.9%,四年实现高位增长;技改投资15.46亿元,比上年增长38.7%,全市排名第三。获得金华市2022年度工业经济综合目标责任制考核先进单位。

【数字经济】 2022年,浦江县数字化平台应用建设再上新台阶,"水晶产业大脑"入选省工业领域行业产业大脑建设名单,2022年2月时任省委书记袁家军亲临浦江对浙江杭机股份有限公司数字化改造项目进行实地考察,肯定企业以数字化促转型、提升竞争力的做法。重点企业数字化转型提速,浙江恒昌纺织科技有限公司、浙江亚特新材料股份有限公司通过省级智能工厂验收,浙江莱康生物工程有限公司、浙江浦江伯虎股份有限公司列入省级智能工厂培育库,获评金华市中小企业数字化改造工作先进单位并在全省产业数字化现场会作典型发言。分行业数字化改造稳步推进,挂锁行业工业互联网平台上线,完成442个数采点位的安装施工,10家企业进入试运行阶段。服装针织行业数字化改造启动首批试点工作。水晶行业确认首批20家改造企业,制定3家企业改造提升方案。成功创建数字生活新服务样板县。

【市场主体培育】 2022年,全县规模以上企业家数达到564家,新增"小升规"40家,完成月度升规18家,完成率列全市第一。产值亿元以上企业46家,共实现产值142亿元,占规模以上企业总产值39.2%;纳税千万元以上的企业13家。新增国家"专精特新'小巨人'"企业5家(浙江杭机股份有限公司、浙江亚特新材料股份有限公司、浙江丰安齿轮股份有限公司、浦江亿通塑胶电子有限公司、浙江天晨胶业股份有限公司),国家级"专精特新"重点"小巨人"企业1家(万赛零部件)。浙江丰安齿轮股份有限公司成功在北京证券交易所发行上市,成为全市首家北交所上市公司,为浦江县首家A股上市公司。伯虎股份获省级"隐形冠军",为浦江县首家获此殊荣的企业。浙江杭机股份有限公司获第五届浙江省工业大奖。浙江百川导体技术股份有限公司被评为浙江省幸福共同体企业领头雁。浙江天晨胶业股份有限公司获评省科技"小巨人"企业。浙江博开机电科技有限公司"极大规模集成电路制造装备及成套工艺"项目获科技部重大专项立项。亚特新材料被评为金华市"美丽工厂"标杆企业,浙江杭机股份有限公司、浙江亿通塑胶电子有限公司、浙江恒昌纺织科技有限公司被评为金华市“美丽工厂”示范企业。浙江亚特新材料股份有限公司、浦江亿通塑胶电子有限公司、浙江浦江永进工贸有限公司被评为金华市绿色低碳工厂。

【贸易发展】 2022年，全县外贸出口100.14亿元，比上年增长15.87%，增速列全市第二位；进口4.08亿元，比上年增长61.49，增速列全市第三位。全力推进“稳外贸稳外资促消费双月攻坚”行动，先后出台了首轮、第二轮、第三轮、第四轮的稳外贸相关政策10条。助力企业“拓市场”，全年共组织137家次企业参加线上广交会、浙江省出口网上交易会等境内外重点展会39场次。构建“浦慧展”数字贸易云展会平台，完成重点展会目录、优选展会推介、企业云展平台、会展政策目录等核心功能，上线平台端、小程序端功能。

（楼园园）

【文旅富县】 2022年，浦江县通过浙江省全域旅游示范县复评，新增景区镇5个。推进“万年上山”文化村、罗家源旅游风景区、万豪酒店、茜溪海华大酒店、山明美术院改扩建等文旅项目，总投资额超过200亿元。连续三年上榜全国县域旅游综合实力百强县，2021年度名列全国县域旅游综合实力百强县第42位，在上榜县（市、区）中排名全省第23位。

【浦江文旅（上海）推介会】 11月22日，“万年上山诗画浦江”2022浙江浦江文旅（上海）推介会在上海黄浦江畔游轮上举办，现场签约战略合作项目2个、文旅重点投资项目4个，投资规模超83亿元。启动“百万闵行人游浦江”活动，发放1.5万张“旅游金卡”，吸引上海游客到浦江旅游。

【第十五届中国书画节】 11月25日，2022浦江·第十五届中国书画节暨2022“万年浦江”全国中国画作品展览开幕。该届书画节以“书画节开幕式+直播间访谈+云逛展”为主要内容，依托“美丽浙江”融媒体矩阵，推出“诗画浦江·一起云逛展”大型沉浸式直播活动。其间，浦江中国美术图书馆正式开馆并发布美术图书与文献征集公告，省美协、省美术馆捐赠了约600册首批馆藏图书。

【省运会圣火在上山点燃】 9月，浦江县举办浙江省第十七届运动会圣火采集暨火炬传递启动仪式，省运会期间承办国际象棋、女子足球甲乙组、空手道、五子棋5场省运会正式比赛。获得赛前金牌15枚，现场金牌17.5枚、银牌7枚、铜牌7枚，突破浦江县省运会金牌数历史纪录。

【乡村美育工作】 2022年，浦江县成立美丽乡村·书画展销中心暨浦江美术馆嵩溪分馆，探索书画市场运营新模式。白马镇嵩溪村、岩头镇礼张村入选首批浙江省美育示范村（社区）名单，全省共18家，金华地区仅浦江2家。

【打造“东山有戏”群文大舞台】 2022年，浦江县以“诗画浦江、多彩家园”赛事为抓手，以广场舞、浦江什锦和优秀业余团队展演为赛事内容，建立节目库、人才库、团队库，提升社会文艺团队建设，丰富群众文化生活。全县参赛队伍80支，其中“丰安古韵”浦江县什锦班比赛初赛采用网上直播形式举行，线上直播服务超260万人次。

【壶源江乡村旅游联盟成立】 12月11日，壶源江乡村旅游联盟正式成立，通过“部门引导、企业自愿、市场为主、利益共享”新模式，以乡村游为重点，政企联手，共闯市场。

【文体民生实事】 2022年，全县新增56个“15分钟品质文化生活圈”、2家城市书房、1家文化驿站、3家乡村博物馆。完成130家“e家书房”建设和9家乡镇文化站图书室提升。新增1个体育设施进公园、4个百姓健身房、1个村级全民健身广场、1个笼式足球场、4个多功能运动场，培育飞轮、灵溪2个体育示范村。

【文旅市场管理】 2022年，浦江县组织开展涉老旅游及艺术品诈骗整治、文化和旅游市场百日攻坚行动、校园周边整治等10余项专项行动，全年出动检查6297人次，检查场所1932家次，行政处罚立案调查18件，办结18件，警告14家次，罚款70500元，没收违法所得1498元，被浙江省文化和旅游厅评为2022年度全省文化市场综合行政执法工作成绩突出集体，组织参加的2022金华市文化市场执法岗位练兵技能竞赛获团体二等奖。

【双拥工作】 2022年，全县双拥工作会议暨军地联席会议召开，举办浦江县“老兵永远跟党走”暨庆祝中国人民解放军建军95周年文艺晚会，评选表彰12家首批“社会化拥军成绩突出单位”、5名第三届“双拥工作先进个人”和5名第三届“最美退役军人”。开展春节、八一建军节慰问驻金、驻浦部队活动，为部队送去价值68万元慰问品；开展为现役义务兵家属和烈属免费体检活动、新兵“传承革命精神，立志报效祖国”等双拥活动。以爱国拥军促进会、关爱退役军人协会和国防教育促进会为依托，发挥社会各界力量开展拥军活动进军营，为部队送慰问品、慰问金约40万元。慰问驻浦部队困难官兵、立功受奖现役军人家属、“边海防”现役军人家属等500余人次，送去慰问金和慰问品价值6.5万元。签约拥军商户数220余家。组建“丰安老兵”志愿服务队伍，累计开展志愿活动50次，惠及1万余人次。

【优抚安置工作】 2022年，浦江县为全县退役军人评定等级，完成全县存量人员建档立卡工作和优待证申领工作，受理申请11210人，完成优待证制卡11108人，完成率居省市前列。接收符合政府安排工作条件的退役士官、军队转业干部共14人；4名军转干部全部安置到公务员岗位（含垂直管理单位）；10名政府安排工作退役士兵中安置到县属事业单位6人、县属国企3人及央企1人。打造“退役军人就业创业直通车”，2022年举办专场招聘会2场，为社会提供就业岗位1800余个。依托金华退役军人学院的教育资源，为退役军人参加学历教育、职业技能培训创造条件。

【推进“三能”主题教育实践活动】 2022年，县公安局紧扣“学、练、担、扬”，纵深推进“三能”主题教育实践活动。“三能”简报信息、理论文章等省公安厅采用量居全市第一，市公安局采用量居全市第三。刑侦大队被评为全省公安机关“三能榜样·最美警队”。28名民警、16名辅警被评为金华市公安机关“三能榜样·最美警察（辅警）”。

【维护社会治安】 2022年，浦江县全年移送起诉电诈犯罪嫌疑人117名，追赃挽损1010万元；打处黄赌犯罪嫌疑人362名，移送起诉207人；抓获涉毒犯罪嫌疑人25名，查处吸毒人员19名，缴获各类毒品50余克；侦办各类侵企类案件13起，抓获犯罪嫌疑人16名，挽回经济损失1亿余元；侦破食药环知森领域刑事案件58起，采取刑事强制措施100人。

【道路交通安全管理】 2022年，全县发生各类道路交通事故32813起，其中伤人事故4963起，受伤5012人；死亡事故35起，比上年下降14.63%，交通死亡36人，比上年下降12.2%。全年查处各类交通违法行为219404起，其中酒驾689起，醉驾263起，现场纠违103468起。

【创建全国公安机关执法示范单位】 2月17日，县公安局组织召开创建"全国县级公安机关执法示范单位"动员部署会；3月16日，在全省申报全国公安机关执法示范单位视频评审活动中，以92.29分排名第一，后以全省综合成绩第二名入围推荐名单；8月19日，获公安部命名"全国公安机关执法示范单位"。

【推行柔性执法创新举措】 2022年，县公安局率先在全市开展行政合规工作，研究制定《助企纾困十项举措》《推进水晶产业行政合规建设活动实施方案》，出台"1+N"管理模式指导性意见，帮助企业健全完善管理制度，对符合行政合规条件的免于处罚，有效解决县内1000余家挂靠小微水晶企业使用易制毒化学品难题。办理全市首例企业行政合规案件，入选省公安厅柔性执法典型案例。企业行政合规指导惠企柔性执法，入选浙江省2022年度县乡法治政府建设"最佳实践"项目。

（黄寒丹　张　凯）

【推动"科创兴县"战略】 2022年，谋划檀溪科创谷和浦江北部科创培育带，将其列入浙中科创走廊发展规划和省重点建设项目库；揭牌浙大金华研究院浦江分院，招引博士创业企业入驻浦江科技创业园；助力"国家引才计划"入选人数9年内首次破"零"，全职引进省级高层次人才2人，青年博士17人，博士引进指标位居全市前列；国家高新技术企业通过省专家组评审51家，全市第一。

【稳步推进质量、标准、知识产权强县战略】 2022年，浦江县通过"品字标浙江制造"认证7家，获评省级知识产权示范企业2家，获评市级专利示范企业6家；注册国家地理标志证明商标2个、集体商标1个，新增年度高价值发明专利16件；参与制定发布国家标准2个，行业标准2个，主导制定"浙江制造"团体标准3个。

【做大做强国有企业】 2022年，县属国企资产总额累计377.44亿元，比上年增长25.62%；净资产累计146.93亿元，比上年增长18.55%；营业收入20.89亿元，比上年增长43.87%，利润总额2.22亿元，比上年增长148.72%。新增县属国企混改12家，新引入社会资本9.67亿元；新增片区开发、总部楼宇经济、混凝土产业三个行业领域项目5个，可带动投资125亿元；组建浦江县浦创产业投资集团有限公司。

【国企融资拓渠道、降成本】 2022年，县属国企融资余额为151.48亿元，其中直接融资余额42.30亿元，间接融资余额109.18亿元，比年初新增融资36.07亿，对外担保46.11亿元，平均融资利率为5.7%，比上年下降80BP。县城投集团获评AA主体信用评级。

【留抵退税精准助企纾困】 2022年，浦江县通过行业类别、纳税信用等级、税收申报数据、企业经营情况、风险管理等多个维度指标建立数据模型，对纳税人进行精准"画像"，以"数据画像"识别符合留抵退税政策条件的纳税人，对其进行初审，并实行"清单式"台账管理。2022年度共办理留抵退税1699户，退税金额5.85亿元。

【依法治税助发展】 2022年，浦江县有序清缴陈欠及新增欠税。建立欠缴户档案166户，动态调整档案100余户次，累计清缴陈欠及新增欠税合计7906万元。

【打造“云享药房”应用】 2022年，浦江县坚持以人为本，以群众买药用药和政府高效监管为切口，构建横跨政、医、银、企四域六大场景，实现药品全流程便捷服务和全链条监管闭环。应用入选全省“一地创新、全省共享”“一本账”S0，获评金华市数字化改革“最佳应用”，在全市数字化改革推进会上进行演示汇报，在省数字化改革、“学习强国”学习平台、中国网等媒体刊物刊发相关信息35篇。

【成立数字监管指挥中心】 2022年，县市场监管局成立数字监管指挥中心，该中心集“浙冷链”“浙食链”“浙江知识产权在线”等应用和全国“12315”、“110”联动等投诉举报平台于一体，安排专人24小时应急值守，建立指令统一下达、限时整改处置、问题销号管理的闭环机制，以数字化改革提升监管和服务效能。

（周　汀）

【规范民办义务教育发展专项工作】 2022年，浦江县成立县规范民办义务教育发展专项工作领导小组，实行专班化运作，建立“一校一常委”制度，将民办义务教育学校在校生占比从20.6%压减到“0”，低于金华市3.7%的实际工作指标，完成浙江省定下的控制在5%内的工作目标。

【高中教育质量】 2022年，浦江县高考特控线上线人数达到922人，比2021年增加93人，上线率达28.89%，高于浙江省上线率8.89个百分点，位居金华市第一位。3名高三毕业生进入清华大学、北京大学深造，创造了连续十二年有学生进入全国唯二顶尖学府深造的新纪录。

【成立浦江邮政管理局】 2月14日，浦江邮政管理局挂牌成立，为正科级垂直管理部门，领导班子一正二副，内设办公室、行业监管科。同时设立浦江县邮政业安全中心（正股级），为局下属公益一类财政全额补助事业单位，核定事业编制3名，股级领导职数1名。成立首年便在年度考核中荣获县委县政府、市邮政管理局考评双优秀。

【邮政快递行业新发展】 2022年，全年快递业务量2.5亿件，11月份首破2亿件，全年增速35.7%，全市排名从第六提升至第二位。迭代行业“红色小达·幸福快递”党建品牌，韵达支部被评为市级行业党建示范点；行业“安检护航”数字化改革项目小技改换来大效益，在全省邮政管理系统2022年度会议上浦江局作典型发言，具体做法在全省刊发推广。组建4家工会，开展心理健康、职业防护、法律法规等培训8次，举办首届最美快递小哥（团队）评选，全年累计发放各项慰问金12万元。

（郑　泓）

【建筑业和房地产业】 2022年，全县建筑业总产值首次突破70亿元大关，达72.6亿元，其中省内产值为66.6亿元，比上年增速9.3%，占全县生产总值（GDP）的2.9%，为财政创收3.19亿元，占全县税收的10.85%。全年共创省级“平安工地”1个，省安全生产先进项目部1个，市级“平安工地”2个，市级安全生产标准化管理优良工地6个，县级安全生产标准化管理优良工地9个。全年实现房地产投资33.8亿元，比上年增长20.2%；完成商品房销售29.5万平方米，比上年下降16.2%，全市排名第三；房地产从业人员薪酬比上年增长14.76%。

【垃圾分类】 2022年，全县城乡生活垃圾处置量20.3万吨，生活垃圾增长率-10%；生活垃圾分类覆盖面、无害化处理率、资源化利用率均为100%。分别获评省农业农村厅和省住建厅颁发的2022年度全省农村和城镇垃圾分类工作优秀县，获省级奖补资金合计608万元。升级环境卫生、垃圾分类“三随机、一公开”检查机制，累计检查行政村187个，社区119个，评选出黄牌警告村（社）18个，交办整改问题3060个。推行环卫所“半直接”参与对第三方保洁机构公司的保洁管理模式，对环卫保洁不到位等问题采取扣发保洁经费等措施，累计检查发现问题4986余处，扣款50.95万元。健全执法环卫联动机制，坚持每月召开一次环卫执法联席会议，用“环卫发现—执法处罚”“执法发现—环卫清理”模式解决点上环境卫生问题突发多发情况。全年新建生活垃圾“两定四分”投放点103个，实现城镇全覆盖。11月8—9日，金华市乡镇生活垃圾治理工作经验交流暨年度攻坚工作部署现场推进会在浦江县召开。创建省级高标准垃圾分类示范小区6个、示范村4个，建设大型分拣中心1个、小型农村标准化分拣中心1个，农村回收网点4个；提升农村资源化站点11个、投放收集设施40个。制定出台《浦江县各类场景生活垃圾分类“一场两员”长效管理实施方案》《浦江县推进工业企业生活垃圾分类实施方案》等补齐各领域垃圾分类短板；持续依托“一周一主题”活动，开展“垃圾不落地”“垃圾分类专项整治月”等专项整治行动，严厉查处垃圾随意倾倒、堆放、不分类等影响环境卫生的不文明行为，累计查处垃圾分类案件6075起，罚款46.562万元，办案数全市排名第一。

【“三改一拆”】 2022年，浦江县围绕“控新增去存量”的原则，坚持部门联动、分类处置、数字赋能，10月浦江县获评2021年度省级“无违建县”和无违建创先争优示范县，并获得4公顷跨省城乡建设用地增减挂钩结余指标奖励。全年累计拆除存量违法建筑面积15.68万平方米，发现并处置新增违建23起，拆除违建面积15537.2平方米，完成旧住宅区改造1.2万平方米、旧厂区改造20万平方米，累计利用拆后土地0.26万平方米，利用率100%。

【“大综合一体化”行政执法改革】 2022年，浦江县出台并落实《浦江县全面推进乡镇（街道）综合行政执法工作方案》《浦江县综合行政执法指导办公室日常工作运行制度（试行）》等方案，完成综合事项划转1780项，占全县执法事项的35.8%；涉及30个执法领域，占总数的75%，均超过省定指标；整合形成“1+8”执法队伍体系，完成12名人员编制划转和其中2名人员转隶；打造乡镇（街道）“一支队伍管执法”，全县419名执法人员中，按照“派驻+联络”两种模式下沉乡镇（街道）268名，下沉比例64%；15个乡镇（街道）均组建成立综合行政执法队，并对6个乡镇（街道）完成差异化赋权；制定以辐射联络员形式下沉执法人员的考核管理办法；联合县检察院设立“检执联动”联络室并实行实体化运作，针对重大行政执法案件开展共同分析研判，促进行政执法机关依法履职。

民生实事工程

【老旧小区改造】 2022年，完成10个老旧小区改造续建项目，项目用地面积约289719平方米，总涉及294栋楼2052户，总投资1.07亿元。改造内容包括平改坡、小区绿化、小区飞线治理、立面改造，完成江滨新村、东溪花园等既有住宅加装电梯10台。

【美丽城镇建设】 2022年，虞宅乡获评省级美丽城镇样板镇，黄宅镇、白马镇、岩头镇、中余乡获评省级基本达标乡镇；实施檀溪镇平湖村、虞宅乡高坑村省级美丽宜居示范村创建，完成美丽宜居规划编制；完成大畈乡湃桥村、檀溪镇小洑村、花桥乡里黄宅村美丽宜居创建工作和杭坪镇石宅村传统村落风貌提升工作；完成2个历史街区和202处历史建筑的挂牌任务。

【城乡风貌（未来社区）建设】 2022年，浦江县编制《浦江县城镇社区建设专项规划》《东街未来社区一体化实施方案》《塔山未来社区一体化实施方案》《郑宅岩头黄宅县域风貌区建设方案》；檀溪—大畈诗画乡野县域风貌区获评省级风貌样板区；东街未来社区围绕五个标配、三个选配八大场景，重点打造“一老一小”及非遗馆等重点子场景，共投资约2000万元，于9月开工，年底基本完工。

【农村危旧房动态清零】 2022年，浦江县对全县城乡自建房排查摸底、数据录入及危房鉴定工作，共排查175255栋，其中经营性自建房8990栋，发现危房1487栋（经营性自建房14栋），于12月底完成经营性自建房整治工作。继续实施农村困难家庭危房改造即时救助，开展动态排查，确保动态清零，全年共完成19户危房改造，发放补助资金39.9万元。

【农村生活污水治理】 2022年，浦江县参与编制《农村生活污水处理设施格栅应用技术导则》，并在后孙村、真溪村、樟树下、薛下庄等农污终端进行格栅改造试点。全年争取到中央水污染防治资金2800万元，浦江农污数智处理系统被列入全省“一市一样板”培育名单。12月，金华市农村生活污水治理工作现场推进会在浦江召开，并作典型经验交流发言，获评“浙江省农村生活污水治理工作考核优秀县”。

【保障性住房】 2022年，浦江县成立保障性租赁住房工作领导小组，组织召开保障性租赁住房推进会和认定会，完成开发区绗缝产业园区、郑宅挂锁园区等四个项目823套房屋的房源筹集和认定，超额完成市局下达800套的任务；加大公租房保障力度，发放公租房租赁补贴730户，超额完成市局下达200户的任务。

【公共事业】 2022年，浦江县完成管网新建及雨污分流改造20.5千米，清淤管网167千米，排查管网30千米；完成城市内涝治理专项规划“一点一策”方案、城市内涝治理系统化实施方案和4处城区积水点改造。完成书画街、东山公园（篮球场东侧）、恒昌大道南侧等510个停车位建设。推进城区公共绿地提档改造，建成3个“口袋公园”，提升1条道路、3个公园的景观绿化；全年累计栽种草花35万余株；龙峰小学获评“浙江省园林式单位”，晶城路获评“浙江省绿化美化路”，白马镇初级中学等7家单位获评“金华市园林式单位”；牵头发挥城镇燃气安全整治工作专班总协调、总指导作用，联合属地政府、相关部门对餐饮等公共场所、城乡居民燃气用户、城镇燃气企业分别开展安检“扫街”、入户“清网”、燃气“除病”等七大专项行动。全年全县累计出动检查人员2.23万余人次，检查点位共7.29万处，发现隐患问题771处，整改率100%。推进文华园、望湖悦园、文澜府等新建房产住宅配套安装，主城区老旧小区二次开发，推广老旧小区改造配套天然气，持续建设市政主干管网，燃气管网下乡镇，全年新建燃气管道61千米，改造燃气管道7.2千米。完成《浦江县城市燃气专项规划(2014—2030年)》县政府审批工作，新修编《浦江县城镇燃气突发事故应急预案》。实施助企暖企措施，督促县高峰管道燃气公司严格执行落实助企暖企措施，2022年共为49家企业缓缴费用206万元，零收取欠费滞纳金。

【医疗卫生服务能力提升】 2022年，县人民医院、中医院通过等级医院复评工作，县妇保院创建二级乙等妇幼保健院。县人民医院心内科和感染疾病科通过金华市二类医学重点学科考核验收。聚焦民生工程守护人民健康，不断创新实践探索“3211”婴幼儿照护服务模式，新增婴幼儿照护机构托位数366个，重点人群免费接种流感疫苗1.2万人，高血压达标中心完成中国高血压达标中心总部现场核查。启用公共卫生临床中心，启动江南片区医疗中心建设，郑家坞镇卫生院、前吴乡卫生院等基层医疗机构纳入建设规划。以数字化改革为抓手，扎实推进“互联网+医疗健康”，中余乡普丰村未来数字化卫生室正式揭牌启用。浦江县卫生监督所在全省卫生健康行政执法效能监测中获满分，全年入选市级十大典型案例2例、省级医美行业十大典型案例1例。

【成立孤独症及亲友协会】 9月25日，浦江县孤独症人士及亲友协会成立暨第一次代表会议召开。会议通过浦江县孤独症人士及亲友协会选举办法，选举产生浦江县孤独症人士及亲友协会第一届班子，倡导全社会关心关爱孤独症群体。

（傅安康）

乡村振兴

【科技惠农助振兴】 2022年，全县培育农业高新技术企业5家，省科技型中小企业14家；选派市、县农业科技特派员36名，省级农业科技特派员团队2个；通过省、市特派员团队引进新品种25个，蔬菜新品种12个，推广新技术8项。

【举办“云上葡萄节”】 8月5日，2022浙江·浦江云上葡萄节开幕。本次葡萄节以线上直播的方式进行，先后开展葡萄节宣传片播放、浦江2022年度“十佳葡萄”和2021年度优秀经销商颁奖仪式、“浦江葡萄”国家地理证明商标发布、浦江“葡萄产业大脑——浦色萄香”平台上线，以及吉祥物“淘萄”发布、超级农场展示、“淘萄”带您游浦江册页发布等一系列活动，共吸引超11万人在线观看。

【省级乡村振兴产业发展示范项目】 2022年，浦江县打造浦江乡村产业大数据中心(“葡萄产业大脑”)，开发浙江省首台阳光玫瑰智能采摘机器人。“葡萄产业大脑”获浙江省2022年度数字经济系统产业大脑优秀案例，2022年度全省农业农村数字化改革“优秀应用”。开发浦江县“数字农旅”应用，加快休闲农业智慧信息平台建设，构建集“农旅大脑+农旅地图+24节气游乡村+民宿经营一件事”的数字农旅体系，上线“浙里办”“浙政钉”。推出浦江县智慧葡农“一键通”应用，累计为10248家葡农进行品牌授权，追溯码赋码2万余次，该应用被纳入全省数字化改革重大应用“一本账”S1。创建全市首个葡萄“超级农场”，搭建浦江县葡萄种植数字化管理平台，打造11个数字植物工厂、6个出口基地和11个萄"机器换人"示范基地，建设标准控产提质示范基地120公顷，打造1200平方米葡萄专业智慧物流中心，设立18个便民村级葡萄物流揽收点。浦江葡萄"超级农场"数字化应用系统入围2021年全省数字赋能促进新业态新模式的典型企业和平台。

【省级数字乡村示范县建设】 2022年，浦江县打造数字乡村平台，建设"三全数字党建""互联码智慧门牌"等应用场景，全县搭建259个益农信息社、235个万村联网网站，3个村入选省级"未来乡村"试点村，中余乡五星村和白马镇群心村在2022年数字乡村整县制推进"金翼奖"评选中入选全省百优村。浦江县连续三年获评全国县域数字农业农村发展水平先进县；获评2022年全国县域农业农村信息化发展先进县，入围全国数字乡村指数全国百强县、浙江数字乡村先锋榜"金翼奖"十佳县榜单、省数字乡村建设突出贡献集体。浦江县白马镇嵩溪村获评浙江省"最暖家园"；浦江县农业农村局获评全省数字乡村建设工作成绩突出集体。

【乡村振兴示范创建工作】 2022年，浦江县全年累计69个行政村被列为示范村创建对象，共计乡村振兴项目129个，其中产业建设类40个、经济作物类29个、环境设施改善类34个、农旅结合类13个、农副产品加工类13个。2022年共实施61个村110个项目，其中55个村103个项目已完成，39个村66个项目已验收。已建设完成并投入运营的项目，为全县村集体经济直接增收1936.69万元、村民增收3846.5万元，引进工商资本1.9亿元。2022年，浦阳街道同乐村、大畈乡上河村、虞宅乡新光村、郑宅镇寺后村、中余乡中余村获评省级乡村振兴示范村。

【强村富民集成改革】 2022年，浦江县制定《浦江县全面深化强村富民乡村集成改革工作方案》《浦江县强村富民12大模式》，通过落实党建联建机制、创建4条共富示范带、推行"五重抱团"、首创"公司化消薄"模式、规范强村公司运作等方式，多措并举推进以集体经济为核心的强村富民乡村集成改革。9月，浦江县被列为"市场化改革+集体经济""宅基地改革+乡村建设"双领域省级强村富民乡村集成改革实践试点。全县村级集体总收入3.18亿元，经营性收入达1.87亿元，比上年分别增长17.85%和28.65%。实现总收入30万元以上且经营性收入15万元以上行政村全覆盖；204个行政村经营性收入50万元以上，占比89.87%，比上年增长32.15%；80个行政村经营性收入100万元以上，占比35.24%，比上年增长25.11%。

【农业"双强"行动】 2022年，编制出台《浦江县推进农业"双强"行动促进农业高质量发展实施方案（2022—2025年）》与《浦江县扶持现代农业高质量发展实施意见》。结合县重点特色农业产业情况，编报区域农事服务中心项目建设规划，上报农业"双强"项目11个，申报2023年省农业"双强"项目4个。开展机械强农"一县三基地"创建工作。完善全县农业"机器换人"高质量发展规划，指导省级示范基地创建，创建2个省级全程机械化应用基地、1个农机创新试验基地。

（吴倩倩）

综合政务服务工作

【信息调研工作】 2022年，浦江县人民政府围绕县委、县政府的中心工作收集和上报信息，为领导决策提供参考和依据。2022年,通过省市信息平台共上报政务信息298篇,其中省级政务信息25篇,市级政务信息273篇。政务信息被省级采用4篇,被市级采52篇,其中获省级领导批示3篇,市级领导批示4篇。编发《浦江工作》48期。

【政府信息公开】 2022年,浦江县人民政府按照《浙江省人民政府办公厅关于印发2022年浙江省政务公开工作要点的通知》文件要求,以习近平新时代中国特色社会主义思想为根本指引,对标“重要窗口”建设和高质量发展建设共同富裕示范区建设,坚持以人民为中心,提升政府信息公开工作水平,加大乡村振兴、共同富裕、优化营商环境、稳经济一揽子政策、财政资金直达基层等信息的公开力度。全年办理政府信息公开申请632件,办结率100%。

【建议提案办理】 2022年,浦江县人民政府共承接人大建议、政协提案共计352件,其中县人大代表建议168件,县政协委员提案184件。5月13日,县政府召开政府系统人大建议政协提案交办会,将办理任务分解落实到各个承办单位,经过各承办单位1个多月的共同努力,建议提案的办理答复工作完成。从人大代表、政协委员对已办理答复人大建议、政协提案的反馈情况看,满意率(含基本满意率)分别为99.4%和100%。

(朱剑斐)

信访工作

【概况】 2022年,浦江县受理群众信访事项3977件(人)次,其中来信755件,来访232批270人次,网上信访2952件。全县初次信访按期受理率100%,办结率100%,满意率98%,初次来信、来访、网上信访事项化解率分别为93.75%、87%、98.41%。全年共代办民情民访事项6428件次,化解各类信访矛盾6424件次,化解率99.9%。县信访局被中共金华市委、金华市人民政府授予2022年度“先进集体”荣誉称号;被浙江省信访工作联席会议授予“党的二十大信访安保工作成绩突出集体”荣誉称号。

【坚持领导下访接访】 2022年,县信访局将领导干部下访接访纳入信访工作长效机制。健全完善县领导带头下访、乡镇(街道)领导随时接访、村(社)干部上门走访、“4+2”联心服务团组团息访的“四级联动”下访接访机制,通过“变群众上访为领导下访”,领导主动下基层化解信访矛盾纠纷。2022年,县领导到联系乡镇(街道)和县社会治理中心下访接访共计585人次,累计接待信访群众792批1089人次,化解10年以上信访积案38件。

【传承弘扬干部下基层开展信访工作经验】 2022年,县信访局坚持完善领导干部下访接访制度,迭代升级“1+1+N”社会治理体系,推动全县信访生态

2022年10月15日,县委书记俞佩芬(右四)在县社会治理中心接待来访群众 (蒋娟娟 摄)

持续向好。8月18日，县委常委会研究领导干部“下访接访”20周年暨传承弘扬践行干部下基层开展信访工作经验工作系列活动，成立工作领导小组，确定筹备干部下基层开展信访工作经验理论研讨会、干部下基层开展信访工作经验理论研究、“下访接访”省级地方标准研制、“下访解民忧”数字应用系统开发、干部下基层开展信访工作经验教研中心筹建等一系列活动。9月18日，坚持和完善领导干部“下访接访”制度暨传承弘扬践行干部下基层开展信访工作经验理论研讨会在浦江召开，专家学者深入研讨交流干部下基层开展信访工作经验的发展历程，推进干部下基层开展信访工作经验理论研究，领悟干部下基层开展信访工作经验的深刻内涵和实践意义。

【深入开展“信访积案攻坚年”活动】 2022年，浦江开展“信访积案攻坚年”活动，化解国家信访局、省信访局交办的信访积案。坚持法治引领、分类处理、精准施策原则，按照“领导包案+专班化解”模式，将上级交办信访积案和信访突出问题列为县领

2022年9月18日，坚持和完善领导干部“下访接访”制度暨传承弘扬践行干部下基层开展信访工作经验理论研讨会在浦江召开 （蒋娟娟 摄）

导包案督办，并逐案成立化解攻坚专班，建立时间清单、任务清单、责任清单，挂图作战，销号推进。强化对事权单位的考核通报、督导检查、约谈问责，形成倒逼机制。在全面复盘溯源基础上区分有理访、无理访，对有理诉求，落实“双查回溯”机制，提出改进工作、完善政策、追究责任“三项建议”。对无理诉求，综合运用有序退出、信用管理和依法处置“三步工作法”。针对已化解件，逐案落实跟踪回访和易复访件排摸梳理，严防反弹，确保化解工作经得起法律和时间的检验。2022年，上级交办的391件信访积案年底实现动态清零，浦江创建全省“无信访积案县”。

【强化信访源头治理】 2022年，县信访局锚定“全国信访工作示范县”和全省“信访工作现代化示范县”创建目标，围绕北京冬奥会、党的二十大等重要节点信访安保主线，抓源头化解。开展“无信访积案党支部”创建、信访风险隐患“大起底大排查大化解”等活动，强化隐患纠纷大排查和信息预警研判，健全完善情报信息互通、案情会商研判和应急处置等工作机制，夯实基层信访工作基础。2022年，全县206个村（社区）创建“无信访积案党支部”。完善初信初访首办负责制，落实“双签双核双见面一现场”全闭环管理机制，持续深化初次信访快速办理、民情民访代办、“主官办信”等工作机制，发挥“好家风评价体系、红色台门里、乡贤评理堂、民情暖哨”等工作载体作用，调动乡贤、律师、“两代表一委员”等社会力量参与化解，推动形成多元化解信访矛盾纠纷的工作格局。同时强化跟踪督办、考核通报、回访检查、督导提醒、约谈问责等举措，倒逼初次信访办理质效和群众满意度双提升。

（周嫣彦）

数据化工作

【概况】 2022年，浦江县大数据发展中心承担全县电子政务网络技术标准、运行安全管理、数据支撑及其他有关事务的协调。2022年，按照“以用促建、共建共享”原则，建成健全稳定、集约高效、自主可控、安全可信、开放兼容的一体化智能化公共数据平台。贯通162体系和141体系，“七张问题清单、社区矫正协同应用、防汛防台在线、浙江e行在线”四大全省重点应用已贯通到村（社区），推动“高空瞭望烟火报警”和“丰安红管家”等县重大应用向上贯通工作。两端应用持续优化完善。建设完善基础设施，全年未发生重大安全事故。

【县一体化智能化公共数据平台建设】 2022年，浦江县大数据发展中心公共数据平台开通数字高铁，高速回流省市数据，承接省回流数据10类，归集数据6000余万条，清洗数据总量1050万余条，已建数据调用接口195个，共计调用2.5亿次。建立19个数据仓支撑全县数字化改革应用。在IRS上上架气象预报、烟火识别、下泄口识别、水花识别等6个省域通用组件，其中气象预报组件被省内10个应用调用100多万次。智慧挪车组件经评编入省级数据产品案例集。好家风指数、国企监管等6个数据产品被编入金华市优秀数据产品案例集，其中“国企监管”数据专题库被跨区域应用共享。部署云资源自动开通，开通时间由24小时缩减为8分钟。推出“网络安全‘宜’站”应用，并入选浙政钉非应用类省优秀案例。

【一网统管工作】 2022年，浦江县大数据发展中心在智慧城市基础上，依托金华城市大脑，启动数字浦江云窗平台建设，2022年接入海康视频系统10160路，其他物联网设备3111个，完成智慧城市华为云视频平台和公安视频平台融合。打造以全县重要数据一屏展示、三维地图分层分户、物联感知上图可询、预警事件闭环处置等为主要内容的数字驾驶舱，实现城市治理“一网统管”。

【“浙政钉”和“浙里办”两端】 2022年，“浙政钉”共上架17个应用，“浙里办”共上架10个应用，已整合应用3个、迭代1个、下架1个。“浙政钉”2.0版本共有133个部门，累计激活用户数1.3万，用户激活率约99.96%，“浙政钉”日活跃度90.8%，活跃工作群数5737个。

【数字赋能工作】 2022年，浦江县大数据发展中心自主开发“E健安”健康管理平台，同时开发用于登记全县从业人员的“智码开门码”、用于清村扫楼登记住户的“安居码”、用于老年人和无智能手机群体的爱心码等内容。2022年，平台注册人数83.4万余人，“智码开门码”企业登记1.13万余家、经营户从业人员共13.5万余名，“安居码”登记17.6万住户共54.2万人，平台上返乡申报4万人次、入浦报备711人。

【政务信息化建设】 2022年，浦江县大数据发展中心贯通省、市、县公文交换平台。办公自动化（OA）协同办公系统（计算机终端和手机端）涵盖收发文、联合发文、综合审批等功能，全县使用单位160家，政府工作人员的办公自动化（OA）协同办公系统账号1.4万余个，全年保障全县发文1万余个。内跑办件量7637件，网办率100%，跑零次率100%。全县共有84个单位接入视联网视频会议系统。

（严小丽）

应急管理

【概况】 浦江县应急管理局负责指导全县各乡镇（街道）、部门应对安全生产类、自然灾害类突发事件和综合防灾减灾救灾工作，负责安全生产综合监督管理和工矿商贸行业安全生产监督管理工作。2022年，共发生各类生产安全事故9起，死亡4人，受伤8人，与前三年平均数相比分别下降41.29%、36.83%、36.86%，安全生产指标实现“三下降”。未发生较大社会影响事件、较大及以上事故和自然灾害事件。2022年，县应急管理局获评市安全生产目标责任制考核优秀单位，名列全市第三。以安全生产集中整治为工作抓手，部署开展春节期间安全生产大排查大整治、“一厂多租”企业专项整治、涉爆粉尘企业安全专项整治，深入实施安全生产“除险保安”整治行动等安全生产隐患大排查大整治。以严执法倒逼企业主体责任严落实，对于企业违法违规行为实行“零容忍”，严格落实“一案双查”，累计立案86起非事故类行政违法案件，处罚款235.3万元，处罚5万元以上案件20起，移送司法机关追究刑事责任6起7人，其中办理危险作业罪1起。

【安全生产责任落实】 2022年，县应急管理局明确以县领导为主任的9个专业安全生产委员会，完善工作规则和运行机制，细化县领导每月19日安全检查日制度。出台文件明确安委会、安全生产委员会办公室及成员单位责任分工。推进安委办实体化运行，组织召开县安委会成员单位全体会议5次，各专委会召开成员季度例会36次，分析形势、研究问题、部署任务。县委常委会、县政府常务会议先后14次听取安全生产、自然灾害防治等工作汇报，县长办公会议12次专题研究统筹调度全县安全生产工作，82份交办、督办、提醒函件压实各方责任。班子领导分别带队成立专项检查组，采取“监管干部+专家”“四不两直”、明察暗访等方式，每月对各乡镇（街道）、部门贯彻落实国家、省、市、县安全生产工作部署情况进行督导检查，对发现的隐患问题挂牌督办。

【完成第二轮安全生产综合治理三年行动】 2022年，县应急管理局实行清单化管理和挂图式作战，逐项复核三年整治“3大专题、9大专项”507项整治攻坚任务，每月汇总上报工作进度，行动开展以来9大重点行业领域发现各类问题和隐患7.4万项，完成整改7.4万项，整改率100%。

【“除险保安”整治行动】 2022年，县安委办组织专班开展督查暗访，交办问题隐患570项，实行问题隐患及整改落实情况“旬报告”。全县上下累计出动检查组1.7万余个次，检查各类生产经营单位10.4万余家次，发现并整改问题隐患3.1万余项，重点行业领域安全生产累计实施行政处罚8579次，罚款1119.31万元。

【筑牢森林防火“安全屏障”】 2022年，县应急管理局坚持“预防为主、积极消灭”的森林消防方针，全年共设立森林消防检查点1056个，参加设卡人员5968人，收缴火源362个，阻止违法用火450起。开展森林防灭火督查126次，参加人员326人次，发布督查通报2个，查出存在问题12个，全部整改落实到位。全年无森林火灾发生，无人员伤亡。

【自然灾害综合风险普查项目通过省级评审验收】 2022年，县应急管理局牵头开展普查工作，通过制定方案，明确各项目标任务的时间节点，督促落实议定事项，统筹协调30余部门（单位）全过程参与数据质量搜集把关。历时两年完成承灾体、减灾能力及历史灾害三大方面2800个对象的调查，收集数据指标80358个，通过省、市两级普查数据验收。准确掌握全县灾害风险隐患底数，为监测预警和应急救援提供数据支撑，提升自然灾害风险防范和应急处置能力。

【基层应急体系改革】 2022年，县应急管理局围绕基层应急管理六大体系，统筹整合基层现有资源力量，完成15个乡镇（街道）应急管理站和消防工作站一体化融合，真正解决“管用”的问题，推进基层应急管理体系和能力标准化建设。

【安全生产责任体系改革】 2022年，县应急管理局建立覆盖15个乡镇（街道）、2个产业园区的“除险保安”工作评价指数，从隐患巡查、隐患自查、闭环整改三个维度开展综合评价，将指数排名纳入安全生产和消防工作考核指标，层层督导，压紧压实各方主体责任，共覆盖3600余家生产经营单位、7500余条责任清单、15000余条履职清单。

【运用“七张问题清单”机制夯实安全责任】 2022年，县应急管理局建立重大安全生产问题清单定期报送机制，主动推进重大安全生产问题发现和整改。2022年，共发布多跨疑难问题34个，入选金华市级清单14个，入选省级清单2个，完成销号30个，重大安全生产管控力指数位居全市第4、全省第39。完成省级督查暗访发现并交办的8个重大隐患、268个一般隐患整改并销号。省、市、县挂牌的123处涉及工矿、交通、消防等重点领域重点隐患单位完成整改。

（邵云霞）

【消防救援】 2022年，浦江县消防救援大队下属文溪东路站、乐门大道站、月泉站、檀溪站。接警出动485起，出动车辆1638辆次，出动警力8913人次，抢救被困人员118人，疏散被困人员36人，抢救财产价值4515.26万元。其中，火警200起，抢险救援172起，社会救助75起，其他出动38起。县消防救援大队监督执法检查社会单位1989家，督促整改隐患1300余处，下发责令改正通知书1139份，下发行政处罚决定书225份。县消防救援大队走访县政府、县公安局、县检察院、县法院等部门及各乡镇（街道），征求对消防工作的意见和建议。走访群众1000余人次，利用报纸、电视、互联网和新媒体广泛宣传消防安全知识。共发放消防宣传资料1万份，播放宣传公益广告200余次，培训人员50000余人，有效提升浦江社会面消防宣传氛围。2022年，县消防救援大队被省消防救援总队表彰为“先进基层单位”和“安全工作先进大队”、被县委县政府评为“2022年度县综合绩效目标考核优秀单位”，县消防救援大队党委被省消防救援总队评为“先进基层党组织”，文溪东路消防救援站被评为市消防救援支队“先进消防救援站”、市级青年文明号。2022年，县消防救援大队汤超先后获得个人三等功两次、全省优秀消防监督执法干部、个人嘉奖等荣誉。

【温馨警营建设】 2022年，县消防救援大队全年推进围绕“喜迎二十大，全力保安全”，深化“牢记领袖训词，永做忠诚卫士”主题教育，在“雷锋日”“清明节”等重大纪念日，以“云端”和“现地”仪式教育相结合的方式，引导指战员赓续精神血脉、发扬优良传统、筑牢忠诚队魂；开展“回望建团百年路，共赴逐梦新征程”、“以青春之名，励青春之志”、“喜迎二十大，奋进新征程”、“十队百人重温党史”网络互学、“重温峥嵘岁月，共话初心使命”七一主题等系列党团日活动26次，党课12节，深化拓展思政阵地。

【消防队伍建设】 2022年，县消防救援大队推进实战化训练消防队伍建设，针对重点单位、人员密集场所，制作修订完善数字化预案145份，微型消防站检查拉动3992余次，维修保养消火栓829个。完成108家辖区重点单位全景、二维正射影像、通信盲区等基础信息采集和88家重点单位三维建模。2022年，开展实战化训练100余次，重点单位演练225家，科学制定大队级力量编程，开展实战化练兵工作。

【比武竞赛】 2022年，县消防救援大队在2022年第三届“火焰蓝”全员岗位大练兵比武竞赛中获得团体第三名、非编消防站团体第一名，在金华市消防救援支队年度体能普考中获得在编消防站第二名；在金华市消防救援支队经常性思想教育教案评比中获第一名，并作为金华市消防救援支队优秀教案报浙江省消防救援总队评比；在队列会操中，在编消防站获全市第三名；在党规党纪和条令条例知识竞赛中获全市第二名；在2022年金华市消防救援支队财务业务培训中考试成绩获全市第三名；在金华市消防救援支队组织的防火业务比武监督检查中获得第一名。

【民生实事】 2022年，县消防救援大队推动电瓶车除隐患和山区消防站建设两个项目高票入选县2022“十大民生实事”。在高层建筑安装电动自行车电梯轿厢阻止系统301套，在出租房集聚村和住宅小区安装电动自行车充电桩514座，对辖区20栋存在消防设施瘫痪或消防管网无水等消防隐患的高层住宅建筑进行消防设施改造提升。完成檀溪消防救援站建设并投入使用，改善县西北部“二镇五乡”近460平方千米范围内消防专业力量薄弱的现状，推动花桥乡投入40万元用于消防车辆和营房升级改造，充实县西北部的消防专业力量。

【消防安全整治】 2022年，县消防救援大队紧盯重点领域、重大隐患结合文明城市创建工作部署开展“两房一店”专项整治、环保设施消防整治、消防领域风险普查、高层建筑专项治理、消防技术服务机构专项整治等行动，出台《浦江县绗缝企业消防安全隐患排查整治指导意见》，完成隐患突出行业消防整治提升，实现消防安全形势总体稳定；依托目标责任制考核、除险保安督查，开展督导检查14次，下发提醒函224份，检查指导乡镇（街道）168次，检查小微企业151家次、沿街商铺3000余家，共发现并督促火灾隐患整改2500余处，并对乡镇工作落实情况进行赋色分级定期开展晾晒通报，督促各乡镇（街道）落实基层消防安全治理责任。

【拥政爱民】 2022年，县消防救援大队回应青年指战员所需所盼，借传统节日邀请指战员家属参观做客；紧紧围绕“文明创建”主题，开展共建活动和消防业务指导工作200余次；开启“敲门行动”，组建志愿服务队，精准入户，检查居民家中火灾隐患。

（赵佳健）

县直机关事务管理

【概况】 县机关事务保障中心为县人民政府直属的公益一类事业单位，机构规格为正科级。内设综合科、接待科、后勤管理科、资产管理科、公务公车管理科、保卫科等6个内设机构。所需经费由县财政全额补助。县机关事务保障中心由县府办统一管理，负责四套班子重要接待工作、县级领导重要外出考察、县有关重大活动和重要会议的后勤保障、党政机关办公用房使用管理、保障县级领导公务用车、县重要会议、重要活动的工作用车以及接待用车、县政府机关大院等集中办公区域的管理工作、县级机关集中办公区域的安全保卫、消防、物业管理等有关后勤服务保障事宜，不承担行政职能，不从事经营活动。

【公务用车管理】 2022年，县机关事务保障中心完成省公务用车管理标准化示范点建设，探索车辆安全生命周期管理，规范公务用车管理。全年出车28801次，安全里程数1631837千米；报废车辆平台11辆，执法执勤6辆，更新车辆平台7辆，执法执勤6辆。为浦江县十五届人大一次会议、政协浦江县十届一次会议、第19届亚运会、省运会圣火采集、第十五届书画节、第13届水晶博览会、第15届葡萄节、2022年4个季度的重点项目开工等一系列大型活动提供车辆服务。

【办公用房管理】 2022年，县机关事务保障中心完成新县府停车场及绿化景观、智慧停车、立体车库等改造工程。完成浦江县应急指挥中心的前期征地、规划、设计、地勘及桩基工程，并于年底竣工。调剂改造宣传部、大数据中心、机关事务保障中心等单位办公用房45间，合计面积1205平方米。完成全省办公用房“一张网”系统信息采集和测绘工作。

【后勤接待服务】 2022年，县机关事务保障中心为各类考察、督查、招商引资等提供会务后勤服务，共计1800次会议29223人次。接待各类考察、督查、招商引资等527批次共5429人次。为中组部驻贵州台江帮扶工作组、联合国产业基金会、中共中央党校、几内亚比绍共和国、工信部、全国人大常委会等领导及单位到浦江考察调研活动提供后勤接待服务。为中国中央电视台到浦江采访拍摄、浙江电视台阿鲁工作室采访、浙江电视台采访、新华社采访、中新社采访、《法治日报》采访、《浙江日报》采访、《体坛报》采访等提供后勤接待服务。参与完成接待浙江省第十七届运动会各级领导嘉宾、技术官员、裁判员和运动员2000人次。参与完成县两会、浙江省第十七届运动会浦江赛区7场赛事、上山遗址省运会圣火采集仪式活动、浙江浦江抽水蓄能电站项目预可研审查会、“上山文化”遗址保护和申遗工作专班第一次例会、“稳进提质 服务企业”现场集中办公活动、全省老干部书画大赛、省文联专题学习培训会、全市统战工作会议、2022浙江浦江文旅（上海）推介会、第九届光伏聚合物国际大会、2022浦江·第13届水晶玻璃产业博览会、全市政法系统第三次“扛旗争先”大晒拼活动、全市社建委系统第二次“扛旗争先”大晒拼活动暨强村富民乡村集成改革现场推进会等大型会议活动的后勤保障工作。

（张娟红）

社会治理综合服务

【概况】 2022年，浦江县社会治理综合服务中心更名为浦江县社会治理中心。6月，按县委编办印发的《浦江县社会治理中心主要职责、内设机构和人员编制的规定》文件要求，浦江县社会治理中心调整内设科室，设综合督查科、运行监测科、矛盾调处科、分析研判科、协同流转科、应急指挥科6个科室。

整合“10+3+4”机构力量，夯实标准化运行基础，即县级综治中心、人民来访接待中心、诉讼服务中心、公共法律服务中心、行政争议调解中心、劳动人事争议仲裁院、“12309”检察服务中心、社会治理综合指挥中心、民情民访代办中心、“民呼我为”统一平台10个线下线上工作平台，应急指挥中心、智慧城管中心、疫情防控指挥部3个指挥平台，心理咨询中心、社会帮扶中心、家庭婚姻调解中心、矛盾纠纷多元化解中心4个社会组织入驻浦江县社会治理中心。县纪委监委、政法委、信访、法院、检察院、公安、司法、民政、人力社保、卫健、生态环保、教育、农业农村、建设、经济商务、综合执法、市场监管、自然资源18个部门常驻，交通、文旅、水务、退役军人、税务5个部门轮驻或随叫随驻。集成人民调解委员会、医疗纠纷调解委员会、劳动人事争议调解委员会、物业纠纷调解委员会、金融纠纷调解委员会、道路交通事故调解委员会6个行业性、专业性调解委员会。吸纳“和姐”工作室、“8890老娘舅”、暖心公益、暖心社工等社会组织力量资源进驻。

县“12345”（“8890”）平台累计呼入量22万余个，受理市民有效诉求8.17万余件，办结率100%，满意率97.1%，基本实现“响应灵、服务灵、办事灵”工作目标。基层智治系统流转事件9.81万余件，办结率98.14%。基层治理四平台共处置社会治理事件超14.84万件，处置率100%。协同应用系统流转交办事件7899件，办结率95.94%、满意率100%。矛盾纠纷调处化解协同应用系统共流转交办事件近2400件，六大行专调委会成功调解各类矛盾纠纷1400余件，“有矛盾纠纷找社会治理中心”日渐成为群众共识。

【开通“88912347”营商环境热线】 2022年，浦江县社会治理中心为深入贯彻落实县委县政府“暖企助企服务年”活动部署，进一步畅通企业诉求渠道，2月16日，浦江县社会治理中心开通“88912347”营商环境热线，设置专门座席，专人24小时一窗受理企业咨询、诉求和意见建议，打造营商环境总客服、政企连心桥和效能监督岗，构建“办事不求人 无事不受扰”的营商环境。

【开发上线社会治理综合协同应用系统】 2022年，浦江县社会治理中心以“141”体系迭代升级为抓手，聚焦数据共享、多跨协同，开发社会治理综合协同应用系统。该系统对接基层治理四平台、疫情防控平台、“8890”便民服务、党建统领整体智治、浦江在线代办、安薪之家、智慧城管等平台，打造平台、数据、功能贯通的业务协同和数据共享网关，实现事件受理、分析、流转、处置、督办、指挥、反馈、考核全过程闭环，纵向贯通县、乡、村（网格员）三级双向指挥链条，横向打通县综合指挥中心到县各机关部门的双向指挥链条，初步构建“横向到边、纵向到底”的指挥中枢。同时，该系统聚焦群众身边的急难愁盼问题，打造小切口大场景应用，通过整合数据资源，开发集车牌自动识别、短信自动发送等功能于一体的“智慧挪车”应用，群众只需拍照上传所需移车的车牌、定位车辆所在位置即可一键短信通知车主挪车。应用上线以来，服务挪车、拖车近12100次，广受好评。

（朱国松）

行政服务与公共资源交易

【概况】 2022年，全县政务服务全年办件327.75万件，“好差评”满意率99.92%，“一网通办”率

97.79%，比上年分别提升9.7%和13.6%。全年各类公共资源交易项目1054个（次），交易总额80.48亿元。建设工程交易项目414个，总预算金额20.71亿元，实际中标金额18.57亿元，节约资金2.14亿元，节支率为10.33%。采购活动339次，总预算5.14亿元，实际采购4.38亿元，节约资金0.76亿元，节支率为14.79%。其中，政府集中采购52次，实际采购金额3931.97万元，节约资金1125.13万元。产权交易共组织219次，底价16.58亿元，成交价为17.30万元，总体增值0.72亿元，增值率为4.34%。土地交易82宗，成交金额40.23亿元，增值1.71亿元，增值率为4.44%。

2022年，县行政服务中心完成浙里政务服务协同管理应用（金华）、“金华市县乡一体化交易建设”等4项省、市级试点工作；“放管服”改革工作综合考评位列全市第一，获评2022年度金华市政务服务先进单位；“不出村可网办”工作获市委常委、常务副市长张新宇批示肯定并在全市推广；公共资源交易平台月度考核以连续12个月全满分的成绩蝉联全省第一，营商环境公共资源领域无感监测指标保持全省领先并成为全省标杆指标；公共资源交易领域改革为全市提供了“浦江样板”；“跨省通办”和“数智化招投标”相关做法分别在省委全面深化改革委员会办公室《竞跑者》平台刊登。

【基层便民服务】 2022年，县行政服务中心在全省率先实现县、乡、村三级网办贯通，推进政务服务“集成办”向基层延伸，8月22日起全面推行，全县基层便民服务站累计办理业务15万余件。推进社会筹资“政银合作”，为县财政节约400万元基层代办人员经费。开展业务培训31场次，革新重塑建立469人基层网办人员队伍。2022年度完成32个“政银合作”银行服务网点和244个便民服务站标准化建设，实现县域全覆盖，以167%的完成率超额完成2022年民生实事“村镇网办便民众”目标任务，真正打造“15分钟便民服务圈”。

2022年，社区便民服务站窗口工作人员为群众办理线上缴费事项　　（县行政服务中心提供）

【“放管服”改革】 2022年，县行政服务中心深化政务服务多端协同融合，提高线下“一窗综办”和线上“一网通办”水平。商事登记下沉就近服务市场主体，在9个乡镇街道“365”便民服务中心设立窗口，8月至12月共办理业务3120件，占业务总办件量82.1%。惠及企业群众2700余人次，实现企业办理时间平均缩减68.7%，减少跑腿次数85.4%，帮助企业节省时间成本。

【政务大厅内部提升改造】 2022年，县行政服务中心在确保群众正常办事基础上，用两个月时间全面完成县行政服务大厅的提升改造，重点打造“两中心六专区”，受理模式从“面对面”转变为“肩并肩”。设立市场主体“一站式”联办窗口，打造企业开办注销全生命周期服务专区。推进“一件事一次办”。

【政务服务“一网通办”】 2022年，县行政服务中心完成浙里政务服务协同管理应用政务订单等试点工作，率先在全市上线运行。推进政务服务2.0向基层延伸，在全市率先推动政务服务从县乡两级贯通网办迭代升级至县乡村三级贯通“一网通办”。梳理形成“跨省通办”重大需求清单、高频需求政务服务事项清单和拟对接地区清单“三张清单”，通过构建服务机制、服务渠道、打造专业暖心的服务模式，解决异地办事“多地跑”“折返跑”等问题。

【公共资源交易“数智化”】 2022年，县行政服务中心迭代升级电子招投标系统，优化流程服务，实现招标人“零跑腿”网上办。全面推行不见面开标，拓展应用广度，实现投标人“不见面”自主办。深化智慧监督，行业监督部门在线监管，实现监督部门“智监管”联动办。实现多个交易中心证书授权（CA）数字证书互联互通，做到企业“一证行浙江”，全省无障碍投标，减轻企业负担，提高外地企业到浦江投标效率。公共资源交易全流程100%电子化，实现交易无堵点。

【市县乡一体化交易试点】 2月28日，金华市首个限额以下工程交易在线试点项目“仙华街道后谢村道路修补工程”在浦江县启动，项目以不见面开标的形式完成招标。启动仪式在仙华街道公共资源交易中心举行，由县行政服务中心党组成员、交易中心主任张成装主持，常务副县长龚涛涛作重要讲话，金华市政管办党组成员、市公共资源交易中心主任应晓峰宣布启动仪式开始，市数字化改革专班成员出席仪式。2022年，通过金华市限额以下工程交易在线应用系统完成项目186个，总预算1.91亿元，实际中标金额1.64亿元，节约资金0.27亿元，节支率为14.14%。

2022年2月28日，金华市首个限额以下工程交易在线试点项目“仙华街道后谢村道路修补工程”在浦江县启动　　（县行政服务中心提供）

【数字金融服务平台】 2022年，县行政服务中心搭建公共资源交易数字金融服务平台，市场主体通过该平台“一趟不用跑”自主选择投标担保、履约担保、农民工工资保证保险、预付款担保、政采贷、中标贷等在线金融产品，有效提高金融机构保函替代现金缴纳涉企保证金比例，将以往动辄缴纳几万元至几十万元不等的投标、履约担保金减少为数百元保费。2022年，浦江县保证金电子保函共签单2118单，替代率为72%，释放企业资金3.88亿元。

【跨省多地远程异地评标】 2022年，县行政服务中心在全市率先同步开展建设工程项目、政府采购项目的跨省多地主场远程异地评标。黄宅镇永创路建设工程、安徽省蚌埠市六中室外电子屏设备等多个项目开展主场远程异地评标，达到优质专家资源共享效果，减少人为因素干扰，破解“熟面孔”“老关系”“围标串标”等疑难杂症，并降低交易成本，提升了评标效率。

【“信用+履约保证金”工作机制】 2022年，县行政服务中心将信用评价作为招投标工作的依据之一，创新实施“信用+履约保证金”工作机制。在全市率先实施公共资源交易领域信用激励举措，创新实现工程交易领域履约保证金缴纳与企业信用联动管理。根据中标人信用评价结果，分级调整履约保证金缴纳比例，信用评价良好以上的企业，履约保证金缴纳金额下降20%～50%。2022年，累计减少履约保证金缴纳约96.9万元。

【见证服务建议书】 2022年，县行政服务中心在全省率先通过发布《公共资源交易见证服务建议书》的形式，定期汇总交易政策动态，总结公共资源交易见证服务过程中遇到的具体问题，提出处理改进建议。建议书是交易中心见证服务方式的创新，用以改进交易市场主体工作方式方法，对相关责任主体在开评标现场的违规行为进行必要提醒，促进规范公共资源交易市场主体行为。

（徐晓霞）

中国人民政治协商会议浙江省浦江县委员会

综　述

【概况】　2022年，中国人民政治协商会议浙江省浦江县委员会（以下简称“县政协”）有政协委员235人，设常务委员会，由主席、副主席、秘书长和常务委员组成。设提案委员会、委员工作委员会、经济委员会、农业农村和资源环境委员会、教科卫体和文化文史学习委员会、社会法制民族宗教和港澳台侨委员会6个专门委员会。在省市政协指导和浦江县委领导下，县政协高举习近平新时代中国特色社会主义思想伟大旗帜，深入学习党的二十大精神，紧紧围绕“招大引强突破年”“暖企助企服务年”“信访积案攻坚年”活动，切实履行政治协商、民主监督、参政议政职能，广泛凝聚共识，集众思建诤言，聚众智谋良策。全年召开全体会议1次、常委会会议7次、县政协党组会议16次，主席会议10次。

【政协委员构成】　2022年，政协第十届浦江县委员会由18个界别构成，包括中国共产党、无党派人士、人民团体、各少数民族、宗教人士、新的社会阶层人士和各界的代表，台湾同胞代表、归国侨胞的代表，以及特别邀请的人士。其中，中国共产党16人、无党派人士16人、共青团和青联7人、总工会8人、妇联8人、工商联11人、科技科协20人、台联5人、侨联6人、文化艺术体育界15人、社会科学和新闻界9人、经济界23人、农业界18人、教育界18人、医学卫生界15人、社会福利和保障界6人、民族宗教界6人、特别邀请人士28人。

【党建工作】　2022年，县政协强化思想政治引领，以高质量党建推动高水平履职。坚持把党的领导作为根本原则，全面贯彻落实新时代政协党的建设总要求，有力促进党建与履职深度融合、提质增效。全面发挥政协党组把方向、管大局、保落实作用，主动争取县委对政协工作的领导、重视和支持，执行请示报告制度，统筹推进各项工作。紧紧围绕全县大局履行职能，做到县委中心工作推进到哪里，政协工作就跟进到哪里，建言助力就体现到哪里，确保与党政决策部署同频共振、同向同行。加强政协党的建设，打造“文化之源·同心向党”党建工作品牌，建立7个专委会临时党支部和在浦省市政协委员临时党支部，下设16个界别组临时党小组，实现党的组织对党员委员全覆盖、党的工作对政协委员全覆盖。《以高质量机关党建，服务政协高质量履职》在全市政协系统党的建设工作会议上作交流发言。坚持全面从严治党，落实党组主体责任和班子成员“一岗双责”，执行中央八项规定及其实施细则精神和浙江省办法等各项规定，坚持勤俭办会、勤俭办事，推进党风廉政建设走深走实。

【委员读书活动】 2022年，县政协强化思想理论武装，始终把牢正确政治方向。坚持把理论学习摆在首要位置，围绕学习贯彻党的二十大精神主题主线，全面落实“第一议题”制度，制定完善习近平新时代中国特色社会主义思想学习座谈会制度，开展“矢志不渝跟党走、同心奋进新征程”为主题的党的二十大精神学习宣传贯彻活动；深化“书香政协”建设，坚持党组理论学习中心组引领学、主席会议系统学、常委会会议重点学、委员线上线下互动学，将读书学习活动贯穿于委员履职全过程，进一步提高政治站位，深刻领悟“两个确立”的决定性意义，更加自觉增强“四个意识”、坚定“四个自信”、做到“两个维护”，夯实团结奋斗的共同思想政治基础。

【团结联谊活动】 2022年，县政协强化与各民主党派、工商联、无党派人士和人民团体的合作共事，为其发声发力创造条件、搭建平台；组织开展“喜迎二十大·奋进新征程”羽毛球、乒乓球比赛，以活动促团结强联谊。开展“六送下乡”活动，推动更多优质资源服务基层群众；聚焦群众急难愁盼问题，通过“民情一点通”收集反映民情民意421条。

【对外交流活动】 2022年，县政协与市政协共同举办“沉浸式体验政协协商民主——非洲青年学者走进金华政协”活动，23名市政协港澳台侨委委员和浙师大非洲研究院青年专家学者全程观摩“艺术乡建——文艺助力乡村振兴”民生议事堂协商；举办《之江同心·党外知识分子》优秀书画作品浦江巡展和“庆祝二十大、建功新时代——浦江县政协委员书画作品展”。

【“数字政协”建设】 2022年，县政协建好政协数据仓，及时上传、更新提案、协商等各类数据。完成省市政协各类统建应用的承接贯通和推广使用，组织委员开展专题培训，提升应用实战实效性。开展“助推我县经济稳进提质”线上“主题议政”活动中，全体委员就推动浦江县经济社会平稳健康发展和发挥债券资金效益，提出595条务实管用的意见建议。完成专题门户应用场景部署建设和“浙里干部之家”薪资年假、工作纪实、平时考核等数据归集和使用。

【委员履职平台建设】 2022年，县政协成立“法治暖企”“上山文化”“心力量”等6个特色型委员工作室，打造具有鲜明辨识度的浦江政协履职“金名片”，《法治暖企委员工作室“五招”打响品牌》在全市政协工作推进会上作经验交流发言；因地制宜创建“浦江中国书画之乡政协委员会客厅”，得到省市政协领导的充分肯定。

【文史工作】 2022年，县政协完成《浦江常见的野菜野果》《金华书院考略》浦江四大书院和《金华古桥》浦江十座古桥的文史资料编撰；助推《浦江文献集成》课题研究，推进浦江传统文化深层开发；完成政协专题门户应用场景部署和政协门户网站建设，恢复运营“浦江政协”微信公众号，刊发《浦江政协》杂志4期，全年省级以上媒体刊登52篇，扩大政协影响力。

重要会议

【概况】 2022年，县政协召开全体会议1次、常委会会议7次、县政协党组会议16次，主席会议10次。

【县政协十届一次会议】 1月22—25日，县政协召开十届一次会议。会议听取中共浦江县委俞佩芬书记讲话；听取和讨论政协第十届浦江县委员会常务委员会工作报告；听取和讨论政协第十届浦江县委员会常务委员会关于九届五次会议以来提案工作报告；列席浦江县第十五届人民代表大会第一次会议，听取和讨论政府工作报告及其他有关报告；选举政协第十届浦江县委员会主席、副主席、秘书长、常务委员；审议通过政协第十届浦江县委员会提案委员会关于县政协十届一次会议提案审查情况的报告、政协第十届浦江县委员会第一次会议决议。

【县政协常委会会议】 1月14日，县政协召开九届二十五次常委会会议。会议听取县政府工作报告起草情况、县政协十届一次会议筹备情况、县政协九届常委会工作报告及提案工作报告起草情况的说明，审议通过政协第十届浦江县委员会委员名额、名单、界别设置和各界别委员名单以及县政协十届一次会议相关文件。

4月15日，县政协召开十届一次常委会会议。会议传达学习金华市两会精神，审议通过有关制度修订意见、政协第十届浦江县委员会常务委员会关于设置专门委员会的决定和政协浦江县委员会委员履职工作规程(试行)，审议通过有关人事事项。

6月23日，县政协召开十届二次常委会会议。会议传达学习省第十五次党代会精神，听取县政府关于浦江县优化营商环境工作情况的通报和县政协调研组关于“优化营商环境 助推经济高质量发展”课题调研情况的汇报，并进行协商讨论，提出意见建议。

10月14日，县政协召开十届三次常委会会议。会议传达学习习近平总书记在中央统战工作会议上的重要讲话、中央统战工作会议精神和县委十五届二次全会精神；听取县政府关于浦江县乡村振兴工作情况的通报和县政协调研组关于“补齐乡村共富短板全面推进乡村振兴”课题调研情况的汇报，并进行协商讨论，提出意见建议；审议通过关于调整政协第十届浦江县委员会专门委员会设置的决定；审议通过有关人事事项。

12月8日上午，县政协召开十届四次常委会会议，专题学习贯彻党的二十大精神。邀请县委党校常务副校长李文戈作学习贯彻党的二十大精神专题辅导讲座，部分政协常委交流党的二十大精神学习体会。

12月8日，县政协召开十届五次常委会会议。上午，县政协常委会组成成员、相关提案委员实地视察部分提案办理情况。下午，县政协举行全体会议，听取县委办、县府办对提案办理情况的书面通报和6个提案承办单位对提案办理工作情况的介绍，并对6件提案的办理工作分别进行满意度测评；审议通过召开县政协十届二次会议的相关事项、政协浦江县委员会关于政协委员联系界别群众的工作制度以及政协浦江县委员会关于建立政协委员列席政协常委会会议的制度；通过有关人事事项。

协商议政

【概况】 2022年，县政协紧扣全县经济社会发展大局和民生实事，充分发挥专门协商机构作用，聚焦中心工作履职尽责，建诤言、谋良策、出实招。全面举行专题议政性常委会会议协商2次、“请你来协商”9次、“民生议事堂”64次。

【专题议政性常委会会议协商】 2022年，县政协共开展专题议政性常委会会议协商2次。6月23日，围绕“优化营商环境，助推经济高质量发展”开展常委会会议协商，从提升政务服务水平、深化“放管服”改革、培育和激发市场主体活力，强化教育、医疗、养老等优质公共服务供给、构建宜居宜业的社会环境等方面建言献策，推动浦江县经济社会高质量发展。10月14日，围绕“补齐乡村共富短板，全面推进乡村振兴”开展常委会会议协商，就新型农业经营主体培育、村庄布局规划和用地保障等问题群策群力，推动高质量发展建设共同富裕示范区工作。

【“请你来协商”】 2022年，县政协全面深化“请你来协商”，全年开展活动9次，邀请县委、县政府领导12人次、相关部门负责人107人次、各界代表168人次参加，协商成果得到县委县政府主要领导的高度肯定和有关部门的有效落实。

6月27日，围绕农村历史违建处置、农村风貌管控、农民建房落地难、宅基地审批、规划许可、专业队伍建设、服务能力提升等方面的问题，组织部分县政协委员与县政府有关部门、相关乡镇开展“聚焦农村住房困难户建房难”专题协商活动。

7月22日，围绕农产品加工园建设、农业科技成果转化、“三产”融合发展、区域公用品牌建设、农业政策扶持等方面，组织政协委员、农业企业主代表与县政府有关部门开展“培育农业龙头企业，提高农业产业化水平”专题协商活动。

8月31日，围绕发挥人民调解作用、提升诉源治理水平、减少行政争议发生、提高信访工作质量、发挥职能部门作用、加强基层化解工作等方面的问题，与县委县政府有关部门和法检“两院”开展“构建社会矛盾多元化解机制，助推基层治理”专题协商活动。

10月28日，围绕美食在文旅产业发展中的重要性、美食的核心公共品牌、美食资源集群集聚美食街、配套设施与旅游环境等内容，组织部分政协委员、餐饮协会代表与县委、县政府有关部门开展“发挥美食资源优势、助推浦江文旅发展”专题协商活动。

11月18日，围绕党建引领、管理格局、物业服务、配套措施及有序治理五个方面，组织部分政协委员、社区负责人、物业公司、业主代表同县委、县政府有关部门开展“加强物业管理，提升小区文明程度”专题协商活动。

12月13日，围绕亩均效益综合评价、工业扶持政策、服装行业（传统绗缝产业）政策帮扶、汽车服务业发展、第三产业消费回暖、金融服务、电力保供等方面，组织部分县政协委员、企业家代表与县政府有关部门开展“集智聚力助推实体经济高质量发展”专题协商活动。

12月22日，围绕统筹城市发展与环境建设，加强固体废物管理，突出资源化、减量化和无害化处置，组织部分政协委员、企业家代表同县政府有关部门开展“推进无废城市建设”专题协商活动。

【民生议事堂】 2022年，县政协规范建好“民生议事堂”，与“委员同心汇·界别窗口”、委员工作室、民情联络站和乡镇联络组“五位一体”建设，15个乡镇（街道）和开发区实现全覆盖，全年开展“水保惠民振兴乡村”“助力全国文明城市创建”等活动64场，委员参与784人次，提出建议229条，助推当地党委政府中心工作。活动成效在“学习强国”学习平台、《人民政协报》等省级以上主流媒体报道12次。推行“协商驿站”，召开政协工作向基层延伸推进会，全面推进协商驿站建设，在全县244个村（社）实现全覆盖；建立50个“协商驿站”示范点，明确人员架构、平台职责、工作流程，并与省政协“码上商”二维码结合，进一步拓展协商载体、丰富协商形式。

委员履职

【概况】 2022年，县政协创造性建立主席联系专门委员会、专门委员会联系界别组、界别组联系乡镇（街道）和以界别为基础的界别组、以属地委员为主体的乡镇联络组、以界别组党员委员为成员的临时党小组的“三联三组”委员履职架构及N个履职平台，打造“3+3+N”委员履职体系。

【制度建设】 2022年，县政协新制定和修订《全体会议工作规则》《常务委员会工作规则》等21项规章制度，进一步健全政协工作体系。修订《界别组考评办法》和《委员履职考评办法》，将数字政协应用、委员工作室创建等列入考核内容，激发委员履职积极性。

【委员培训】 2022年，县政协新一届委员产生第二天即组织新任委员培训班，6月14—16日在省委党校举办全体政协委员培训班，提升委员综合履职能力。开展“争当排头兵、干出新样子”“助企纾困听心声”委员大走访大调研活动，加强与委员谈心交心，听取对浦江县经济社会发展和政协工作的意见建议。

提案与社情民意

【概况】 2022年，浦江广大政协委员、政协各参加单位和界别组，以习近平新时代中国特色社会主义思想为指导，围绕县委、县政府中心工作和人民群众普遍关心的热点、难点问题，运用提案形式履行职能，提出许多具有前瞻性、科学性和可操作性的意见建议。

【提案工作】 2022年，县政协共收到以提案形式提出的意见建议220件，经审查及归并整理，立案197件，已全部办复。提案中所提意见已经解决或采纳的125件，占提案总数的63.5%；部分解决或采纳的71件，占提案总数的36.0%；因条件限制作说明解释及留作参考的1件，占提案总数的0.5%。委员对提案答复满意率96%，基本满意率4%。委员对提案办理落实满意率94%，基本满意率6%。坚持主席会议研究确定重点提案和重要提案，常委会会议定期听取提案办理情况通报等制度。实施会前递交提案机制，在全会召开前启动提案线索征集工作，编印提案参考目录。开展会前业务培训，指导委员提高提案撰写水平。强化协商督办，坚持实行提案委面上督办、各界别组对口督办、人大政府政协联合督办、主席会议成员包案督办、常委会会议民主评议提案的立体督办机制。

【社情民意】 2022年,县政协协助解决“要求尘肺职业病鉴定群体涉稳隐患”遗留问题,推进浦阳教堂征迁、马岭二期安置等信访包案的解决;围绕“巾帼助农——促乡村共富”“水保惠民振兴乡村”“助力全国文明城市创建”等涉及面广、关联度大的民生议题调研协商、科学建言。

视察与调研

【概况】 2022年,县政协围绕优化营商环境、金浦特色优势产业合作区建设、企业用热用气情况等开展专题调研,调研报告获县主要领导批示肯定。专题视察浦江养老中心建设工程、岩头新农居建设工程等政府专项债券项目,推动项目建设加快进度。开展省运会筹备、“农村水环境整治”、“数字化改革推进情况”等专项民主监督活动。

【县政协调研反电信诈骗工作】 10月11日,县政协主席张建顺率队视察县公安局,听取公安工作及反电信网络诈骗工作情况汇报,并围绕提升公安服务群众效能、加强情报线索研判、增强公安反诈意识等问题进行了讨论和交流。

（朱潇枫）

中国共产党浦江县纪律检查委员会 浦江县监察委员会

综　述

【概况】 2022年，县委深入贯彻习近平新时代中国特色社会主义思想，扛起管党治党政治责任，推进党风廉政建设和反腐败工作，清廉浦江建设持续深化优化，全县政治生态持续向上向好。全县纪检监察机关在市纪委和县委的坚强领导下，保持全面从严治党永远在路上的清醒，履行协助职责和监督责任，纪检监察工作取得新进展新成效。在全市全面从严治党责任考核中，主体责任考核获第二名、监督责任考核获第三名。

全年党纪政务立案197件，处分188人，办理职务犯罪案件5人，其中留置3人，移送司法机关3人，严肃查处县府办原副主任洪敏、县人民医院党委原副书记程幸种等严重违纪违法案件。深挖细查重点领域腐败问题，深化粮食购销领域腐败问题专项整治，发现问题线索7条，处分5人；跟进监督工程建设项目招投标领域突出问题专项整治，起底信访举报81件，核查问题线索52条。做好案件查办"后半篇文章"，深挖腐败问题背后深层次原因，制发纪检监察建议书32份，督促相关党组织深入查摆问题、主动对照整改、强化建章立制。深化警示教育，增强"不想腐"的定力。摄制《葡萄产业上的"致腐虫"》等警示教育片2部，以身边事教育身边人，引导广大党员干部知敬畏、存戒惧、守底线。

探索开展"清风暖企"专项活动，聚焦行政审批、执法监管、惠企政策落实等环节，开展涉企服务作风建设定点观测，走访企业355家次，提出建议97条；做实涉企服务评价，考评单位37家、科室48个。开展影响亲清政商关系突出问题专项治理，推动全县611名领导干部对不当交往、"看企下菜"等5个方面14类问题开展自查自纠。落实"三个区分开来"要求，旗帜鲜明为16名受到不实反映的干部澄清正名。做好受处理处分干部跟踪回访、思想转化等工作，累计回访教育64人，推动干部从"有错"向"有为"转变。

开展基层"五整治五提升"专项行动，推动镇村层面查摆、整改问题515个，批评教育115人，党纪政务处分13人，建立完善制度40项，仙华街道浦北村、白马镇高坪村、前吴乡寿溪村等整治成效初显。深化村级监察工作联络站标准化建设，抓实示范点创建、数智监督、考核评价等工作机制，激活基层监督"神经末梢"。开展涉纪信访"五访五促"专项活动，累计受理检举控告98件，在连续两年下降40%的基础上，再比上年下降21.6%。开展漠视侵害群众利益问题整治行动，推动职能部门确定项目10个，开展检查132批次，聚力解决群众急难愁盼问题。

深化基层公权力大数据监督，实现村级采购、村级工程、劳务用工、用印服务、资产资源、困难救助6大高频事项监督全覆盖，以数字赋能提升监督实效。推进公权力大数据监督应用，围绕民政、财政、科技等领域建立监督模型26个，其中获评全省最佳市级监督模型1个，2个监督模型在全市推广。累计碰撞产生红色预警3427条，居全市第一；“室地联动”开展红色预警核查处置，查实率91.3%，居全市第一，运用“第一种形态”处理61人，立案5人，挽回经济损失23万余元。强化成果运用，通过红色预警数据再碰撞，梳理出区域性领域性问题13个，督促主管部门自查自纠、整改到位，重塑制度机制7项。

【浦江县基层“五整治五提升”专项行动推进会】 7月13日，浦江县召开基层“五整治五提升”专项行动推进会，督促各乡镇（街道）和县级各责任单位抓好专项行动各项任务，推动专项行动走深走实。

【全县纪检监察干部会议】 10月26日，全县纪检监察干部会议召开，传达学习贯彻党的二十大精神，并传达全省、全市领导干部大会以及市纪委、县委会议精神，研究部署学习贯彻落实工作。会议指出，党的二十大是在全党全国各族人民迈上全面建设社会主义现代化国家新征程、向第二个百年奋斗目标进军的关键时刻召开的一次十分重要的大会。全县纪检监察机关要按照习近平总书记“五个牢牢把握”的要求，领悟党的二十大精神的精髓要义、实践要求，对标高标准、严要求、走在前、做表率的目标定位，狠抓贯彻落实，不断提升“清廉浦江”成色，为奋力推动县域经济社会高质量发展提供坚强保障。

【全县清廉浦江建设推进会】 11月9日，全县清廉浦江建设推进会召开。会议强调，要深入学习党的二十大精神和习近平总书记关于全面从严治党的重要论述精神，落实省、市清廉建设推进会相关部署，坚定不移推动全面从严治党向纵深发展，着力打造更高水平清廉浦江。

【上级领导到浦江调研】 2月10日，市委常委、市纪委书记吴燕一行到浦江调研，先后到东明村、江南第一家、仙华外校调研，并召开座谈会，听取浦江经济社会发展情况和纪检监察工作情况。11月8日，市委常委、市纪委书记、市监委主任吴燕到浦江调研“五整治五提升”专项行动工作推进情况。11月10日，省纪委省监委派驻省民政厅纪检组副组长胡勇、安吉县纪委一行到浦江调研。12月5日，省委常委、省纪委书记傅明先到浦江调研。

【纪检监察队伍建设】 2022年，县纪委、县监委落实全员培训，用足上级资源，主动向中央纪委监察部杭州培训中心派学40余名；注重顶岗锻炼，通过上挂、顶岗、坐班接访等方式锤炼和培养干部，全面提升干部能力素质，2022年以来挂职锻炼21名，其中到省市纪委上挂、办案10名。推进“导师带徒”机制，安排新进人员或业务能力单一的干部，与业务骨干结成“一对一”的“师徒”关系，制订培养计划，强化实战练兵，全程跟踪评价。重视培养年轻干部，加大选苗、墩苗、育苗力度，激励干部担当作为。县管纪检监察干部新进6人、内部提拔重用和交流16名、提拔重用出系统4名；提拔至中层干部20名，其中90后干部占70%；晋升职级22名；提拔、调整乡镇专职干部4名。坚持专业化用人导向，根据每个干部的特点，按照专业特长用人，调整干部岗位18人次，提高专业匹配度，做到人尽其才、人岗相适。注重从工作需要出发，根据岗位需求有针对性引进新鲜血液，通过交流调动方式引入1名，通过公务员招录1名。完善谈心谈话机制，健全人文关怀机制，消除干部后顾之忧。建立心理健康保障机制，化解不良情绪、消除心理障碍。推荐先进表彰人选，1名干部获评“全国纪检监察系统嘉奖”“全省纪检监察系统先进工作者”“浙江省人民满意公务员”。

【浦江县人大常委会听取县监委专项工作报告】 9月29日，县第十五届人大常委会第六次会议听取县监察委员会关于整治群众身边不正之风和腐败问题工作开展情况的报告。报告指出，全县整治群众身边不正之风和腐败问题取得阶段性成果，但还存在一些短板和不足，如民生领域仍有薄弱环节，监督机制、监督合力、能力水平有待加强。面对新形势新任务新要求，全县各级监察机关要贯彻落实习近平总书记重要指示精神，始终坚持以人民为中心，推进有形监督向有效监督转化、专项整治向标本兼治深化、监督能力向基层基础强化，以更大力度整治群众身边不正之风和腐败问题，监督推动清廉浦江建设高质量发展，为坚定不移走好“五条道路”，奋力推进“两个先行”提供坚强保障。

重要会议

【中国共产党浦江县第十五届纪律检查委员会第二次全体会议】 2月11日，中国共产党浦江县第十五届纪律检查委员会第二次全体会议举行。全会指出，2021年，县委以上率下，坚定不移落实全面从严治党主体责任，纵深推进党风廉政建设和反腐败工作，清廉浦江建设取得阶段性成效。全县纪检监察机关在市纪委和县委的坚强领导下，勇担使命、忠诚履职，充分发挥监督保障执行、促进完善发展作用，政治监督更加坚定自觉，“三不”一体推进更加系统集成，“四风”纠治更加有力有效，监督体系更加健全完善，纪法情理更加贯通融合，基层治理更加协同高效，巡察监督更加精准精确，队伍建设更加从严从实，纪检监察工作高质量发展成效不断彰显。在肯定成绩的同时，全会分析了纪检监察工作和干部队伍建设存在的问题，要求高度重视、认真加以解决。

巡察工作

【分类巡察】 2022年，巡察组共开展常规巡察3轮，对12家部门单位、4个乡镇(街道)和48个村(社)党组织进行政治巡察，共发现问题1262个，移交问题线索16条。市委第三巡察组对浦江经济开发区党工委开展为期2个月的提级巡察，共反馈问题38个，已完成整改36个。

【巡察问题“回头看”】 2022年，巡察组落实市“七张问题清单”攻坚专班部署要求，督促相关职能部门对照纳入省市两级重大巡视巡察问题清单的60个问题，以及上一轮省委巡视反馈的42个问题，开展对照检查和整改“回头看”，查纠问题34个。《以廉洁文化为牵引 力推清廉建设高地浦江实践》《浦江县多措并举打牢水晶产业高质量发展人才基础》案例，分别入选省市重大巡视巡察问题清单示范榜。

县总工会

【概况】 2022年，县总工会开展职工劳动竞赛，提升职工综合素质。服务职工就业创业，提供就业岗位，开展就业创业培训。加强职工精神文明建设，服务职工维权，协商调处劳动关系。

2022年，县总工会获省总数字工会试点和地方特色创新应用项目，获省级经审创新型工作项目试点和经审工作规范化建设考核优秀，新就业形态领域工会组建工作居全市前列，浦江工会六大举措稳岗助企获市总工会党组书记施文臻的批示肯定。

【基层工会建设】 2022年，县总工会成立工会组建专班，开展"三新"领域工会组建专项行动，累计新建工会组织173家，其中单建工会167家，联合工会13家，涵盖单位组织422家，新发展工会会员7876人，新增会员数比上年增长70%，其中新业态群体工会会员数比上年增长160%，夯实了基层工会组织基础。

【劳动技能竞赛】 2022年，县总工会构建集培训、练兵、竞赛于一体的职工技能提升长效机制，联合各部门、各行业协会拓宽技能比武平台，开展职业技能比武34场，培训职工1.2万人次，8000多名职工通过技能提升，工资收入明显增加。

【"疗休养来浦江"】 2022年，县总工会开展"疗休养来浦江"推介活动，以工会之力助推浦江文旅产业经济发展，助力浦江"强力推进'三大年'，全力抢位第一方阵"工作。县总工会通过"走出去、引进来"方式主动对接杭州、宁波、嘉兴等地省直机关、事业单位、国企央企、高校、医院等单位。2022年举

2022年6月16日，"疗休养来浦江"主题职工疗休养推介会在浦江举行　　（县总工会提供）

办线上线下疗休养推介会6场，与30多家兄弟县市总工会、70多家企事业单位建立合作关系，超130余家单位共8400余名职工到浦江开展疗休养等工会活动。

【职工关爱帮扶】 2022年，县总工会与960余家企业签订工资集体协商合同，选树3家市级工资集体协商示范企业和3家市级和谐劳动关系企业，平均工资增长3%～10%。开展职工医疗互助保险工作，参保单位和参保职工数较2021年均增长10%以上，参保单位和职工参保比例走在全市前列。

【省总工会到浦江开展“两节”送温暖慰问活动】 1月6日，省总工会党组成员、副主席张兆都一行到浦江开展“两节”送温暖慰问活动，慰问黄宅镇、浦南街道的困难群众，走访浦江金鑫塑业股份有限公司，了解企业现状、询问企业实际困难，并给予鼓励。

【浦江工会“司机之家”揭牌】 5月26日，浦江工会“司机之家”正式揭牌并投入使用，县总工会党组书记、主席彭思灿和县交通局党委书记、局长张杰参加揭牌仪式。揭牌当天，浦江县总工会为过路的司机朋友们准备了50余份含防疫用品、洗漱用品和零食的慰问大礼包，工会法律志愿服务队为司机朋友们开展新业态劳动者法律宣传服务。“司机之家”24小时服务不打烊，将真正打造成为彰显惠民利民、传递工会关怀、维护司机权益的“家”。浦江工会“司机之家”获浙江省2022年度“新就业形态劳动者温暖行动试点”。

【“爱心托班”助力职工】 7月，县总工会动员8家企事业机关单位开展工会“爱心托班”活动，共16场次，惠及职工子女700余人次。托管对象为就读于小学1～6年级的职工子女，根据孩子的年龄段和成长规律，由具备资质的专人进行授课，提供学业辅导、兴趣培养等服务。“工会爱心托班”活动解决了职工假期子女无人看管难题，使职工能安心投入生产生活中。

2022年7月，劳模工匠为机关工会“爱心托班”的孩子们上传统手工艺课 （县总工会提供）

【“劳模工匠贷”专项贷款产品】 7月6日，浦江县“劳模工匠贷”专项贷款产品暨《浦江劳模工匠风采录》发布仪式在县融媒体中心演播厅举行，县总工会与县农商行签订战略合作协议，并正式推出“劳模工匠贷”专项贷款。仪式上，浦江农商银行向“劳模工匠”整体授信2亿元，并向3名劳模工匠授信客户代表现场授牌授信。

2022年7月6日，浦江劳模代表上台领取《浦江劳模工匠风采录》 （县总工会提供）

【首届"浦江最美快递员"表彰大会】 12月15日，县总工会联合县邮政管理局组织开展2022年"新就业形态劳动者温暖服务季"活动暨首届"浦江最美快递员"表彰大会，县总工会党组书记、主席彭思灿参加活动并致辞。活动组织开展"遵法守法 携手筑梦"工会法律宣传活动，引导新就业形态劳动者知法懂法守法，合法理性表达诉求，同时准备了一批暖心慰问品为新就业形态劳动者加油鼓劲。

2022年12月15日，县总工会联合县邮政管理局表彰"浦江最美快递员"　　（县总工会提供）

（楼丹叶）

共青团浦江县委员会

【概况】 共青团浦江县委员会强化青少年思想引领，深化思想教育品牌建设，加强青年人才建设、青年关爱帮扶。2022年，全县有基层团组织819个，派驻基层团委40个，团工委12个，团总支9个，团支部730个，共发展新团员855人，专兼职团干部1123人，团员22643人，少先队员3.8万人，少先队大队辅导员42人。2022年，共青团浦江县委获省级荣誉3项，市级荣誉4项，县级荣誉2项，推动浦江县共青团改革向基层延伸。相关团改工作被《中国共青团》《浙江日报》等中央、省、市级媒体宣传报道55篇次。

【共青团浦江县第十八届五次全委(扩大)会议】 4月7日，共青团浦江县十八届五次全委(扩大)会议召开，县委副书记、政法委书记钱福安出席会议，他肯定了2021年共青团浦江县委开展的工作及取得的成绩，强调要增强团的政治引领力、增强团的大局服务力、增强团的改革创新力。15个乡镇(街道)、开发区和水晶园区团组织负责人上台领办2022年任务书，浦阳、岩头、开发区相关负责人就"共青团助力文明城市创建""共青团助力共同富裕"等内容进行发言，会议审议通过相关文件、发布共青团浦江县委相关行动安排。

【共青团基层组织改革】 2022年，共青团浦江县委制定浦江共青团基层组织改革综合试点方案，发布特色亮点项目"十条"和体制机制突破"十条"，创新出台100条工作举措和22个体制机制文件，成立改革工作专班，制定双周双报、每周专题例会制度。开展基层团组织标准化示范性建设，突出"青年之家"阵地作用，10个乡镇街道对照5个"青年之家"示范点推进提升工程；推动社会领域团建，召开郑宅镇万洋众创城团总支部成立大会，发布《浦江县万洋众创城关心关爱企业青年五大行动》；严格按照选举办法，严明纪律程序，11月中旬开始先后开展浦江县基层团组织换届工作培训动员会3场，12月初开展换届选举工作，12月底全面完成；完成全国县域共青团基层组织改革试点工作，以良好成绩通过终期评估。

【青少年思想政治引领】 2022年，共青团浦江县委评选出"浦江县新时代好少年"101名，6名少先队员获金华市"新时代好少年"，1人获评浙江省"新时代好少年"。获评市级优秀少先队个人和集体22个、浙江省成绩突出少先队个人和集体3个，推出"少年新榜样”专栏12期，阅读量2.3万，举行线下专场宣讲6次，传递优秀少年力量；开展“红领巾喜迎二十大 争做新时代好队员”“学习二十大 永远跟党走 奋进新征程”主题教育活动110余场；成立“童心向党”红领巾宣讲团，吸纳全县优秀宣讲小队员153名，打造辅导员宣讲团3个，以“校内+校外、线上+线下、专业+兴趣”三合一模式开展“红领巾心向党”主题宣讲活动140余场，1.2万余名青少年参与其中；开展祭英烈、学雷锋等实践教育活动80余场，持续引导少先队员从小学先锋、长大做先锋。

【困境青少年关爱帮扶】 2022年，共青团浦江县委发布“亲青筹”项目5项、微心愿项目1项，募集资金17.5万元，为350余名困境青少年提供暖心服务。开展“三禁三防三自”“法治第一课”等活动120余场，覆盖青少年7.1万余人。春节前后相继开展“助力‘双减’公益研学”行动、“留浦过年，定格幸福”行动、“点亮心愿，奉献爱心”等七大暖心行动，惠及500余名新浦江人子女。

【“青字号”品牌建设】 2022年，共青团浦江县委成功招引浙江赛翔建设有限公司、东阳九鸿建设有限公司等四家公司，预计年产值可达1.2亿元；开展“暖企助企”春季云招聘系列活动，与云南省镇雄县、贵州省威宁自治县共青团协作，征集到162家企业1200余个职位，开通线上线下报名双渠道，助力企业“开门红”；整合“品胜文化”“浦江有趣事”等10余家优质资源，推出“浦江好农品 乡村好青年”助农服务系列活动，举办“‘青春云助农’花海直播秀”“中国青年年货节·金华浦江专场”“涉农招商引资项目推介会”等助农活动10余场，累计销售农副产品5230余单，销售额36.5万余元；举办“家燕归巢·智汇浦江”寒暑期社会实践活动，征集各类职位267余个，吸引237余名浦籍学子返乡实习实践，选聘18名浦江籍大学生担任乡镇、村社挂兼职团干部，联合县委人才办公室等部门举办金华市百校千企十万岗“2+4+X”重点产业云招聘水晶产业专场，吸引42.7万人线上参与活动。

2022年3月25日，共青团浦江县委联合虞宅中小举行“弘扬雷锋精神 温暖虞小山娃——共青团浦江县委‘微心愿’圆梦”仪式 （楼倩旻 摄）

【少先队工作】 2022年，共青团浦江县委印发《2022年“学雷锋志愿服务助力全国文明城市创建”活动方案》，以“万名创文小先锋”出征为契机，开展“红领巾楼道长”等活动45场，参与少年队员3000余人，累计服务时长9200多小时；打造“3+5+N”模式15分钟公益托管圈，打造市县级公益托管点6个，提供9个班次的全时段托管，为420余名学生提供托管服务。

（黄 慧）

县妇女联合会

【概况】 2022年，全县共有街道妇女联合会（以下简称“县妇联”）3个、乡镇妇联12个、开发区妇联1个、水晶产业园区妇联1个、社区妇联17个、村妇联

227个、机关企业单位妇女工作委员会24个、团体会员单位1个。

2022年，“赵姓老人赡养纠纷案”纳入《浙江省妇联系统2020—2022年婚姻家庭纠纷调解案例选编》。“助力结对村竹筒粽、高山蔬菜等农副产品销售”获金华市“千团联千村”共建共富行动优秀典型（第一批）名单。浦江县妇联被评为“2021年度金华市社会综合治理成绩突出集体”。石埠头村、同乐村、和丰村、长山村和高桥村被评为金华市“平安家庭”示范村。在金华市“平安家庭”建设推进会上浦江作经验交流发言。浦江县“和姐”工作室、和丰村“和姐”工作室被评为金华市品牌“和姐”工作室。宣传工作有较大提升，《中国妇女》刊登浦江县知心爱人婚姻家庭辅导室的经验做法，全国、省级主流媒体刊登浦江妇联特色亮点工作9篇、市级媒体44篇。

打造“丰安家长学堂”家庭教育品牌，组建由15名省、市、县级优秀家庭教育讲师骨干宣讲团，打造精品主题宣讲课程，开展家庭教育讲座120场次，参与家长5000余人。围绕“少年儿童心向党”“好家风伴成长”等主题，开展家庭亲子阅读活动70余场次，参与家长、学生2400余人；举办道德实践活动56场次。引导广大家庭弘扬和传承中华民族传统文化，创评全国五好家庭1户，评选县级“最美家庭”40户，“最美婆婆”15人，“最美媳妇”15人。在各个传统节日开展“我们的节日”系列活动10余场。开展“美家园 树新风 迎盛会”活动，组织“格姐”参与环境卫生、垃圾分类及反诈宣传等活动350余场。

深入普法宣传工作，各级妇联结合各重要时间节点开展家庭教育促进法、反家暴、民法典婚姻家庭篇、禁毒防艾等普法宣传活动120余场次。开展送电影下乡反诈宣传活动6场、宣传新修订的妇女权益保障法等法治文艺晚会4场。依托“一格一姐”工作队伍、“141”工作体系等，深化“红黄蓝三色”家庭排查，排摸162户。强化部门联动协作，联合县法院建设妇联特色的共享法庭1个，联合县检察院出台《关于建立困难妇女国家司法救助工作沟通协调机制的意见》，实施救助13例。培育婚调品牌工作室，创建省级品牌工作室1个、市级3个。借助省妇联“和睦e家”数字化应用平台及时推送通报家暴警情情况，倒逼维权干部认真履职，办结率100%。

【妇联组织建设】 5月，县妇联完成乡镇（街道）妇联组织换届工作，35周岁以下妇联主席6人，占比40%，本科以上学历13人，占比86.67%，妇联干部队伍呈现年轻化、知识化的良好态势。加强新经济、新业态和非公企业妇联组织建设，全县新建妇女组织10个，“妇女微家”15个，执委工作室5个。以线上线下相结合方式，开展巾帼宣讲活动，共开展333场次，参与7862人次。学习宣传党的二十大精神，组建“巾帼宣讲团”，采用会议室集中宣讲、庭院式宣讲、进村社及田间地头等多种方式，宣讲40余场，受益人数600余人。坚持阵地共建、资源共享理念，整合“妇女之家”“儿童之家”“家长学校”等现有阵地，建成省级三星驿站1家、市级二星驿站3家，县级一星驿站26家，实现妇女儿童驿站乡镇（街道）全覆盖。出台星级妇儿驿站奖补机制，发放奖励9.5万元。

【服务妇女创业创新】 2022年，县妇联全面复查2016年以来创建的市级和县级巾帼文明岗。成立“三八红旗手助共富工作室”4个。各乡镇街道开展来料加工技能比武活动，举办来料加工、家庭收纳师、母婴护理、电子商务等培训40余期，培训2000余人次。组织浦江2个项目参加全省“妈妈的味道”“妈妈的手作”现场展示。组织浦江2个项目参加中国义乌小商品博览会，接到意向订单173个，意向金额503万元。建设“共富工坊”带动女性就业，整合优质资源分类培育完成“巾帼共富工坊”16家。多部门联动搭建供需平台，线上线下举办各类招聘会5场，推出就业岗位2000余个。借助县域内开发区、特色产业园区以及“浦义同城”等区位优势，搭建“共享化”支撑平台，协同开展信息、项目对接20余次。设立“共富·丰安巾帼贷”专项贷，授信总额2亿元。发挥县女企业家协会力量，与山区乡镇签订农产品助销战略合作协议，搭建共富农产品销售平台。帮助销售土蜂蜜、芍药花、葡萄、黄桃、手工面等产品，销售金额120余万元。启动“百团联百村”巾帼帮扶百户家庭结对活动，搭载“一格一姐”落实“四必访”，当好共同富裕行动的政策宣传员、感情联络员、诉求接待员，为妇女儿童解难题、办实事。成立女企共富基金，主要用于困难救助、支持妇女创业创新，促进妇女儿童事业发展和其他公益事业。

【困境妇女儿童帮扶】 2022年，县妇联推进“一格一姐”巾帼志愿服务品牌建设，全县有4197名“丰安”格姐。融合网格建设，参与疫情防控、文明创建、邻里帮扶、反诈宣传等工作。打造“与爱童行守望幸福”关爱特殊困境未成年人品牌，开展“书香润童心”关爱贫困学子活动，为全县50位三年级学子送去课外必读书籍和学习用品；开展“微书房”项目，为60位困境、残疾儿童送去书桌、护眼灯；开展“情系留守 为爱陪伴”关爱留守儿童活动120余场；举办2022寒假儿童关爱服务活动86场；开展“关心下一代 温暖来敲门”暖冬行动，为全县36户困难家庭儿童送去捐赠物资。

【美丽庭院建设】 2022年，县妇联开展“美丽庭院”创建活动，创建美丽庭院3000户，杭坪镇薛家村和大畈乡上河村被评为浙江省美丽庭院特色村，浦阳街道塔山社区陈优英等20户家庭被认定为金华市“美家美院美生活”美丽庭院，傅响娣等9人被认定为金华市“美家美院美生活”最美巾帼当家人。

【浦江县妇女联合会第十四届执委(扩大)会议】 3月8日，浦江县妇女联合会召开第十四届四次执委(扩大)会议。县妇联十四届执委，各乡镇(街道)、开发区、水晶产业园区妇联主席，单位妇女工作委员会主任，先进代表及县妇联机关全体干部职工参加本次会议。会议总结2021年工作，部署2022年工作，表彰通报张晨等22名“最美巾帼”防疫志愿者、陈巧珍等9名最美女支书、周艳君等17名最美健康女使者和浦南街道妇联等6家女性健康工作先进单位。10月14日，浦江县妇女联合会召开第十四届五次(扩大)会议。县委组织部领导，县妇联十四届执委，各乡镇(街道)、开发区、水晶产业园区妇联主席以及县妇联全体干部职工参加本次会议。

【省妇女干部学校领导到浦江调研】 4月13日，浙江省妇女干部学校党委委员、副校长徐春法率队先

2022年4月13日，省妇女干部学校领导到浦江调研金狮社区妇女儿童综合服务驿站创建工作

（吴丹妮 摄）

后到浦江县岩头镇和丰村、浦阳街道金狮社区调研妇女儿童综合服务驿站创建工作。县妇联主席郑晓萍，浦阳街道党工委书记金家华，岩头镇党委书记郑宏章陪同。调研组通过听取工作汇报、查阅工作台账，实地察看功能室、活动阵地等方式，了解妇女儿童综合服务驿站的创建情况，肯定了浦江县妇女儿童综合服务驿站开展的工作成果，提出要围绕党政中心工作和妇女群众需求，整合资源，加强宣传引领，因地制宜开展创建工作。

【“最美系列”表彰暨“丰安巾帼贷”专项贷产品发布仪式】 7月20日，浦江县“最美系列”表彰暨“丰安巾帼贷”专项贷产品发布仪式在郑宅镇党群服务中心举行。县领导郑燎原出席活动并致辞，县金融办、县妇联、郑宅镇、县农商行、县人行等单位主要负责人参加。活动对2022年度评选出的“最美家庭”“最美婆婆”“最美媳妇”称号获得者代表进行表彰，给优秀女性代表进行额度授信，并授予荣誉证书及奖品。

2022年7月20日，县妇联开展“最美系列”表彰暨“丰安巾帼贷”专项贷款产品发布仪式(吴丹妮 摄)

【母婴护理技能培训班】 8月26日至9月1日，县妇联在浦江县智联职业技能培训学校举办母婴护理技能培训班，来自全县各村、社区的80余名妇女群众参加培训，县妇联相关负责人参加开班仪式。培训邀请上海青青母婴创始人、上海第一家母婴机构合伙人张小青老师通过理论和实操相结合的方式进行全程授课，培训结束后为学员颁发资格证书。

【省妇联党组副书记、副主席林丹军一行到浦江调研】 9月5—6日，省妇联党组副书记、副主席、一级巡视员林丹军一行到浦江调研“三八红旗手助共富工作室”运行情况和“四必访四必应”工作情况。林丹军一行肯定了“货郎先生”多年来不断创新的经营模式及在服务各地百姓、稳定就业等方面做出的突出贡献；肯定了“三八红旗手助共富工作室”在推动浦江县农村妇女工作创新发展上做出的贡献，国网浦江县供电公司作为省级巾帼文明岗在服务乡村振兴、助企纾困等工作中的示范作用；听取了关于“四必访四必应”制度相关工作情况的介绍，指出妇联作为县委县政府联系妇女群众的桥梁纽带，要继续发挥妇女的天然优势，依托妇儿驿站、社区家长学校、巾帼“共富工坊”等阵地，落实好“四必访四必应”，提升辖区内广大妇女、儿童的获得感、幸福感、安全感。

【全县基层妇联干部培训班】 2022年，县妇联为深入学习宣传贯彻习近平新时代中国特色社会主义思想、党的二十大，提升新形势下基层妇女干部服务妇女、服务群众的能力，加强基层妇联组织建设，浦江县妇联于11月11日、12月9日分批次在县委党校举办全县基层妇联干部培训班，各乡镇(街道)妇联主席、村(社区)妇联主席、县妇联干部职工265余人参加培训。此次培训邀请市妇联党组书记、主席严小俊作党的二十大宣讲。

(吴丹妮)

县科学技术协会

【概况】 2022年，浦江县科学技术协会（以下简称"县科协"）在全县15个乡镇（街道）建有科协组织，228个村（社区）实现科普服务站全覆盖，县科协下辖业务指导学协会3个。2022年，新增专家工作站3家，新增博士创新站1家，新认定省级科普教育基地1家。县科协被列为省科协"浙里科普"数字场景应用协同试点单位，县农村函授大学被评为2020—2022浙江省农村函授大学工作先进分校。

【院士专家工作站】 2022年，浦江县新建浦江赛尔工艺有限公司、浦江东洲水晶有限公司、浙江留家坪生态林业有限公司专家工作站3家和浦江晶迪水晶有限公司博士创新站1家。2月18日，县科协党组书记朱顺贤带队，和浦江县奥星工贸有限公司董事长、金华胜昌科技股份有限公司董事长一行，到杭州市化工研究院考察对接，与姚献平院士团队就纳米纤维素、生物全降解、抗性淀粉等技术进行探讨。10月12—13日，中国工程院院士、重庆市科学技术协会主席潘复生一行到浦江考察，走访调研浙江百川导体技术股份有限公司、浦江中宝机械有限公司和浙江丰安齿轮股份有限公司，与浙江丰安齿轮股份有限公司、浙江百川导体技术股份有限公司、浙江浦江梅花锁业集团有限公司、浦江中宝机械有限公司、浙江杭机股份有限公司、浙江博开机电科技有限公司6家企业代表进行座谈。

【科普应用项目】 2022年，县科协聚焦全民科学素质提升需求导向、问题导向、效果导向，践行科普为民、强化数字赋能，实现科协"职责所能"，谋划"科普研学"整体框架。11月14日，省科协批复同意浦江县科协列为"浙里科普"数字场景应用协同试点单位。贯通应用省科协重大改革项目"千博助千企""银龄科普行动""群团助力双减"等平台，县科协"银龄科普行动"和"群团助力双减"平台多次获全省月度五星等次，在全市科协系统重大应用（项目）年度评估均获五星等次。

【科普宣传活动】 2022年，县科协开展"丰安科普"公益讲座和研学游系列活动100余场，受众1.5万人次；开展"科·浦"送健康行动，县科普讲师团"健康浦江"分团的专家进入全县各院士（专家）工作站、博士创新站开展科普讲座和义诊活动8次，受众500余人次；以"喜迎二十大、科普向未来"为主题，开展浙江省"'碳'循新生 '绿'动未来"双碳主题巡展、全县女领导干部"健康生活·从我开始"等"全国科普日"系列主题活动35场，受众3万人次；发布"科普浦江"微信视频85个，浏览量12万次；"丰安科普"活动报道在"学习强国"学习平台刊发9次，在国家级媒体刊登活动报道3篇。联合县教育局举办青少年科技创新大赛、"冲刺！科学+"科普大赛等活动，获第36届浙江省青少年科技创新大赛一等奖1项、三等奖3项，金华市青少年科技创新大赛一等

2022年9月9日，浙江省"'碳'循新生 '绿'动未来"双碳主题巡展浦江站启动仪式举行（张　晔　摄）

奖14项、二等奖27项和三等奖32项。打造“15分钟科普文化圈”，开展科普助力新时代文明实践中心（所、站）活动；在县新时代文明实践中心建成县青少年科技活动中心。11月3—4日，承办2022年浙江省青少年科学调查体验活动教师能力建设暨金华市青少年科技辅导员及组织工作者培训班。

【科普教育基地】 2022年，浦江县江南第一家旅游发展有限公司被认定为市级科普教育基地，浦阳第一小学、县人民医院、浦江神丽峡风景旅游开发有限公司（生物多样性科普教育基地）3家基地被认定为县级科普教育基地；县东坪高山茶生态循环科普示范基地被认定为市级农村科普示范基地，县壶源江稻米专业合作社、县柏松粮食专业合作社、县金土地粮油机械化专业合作社、县金童万山农林开发有限公司4家基地被认定为县级农村科普示范基地，进一步发挥科普基地示范效应，以科技梦助推共富梦。

2022年，“全国科技工作者日”主题活动暨省级科普教育基地授牌仪式　　（张　晔　摄）

【农村函授大学业务骨干培训班】 11月30日至12月2日，在浦江仙华国际会议中心举办第二期全省科协农村函授大学业务骨干培训班，来自全省各地市、县（市、区）科协农村函授大学工作分管领导和业务负责人80余人参加培训，通过专题讲座、业务交流和现场教学等，提升全省科协农村函授大学业务骨干队伍的业务水平，推进基层科协农函大校区工作。

2022年11月30日，第二期全省农函大业务骨干培训班开班仪式在浦江举行　　（张　晔　摄）

（徐丽珍）

县工商业联合会

【概况】 2022年，浦江县工商业联合会（以下简称“县工商联”）所属基层商会19个，其中乡镇商会12个，街道商会3个，开发区商会1个，行业商会2个，其他商会1个；会员2075个，其中企业会员1952个，团体会员34个，个人会员89个。

县工商联履行工作职责，开展党的二十大精神学习宣讲活动，引导民营经济人士坚定理想信念；开展政企恳谈会构建“亲”“清”政商关系，助力营商环境优化提升；开展民营经济人士素质提升工程，促进民营经济人士健康成长；开展暖企助企服务年活动，服务民营经济健康发展；深化工商联商会改革发展，加强工商联商会自身建设。

【商会建设】 12月15日，县新生代企业家商会召开换届大会，浙江恒昌纺织科技有限公司总经理傅磊俊当选第二届会长。11月1日，县工商联组织所属基层商会开展以“宣贯二十大·奋力新征程”为主题的第三届“浙江商会周”活动，各商会开展专题学习培训、政银企恳谈会、座谈会、培训会等共20场。推进基层商会改革发展，在全县基层商会中开展“四好”商会建设，促进基层商会政治引领、服务发展、自身建设能力提高，浦阳街道商会、仙华街道商会、白马镇商会、郑宅镇商会、花桥乡商会、中余乡商会被评为浦江县2022年度“四好”商会，县水晶商会被全国工商联评为2021—2022年度全国“四好”商会，黄宅镇商会被市工商联评为金华市“四好”商会。

【民营经济调研】 2022年，县工商联开展浦江电商产业发展调研，并在县政协十届一次会议大会上作《让电商成为浦江经济社会发展新引擎》大会发言，得到时任浦江县县长戴翀现场批示，有力推动浦江电商产业加速发展。完成省级“5+4”政策体系惠企助企政策民主监督调研等线下调研3次，组织开展全国工商联上规模民营企业调研、民营企业社会责任调研、民营企业运行状况调研等线上调研7次。

2022年5月6日，县工商联在浦江三建工具有限公司召开清廉民企建设调研座谈会（县工商联提供）

【民营经济法律服务】 2022年，县工商联为会员企业提供法律培训，全年组织或举办安全生产法规、劳动法规、税务法规、外经贸法律、企业合规等线下培训12场（次），参训会员2697人次。发挥“千所联千会”机制作用，签约律所定期上门为商会和会员企业提供法律咨询、法律体检等服务。推动“合规不起诉（不处罚）”制度不断完善落实，协调试点开展刑事合规和行政合规监管案件2个。郑家坞镇商会开展商会调解工作，以非诉讼方式化解涉企矛盾纠纷，被省工商联评为浙江省工商联“百家示范商会”。

【非公经济人士参政议政】 2022年，县工商联组织工商联界政协委员参政议政、建言献策，提交提案建议27件，其中3件被列为重要提案，工商联界别组被评为县政协2022年度先进界别组，1名企业家政协委员被评为提案积极分子。

【民营经济人士教育培训】 2022年，县工商联开展“品质浦商提升工程”。4月2日，组织所属商会和会员企业1138人，参加省、市、县三级联动举办的线上落实减税降费优化营商环境宣讲会。6月23日，联合郑家坞镇商会开展税费减免政策、企业用工管理、企业合规等内容的企业家素质培训班，全县企业家80人参加培训。6月27日，组织商会会长、秘书长、民营企业家代表等30余人线上参加省工商联举办的“永远跟党走·奋进新征程学习贯彻省第十五次党代会精神”浙商理想信念报告会。8月9日，组织会员企业358人参加全国工商联举办的民营企业法律风险防范与合规管理线上培训。10月21日，县工商联联合县跨境贸易商会举办跨境贸易峰会，200余名从事跨境贸易的企业家参加培训。2022年，联合基层商会举办安全生产、劳动法规、企业合规等线下培训8场676人次，组织会员企业参加中华全国工商业联合会、省工商业联合会、市工商业联合会线上培训4次2243人次，合计培训2919人次。开展“浦商青蓝接力工程”。组织新生代企业家商会开展党的二十大精神专题学习活动。加强优秀新生代企业家的政治安排，县工商联第九届执委中有新生代企业家47名，占39.5%。推荐8名新生代企业家担任市新生代企业家商会副会长、理事职务。推荐2名青年企业家参加省委统战部举办的党的二十大精神民营经济代表人士专题研讨班，4名青年企业家参加市委统战部、工商联组织的新生代企业家培训。

【服务非公经济】 2022年，县工商联构建“亲”“清”政商关系，助力营商环境优化。推动政企恳谈会常态化开展，县工商联和所属商会联合税务、经济商务、人民银行等部门和属地党委、政府举办政企恳谈会10场，参会企业183家，部门27个，为企业解决困难问题92个。推进清廉民企建设，4月14日，召开清廉民企创建工作部署会，推动清廉思想、清廉制度、清廉文化融入民营企业发展之中，浙江亚特新材料有限公司示范型清廉民企和浙江浦江梅花锁业集团有限公司等10家标准型清廉民企建设单位通过金华市评定。开展暖企助企服务年活动，服务高质量发展。牵线跨境贸易商会与县稠州银行签订《政银企三方战略合作协议》，牵线县邮政储蓄银行向郑家坞镇授信3亿元并为浙江天晨胶业股份有限公司提供2000万元信用贷款。县工商联同浙商银行浦江支行签订战略合作协议，提供意向综合授信额度60亿元。活动共走访基层商会和会员企业217家，收集意见建议278条，帮助解决困难问题39个。

2022年4月2日，县工商联联合县税务局举办政企恳谈会暨优化营商环境政策宣讲会（县工商联提供）

【商会活动】 2022年，县工商联引导民企履行社会责任，助力共同富裕。3月30日，组织上海浦江商会、郑家坞商会和1名企业家为“双浦守望，一江同心”助力上海浦江镇抗疫活动捐赠款物9万元。2022年抗疫过程中，组织义乌浦江商会、县新生代商会、县水晶商会、县跨境贸易商会、仙华街道商会、郑家坞镇商会、郑宅镇商会、花桥乡商会、大畈乡商会、中余乡商会和工商联界政协委员慰问防疫卡点，捐赠价值65.81万元的防疫物品、食品、防寒衣物。组织常熟浦江商会、杭州浦江商会为贫困学生捐赠助学款55万元。开展“千团联千村”共建共富行动，动员227家企业和15家商会与227个村结对，认定浦江县春晓副食商行和前吴乡毛家村结对

2022年10月28日，“万企兴万村”王安园艺有限公司和杭坪镇乌浆村结对帮扶项目授牌仪式

（县工商联提供）

帮扶项目、浦江王安园艺有限公司和杭坪镇乌浆村结对帮扶项目为“万企兴万村”县级实验项目。

【县工商联(总商会)第九次会员代表大会】 9月2日,县工商联(总商会)举行第九次会员代表大会,201名会员代表出席会议。会议选举产生第九届执行委员会委员119名,审议通过《第九次会员代表大会决议》。随后召开的第九届执行员会第一次全体会议,选举产生第九届主席(会长)1名,常务副主席(常务副会长)1名,副主席(副会长)12名,总商会副会长9名,秘书长1名,常务委员21名,审议通过《浦江县工商业联合会(总商会)会费收取和支出管理暂行办法》《浦江县工商业联合会(总商会)领导机构成员届中免职、增补、替补暂行办法》。

(赵益民)

县文学艺术界联合会

【概况】 浦江县文学艺术界联合会(以下简称“县文联”)是由县级文艺家协会组成的专业性人民团体,主要职责是对各团体会员开展联络、协调、管理、服务工作,发挥对文艺工作者的组织、引导、服务、维权作用以及对团体会员进行业务指导。下设浦江县作家协会、浦江县美术家协会、浦江县书法家协会、浦江县音乐家协会、浦江县舞蹈家协会、浦江县曲艺家协会、浦江县戏剧家协会、浦江县摄影家协会、浦江县民间文艺家协会、浦江县根艺美术学会、浦江县诗词楹联学会、浦江县月泉学社、浦江县诗书画艺术协会、浦江县旗袍艺术研究会、浦江县朗诵协会,共有会员2200余人,其中国家级会员93人,省级会员259人,市级会员438人。

2022年,县文联组织开展文艺创作、展览展演、培训提升等工作,并开展数字化改革,探索设计适合文联工作特点的场景应用,浦江“艺数惠”改革项目被列入省文联系统第二批特色应用。9月19—21日,浙江省文联在浦江举办专题学习培训班,省、市文联领导及艺术家到上河村、上山遗址、嵩溪村等地考察浦江“艺术乡建”工作及成果。完成招商引资,引进四川嘉陵华清八度光电集团有限公司项目,该项目拟投资10.5亿元。注册浦江八度光电科技有限公司,落地浦江。

作为全国唯一县级文联代表,县文联在2022年全国文联组联工作会议上作题为《“文艺专班”助中心 “好艺风贷”强艺德》的典型经验推广发言,《中国艺术报》《浙江日报》等多次报道文联经验做法,县文联被评为金华市文联优胜单位,被县委县政府评为综合考核工作优秀单位。大畈乡上河村被评为省、市“艺术乡建”示范村,岩头镇礼张村被评为市“艺术乡建”示范村。县文联党组书记、主席方汶被省文联评为全省文联系统成绩突出个人。

完善硬件设施,完成月泉书院消防通道改造和西溪南门段治理,配合做好园林绿化;加强对书院卫生、安全管理,开展安全检查及消防器材维护以及应急演练,定期对书院及沿街店铺进行安全生产检查和隐患排查。

【文艺为企服务】 2022年,县文联发挥“文旅富县”文艺专班作用,多次组织艺术家到乡村,创作宣传乡村美景的作品。与县文旅局合作创办的“早安,浦江”栏目,每日推出一期精美宣传作品,由县摄影家提供作品,诗人创作诗歌,宣传浦江美景民俗。利用“诗画浦江”“浦江文艺”平台推送助力乡村振兴的文艺作品,县作家协会会员徐水法创作的《雅湖畈 家在藕花深处》点击量一万余次,吸引游客到雅湖畈游玩。与县国资公司合作建立艺术品电商直播平台，组织一批乡村艺术家拍抖音宣传自己的作品，扩大书画、陶瓷、根雕等艺术商品的生产、销售，助推文艺产品扩大市场。通过对接，吸引高校、美术培训机构等到上河、嵩溪、礼张、登高、江南第一家等美术写生基地考察、洽谈。2022年，县文联召开“工业强县”文艺专班会议，组织作协骨干到全县优秀企业采风，创作浦江县优秀企业好故事，编印《浦江文学(助企诗歌卷)》，选用诗歌150首。举办2022年“艺企连心”新浦江人子女文艺公益夏令营、浦江县首届“农商杯”新浦江人子女书画大赛等活动。

2022年12月3日，浦江县首届“农商杯”新浦江人子女书画大赛作品展在月泉书院举办（县文联提供）

【作家驻村采风创作】 2022年，县文联组织县作家协会28名优秀作家进驻宣和社区、上河村、横山村、上山村、三思光电公司等18个服务点创作文艺作品。会员应金法在进驻宣和社区后，撰写了以老年人居家养老中心义务为老人送餐为主题的小说《爱的流淌》《陶醉在这个懂我爱我的地方》，获当地百姓点赞。

【助推葡萄销售】 2022年，县文联组织县作家协会到各葡萄基地开展采风创作；赠送一批由县书法家协会、美术家协会创作的书画作品，助力葡萄节，由县美术家协会副主席周金土创作的百幅以“浦江葡萄”为主题的葡萄画展在2022年浙江·浦江云上葡萄节会场展出，被中央电视台记者关注采访。

【文艺惠民】 2022年，县文联开展文艺惠民系列活动。春节期间，组织开展“翰墨迎春”“定格留浦幸福时刻”等活动52场，送出春联10000余副、剪纸作品30余份、全家福40余张；8月，到浦阳街道月泉社区、大畈乡夏明村等4个新时代文明实践中心，送上500余册书籍；9月，开展百名书画家美墙行动；各文艺家协会开展送文艺下乡活动共130余场。

【文艺展演】 2022年，县文联做好文艺展、演、赛工作。举办“同心”何水法师生中国画作品浦江邀请展、画说月泉——浦江县新乡贤书画作品邀请展等展览3次；举办第三届浦江县青少年征信书画大赛等赛事2场；配合县委组织部做好全省老干部书画大赛及展览工作。开展文艺进万家活动，开设书画、笛子、诗词等公益培训班，常态化开展“特色文艺美校园”活动。

2022年3月3日，“同心”——何水法师生中国画作品浦江邀请展在月泉书院举办（县文联提供）

【“好艺风”专项贷】 2022年，县文联联合浦江县农商银行下发《浙江浦江农村商业银行股份有限公司

“好艺风”专项贷款产品管理办法》通知，出台“好艺风”专项贷，服务艺术家65人，发放“好艺风”专项贷1227万余元。

（张以进）

县残疾人联合会

【概况】 2022年，浦江县残疾人联合会（以下简称“县残疾”）继续围绕残疾人民生保障、就业创业、共同富裕、服务体系等重点工作，推进各项工作健康发展。改造提升2家“残疾人之家”，规范化改造提升儿童康复机构1家，10处重要公共服务场所无障碍改造等被列为省政府民生实事项目，提前四个月高质量完成民生实事项目，其中“残疾人之家”提升改造项目在全省残疾人教育就业工作会议上被列为典型。成立浦江县孤独症人士及亲友协会，继续推进儿童康复工作，儿童康复回访满意度100%，居全市前列。全县持证残疾人1.2万人。

残疾人各种补贴应补尽补机制更加完善。残疾大学生教育补助累计21万元，继续为符合条件的残疾人提供意外伤害保险保障。残疾人补贴采取跨部门联动，多部门审核，数据精准定位，实现补助对象应补尽补，确保不漏一人。提升残疾人康复服务，妇保院儿童定点康复机构建成并通过验收。完成10处政府民生实事——重要公共服务场所无障碍改造项目；完成龙峰社区创建省级无障碍社区建设，并通过市级验收。

【第七次全县残疾人代表大会】 10月31日，浦江县残疾人联合会第七次代表大会召开。大会深入学习贯彻党的二十大精神，谋划今后五年浦江残疾人事业发展大计。大会选举产生新一届残联主席团委员、主席、副主席和出席金华市残联第八次代表大会代表；推举产生县残联第七届执行理事会理事长、副理事长、理事和市残联第八届主席团委员候选人；通过聘请县残联第七届主席团名誉主席的决议。大会全程配备手语同步播报。全县15个乡镇（街道）全部完成乡镇（街道）残联换届工作。

2022年10月31日，浦江县残疾人联合会第七次代表大会召开　（苏日磊　摄）

【残疾人康复服务】 2022年，县残联加强残疾人康复服务体系建设，建立残疾预防一体化工作机制，规范残疾儿童康复服务管理，提升残疾人社区康复服务水平，优化残疾人辅助器具适配服务。加强残疾人康复服务政策保障，构建政府主导、部门联动、社会参与的工作格局。完成无障碍设施进家庭改造49户，儿童康复训练补助人数75人，精神残疾人门诊服药补贴人数413人次，妇保院儿童定点康复机构建成并通过验收，提升了浦江县儿童康复服务能力；累计为121人次适配了康复辅具；优化精神残疾人用药服务，使得全县残疾人康复服务水平不断提升。

【扶残助残活动】 2022年，县残联开展残疾人日慰问活动，联合狮子会等公益组织走访培智学校、困难残疾人家庭，持续开展“微书房”活动，改善残疾人家庭子女读书学习环境，组织开展爱心企业物资捐赠活动，为残疾人家庭捐赠洗衣液等生活用品。

【残疾人权益保护】 2022年，县残联构建“普惠+特惠”的残疾人政策保障工作管理系统，全面梳理掌握各级政府与残联出台的各类扶残助残政策文件信息，民政、教育等部门的残疾人扶助政策，优化残疾人各类专项社会福利、社会保险、社会救助等补(津)贴实施办法的管理和办事流程，针对性地实现业务受理，做到应享尽享，各项补贴不超发不漏发。

【残疾人文体活动】 2022年，县残联建立文体、书画特长的残疾人工作者人才库，组建残疾人运动员队伍；发挥浦江书画优势，培育新生代残疾人书画家，推动社会力量支持残疾人文体事业发展。加强残疾人非物质文化遗产传承人、工匠、技能型人才培育。

【残疾人就业创业服务】 2022年，县残联通过完善规范化保障体系、提供多元化就业服务、畅通残疾人就业渠道等举措，提升残疾人就业创业水平。累计为50名有创业意愿的残疾人提供电商培训，带动一批残疾人就业创业，其中有残疾人在市残疾人创业直播大赛中获奖。电商创业氛围初步形成，帮助78名残疾人实现就业，组织25名残疾人开展直播带货培训。继续扶持补贴两家残疾人就业创业基地。

2022年8月5日，浦江县选手获金华市第二届“魅力八婺”残疾人直播创业大赛决赛第三名

（朱凯琳 摄）

【孤独症人士及亲友协会成立】 9月25日，浦江县孤独症人士及亲友协会成立暨第一次代表会议召开，浦江县孤独症人士及亲友协会代表、县人民医院、妇幼保健院医生、县残联领导出席会议。会议通过浦江县孤独症人士及亲友协会选举办法，选举产生浦江县孤独症人士及亲友协会第一届班子。王志杰当选浦江县孤独症人士及亲友协会主席，并代表协会班子作表态发言。

2022年9月25日，浦江县召开孤独症人士及亲友协会成立大会 （赵红霞 摄）

（苏日磊）

县红十字会

【概况】 2022年，全县有红十字基层组织247个，其中机关红十字会2个、乡镇(街道)红十字会15个、村(社区)红十字会138个、学校红十字会73个、企事业单位红十字会15个，建有红十字志愿服务站

112个，发展成人会员10395名，基本实现基层组织全覆盖。

县红十字会重点推行“博爱携手夕阳—乡村红十字志愿服务站”公益项目(第二期)，每月开展乡村红十字志愿服务活动，为本村老人、病残人士提供理发、量血压、健康宣教及应急救护知识普及等贴心服务。全年开展志愿服务活动2140次，志愿服务时长7405.6小时，参加服务4107人次，受益群众82762人次。开展“小桔灯——器官捐献困难家庭子女助学”活动，救助18名器官捐献困难家庭子女，共计发放助学金54000元。全县开展无偿献血暨造血干细胞采样活动9场，累计无偿献血11.7万毫升，动员造血干细胞采样67人，完成2022年目标任务的106.3%；全年人体器官捐献9例。县红十字应急救援队全年共计出动人次1513人次，出动次数189次，总受助人次26万余人次。

县红十字会“博爱携手夕阳·乡村红十字志愿服务站”公益项目获2022年浙江省工作成绩突出红十字志愿服务项目，浦阳街道红十字会获2022年工作成绩突出红十字基层组织，园区小学青少年会员蒋彤入选中国红十字会“会员之星”。县红十字会一级师资陈汉杰家庭在2022年金华市第三届健康

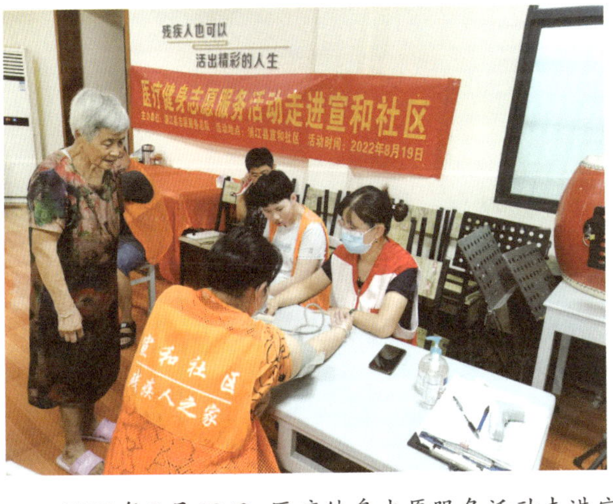

2022年8月19日，医疗健身志愿服务活动走进宣和社区（县红十字会提供）

家庭大奖赛中获二等奖。县红十字会选送的浦阳一小教师张佳秀的参赛作品《点亮那一抹人性亮色》在全国“探索人道法项目师资微课大赛"比赛中获三等奖。县红十字会生命教育体验中心宣讲员吴唯思获全省红十字生命教育宣讲比赛优胜奖。县红十字会黄晓红、钟红灿、沈奇杭获“浙江省红十字事业突出贡献先进个人”称号、县红十字会获2022年“浙江省红十字事业突出贡献先进集体”。县红十字会被金华市红十字会评为“2021年度红十字工作综合评估优秀单位”、县红十字会获“2021年度综合考核工作优秀单位”。

【“应急救护规范化建设”试点工作】 2022年，县红十字会为加强应急救护培训标准化建设，完善救护工作管理制度，组织有关单位、成员成立编制领导小组，经过规范调查研究，总结实践经验，参考有关国家应急救护培训手册，在广泛征求意见的基础上，制定出符合浦江县应急救护培训地方技术标准的《红十字应急救护培训规范》，由县市场监管局公布，为全省“应急救护规范化建设”贡献浦江标准。

2022年7月25日，《红十字应急救护培训规范》标准审定会（县红十字会提供）

【人道筹资救助】 2022年，全县共筹集社会捐赠款物合计304.8万元，其中捐款239.9万元，物资64.9

万元。“5·8”人道公益日、“9·9”互联网公益日两个众筹活动参与人数2308人，筹资20.8万元。开展“博爱送万家”活动，对家庭困难的红十字志愿者、红十字救护员、造血干细胞捐献者、无偿捐献器官的捐献者家属等97个特殊家庭开展春节前慰问活动，发放款物共计6万余元。

【应急救护培训】 2022年，县红十字会完成心肺复苏、溺水、交通事故等公众应急救护知识普及和技能培训9.3万人，完成目标数的582.6%。培训应急救护持证人员5406人，完成目标数的134.1%。新建县(市、区)标准化应急救护培训基地1个(浦江园区小学)、乡镇(街道)标准化应急救护培训基地1个(中余乡)。新装30台公共场所自动体外除颤器(AED)，对往年已装的自动体外除颤器进行日常维护、更换电池电极片。

【“博爱家园”建设】 2022年，根据省红十字会目标考核指标，浦江2022年需新增四家“博爱家园”。县红十字会在前期111家基层红十字志愿者服务站建设的基础上，好中选优，在冯村、文景、芦溪、中余四个村(社区)建设“博爱家园”。这四个村(社区)党建氛围浓厚，通过资源整合，以“党建+”为切入点，以“4+X”模式标准化打造红十字“博爱家园”，完成“博爱家园”标准化建设。

(郑婉峰)

政法委及综治

【概况】　2022年，县委政法委以平安护航党的二十大、省运会为工作主线，打造风险隐患闭环管控机制，相关经验在《浙江政法》刊发。统筹开展平安系列创建活动，全面落实落细除险保安百日攻坚行动各项工作，通过"四不两直"（不发通知、不打招呼、不听汇报、不用陪同和接待，直奔基层、直插现场）等形式开展检查，下发督办单118件，整改问题671个。启动政法系统"三力五型"（政治判断力、政治领悟力、政治执行力，学习型、服务型、担当型、变革型、系统型）队伍建设，在实战中锤炼过硬队伍，在攻坚克难中彰显担当作为。实现省级"平安县"十六连冠，以平安考核全省第一的好成绩在全省建设平安浙江工作会议上作典型发言。

【维护政治安全和社会稳定】　2022年，县委统筹部署开展"信访积案攻坚年"活动和县领导领衔解决一个遗留问题等工作机制，梳理31件历史遗留问题由县领导包案化解，其中"白马瓦坞搬迁问题"等6件历史遗留问题完成实质性化解。县委常委会专题研究除险保安百日攻坚系列工作方案，通过多种形式开展检查，下发督办单，及时整改问题。全年高效处置各类涉稳风险442件。

【平安建设】　2022年，县政法委迭代"七大战役除隐患、条抓块统保平安"系列创建活动，深化道路交通、消防安全、电信网络诈骗等重点领域专项整治，2022年电诈发案、交通亡人事故、火灾事故分别比上年下降20.5%、19.5%、31.4%，安全生产事故起数和亡人数较前三年平均值分别下降41.3%和36.8%。2022年平安考核省考位列全市第二（全省第43），平安指数4次进入全省前10，安全感测评综合考核首次实现零扣分（全省3个）。

【执法司法督查】　2022年，县政法委以化解社会矛盾、维护社会稳定为主线，组织开展涉法涉诉信访重点人员排查化解、涉法涉诉信访案件积案集中清理、案件质量评查、办案安全防范检查等一系列活动，集中清理涉法涉诉信访案件积案共15件，其中化解11件、移交市信访局2件。成立八个多跨制度工作落实领导小组、工作专班、政法干警依法履职保护委员会、依法规范诉讼行为工作领导小组，每周对政法单位开展一次八个多跨制度工作落实情况督导检查，每月召开一次八个多跨工作联席会议。2022年，县公安局创建为全国公安机关执法示范并获评全省优秀公安局；白马镇司法所以镇乡级行政执法协调监督试点工作为契机，在全省范围内打造浦江样板，作为唯一一家乡镇司法所在全省现场交流会上作典型发言；入选最高检、全省检察机关典型案例各2个。

【社会治理体系建设】 2022年，县政法委以市域社会治理现代化试点迎检冲刺为导向，迭代提升浦阳街道宣和社区、仙华街道中埂社区、黄宅郑横山村、郑宅镇东明村、杭坪镇薛家村5个示范点位。打造“下访解民忧”数字化应用场景，以“五挂钩”机制推动无信访积案党支部创建，连续八年实现进京“零非访”，信访工作考核位列全市优秀。

【扫黑除恶斗争常态化】 2022年，县政法委收到线索10条，核查完结率100%。学习宣传《中华人民共和国反有组织犯罪法》，以线上答题、巡回宣讲、学法用法“网上考试”、印制宣传折页、播放宣传标语等多渠道多形式宣传。利用“浦江普法”微信公众号开展“每日一题《反有组织犯罪法》一起来学习！”活动，共编辑4期线上答题活动，参与答题人数超3000人次。组织各村法律顾问、法律明白人、法治带头人到各乡镇街道开展《中华人民共和国反有组织犯罪法》巡回宣讲，实现全县244个村(社区)《中华人民共和国反有组织犯罪法》宣讲全覆盖。在年度乡镇(街道)、机关部门工作人员学法用法“网上考试”工作中，加入《中华人民共和国反有组织犯罪法》知识内容，落实普法责任制，发动各成员单位在日常工作中加入《中华人民共和国反有组织犯罪法》宣传内容。

【矛盾纠纷多元化解】 2022年，县政法委夯实县级社会治理中心“一站式”矛盾纠纷调处化解主阵地，整合信访、公安、司法、法院等20多个部门力量，集成调解、复议、诉讼等多元解纷手段，建立访调、警调、诉调、检调、专调、公证调“六调联动”体系，打造“调解优先、诉讼断后、信访兜底”的定纷止争闭环。全年调解各类纠纷1610件，调解成功率98.5%，基本实现矛盾纠纷“一站式受理”“一揽子调处”“全链条化解”，有力保障“矛盾不上交”。引导多元社会主体共同参与基层人民调解工作，发展形成“好家风指数”“红色台门里”“车轮上的调解室”等一系列基层治理和调处化解载体，从源头上减少矛盾纠纷的产生。

【政法智能化建设】 2022年，县政法委“取保候审协同、行政检察监督、线上委托翻译、行政处罚”4个应用迭代升级入选全省数字法治系统“一本账”S3。创新推行数字法治“四色”晾晒一张图，“码上办”“重点场所分级管理”理论成果在国家级刊物刊发，非羁押数字闭环监管发布制度成果并获评金华市数字法治好应用进步奖。“好家风”指数评价做法获评浙江高质量发展建设共同富裕示范区社会治理先行示范最佳实践。

【法治营商环境优化】 2022年，县政法委探索办结行政合规“首案”，解决县内1000余家挂靠小微水晶企业使用易制毒化学品难题。搭建“法治暖企委员工作室”“涉企案件治理检察官办公室”等平台，推进重点产业知识产权保护。监督公安清理涉民营企业刑事“挂案”4件。开展未履行企业法人法定代表人任职限制监管类案监督，排查出不符合任职资格40人，制发检察建议，维护市场经济秩序。

【除险保安百日攻坚行动誓师大会】　8月1日，全县除险保安百日攻坚行动誓师大会举行。会议强调各级各部门要抓住重点、盯牢看紧，切实把各类风险隐患化解在萌芽状态，要狠抓整治、强化落实，营造群防群治、人人参与的良好氛围。县委书记俞佩芬号召要以“平安有我”的使命担当，立即行动、全域排查、全面整治，不留任何死角和隐患，全力以赴做好防风险、保平安、促发展各项工作。

2022年8月1日，浦江县举行除险保安百日攻坚行动誓师大会　（冯阳康　摄）

【全市政法系统第三次“扛旗争先”大晒拼活动】12月13日，全市政法系统第三次“扛旗争先”大晒拼活动在浦江举行。市委副书记、政法委书记蔡永波作重要讲话，强调全市政法系统要以党的二十大精神为指引，按照市委“实干争先”的要求，力争平安建设、法治建设进入全省第一方阵，努力以政法工作现代化护航中国式现代化金华实践。会上，各县（市、区）委政法委书记、金华开发区党工委副书记，市委政法委、市法院、市检察院、市公安局、市司法局、市信访局主要负责人逐一登台亮成绩、查不足、晒举措，并接受现场测评。

2022年12月13日，全市政法系统第三次“扛旗争先”大晒拼活动在浦江举行　（高　攀　摄）

【县委政法工作会议】　3月2日，县委政法工作会议暨“三力五型”政法队伍建设誓师大会召开。会议总结2021年全县政法工作，分析当前形势，明确2022年政法工作任务，强调全县政法系统要紧扣“护航立中起势、保障奋力赶超”的主题，聚力打造和谐稳定的政治环境、平安有序的社会环境、整体智治的数治环境、公平正义的法治环境、便捷高效的服务环境，为高质量发展建设共同富裕现代化都市区浦江实践提供坚强有力的服务保障。会上，县委政法委部署了浦江县政法系统“三力五型”队伍建设活动，县法院、县检察院、县公安局、县司法局作表态发言；举行“三力五型”政法队伍授旗仪式。

2022年3月2日，县委政法工作会议暨“三力五型”政法队伍建设誓师大会召开　（严章峰　摄）

【平安工作会议】 6月21日，平安浦江建设暨基层智治系统建设工作推进会召开。会议复盘分析了2021年全县平安建设总体形势，深入查找短板弱项，部署2022年度平安建设总目标，强调各部门（单位）要坚持把平安浦江建设作为“一把手”工程不动摇，夯实“除险保安”工作体系。会议强调，各部门要紧盯任务、强化协同，多维度凝聚建设合力，推动基层智治系统建设走深走实。县委副书记、县长戴翀作重要讲话，县公安局、县应急管理局、黄宅镇3家单位作交流发言。

2022年6月21日，浦江县召开平安浦江建设暨基层智治系统建设工作推进会　（冯阳康　摄）

（陈　倩）

公　安

【概况】 浦江县公安局（以下简称“县公安局”）共有内设机构27个、直属单位2个（看守所、拘留所）、派出机构10个。

2022年，总接警13.92万起，比上年下降0.54%；刑事案件立案1656起，侦破304起；刑事拘留562人次，取保候审567人次，逮捕193人次，移送起诉犯罪嫌疑人927人次；受理治安案件4716起，查处2412起；共处理交通事故32813起。组织开展10次社会面清查集中统一行动。共出动警力1.06余万人次，检查行业场所单位7200余家次，发现整改安全隐患736处，抓获违法犯罪嫌疑人105人。

2022年，县公安局被公安部评为全国公安机关执法示范单位，被省委、省政府评为2020—2021年度全省平安建设先进集体、全省优秀公安局，连续10年获评全省执法质量优秀单位；3个集体立三等功，18名民警立个人三等功，2名辅警获二等治安荣誉奖章；禁毒大队大队长兼刑侦大队副大队长王瑶栋被省委、省政府评为全省优秀人民警察。

2022年1月10日，县公安局庆祝第二个中国人民警察节并开展集中授奖活动　（边锦东　摄）

【治安管理】 2022年，县公安局组织开展“云战”专项行动。抓获涉毒犯罪嫌疑人25名，查处吸毒人员19名；破获制毒案件1起，破获公安部和省级目标案件各1起；缴获各类毒品50余克。2022年，县公安局共打击处理黄赌犯罪嫌疑人362名，比上年上升48.4%；移送起诉207人，比上年下降3.7%；行政处罚637人（行政拘留439人），办理部督案件1起。全年涉黄、涉赌警情比上年分别下降24%、40.9%。

【户政管理】 2022年，县公安局加强与卫计、民政、人社、人武等部门的联系，通过系统数据与档案资料交叉检查，对全县39万余人人口信息进行核对，及时纠正差错信息，注销重人重户、失踪、死亡等人员户口。县公安局坚持逐级上报、层层把关工作机制，由办证中心负责指导各派出所户籍民警对全县统计报表进行汇总、审核，发现差错及时查找原因并予以更正，对数据与实际情况不符的，做好指导、检查、督促工作，严把数据统计关口，编制《浦江县二〇二二年人口年报质量分析》《浦江县二〇二二年人口年报数据分析》统计报告。11月22日，县公安局召开2022年度人口统计年报工作会议，对人口统计年报工作进行具体布置和培训。12月4日，组织人员到花桥乡前坞村进行人口年报统计数据抽样调查。吴二村年末总户数288户，人口723人，本次调查共抽查23户71人，其中男性37人、女性34人，未发现人头差错和统计差错，抽样数据完整准确，符合统计标准。

【道路交通安全管理】 2022年，县公安局全力推进挂牌重点乡镇、运输企业、道路隐患治理工作。完成2个市级重点乡镇（街道）和3个县级重点乡镇（街道）整治，完成2家市级挂牌运输企业和6家县级挂牌运输企业治理，完成12处市级挂牌道路隐患和111处县级挂牌道路隐患治理。7月4日开始，县公安局以"四选一"教育处罚模式开展电动自行车集中整治行动。共查处各类电动自行车违法行为110692人次，其中现场接受处罚89621人次、抄写交通安全条文2321人次、协助交警现场查处交通违法3520人次、观看交通事故视频15230人次。

【出入境管理】 2022年，县公安局出入境管理大队作为全市赴澳旅游签注签发管控工作的试点单位，针对办证人员推行"一劝、二问、三审"三步法，共计办理澳门签注610人次，比2021年的2318人次下降73.7%。全县未有办理赴澳门签注3次以上人员。浦江县出入境管理大队办理各类出国（境）1182件；报备不准出境人员1389人次，撤控不准出境人员255人次；录入国家工作人员1675人次、撤控859人次、核查17099人次；登记境外人员452人次、预审核境外人员签证45人次。窗口业务无群众投诉，实现群众满意度100%。浦江县出入境管理大队强化责任，主动走进企业，通过实地走访、座谈交流、政策宣讲等形式，倾听企业意见建议，了解全县企业"走出去、引进来"需求，为企业提供出入境精准服务。全年走访企业23家，组织1场座谈交流，开展16次政策宣讲；共计提供便利化服务31次，容缺办理商务类护照28人次。在全县范围开展涉外领域基础大排查，共计排查涉外单位10家、劳动密集型企业320家、教育培训机构136家。

【监所管理】 2022年，县公安局看守所深入开展"三能"主题教育实践活动，持续学习习近平总书记系列重要讲话精神，用理论知识武装全警思想意识，坚持监所防疫标准高于社会面的总要求，按照要求贯彻落实各项防疫措施。规范监所精细管理，提升执法规范水平，严格落实"八个规范"，指引日常执法管理工作，提升执法管理质效；推进"公安大脑"信息化建设，打造"监管大脑"平台，提升监所"智慧监管"水平。

【重点单位安全保卫】 2022年，县公安局落实相关经费，对重点学校、医院开展智安单位建设。全年完成21家智安单位建设，完成安全防范进商场、进重点单位、进金融机构，组织部署"心防工程"系列现场宣传公益活动，重点组织开展安全防范进校园、金融安全防范集中宣传等公益活动；加强对医疗机构和校园安全保卫工作的指导监督，完善警医联动机制和警校联动机制，督促各项安防措施落实，确保学校和医疗机构安全稳定，严防涉校涉生恶性案（事）件发生。全县累计建有“智安单位”118家。

2022年，县公安局抓实学校内部安全防范，督促学校落实人防、物防、技防等安防措施，落实专职保安员配备、封闭化管理、一键式紧急报警和视频监控系统联网、“护学岗”设置“四个100%”要求，提升学校安全防范能力。深化“智安校园”建设，将信息化管理措施、智能化预警手段和日常校园安保工作有机结合起来，推动校园安防数字化、规范化管理，在公办学校完成的前提下将重心向民办学校迁移，实现从“守好校门”向“管好校园”的迭代升级。选派优秀民警担任学校法治辅导员，督促法治副校长制定完善校园安全突发事件应急演练，开展应急处置演练，提升防范犯罪、制止犯罪和应对突发事件的能力。从严从快打击涉校违法犯罪，对校园欺凌、伤害学生、侵害师生合法权益等涉校案件、涉妨碍疫情防控案件，特别是对闯入校园扰乱教育教学秩序、侵害师生人身安全等违法犯罪行为，优先受理、快速处置、严厉打击。截至2022年，全县有69所中小学完成智安校园建设。

2022年，浦江县共有寄递企业114家、物流企业53家。县公安局通过向寄递物流企业业主发放公开信、会议座谈、上门走访等形式，告知相关权利和义务，明确违规情形与相应处罚措施，压实企业业主主体责任，促使其加强对从业人员的监督管理。并通过与业主逐一签订安全管理责任书，明确各企业主的主体责任。落实从业人员责任，按照“谁收件、谁验视、谁负责”原则，规定业务员在收件验视后，必须在物品上加盖验视章，确保寄送物品件件有验视、业务员个个有责任。同时明确每家寄递物流企业责任民警，落实检查和整改责任。要求对检查中发现的安全隐患，能当场责令整改的必须立即整改，并留存问题清单、跟踪整改进度，做到一改到底、一次到位。对问题较多、整改不到位或者经屡次督促后仍未有效整改的单位，一律移交邮政管理部门处罚。建立寄递物流企业隐患台账，实行隐患销号制，确保隐患全面清零。

2022年，浦江县有保安服务公司3家（浦江县保安服务有限公司、浦江县天卫保安服务有限公司、浦江县宏锐保安服务有限公司），登记备案的分公司4家以及单位自建的保卫组织49家。浦江县公安局针对保安人员年龄偏大，人力防范、安全技术防范薄弱等问题，加强培训和指导，规范合法有序经营，取缔无证保安人员。通过对信用评价体系的运用，培训、职业能力鉴定等举措，加强对保安公司的监督，提高保安员的身体及业务素质和技能，对一些大型活动原则安排保安员做好现场安保，提高其处置能力和服务水平。

【警务督察】 2022年，县公安局警务督察中心通过实时网上巡查，发现并责令整改问题308个，全年共接受各类举报投诉47件，办结46件，1件核查中，其中查证不属实44件、属实1件、基本属实的1件。收到行风监督员、开门纳谏、县两会等提出的意见建议共计287条。回访各类不满意警情、案情41起，回访电诈案件受害人150余人。办理民辅警维权案件25起27人次。

【网络安全治理】 2022年，全县电信网络诈骗案件发案819起，比上年下降12.03%；案损4005万元，比上年下降40.6%；移送起诉电信网络诈骗犯罪嫌疑人117名，追赃挽损1010万元。部省市线索核查率

87.92%、断卡核查率93.3%。涉案账号止付742个、冻结758个，止付、冻结率分别为96.99%、99.08%。

【危爆物品管控】　2022年，县公安局以二十大安保维稳工作为主线，以建成的危爆物品互联网监管平台为阵地，建立健全危爆物品管控长效工作机制，以“重点治、大力缴、严查处“三大举措为抓手，加强对枪支弹药、爆炸物品、管制刀具等危险物品及剧毒、易制爆化学品的管理控制，夯实危爆物品管理根基，实现全年“不打响、不炸响、不流失”的既定目标，为辖区群众提供安全稳定的社会环境。

【“110”接处警】　2022年，县公安局“110”指挥中心总接警14万余件，比上年下降0.3%。其中，有效警情约6.05万件，比上年下降7.6%；案件类警情约0.35万件，比上年下降9.97%。救回自杀人员183名，帮助寻回走失人员924名。围绕夏季治安打击整治“百日行动”，开展“警灯闪烁”行动，累计投入警力8.4万余人次。推进接处警执法规范化建设，召开全县应急联动工作会议，持续推动社会应急联动工作，2万余件联动指令妥善落地。

【公安信访工作】　2022年，县公安局出台《浦江县公安局加强信访工作六条意见》，规范和明确领导接访、包案化解、所队联勤、信访责任倒查、信访秩序整治等方面信访工作。构建信访工作闭环监管机制，出台《浦江县公安局信访突出问题动态挂牌整治工作规定》，压实各所队积案攻坚清零、初信访办理、责任倒查等方面信访工作责任，由信访科牵头实行每日访情、异动情况会商清零机制，实行每周信访工作进展通报，局党委会每月分析研究信访形势，对信访问题突出或排名末位的所队，每月滚动挂牌整治。开展清信访积案、清伤害积案，减未破案件存量、减信访复议诉讼案件的“两清两减”专项整治活动，通过对存量的底数排查、集中整治，力争解决90%以上存量，新发伤害、初信初访案件100%解决。发挥县域“4+2”联心服务团、“好家风”指数等本地特色机制，将公安元素融入全县社会治理大局，实现优势互补、资源共享。民警依托全县“4+2”联心服务团（选派一名县管领导干部、一名机关干部、一名公安民警、一名纪检监察干部、一名乡镇班子领导、一名驻村干部组成“4+2”联心服务团）平台做好联系村的矛盾纠纷排查化解工作，做到“小事不出村，大事不出镇，矛盾不上交”。

【公安科技信息化建设】　2022年，围绕加快推进浙江省“公安大脑”建设（现代警务一体化集成改革），县公安局持续升级非羁押数字闭环监管系统。4月列入全省公安机关“办案一件事”改革子场景，6月列入省厅第一批“揭榜挂帅”中榜项目，7月获评金华市数字法治应用进步奖，9月获评金华市信用数字化改革应用场景优秀案例，11月在全省法制实战大练兵中获得第三名，理论成果在《检察日报》刊登，并入选全省数字法治系统“一本账”S3。

2022年7月27日，省公安厅领导到县公安局巡视现代警务执法新模式场景应用　　（边锦东　摄）

【经济案件侦查】 2022年，县公安局侦办各类侵企类案件13起，抓获犯罪嫌疑人16名，挽回经济损失1亿余元，追赃挽损率94.58%；侦办涉众型经济犯罪案件1起，抓获犯罪嫌疑人7名；侦办反洗钱案件2起，抓获犯罪嫌疑人3名。规劝1名在逃境外经济犯罪嫌疑人回国投案自首。

【打击食药环知森领域犯罪】 2022年，县公安局共侦破“食药环知森”（食品、药品、环境、知识产权、森林野生动物资源）领域刑事案件58起，采取刑事强制措施100人。其中，破获“食药环知”类案件17起，采取刑事强制措施44人，移送起诉59人；破获森林资源类案件41起，采取刑事强制措施56人，移送起诉89人。

【“珍爱生命、远离车祸”道路交通安全大会战】 2022年，县公安局制定“珍爱生命、远离车祸”道路交通安全大会战实施方案和《浦江县乡镇（街道）道路交通安全分级赋色管理办法》，全力防范化解道路交通领域风险隐患，落实乡镇分级赋色管理。常态化开展货车超限超载联合整治，查处货车超载100%以上253辆，车货总重100吨11辆。开展货车“清雷”行动，大货车年检率97.95%、报废率99%、违法处罚率99.23%。全力开展面包车“除雷”行动，严查面包车上线检测4621辆，审核判定不合格面包车612辆。面包车年检率88.15%、报废率94.18%、违法处罚率97.73%。

【创建全国公安机关执法示范单位】 2月17日，县公安局组织召开创建“全国县级公安机关执法示范单位”动员部署会；3月16日，在全省申报全国公安机关执法示范单位视频评审活动中，以92.29分排名第一，后以全省综合成绩第二名入围推荐名单；8月19日，获公安部命名“全国公安机关执法示范单位”。

【推行柔性执法创新举措】 2022年，县公安局率先在全市开展行政合规工作，研究制定《助企纾困十项举措》《推进水晶产业行政合规建设活动实施方案》，出台“1+N”管理模式指导性意见，帮助企业健全完善管理制度，对符合行政合规条件的免于处罚，有效解决县内1000余家挂靠小微水晶企业使用易制毒化学品难题。办理的全市首例企业行政合规案件，入选省厅柔性执法典型案例。

【破获“0329”网络开设赌场案】 3月29日，县公安局在工作中发现有人通过“飞速”“168体育”等App在网上开设赌场。经初步侦查，该系列App利用国家正式彩票开奖结果或公开赛事数据结果，私自坐庄非法牟利。6月30日，县公安局出动警力87名，在珠海、武汉、长沙、成都、重庆、南京等地对“0329”网络开设赌场案进行集中收网，先后刑拘犯罪嫌疑人48名，扣押、冻结资产600余万元。该案被评为部督案件。

（黄寒丹）

检　察

【概况】 浦江县人民检察院（以下简称“县检察院”）内设机构8个，下设浦东检察室、浦西检察室、城区检察室3个基层检察室，下属1个事业单位（检察事务中心）。

优化法治营商环境，设立“涉企案件治理检察官办公室”，督促清理涉企刑事“挂案”、解冻未涉案企业账户5件。深化企业刑事合规工作，对企业负责人涉经营类犯罪、承诺并落实合规整改的，通过不捕不诉、建议量刑从宽等方式，给予企业新的发展机会，妥善办理一起涉企集资案入选全省年度精品案例。会同市场监管局纠正企业法定代表人违规任职40人，排除市场活动风险隐患，经验做法被最高人民检察院刊发。

参与社会治理工作。落实"少捕慎诉慎押"政策，对真心悔罪、取得谅解、能够挽救的轻罪，侦查环节不羁押、检察环节不逮捕，诉前羁押率23.3%，比上年下降15%，对社会危害性不大犯罪依法不诉231人，比上年上升32%，无一再生矛盾，推进社会内生稳定。制定下发社会治理检察建议6份，推动相关部门建章立制10余项，堵塞治理漏洞，其中联合交通运输管理局开展货车超限运输治理，得到全市推广。

【刑事检察】 2022年，县检察院开展刑事检察工作，受理公安机关提请逮捕的各类刑事案件178件218人，批准逮捕153件179人，逮捕率比上年上升8.14%。受理各类移送审查起诉刑事案件681件815人，提起公诉457件569人，起诉率比上年下降12.54%。监督立案10人，判处三年以上有期徒刑4人，监督撤案11人，追捕2人，制发纠正违法通知书6份。检察长列席审判委员会6次，提出抗诉4件，已获改判3件。组织社区矫正等专项检查5次，制发检察建议6份，监督应收监未收监执行47人。

【民事检察】 2022年，县检察院开展民事检察工作，打击虚假诉讼、恶意诉讼，纠正"双倍借条""砍头息""冒名起诉"等民事案件20件，深挖犯罪线索移送立案侦查3件。开展司法网拍、虚假司法确认、公民违法代理等专项监督，制定下发检察建议17份。排查1000余条超期查封不动产信息，督促对196件执行案件进行解封、续封、更正重复查封。

【行政检察】 2022年，县检察院开展行政检察工作，深化府检联席会议，与综合行政执法指导办公室共建"检执联动"联络室，推进刑事司法与行政执法衔接，双向移送线索42条。在口头建议之外书面纠正行政违法4起，督促行政非诉执行4件。针对拆迁历史遗留问题，争取省市检察院支持，协同部门、镇街合力化解进入检察监督环节的行政争议案件51件，推动"一揽子"化解诉中案件40件，其中一起案件入选全省年度精品案例。

【公益诉讼检察】 2022年，县检察院开展公益诉讼检察工作，办理行政公益诉讼19件、民事公益诉讼11件，制发诉前检察建议13份，组织磋商解决5件。会同应急管理、生态环境等部门联合开展废旧金属回收污染环境行业治理，入选全省安全生产典型案例。督促追缴耕地占用税、民营加油站偷逃税款等累计900余万元。

【未成年人检察】 2022年，县检察院依法惩治侵害未成年人犯罪，批准逮捕18人，提起公诉17人，一起严厉惩治暴力侵害未成年人案入选最高检典型案例。对主观恶性不大、犯罪情节较轻的未成年人，不批准逮捕、附条件不起诉14人，开展心理干预、帮扶帮教等工作17次。专项治理KTV、文身店等场所接纳未成年人问题，强化源头保护。会同民政局建立与儿童主任协作配合考核机制，落实保护责任，一起维护困境儿童合法权益案入选全省典型案例。选派精干力量担任法治副校长，举办法治进校园活动30余次，覆盖师生1万余人。

【检务公开】 2022年，县检察院公开法律文书312份，邀请人民监督员、特约检察员、特邀检察官助理参与监督办案16次，组织检察开放日、公开听证、公开宣告23次，一起多方参与公开听证化解矛盾案件入选最高检典型案例。在《检察日报》《浙江日报》等省级以上媒体发布报道31篇，传递检察好声音。

【检务服务】 2022年，县检察院加强检律协作，在案件办理、矛盾化解、社会治理等工作中充分听取律师意见，疫情防控期间坚持开放远程提审室保障律师会见630余次，监督纠正有关部门妨碍律师执业权利5起。

【检察改革创新】 2022年，县检察院开展数字检察工作，依托大数据开展医保诈骗、强制隔离戒毒等专项监督20项，其中3起类案入选最高人民检察院典型案例、4起类案入选全省典型案例，多篇数字检察理论文章在中国刑法学年会、法治浙江论坛交流上获奖。研发刑事案件社会危险性评估系统、行政检察监督智慧应用平台项目，其中行政检察监督智慧应用平台纳入省数字法治系统"一本账"。2022年，县检察院相关工作在全国全省会议交流经验5次，入选全国典型案例5件、全省精品典型案例8件，获市级以上荣誉表彰19项。

【成立侦查监督与协作配合办公室】 1月13日，县检察院、县公安局侦查监督与协作配合办公室在县公安局正式挂牌成立。该办公室有助于检察机关、公安机关协同构建以证据为核心的刑事指控体系要求，进一步健全完善侦查监督与协作配合机制和提升公安执法和检察监督规范化水平。对重大、疑难、复杂案件，检察机关将提前介入、引导侦查，对公安机关立案、调查取证等提出意见建议，必要时进行诉前审查，监督规范执法办案，共同提升刑事案件办理质效。

【办理货车超限运输治理案】 4月，县检察院在办理一起货运车辆交通肇事案件中发现，对超限运输行为，相关部门没有对运输车辆、驾驶人、货运企业、源头企业严格执行"一超四罚"的监督治理措施。后通过对货车超限运输行政处罚数据进行归集分析，发现应受行政处罚而未处罚的货车20辆、驾驶人员23名、运输企业12家、企业负责人12人，通过专题磋商、研究对策，推动县域治理并在全市推开，该案入选最高人民检察院《大数据赋能行政检察监督典型案例》(第一批)。

2022年4月，县检察院与县交通运输管理局就超限治理问题进行共同会商研判　　（黄玥玥　摄）

【办理妇女群体司法救助案】 4月，县检察院联合县妇联强化"司法救助+社会帮扶"集合效应，对8名因案陷入生活困境的妇女开展司法救助，共计发放救助金13.5万元，并因人施策，落实"爱心基金"、申请低保、安排国家政策性岗位等举措予以社会帮扶，切实帮助困难妇女及其家庭摆脱生活困境。

【设立涉企案件治理检察办公室】 5月25日，县检察院涉企案件治理检察办公室在县水晶产业园区管委会挂牌成立，通过常态化开展进企业、下车间活动，畅通检企联络渠道，坚持打击和服务并重，通过能动司法将检察服务前置，助力提升企业竞争力，推动优化法治营商环境。

2022年5月25日，浦江县人民检察院涉企案件治理检察办公室成立　　（黄玥玥 摄）

（章　赟）

法　院

【概况】 浦江县人民法院（以下简称“县法院”）内设机构17个、机关部门13个，下设黄宅法庭、浦东法庭、杭坪法庭、仙华法庭4个人民法庭，下属1个事业单位（审判保障中心）。

2022年，全院新收各类案件8575件，办结9492件，比上年分别下降29.49%、20.58%。浦江县人民法院政治部获评全省法院平安护航党的二十大成绩突出集体，浦江县人民法院仙华人民法庭获2022年度全省法院集体二等功，张创伟获最高人民法院颁发的“荣誉天平纪念章”。

审结金融借款案件361件，结案标的金额1.57亿元。充分发挥破产审判作用，清理三年以上长期破产未结案23件，清理数量及力度居全市前列。启动浦江一川实业开发有限公司预重整程序，顺利审结东方蓝郡、浙江良英工贸有限公司等重大破产案件4件，高效出清资不抵债且无力生还的“僵尸企业”60家，化解银行不良贷款1.64亿元，清缴税款800.85万元。召开“法官与企业家面对面”座谈会7次、走访企业41家、搜集意见建议95条，做实、做细、做精司法服务。

实行质效指标“体检”制度，每月实时通报数据到庭到人，共出台3类常规通报36期、专项通报5期、审管通知7期，一审服判息诉率、正常审限内结案率提升至全市前三。深入推进审判辅助事务集约化改革，抽调1名中层、11名书记员、5名派驻人员专班化运作，剥离排期、送达、保全、鉴定等审判辅助事务，12个月以上长期未结案全部清零，15项效率指标中9项指标位居全市前三。

【刑事案件审判】 2022年，县法院受理刑事案件447件，审结458件。严惩严重暴力犯罪和扰乱公共秩序犯罪，审结故意伤害、抢劫、强奸、聚众斗殴、寻衅滋事等犯罪案件32件。审结涉众型经济犯罪案件，依法审理非法集资、电信网络诈骗等案件35件。持续推进打击整治养老诈骗专项行动，从严从快审结“九九康阳”等涉养老领域非法吸收公众存款犯罪案件3件10人。

【民商事案件审判】 2022年，县法院受理民商事案件4521件，审结4682件。高效回应人民群众民生关切，快审快结劳动争议、人身损害赔偿等涉农民工案件45件，审结物业、交通事故、医疗纠纷、商品房买卖等涉民生案件327件。充分发挥司法审判道德引领作用，审结婚姻、继承、赡养等家事纠纷383件。深入开展打击虚假诉讼专项行动，累计查处虚假诉讼案件46件。

【行政案件审判】 2022年，县法院受理行政案件62件，审结88件。依法支持行政机关严格执法，审查行政非诉执行案件53件，准予执行率100%。深化司法与行政良性互动，推动召开府院联席会议，报送行政审判白皮书，发送司法建议12份，全力助推法治政府建设。邀请全县22家行政机关及乡镇街道100余名公职人员旁听庭审，助力提升行政执法规范化水平。

【案件执行】 2022年，县法院受理执行案件5452件，执结6092件，执行到位金额8.66亿元。开展涉民生、营商环境等专项打击行动5次，传唤被执行人116人，执行到位标的560万元。联合公安、检察等开展拒执犯罪专项打击行动，向公安机关移送拒执线索35件35人，判处拒执罪6件6人，比上年分别上升13.30%、25%。多途径、多形式向全社会公开执行情况、公布失信被执行人名单，引导被执行人自觉履行义务，“3+1”四项核心质效指标均位居全市第一。

【审判管理】 2022年，县法院提优基层社会治理，贯通县、乡、村多级治理资源，全覆盖建立“共享法庭”230个，争创市级“星级共享示范法庭”4个，组建“庭务主任+联络法官+执行员”工作团队，指导调解1125件，化解矛盾纠纷808件，推动建设人人有责、人人尽责、人人享有的社会治理共同体。构建基层调解力量互联互助机制，将庭务主任扩充至全县人民调解员队伍，员额法官“一对一”跟进指导所有诉前调解案件，万人成讼率比上年下降20.5%，诉前纠纷化解率53.31%。准确把握新时代人民法庭功能定位，开展“远离校园伤害”“老年人投资风险防范”等专题普法宣传65次。

【防范养老诈骗专题普法宣传】 5月21日，县法院在江南第一家开展专题普法宣讲活动，结合当地“孝义治家”的文化特色，与群众开展面对面、话家常的广场宣讲活动，通过描述真实案例，剖析养老诈骗的惯用手法和特点，提高老年人防骗“免疫力”。

2022年5月21日，县法院在江南第一家开展专题普法宣讲活动 （金萍萍 摄）

【法检“两长”同庭履职】 12月6日，县法院公开开庭审理一起涉嫌受贿罪案件，该案由县法院院长王思维担任审判长，县检察院检察长翁寒屏出庭支持公诉。法检“两长”同庭履职，是落实司法责任制的基本要求，有效规范司法行为，提升司法公信力。

【府院联席会议】 11月30日，县政府与县法院召开府院联席会议，全力推动法治政府建设走深走

2022年11月30日，县政府与县法院、县检察院召开府院、府检联席会议 （陈淇耀 摄）

实。会议要求,要以联动促示范建设,做好法治政府示范创建各项工作;要以联动促争议化解,高度重视行政诉讼案件化解工作,及时做好分析研判和法律指导;要以联动促依法行政,坚持科学、民主、依法决策,严格履行重大决策法定程序,全面落实行政执法三项制度。

【人民法庭建设】 2022年,县法院辖区4个人民法庭收案量持续下降,全年收案比上年下降21.19%。组织干警开展普法活动30次,受众300余人,走访村居51次,提供法律意见24条。建立企业常态化联络机制,通过商会、共享法庭等,为辖区企业开展个性化法律体检,查找企业在人事管理、劳动关系、公司合同等方面存在的漏洞与缺陷。组织法官团队入企34家,加强与辖区街道沟通联系,联合化解意外死亡、意外致伤等重大纠纷累计20余起,向全县乡镇街道及部门发送涉诉风险预警报告、司法建议、民商事案件司法分析专报等13份,受到县委主要领导批示肯定2次。2022年,县法院高效化解诉前纠纷818件,自动履行率提升至全省第33名,比上年上升31.92%。依托"共享法庭"组建"1名庭务主任+1名联络法官+1名执行员"工作团队,同步迭代升级"码上办2.0"平台,全年指导调解432件,化解矛盾纠纷327件,接受并解决问题226个,群众满意率达95.20%。

(石巧巧)

司法行政

【概况】 2022年,县司法局设有政治处及内设机构9个:县委依法治县委员会秘书科、办公室、法规监督科(普法与依法治理科)、应诉协调科、行政复议科、社区矫正科(挂社区矫正执法大队牌子)、人民参与和促进法治科、律师公证管理科、公共法律服务科(挂法律援助中心牌子)。下属事业单位2个:浙江省浦江县公证处、浦江县依法行政信息中心。

成立争创法治浙江(法治政府)示范县工作专班,县委副书记、县长胡作滔和县委副书记、政法委书记、县委依法治县办公室主任钱福安为双召集人。引导律师发挥专业优势,通过担任信访案件听证员或主持人等形式,以法治思维助力县信访局依法终结胡某某、张某某等重大疑难信访积案。履行法律参谋、助手职责,承办县委县政府交办和各单位提请审查的合法性审核事项260余件,全程为土地征收、房屋征迁、资产收购、战略合作、低效工业企业处置、重点项目等中心工作提供法律支持。发挥复议主渠道作用,2022年行政复议案件化解51件,协调调撤率45.95%,位居全市第四,远高于全市平均水平34.88%,"以案治本"专项整治行动被评为全市A档。强化源头预防,配合法院做好每案引调工作,2022年全县行政诉讼案件调撤数55件,调撤率36.42%,超过全市平均水平31.76%,各行政机关负责人出庭率100%。

升级优化公证服务模式和流程,强化"府院银"三方联动,提升金融赋强服务水平,2022年办理金融赋强公证业务公证345件,涉及合同标的金额12.6亿余元,办理诉前调解案件11件,涉及金额1600余万元。与浦江农商银行共同推出"法治信用贷"专项贷款,面向成功申创国家级、省级民主法治村(社区)和经审核准入的以上民主法治村(社区)农户,助力乡村振兴。2022年度,共支持国家级、省级民主法治村(社区)16个,贷款额度4740万元;为186名"法治带头人""法律明白人"等法治先进群体发放贷款额度5300万元。

【法治宣传】 2022年,县司法局发布《浦江县2022年普法依法治理工作要点》,将普法工作纳入综合考核体系。将"八五"普法落实情况列入党政一把手年度述法报告重要内容。坚持"谁执法谁普法"普法责任制,各普法守法协调小组成员单位总计向社会发布普法责任清单204条。2022年,全县共开展各类普法宣传教育活动821场,发放各类普法宣传资料35万余册。

【公共法律服务与援助】 2022年,全县244个村(社)、5.6万余个市场主体实现法律顾问网格化全覆盖,县司法局开展"我为群众办实事""法律援助惠民生"等法律服务318次。引入"12348"法服热线,加强政法一体化、"浙里办"公共法律服务平台应用,开通"律师视频法律咨询""律师在线抢单咨询"服务,全域配备16台"24小时不打烊"公共法律服务人工智能自助机,优化法治营商环境。通过网上办理法律援助刑事案件747件、民事案件29件,实现法律服务100%"网上办"。依托"蒲公英"社会服务中心队伍、"法治共富驿站""人民调解工作室"等平台,解答法律咨询4950人次,办理法律援助824件,化解矛盾纠纷5400件。

【社区矫正】 2022年,县司法局围绕"不发生社区矫正对象极端暴力案(事)件、不发生脱漏管事件、不发生重大负面舆情"的底线,加强社区矫正风险隐患排查和研判分析,社区矫正对象监管安全形势总体良好。

【人民调解】 2022年,县司法局落实民主法治村(社区)、"后陈式法治村"全覆盖创建要求,突出示范建设质量,市级以上民主法治村(社区)覆盖率99.18%。发挥司法所在基层法治建设中的前沿阵地作用,白马司法所被司法部授予"全国司法行政系统先进集体"称号,白马司法所、仙华司法所被评为省级"枫桥式"司法所,前吴司法所被评为市级"枫桥式"司法所。做大做强行业专业人民调解,健全完善社会矛盾纠纷多元预防调处化解综合机制,规范人民调解员管理工作,郑达观老娘舅调解工作室被评为省级金牌人民调解室,2022年全县各人民调解委员会受理化解各类矛盾纠纷3491件,成功调解3490件,调解成功率99.9%,其中疑难复杂案件170件,涉案金额1.25亿元,化解涉企类矛盾纠纷523件。基本实现"小事不出村,大事不出镇,矛盾不上交",为推动构建基层社会治理新格局奠定坚实基础。

【律师工作】 2022年,浦江县共有律师事务所6家,专职律师87人,公职律师42人。有律师党组织6个,其中律师行业党总支1个,律师事务所党支部5家。律师党员33人,占律师总人数的37.9%。入党积极分子7名。

【行政执法监督】 2022年,县司法局组织开展市场监管减轻处罚案件的专项监督、"大综合一体化"行政执法改革专项监督、生态环境执法方面专项监督活动。开展行政执法案件评查,共抽选县内16家行政执法单位的案卷,其中行政处罚36卷、行政强制案卷9卷、行政许可案卷45卷,并督促相关部门对问题进行整改。2022年,县司法局共制发执法监督通知书29份,均收到整改报告。开展白马镇行政执法协调监督体系建设,以打造"五位一体"的执法协调监督体系为目标,构建全流程监督闭环工作机制。相关试点经验在《法治浙江》简报上刊登,并在全省行政执法协调监督工作体系建设试点现场交流会上作经验交流。

【行政复议】 2022年，县司法局发挥行政复议在化解行政争议中的主渠道作用，开展“以案治本”专项行动，运用好行政复议工作规范化建设成果，推动行政复议质效进一步提升。2022年，新收行政复议申请159件，结案111件（含2021年转结19件）。其中，维持30件、纠错9件（撤销5件、确认违法2件、责令履行2件）、化解51件（终止21件、受理前调撤30件），驳回8件、告知或不予受理13件。行政复议协调调撤率45.95%，行政复议纠错率8.11%。

【行政应诉】 2022年，县司法局履行《浦江县行政机关负责人出庭应诉工作管理办法》，推进行政机关负责人出庭应诉工作，全县行政机关负责人出庭率100%。制定《浦江县行政争议化解工作指引（试行）》《浦江县行政败诉案件过错责任追究程序规定（试行）》，强化行政应诉工作闭环管理。2022年，以县政府为被告的一审案件结案数2件，败诉0件，败诉率0；以部门及乡镇（街道）为被告的一审案件结案数149件，败诉12件，败诉率8.05%；合计一审案件结案数151件，败诉12件，败诉率7.95%，实现败诉率下降、调撤率上升。2022年10月，联合县法院组织全县行政机关开展行政处罚案件“旁听庭审”活动，通过现场观摩的形式让全县行政执法机关体会应诉过程。

【合法性审查】 2022年，县司法局制定《浦江县行政行为合法性审查工作指引（试行）》，督促全县各乡镇（街道）、各政府部门全面推进重大决策、规范性文件等事项的合法性审查工作。2022年度，全县提交县政府常务会议、办公会议决策的事项均经过县司法局合法性审核，共出具合法性审核意见262份。做好行政规范性文件的审查、报备、清理工作，提高规范性文件质量，保护公民、法人和其他组织的合法权益。

【规范性文件监督管理】 2022年，浦江县以县政府及县政府办公室名义发文的行政规范性文件共18件，均经过县司法局合法性审核并报送金华市人民政府和浦江县人大常委会备案，报备率100%。县司法局完成县政府及县政府办公室制发的行政规范性文件清理工作，继续有效的县政府行政规范性文件192件；继续有效但有关财税内容、收费标准执行现行法律法规和政策的县政府行政规范性文件1件；暂时保留但停止执行与上位法不一致内容的县政府行政规范性文件8件；废止的县政府行政规范性文件34件。

【行政争议化解】 2022年，县司法局加强府院联动，为行政机关开展案件化解工作搭建桥梁。连同浦江法院、兰溪法院、市中级人民法院及涉诉单位多次线上线下对接，通过电话、微信、座谈会等形式，组织涉诉单位同法院沟通具体案件情况，分析败诉风险，研究个案化解举措。全年共组织化解行政诉讼案件73件，成功化解55件。

【公证服务】 2022年，县公证处共办理各类公证案件3160件，其中国内公证案件共2210件，涉外公证案件共286件，涉港澳台公证案件共5件，其他提存、保管、法律意见书等公证事务659件，公证业务收费共450余万元。全年未出现错假证。

【白马镇乡级行政执法协调监督试点】 2022年，县司法局以白马镇乡级行政执法协调监督体系国家级试点建设为契机，探索打造“党委统领、执纪监督、行政监督、法律监督、社会监督”五位一体的行政执法协调监督体系，相关工作经验在《浙江法制报》《法治浙江》简报推广。

【"承诺制行政执法全流程管理"应用】 2022年，县司法局聚焦多跨协同，重构重塑，迭代升级"承诺制行政执法全流程管理"应用，重新梳理"三张清单"，围绕需求，横向协同县市场监管局、县人社局、县发改局等24家单位，打造事项快办、法治监督、承诺智管、数评晾晒四大子场景。全年应用办件量17063件，办事效率提升75%以上。数字应用被省司法厅纳入2022年司法行政数字化改革应用建设试点清单、获评第四批"数字司法好应用"、浙江省信用数字化改革应用场景十大示范案例。

2022年，县司法局数字化改革应用场景获评2022年度信用数字化改革应用场景十大示范案例

（县司法局提供）

【企业行政合规】 2022年，县司法局在全市率先向社会公布涉及13家行政执法单位的第一批企业行政合规指导清单，成功办理全市首个企业行政合规案例。线下开展企业行政合规培训9次，在"浦江普法"公众号上线企业行政合规法治微课堂9期、指导案例17个，阅读量超过11.3万人次。组织33名青年律师参加企业合规师资格考试，10人通过高级合规师资格认证。

【法治共富驿站】 12月21日，县司法局与县农商行签订战略合作协议，成立全市首家法治共富驿站，全面落实助企惠商系列举措，在"法治+金融""赋强公证""智慧法治"等领域深化合作，优势互补、合作共赢，推进实体经济建设，为高质量建设共同富裕示范区贡献"法治+金融"力量，打造"政银合作、助力共富"的新典范。

（陈才阳）

综合行政执法

【概况】 浦江县综合行政执法局（以下简称"县执法局"）增设综合指导科、综合执法一中队、综合执法二中队、综合执法三中队、综合执法四中队5个内设机构，现有派驻执法中队16个，下属事业单位有浦江县环境卫生管理所、浦江县城市管理服务中心。与县综合行政执法指导办公室、县"三改一拆"行动领导小组办公室、县深化"四边三化"行动工作领导小组办公室、县生活垃圾分类领导小组办公室等单位合署办公。

县执法局按时按序完成"大综合一体化"行政执法改革，2022年全县综合行政执法事项达1780项，占全县执法事项数（4966项）的35.8%；涉及30个执法领域，深化推动乡镇（街道）"一支队伍管执法"。常态化推行全员学习积分制、法律业务知识"每周一学""每月一考"、执法办案典型案例"一季一评"，加速培养执法骨干力量。针对立案、自由裁量、集体议案等执法办案过程制定了《关于规范执法办案的若干规定》《关于规范办理简易程序行政处罚案件的通知》等39项规章制度，编制执法指引、示范卷宗、典型案例等执法标准，不断提高依法行政水平。全年办理行政处罚案件14169件，其中普通程序4578件、简易程序9591件；执法办案覆盖17

个执法领域，比上年增长70%；覆盖执法事项135个，比上年增长121%，人均办案量位居全市前列，连续4年保持“行政诉讼零败诉、行政复议零撤销、行政争议零信访”。

全面运用“综合查一次”、“互联网+监管”、“浙政钉·掌上执法”、“智慧城管”、“8890”便民服务热线、“清朗浦江”小程序等渠道，强化事项监管和执法。“监管一件事”主题认领和配置率100%，“大综合一体化”执法监管数字平台用户活跃率92.57%，运用“城乡智慧大管家”平台，累计发现交办各类事件6.37万件，办结率100%。

2022年，县综合行政执法局被评为年度全市综合行政执法工作考评优秀单位、全县年度综合考核工作优秀单位、年度浙江省生活垃圾分类工作先进集体；浦江县获评全省农村生活垃圾分类处理工作优胜县、年度全省生活垃圾分类工作优秀县、年度全省“无违建县”、全省“无违建创先争优示范县”；垃圾分类工作群众满意度测评持续位居全省前列。

2022年11月2日，县综合行政执法局集合队伍开展精细化城市管理工作 （金 航 摄）

【“大综合一体化”行政执法改革】 2022年，县执法局出台并落实《浦江县全面推进乡镇（街道）综合行政执法工作方案》《浦江县综合行政执法指导办公室日常工作运行制度（试行）》等方案，完成综合事项划转1780项，占全县执法事项的35.8%；涉及30个执法领域，占总数的75%，均超过省定指标；整合形成“1+8”执法队伍体系，完成12名人员编制划转和其中2名人员转隶；打造乡镇（街道）“一支队伍管执法”，在全县419名执法人员中，按照“派驻+联络”两种模式下沉乡镇（街道）268名，下沉比例64%；15个乡镇（街道）均组建成立综合行政执法队，并对6个乡镇（街道）完成差异化赋权；制定以辐射联络员形式下沉执法人员的考核管理办法，明确下沉执法人员的辐射联系方式及考核形式、经济待遇等；联合县检察院设立“检执联动”联络室并实行实体化运作，针对重大行政执法案件开展共同分析研判，促进行政执法机关依法履职。

【各级领导调研督导“大综合一体化”改革工作】 3月15日，金华市综合行政执法指导办公室主任、市综合行政执法局局长李小庆一行到浦江调研“一支队伍管执法”改革工作。5月20日，市“大综合一体化”行政执法改革工作第三调研督导组、市综合行政执法局党委委员、政治处主任周永明带队到浦江开展工作调研和指导，县综合行政指导办主任贾国锋汇报浦江“大综合一体化”改革进展情况。6月14日，县委副书记、县长戴翀带队调研“大综合一体化”执法改革工作，现场走访仙华街道综合行政执法队后，到县执法局召开座谈会，仙华街道、白马镇、执法局、县委编办、县委组织部分别进行汇报。6月21日，市行政执法局党组书记黄斌带队到浦江调研，实地参观仙华街道综合行政执法队办公场地，随后到县行政执法局召开座谈会，听取浦江“大综合一体化”改革工作进展。6月22日，市行政执法局副局长施晓强带队到浦江开展调研督导，通过召开座谈会的形式听取浦江“大综合一体化”改革工作进展汇报。7月6日，市人大常委会副主任金时刚带队到仙华街道综合执法队调研，检查《省综合行政执法条例》执行情况。7月7日，金华市“大综合一体化”行政执法改革工作第八调研督导组周永明一行到浦江调研“大综合一体化”行政执法改革工作，县综合行政执法指导办负责人贾国锋及其他改革单位分管负责人参加调研座谈会。7月27日，金华市“大综合一体化”行政执法改革调研督导组张全胜副局长一行到浦江调研“大综合一体化”行政执法改革工作，局长贾国锋汇报全县工作进展情况及下一步计划。9月22日，金华市综合行政执法局副局长张全胜带队调研仙华街道综合行政执法队规范化建设情况。11月11日，市局党委委员、副局长张全胜一行到浦江开展“大综合一体化”行政执法改革年终迎考督导。

【“大综合一体化”行政执法改革重要节点】 6月9日，在县执法局举行浦江县“大综合一体化”行政执法改革人员划转交接仪式，县水务局两名工作人员正式转隶至县执法局，浦江县“大综合一体化”行政执法改革队伍整合和人员编制划转工作完成。6月10日，仙华街道、白马镇举行乡镇综合行政执法队揭牌仪式，揭牌仪式结束后在仙华街道召开浦江县“大综合一体化”执法改革工作推进会。7月13日，浦江县“检执联动”联络室挂牌仪式在县执法局举行，副县长柳钢明、县检察院检察长翁寒屏、县执法办负责人贾国锋、8支专业执法队伍负责人等参加。10月12日，县综合执法指导办第一次工作例会召开，县执法局局长贾国锋和县委编办主任张建新、组织部副部长黄春丰分别宣读县“大综合一体化”行政执法改革领导小组工作职责、县综合行政执法指导办公室相关工作制度和以辐射联络员形式下沉的执法人员的考核管理相关规定。

（朱晓倩）

人民武装

【概况】 2022年，浦江县人民武装部（以下简称县人武部）以习近平新时代中国特色社会主义思想和习近平强军思想为根本指导，全面贯彻浙江省军区、金华军分区党委扩大会议决策部署，深入推进实战化军事训练，努力提高民兵遂行任务能力，全力抓好党的二十大精神学习贯彻，以实际行动坚定拥护“两个确立”、坚决做到“两个维护”。深入开展全民国防教育，参加军民共建，持续推动浦江县人民武装工作和国防后备力量建设。

【军事训练】 2022年，县人武部贯彻上级有关军事训练的指示精神及各项规定，以《首长机关军事训练大纲》和《民兵军事训练大纲》为依据，抓好首长机关业务水平、民兵分队整体素质和遂行任务能力提升。组织全体现役军官、文职人员进行基础训练、业务训练和课题研练，每季度落实首长机关理论考核、体能考核、轻武器射击考核。6月13—17日，在县民兵训练基地组织县应急分队和郑家坞镇应急排集训，开展卫生与救护、单兵战术基础、伪装与防护、轻武器理论知识和射击等基础课目训练以及防汛抗洪、防暴维稳、山林灭火等专业课目训练。7月1—10日，组织县特种救援连和县特种救援排集训，重点强化防汛抗洪、山林灭火、潜水救援、桨板救援、皮艇救援等救援专业课目训练。7月7日，组织参加全市岗位练兵大比武，获4×400米团体接力第三名、专职教练员比武第三名、专武干部3000米长跑个人第三名的优异成绩。10月31日至11月3日，组织县气象水文观测排、县测绘导航排集训，突出天气预报技术与方法、常规地面气象观测、水位设站要求与观测设备、流量测验设站基本要求和测验方法、工程测量、建筑定位、地形测量、沉降观测等专业课目训练。

【主题教育】 2022年，县人武部聚焦学习宣传贯彻党的二十大精神，统筹“忠诚维护核心、矢志奋斗强军”主题思想政治教育，落实跟进军分区每月理论学习日活动。组织学习习近平总书记在党的二十大上的报告和党的二十大精神，集中观看《领航》《长津湖》《万里归途》等红色影视片，召开党的二十大精神研讨会和徐利民先进事迹交流会。结合七一，开展主题党日活动，组织全体党员到浦江县委旧址参观见学，重温入党誓词，自觉将政治热情转换为真抓实干的实际行动。

【国防教育】 2022年，县人武部以党管武装为重点，结合浦江实际，聚焦企业、社区、学校等阵地，多措并举，开展国防教育活动，激发全县干部群众的爱国主义热情和国防意识。清明节，组织新华幼儿园和白林幼儿园师生到县人武部，开展“缅怀英雄寄深情”主题活动；利用国防教育日和征兵宣传，广泛开展社会性国防教育系列活动；县人武部主官到党校为中青班学员讲授国防教育课；打造浦江县实验小学和第七中学国防教育阵地，在第七中举行浦江县首个国防教育示范点授牌仪式；组织县职技校师生开展“绘强军墙画、扬爱国精神”活动；协调金华市国防教育协会申领武器装备模型，更新营区政治文化氛围6处；结合八一建军节，在报刊和电视上刊登（播出）“八一”光荣榜，扩大宣传覆盖面，增强军属荣誉感。

【双拥共建】 2022年，县人武部充分对接政府部门、运用社会资源、发动社会力量，全方位有创新地做好双拥共建工作。发动县人武部干部职工参与文明城市创建，组织培训民兵教练员，完成4所高中学生军训任务。开通“国防号”“双拥号”两条公交车专线，为军人提供免费公交出行服务。出动民兵参加地方疫情防控、防台防汛等工作，在各项任务中检验战斗力，打造浦江民兵铁军。

【征兵工作】 2022年，县人武部广泛凝聚军地合力，全面推开“一年两征”，通过发放征兵宣传册、播放征兵宣传片、展示征兵图板、悬挂征兵横幅，深入向浦江广大适龄应征青年宣传征兵政策及大学生参军优待政策，充分挖掘辖区优质兵员潜力。严把政治考核和体检质量关，联合乡镇、公安、卫生健康等人员，走访体检、政考双合格应征青年，了解家庭情况、消解政策疑惑；组织全体新兵到塔山烈士纪念陵园，汲取先辈精神力量，坚定参军报国之志；举行“携家训入伍、执青锋卫国”新兵欢送会仪式，利用线上直播方式，扩大宣传覆盖面，提升正面影响力；严守廉洁征兵底线，在全县遴选廉洁征兵监督员，协调县纪委全程监督征兵流程，高质量完成新兵征集任务。

【民兵整组】 2022年，县人武部结合《民兵组织整顿实施办法》，对人员、行政区划、基层武装部、应急装备、预征预储装备、专武干部6类信息组织集中会审；抓好各乡镇（街道）应急、专业和特殊3大类队伍整组，新质队伍、专业分队落实编兵领域、专业技术岗位“双对口”。6月1—8日，组织全县基干民兵点验，到点率98%。

（王思雨）

人民防空

【概况】 2022年，浦江县坚持以习近平新时代中国特色社会主义思想为指导，落实省、市国动办重点工作任务部署，突出“统筹规划、综合协调、督导落实”工作职能，抓机制建体系谋新篇、打基础抓重点求突破，不断增强国防动员工作组织动员力、快速反应力和综合保障力，坚持“长期准备、重点建设、平战结合”的方针，围绕市国动办年初的工作部署和工作要求，圆满完成年度各项工作目标和任务。

【防空演习】 11月25日，金华市人民防空指挥部在浦江县组织代号为“浙江金盾-22”（金华·浦江）的金华市暨浦江县人民防空实战化演习。浦江县人防指挥部、机动指挥所、九母岛人口疏散基地人防指挥部和丰安变前进指挥所等人民防空指挥部，县人防指挥部有关成员单位和人防专业队、人防应急救援队伍、人防志愿者队伍、民兵分队力量、街道（社区）党员干部、社会各界群众等共计500余人共同参演。

【防空事业】 2022年，县人防办完成人防专业队整组工作，并对部分人员进行了调整，按要求开展训练和点验工作。认真开展人防工程检查巡查工作，狠抓人防工程质量监督管理，做好底板、侧墙、顶板等工程建设节点和中间结构、竣工检查验收，共对人防工程进行90余次质量监督检查。开展竣工人防工程的检查巡查，组织人员对各人防工程的平时使用管理情况和防护设备的维护保养情况进行检查，对存在的问题限期进行整改。

（邵云霞）

退役军人事务

【概况】 浦江县退役军人事务局（以下简称县退役军人事务局）在2022年度考核中，被退役军人事务部办公厅评为宣传工作先进单位，黄斌被评为2022年度全国退役军人服务中心（站）“百名优秀主任（站长）”，郑初立被授予浙江省烈士褒扬工作成绩突出个人。成立全省首家县级国防教育促进会，举办首届国防和双拥知识竞赛。

【退役军人接收安置】 2022年，县退役军人事务局接收军队转业干部和符合政府安排工作条件的退役士官共14人。召开多部门联席会议，依据“量化考核、统一考试、按分择岗、阳光操作”原则进行安置，4名军转干部全部安置到公务员岗位（含垂直管理单位），10名政府安排工作退役士兵中安置到县属事业单位6人、县属国企3人及央企1人。

【退役军人就业创业】 2022年，县退役军人事务局依托县人社局及相关教育培训机构，通过“线上+线下”的就业培训模式，打造“退役军人就业创业直通车”。年内，举办专场招聘会2场，提供就业岗位1800余个。依托金华退役军人学院教育资源，为退役军人参加学历教育、职业技能培训创造条件，切实提高退役军人在就业方面的核心竞争力。

【双拥工作】 2022年，县退役军人事务局根据《双拥模范城（县）创建命名管理办法》和《全国双拥模范城（县）考评标准》，不断完善工作机制，创新双拥工作思路，提高创建水平。3月7日，召开双拥工作部署会，按考核细则、部门职能落实第一和主要责任单位。8月16日，召开全县双拥工作会议暨军地联席会议。在《今日浦江》开辟双拥宣传专栏，在八一建军节期间，刊发双拥专刊4期，编印2022年浦江县双拥简报5期。举办浦江县“老兵永远跟党走”暨庆祝中国人民解放军建军95周年文艺晚会，对12家获得首批“社会化拥军成绩突出单位”、5名获得第三届“双拥工作先进个人”和5名获得第三届“最美退役军人”的单位和个人进行表彰。开展春节、八一建军节慰问驻金、驻浦部队活动，为部队送去慰问品。开展为现役义务兵家属和烈属免费体检活动。开展2022年下半年新兵“传承革命精神，立志报效祖国”活动，通过瞻仰革命烈士群像、参观退役军人荣誉室、聆听老兵宣讲革命精神、向老班长致敬问好等方式，让新兵接受爱国主义教育。以爱国拥军促进会、关爱退役军人协会和国防教育促进会为依托，动员社会各界力量开展拥军进军营活动，为部队送慰问品、慰问金。慰问驻浦部队家庭生活困难官兵、立功受奖现役军人家属、"边海防"现役军人家属等500余人次，送去慰问金和慰问品。签约拥军商户220余家。组建"丰安老兵"志愿服务队伍，累计开展志愿活动50次，惠及1万余人次，被县委、县政府高度肯定为基层治理的忠实力量。

【优抚工作】 2022年，县退役军人事务局践行"兵呼我为"，开展每月一主题的关爱老兵项目，如"红色记忆""情暖老兵""英雄不孤单""益片兵心"等，覆盖15个乡镇(街道)244个村(社区)，惠及3000余人，并对其中下岗伤残老兵、孤寡老兵进行"一对一"精准服务。年内，县退役军人事务局为全县退役残疾军人评定等级，转移残疾军人抚恤关系；审批认定带病回乡退伍军人、60周岁农村籍退伍军人；发放各项抚恤、生活补助，缴纳重点优抚对象医疗保险，为优抚对象报销医药费。完成全县存量人员建档立卡和优待证申领工作，共受理申请11210人，完成优待证制卡11108人，完成率居省市前列。

（傅　盈）

宏观经济调控

【概况】 2022年，县发改局抢抓国家政策窗口机遇，发挥金融政策拉动作用，为企业缓解融资压力。国家发展和改革委员会共核准47个中长期设备贷款项目，项目数全市排名第三。国家发展和改革委员会共核准设备贷款项目6个，项目数位列全市第六。

按照“全面顶格、能出尽出、精准高效”的原则，谋划经济社会发展的集成性政策，先后迭代出台《浦江县关于支持市场主体平稳健康发展的首轮政策意见》(22条)、《关于战疫情抢发展的若干政策举措(第二轮)》(14条)、《浦江县贯彻落实扎实稳住经济一揽子政策措施实施方案》(38条)和《浦江县深化经济稳进提质若干政策措施》(22条)等四轮共96条惠企政策。

全社会用电量32.71亿千瓦时，比上年增长12.80%，其中工业用电量(线损已摊)22.14亿千瓦时，比2021年同期上升7.59%。第一产业用电量(线损未摊，下同)1330万千瓦时，占用电量的0.41%；第二产业用电量228743万千瓦时，占用电量的70.20%；第三产业用电量38219万千瓦时，占总用电量的11.73%，城乡居民生活用电58887万千瓦时，占总用电量的18.07%。2022年全社会天然气消费量6097万立方米，比2021年同期上涨0.06%。

完成地面光伏电站备案1个，并网发电41.49兆瓦。其中企业及公共建筑屋顶已并网40.58兆瓦，居民屋顶光伏并网0.91兆瓦。

【年度计划编制与执行】 2022年，浦江县发改局组织编制《浦江县2022年投资项目计划》，实施项目76个，总投资244.21亿元，年度计划投资61.76亿元。安排政府投资项目34个，总投资51.37亿元，年度计划投资16.07亿元，其中续建项目10个，年度计划投资5.11亿元，新建项目24个，年度计划投资10.96亿元；安排片区公司化开发投资项目5个，总投资12.53亿元，年度计划投资1.42亿元，其中续建项目3个，年度计划投资1亿元，新建项目2个，年度计划投资0.42亿元；安排国企自营和乡镇街道财政预算支出投资项目37个，总投资180.31亿元，年度计划投资44.28亿元，其中续建项目15个，年度计划投资19.66亿元，新建项目22个，年度计划投资24.62亿元。

【重点项目建设】 2022年,浦江县省重点建设项目3个,项目总投资74.85亿元,2022年计划投资16.75亿元,项目累计完成投资33.74亿元,年度完成投资20.58亿元,年度投资完成率122.8%。市重点建设项目29个,总投资288.07亿元,2022年计划投资50.35亿元,项目累计完成投资133.78亿元,年度完成投资61.13亿元,完成年度投资计划的121.4%。全省集中开工项目7个,项目总投资34.94亿元,2022年计划投资8.6亿元,项目累计完成投资10.16亿元,年度完成投资10.13亿元,年度投资完成率117.8%。

【351国道浦江联盟至兰溪界段工程】 2022年,351国道浦江联盟至兰溪界段工程被列入2022年省重点增补建设项目。项目起点位于浦江县联盟村,终点位于浦江与兰溪交界处,路线全长7.958千米,路基宽36米,按一级公路技术标准,设计时速80千米,双向六车道。项目总投资11.4614亿元,2022年计划投资2亿元,建设工期3年,工程于10月27日开工建设。施工单位为中交一公局集团有限公司,监理单位为浙中建设工程管理有限公司。

【浙江祥邦永晟新能源有限公司年产2.5亿平方米光伏胶膜及电子胶膜建设项目】 项目位于浦江县仙华街道,总用地面积约6.34公顷,总建筑面积12.47万平方米,规划引进挤出生产线、预交联生产线、双螺杆造粒线等先进设备。项目总投资10亿元,建设单位为浙江祥邦永晟新能源有限公司,建设工期为2022—2023年。项目建成后将形成年产2.5亿平方米光伏胶膜及电子胶膜生产能力,预计实现年新增销售收入约250000万元,利润约24027万元,年缴纳税金约7804万元。本项目的建成投产将完善县光伏光电产业链,对接义乌光伏光电配套产业,以建链、补链、延链为抓手,推动县光伏产业发展。

【数字社会系统】 2022年,浦江县共争取4个省级试点(浙里药店、零售药店治理和服务"一件事"改革、艺术互联网学校、浙里科普)、4个市级试点(药品安全风险精密智控、工伤智防联控、"就业大脑"驾驶舱、医保OCR智能零星报销)。3月,"云享药房"应用在全市市场监管工作会议、全省药监系统推进共同富裕示范区建设暨药械化监管与改革工作视频会作经验交流;3月,杭坪镇薛家村、白马镇嵩溪村被列入"未来乡村"省级试点,2个"未来乡村"上架"浙里办·我的家园";5月,东街社区被列为第五批"未来社区"创建名单;7月,"云享药房"应用获评5—6月金华市第三批"最佳应用";8月,"云享药房"应用被纳入2022年省级"一地创新、全省共享""一本账"S0;12月,白马镇嵩溪村获评全省数字社会系统最系列——"最暖家园"。全年出台制度成果8项,理论成果35余次,其中《浦江县上线"云享药房"应用助力提升药品监管服务水平》在10月浙江省《数字化改革(工作动态)》上刊登。

【共同富裕系列会议】 1月29日,浦江县召开县委社会建设委员会第一次主任扩大会议。2月9日,浦江县《深化"家风指数"评价体系 提升社会治理效能》入选全市第二批共同富裕典型案例。4月27日,召开全县高质量发展推进共同富裕先行示范领导小组会议,审议共同富裕系统架构图及相关方案。8月19日,浦江县《"一二三"机制汇聚新乡贤带富新动能》《文旅融合赋能上河乡村振兴 打造"两山"转换样板》入选全市第三批共同富裕典型案例。12月7日,召开"共同富裕"新闻发布会,介绍全县共同富裕先行示范推进情况和标志性成果。12月12日,

《应用“好家风指数”，拓宽基层治理新路径》入选省共同富裕最佳实践案例。12月13日，浦江县承办全市社会建设委员会系统第二次“扛旗争先”大晒拼活动暨强村富民乡村集成改革现场推进会。

2022年12月7日，浦江县召开“共同富裕”新闻发布会（王 锦 摄）

【低风险小型项目审批实现“极简极速办”】 2022年，浦江县以数字化改革为引领，开展企业投资低风险小型项目审批制度改革，力争在15个工作日内，完成从赋码备案到竣工验收并取得不动产登记证全过程审批。探索实践“极简极速审批”模式，信用优秀企业完成提交后系统自动赋码立项，建设工程规划许可、施工许可、水保登记等联合审批事项及建设工程竣工规划核实、建设工程竣工验

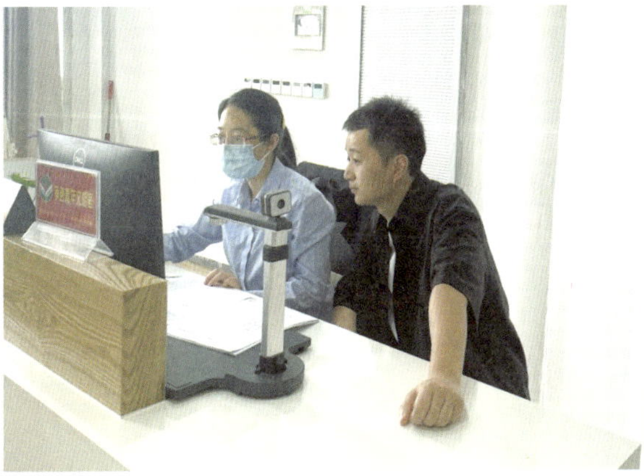

2022年6月6日，浦江县丰鹏日用品有限公司申报标准化厂房建设项目备案（严晓霞 摄）

收消防备案等联合验收事项实现一次性申报、一次性办结。2022年，完成23个项目联合审批、7个项目联合验收，平均用时2天，相比一般项目传统审批模式，审批时间减少96%，审批事项减少50%。低风险小型项目审批实现“极简极速办”案例入选2022年浦江县半年度优化营商环境“十大优秀案例”。

【信用建设】 1月，浦江县信用极速办场景应用入选第三届“新华信用杯”全国信用优秀案例。9月，浦江县告知承诺信用管理应用案例获评全省2022年信用数字化改革应用场景十大示范案例。完成2022年第一季度、第二季度40家中小微企业融资监测问卷调查工作。9月，根据《浙江省大数据发展管理局关于印发2022年浙江省政府网站工作要点的通知》（浙数局发函〔2022〕8号），信用浦江网站迁入浙江省政府网站集约化平台，完成适老化和无障碍改造。全年完成县优秀新生代企业家、政府质量奖企业申报、组织部公务员招录、人才选拔、“两代表一委员”资格审查等信用核查560余次，推进联合奖惩落地。

【农业转移人口市民化】 7月，县发改局制定印发《浦江县推动落实常住地提供基本公共服务制度有序推进农业转移人口市民化改革实施方案》，成立以常务副县长为组长的工作专班，实施农业转移人口市民化集成改革。以“浙里新市民”应用复制推广为抓手，探索实行“居住证+积分制”公共服务供给制度改革，有序推进农业转移人口市民化。9月，“浙里新市民”应用服务端上架“浙里办”，累计开发16个普惠应用和1个积分应用。10月，印发《浦江县“浙里新市民”应用复制推广工作机制》。11月，“浙里新市民”治理端上架“浙政钉”。

财　政

【概况】　2022年，全县一般公共预算收入完成24.38亿元，增长1.2%，排名全市第四位。其中税收收入完成18.55亿元，下降5.2%；非税收入完成5.83亿元，增长29%。政府性基金预算收入完成81.84亿元，比上年增长29.6%。其中土地出让收入完成44.12亿元，比上年下降27.9%；其他政府性基金预算收入完成37.72亿元，比上年增长1829.4%。一般公共预算支出54.16亿元，剔除2021年不可比的坡地村镇整改8.5亿元，增长0.8%。全县政府性基金预算支出完成84.67亿元，比上年增长71%。全年财政收支平衡。

2022年，县财政局获2021—2022年度金华市清廉建设成绩突出单位。深化“三服务”活动。联合县委组织部组建10个“三师服务团”，对46家重点企业进行全覆盖走访，帮助企业解决130余个政策问题。

【财源培植】　2022年，县财政局挖掘增收潜力。以抓收入、增财力为主线，定期分析财政收入形势，多措并举培植财源，在保证收入质量的基础上，促进财政增收。完成非税收入及其他资金87.78亿元，其中纳入一般公共预算收入管理的非税收入5.83亿元，增长29.0%，占一般公共预算收入的23.9%。加强资金资源统筹使用和绩效管理，盘活处置资产资源63宗24.50亿元。

【财政政策落实】　2022年，县财政局贯彻落实新的组合式税费支持政策。全年办理增值税留抵退税6.14亿元，制造业中小微企业缓缴税款4.83亿元，“六税两费”减免8288万元，惠及市场主体近3.73万户次。兑现工业、科技、建筑等财政扶持资金3.74亿元，用于奖励企业升级、先进设备、数字化制造、企业研发投入、发明专利等，受益企业6328家。发挥通济转贷基金作用，惠及全县532家中小微企业，转贷金额39.47亿元，为企业减轻财务成本3177万元；出台《政策性融资担保有限公司费用补贴办法》，鼓励全县政策性融资担保有限公司扩大业务，更好地服务中小微企业，2022年在保户数602家，比上年增长47.9%，在保余额3.70亿元，比上年增长51.0%。实现政府采购项目全程在线监控，政采云实现采购金额4.85亿元，其中电子化招投标项目255个。完成定点服务统一招标及供应商征集99个。

【民生投入】　2022年，县财政局全年民生支出42.60亿元，增长-13.2%，占一般公共预算支出的78.7%。“扩中”“提低”并举，致力于进一步缩小收入差距。全年社会保障和就业支出8.48亿元，比上年增长-7.2%。建成公办智慧养老院2家、提升改造居家养老服务照料中心2家。加大基本民生保障力度，将城乡居民最低生活保障标准从900元提高至1050元，城乡居民养老保险基础养老金待遇标准从230元/(人·月)提高至290元/(人·月)，城乡居民医保基金财政补助从900元/(人·年)提高至1000元/(人·年)。全年支付疫情防控专项资金1.99亿元。支持教育事业发展。完善财政教育经费保障机制，全年完成一般公共预算教育支出10.25亿元，比上年增长0.3%。实现乡镇(街道)未成年人保护工作站全覆盖，全县公办幼儿园在园幼儿覆盖面从52%提高到57%。创建现代化学校6所，省一级幼儿园1所。健全退役军人服务保障体系。完成退役军人等人员待遇提标，严格落实优抚对象抚恤和生活补助、义务兵家庭优待金、全日制大学生入伍奖励金等上级提标政策。

【财政管理】 2022年,县财政局加强政府债务管理。按照严控增量原则,稳步推进地方政府隐性债务存量化解工作,完成年度化债任务。加强专项债券资金使用管理,确保债券资金尽早形成实物工作量。加强预算绩效目标管理。开展绩效运行监控,对84个500万元以上项目进行重点监控。对触发预警机制的项目进行重点审核,调整绩效目标和年度预算。开展绩效运行监控。修订出台《浦江县政府(国有资本)投资项目委托工程造价咨询企业审核管理办法》,首次在项目预算安排阶段参与资金审核,全年完成工程项目投资概算、预算及结算审核735个项目,总审核金额26.92亿元,核减金额1.47亿元。推进公款竞争性存放。出台《浦江县财政局关于建立行政事业单位公款竞争性存放检查制度的通知》,建立行政事业单位账户余额定期报送制度,单一账户资金余额大于500万元按月报送制度。全年开展公款竞争性存放网上招投标9期,涉及资金17.28亿元。规范罚没财物管理。出台《罚没财物管理办法》,细化罚没财物移交、保管、处置、收入上缴、预算管理等内容,推动全县罚没财物管控迈向制度化、规范化、常态化。

【乡村振兴投入】 2022年,县财政局开展美丽乡村建设。投入5370万元用于农村饮用水工程、水利设施维养,不断完善农田水利基础设施,保障农村饮用水安全。推进乡镇公共财政服务平台建设。全年发放涉农惠民补贴资金2.24亿元,涉及惠民惠农财政补贴项目123个。实施"一事一议"财政奖补政策。全年实施项目52个,总投资2632万元,财政补助资金2238万元。岩头镇项目入选2023年度"一事一议"财政奖补支持打造共富乡村试点。实施惠农转贷政策。全年累计转贷4472次,转贷金额14.46亿元,缓解农户及农业新型经营主体生产经营性贷款转贷难、融资贵的状况。

【财政体制改革】 2022年,县财政局完善预算管理一体化系统管理。优化预算管理流程和机制,构建日常运行经费保障长效机制。预算编制、预算执行、会计核算覆盖率100%。拓展"浙里报账"系统业务范围。新增会议报销、培训报销、办公用品采购报销等十大业务场景,全县192家行政事业单位上线使用"浙里报账"系统。推广应用"政采云"平台不见面电子招投标模式。实现电子投标、电子开标、电子评标等全流程电子化,降低供应商经营成本,实现政府采购招标电子化评标率100%。推进统一公共支付平台建设。全年实现缴费63万人次,缴费金额70.10亿元。

(黄　婕)

税　务

【概况】 2022年,县税务局累计组织收入97.67亿元,比上年增长38.51%,其中税收收入29.44亿元,扣除留抵退税因素后,比上年增长5.76%。完成城乡居民"统模式"系统上线任务,推进城乡两费集中征缴工作,社会保险费收入(含职业年金)21.65亿元,比上年增长20.25%,非税收入46.58亿元,比上年增长127.8%。落实一系列减税、免税等各项税费优惠政策,新增减税降费12.8亿元,惠及纳税人缴费人3.73万户次。394户企业申报享受研发费用加计扣除,涉及金额8.2亿元,户数增幅和金额增幅均位列金华市第一。

开展“万名党员进万企、领导干部下基层”走访调研活动，累计服务企业2.31万户，其中实地走访2319户，收集的58个问题全部闭环解决。利用“全国纳税人供应链查询”功能，问卷调查企业7783户，采集需求企业64户，匹配供应及采购商352户。深化“银税互动”，助力1906户次企业获得授信贷款10.80亿元。

2022年，在浦江县委、县政府综合考核中，县税务局位列垂直管理部门第一名，被评为“综合考核工作优秀单位”；先后获浙江省青年文明号、全省税务系统老干部工作表现突出集体等集体荣誉和“第十三届全国五好家庭”、市级优秀团员等一批个人荣誉。9篇专报得到地方党委、政府主要领导的肯定性批示。

【办税缴费服务】 2022年，县税务局全面构建“网上办、掌上办、自助办”等多位一体的智慧税费服务体系，网上办税率98.52%。打造“办问协同”税费服务新模式，以“云呼叫平台”为基础，集咨询辅导、办件处理、数据分析、风险应对等业务模块，累计接受咨询1.97万人次、解答疑难问题1619个，解答率100%。邀请人大代表、政协委员、税费服务体验师参加“操作系统亲自办”“走进大厅陪同办”“深入一线体验办”等活动，听取并回应意见建议。组建青年志愿服务队，为328名老年人、残疾人、农民提供“一站式”综合服务，开通办税绿色通道。建立“亲清”税企服务专员团队，借助县工商联的沟通纽带，向全县22家商(协)会提供点单式服务。深化纳税信用评价结果运用，助力1906户次守信企业获得“银税贷”授信10.80亿元。

【征收管理】 2022年，县税务局建立“政府主导、部门协作、信息共享”的协税护税工作机制，形成“互动式”监管环境，加强与财政、公安、人民银行和法院等部门的沟通和数据交换，累计为地方资格联审提供数据需求21次，涉及数据量2121条。通过调查走访摸清浦江县内企业的规模情况，制定适用性佳、操作性强的欠税管理办法，实施精准化管理，清缴各类欠税费1.17亿元。推进司法网拍不动产税费征缴协作机制，梳理破产企业和法院执行拍卖企业档案，做好分类台账，落实一月一分析，共收到法院来函33份，已全部进行回复，累计收回陈欠款771.89万元。实施风险纳税人分类分级管理，组建风险管理分析团队，分行业、分重点开展实时风险监控分析。强化留抵退税风险防控，构建“事前夯基、事中审核、事后抽查”的多层次全链条风险防控网络，已缴回39户企业的留抵退税税款1512.12万元。

【涉农服务】 2022年，县税务局开通“乡村振兴服务直通车”，针对葡萄、桃形李等农产品丰收季和乡村旅游旺季，找准涉农企业和农户在办税方面的难点、痛点、堵点，以短视频、案例分享、上门服务等方式，有针对性地开展线上线下辅导，精准解决办税难题。梳理整合“一揽子”促进农业产业化税费支

2022年9月16日，县税务局选派青年干部走进葡萄种植基地，为葡农开展税收政策宣传辅导

（李航倩 摄）

持政策，定期组织税务工作人员走进企业开展“一对一”政策宣传，量身精确辅导企业应享尽享税费优惠政策，助力涉农企业发展。

（王　洁）

金融监管

【概况】 浦江县金融办为县人民政府下属部门，贯彻执行国家、省、市、县有关金融工作的法律、法规和方针政策；研究和分析浦江县金融形势；负责金融信息的汇总、分析和上报，为县委、县政府提供决策依据；指导和协调全县金融风险防范、化解工作；负责推动浦江县金融服务体系建设；负责联系金融监管机构、各种类型金融机构和行业自律组织；牵头搭建政银企对接平台，引导和鼓励银行、保险机构及其他金融机构加大对地方经济的支持力度。

2022年1月，县金融办开展全县挂牌上市后备企业摸排，建立“十大挂牌上市加速企业”“十大股改培育企业”清单，加快推动企业对接资本市场。截至3月末，县存贷款余额合计1008.01亿元，首次突破千亿元大关。

【出台金融地方政策】 3月15日，县金融办与县人行联合出台《关于浦江县金融支持激发市场主体活力的意见》。7月14日，县金融办与县人行制定《浦江县数字人民币试点工作方案》。9月1日，县金融办制定上报《浦江县政府性融资担保机构一体化改革方案》。10月，县金融办组织成立县金融风险化解委员会、县打击和处置非法集资工作领导小组等在内的七个领导小组，进一步完善财政金融风险处置工作机制。10月24日，县金融办制定《浦江县金融突发公共事件应急预案》。10月25日，县金融办与县人行制定《浦江县银行业金融机构支持地方经济发展考核办法》。

【搭建银企对接平台】 2月21日，县金融办举办金融支持浦江高质量发展大会，深化政银企合作，现场签约34个项目授信金额59.7亿元。3月14日，县金融办召开全县保险机构工作座谈会。5月6日，县金融办联合工农中建等银行在开发区召开政银企融资对接会，解决企业融资需求。6月14日，县金融办举办第七期金融沙龙活动，重点布置第二季度存、贷款工作任务。8月31日，县金融办召开浦江县金融工作座谈会，重点对接国资平台融资需求。

【浙江丰安齿轮股份有限公司上市】 12月16日，浙江丰安齿轮股份有限公司在浦江县举行云上市挂牌仪式，作为浦江县首家在北京证券交易所上市企业，浦江上市公司实现了零的突破。2022年，浦江县共有上市企业1家（浙江丰安齿轮股份有限公司）、新三板挂牌企业1家（浙江百川导体技术股份有限公司），重点上市后备企业7家，股份制企业25家。

【浦江县股改挂牌上市工作推进会召开】 6月28日，浦江县股改挂牌上市工作推进会召开。各乡镇、开发区、水晶园区分管负责人以及“十大股改培育”企业以及部分拟挂牌企业负责人参加会议。会上，浙商证券围绕“如何股改”“股改挂牌对企业发展带来的好处”两大方面展开讲解，帮助企业深入了解股改挂牌，提振企业对接资本市场信心。县金融办通报“十大挂牌上市加速企业”“十大股改培育企业”进展情况，并布置2022年各乡镇（街道）对接资本市场目标任务。参会企业围绕当前企业股改目标进度情况、存在的问题和困难等方面依次发言。属地乡镇根据企业提的问题一一回应，明确解决途径。

价格管理

【价格调整】 6月，县发改局调整建华中学学费和住宿费标准，规范学校收费行为，促进民办学校健康发展；10月，正式核定浦江县城区公共停车场停车收费标准，提高停车场利用率，缓解城区停车难问题。

【价格监测】 2022年，全县设置11个价格监测点，监测品种62个。根据每月5日、15日、25日固定监测点的价格采集日报工作，监测全县重要商品和服务价格变动情况，了解市场价格动态，完成每月重要民生商品价格监测分析。在疫情防控及节假日等重要时间节点，增加监测频次，关注粮油副食品价格走势，了解粮油副食品货源、需求、价格变化情况，及时发现和报告倾向性、苗头性问题；加强对大米、肉禽蛋、蔬菜市场供应、批发、零售环节价格变动的分析，掌握粮油副食品价格变动趋势，提出措施建议。10月，浦江通过省级循环经济示范试点终期评估验收，并获评优秀县市。

（张　慈）

市场监督管理

【概况】 2022年，全县新增各类内资市场主体11268户，比上年减少10.26%。其中企业3374户，比上年减少21.74%；个体工商户7887户，比上年减少4.26%；农民专业合作社7户。新增外资企业12户。注销各类内资市场主体5531户，比上年减少33.16%。其中内资企业1899户，比上年减少0.58%；个体工商户3616户，比上年减少42.99%；农民专业合作社16户，比上年减少27.27%。注销外资企业4户。截至2022年底，全县累计在册内资市场主体63219户，比上年增长9.44%。其中企业22801户，比上年增长6.80%；个体工商户40045户，比上年增长11.13%；农民专业合作社373户。累计在册外资企业128户。

浙江华天机械有限公司、浙江浦江永进工贸有限公司、浦江三环实业有限公司、浙江浦江三菱制锁有限公司、浙江卓尔雅美妆有限公司、浦江亿通塑胶电子有限公司、浙江丰瑜生态科技有限公司7家企业通过“品字标浙江制造”认证。参与制定发布国家标准2个、行业标准2个，主导制定“浙江制造”团体标准3个。

建成食品生产企业“阳光工厂”42家、农村家宴“阳光厨房”25家、学校食堂“阳光厨房”137家、民生药事服务站2家。培育传递民俗、传承文化的食品小作坊3家，创建省级放心农贸市场3家、“阳光餐饮”街区1个。

建设浦江水晶、挂锁产业质量基础“一站式”服务平台，入驻检验检测、计量检定、知识产权、质量管理专业机构10家、专家14名。

受理消费投诉举报8008件，比2021年的7427件增加581件，比上年增长7.82%。其中受理投诉件4916件，比上年增长19.61%；受理举报件3092件，比上年减少6.78%。涉及争议金额316.38万元，挽回损失金额180.43万元。

查办各类案件760起，其中大要案107起，移送公安机关追究刑事责任5起，入选典型案件国家级1起、省级4起、市级3起。

【工商监督管理】 2022年，县市场监管局全面推行“歇业登记”，推动小微主体和个体户信用修复，适度容错助力企业纾困解难。目前已完成歇业登记21家，移除异常名录707家。下发《浦江县小微企业三年成长计划(2021—2023年)》，全年新增小微企业2605家、八大万亿重点产业803家。全面推行生产许可“电子证书”，上半年共完成工业产品新发证2张、换发2张，发放首张工业产品生产许可电子证书获2022年浦江县半年度优化营商环境十大优秀案例。推进商事登记向基层延伸，下放个体户登记、特种设备登记、食品经营许可、食品经营备案4项高频事项，在浦南、仙华、黄宅等9个乡镇街道开设服务窗口，打通商事登记服务“最后一公里”。2022年，9个基层下放窗口办理下放登记事2000余件，惠及群众1600余人。1—10月，全县新增各类内资市场主体9558户，其中内资企业2802户，个体工商户6745户，农民专业合作社5户。截至10月底，全县累计内资市场主体62257户，比上年增长10.86%，个体工商户39414户，比上年增长13.28%。

【质量技术监督管理】 2022年，县市场监管局指导浙江华天机械有限公司、浙江浦江永进工贸有限公司、烟台三环锁业集团浦江有限公司、浙江浦江三菱制锁有限公司、浙江卓尔雅美妆有限公司、浙江浦江亿通塑胶有限公司、浙江丰瑜生态科技股份有限公司7家企业通过“品字标浙江制造”认证，完成全年任务的233%。指导企业参加全市2022年“品字标”小故事短视频比赛，其中浙江梵丝璐服饰有限公司“乐生活 轻运动”作品获二等奖，浙江浦江伯虎链条股份有限公司“品字标赋能，助推伯虎股份高质量发展”作品获三等奖。2022年，新增首席质量官19名，实现政府质量奖、品字标企业首席质量官全覆盖，三思光电、伯虎链条首席质量官获评全市二星级优秀首席质量官。建设浦江水晶、挂锁产业质量基础一站式服务平台，入驻检验检测、计量检定、知识产权、质量管理专业机构10家、专家14名，服务企业48次。

【食品药品监督管理】 2022年，县市场监管局开展“守底线、查隐患、保安全”专项行动，全面深入排查风险隐患。加大食品抽检力度，全年完成食品监督抽样1385(1490)批次，检验1344(1490)批次，不合格食品35批次，核查处置率100%。落实省运会食品安全保障工作，专组全程驻点保障，对省运会食材开展“批批检测”，累计开展食品快检965批次。对全县175家药店全部建立“一店一档”，实时掌握药店药品进销存、温湿度、证照资料等情况，通过预警分析、精密智管提升监管效能。截至目前，共自动采集各类数据180余万条，成功预警违规销售处方药、温湿度超标等信息3197条。

【省市场监督管理局党委书记、局长章根明调研浦江市场监管工作】 3月9日，省市场监督管理局党委书记、局长章根明走访浦江县水晶产业园区、浙江帕尔玛食品公司、浦江高峰管道燃气公司，调研知识产权保护、冷链食品物防和特种设备监管等工作，并在浦江县市场监督管理局召开汇报会，听取“五新月赛、五星月晒”竞赛开展情况汇报。

【“云享药房”入选全省“一地创新、全省共享”“一本账”S0】 2022年，县市场监督管理局建设“云享药房”数字化改革应用，聚焦群众买药用药和政府管药环节，协同8大部门业务、融合8大系统数据、贯通省市县三级，建设6大多跨场景。“云享药房”入选全省“一地创新、全省共享”“一本账”S0，获评2022年数字药监“最佳应用”、全省系统改革创新优秀实践奖、金华市数字化改革“最佳应用”，在金华市数字化改革推进会上进行演示汇报。在省数字化改革工作动态、“学习强国”学习平台、中国网等媒体刊物刊发相关信息35篇；依托“云享药房”在仙华街道中埂社区开设全县首家24小时智慧药房。

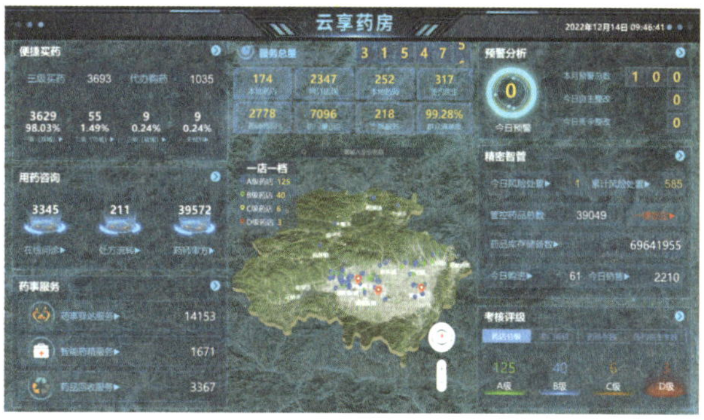

2022年，“云享药房”数字化改革应用投入使用
（县市场监督管理局提供）

【全省第二批“全球二维码迁移计划”▲示范区试点】 11月2日，浙江省市场监督管理局GM2D示范区建设工作专班下发《省市场监管局GM2D示范区建设工作专班关于下达第二批GM2D示范区县域先行试点建设实施方案的通知》，浦江成为第二批“全球二维码迁移计划”示范区试点。

▲2022年5月，国际物品编码组织、中国物品编码中心与省市场监管局共同签署三方联合声明，高质量推进“全球二维码迁移计划”（以下简称“GM2D”）示范区建设，建成上线“GM2D在线”并普及推广。2020年底，国际物品编码组织便提出GM2D全球性倡议，旨在推动2027年前全球范围内实现从一维码向二维码的过渡迁移。为每个产品赋予专属数字身份证，优化产品从原材料、生产加工、包装、渠道流通、终端销售、消费者服务的整个流程。浙江率先创建示范区，抢占全球数字规则制定制高点，并以此为契机总结形成物品编码领域的典型案例，进而上升为国家标准乃至国际标准，跳出浙江发展浙江，为全国改革探路。

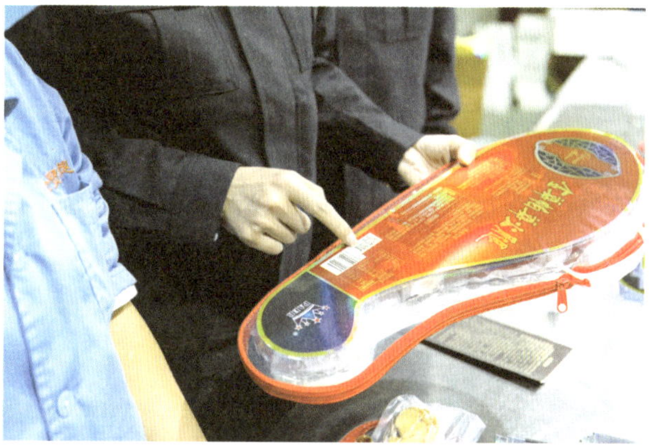

2022年，县市场监督管理局工作人员指导浙江帕尔玛食品有限公司开展赋码工作　（全　航　摄）

【商事登记向基层延伸】 7月7日，浦江县推进政务职能转变和“放管服”改革工作联席会议办公室下发关于印发《浦江县商事登记服务基层延伸工作实施方案》的通知，推进商事登记向基层延伸，下放个体户登记、特种设备登记、食品经营许可、食品经营备案4项高频事项，在浦南街道、仙华街道、黄宅镇等9个乡镇街道开设服务窗口，打通商事登记服务“最后一公里”。

【“领导下访接访信访工作”国家级标准化试点】 11月8日，浙江省市场监督管理局受国家标准化管理委员会委托，组织专家组对浦江“下访接访”信访工作国家级标准化试点项目进行评估。该试点项目顺利通过“下访接访”信访工作国家级标准化试点验收。县委副书记、政法委书记钱福安参加迎评工作。

【发布全县首个农业领域“浙江制造”团体标准】 3月25日，浙江丰瑜生态科技股份有限公司主导制定的《含腐植酸水溶肥料固体大量元素型》“浙江制造”团体标准正式发布，为浦江发布的第一个现代新型农业科技领域的“浙江制造”团体标准。

【备案非标电动自行车提前淘汰置换】 2022年，县市场监督管理局围绕省委、省政府有关鼓励备案非标电动自行车提前淘汰置换的工作部署，县市场监督管理局牵头开展备案非标电动自行车提前淘汰置换工作。截至9月30日，共淘汰非标车88546辆，淘汰率58.6%。实物注销非标电动自行车4916辆。新车上牌22709辆。2022年1—9月涉电动车安全事故率比2021年同期下降14.13%，涉电动车死亡事故率下降42.86%。

【除险保安】 2022年，县市场监督管理局推进数字化监管，建设数字监管指挥中心，安排专人24小时应急值守，形成指令统一下达、限时整改处置、问题销号管理的闭环机制。全县53家进口冷链食品经营户、1103家食品生产经营单位、695家外卖餐饮单位、15家市场、1010台电梯纳入智慧化监管体系。强化疫情防控，“云享药房”的“一键锁定”功能对四大类693种药品实现禁售，对全县175家药店全部建立“一店一档”，实时掌握药店药品进销存、温湿度、证照资料等情况，通过预警分析、精密智管提升监管效能。进口冷链食品赋码率、扫码率100%。开展“守底线、查隐患、保安全”专项行动，排查食品安全风险隐患，开展抽检1527批次，检出不合格食品42批次，不合格率2.77%。

【2022年省级食品安全示范县创建推进会】 11月7日，浦江县召开2022年省级食品安全示范县创建推进会。会议强调，食品安全是最重要、最根本的民生工作之一，要秉持对人民群众生命健康高度负责的态度，全力构筑浦江食品安全有力屏障。县委副书记、代县长胡作滔，副县长汪祖龙，县食品药品安全委员会成员单位主要负责人，各乡镇（街道）政府主要负责人及食品药品安全委员会办公室主任，县国资集团主要负责人参加会议。

2022年11月7日，浦江县召开省级食品安全示范县创建推进会　　（高　攀　摄）

【浦江县市场监督管理局举行行政执法制式服装换装仪式】 6月27日，县市场监督管理局举行行政执法制式服装换装仪式。县市场监管队伍统一制式服装，展示执法队伍新形象。

2022年6月27日，浦江县市场监督管理局举行行政执法制式服装换装仪式　　（高　攀　摄）

知识产权保护

【概况】 2022年，全县新增注册商标1152件、有效发明专利122件、高价值发明专利46件，全县累计有效商标17847件，驰名商标5件，地理标志证明商标2件，有效发明专利981件，高价值发明专利191件。

【浙江省智能锁具知识产权联盟获批备案】 6月8日，“浙江省智能锁具知识产权联盟”获浙江省市场监督管理局备案，成为全省首个智能锁具知识产权联盟，也是浦江首个知识产权联盟。该联盟共吸纳锁具企业、高校、金融机构等31家单位，组建“挂锁类产品结构、外观专利”“门锁类产品结构、外观专利”“锁具生产设备专利”3大专利池，囊括专利344件。

【知识产权示范企业培育】 2022年，浙江万赛汽车零部件股份有限公司、浙江浦江梅花锁业集团有限公司2家企业被评为省级知识产权示范企业，浙江艾杰斯生物科技有限公司、烟台三环锁业集团浦江有限公司、琦品家居（浙江）股份有限公司、浦江县神力链条有限公司、浙江富利华水晶科技有限公司、浦江宝儿制锁有限公司6家企业被评为市级专利示范企业。

（王夏旎）

审　计

【概况】 2022年，浦江县审计局完成审计项目22个，查出问题资金4.65亿元，其中管理不规范金额3.92亿元，违规金额7403万元，移送司法机关、纪检监察机关和有关部门处理事项24件，移送处理人员29人。出具审计报告和专项审计调查报告25篇，被批示1篇；审计提出建议81条，被采纳81条；促进出台县级制度3个，主管部门制度6个，被审单位内控制度24个。上报审计专报24篇，其中20篇获县主要领导批示；上报信息被上级有关部门和新闻媒体采用32篇。

《争当“红色啄木鸟”锻造审计铁军》的经验做法在审计署网站刊登；浦江县审计局党总支在金华市首届机关品牌党支部巡礼活动中获金奖；“红色啄木鸟”党建品牌获评金华市机关五星级党建品牌；在2022年度审计工作考核中，被浙江省审计厅和金华市审计局评为优秀单位；连续21年保持“省级文明单位”称号。

【财政审计】 3月，县审计局组织开展2021年度县本级预算执行和决算草案审计，对部门预算执行情况作全覆盖审计，从预算编制和执行、绩效管理、财政信息公开、财报编制等8个方面共反映问题26个。完成县民政局部门预算执行审计项目，发现临时救助支出不规范等10个问题。完成水晶园区部门预算执行审计项目，发现项目资金预算执行率偏低等10个问题。完成县行政罚没物资管理处置情况专项审计，发现未建立相关制度、罚没物资底数不清等14个问题。实施完成兰溪市税务局2022年税收和非税收入征管及部门预算执行审计项目，共发现问题12个。

【投资审计】 2022年，县审计局完成钱塘江流域水生态环境保护专项审计调查项目，发现区域协作机制未完善等28个问题，其中污水处理费征缴情况、农村污水处理设施运行情况等信息被金华市审计局采用并获市主要领导批示。推动浦江县与诸暨市签订生态补偿协议，每年可获得800万元生态补偿金。开展渣土处置专项审计调查工作，发现渣土场选址、渣土消纳费用、渣土审批等方面15个问题。提出建立健全城市规划区外渣土处置审批监管机制、完善选址等4条审计建议。协助财政、建设等部门修订《关于加强政府投资项目结算审价监督管理的意见》,协助上级审计部门完成"4+1"专项审计调查项目。

【经济责任审计】 2022年,县审计局实施领导干部经济责任审计项目12项,对25名领导干部进行经济责任审计监督,其中已完成项目8个,发现问题147个,涉及管理不规范金额1.32亿元,违规金额4099万元,提出审计建议24条,向县纪委移送案件线索23条,推动县里和有关部门完善制度28项,相关审计成果获县主要领导批示45次,相关审计信息被民生网、《金华日报》等媒体采用。加强与纪委、组织部、人大、巡察、公安、检察院、统计等部门协作配合,推动信息共享,深化成果运用,形成监督合力。全年完成31个单位35位领导干部的离任交接工作,协助金华市审计局完成县长离任经济事项交接工作。坚持把审计质量作为审计工作的"生命线"和"牛鼻子",《浦江县岩头镇领导干部经济责任审计》项目获浙江省优秀项目二等奖,金华市优秀项目一等奖;《浦江县水务局领导干部经济责任审计项目》获金华市优秀项目二等奖。开展"五审五评"会商研判工作;11月29日,召开县经济责任审计工作联席会议及办公室成员会议,制订出台《浦江县领导干部经济责任审计结果运用实施细则》,发挥经济责任审计工作在加强干部管理监督中的作用。

【政策跟踪审计】 2022年,县审计局开展浙江省2022年"5+4"稳进提质政策专项审计的调查,对财政保障政策6项、科技创新政策15项、减负强企保障政策6项以及自然资源要素保障、专项债使用情况等15项政策落实情况进行核查,发现专项转移支付沉淀在财政或部门未及时使用、产业基金沉淀闲置等9个问题。配合市局完成招商引资优惠政策及执行情况专题审计调查,发现投资框架协议履约不到位、项目绩效不高等4个问题。开展涉企政策性补助专项审计,发现创新券兑付周期过长等8个问题。完成储备粮管理情况专项审计调查项目,反映储备粮销售结算不规范等27个问题。完成浦江县十大民生实事推进情况专项审计,提出加强专项资金使用管理,提升专项资金使用绩效等3条建议。

【审计整改】 2022年,县审计局共计完成147个问题的整改,涉及资金2.58亿元。9月,浦江县重大审计问题清单"非粮化""非农化"整改案例入选省级审计清单示范案例和省委总清单示范榜,该案例为金华市审计系统和浦江县首次进入省委总清单示范榜。以"七张问题清单"为抓手,从沟通衔接、整改落实、争先创优等方面抓好管控,推动审计问题有效整改,重大审计问题清单指数排名从年初的全市末位上升到全市前三名。建立问题整改闭环和责任落实机制,按照立行立改、分阶段整改、持续整改分类推进,定期梳理形成重大审计问题清单,对整改方案和整改销号提供指导。建立联动督查工作机制,对往年审计整改开展"回头看",确保问题真正整改到位。

(廖玉萍)

统　计

【概况】 2022年,县统计局在县委、县政府的正确领导下,在市统计局的具体指导下,紧紧围绕全县的工作重点,以强化统计职能、提升服务水平为目标,以确保统计数据质量为中心,深化统计数字化改革，着力夯实统计基础，真抓实干、攻坚克难、坚持用数据说话，努力为县域经济社会发展提供优质统计服务。

【统计监测】 2022年，县统计局及时提供《浦江经济月报》等资料，及时反映全县经济社会发展状况，为各级领导和社会各界提供统计服务；围绕县中心工作，开展专题分析，及时预测预警，为县委、县政府的决策提供统计数据支撑；充分发挥统计部门定量分析的优势，不断加强对经济运行态势的分析研究，提升分析的精准性、举措的可行性；各专业科室工作人员从横向对标、纵向对比入手，抓好基础经济数据的分析研判，形成数据翔实、逻辑严谨、通俗易懂的分析材料。

【基层统计】 2022年，县统计局规范乡镇(街道)统计工作，推进基层统计网格智治工作，推动乡镇(街道)统计人员落实、制度落实、责任落实；深化企业统计规范化建设，常态化推进企业统计基础规范化建设工作，促进企业统计基础性工作的落实；以业务知识交流为平台，提升业务能力；加强“统计e家”等相关统计应用系统的推广，提高系统应用覆盖率和活跃度。2022年，县统计局各专业共组织线上线下培训40余次，约2500人次。通过以问题为导向、以实务为重点的培训，提高企业统计人员的统计实务能力。

【统计执法】 2022年，县统计局共审核核实错误2000余条，上门核实企业130余家。结合“三服务”活动，深入企业走访调研，送法入企开展统计服务。局本级共执法企业24家，行政处罚3家，罚款3200元。3月，市统计局对浦江县规模以上工业和固定资产投资两个专业的执法检查中，“工业总产值”“本年完成投资”两项指标的绝对值差错率分别为0.12%、0.04%。6月，省、市统计局分别对浦江县服务业和劳动工资两个专业的统计数据质量进行核查，数据质量情况得到检查组的肯定。10月，市统计局对浦江县进行了统计“双随机”执法检查，涉及工业、投资、贸易、服务业等行业，共检查39家企业(单位)，数据质量情况良好。

(潘学仁　郑杨妍)

国有资产监督管理

【概况】 2022年，县国资办在县委、县政府的领导下，不断完善国资监管体系，促进县属国有企业平稳持续发展。2022年，纳入监管的县国有企业累计主营业务收入20.89亿元(未抵消)，比上年增长43.87%，实现利润总额2.22亿元，比上年增长148.72%。截至12月末，合计资产总额377.44亿元(未抵消)，比上年增长25.62%；负债总额230.51亿元，比上年增长30.58%；净资产146.93亿元，比上年增长18.55%；4个集团进入纳税十强，1个集团进入纳税三十强，共上缴税费39621万元。

【混合所有制改革】 2022年，县国资办通过“优中选优”引战投、“分层分类”推上市、“应混尽混”抓推进等方式，成功引入绿城发展集团等一批优秀战略投资者；通过投资入股的形式和供应链支持，培育本土企业冲刺IPO；推进探索混改企业“一企一策”差异化管控，推动国有与民营体制机制优势互补，上半年县属国企新增混改企业12家，新引入社会资本9.67亿元。新增片区开发、总部楼宇经济、混凝土产业三个行业领域项目5个，可带动投资125亿元。

【拓宽融资渠道】 2022年，县国资办加强与银行、券商的沟通，根据政策或窗口指导意见的变化，抓住宽松的货币政策和适时开展外汇套期保值等业务，不断完善汇率风险管理体系，对接金融机构提升结汇点利差，进一步提高货币兑换收益，汇兑收益合计超1200万元，有效降低融资成本。截至12月底，2022年五大集团累计融资余额166.08亿元，对外担保66.97亿元；县属国有企业平均融资利率为5.7%，比上年下降80BP；城投集团获评AA信用评级公司。

【重点项目推进】 2022年，县国资办详细列出2022年项目清单，2022年县属国有企业计划实施投资新建项目43项，总投资额约120亿元，全年安排投资金额为25亿元；续建项目共10项，总投资额74亿元，全年安排投资额为18亿元；新谋划项目24项，总投资额约262亿元。2022年，13个项目完成全部投资额，实现投资额11.42亿元。定期开展“国企投资项目赛马蜗牛评比”活动，每月对国有企业11项数据指标进行排名，督促各国企集中力量攻坚克难，全面跑出国企项目加速度。

【完善现代企业制度】 2022年，县国资办制订出台《浦江县国有企业年金实施方案》《浦江县属国有企业会议议事管理办法》《浦江县国有企业合同制员工招聘暂行办法》等多项制度；构建引进人才、培育人才、服务人才、成就人才“全链条”工作新模式，培养高素质国有企业管理人员136名，比上年增长295.6%；落实党建工作责任体系，理顺全县国有企业党组织隶属关系，国企党建工作有序开展；首次实施县属国有企业年金制度。进一步助推完善国有企业薪酬福利体系，出台《浦江县国有企业年金实施方案》，通过设置年金归属比例，有效防范人才流失。

【国资监管效能提升】 2022年，县国资办紧扣职能定位、多点发力，加快推进纳入监管的县属国有企业各项改革任务，形成上下贯通、规范统一的监督格局，切实提升企业防范化解重大风险能力，国资监管水平显著提升。引入国资监管系统，依托省级优秀平台，对经营数据实时监管，全面提升资金运转效率、释放数据价值、健全风控体系，促进管理转型升级。强化监管，开展业务指导和监督30余次，督促国企加大项目谋划，有力助推在建项目的推进速度；规范国企项目的投资管理，针对项目投资中存在的问题，以开展专项检查、下发工作提醒函等方式，提醒国企在项目管理中依规执行，防止党风廉政风险和国企投资风险的产生。构建科学的考核评价体系，开展全员绩效考核，完善绩效考核管理制度，构建“人岗匹配”的KPI考核体系；完成30家竞争类企业签订“一企一策”改革方案，制定“一企一策”工资总额弹性调整机制；优化国企考核制度，建立健全与监督评价结果相挂钩的考核机制，不断压紧压实工作责任。

国有资本投资

【概况】 县国投集团成立于2015年4月，是经浦江县人民政府批准设立，由浦江县人民政府国有资产监督管理办公室履行出资人职责的国有独资公司。集团注册资金50亿元，直接控股浦江县城投集团、交通集团、产投集团三大产业集团。国投集团是浦江县规模最大的主体信用评级AA平台，主要从事国有资本运营、国有股权管理、股权投资基金、资产管理与处置、政策性融资担保、供应链贸易等业务。集团直属子公司有浦江县政策性融资担保有限公司、浦江县产业发展有限公司、浦江县股权投资管理有限公司、杭州浦慧科创服务有限公司、浦江县浦泰供应链管理有限公司。2022年，县国投集团资产总额63.7亿元，营业收入13092.5万元，比上年增长186%。直接、间接融资共计11.09亿元，融资余额36.76亿元。截至2022年底，累计出借资金84.4亿元，累计对外投资5.54亿元。

【祥邦科技项目】 浙江祥邦科技股份有限公司，总部位于萧山，在POE胶膜领域具有较好的技术工艺积累，是国内光伏行业重要材料POE胶膜的头部企业之一。与县国投集团协同引进并设立全资子公司祥邦永晟新能源科技公司，成为祥邦科技主要生产基地。该项目总投资20亿元、占地近10.6公顷，获得国家电力投资集团有限公司、中国国有企业结构调整基金、中小企业发展基金等央企及国家级基金投资方的战略融资共7亿元，“当年引进 当年投产”，已建成投产年产2.5万平方米的光伏胶膜及电子胶膜生产基地，年产值超20亿元。县国投集团下属浦江县国引业新股权投资合伙企业（有限合伙）基金携手金华市产业基金分别出资5000万元投资祥邦科技项目，投资款专项用于浦江基地建设。此次项目成功，对助力浦江建设光伏材料产业发展、深度融入义乌光伏产业集群与推动金华地区光伏产业快速发展都具有重大意义。

【组建特殊机遇基金】 1月11日，由县国投集团参与组建的特殊机遇基金二期成功完成中国证券投资基金业协会备案，基金总规模10亿元。此次组建基金二期是响应国家盘活存量资产号召，也是贯彻落实市八届三次全会精神关于化解区域不良资产的重要举措，通过整合优质资源，对低效企业和困难企业进行资产重新配置，助力金华传统产业转型升级。

【盘活低效用地】 县国投集团下属产业发展公司发挥收购平台作用，对接各乡镇、开发区管委会有序推进县域低效用地有机更新工作，参与研讨收购方式及方案，因地制宜、因企制宜为盘活县域存量土地资源优化用地布局做准备。2022年，完成百炼厂区腾空搬迁工作和地块征收全部流程，完成10公顷工业用地“退二进三”有机更新工作，助力土地资源整合，累计实现收入1.702亿元，实现地块增值7.44亿元。

【稳定县域房地产市场】 2022年，县国投集团为稳定县域房地产市场平稳健康有序发展，县国投集团项目公司取得金狮湖东侧地块二和原百炼地块一、二，完成土地金及税费缴纳金额17.44亿元。同时，对接意向合作方洽谈地块合作事宜，推进项目开发建设，截至2022年底累计对接意向合作方38家。

2022年7月10日，县国投集团董事长陈兴光（左三）陪同蓝城控股集团实地走访金狮湖东侧地块二（虞江悦 摄）

【政策性融资担保】 2022年，县国投集团响应上级政策要求，主动推出汇率避险业务和“双保”助力融资批量担保业务，与9家合作银行签订“双保”业务合作协议。截至2022年底，浦江县融资担保公司在保户数607户，在保余额38044.3万元，2022年已减免担保费用229万元。为453户客户提供担保，担保金额合计37803.1万元，其中小微企业客户215户，担保金额32414.5万元；农户238户，担保金额5388.6万元。在保客户比上年增长49.14%，在保余额比上年增长55.06%。帮助浦江新洲粘胶制品有限公司等企业实现“小升规”。

2022年4月6日，县国投集团总经理王书平（中）、副总经理黄瑶（左）走访浙江金垒锁具制造有限公司　（黄晓敏　摄）

【股权投资和项目招引】　2022年，县国投集团坚持以服务“3+3”产业战略为主线，深化基金招商新模式，完成县科创基金（国引基金）在中国证券投资基金业协会的备案工作，全年共完成股权投资项目决策5个，完成对浙江祥邦科技股份有限公司、金华市产业基金有限公司、金华玉古八婺投资合伙企业（有限合伙）3个项目投资工作，合计0.73亿元。

【供应链贸易】　2021年6月，成立浦江县浦泰供应链管理有限公司，探索供应链贸易业务。县国投集团、浦江县浦泰供应链管理有限公司与浙江百川导体技术股份有限公司、浦江中宝机械有限公司开展业务合作，截至2022年底，累计实现收入15945万元。该项业务充分利用暂时闲置资金，提高资金使用效率，同时帮助企业解决资金周转难题，助力企业走出困境。

（吴曼婷）

产业投资

【概况】　11月29日，浦江县国有资产经营集团有限公司（以下简称“县国资集团”）在原有基础上组建县产投集团。县产投集团以打造区域性产业投资平台、引领构建浦江现代产业体系为主要目标，聚焦产业投资、市场开发、资产运营等板块，重点开展工业地产、创新类项目投资开发，以及市场开发、建设和经营管理等多项工作。2022年，县国资集团在编人数101人，全年新增并表单位20家，实现营业收入6.64亿元，比上年增长92.55%，合并抵消后资产总额77.88亿元，比上年增长86.61%，实现利润总额4546.53万元，比上年增加盈利5065.6万元，被评为2022年度全县“纳税状元”企业。

【对口合作】　2022年，县产投集团与吉林金恒建材科技有限公司共同出资3000万元，成立浙江浦恒科技有限公司，主营承插式盘扣脚手架一体化租售。全年共签订4个采购合同，直供省市重点建设项目，重量达9190吨，采购金额超5600万元。

【打造小浦生活快递驿站】　2022年，县产投集团与县内“三通一达”等各家快递公司共同出资1000万元，成立浙江浦资驿站有限公司（县产投集团控股51%）专门建设运营“小浦生活”驿站，打通快递服务“最后一公里”，下季宅、东方和园、文溪西路、南江路、陈逢坑等5家“小浦生活”驿站门店投入运营。

【获评省级跨境电子商务产业园】 7月，万家跨境电子商务产业园被省商务厅评为省级跨境电子商务产业园。发布"浦色浦香"区域公用品牌，7家农产品生产企业获得品牌授权。3家"浦色浦香"国资小店半年内帮助有关集体经济公司和个体农户销售农副产品150余万元，线上线下助销浦江葡萄0.5万千克。与共青团浦江县委联合举办共富年货节，推介浦江特色农副产品。

【农村产权交易工作】 2022年，县产投集团下属金华市浦发拍卖有限公司通过"线上+线下+一对一服务"对农村资源进行统筹整合，举行现场开标、线上竞标，实现委托人"不跑""少跑"的服务模式。有效提高农村资产利用率和成交率，打造农村产权交易新局面。2022年全年农村产权成交标的47个，成交额6300万元。

【推动绿色出行】 7月，县产投集团与曼联(浦江)科技有限公司共同出资成立浙江浦创科技有限公司，切入绿色出行赛道，主营新能源汽车销售、租赁等业务。10月1日，浦资汽车广场进入试营业并投入使用。

【国资资产盘活】 2022年，县产投集团通过公开拍卖共处置行政事业单位资产16处，处置金额621万元，盘活11处闲置资产，增加租金收入约200万元。将原土特产大楼和林业局办公楼等闲置的老旧资产改造为"小浦公寓"，首批共推出12类户型共61套公寓，截至年底，出租率超80%。

【牛羊定点屠宰落地】 7月，县产投集团启动浦江县牛羊定点屠宰场建设项目前期筹备工作，截至12月底，通过动物防疫条件风险评估和项目社会风险评估，完成项目红线图、土地勘测定界技术报告书等事项。

(戴祎楠)

金融业

金融服务

中国人民银行浦江县支行

【概况】 2022年，全县各项存款余额557.02亿元，比年初增加59.96亿元，比上年增速12.06%。各项贷款余额538.68亿元，比年初增加96.62亿元，比上年增速21.86%。不良贷款率0.53%，比年初下降0.23个百分点。

【金融助企纾困】 2022年，县人行落实好金融助企纾困系列措施，配合出台稳经济一揽子政策举措，做到贷款应延尽延、利率应降尽降。2022年累计为12732家复工复产企业实施贷款延期还本99.31亿元。发挥结构性货币政策工具精准滴灌作用，向上争取货币政策工具支持，争取到“支农支小”再贷款资金16.63亿元，普惠小微贷款支持工具资金1848.27万元。加强科技创新、普惠养老、交通物流、设备更新改造专项再贷款对接落实，发放科技企业贷款7.51亿元，交通物流贷款9890万元，设备更新改造贷款5512万元。推动召开金融支持浦江高质量发展大会，现场签约项目43个，授信金额59.67亿元，累计落实信贷资金13.68亿元。开展金融“暖企暖商暖农”走访服务活动，累计走访市场主体814家，为741户解决融资需求13.28亿元。

【助力共同富裕】 2022年，县人行加强金融支持乡村振兴，创新推进葡农贷、民宿贷等业务。截至12月末，涉农贷款新增83.89亿元，比上年增长24.34%；葡农贷余额5.81亿元，受益农户2386户；民宿贷余额2034.5万元，受益民宿36家。开展普惠金融服务提升行动，大力拓展“首贷户”，加强“贷款码”融资应用推广，深化小微企业和个体工商户融资破难。全县通过“贷款码”获得融资支持2110家，发放贷款金额达31.53亿元。低碳绿色金融服务不断创新，推动发放碳减排支持工具贷款717.6万元，加快推出针对“碳账户”的专项信贷产品，累计发放碳账户贷款7300万元，节水贷4780万元。科创金融服务更加精准，推动科技信贷政策性担保、财政贴息、风险补偿等配套政策落地，全县共有293家科技型企业获得贷款44.65亿元。开展制造业金融服务提升专项行动，加大重大产业项目、技改项目信贷投入。全县项目贷款新增27.18亿元，比上年增长41.14%；制造业贷款新增25.30亿元，比上年增长19.91%。

【外汇稳进提质】 2022年，县人行深化汇率避险三年行动，强化汇率避险指导，推进汇率避险业务扩面增量。截至12月末，累计为102家（首办户48家）企业办理汇率避险业务11677万美元，其中为17家企业办理政府性增信担保汇率避险业务58笔、金额1553万美元。加强外汇收支便利化试点推广力度，推动便利化试点企业"应纳尽纳"，截至12月末，新增外汇收支便利化试点企业25家，已覆盖浦江地区所有进出口金额1000万美元以上的涉外主体。持续推进跨境人民币业务创新发展，结算金额比上年增速达到101%。

【数字人民币试点推进】 2022年，县人行推进数字人民币综合应用村工作，开通水费、电费等民生类费用的数字人民币缴纳渠道，落地首笔数字人民币授权支付业务118万元，对接国资推动房企落地首笔数币支付土地出让金2.48亿元。截至12月末，落地商户10640户，交易笔数22万笔，金额7.24亿元，对公钱包8150个，个人钱包144295个。

【金融风险防范化解】 2022年，县人行严格房地产市场金融调控，坚持"房住不炒"定位，实施好差别化住房信贷政策。严格商品房预售资金监管，坚决防范房地产开发企业违规挪用预售资金行为。配合地方政府参与出台提振楼市新政，做好"保交楼""稳民生"金融服务。关注出险企业后续处置和资产质量的明显变化，加大不良贷款处置力度，截至12月末，全县不良贷款率0.53%，比年初下降0.23%，处于历史低位。做好反洗钱"盯案制"工作，主动向公安机关移送案件线索数量30条，成案3条。

【电信网络诈骗打击治理】 2022年，县人行利用"开户码"等大数据技术手段严格新开户风险管控，向公安部门移送22条涉诈涉赌可疑线索，收集柜面拒绝异常开户案例29起。上线涉诈涉赌资金交易拦截系统，提升预警劝阻能力，柜面堵截案件20起，为客户挽损165万元。聚焦反诈教育，开展24场特色宣传活动、4场大型直播活动，相关宣传文章被"学习强国"学习平台、浙江新闻客户端等媒体采用，反诈宣传总受众人数超40万人次。

【信用浦江特色品牌深化】 2022年，县人行开展"五进"信用宣传专项行动，连续三年举办青少年征信书画文学大赛，普及信用知识，弘扬诚信传统文化。制定社会信用体系建设行动方案，推进信用信息采集、信用评价及信用结果应用，全县农户信用信息归集率96.5%，信用评价率100%、信用户授信覆盖率100%。探索提升信用浦江金名片价值，重拳打响"好家风"系列产品，联合工会、妇联等单位相继创新推出"劳模工匠贷""丰安巾帼贷""法制共富贷"等产品，开展郑宅镇整镇授信10亿元，"好家风"贷款余额20.2亿元，直接惠及信用户1.46万余户。开展企业信用评级，增强中小微企业信用等级，帮助中小微企业应收账款融资，全年直接让利减息0.6亿元左右，小微企业贷款实现"量增、面扩、价降"。拓展信用体系建设在风险防控领域应用，联合法院等构建金融纠纷诉前调解机制，累计办理赋能公证业务378笔、金额12.69亿元，实现快速处置不良贷款3.5亿元。

【金融服务质效提升】 2022年，县人行在全县银行网点布放11台征信自助查询机，建立高效便捷的信用报告查询体系。推进金融便民服务站建设，打通农村地区金融服务“最后一公里”。开展农村地区储蓄国债宣传，乡镇机构销售国债约500万元。完善现有疫情防控资金直达民生、财政“两直”资金直达基层、个税年度汇算清缴退税直达纳税人3项资金拨付机制，提升国库服务质量，截至12月末，办理留抵退税1781笔、金额5.72亿元。畅通投诉渠道，压实金融机构投诉处理主体责任，全力保障金融消费者权益。

（张泉淦）

银行业

中国农业发展银行浦江县支行

【概况】 2022年，农发行浦江县支行各项贷款余额15.58亿元，较年初增加4.26亿元，增幅37.63%；日均贷款余额11.83亿元，较年初减少0.32亿元，降幅2.7%。各项存款余额为1.46亿元，比年初减少0.85亿元，降幅36.80%，存款日均余额1.94亿元，比上年下降1.45亿元，降幅42.73%。账面利润482.86万元。

【粮油业务资金保障】 2022年，农发行浦江县支行执行国家粮食宏观调控政策，保障中央和地方各类政策性粮油资金供应及地方粮食安全；落实政策制定职责，加强粮食收购资金管理，促进全县粮食安全体系建设；加强销售环节的监督，做好粮食销售货款回笼的监管工作。2022年，向浦江县粮食收储有限公司发放贷款4760万元，收回贷款4139万元。执行查库制度，盯住粮食库存数量增减变化情况。

【主体业务】 2022年，农发行浦江县支行累计投放各类贷款101990万元。其中农村流通体系建设固定资产贷款投放2000万元，城乡一体化固定资产贷款74700万元，农村流通体系建设流动资金贷款投放7300万元，农业小企业流动资金贷款2430万元，地方储备粮油流动资金贷款4760万元。服务生猪全产业链，给予浙江艾杰斯生物科技有限公司600万元流动资金贷款的高效投放支持，贷款用途为生产猪饲料添加剂。支持实体经济发展，小微企业信贷实现量质双增。提升粮棉油市场份额提升与支持小微企业结合，将粮食专业合作社、粮食加工、粮食批发零售、饲料加工行业等作为重点营销目标。与浦江壶源江粮食发展有限公司建立合作关系，支持金额400万元。与浦江供销电子商务有限公司建立合作关系，成获批且投放供销社系统小微贷款700万元。与浦江县电子商务发展有限公司建立合作关系，成获批且投放小微贷款650万元。与浦江县茶艺轩农产品开发有限公司保持良好合作关系，成功续贷80万元。支持巩固拓展脱贫攻坚成果同乡村振兴有效衔接，农发行浦江县支行完成东西部协作贷款投放600万元，购买扶贫茶叶、扶贫水果等共计12195元，捐助爱心助学资金共计30000元。

（潘姣娇）

中国工商银行股份有限公司浦江支行

【概况】 2022年，工行浦江支行本外币各项存款余额59.38亿元，较年初下降2.5亿元；各项贷款余额41.06亿元，较年初增加2.76亿元。不良贷款余额95万元，较年初增加38万元；不良率0.02%，与年初持平。经营总体良好。

【制造业信贷政策保障】 2022年，工行浦江支行始终将服务制造业转型升级作为全行重大战略，结合浦江制造业产业发展特点和规划目标，围绕国家高新技术企业、“专精特新‘小巨人’”企业等先进制造业企业，持续实施制造业专项行动方案，优化服务机制，加大信贷政策保障，助力地方持续打好制造业转型升级发展“攻坚战”。2022年，工行浦江支行制造业贷款余额17.67亿元，较年初新增0.3亿元。

【普惠金融服务】 2022年，工行浦江支行不忘支持实体经济和民营企业的初心，坚定“不做小微就没有未来”的理念，发展普惠金融，支持小微发展。2022年，工行浦江支行不断壮大普惠金融服务队伍，开展企业大走访金融服务活动，打通资金到达实体经济的“最后一公里”，全力以赴做好普惠金融服务。2022年，工行浦江支行普惠贷款余额16.08亿元，较年初新增3.61亿元。

【个人住房贷款】 2022年，工行浦江支行进一步完善住房金融服务，认真贯彻执行政府房地产信贷调控政策，支持居民家庭刚性和改善型住房消费的信贷需求，促进浦江地区房地产市场持续稳定健康发展。至2022年末，工行浦江支行个人住房贷款余额11.3亿元。

【“葡萄贷”产品推出】 2022年，工行浦江支行聚焦农业龙头企业、农民专业合作社、家庭农场等新型农业经营主体，创新推出“葡萄贷”产品，真正解决农业生产经营主体融资难题，助力乡村振兴。2022年，工行浦江支行为437户葡农授信，授信总额4694万元；“农户贷”已成功准入3个村1752户，总计授信1.59亿元。

【“网贷通”与无还本续贷业务】 2022年，工行浦江支行推广还款方式创新产品和无还本续贷产品，营销推广小微企业网络循环贷款产品“网贷通”，利用其能根据企业生产经营特点和资金需求，随借随还特征，有效降低企业的融资成本，缓解企业还贷资金压力，2022年，小微企业网贷通客户对应贷款余额56714万元；推广无还本续贷业务，为切实降低小微客户转贷成本，更好地满足小微客户对周转类贷款资金连续使用需求，丰富工行浦江支行中长期贷款服务方式。2022年，办理无还本续贷26374万元。

【数字人民币试点推进】 2022年，工行浦江支行重视数字人民币的试点工作，打造特色支付场景，开通交易平台，开展商户活动。协助县财政局完成首笔数字人民币惠农补助发放；完成县人民医院的数字人民币支付场景落地；联合浦江最大的连锁超市，开通商户数字人民币支付优惠满减活动；联合多家特约商户，参加县政府的数字人民币消费券活动等。2022年，工行浦江支行数字人民币个人钱包新增35308个，对公钱包新增1236个，荣获浦江县2022年度数字人民币试点工作先进集体奖。

（郑　晴）

中国农业银行股份有限公司浦江县支行

【概况】 2022年，农行浦江县支行各项存款总额85.05亿元，比年初增加9.16亿元，总量、增量均居浦江国有四大银行第一位。各项贷款总额99.29亿元，比年初增加16.05亿元，总量、增量均居浦江国有四大银行第一位。不良贷款余额0.13亿元，不良率0.13%。营业收入3.57亿元，比上年增加0.41亿元；中间业务收入0.39亿元，比上年增加96万元；实现净利润2.01亿元；实现地方纳税1639.5万元。获评2022年总行“合规教育先进集体”、2021年度总行金融服务“三农”最美青年突击队、2020—2021年度总行“三农”业务先进集体、2022年度总行级小微企业金融服务示范支行、2021—2022年度省级“平安单位”暨省级“智安单位”、2021—2022年度全省农行“三农”业务先进集体、2022年度纳税三十强企业、2022年度支持实体经济发展优秀金融机构、人行2022年度综合评价A等行、2022年度国家外汇管理局浦江县支局A类行和2022年浦江县数字人民币试点工作先进集体等荣誉称号。

【服务实体】 2022年，农行浦江县支行新发放项目贷款7.32亿元，为五大国资集团下属单位新投放流动资金贷款2.34亿元，实现信贷业务合作全覆盖。成功中标浦江县浦创产业投资集团有限公司企业年金受托管理人项目，首次缴纳规模超百万元。全力支持实体经济稳进提质，净增法人有贷户95户、法人贷款12.88亿元。制造业贷款比年初增加7.16亿元，制造业中长期贷款比年初增加3.51亿元。全口径普惠贷款比年初增加6.01亿元，普惠型小微法人贷款比年初增加3.03亿元。认真开展涉外企业走访，净增国际结算客户52户。新增对公账户1064户、机构账户76户、企业金融服务平台活跃客户1089户。完成家族保险金信托业务7单，位列全市农行第一位。净增个人贵宾客户950户，新增私人银行签约客户28户。

【服务“三农”】 2022年，农行浦江县支行聚焦区域农业发展特色，做好“三农”金融服务。创新推出“富民贷”“惠农共富贷”等产品，全面满足家庭农场经营户、农业大户等不同主体金融需求，带动农民增收共富，助力村集体经济发展壮大。全年新增农户贷款2.46亿元，户数净增225户。深入农村地区，走村入户开展普惠金融宣传活动，真正为农民带去实实在在的普惠政策。全年开展营销宣传活动140余场，服务农户2000余户，惠农通惠农星级服务点新增36户。成立郑宅“三农”工作室，以立足“三农”、服务“三农”和奉献“三农”为宗旨，全力做好周边农户服务工作。

【转型创新】 2022年，农行浦江县支行不断创新机制，推动数字化转型。新增黄宅风顺加油站、浦江仙华檀宫酒店等大型场景数字人民币收款功能；与浦江县文化旅游集团有限公司合作开发浦江县公职人员线上疗休养小程序；成功上线“货郎先生综合收银台”，为浦江货郎先生工贸有限公司全国门店提供收付服务。成功发放县内首笔、全市农行首笔数字人民币贷款。抢抓首单首笔落地，成功营销全县首笔、全市第二笔“带抵押过户”二手房贷款业务；成功发放县内首笔、全市第二笔设备购置与更新改造贷款、成功发放县内国有行首笔双保业务贷款，成功办理首笔政府性融资担保汇率避险业务等。

【风险管理】 2022年，农行浦江县支行坚持发展与控险并重，全年累计开展警示教育13场，集中学习讨论30余次，签订合规履职承诺书150余份，确保合规理念入脑入心。资产质量不断提升，实现不良“双下降”且保持低位运行。严格围绕高质量发展理念，审慎预判信用风险形势，加快风险客户化解进度。全年共处置不良贷款0.62亿元，化解风险贷款1.33亿元。认真落实支付结算、现金管理等金融服务，制定业务连续性保障的相关预案，确保运营业务正常运行。加强反洗钱和制裁合规管理工作，持续打击治理新型电信网络违法犯罪和跨境赌博工作。全面落实科技案防措施，切实提升信息科技安全风险防控能力。

【社会责任】 2022年，农行浦江县支行有序开展多层次、多渠道、常态化的金融知识宣传普及活动和员工金融消保教育培训，全年共开展外拓宣传活动84场，发放宣传资料6000余份，上报市分行"以案说险""消保简报"各12篇，上报省分行"防养老诈骗"知识长图作品1篇。开展国债下乡、"送金融进军营"等活动，积极为各类主体提供金融服务。组织员工参加"礼让斑马线"文明出行志愿活动，助力浦江文明城市创建；深入共建社区开展环境美化志愿活动；深入防疫一线开展志愿服务活动，助力疫情防控工作。

（黄嫣韵）

中国银行股份有限公司浦江县支行

【概况】 2022年，中行浦江县支行以服务民营、小微企业为抓手，履行金融支持实体经济发展的责任担当，助力区域经济高速发展。截至2022年末，本外币存款余额34.49亿元，比年初增加6.57亿元，增幅23.55%，系统排名第二。四大国有银行余额市场占有率比年初提升1.85%，排名第一。本外币日均存款新增5.87亿元，四大行市场份额较年初提升1.71个百分点，居同业第一；本外币贷款余额39.75亿元，比年初增加12.36亿元，四大行余额市场占有率比年初提升2.92%，创历史新高。2022年，中行浦江县支行的经营管理工作获得县委县政府、分行党委和监管部门的充分肯定；荣获2022年浦江县支持实体经济发展优秀金融机构、浦江县外汇业务合规与审慎经营管理A类行、浦江县2022年度纳税五十强企业等荣誉。

【普惠金融】 2022年，中行浦江县支行始终践行金融为民的服务理念，发展普惠金融，打通金融活水流向小微企业的"最后一公里"。2022年，中行浦江支行新增"两增两控"口径普惠贷款32200万元，新增线上贷款24367万元。贯彻落实县政府和监管部门延长普惠小微企业贷款延期还本付息政策要求，2022年累计实现无还本续贷金额2.67亿元，通过降低贷款利率或免收部分手续费等方式，累计减免各类费用1238万元，做好小微企业减费让利工作。

【风险管理】 2022年，中行浦江县支行组织开展内控案防专项整治大反思大讨论，将内控案防工作常态化、实效化；开展"外规内化、警钟长鸣"案件警示教育系列活动，有效加强全行内控案防管理，贯彻落实监管工作要求，进一步提升内控合规管理水平；组织全辖开展"反洗钱外规内化护航"专项行动，落实高风险客户治理与管控，按照"谁的客户谁负责，谁的业务谁负责"原则，将反洗钱合规风险防控措施嵌入各个业务领域，确保反洗钱各项业务合规开展。

【社会责任】 2022年，中行浦江县支行加大打击治理电信网络诈骗工作力度。开展反假宣传月活动，尤其关注农民、务工人员、老年人等重点群体，努力让人民币现金服务更好地惠及广大人民群众，累计举行宣传活动13次，进学校、进企业、进单位以及周边商铺，开展形式多样、贴近公众的宣传活动。

【外汇业务】 2022年，中行浦江县支行发挥外汇银行专业优势，率先推出线上避险渠道，已累计为44家中小微企业免费提供电子交易平台，使用电子交易平台进行汇率避险的企业数近三年年均增长率10%，50%的客户通过电子平台渠道进行汇率保值操作，切实方便企业，提高企业套保率。根据上级行下发中小微企业叙做人民币汇率产品指导意见，主动减少交易点差，降低企业交易成本，使人民币汇率期权等避险产品惠及更多的企业，惠及企业数于2021年同期增加了75%。截至2022年，共签约30家企业叙做679笔汇率避险产品，金额共计6311.67万美元，为企业汇率避险服务提供坚实的保障。

（郑肖丽）

中国建设银行股份有限公司浦江支行

【概况】 2022年，建行浦江支行各项业务发展呈现向好态势。年末一般性存款时点余额43.98亿元，比年初新增4.47亿元，日均余额39.45亿元，比年初新增3亿元；各项贷款余额46.73亿元，比年初新增7.8亿元，增速20.04%；不良贷款余额1248万元，不良贷款率0.27%；实现中间业务收入1427万元，比年初提升2.95%，实现分期收入431万元，比年初提升2.19%；实现主营业务收入1.52亿元，拨备前利润1.11亿元。

【支持重点项目与实体经济发展】 2022年，建行浦江支行贯彻落实稳经济一揽子政策，助力实体经济发展和经济社会大局稳定。全年新批复固定资产项目5个，金额10.43亿元，投放4.34亿元；新批复中型客户流动资金授信3户，金额1.35亿元；新增制造业中长期贷款1.03亿元，增速501.73%，新增绿色贷款3.64亿元，增速2021.39%。拓宽“中小微个创农”全量普惠客群，新增银监口径普惠贷款2.24亿元。

【办理更新改造专项再贷款业务】 2022年，建行浦江支行贯彻落实人民银行设立设备更新改造专项再贷款要求，10月8日，与浦江县中医院签订《设备更新改造贷款合作意向书》，10月13日，授信3000万元得到建行省分行批复，期限3年，专项用于县中医院采购更新医疗设备，10月14日，实现首笔投放。

【支持房地产健康发展】 2022年，建行浦江支行贯彻党中央、国务院关于稳定房地产市场的决策部署，落实监管要求，围绕“稳地价、稳房价、稳预期”总目标，满足房地产领域合理资金需求，加大房地产融资支持力度。对公项目中，新增房地产开发项目授信7亿元，投放1.24亿元；对私项目中，全年投放个人住房贷款5.8亿元，合作楼盘增加到15个，房贷客户新增510户，个人住房贷款余额达到14.23亿元，增速位列金华建行系统与当地四大行第一。同时，加强预售资金监管和资金封闭管理，开立首户“保交楼”资金监管账户，做好“保交楼”金融服务。

【金融改革创新】 2022年，建行浦江支行联合建行浙江省分行、建行金华分行网络金融部创新开发“浦江政府机构奖励补助平台”新产品，满足浦江县政府的个性化要求和数字化改革，8月底，产品上线试运行，年底前完成测试。依托互联网渠道，4月下旬和11月中旬，分别上线“农担e贷”“葡萄e贷”纯信用贷款，实现流程优化和多渠道获客，助力乡村振兴。

【开展银担合作】 2022年，建行浦江支行与浦江县政策性融资担保有限公司开展银担合作。3月22日，签订远期结售汇担保业务合作协议，3月29日，为浦江三菱塑胶有限公司办理首笔政府性融资担保远期结售汇业务70万美元，全年累计为该企业办理政府性增信担保远期结售汇370万美元。6月27日，签订“双保”助力融资担保业务合作协议，9月30日，为浦江县腾龙水晶工艺有限公司落地首笔“双保”（保就业、保市场主体）贷款150万元。

【社会责任】 2022年，建行浦江支行严厉打击治理电信网络诈骗，阻截电信诈骗1起，金额10万元。高效开展反洗钱工作，向当地人民银行报送重点可疑报告3份，其中立案2份，移送公安1份。参加全国文明城市创建、疫情防控、文明劝导以及“结队帮联 共创文明”活动，向前吴乡人民政府捐赠20000个“建行生活”医用口罩、开展“青春向党”学雷锋志愿服务、金融知识“反诈反赌”宣传下乡活动、无偿献血、义务植树、“慈善一日捐”等活动，以暖心善举提升企业社会责任。

（吴丽晓）

金华银行股份有限公司浦江支行

【概况】 2022年，金华银行浦江支行全年各项存款余额16.81亿元，比年初增加3.05亿元，增幅22.14%；各项贷款余额19.72亿元，比年初增加2.61亿元，增幅15.28%。

【普惠金融】 2022年，金华银行浦江支行创新更加便捷、低成本的小微通、金科贷、创业担保贷款、星福贷等普惠金融产品，提升普惠金融服务的覆盖率和满意度，全年净新增普惠型小微贷款9188万元，增幅14.12%。

【社会责任】 2022年，金华银行浦江支行强化警银联动协作，整合多方资源优势，联合金华市公安局、浦江县委宣传部、浦江县公安局、中国人民银行浦江县支行举办反诈专题直播活动，延展反诈宣传触角，拓宽金融宣教受众面及覆盖范围，推动形成立体宣传、全民反诈的格局，帮助人民群众进一步增加风险防范意识。

【企业文化】 2022年，金华银行浦江支行弘扬清廉文化，展示金华银行浦江支行推进全面从严治党、加强党风廉政建设的工作成果，讲好清廉金融故事，创作的清廉微视频《爱“莲”说》获金华银行2022年“清廉金银”微电影微视频创作大赛三等奖。

（刘菲菲）

浙江浦江农村商业银行股份有限公司

【概况】 2022年，浦江农商银行共设1个营业部、13家支行、18家分理处，在全县各乡镇（街道）设有农村金融服务站339家。截至12月，浦江农商银行各项存款余额170.13亿元，占全县金融系统市场份额30.54%；各项贷款余额142.40亿元，占全县金融系统市场份额26.43%；全年存贷款总量增长46.53亿元。实现营业净收入60388万元，缴纳各类税收（含个税、分红代扣等）7801万元。获评浦江县2022年度“纳税十强企业”“支持实体经济发展优秀金融机构”。

【纾困市场主体】 2022年，浦江农商银行开展金融支持百万市场主体专项行动，推广“好商风贷”“小微易贷”“小微速贷”等小微企业信贷产品和一码通、扫码盒、随心花等收单支付、小额消费信贷产品，激活市场主体活力，帮助解决突出问题、提振发展信心。到2022年末，已为2924户市场主体发放贷款77.29亿元，比2021年末增长19.26亿元；普惠型小微企业贷款余额达107.56亿元，其中小微企业信用贷款余额14.66亿元，比2021年末增长8.96亿元，增幅157.19%。

【助力共同富裕】 2022年，浦江农商银行践行“足额、便捷、便宜”的全方位普惠金融，创新“劳模工匠贷”“丰安巾帼贷”“好青锋专项贷”“好艺风专项贷”“法治信用贷”等产品，将信贷服务精准触达各类群体；推广农创客金融服务，为县农创客发展联合会综合授信2亿元。截至2022年末，为全县45624户农户发放小额普惠贷款38.94亿元，覆盖全县近1/3的家庭。支持村级集体经济发展，承办县集体经济兜底项目，与乡镇（街道）共推“强村共富”合作，已开展村集体授信2.9亿元，截至2022年末，累计向102个村级经济类主体发放贷款2.06亿元。

2022年7月20日，浦江县黄宅镇与浦江农商银行开展“强村共富贷”战略合作，并为黄宅镇所辖行政村整体授信1.5亿元 （谢君君 摄）

【服务社会治理】 2022年，浦江农商银行助力乡村智治、数字便民服务等工作，推动医保零星报销智能办理OCR系统、零售药店全场景智控系统等建设和上线，打通便民服务“最后一公里”；联合县行政服务中心实施“政务服务向基层延伸”政银合作项目，通过数字赋能、技术创新、业务协调，建设线上线下多场景政银服务一体化项目，2022年完成全县233家便民服务站点改造及人员培训。

【履行社会责任】 2022年，浦江农商银行落实扶贫小额信贷政策，加大对受困群体的金融信贷支持，推广助学贷款，截至2022年末，发放助学贷172户，285.95万元；推出低收入农户贷款优惠政策，截至2022年末，为106户低收入农户发放贷款889万元助力社会公益事业，全年开展爱心发米、济困帮扶、社区志愿服务等活动320场。

【全市首家“法治共富驿站”在浦江揭牌】 2022年12月21日，金华市司法局与浙江农商联合银行金华管理部在浦江举行战略合作签约暨“法治共富驿站”揭牌仪式，标志着金华市首家“法治共富驿站”在浦江正式设立。

（贾晓琳）

中国邮政储蓄银行股份有限公司浦江县支行

【概况】 2022年，邮储银行浦江县支行个人储蓄存款时点余额69.45亿元，对公存款时点余额5.80亿元，各项贷款余额35.87亿元(较年初增加5.15亿元)。不良贷款结余1160万元(含信用卡)，不良率0.30%。

【普惠金融】 2022年，邮储银行浦江县支行零售方面普惠贷款金额12.32亿元，净增2025万元；小企业方面普惠小微企业贷款结余3.2亿元，净增865万元；开展绿色贷款的投放工作，全年绿色贷款余额3.02亿元。

【乡村振兴】 2022年，邮储银行浦江县支行累计完成信用村230个，信用户6243户；惠农贷款净增2025万元；支行充分开展“自营+代理”协同模式，拓宽惠农合作广度、深度，联合开展“葡萄贷”营销项目，进一步发挥邮银协同联合营销优势，提供信贷、寄递、销售等一揽子综合服务。截至12月末，支行共发放葡萄贷201笔，金额1.68亿元，浦江邮政葡萄寄递业务量达10.11万件，累计出口重量达385.44吨。该项目在中央级、省级、市级媒体进行宣传报道，形成良好的协同形象。

【社会责任】 2022年，邮储银行浦江县支行组织员工每周参加文明交通引导、社区共建等志愿活动，助力浦江县文明城市创建；驻点黄宅高速路口，开展“万事胜疫，邮爱同行——守护疫情下的卡车司机”等主题党日活动；开展“爱心助学助成长，公益筑梦筑未来”邮爱公益日健步行活动，用实际行动募集善款，传播人人公益的价值理念，帮助贫困山区学子实现求学梦想；举办“小小银行家，成就大梦想”主题研学活动，持续开展青少年金融知识普及；组织“消费者权益保护教育宣传周”“3·15”金融消费者权益日等宣传活动60余次，发放宣传折页1.52万余份；开展“存款保险”宣传和“打击防范电信网络诈骗”宣传活动，维护良好的金融秩序，履行金融机构的社会责任。

【企业文化】 2022年，邮储银行浦江县支行发挥基层工会作用，相继开展“畅游鱼泡泡多彩营地——2022年三八妇女节活动”“弘扬传统，‘粽’享端午——汉服亲子活动”等活动；关爱退休员工，在中秋、重阳等节日开展退休员工走访；围绕合规红五月之守规主题，深入开展守规微党课、行长“守规”授课等活动；开展“奋发‘兔’强，勇攀高峰——邮储银行浦江县支行主题团建活动”；举办“丹青书清廉，翰墨扬清风”书法主题活动；鼓励员工展现个人风采；组织全行员工开展保密工作培训，提升保密意识；全年发放廉洁监督卡807张，推动清廉金融文化建设。

（赵倩月）

浙商银行股份有限公司金华浦江支行

【概况】 2022年，浙商银行浦江支行各项存款余额为19.72亿元；各项贷款余额28.97亿元；个人金融资产余额37.74亿元。实现营业增加值7148万元，人均营增238万元。不良贷款1252万元，不良率0.43%。

【普惠金融】 2022年，浙商银行浦江支行聚焦实体，服务企业，降低客户融资成本，免评估、保险等费用，主动下调小微贷款指导利率，运用全额贷、信用通、随易贷、“还贷通”等还款方式创新产品，实施差异化服务，简化续贷办理流程，支持正常经营的小微企业融资周转实现“无缝衔接”，节省每次贷款到期临时资金掉头的成本，减轻小微企业转贷压力和融资成本。2022年，通过无还本续贷当年累放207笔，金额5.02亿元。截至12月，支行小贷余额17.20亿元，增量1.6亿元。

【银政关系】 2022年，浙商银行浦江支行运用新产品新业务，加大新客户投放，全力支持地方经济。取得与浦江国资系统国有企业全面战略合作，为三家国有企业授信10亿元，累计投放6.5亿元。相继落地金华分行首单“专精特新”业务、分行首笔政府性人才银行和分行首笔“小转大”公司业务。加大对实体企业的支持，投放制造企业8户，累计金额超1亿元。

【开展零售业务】 2022年，浙商银行浦江支行开展外拓营销方式，并将营销圈以城区为中心向外辐射，从进社区到入乡镇、入企业事业单位，2022年，进行乡镇金融理财业务宣传30余次，提升品牌知名度。充分调动各条线的零售资源，通过跨条线协同营销，推动支行金融资产的快速提升，充分发挥“公小私”协同营销的作用，重点存款产品大额存单年增量2.06亿元，位列金华分行第一，通知存款年增量2.54亿元。

【履行社会责任】 2022年，浙商银行浦江支行配合有关部门开展各项金融宣传工作，组织开展各类宣传活动30余次，宣传金融知识、提升民众金融素养，增加金融安全意识。劝阻一起电信网络诈骗事件，为客户挽回10万元的经济损失。开展“致敬城市守护者”公益赠饮活动，为炎炎烈日下坚守在岗位上的工作者送清凉、献爱心，同时在网点设置“清凉补给站”，送出特标水超4000瓶；参与公益业，开展“慈善一日捐”活动，向浦江县慈善总会筹集善款3700元；参与社区共建、爱心献血等志愿活动60余次。建设户外劳动者服务站点，为广大户外劳动者提供“渴了能喝水、热了能纳凉、冷了能取暖、累了能休息、伤了能急救”的工会服务阵地。

（方素凤）

浙江稠州商业银行股份有限公司浦江支行

【概况】 2022年，稠州银行浦江支行存款余额153179万元，比年初新增35386万元；贷款余额177496万元，比年初新增90033万元。2022年，稠州银行浦江支行在县金融系统职工“喜迎二十大建功共富路”业务技能比赛中获团体二等奖。荣获县政府颁发的“2022年度支持实体经济发展优秀金融机构”“2022年度纳税优胜企业”荣誉称号，人行浦江县支行颁发的“2022年度金融机构综合评价A等行”“2022年度金融系统星级服务网点”荣誉称号，此外，员工方韵蓉被评为2022年度金融系统“最佳服务之星”。

【助力乡村振兴】 2022年，稠州银行浦江支行成立共同富裕金融便民服务站建设领导小组，建立金融服务联络机制，为加大金融资源下沉农村、践行“金融为民”理念、打通金融服务共同富裕“最后一公里”提供保障。截至12月,建设农村金融服务站75个,挂牌开业20家,履行普惠金融职责,服务当地百姓。为村民提供存款、理财、贷款等产品的咨询服务,提供开卡、发卡服务,提供电话费、水电费等小额支付服务,开展普及金融知识、防诈骗、反洗钱、征信宣传之类的公益活动。2022年,服务站储蓄存款余额31060万元。稠州银行浦江支行每周开展金融下乡服务,全年开展乡村振兴签约活动共计250余场,至2022年底签约乡村振兴客户约2300户,签约授信金额104001万元,提款余额32807万元。

【创新信贷产品】 2022年,稠州银行浦江支行推出“共富贷”:浙江省农业融资担保有限公司担保;额度最高200万元;授信期限最长3年;还款方式:按月付息、到期还本,按月付息、任意还本,按月等额本息或等额本金;缓解从事农业适度规模经营的新型经营主体的融资难融资贵问题。截至12月,11位农业经营户办理贷款495万元。推出“浙闪贷”:用于满足个人经营及消费用途,信用免担保,线上自动审批确定,最高不超过30万元,授信期限最长3年,按月付息、任意还本。推出“智造贷”,向地方主流或特色制造业发放的经营性贷款,以客户体验为中心,采用“行业获客、模型准入、灵活定额”的模式开展业务。“线上+线下”有机融合,线上流程使用模型定额,最高50万元信用贷款;线下流程使用人工或规则定额,最高1000万元的政府性融资担保公司保证贷款。

【履行社会责任】 2022年,稠州银行浦江支行组织全行员工开展“慈善一日捐”活动,共筹善款3325元;开展端午公益慰问活动,为村里的孤寡老人送上端午粽子、大米、油等物资;配合有关部门开展各项金融宣传工作,举行金融知识万里行等宣传活动20余次;组织开展干部员工警示教育活动,做好自身案件防控工作;参与化解企业金融风险,在“稳进提质”现场集中办公活动中,给予2家公司5600万元的金融帮扶支持;全力贯彻落实稳经济一揽子工作,纾困实体经济,2022年为91户小微企业、65户个体工商户提供了融资服务,共计发放贷款21633万元;融入浦江建设,主动为县属国企5大集团提供金融支持,2022年完成贷款投放7亿元。

（陈伟娟）

浙江浦江嘉银村镇银行股份有限公司

【概况】 2022年,浦江嘉银村镇银行有5家营业网点。截至12月,浦江嘉银村镇银行各项资产总额12.55亿元,各项负债总额11.06亿元,各项存款余额10.01亿元,各项贷款余额10.9亿元,不良贷款余额0.16亿元,不良率1.42%,全年实现净利润0.07亿元。

浦江嘉银村镇银行获“2022年度纳税百强企业”“金华市星级共享法庭”称号,同时在县金融系统职工业务技能比赛中荣获团体第五名、县气排球比赛中荣获团体第六名。

【党建引领】 2022年,浦江嘉银村镇银行党建工作质量加强,被评为“五星基层党组织”。1月,完成党支部升格党委工作,下设2个党支部;9月,党组织关系由县机关党工委转入中共嘉兴银行股份有限公司委员会。

【强化业务发展】 2022年,浦江嘉银村镇银行加大信贷产品创新力度,出台线上快贷、人才贷、乡村振兴贷、阳光嘉等产品;加强重要项目立项管理,上线企业工资监管账户、数字钱包、三方存款等平台。

【提升嘉银形象】 3月,浦江嘉银村镇银行总行迁址到浦江县中山北路189号,新大楼呈现全新面貌。为拓宽宣传渠道,浦江嘉银村镇银行开展抖音短视频宣传,全年共发布抖音视频51条,粉丝量近4000人,视频累计播放量360余万次、单条视频最高播放量17万次(销冠)。

(黄　珂)

交通银行股份有限公司金华浦江支行

【概况】 2022年,交通银行浦江支行人民币日均存款67657万元,比2021年新增4809万元,其中个人人民币存款日均余额为39513万元,比2021年增加5190万元。人民币贷款时点余额为141520万元,其中民营企业贷款余额25717万元,较年初增加1100万元。不良贷款余额为20万元,不良率0.013%,比2021年减少1.64%。2022年,交通银行金华浦江支行获2022年浦江县数字人民币试点工作先进集体;营业部获评县金融系统"星级服务网点";在县人行金融消费者权益保护评估中获A等行;参加县第十六届金融系统职工业务技能比赛,取得知识竞赛团体第二名,知识个人竞赛第七名等奖项。

【资产质量】 2022年,交通银行浦江支行发放个人住房贷款72笔,贷款金额合计5093万元;非住房消费贷款共发放707笔,贷款金额合计2677万元。审批通过个人经营性贷款127笔,金额32140万元。成功审批发放浙江赛伍应用技术有限公司5000万元的流动资金贷款,审批通过浦江县中医院1000万元设备专项更新改造贷款。开展各种业务营销活动,陆续开展"女神节口红DIY""中医院护士节线上回馈活动""端午节客户走访"等一系列活动,全年贵金属销售51.55万元,期缴保险销售40万元,趸缴保险287.5万元,基金销售1529.6万元,信托销售3000万元。财管收入完成率居分行第二位。

【创新产品】 2022年,以数字人民币形式发放普惠贷款,为县内第一笔对公数字人民币贷款;县内第一笔企业对公钱包向员工的数字人民币钱包发放工资。浦江县农批市场顺利落地数字人民币应用场景,实现农批市场租金数字人民币缴纳。全年开立对公钱包443户,超过预期目标12户。在浦江县人行数字人民币百日冲关活动中获第二名。

【风险管控】 2022年,交通银行浦江支行成功收回历史遗留浙江永在化工有限公司不良贷款本金105万元;成功收回浦江成利包装装潢有限公司不良贷款2598万元。截至12月31日,支行现有不良贷款20万元,均为线上自助个人消费贷款,不良率0.013%,较年初减少1.64%。

【社会责任】 2022年,交通银行金华浦江支行成功堵截一起假冒海关扣押物品需要汇款的电信网络诈骗案件,为客户挽回损失3.5万元。组织全体员工开展"慈善一日捐"活动,共筹善款2100元。结合3.15金融消费者权益日活动、共建村镇联合宣传活动、"6·14"征信宣传活动、金融知识普及守住钱袋子活动、金融知识万里行活动、非法集资宣传活动等专项宣传活动,与各部门联合开展防范电信网络诈骗宣传活动。针对企业员工(含财务人员)、市场商户、老年人、理财客户、农民工、村民等人群，共开展33次现场宣传，受益人群2900余人。

（洪天宇）

平安银行股份有限公司金华浦江支行

【概况】 2022年，平安银行浦江支行各项存款余额52290万元；各项贷款余额为12242万元，其中小企业贷款余额11640万元；不良贷款余额10万元（个人不良贷款10万元，企业不良贷款0万元），不良贷款率0.08%，全年累计处置不良贷款92万元（个人92万元，公司0万元）。

【企业帮扶】 2022年，平安银行浦江支行响应政府及监管部门号召，帮扶民营企业、小微企业，在深入调研企业实际情况的基础上，分析企业融资模式并结合企业经营模式，资金流情况以及结算方式等，由专业产品经理，设计最优融资方案，提高资金利用效率，降低企业融资成本，2022年度为现有融资企业予以利率优惠，共计减费让利65.45万元，综合利率由原来的5.39%下降至4.68%；个体工商户个人贷款利率下降3.86%，比上年下降25.52%；对有一定发展前景和竞争力但短期内遇到资金紧张等困难企业，适当降低融资成本，同时鼓励企业对闲置资产及时瘦身，降低自身有息负债。传达最新金融政策，将最新的监管要求与金融政策传达至企业，根据企业实际情况提出可行性建议。

【改革创新】 2022年，平安银行浦江支行按照总行零售银行发展战略，推出以房贷、保险单为依据的“新一贷”信用贷款和“平安白领贷”等业务。推出“不排队银行”项目，强化自助服务区功能，实现现金柜台的“瘦身”，让柜员走出来为客户提供“一对一”、面对面、“一站式”服务。FB自助设备3台，可支持30余种银行业务的自助办理，为理财经理和客户构建小型的“洽谈区”，理财经理可使用移动IPAD为客户在“洽谈区”提供服务。

【社会责任】 2022年，平安银行浦江支行开展“3·15”金融消费者权益日宣传，普及金融网络安全、防范通信网络诈骗、支付结算等金融知识宣传活动20余次，开展“平安守护者，夏日送清凉”和“平安守护者，冬日送温暖”公益活动，为坚守岗位的公安、消防、交警、环卫工送温暖、献爱心，同时为更贴合业务发展模式，规范和加强全行职场管理，平安银行浦江支行更新职场管理办法，为全行员工创造统一、舒适、整洁、规范、安全的办公环境，让客户办理业务更舒心。平安银行浦江支行获2022年度金融系统“星级服务网点”和“最佳服务之星”等称号。

（于　航）

广发银行股份有限公司金华浦江支行

【概况】 2022年，广发银行浦江支行人民币日均存款余额8.72亿元，较年初增加1.46亿元；各项贷款余额19.47亿元，较年初新增6.49亿元；不良贷款余额0万元，不良率0。获2022年度金融系统“星级服务网点”称号，员工于佳佳获“最佳服务之星”称号。

【服务国家发展战略和实体经济】 2022年，广发银行浦江支行致力于服务国家发展战略和实体经济，2022年民营企业信贷余额9.90亿元，较年初新增4.39亿元；科技金融信贷余额3.54亿元，较年初增长2.00亿元；支持国家重大战略——绿色金融信贷余额3.92亿元，较年初增长1.97亿元；战略性新兴产业贷款余额6.95亿元，较年初增长5.00亿元；制造业贷款9.85亿元，较年初增长4.39亿元。

【支持碳账户信贷】 2022年，广发银行浦江支行在营销民营企业过程中，广发银行浦江支行落实人行《金华市碳账户信贷规范业务操作指引》的要求推进碳账户贷款。发放碳账户贷款4500万元，实现碳账户业务零的突破，成为浦江县首笔碳账户贷款。

【发展创新业务】 2022年，广发银行浦江支行推出"3+3"金融产品项目，即客户可一次性批复期限为6年的小微企业经营贷款，可选3年转贷一次。在客户经理充分尽调，审查人员谨慎审批的前提下，节省了客户经理以及客户的时间精力。针对企业转贷难问题，广发银行浦江支行推出"免还续贷"产品，客户无须筹集转贷资金，通过产品续贷来归还企业原贷款，减少客户转贷压力，减轻企业负担。

【履行社会责任】 2022年，广发银行浦江支行为更好地倾听客户声音、关注客户体验、解答客户疑问，了解客户的真实需求，定期摆摊入乡，与客户"零距离，面对面"亲切交流，为消费者解决实际诉求。在网点厅堂安排金融知识宣传环节，向办理业务的客户讲解电信诈骗、非法集资等案例，普及《中国人民银行金融消费权益保护实施办法(2020年5号令)》中的基本内容，强化金融消费者风险意识，了解自身合法权益。同时，还向中老年人派发微信支付使用手册，解决老年人运用智能技术困难问题，打造有温度的金融服务。

（洪晓璐）

浙江泰隆商业银行股份有限公司
金华浦江支行

【概况】 2022年，泰隆银行浦江支行在浦江区域共设有两个营业网点。各项贷款余额48611万元，较年初增加6312万元，增幅14.92%，有贷款余额客户共876户，户均贷款约55万元；各项存款余额73261万元，较年初增加22495万元，增幅44.31%。

【创新小微服务产品】 2022年，泰隆银行浦江支行创新以"纯线上"为服务模式的小额信贷产品"泰e贷"，客户申请、签约、用款全流程线上化，实现"办业务一次也不用跑"的体验。2022年，共发放"泰e贷"87笔，合同金额1573万元。针对科技型小微企业创新推出以知识产权质押为主要担保方式的贷款，包括专利权质押产品"专利贷"和商标专用权质押产品"标贷通"，同时开展专利权、商标权自主评估，免除企业评估费用，共发放22户，质押金额17400万元，授信金额4192万元，贷款余额3792万元。推出为客户锁定利润的结汇产品"随心结"，截至年底签约外汇衍生品企业31家，金额1352万元。

【支持小微市场】 2022年，泰隆银行浦江支行服务社区内小微客群，通过"定点、定人、定时"的社区化经营有效解决信息不对称、降低服务成本、做大客户量，服务子社区内小微企业与两民客群。落实"三服务"，建立金融顾问队伍，常态化开展企业走访、座谈等形式了解企业需求，为小微企业提供切实可行的金融方案。2022年，共走访约1200家企业及个体户，开展宣讲座谈会23场，其中汇率避险宣讲会3场，覆盖浦江80%外贸企业，共发放首笔贷款197笔，合同金额11088万元，案例被《金华日报》《金华广播电视报》采用。

【政银企对接】 2022年，泰隆银行浦江支行与人民银行浦江县支行、县公安局开展浦江第一场反诈直播，吸引3万余人次在线观看，同时对接各乡镇、街道派出所，一同开展反诈宣传活动40余场，参与人数3000余人次。获中共浙江省委常委、统战部部长邱启文批示，与统战部合作开展“青禾计划”项目，作为统战部新乡贤培育试点基地，举办新乡贤培育暑期实践活动，共招聘12名暑期实践生，帮助果农打开销路提高收入，助力农副产品展销，推动乡村振兴、共同富裕，共开展26场直播活动，整体销售额约15万元，并由大学生“一对一”服务农户，让农户学会线上平台销售，自助开展线上直播，被浦江电视台、“诗画浦江”公众号、“金华统战”公众号、《金华日报》、“人行杭州中支”公众号等平台报道，获30多万阅读量。并为新乡贤年轻群体整体授信5000万元，给大学生创业低息贷款支持，增加年轻群体获客渠道。

（盛少博）

台州银行股份有限公司
金华浦江小微企业专营支行

【概况】 2022年，台州银行浦江支行存款余额12497万元，较年初新增2387万元，增幅23.61%；贷款余额30140万元，较年初新增3046万元，增幅11.24%；信用贷款11748万元，占比38.9%；惠型小微企业贷款余额7857万元，占比26.06%；存量贷款户755户，贷款户均40万元。契合浦江县小微民营经济发展环境，推进产品创新，加大对县内实体经济的支持力度，为小微企业创造平等的金融服务机会，让更多小微企业享有公平的融资权。台州银行浦江支行获“2022年浦江县全国文明城市创建月度考核骏马奖”的称号。

【抗疫助企】 2022年，台州银行浦江支行按照疫情防控和助企扶企政策要求，制定做好民营小微金融服务保障、融资监测全覆盖等一系列政策措施，助力企业复工复产。为帮助小微企业客户渡过难关，发放300万元（含）以下信用贷款，推荐“商赢易贷”“信用易贷”“兴农卡”“容易贷”“薪金贷”等循环使用、随借随还的自助类贷款产品。

【减费让利】 2022年，台州银行浦江支行继续践行“服务不收费，服务更到位”的服务承诺，免费范围几乎涵盖所有结算类项目，以及其他一些常用业务，如跨行转账汇款手续费、委托（托收）手续费、ATM机跨行取款手续费、网上银行和手机银行跨行汇款手续费等，为民众打造“免费银行”，让利最广大的中小客户，推出的免费服务涵盖所有人民币基本结算类业务服务项目以及其他一些服务，为客户带来实惠；帮助受新冠疫情影响的小微企业渡过难关，对符合条件的存量贷款户进行减免利息和罚息，并针对客户融资需求，发放贷利息抵用券，减少客户的结息费用，降低企业融资成本。

【科技创新】 2022年，台州银行浦江支行运用金融科技缩短对客户响应时间和服务时间，创新建设

"一站、一支行、一平台、一中心"模式。"一站"即客户服务移动工作站,一线客户经理借此实时接入银行系统,后台远程协作完成现场开户、生活服务、理财、信贷全流程操作,银行内90%以上的业务可通过平板电脑实现全流程操作;"一支行"即线上支行,以"微信支行"与"网上支行"为载体,贷款申请就像手机下单点餐一样方便;"一平台"即大数据平台,通过分析建模量化风险,做到服务、风控两手抓;"一中心"即后台作业支持中心,具备后台营销、风控、作业三大服务支持能力,提高一线营销和授信作业效率。

【公益银行】 2022年,台州银行浦江支行开展"金融服务进村居""邻居节"等公益活动,选择当前群众关注的热点问题,制作宣传海报和漫画,开展公益宣传活动,让广大村民不出家门就能享受到贴身的金融服务。探索建立长效机制,初步建立起广泛覆盖的农村金融服务网络。

(胡皓翔)

保险业

中国人寿保险股份有限公司浦江县支公司

【概况】 2022年,中国人寿浦江县支公司实现保费收入1.95亿元,比上年下降2.13%,其中新单保费4408.87万元。各类给付支出6978.42万元,其中处理各类赔案35410件,理赔给付2965.98万元,年金、满期金给付2663.45万元,其他应付类支出1319.05万元。2022年,中国人寿浦江县支公司客户服务中心被评为浦江县2022年度金融系统"星级服务网点"。

【经营管理】 2022年,中国人寿浦江县支公司深化以客户为中心的"一体多元"销售布局,在强化规范管理的基础上加强资源精准配置,多措并举推进中国人寿浦江县支公司发展。个险板块聚焦价值创造,坚持以有效队伍驱动业务发展,推进渠道转型;多元业务板块聚焦专业经营、提质增效、开拓创新,寻求新的业务点,与个险板块协同。创新驱动发展,推广E化工具、无纸化投保、微回执、微回访等科技工具,提升保险业务可获得性和服务便利性;推出理赔直付服务,构建商业补充保险与基本医疗保险之间互联互通机制,实现"让数据多跑路、百姓少跑腿";持续加强内部管控,发挥风控"耳朵"和"眼睛"的作用,定期进职场开展监督检查工作,开展诚信合规教育宣导,组织开展"银保监风险大排查""防范非法集资排查""反洗钱客户信息治理和反洗钱专项自查"等风险排查,消除风险隐患,提升公司合规经营的能力;推进"党建+"模式,实现党建与公司经营同步发展的目标和要求。开展以"学习贯彻党的二十大精神"为主题的专项党课,将精神文化落实到工作行动中。开展完善党员发挥作用机制,推行党员亮牌示范、先锋岗、志愿服务、认责承诺。

【提升服务质量】 2022年,中国人寿浦江县支公司定期组织柜员开展业务技能培训、礼仪培训,提升柜面服务质量和柜员工作技能;举办"3·15"消费者权益保护教育宣传周、"6·16"国寿客户节""7·8"保险公众宣传日等活动,开展送保险知识进社区、"国寿小画家"、"国寿700健行"等线上线下增值服务活动,满足日益增长的客户服务需求,提升社会民众保险意识；组织开展“防范和处置非法集资”宣传月活动，提高公众非法集资防范意识，自觉抵制非法集资；为老年客户打造“95519”优先服务通道、App尊老模式，推出老年客户专属陪同“免排队”服务，为老年人增设敬老专座、配置老花镜等便民设施，并为特殊客户群体提供绿色服务通道和便民服务，提升客户服务体验。

【政保合作】 2022年，中国人寿浦江县支公司聚焦普惠便民，优化大病保险服务，对接浦江医疗保障需求，安排大病保险专职服务人员与医保工作人员合署办公，推广“基本医保+大病保险+商业保险”一体化结算模式，为参保居民提供更优质便捷的医疗服务。金华大病保险项目覆盖全县36.82万基本医保参保人，其中缴纳“选缴保费”的人数超34.87万人；聚焦“三农”风险，拓展惠农助农业务，拓展农村小额人身保险、低收入农户健康保险等惠农业务，提高低保对象、重残对象和优抚对象等群体的保障水平。浦江县低收入农户健康保险项目覆盖低收入人群4978人，赔付金额95.13万余元，为低收入群体构筑风险抵御屏障；聚焦重点群体，提升保险供给质量，推广男、女安康保险项目，参保人员缴纳200元保费就能获5万元的健康保障，2022年度女性安康保险参保13785人，赔付金额189万余元；开展学生意外伤害保险，覆盖全县3.5万余名中小学学生，每年理赔学生约4000人次；推出特色人身安全保险，通过“政保合作”的形式补齐弱势群体的保障短板。为共同富裕的重点领域、弱势群体实现“扩中”“提低”提供保险保障；开展工伤保险相关服务，与浙江省挂锁行业协会签署战略合作协议，承办浦江县挂锁企业“工伤补充保险”项目，提供一次性伤残就业补助金，对工伤保险形成有效补充；开展“慈善一日捐”“7·8”保险扶贫健步走等公益活动，联合计生协、妇联等组织，对困难计生家庭、困难妇女、困难大病患者等弱势群体，开展多样化的专题帮扶活动，让困难群体得实惠、暖人心。参与疫情防控工作，通过捐赠保险、扩展产品责任、捐赠防疫物资等方式，发挥保险风险补偿作用；配合政府2022年文明创建活动，组织员工参与共建区浦阳街道善庆村垃圾清理、“礼让斑马线”文明交通劝导等活动，履行社会责任。

（王利丹）

中国人民财产保险股份有限公司浦江支公司

【概况】 2022年，浦江人保财险实现保费收入20976万元，业务量占全县财险市场的47.75%；缴纳、代收入库各类税金1825.32万元，支付各类赔款14079.37万元。浦江人保财险开展政企互动，定期对机关单位走访沟通，助推交通类安责险项目、农业保险、建工安责险、自建房全生命周期保险、校园方责任险、医疗保险等险种的发展，为建筑业、农业、水利项目等行业、项目保驾护航，推动全县经济社会高质量发展。2022年，浦江人保财险参加社区共建，参与社会治理，荣获浦江县全国文明城市创建工作“骏马奖”，“共享法庭”获评全市第二批星级“共享法庭”。

【食品安全责任保险】 10月25日，浦江人保财险分管负责人参加浦江县食品生产企业食品安全培训暨食品安全责任保险推进工作会议，为9家食品生产企业详细介绍食品安全责任保险方案、保险标的、理赔服务等内容，并对食品生产企业负责人提出的食品安全责任保险事项内容进行现场解答，最终全部现场签订食品安全责任保险。

【政策性农村住房保险】 11月16日，浦江人保财险参加花桥乡等乡镇政策性农村住房保险收缴布置会，对2023年政策性农村住房保险续保工作进行宣讲，详细介绍农房险的承保、理赔情况，并对农房险下阶段工作开展进行部署。

【警保联动】 6月22日，浦江人保财险联合县公安局交警大队到县邮政管理公司，围绕“喜迎二十大·文明再出行”宣传主题，通过观看交通事故案例视频、讲解交通违法危害、宣讲电动车普法知识的方式，为现场投递驾驶人送上一份“交通安全快递”。

【走访慰问残疾人】 11月7日，浦江人保财险与残联、残疾人就业康复中心一同走访慰问花桥乡光明村残疾人黄平满，营造关心、帮助残疾人的良好氛围。

（王诗晨）

城乡建设

综　述

【概况】 2022年，浦江县住房和城乡建设局(简称"县建设局"完成中山路(月泉路—文溪路)、大桥路(体育场路—浦南大道)、江滨路(大桥路—和平路)、环城南路(大桥路—环城西路)、凤荷路(后溪水库—仙华路)、西山北路(月泉路—凤荷路)、文溪路(丰安路—大桥路)、青年路(中山路—建设路)8条城区主要道路，总长度约6.4千米的改造提升工作，新增城区停车位510个。污水管网建设改造6.5千米，新建雨水管网4.5千米，提标改造管网4千米，雨污分流改造管网5.5千米，清淤管网157千米；完成347个终端的标准化运维，建设改造农污设施开工53个，撤并14个。实施公共绿地提档改造升级，改造凤荷路、仙华路交叉口等3个"口袋公园"；改造提升亚太大道(恒昌大道—文溪东路)绿化带，提升浦阳江城区段绿化景观。

【招商引资】 2022年，县建设局共引进浦江万鸿建设有限公司、金华衢通机械租赁有限公司、浙江赛翔建设有限公司、浙江君业建筑劳务有限公司、浙江谕峰建筑劳务有限公司和浙江建友建筑劳务有限公司6个项目，报送项目信息20条。

【争取项目资金】 2022年，县建设局对重点项目早谋划、早储备，加大项目储备谋划和资金争取工作力度，向上争取资金7587.4万元。其中，浦江县饮用水水源地农村生活污水综合治理项目资金2800万元，省级住房与城市建设专项资金2699.8万元。

【水环境综合治理】 2022年，县建设局开展老旧管网提标修复、污水零直排标杆镇创建、农污治理全域标准化运维工作，通过"一市一样板"培育、《农村生活污水处理设施格栅应用技术导则》(简称《格栅导则》)试点应用、排水管网"一张图"建设，逐步提升城乡污水处理能力，持续改善全县水环境质量。全年完成347个终端的标准化运维工作，建设改造农污设施开工53个，撤并14个，投资额3600万元。

【水资源管理】 2022年，浦江县新创省级节水型载体2个，企业新申报节水标杆单位1家，经多方协调讨论，明确责任，加快进度，保质保量完成仙华新区、文溪二区、文溪五区、珠红新区、兰山庭院5个小区的二次供水改造项目，保障城市居民饮用水安全。

【项目审批改革创新】 2022年，县建设局深入实施极简极速审批改革，利用告知承诺制办理模式，有效精简建筑工程施工许可、临时占道、排水许可等相关审批材料，让企业群众实现“零次跑”。其中，建筑工程施工许可项目审批全过程网上办理，缩减到1天办结，临时占道审批实现申请即办结，施工许可、排水许可审批从20多个工作日分别缩减至1天、5天办结，企业和群众满意率均为100%。

旧房改造

【老旧小区改造】 2022年，县建设局完成10个老旧小区改造续建项目，项目用地面积约28.97万平方米，总共涉及294栋楼2052户，总投资1.07亿元。改造内容包括平改坡、小区绿化、小区飞线治理、立面改造，完成江滨新村、东溪花园等既有住宅加装电梯10台。

【农村危旧房动态清零】 2022年，县建设局对全县城乡自建房进行排查摸底、数据录入及危房鉴定工作，共排查175255栋，其中经营性自建房8990栋，发现危房1487栋（经营性自建房14栋），于12月底完成经营性自建房整治工作。继续实施农村困难家庭危房改造即时救助，开展动态排查，确保动态清零，全年完成19户危房改造，发放补助资金39.9万元。

城市管理

【美丽城镇建设】 2022年，虞宅乡获评省级美丽城镇样板镇，黄宅镇、白马镇、岩头镇、中余乡获评省级基本达标乡镇；实施檀溪镇平湖村、虞宅乡高坑村省级美丽宜居示范村创建，完成美丽宜居规划编制；完成大畈乡湃桥村、檀溪镇小湫村、花桥乡里黄宅村美丽宜居创建工作和杭坪镇石宅村传统村落风貌提升工作；完成2个历史街区和202处历史建筑的挂牌任务。

【城乡风貌（未来社区）建设】 2022年，县建设局编制《浦江县城镇社区建设专项规划》《东街未来社区一体化实施方案》《塔山未来社区一体化实施方案》《郑宅岩头黄宅县域风貌区建设方案》；完成檀溪—大畈诗画乡野县域风貌区建设，9月通过验收考核，获评省级风貌样板区；东街未来社区围绕五个标配、三个选配共八大场景，重点打造“一老一小”及非遗馆等重点子场景，共投资约2000万元，9月开工，年底基本完工。

城市建设投资

【概况】 2022年，浦江县城市建设投资集团有限公司（以下简称“县城投集团”）落实县委县政府的各项决策部署，坚持服务全县发展大局，在城市建设运营、重大项目建设、产业拓展布局、融资业务能力等方面取得成绩。有资产总额163.1亿元，比上年增加24.06%；全年实现营业收入59134.90万元，比上年增长26%;实现利润总额9520.72万元,比上年增长58.15%,缴纳税款4259.59万元。拥有房地产开发、建筑、市政公用、水利水电总承包二级,市政公用工程、房屋建筑工程监理甲级等资质10余项。现有子公司39家,职工519人,其中中高级职称96人,执业资格证书82人,党员91名。

【城乡供排水运营】 2022年,县城投集团城乡自来水公司累计制水5297.33万吨,比上年增长4.51%;售水4775.47万吨,比上年增长4.39%(其中义乌售水1066.68万吨,比上年增长7.04%);供水管道(DN75以上)总长615千米;管网水质综合合格率99.9%,管网漏损抢修及时率100%,热线投诉处理及时率100%,公众满意度达99.8%,漏损率4.05%。县城投集团排水公司全年累计处理污水量约361万吨,疏通城区主要道路排水管网108千米,清理雨水收集井约3万座,更换雨、污水井盖等22套。

2022年3月4日,城乡自来水公司修理人员对中山北路DN500水泥管进行抢修 (县城投集团提供)

【智慧停车建设运营】 2022年,县城投集团建成投运工程项目9个,总投资1954.62万元,新增停车泊位6510个。全县共有停车位(含封闭式停车场)9686个,其中县域运营车位5344个,运营封闭式停车场10个,新能源充电桩32台,有效缓解县域"停车难、停车乱"问题。为进一步提升用户办事的便利性、体验感和满意度,无接触式停车服务、线上化沟通、预储值离场抵扣、无感支付、ETC缴费均已在浦江县智慧停车平台上线,平台共注册用户46621位,服务300余万车次,停车周转率7次/天。

【文明创建工程】 2022年,县城投集团把"为民惠民"理念贯穿文明城市创建全过程,提升城市基础设施,实施全国县级文明城市创建重点项目20余项,涉及人行道改造、桥梁修复等工程,总投资5000余万元。全年完成大桥路、中山路等15条人行道改造项目;补损道路、人行道面积4.1万平方米;修复桥梁隐患17座、桥面1706平方米;建成26个路口道路隔离栏4700余米,更换安装道路标识标牌72处;建成4条道路中央护栏3400余米。

【共建共享助力共同富裕】 2022年,为改善全县工程渣土乱堆乱放、随意倾倒等现象,助力城乡实现"产业共富、生态共富",县城投集团华实资源综合利用有限公司先后建成浦南街道、浦阳街道、白马

2022年7月11日,浦南街道黄都村峨坞山消纳场施工人员加固永久坝迎渣面格宾网 (县城投集团提供)

镇、虞宅乡4处渣土消纳场，选址储备黄宅镇、岩头镇2处渣土消纳场，渣土消纳总量约402万立方米。全年累计消纳渣土约212万立方米，为乡镇和村集体增收1238.579万元，其中支付浦阳街道以及村集体600万元；浦南街道以及村集体518.579万元；白马镇以及村集体70万元；虞宅乡以及村集体50万元，有效带动4个乡镇(街道)9个村实体经济发展。

【组建成立浦江县城投一建建设有限公司】 2022年4月，县城投集团以“自投、自建、自营”为导向，构建工程建设、监理、测绘及设计全周期施工一体化管理体系，成立集房地产开发、建筑、水利水电工程施工等5项资质一体的城投一建公司，提升集团建筑施工领域的社会认可度、品牌影响力。全年承建各类项目20余项，总金额达13.6亿元，其中承建理和园、浦江县公共应急指挥中心建设施工等项目17个，合同价约3.6亿元；开展自营自建项目4项，总投资约10亿元。

【晋升工程监理综合资质】 7月，县城投集团华宇监理建设公司获得市政公用工程监理资质甲级。10月，县城投集团华宇监理建设公司获得房屋建筑工程监理资质甲级，为公司产业链拓展突破资质瓶颈。县城投集团华宇监理建设公司全年承接监理和造价咨询服务项目265余项，比上年增长62.9%；实现营收783.89万元，比上年增长39.68%。

【获评AA主体信用评级】 10月18日，县城投集团获全县第2家AA主体信用评级。集团全年贷款综合利率为5.14%(剔除专项债利率)，比上年下降103BP，财务成本减少1511.36万元；按贷款全周期测算，财务成本减少5062.30万元，单笔贷款利率最高下调200BP。

【安置房建设工程】 2022年，县城投集团共谋划实施浦阳街道善庆村安置区项目(珠红安置区二期)、仙华街道登高村安置区项目、仙华街道西部山区地质灾害安置房工程3项安置房项目，项目总投资15.85亿元。其中善庆村安置房建设工程于2022年9月13日开工，项目总投资4.99亿元，建设安置房520套，总建筑面积81400平方米，用地面积2.76公顷，用于善庆十亩社区项目拆迁安置地块面积23711.5平方米；登高安置房建设工程总投资4.66亿元，建设安置房563套，总建筑面积87148平方米，用地面积2.66公顷，完成施工图设计，容缺办理施工许可证；西部山区地质灾害安置房工程于2020年10月9日开工，总投资6.20亿元。2022年2月，移交城投集团，建筑面积162340平方米，总用地面积5.16公顷，建设安置房911套，施工进度已完成85%。

2022年，仙华街道西部山区地质灾害安置房工程建设现场　　（县城投集团提供）

【理和园项目】 2022年，县城投集团启动总投资额4.05亿元的理和园项目，地块面积17439.7平方米，商住用地，总建筑面积约50000平方米，位于浦江老城中心位置，项目定位为改善型、中档排屋产品。已完成围护桩冠梁浇筑80%，工程规划许可、施工许可办理中。

【浦江县产业科创园项目】 2022年，县城投集团启动浦江县产业科创园项目，该项目用地面积89494.61平方米，建筑面积43万平方米，总投资23亿元。项目立足拉伸城市框架、拓展发展空间的现实需要，以酒店、办公、总部经济、餐饮娱乐服务、公寓等为组合业态规划，整体提升浦江现代服务业的水平。已出具地勘报告，方案设计已基本完成。

【金塔片区项目】 2022年，县城投集团启动金塔片区项目，该项目总面积3.6平方千米，总投资约49.22亿元。投资运营内容为项目全域范围内的项目整体开发策划、规划设计咨询、征地拆迁投资、工程项目建设（包括市政基础设施、公共服务设施以及招标人或金塔片区开发建设指挥部指定的其他项目）、产业导入及城市运营等。2023年1月12日，取得浦江县金塔片区综合开发投资运营权。

（周冰清）

保障性住房

【概况】 2022年，县住房和城乡建设局把实现“住有所居”目标作为经济社会发展和改善民生的重要内容之一，通过加大宣传、完善机制、严格审查、提升服务四项措施，“做深”“做实”中等偏下住房困难群众住房保障工作。截至2022年底，浦江县公租房实际保障771户，其中实物配租154户，租赁补贴617户，全年发放租赁补贴金额达3331464.8元，历年累计保障3513户5921人。浦江县成立保障性租赁住房工作领导小组，组织召开保障性租赁住房推进会和认定会，完成开发区绗缝产业园区、郑宅挂锁园区2个项目823套房屋的房源筹集和认定，超额完成市局下达800套的任务，确保外来务工人员、新市民等人群住有所居、住有宜居。

【公租房管理】 2022年，浦江县共有观华苑和月泉安居苑公租房154户，租金收缴率100%，全力配合街道、社区做好公租房文明创建，实现公租房日常有障保修，不断改善租户居住环境与居住安全，确保承租户生命财产安全。

【住房补贴发放】 2022年，浦江县公租房实际保障771户，发放租赁补贴617户，全年发放租赁补贴金额3331464.8元，历年累计保障3513户，共计5921人。

片区开发建设

【概况】 2022年8月1日，浦江县委办公室、浦江县人民政府办公室决定成立浦江县片区开发建设指挥部，统筹推进城区范围内的片区开发建设工作。原金狮湖保护与开发指挥部、县历史文化街区保护利用暨城西区块有机更新工作指挥部不再保留，县旧城改造指挥部（县城中村改造办公室）并入浦江县片区开发建设指挥部合署办公。

指挥部主要职能是组织实施片区开发建设工作；负责组织片区开发建设中长期发展规划、城乡规划等各项规划的编制；负责协调、对接有关部门，根据县各项政策拟订有关房屋、土地征收补偿、土地出让方案；委托并配合属地乡镇人民政府、街道办事处开展土地储备、征地拆迁等政策处理工作，协调处理实施过程中产生的问题；负责片区内建设项目的论证、设计、申报工作及工程项目实施过程中的质量、安全和进度监管；负责对开展的城中村改造项目后续扫尾工作及旧城改造工作遗留问题处置等。

【金狮湖—塔山区块开发建设项目】 3—5月，浦江县片区开发建设指挥部开展金狮湖—塔山区块（简称“金塔片区”）前期开发工作，编制预算方案及用地平衡布局，相继与30余家国内企业洽谈金塔片区合作事宜60余次。6月，启动专项债申报，上报可行性研究报告财务评价，并于10月与县级国有银行开展融资业务接洽，达成初步共识。金狮湖东侧地块完成控制性规划修编、边界勘测和权属调查和土地出让工作。金狮湖大坝南侧住宅地块三内开闭所、大坝南侧P115线岳塘线完成迁改设计方案。金塔片区内浦江变（电所）南侧110千伏朱浦、丰浦、月浦高压铁塔完成迁改路线设计方案、可行性研究论证及东北侧地块路线图方案。10月，实验小学金狮校区完成控制性规划的编制。配合县水务集团完成金狮湖大坝南侧的除险加固工程。浦江县金狮湖周边环境提升改造工程（配套附属设施修缮）通过竣工验收和财政结算审计。浦江县金狮湖房屋拆迁一期拆除工程中，原亚盛公司四幢厂房和原仙华办事处区块两栋房屋完成拆除工作，累计拆除30099.36立方米。仙华街道下五里3处基站（浦江移动公司、中国电信浦江分公司、铁塔浦江办事处）搬迁工程完成并结算审计。

【恒昌区块拆迁项目】 2022年，根据浦江县区块规划要求，浦江县片区开发建设指挥部启动恒昌区块（亚太大道、班班大道边）房屋建筑拆迁清理工作。12月，配合县低效工业用地办公室完成已腾空厂房的拆除和建筑残值的处置，清运渣土38000立方米。

【历史文化街区改造项目】 2022年，浦江县片区开发建设指挥部启动浦江老城传统风貌样板区和东街未来社区创建申报，并开展方案编制，实施创建工作。打造非遗文化主题街区，在解放东路91—97号院落布置集非遗研学基地、非遗产品展销中心，集非遗产品展销、技艺展示、研学交流、文创开发、观光旅游于一体的综合性展示平台。于12月完成场馆建设，入驻竹编、十字绣花、浦江陶瓷、茶道、香道等一批非物质文化遗产制作技艺展示，展销非遗产品20余种、特色农产品10余种。启动解放西路街区大北门路、水门路房屋修缮、道路改造工程。6月，完成房屋修缮签约工作；8月，道路改造石板铺设0.32千米，“三线入地”改造0.32千米；10月，完成解放西路智慧消防安控安装工程。7月，理和堂地块完成出让，由县城投集团摘牌开发建设。

【“城中村”（棚户区）改造二期工程】 2022年，浦江县片区开发建设指挥部“城中村”（棚户区）改造二期工程文溪安置区二期续建工程，总投资累计15.2亿元。建设完成文溪安置区二期续建工程C区块总工程的80%，其中外墙涂料完成95%，铝合金门窗安装完成75%，景观工程完成25%；完成文溪安置区二期续建工程D区块总工程的90%，完成商铺铝合金门扇及窗扇安装、楼梯扶手油漆施工等工作，景观工程完成70%。

【其他搬迁改造工作】 2022年，浦江县片区开发建设指挥部与浦南街道办事处指派人员对浦南街道蒋塘村2009年实施的旧村改造项目进行排查、摸底工作，完成对被改造的251户的资料整理前期工作。6—7月，协助浦阳街道办事处开展环城西路加油站区块国有土地上涉及公共利益的房屋征收工作，累计签约73户，签约建筑面积8099.42平方米。8—9月，开展黄宅镇后潘都自然村片区开发集体所有土地征收资料整理前期工作，累计签约22户，签约占地面积1949.31平方米，建筑面积5161.62平方米。

（王勃俊）

公共事业

【概况】 2022年，完成管网新建及雨污分流改造20.5千米，清淤管网167千米，排查管网30千米；完成城市内涝治理专项规划“一点一策”方案、城市内涝治理系统化实施方案和4处城区积水点改造。完成书画街、东山公园（篮球场东侧）、恒昌大道南侧等510个停车位建设。推进城区公共绿地提档改造，建成3个“口袋公园”▲，提升1条道路、3个公园的景观绿化；全年累计栽种草花35万余株；龙峰小学获评“浙江省园林式单位”，晶城路获评“浙江省绿化美化路”，白马镇初级中学等7家单位获评“金华市园林式单位”。

▲“口袋公园”：指面向公众开放、规模较小、形状多样、具有一定游憩功能的公园绿化活动场地，一般利用城市中的边角地、废弃地、闲置地、绿地等，规划建设或改造而成。

【城镇燃气安全整治】 2022年，县建设局牵头发挥城镇燃气安全整治工作专班总协调、总指导作用，联合属地政府、相关部门对餐饮等公共场所、城乡居民燃气用户、城镇燃气企业分别开展安检“扫街”、入户“清网”、燃气“除病”等七大专项行动。截至12月，全县累计出动检查人员2.23万余人次，检查点位共7.29万处，发现隐患问题771处，整改率100%。持续推进文华园、望湖悦园、文澜苑等新建房产住宅配套安装，主城区老旧小区二次开发，推广老旧小区改造配套天然气，持续建设市政主干管网，燃气管网下乡镇，全年新建燃气管道61千米，改造燃气管道7.2千米。完成《浦江县城市燃气专项规划（2014—2030年）》县政府审批工作，新修编《浦江县城镇燃气突发事故应急预案》。实施助企暖企措施，督促县高峰管道燃气公司严格执行落实助企暖企措施，全年共为49家企业缓缴费用206万元，零收取欠费滞纳金。

【农村生活污水治理】 2022年，县建设局参与编制《格栅导则》，并在浦南街道宋溪村后孙、前吴乡真溪村、浦南街道前于村樟树下、杭坪镇薛下庄等农污终端进行格栅改造试点，对《格栅导则》进行验证，于4月将《格栅导则》修改稿提交省建设厅阅研。全年争取到中央水污染防治资金2800万元，浦江农污数智处理系统被列入全省“一市一样板”培育名单。12月，在浦江召开金华市农村生活污水治理工作现场推进会，浦江县作典型经验交流发言，获评“浙江省农村生活污水治理工作考核优秀县”。

房地产业

【概况】 2022年，全县建筑业总产值72.6亿元，其中省内产值66.6亿元，比上年增长9.3%，占全县生产总值（GDP）的2.9%，为财政创收3.19亿元，占全县税收的10.85%。全年共创省级“平安工地”1个，省安全生产先进项目部1个，市级“平安工地”2个，市级安全生产标准化管理优良工地6个，县级安全生产标准化管理优良工地9个。全年实现房地产投资33.8亿元，比上年增长20.2%；完成商品房销售29.5万平方米，比上年下降16.2%，全市排名第三位；房地产从业人员薪酬比上年增长14.76%。

【保障性住房】 2022年，县建设局成立保障性租赁住房工作领导小组，组织召开保障性租赁住房推进会和认定会，完成开发区绗缝产业园区、郑宅挂锁园区等四个项目823套房屋的房源筹集和认定，超额完成市局下达800套的任务；加大公租房保障力度，发放公租房租赁补贴730户，超额完成市局下达200户的任务。

（薛晓倩）

住房公积金管理

【概况】 2022年，金华市住房公积金管理中心浦江分中心（简称“公积金管理浦江分中心”）新增住房公积金缴存人数5246人；归集住房公积金7.09亿元，比上年增长6.35%。全县住房公积金缴存人数60320人，住房公积金归集余额19.04亿元。支取住房公积金6293人次计5.23亿元，住房公积金支取额占全年住房公积金缴存额的73.68%，累计支取住房公积金34.91亿元。发放个人住房公积金贷款578户计3.24亿元，个人住房公积金贷款余额占住房公积金余额的89.64%，累计发放个人住房公积金贷款8939户计33.98亿元，贷款余额为17.06亿元，贷款逾期率为0。全年住房公积金业务收入6129.11万元，业务支出2921.13万元，增值收益3207.98万元，提取风险准备金1924.79万元，提取廉租住房补充资金934.62万元，上缴县财政局廉租住房补充资金913.14万元。2022年，公积金管理浦江分中心被评为“全市住房公积金管理机构工作目标考核优秀单位”。

【住房公积金政策实施和调整】 7月10—25日，公积金管理浦江分中心根据《关于调整2022年浦江县住房公积金缴存工资基数的通知》，完成全县住房公积金缴存基数调整。机关、企事业单位住房公积金缴存工资基数范围为2070～27936元，月缴存额最高为6704元，最低为208元。个体工商户、自由职业人员住房公积金缴存工资基数范围为2070—27936元，月缴存额最高为6704元，最低为208元。5月12日，浦江县十五届人民政府第15次县长办公会议讨论通过，浦江县住房公积金贷款政策调整如下：对拥有1套住房的缴存职工家庭，为改善居住条件再次购买住房申请住房公积金贷款的，最低首付比例由60%降低至40%；高层次人才购买自住普通商品住房申请住房公积金贷款的，全日制博士以上学历的，贷款额度可按照当期最高贷款限额上浮100%确定，其余高层次人才（研究生及以上学历、高级及以上职称人员）贷款额度可按照当期最高贷款限额上浮50%确定，贷款发放需要轮候时，优先保证高层次人才的住房公积金贷款发放；三孩家庭购买首套自住住房申请住房公积金贷款，住房公积金贷款额度可上浮20%（全省同步执行）；公积金缴存人购买二星级以上绿色建筑标识的商品住房，在规定的可贷比例和个人公积金账户余额倍数以内，住房公积金贷款额度可上浮20%（有效期至2025年12月31日）。以上调整自2022年5月13日起执行，以贷款受理时间为准。

【稳固住房公积金数字化改革成果】 2022年，公积金管理浦江分中心全面推行住房公积金政务服务2.0平台应用，线上线下逐步融合，线上办件率

99.86%，一网通办率达100%，全国通办件9件。注重数字应用，坚持政务服务集成，加强跨层级联动、跨部门协同，通过梳理涉及事项、精简申请材料、整合申请表、优化办事流程等方式，实现“编外人员一件事”“歇业一件事”“企业开户一件事”联办落地；继续深化改革，完善就近服务模式，加强住房公积金服务网点延伸工作，在重点乡镇、村（社区）、银行营业网点建立213个村级“公积金便民服务网点”，实现“15分钟公积金服务办事圈”，打造“家门口公积金”服务品牌；推行导办服务，提升现场办理质量，通过优化窗口岗位职能、提升窗口服务能力、深化窗口培训服务等一系列窗口辅助办理措施，引导群众熟练掌握“网上办”“掌上办”操作流程，让更多缴存职工享受到公积金数字化改革“红利”。

【竞争性存放招标】 12月20日，公积金管理浦江分中心修改制定印发《金华市住房公积金管理中心浦江分中心资金竞争性存放实施细则》。2022年3月29日，浦江分中心对住房公积金资金定期存款公开招标，按照综合评分法的原则，县工商银行、县农业银行、县建设银行、县农商银行中标，中标比例分别为3.09%、10.65%、2.99%、83.27%。6月21日，住房公积金资金定期存款公开招标，存放金额1.65亿元。按照综合评分法的原则，县工商银行、县农业银行、县建设银行、县中国银行、县农商银行、金华银行浦江支行中标。11月22日，住房公积金资金定期存款公开招标，存放金额2850万元。按照综合评分法的原则，县工商银行、县农业银行、县建设银行、县中国银行、县农商银行中标。12月15日，住房公积金资金定期存款公开招标，存放金额8000万元。按照综合评分法的原则，县农业银行、县中国银行、县农商银行中标。

（寿丽君）

城乡环境卫生

【概况】 2022年，全县城乡生活垃圾处置量20.3万吨，生活垃圾增长率-10%；生活垃圾分类覆盖面、无害化处理率、资源化利用率均为100%。分别获评省农业农村厅和省住建厅颁发的2022年度全省农村和城镇垃圾分类工作优秀县，获得省级奖补资金合计608万元。升级环境卫生、垃圾分类“三随机、一公开”检查机制，累计检查行政村187个，社区119个，评选出黄牌警告村（社）18个，发现并交办问题3060个，全部完成整改。

制定《环卫市场化保洁“半直接”管理机制》《市场化保洁公司介入管理和考核激励机制工作方案》，对环卫保洁不到位等问题采取扣发保洁经费等措施，累计检查发现问题4986处，扣款50.95万元。健全执法环卫联动机制，坚持每月召开一次环卫执法联席会议，用“环卫发现—执法处罚”“执法发现—环卫清理”模式解决点上环境卫生问题突发多发情况。

全年新建生活垃圾“两定四分”投放点103个，实现城镇全覆盖。同时在具备条件的郑宅镇农村推广城镇“撤桶并点，两定四分”投放模式，解决相关农村“两定四分”模式中普遍存在垃圾桶陈旧、脏污、垃圾外溢等脏乱差现象，走在省市前列。11月9日，金华市乡镇生活垃圾治理工作经验交流暨年度攻坚工作部署现场推进会在浦江召开。成功创建省级高标准垃圾分类示范小区6个、示范村4个，建设大型分拣中心1个、小型农村标准化分拣中心1个，农村回收网点4个；提升农村资源化站点11个、投放收集设施40个。制定出台《浦江县各类场景生活垃圾分类“一场两员”长效管理实施方案》《浦江县推进工业企业生活垃圾分类实施方案》等补齐各领域垃圾分类短板；持续依托"一周一主题"活动，开展"垃圾不落地""垃圾分类专项整治月"等专项整治行动，严厉查处垃圾随意倾倒、堆放、不分类等影响环境卫生的不文明行为，累计查处垃圾分类案件6075起，罚款46.562万元，办案数全市排名第一位。

【文明城市创建】 2022年，县执法局建立由局机关和环卫所全体人员及城区中队队员组成的精细化巡查组，依托智信App有效提升执法队员的"到岗率""管事率""成案率"；组建城市精细化管理工作专班，每周对城市管理问题进行汇总分析，落实"发现—研究—解决"的问题闭环处理模式，探索精细化管理新载体。6月29日，县执法局牵头开展背街小巷停车乱象专项整治行动，通过盘活厂房闲置停车资源、挖掘潜力应划尽划、集中整治拖移处罚等方式，增划机动车位4357个，非机动车位1.8万余米。9月7日，组织直属中队、浦阳中队对中心农贸市场自产自销流动摊贩进行规范整治，联合相关部门设置自产自销摊位180个，引导摊贩进入自产自销区域经营。11月2日，县执法局开展公共场所乱扔烟蒂、纸屑等不文明行为"突击整治日"行动。全年通过立体宣传、有奖举报、线索销号攻坚、突击整治、罚教结合等多种方式受理举报线索3000余条，办理举报案件2096件，兑现奖励17.265万元，查处不文明行为2331起。2022年，每周三、周六，按照每月社区共建主题和内容，组织开展社区文明共建活动，同时对照测评标准，查漏补缺，联合社区开展城市顽疾整治。

【调研督导】 6月28日，金华市综合行政执法局四级调研员、金华市生活垃圾分类办主任助理潘立新带队到浦江督导检查2022年度第二季度生活垃圾分类工作。7月21日，省分类办循环组组长梁朝明、省商务厅流通发展处二级调研员楼肇良一行到浦江开展再生资源分拣中心建设及运行情况调研督导。10月26日，金华市建设局法规处吴箐晏处长带队到浦江对建筑垃圾处置工作开展督察。

【"三改一拆"】 10月，浦江县获评2021年度省级"无违建县"和无违建创先争优示范县，并获得4公顷跨省城乡建设用地增减挂钩结余指标奖励；白马镇获评治违控违示范乡镇。全年累计拆除存量违法建筑面积15.68万平方米，开展巡查12458人次，发现并处置新增违建23起，拆除违建面积15537.2平方米，完成旧住宅区改造1.2万平方米、旧厂区改造20万平方米，累计利用拆后土地0.26万平方米，利用率100%。2月22日，市综合行政执法局党委副书记、副局长（正局长级）、市三改一拆办常务副主任来巍然带队到浦江县开展"治违控违示范乡镇街道""十佳拆改示范典型"项目审核，通过听取汇报、现场检查、随机抽查等程序开展审核。7月20—21日，省"三改一拆"办指导督查组组长陈建明、市"三改一拆"办常务副主任来巍然到浦江县开展"三改一拆"数据质量核查工作。12月2日，省"三改一拆"办常务副主任许小忠一行到浦江县开展年度重点工作核查督导。

（朱晓倩）

交通·邮政·通信

交　通

【概况】　截至2022年，全县公路总里程928.24千米，其中国道3条50.92千米(G60、G235、G351)，省道3条(S103、S210、S314)37.38千米，县道24条287.01千米，乡道66条239.53千米，村道275条306.37千米，专用公路9条7.03千米。2022年，实施农村公路大中修20条计53千米，路域环境提升75条计140千米，改造提升桥梁31座。

2022年，浦江县农村公路路面技术状况PQI 84.01位列全省第17名，连续两年名列全省前20

2022年，建设中的杭温高铁二期浦江段特大桥172号浦阳江水中墩　　(赵新尧　摄)

名。在各级各类新闻媒体刊登报道112篇；完成网评任务135次。市、县两级政务信息录用37条(篇)。承办市交通运输行业“喜迎二十大”宣传工作座谈会。全员参与全国文明城市创建工作，按要求做好文明劝导、文明共建、重要点位等工作，举办“畅行‘四好农村路’争做文明交通人”绿色骑行活动。

(黄康玲　楼园园)

【重大交通项目】　2022年，县交通局全年完成综合交通投资16.78亿元，完成率116%，综合交通投资增速居全市第一。攻破财政评审审批关，实体化运行351国道指挥部，开工建设351国道浦江联盟至兰溪界段工程。合温高速桐浦义段正式列入《国家公路网规划(2022—2035年)》，完成省工可审查、赋码、受理及相关前期专题招标。合温高速公路浦江段与杭温高铁交叉节点先行工程发布施工招标公告。浦义快速路(219省道浦江浦南至义乌上溪段)、235国道浦江郑家坞段均完成项目赋码、项目建议书批复。持续发挥县杭温高铁指挥部“统筹抓总”作用，全面保障杭温高铁二期浦江段“无障碍”施工，工作成效获县委县政府主要领导批示肯定。完成年度投资15.08亿元，完成率134%，完成总形象进度的50%；高铁站房进场试桩。项目获评省第二季度“红旗”项目，铁路轨道项目推进指数居全市第一。指挥部获“省立功竞赛先进集体”“省五一劳动奖状”“市铁路轨道项目‘扛旗争先’立功竞赛活动成绩突出集体”3项荣誉称号。高铁站场综合交通枢纽工程完成控规审查及施工图设计初稿，发布征收预公告，启动征地工作，同步推进招标工作。专人入驻专班，完成“三区三线”划定工作，省道以上5个交通项目全部入库，争取到占稳定耕地152.41公顷。

杭温高铁二期浦江段特大桥172号浦阳江水中墩 （赵新尧 摄）

（方自信 黄康玲）

【公路养护】 2022年，县交通局养护农村公路53千米，改造提升桥梁31座，路域环境提升140千米，

国道路基路面养护施工现场 （县交通局提供）

进一步完善农村公路“红色路长制”。新增优化17个公交候车亭。城乡公交一体化连续7年保持AAAAA级水平。养护普通国省道7.329千米。2022年度全省普通国省道公路路况质量公布，浦江县PQI（路面技术状况指数）排名全省第17名，RQI（路面行驶质量指数）排名全省第10名，修补率排名全省第2名、全市第1名。聚焦解决农村物流发展难点问题，协调县邮政公司与公交公司（道路公共交通公司）合作开通2条“客货邮”试运行线路，覆盖山区5个乡镇。

（黄棋林 方信奇）

【旅客运输】 2022年，浦江县有客运企业3家，有公路客运车辆71辆，公路客运周转量5973万人公里；公共交通营运公交企业1家，有公交车辆236辆，客流量1022.68万人次；出租车营运企业2家，有出租汽车93辆，客流量48.78万人次。

【货物运输】 2022年，县交通局结合浦江产业格局、分布，以及义乌、金华、诸暨等周边县市物流发展情况，规划形成“三园—两心—多点”（“3+2+N”）的县域物流设施空间布局体系，即3个物流园区[分别为黄宅物流园（综合型，商贸型+生活型）、郑家坞铁路站物流园（生产服务型）和浦南智慧供应链物流园（综合型，商贸型+生活型）]；2个物流中心（分别为高铁小镇物流中心，生活服务型和浦江开发区物流中心，生产服务型）；N个农村物流服务点。全县有货运企业218家企业，货运车辆657辆，公路货运周转量84298万吨千米，较上年下降18.2%。

【公共交通营运】 2022年，县交通局推进城乡公交一体化发展，在公交改革、“村村通”客车、绿色出行、数字化改革等方面精准发力，缩小城乡区域发展差距，服务乡村振兴，助力共同富裕，让城乡居民共享改革发展红利。2022年，浦江县城乡公交一体化率91.2%，排名全市第2名，全省第38名。

【出租车营运】 2022年，县交通局以交通运输绿色发展、循环发展、低碳发展为目标，推动出租汽车、网约车电动化，改造运营出租车“油改电”，全县巡游出租车93辆，均为新能源车辆，实现出租车100%电动化。

【交通执法规范化建设】 2022年，县交通局坚持“四张清单”考核，每月一次案件评查、每季一次绩效评查，每月评选“执法之星”“服务之星”，提升行政执法队伍综合素质。完成执法统一换装，集中开展军事化训练。推进基层站所规范化建设，统一执法队本部、执法二中队（黄宅）视觉标识，210省道浦江杭坪超限运输检测站建设工程完成土建主体部分。

（赵洁兰 张钧星）

【交通“一超四罚”平台建设】 2022年，县交通局为整治执法“宽、松、软”问题，严格执行“一超四罚”规定，全面梳理53家道路运输企业存在问题，下发处罚决定书45份，停业整顿企业20家，吊销车辆营运证18辆，责令停止营运7人。谋划“一超四罚”数字化平台，建立“三色”预警机制。全年完成处罚案件1173件，比上年增长324.8%，罚没款584.21万元，比上年增长270.6%；路警联合执法治超总案件数4950起，比上年增长685.6%；行业安全执法案件数182起，突破5万元大案2件，月度交通执法工作6次，居全市第一，大案要案办理走在全市前列，获市执法队主要领导表扬。

（赵洁兰）

【“两客一危”监管】 2022年，县交通局推行星级评定、“一企一方案”，全年检查企业552家次。“浙运安”智控平台累计产生10896条危货电子路单，处理客货运预工单15条。实时视频监控抽查客运车辆1835辆次；“两客一危”平台抽查危化车辆879辆次，“两客一危”卫星定位系统抽查车辆16445辆次；抽查危化车辆押运员信息、危货运输企业动态监控人员在岗情况701次。

（赵洁兰）

【法治交通建设】 2022年，县交通局跨部门联合检查企业21家，“双随机、一公开”工作中，达到监管事项覆盖率100%、任务完成率100%、应用信用规则100%、跨部门监管跨率100%。涉路施工许可项目监管26次。贯彻落实“跨省通办”“全省通办”要求，推广电子证照，发放400余份申领示例图。持续深化落实以告知承诺为核心的极简办公模式。全年受理行政许可2414件，办结率、满意率均为100%。

（徐红丽）

【助企纾困优化环境】 2022年，县交通局推进低效仓储物流用地整治，完成14宗（家）计9.07公顷，完成率113.9%。为春节留浦外地员工提供县内免费乘坐公交服务，以“一站式”返岗直通车服务助力企业复工复产。落实稳进提质措施，全年发放各类补助62.79万元。

（方信奇）

【公路应急抢险】 2022年，县交通局出动公路应急人员1435人次、机械105台班，清理塌方733立方米，修补坑洞31759平方米，修复涵洞12道。新增、更换、维修标志牌316块，爆闪灯30盏，黄闪灯4盏，减速带364.5米，隔离栅栏1234米，护栏板154米，B

型护栏板510米，护栏板立柱89根，护栏板端头82个，广角镜26个，标线复明3528.6米，防撞桶216只，警示桩69根，PU警示柱525根，道口标柱53根，钢丝索支撑立柱43根。

2022年，县交通局组织清理后佛线塌方

（县交通局提供）

（黄棋林）

【驾培管理】 2022年，汽车驾驶员培训结业，科目一9961人次，科目二10143人次，科目三10584人次；组织出租汽车驾驶员从业资格证考试10期，安排578人次，其中合格316人。县交通局通过人工对驾培监管平台的数据监控，对存在造假等违法违规情况的，采取生成工单处理措施，打击伪造学时数据、篡改培训系统数据等学时造假行为，共计生成处罚工单60个，作废学时11694条，退回学员326人次。12月，在金华市首届技能大赛机动车驾驶教练员赛项中，浦江县代表队表现出色，龙峰驾校教练员何龙波、潘海江分获个人一等奖、三等奖，获评“技术能手标兵”称号。

（潘　东）

【平安交通】 2022年，县交通局开展公路路域环境专项整治、迎亚运“两路两侧‘三化一平’”专项整治，全年共投入人员23031人，机械6499台次，执法巡查处置327处，路面清扫62029.5千米，中分带清理7119.2千米，路基、边沟、边坡清理2655.75千米，桥下空间清理2641座，隧道清洗1544.3千米，公路服务站清理292座，垃圾清运717.7吨，绿化养护2586.4千米，桥头跳车处置2处，路面车辙8748平方米，路面灌缝66800米，伸缩缝修补7米，坑槽修补560平方米。提前6个月完成市级道路交通事故多发点段治理工程2处，完成后佛线K12+400路段不良边坡治理工程，整治县级挂牌治理隐患点段42处。常态化开展“利剑”行动，参与工程建设全过程管理，监督竣（交）工质量评定15个，竣（交）工验收13个。

【交通共富】 根据省交通运输厅发布，2022年浦江县交通共富指数为83分，比上年提升1.1分，排名全市第四，县级19项指标实现100%。推进杭温高铁二期、351国道二期、合温高速等重大项目，延续实施“金义新区—义乌—浦江”高速客车免费通行政策，全年优惠金额1254万元。完成编制《浦江县物流产业发展及空间布局专项规划（2022—2035年）》（成果稿）。

（方自信）

【杭温高铁二期浦江段建设工程开工】 杭温高铁二期浦江段建设工程全长33.16千米，建设高铁浦江站一座，总投资约50.8亿元，于2020年12月30日开工建设。2022年，完成投资150830万元，截至2022年底，累计完成投资282383万元。

（陈松巍）

【金华、杭州、萧山机场定制班线开通】 2022年6月1日，浦江往返金华、杭州、萧山机场的三条定制班线开通。金华定制班线设置站点5个，首班车6:10，末班车14:30，共六班次；杭州定制班线设置站点8个，首班车6:20，末班车15:00，共六班次；萧山机场定制班线设置站点8个，首班车5:00，末班车17:50，共八班次。定制班线是长途汽车从原来“车站到车站”的运营模式，延伸为“点到点”的定制和预约模式，乘客不用到车站买票上车，只需通过手机“定制”班车，选择就近的站点上车，彻底解决客运服务“最后一公里”问题。

（胡伟杰）

【后佛线三十六岗塌方路段抢修完工】 2022年，因浦江县后佛线K12+500（三十六岗）路段塌方导致交通中断，塌方路段抢修工程被列为县2022年度应急处置工程。抢修工程工期三个月，于7月5日开工，10月11日完工恢复通行，总投资约300万元。工程采用“边坡卸载+排水+防护+完善交安设施”方案，完成土石方挖方约6000立方米，边沟施工435米，边坡防护应用TBS生态植被防护950平方米，挂网喷护1493平方米，混凝土挡土墙1672立方米，路面修复约600平方米。

（张浦建）

交通集团

【概况】 2022年，县交通集团资产总额49亿余元，营业收入60967万元，营业利润6880万元，上缴税收7350万元，位列浦江县2022年度纳税十强企业第3位。县交通集团获评县文明单位、综合考核工作优秀单位、五星基层党组织、金华市无偿献血先进单位；社区共建工作连续5次获浦江县文明城市创建“金马奖”“骏马奖”；集团公司、浙江龙峰公路工程有限公司创建为县属国有企业“清廉国企”；浙江龙峰公路工程有限公司被评为“2021年度浦江县‘双重工作’先进集体”；浦江城市公交111路班组被授予金华市“工人先锋号”。截至2022年，县交通集团内设机构6个，有一级子公司14家、二级子公司29家、委托管理单位1家。

【调整五大业务板块】 2022年，县交通集团以县属国有企业新一轮体制机制改革为契机，结合集团“十四五”规划，深化国资国企改革，立足传统产业，拓展新兴产业，着眼强链补链，优化结构调整，重新梳理业务体系，划分为交运、交工、交能、交矿、交建“五大业务板块”。

【打造“国企+乡镇”共富联盟】 2022年，县交通集团联合浦南、浦阳、黄宅、前吴、花桥、大畈6个乡镇（街道）农村经济投资发展有限公司共同组建浦江交投桐盟绿色建材有限公司，项目总投资1200万元，占地面积1.66公顷，主要建设内容包括碎石骨料生产线、半刚料生产线及其配套设施设备等。联合县仙华街道项宅股份经济合作社，共同成立浦江县知行汽车零配件销售有限公司，总投资270万元，检测公司与项宅合作社分别占比70%、30%，主营汽车零配件批发，于2022年12月29日试营业。成立浦江交投方宅能源销售有限公司，将浦江交投方宅能源销售有限公司49%股权和49%债权转让合同转让给仙华街道办事处，打造共富联盟党建示范带。

【国企和民企合作开发市场化房地产项目】 1月，县交通集团与绿城发展置业有限公司合作开发文景园地块；5月，与上海红星美凯龙置业有限公司合作开发金狮湖东北侧地块。创新采用遴选方式甄选优质合作对象，“全过程公开”阳光化运作，实行“股权合作”等项目运营方式，发挥本地国企和实力民企强强联合优势，以“国企背书+合作方操盘”模式，树立国有企业房地产开发新模式新标杆。“交投绿城·春风雅园”“交投红星·天铂臻园”两大楼盘开盘即受到广大市民的青睐，激活低迷房产市场。

（傅怡心）

【客运企业改革】 5月18日，浦江县道路公共交通有限公司揭牌成立，完成与浦江县汽车运输有限公司业务整合，标志着客运企业改革完成。改革后，浦江县道路公共交通有限公司负责城区公交、城乡公交、公交IC卡中心、奔跑广告传媒有限公司的经营业务，以及全县客运中心公交站、客运西站、公交站点和候车亭、站牌（含电子站牌）、公交服务站的管理；汽运公司负责长途客运和渣土公司经营。此次改革全面整合浦江公共交通资源，县公共交通管理体系跨上新台阶。

（胡伟杰）

【启动KPI考核】 5月，县交通集团通过制定“KPI考核方案”实行全员绩效考核，结合亮点工作“晒拼创”对集团40个重点项目综合评分排名，对重难点目标任务制定“军令状”，严格按计划执行任务、及时有效地监督和检查进展情况、分析问题并改进工作流程，以“KPI、晒拼创、军令状”三合一考核方式推动集团重点建设项目提质增效，督促集团各部门、下属单位增强新形势下“想方设法拼命干”的紧迫感和使命感，全面掀起“比、学、赶、超”干事创业氛围。

（周靖祥）

【嵩溪大宕水口废弃矿山自然生态环境治理工程完成销号】 嵩溪大宕水口废弃矿山自然生态环境治理工程原为交通集团经营性项目，前期资金投入巨大，在项目推进过程中，为响应中央环保督察要求，县交通集团自觉服从大局，不计单位利益得失，持续投入人力物力进行整治安全隐患，导致项目亏损。2022年，嵩溪生态治理项目采用削坡、锚杆格栅网、厚层基材喷播、排水系统、挡土墙等方法初步修复废弃矿山生态环境，达到预期治理目的，并通过县、市两级验收，顺利完成中央环保督察销号。

（方梓聪）

【花前、郑宅综合供能站投产运营】 6月1日，浦江交投综合能源有限公司花前综合供能站投产运营，结束浦江县前吴乡、花桥乡等山区乡镇无加油站的历史。该供能站是首个由县属国有企业投资开发，集加油、充电于一体的综合供能站，位于前吴乡唐岭金村、唐岭下自然村、东南村、浦横公路北侧，占地面积2569.1平方米，设加油机3台、快充充电桩2个。10月1日，浦江交投综合能源有限公司下属郑宅综合供能站正式投产，是提升和完善浦江县东部城乡公共服务设施的重点项目之一。郑宅供能站位于郑宅镇锁具大道1300号（351国道江南第一家出口附近），占地面积3301.14平方米，设加油机3台，12把加油枪；设有2个快充充电桩，4把快充枪。

（张志翔）

【推进分布式光伏项目】 2022年，浦江交投综合能源有限公司依照《浦江县整县光伏规模化开发试点工作方案》要求，承担全县公共建筑单位屋顶分布式光伏项目建设任务，与国家能源投资集团责任有限公司、中国华电集团公司、浙江省能源集团有限公司、华清八度光电集团有限公司等企业磋商合作意向，33个公建单位屋顶分布式光伏项目建设完工，28个光伏项目实现并网发电，助推全县绿色经济高质量发展，调整优化全县能源结构，助力国家“碳中和”“碳排放”。

南苑小学校园楼顶的分布式光伏

（县交通集团提供）

（张志翔）

【国有汽车维修公司成立】 2022年1月6日，浦江机关汽车维修有限公司注册成立，为县内首家国有汽车维修公司。公司地址位于浦南街道中山南路42号，主要经营范围是向社会提供机动车修理和维护、保养、钣金、喷漆、汽车美容等服务。公司于3月1日投入运营，不断完善设备设施，创办汽车尾气排放治理维护站，设立广汽传祺浦江特约服务站。同时推进机关修理厂改建项目工程，扩大修理厂规模，提升服务品质，打造机关汽车修理品牌，以优质服务和诚信经营提升市场竞争力。

（陈心悦）

【国有渣土运输企业投入运营】 2022年，县交通集团下属企业——浦江县丰安渣土运输有限公司于3月5日投入运营。浦江县丰安渣土运输有限公司位于浦南街道中山南路42号，中山南路与210省道红绿灯西北侧（原废品回收站旧址），是浦江县首家国有渣土运输公司。公司由县汽运公司与县龙峰公司联合经营，以“安全生产，环保经营”为理念，承接县内众多渣土工程运输项目。截至2022年，公司共配备渣土运输车30辆、洒水车1辆及5000平方米的渣土停车场，共运输渣土106万立方米，总产值2262.3万元。

（胡伟杰）

【检测公司推动三方合作经营】 2022年，浦江县汽车综合性能检测有限公司秉持“优势互补、资源共享、平等互利、规范经营、友好合作”原则，推动县内检测公司、黄宅分公司、安顺综合车辆检测有限公司三家检测公司签署三方合作协议，开展合作经营，避免年检政策变化后市场恶性竞争，促进浦江车检市场平稳向好。检测公司三方合作实现营业收入共1188.8万元，占全年营业收入82%。

【知行汽车零配件销售有限公司成立】 2022年，浦江县汽车综合性能检测有限公司联合仙华街道项宅股份经济合作社，共同成立浦江县知行汽车零配件销售有限公司。公司位于平七路640～648号，占地面积525平方米，总投资270万元，检测公司与项宅合作社分别占比70%、30%，主营汽车零配件批发，通过下沉乡村市场，进军汽车销售后维修、保养、美容等市场，优化产业布局，强化发展韧性。2022年12月29日起，零配件公司开始试营业。

（吴佳妮）

【沥青公司混合料生产量破百万吨】 2022年，浦江县沥青拌和有限公司通过技术创新，完成生产技术改革，强化质量管理，实现“沥青混合料年产30万吨”目标。沥青混合料生产总量突破100万吨，总产值超4亿元，业务区域覆盖浦江、诸暨、义乌、杭州等地。截至2022年，浦江县沥青拌和有限公司共取得8项专利证书，被评为“金华市科学技术研究开发中心”“浙江省科技型中小企业”。

2022年，浦江县沥青拌和有限公司完成义乌机场路立交桥钢桥面沥青铺设　（县交通集团提供）

（吴莹露）

【岩头砂场责任经营成效初显】 1月，通过“揭榜挂帅·责任经营”竞聘推选责任经营人，组建责任经营团队负责岩头砂场的生产经营管理工作。全年共计生产123万吨，销售121.92万吨，母料进库129.55万吨，共计销售收入9033.21万元。1—12月，累计营业收入8939万元，利润总额249万元。

（潘世平）

邮政快递

【概况】 2022年2月14日，浦江邮政管理局正式挂牌成立，为金华市邮政管理局的派出机构。内设办公室、行业监管科。下设浦江县邮政业安全中心（正股级），主要职责为贯彻执行国家邮政法律法规、方针政策和邮政服务标准，研究拟订辖区邮政发展规划，监督管理浦江县邮政市场及邮政普遍服务和机要通信等特殊服务的实施，负责行业安全生产监管、统计等工作，保障邮政通信与信息安全。

2022年，浦江邮政管理局围绕县委县政府工作部署，推进重点工作落实，完成年度目标任务。全年快递业务量2.5亿件，增速35.7%，增速排名居全市前列。被金华市邮政管理局和县委、县政府评为年度综合考核优秀单位。

2022年2月14日，浦江邮政管理局举行成立大会暨揭牌仪式　（浦江邮政管理局提供）

【安全生产】 2022年，浦江邮政管理局创新“三色”管理机制，对核酸检测，按时赋“绿色”，畅行；临期赋“黄色”，提醒检测；超期赋“红色”，严禁入场。研发“快查”小程序，高效筛查核酸检测数据10万余条。率先实行国际件取件、拆解暖心服务，闭环跟护国际件收领件人3600余人。执行“三项制度”，联合相关部门开展实名登记、开箱验视、过机安检专项执法检查，全年出动1200人次，全覆盖检查11轮。相关做法被中国邮政快递报、金华市防指办多次刊发。

【数字化改革】 2022年，浦江邮政管理局研发“安检护航”数字化改革项目，破解行业安检环节实时监管难的问题。在寄递渠道“三项制度”中，针对“过机安检”环节因过机安检人员履职不到位导致部分邮快件漏检这一痛点难点问题，结合数字化改革，把原本彼此独立运行的传送机、安检机、摄像机、安检员、管理员、监督人员“三机三员”进行数智互联一体化建设，实现过机安检“人在责在、责失机停、多跨联动、全程监管”重大变革，压实安检员在岗履职责任，确保禁寄物品高效有效拦截，守好“三项制度”最后一道关口。该项目在全省邮政管理系统2022年度会议上作典型发言。

【“两进一出”】 2022年，浦江邮政管理局推进快递进村进企，主动与水晶、绗缝等生产厂家，葡萄等水果种植户对接，采用山区乡镇“快快”合作、偏远农村“邮快”合作，城区网点末端合作等多种模式，提供有效快递服务，助销农产品超2亿元。相关做法多次被《中国邮政快递报》刊发。

（楼聪聪）

【邮政业务】 2022年，浦江县邮政公司（简称“县邮政公司”），全年累计实现业务总收入2.15亿元，列全省各县（市）公司第14位，比上年增长14.97%。战略绩效考核得分127.6分，分数排名全市第一位。其中，金融业务收入实现两位数增长、新增储蓄余额突破9亿元；快递包裹业务收入跑赢行业增速，全区率先开办“拼多多”退换货业务；葡萄寄递市占率61.7%，中央电视台新闻综合频道、中央电视台农业农村频道、《人民政协报》、澎湃新闻、《金华日报》等媒体平台分别进行报道。

【虎年生肖邮票《壬寅年》发售】 1月5日，中国邮政对外发行《壬寅年》特种邮票（虎年生肖邮票）。《壬寅年》特种邮票一套2枚，全套邮票面值为2.40元。邮票延续了第四轮生肖邮票“国”与“家”的设计理念，图案名称分别为“国运昌隆”“虎蕴吉祥”，由著名画家冯大中创作。邮票采用胶印雕刻联合印刷方式呈现，形象细节更加丰富、细腻，在工艺上兼具防伪性与艺术性，累计计划发行7920万枚。2022年，浦江县邮政公司共发行套票1650套，小本票35本。

【城北营业所重装开业】 11月1日，中国邮政储蓄银行城北营业所重装开业。重装后的营业所服务面积296.8平方米，设有2个金融台席、1个大客户窗口、1个营业台席、2个理财规划室、2台CRS机、1台STM机，集金融储蓄、“警医邮”、邮政营业、理财咨询、自助服务等功能分区于一体。该网点通过“邮政网点+邮乐购水果店+社区团购”模式，实现了功能叠加、服务升级、模式创新，深层次、多维度为广大客户提供多样化、个性化的参与式体验服务。

【“万朵鲜花送雷锋”活动】 3月5日，第59个“学雷锋日”之际，浦江县邮政分公司参与由浦江县志愿服务队主办的“万朵鲜花送雷锋”活动。浦江邮政公司“送花使者”将象征感恩与敬意的鲜花送向“浦江好人”“道德模范”等身边的“活雷锋”。

（虞　芾）

通　信

【中国电信股份有限公司浦江分公司】 2022年，中国电信股份有限公司浦江分公司（简称“浦江电信公司”）主营业务收入11880万元，移动手机用户

10.8万户，有线宽带用户8.3万户，固定电话用户2.5万户。浦江电信公司围绕“强基深耕”3.0，开展渠道变革，联合各支局、专业线，开展各项劳动竞赛活动，签约“美丽乡村”项目38个、建设智慧社区项目2个。政企部签约浦江县农业信息中心浦江县农村产业大数据中心（“葡萄产业大脑”）项目、浦江县历史文化街区智慧消防项目、安控设备采购及安装项目、浦江县政务网机房灾备项目、浦江县政务网升级改造项目、全县小型水库工程设施日常维养服务项目、浦江县政务云资源自动开通及三维地图部分采购项目。2022年，浦江电信公司获县级“消费维权联络站先进个人”称号。

截至2022年底，全县4G基站存量1800兆基站473个、L800兆基站229个，直放站27个，室分系统91个，建设5G网络室外基站334个，5G室分系统60个，移动网络覆盖浦江全域。在千兆光网建设方面，光缆线路建设通达每个自然村，光纤网络覆盖浦江全域，千兆到家庭（户），对网络进行升级，逐步推进EPON（以太网无源光网络）、GPON（千兆比无源光网络）网络升级（XGPON网络）改造，提供高质量的千兆光网络。

9月7日，浦江电信公司开展网络安全宣传周工作，在县内各个营业厅发放“防诈骗”的宣传手册，营业厅电子宣传栏滚动播放关于网络安全方面的专栏宣传内容，对进厅用户进行网络安全宣讲工作。

（窦晨雪）

【中国移动通信集团浙江有限公司浦江分公司】 2022年，中国移动通信集团浙江有限公司浦江分公司（简称“浦江移动公司”）实现运营收入3.9亿元，拥有移动手机用户44万户，有线宽带用户10万户，基站总数量798个，线路光缆5286千米、管孔长度数796千米。浦江移动公司被评为金华移动2022年度示范书记项目党支部、县级全国文明城市创建工作优胜单位。

浦江移动公司以高目标引领、高水平建设、高质量协同为目标，推进5G网络建设。全年新建5G网络基站218个，截至2022年，累计485个。宽带平均上网速度120Mbps，500Mbps及以上用户占比达到20%以上。实现5G网络信号100%覆盖各乡镇主要区域，建设进度排全区前列。

浦江移动公司在政务、军警法司、农林渔水、教育、医疗、金融、旅游、交通、环保、工业等领域开展信息化建设，助力浦江信息化发展。助力县水务局建设浦江县山洪灾害声光电预警设备建设采购安装项目、浦江县壶源江流域重点山塘标化——视频监控采购安装项目，提高山洪灾害监测能力；为县交通运输局建设道路监控项目，提升对道路破损和行车安全提供自动监测和治理能力；协助县公安局视频监控第二期建设采购安装项目，新增、改造监控点位，保障市民公共安全；与浦江县医疗保障中心合作，联合开展浦江医保移动云资源服务项目建设，提升市民医疗信息化水平。

（陈　艳）

【中国联合网络通信有限公司浦江县分公司】 中国联合网络通信有限公司浦江县分公司（简称“浦江联通公司”）主营通信类产品，移网、宽带、互联网产品、创新产品等，自有营业厅3家，主厅位于浦江县时代广场A12号，平七路营业厅位于浦江县仙华街道星碧大道1-1号，黄宅营业厅位于浦江县黄宅镇商业路供销综合楼。2022年，主营业务收入4463万元，其中基础通信服务收入3758万元。分销渠道建设23家，月均产能204户。全年新增移网业务共计发展20250户，比上年减少1%；宽带业务共计发展3648线，比上年减少0.2%，带动通讯服务基础业务收入增长9.1%，主营业务收入减少6%。全年新建5G网络基站185站，合计开通基站370站，网络信号覆盖浦江主城区、经济开发区及各乡镇人民政府所在地；9月，与县电信公司全量共享4G网络，664个宏站及62个室分站点（合计726站）。3G网络退网下电60个；华为SDH/MSTP传输设备退网5套。

2022年，签约省级重点项目，推进上山遗址申遗数字化改革项目，配合省市联通公司推进相关工作。通过浦江县产业链预警机制建设项目，与县经济商务局、产投集团开展合作，完成县域720家重点企业的生产要素采集工作，利用中国联通一体化服务能力，由中国联通数字科技有限公司自主研发企业生产要素大数据分析平台为工业数据分析研判提供有力支撑。参与国资系统的项目合作，在县国资集团、县交通集团、县交投集团、县公安局均有项目落地。开展"断卡"行动，与公安等相关部门形成合力，整治开卡、囤卡、贩卡等行为，保持与公安部门的数据共享和线索联通，主动梳理可疑线索、提供疑似涉案线索，建立信息共享机制、数据交互合力机制。

2022年，浦江联通公司在高考、中考期间，对考试综合管理指挥系统、听力广播系统、智能安检系统提供良好的技术保障，派驻指挥中心和学校人员严格按要求开展各项系统保障，无条件服从考试院指挥调度，顺利完成2022年高考、中考各项系统保障，得到市县教育考试院的书面表扬。

2022年，浦江联通公司完善各级通信保障预案，加强通信安全防护和隐患排查，保障车辆、物资、人员齐全；贯彻落实疫情防控相关工作指示，提高疫情防控意识，根据疫情防控需要，配合发送免费公益短信；实行24小时值班值守制度，安排人员进驻县应急管理指挥中心24小时现场值班，全年未发生通信事故和重大通信差错。

（高玉莲）

【浦江县华数广电网络有限公司】 浦江县华数广电网络有限公司（简称"浦江华数"）位于浦江县仙华街道平七路489号浦江县广电中心内，成立于2013年，公司注册资金5000万元，拥有资产1.1亿元，公司下设综合办、财务部、大众市场部、客服部、集客市场部、工程技术部6个部室和城区、浦南、仙华、黄宅、白马、虞宅6个中心站。公司主要承担全县有线电视业务、数字电视业务、计算机维护管理、办公自动化、云存储、网络建设、宽带业务、监控业务、数据业务、信息化业务、智慧项目建设业务以及应急预警、应急广播、广电惠民工程等建设任务。公司有近百名一线员工分布在15个乡镇街道，能及时提供过硬的技术服务，为各项业务开展提供技术支撑和保障。

2022年，浦江华数以"改革攻坚年"系列活动为抓手，坚持党建和经营一起抓，各项工作顺利推进，以数字赋能助力乡村振兴、助力共同富裕，提升华数在数字化改革中的品牌影响力和辐射面，全网双向运营、大带宽提速、光纤入户和5G网络新业务等，运营情况总体平稳。3月，浦江华数与县城投集团共同出资1000万元，成立浦江华屹数字科技有限公司，经营范围为技术服务、技术开发、技术咨询、技术交流、技术转让、技术推广；信息系统集成服务；计算机系统服务；智能控制系统集成；云计算装备技术服务；物联网应用服务；工业互联网数据服务；物联网技术服务；物联网设备销售；物联网技术研发等。

"千兆村"建设是浦江华数2022年的重点工作之一。通过全村光纤网络入户改造升级，为更多家庭提供大带宽、4K内容、无线组网、智能家居、家庭看护、亲情通话等全方面数字化服务，助力打造数字乡村、美丽城镇，让数字技术全面融入村民的生产生活，助力乡村振兴，构建华数特色乡村服务平台。2022年，光纤网络改造81个村，覆盖用户近6万户。

2022年是安全播出和安全传输的重保年，浦江华数以党的二十大安全保障为主线，切实完善安全播出管理各项制度流程，开展隐患排查整改和应急演练活动，新建高清节目监测系统，全年实现生产和传输零事故。

2022年，浦江华数完成首个三网融合未来数字化乡村卫生室的建设，以原有村级卫生室为基础，运用数字化手段加以提升，实现物联网、视联网、互联网“三网融合”，突破了医疗服务时空限制，解决了中余乡普丰村村民因地理位置偏远、交通不便、缺医少药等问题带来的困境。该项目被“学习强国”学习平台、澎湃新闻、浙江新闻客户端等多家省市媒体报道。

（张晨晨）

生态环境保护

环境质量

【概况】 2022年，浦江县水环境全流域达到功能区要求，大气环境持续好转，声环境基本稳定，全县污染地块安全利用率100%。浦阳江（浦江段）被评为全国首批美丽河湖优秀案例（全省2个），工作经验在太湖流域片美丽河湖保护与建设现场交流研讨会上进行介绍。浦江县连续三年获“美丽浙江”建设工作考核优秀县；为全市唯一获评浙江省第一批生态文明建设实践体验地的县（市）。2022年，市生态环境局浦江分局获得县综合考评优秀单位，为全年唯一连续10年获得该荣誉的单位。

【环境空气质量】 2022年，市环境生态局浦江分局共监测365天，其中优良天数355天。以AQI指数统计，全年城区环境空气优良率97.3%。其中，一氧化碳（CO）均值700微克/立方米，氮氧化物（NO_2）均值22微克/立方米，臭氧（O_3）均值136微克/立方米，可吸入颗粒物$PM_{2.5}$均值23微克/立方米，可吸入颗粒物PM_{10}均值43微克/立方米。

2022年，降雨采样天数为115天，其中酸雨出现次数为78次。大气降水pH年均值为5.34，酸雨率为67.8%，与上年同期相比，酸雨率升高2.8个百分点。降尘年均为1.8吨/（平方千米·30天）。

【水环境质量】 2022年，浦江县跨行政区域河流交接断面考核综合评价为优秀。浦阳江8个断面中前坞口和通济桥2个断面为Ⅱ类，四桥、平安桥、长春桥、黄宅、严店和上仙屋6个断面为Ⅲ类；壶源江4个断面马坞口、深渡氧气厂、廊家畈、大石堰坝均为Ⅱ类；大陈江为Ⅱ类。浦江县域内所有监控断面水质均满足水域功能区要求。自2014年始，浦江县连续8年获浙江省“五水共治”（河长制）工作优秀县（市、区）“大禹鼎”，两度获全省治水最高荣誉“大禹鼎”金鼎；自2017年始，连续6年生态环境质量公众满意度位居全市第二、全省第七，其中2022年度列全省第五，全市第一；省“五水共治”工作群众满意度连续6年位列全市第一、全省第四，其中2022年列全省第一。

【声环境质量】 2022年，浦江县城市昼间区域噪声均值为55.8分贝，与上年持平。城市功能区噪声监测点7个，昼间达标率100%；夜间达标率96.4%，比上年下降1.4%。交通噪声监测道路总长17650米，昼间道路交通噪声均值为67.3分贝，比上年上升1.5分贝，达标路长14850米，占84%，与上年相比下降16%。

污染防治

【概况】 2022年，金华市生态环境局浦江分局围绕县委县政府工作部署，推进生态环境重点工作落实，完成年度目标任务。统筹开展环境质量百日攻坚行动，协同推进减污降碳工作，深入打好"蓝天、碧水、净土"保卫战。

【大气污染防治】 2022年，金华市生态环境局浦江分局完成低挥发性有机物（VOCs）原辅材料源头替代30家、低效设施淘汰或升级改造10家；推进挥发性有机物（VOCs）突出问题整改，完成3个产业集群整治提升和2个恶臭异味治理项目。

【土壤污染防治】 2022年，金华市生态环境局浦江分局开展企业用地土壤污染状况调查和地下水环境状况调查评估；完成全县污染耕地源解析和污染耕地控源断源方案编制。开展"无废城市"建设，扩大一般工业固体废物与小微企业危险废物收运体系覆盖面，工业固体废物安全处理率和危险废物利用处置率均97%以上。

【水污染防治】 2022年，金华市生态环境局浦江分局完成金坑岭饮用水源保护区勘界标定和"千吨万人"饮用水源地保护区划分，制定饮用水源地"一源一策"保护方案；开展"污水零直排区"提质增效工作，编制《浦阳江总氮源解析工作方案》，完善更新浦江县断面水质防反弹联合工作机制。

环境保护

【概况】 2022年，金华市生态环境局浦江分局围绕县委县政府工作部署，推进生态环境重点工作落实，完成年度目标任务。统筹开展环境质量百日攻坚行动，协同推进减污降碳工作，持续深入打好"蓝天、碧水、净土"保卫战。浦阳江上仙屋出境断面水质稳定达到地表水Ⅲ类，壶源江保持Ⅱ类水质，生态交接断面考核优秀，全域51条支流水质均达到Ⅲ类以上，饮用水源地均达到Ⅱ类及以上水质标准。全年$PM_{2.5}$浓度为23微克/立方米，列全市第二；城区环境空气优良率为97.3%，列全市第三；大气环境质量稳定达到国家二级标准。

【复合布行业整治】 浦江复合布行业存在废气排放量大、群众投诉多等问题。据全国第二次污染源普查结果显示，该行业挥发性有机物（VOCs）等污染物排放占全县排放量的21.6%，是浦江县VOCs排放量最大的行业。2022年，通过规范整治提升，全县复合布企业均使用低VOCs胶黏剂，实现"有证有照、有安全保障、有合法场所、有环保措施"的目标，促进企业健康发展，保障群众合法权益。

【"碧水保卫战"】 2022年，金华市生态环境局浦江分局完成金坑岭饮用水源保护区勘界标定和"千吨万人"饮用水源地保护区划分，制定饮用水源地"一源一策"保护方案；开展"污水零直排区"提质增效工作，编制《浦阳江总氮源解析工作方案》，完善更新浦江县断面水质防反弹联合工作机制。

【水生态健康在线】 2022年，省级数字化改革试点应用“水生态健康在线”完成驾驶舱基本框架开发并上线“浙政钉”平台，水生态修复模块已接入省生态环境厅“浙里碧水”平台。该应用多次被《中国环境报》、“学习强国”学习平台、《浙江日报》、《浙江新闻联播》等媒体报道，省委全面深化改革委员会办公室简报详细刊登了应用建设情况。

“水生态健康在线”应用使用AI识别技术，图为水鸟识别的系统截取(金华市生态环境局浦江分局提供)

【“蓝天保卫战”】 2022年，金华市生态环境局浦江分局完成低挥发性有机物原辅材料源头替代30家、低效设施淘汰或升级改造10家；推进挥发性有机物突出问题整改，完成3个产业集群整治提升和2个恶臭异味治理项目。

【“净土保卫战”】 2022年，金华市生态环境局浦江分局开展企业用地土壤污染状况调查和地下水环境状况调查评估，完成16家土壤重点监管单位土壤和地下水自行监测，全县污染地块安全利用率100%。开展受污染耕地管控，完成并实施《浦江县污染耕地污染源管控与成效评估方案》。推进固体废物管理，完成《浦江县“十四五”固体废物污染防治规划》《浦江县畜禽养殖污染防治“十四五”规划》编制并组织实施。推进“无废城市”建设，由县人民政府办公室印发《浦江县“无废城市”建设工作实施方案(2022—2025年)》，成立浦江县“无废城市”建设工作领导小组，推进“无废城市”建设，全县56个单位被市无废城市建设工作领导小组办公室(简称“无废办”)评为“无废细胞”。高质量完成小微企业危险废物收集点建设工作，与全县450家小微产废企业签订协议，覆盖率100%，全县危险废物处置率100%。完成一般工业固体废物收运体系建设，全县工业固体废物安全处理率100%以上。

【五水共治】 2022年，280余名县乡村级河长始终坚持在巡河一线。巡查中发现153个涉水问题，均以交办单形式下发至责任单位，整改率100%。全年共巡查19034人次，全县河湖长和流域内支流河湖上报问题共2096个，均落实解决。建立健全河湖长制联席会议、巡河制度、督查、考核等相关制度，发布县级总河长令3个，县级河长令5个。推进公众护水，落实“绿水币”制度，全年公众护水平台累计注册约2.55万人，平均活跃度21.58%，上报问题524个。完成5个重污染行业清洁化厂区创建工作，编制《浦阳江总氮源解析工作方案》，完善更新断面水质防反弹联合工作机制。推进“百江千河万溪水美工程”，推进省级“幸福河湖”试点县建设，打造“文化长河”蜈蚣溪和“便民之河”东溪两条省级美丽河湖、7个市级水美乡镇。依托河道、山塘、池塘等水域水体，连通河湖水系，建设绿道、便桥、埠头、廊亭等增加滨水空间，设置碇步、生态洗衣房等亲水设施，构建人河互动、见水亲水的生态空间，整合旅游资源和产业形态，推进“水旅融合”“水农融合”共富项目，谱写强村富民惠企篇章。

【美丽浦江】 2022年，浦阳江（浦江段）被评为全国首批美丽河湖优秀案例（全省2个），工作经验在太湖流域片美丽河湖保护与建设现场交流研讨会上进行介绍。浦江县连续三年获“美丽浙江”建设工作考核优秀县；为全市唯一获评浙江省第一批生态文明建设实践体验地的县（市）。

环境监管

【环境监测网络建设】 2022年，金华市生态环境局浦江分局构建县域自动监测网络，累计建有水质自动监测站11座，其中浦阳江流域8座（其中包括饮用水源地2座），壶源江流域2座，大陈江流域1座，主要监测指标为水质五参数、高锰酸盐指数、氨氮、总氮和总磷，对全县主要流域水质进行实时监测。建有空气自动监测站18座，主要监测指标为$PM_{2.5}$和臭氧；省控站点3座，主要监测指标为气象参数、$PM_{2.5}$、PM_{10}、二氧化氮、二氧化硫、一氧化碳和臭氧，其中开发区站除常规项目外，还对VOCs开展监测，这18座空气站构成浦江县环境空气监测网络，对全县各地区环境空气质量进行实时监测。

【辐射管理】 2022年，金华市生态环境局浦江分局开展辐射安全隐患治理“除险保安”行动，全局分五个组对辖区内54个核技术利用单位开展辐射安全隐患排查，出动排查人员165人次，排查辐射安全隐患6处，帮扶指导企业全部完成问题整改。对全县3家重点核技术利用单位开展辐射环境监督性检测。组织开展1次全县突发辐射环境事件应急演练。

【环保审批】 2022年，金华市生态环境局浦江分局受理环评64家，完成审批64家，登记备案54家，深化生态环境准入改革，截至12月底，对符合条件的项目开展“打捆”审批3个、“区域环评+环评标准”12个。

【环保执法】 2022年，金华市生态环境局浦江分局出动执法人员6651余人次，检查企业2633余家次，下达行政处罚决定书32份，罚款金额643万余元，查封扣押1起，移送公安机关2起，行政拘留2人。

【环保信访件办理】 2022年，金华市生态环境局浦江分局受理生态环境类信访177件，较上年比上年下降4.83%，化解率100%，群众满意率100%。

【生态环保督察问题整改】 2022年，金华市生态环境局浦江分局完成历年来中央和浙江省委生态环境保护督察反馈问题整改销号工作，历次督察涉及浦江县共10个问题，完成整改销号10个，整改销号率100%。

自然资源管理

【概况】 2022年，县资规局推进自然资源重点工作落实，开展“暖企助企服务年”活动，制定出台《强保障、优配置、优服务 资规助力实体经济发展十二条》，完成年度目标任务。2022年，县资规局在“重大改革”“重大项目”“重大成效”“要素争取”四个方面工作表现突出，被县政府授予集体三等功。

2022年，全县累计新增建设用地指标90.77公顷，完成率136%，比上年增长34.3%。消化批而未供133.47公顷，完成率111%，比上年增长4.7%，盘活存量建设用地84.13公顷，完成率114.7%，完成城镇低效用地再开发111.67公顷，完成率152.3%，比上年增长23%；推进低效工业用地整治，完成集中连片拆除71.87公顷，完成率107.8%；供而未用工业用地专项整治1.13公顷，工业用地临时改变房屋用途6.2万平方米，完成率102.4%，综合排名全市第六名。新供工业用地59.53公顷；出让商住用地60宗，面积63.13公顷，收取土地出让金45.42亿元；浦南街道丽水村东侧矿地综合利用项目完成挂牌，预计收取出让金8.5亿元以上。创新用地制度，出台《农村集体经营性用地入市管理办法（试行）》，加快编制试点地块白马镇旌坞村、中余乡中余村村庄规划。县资规局被浦江县委、县政府授予2022年度综合考核工作优秀单位，蝉联浦江县文明单位荣誉称号。

【土地管理】 2022年，县资规局推进永久基本农田核实整改补足工作，完成即可恢复地类整改1000公顷，为"三区三线"划定空间腾挪赢得发展空间；推进"钱浦飞地"合作项目，争取到区位更优、能级更高的200公顷产业飞地，为省厅支持"山区26县"以外唯一的飞地共富合作项目；完成垦造耕地41公顷，完成率123%，旱改水30公顷，完成率150%，建设用地复垦6.67公顷，完成率50%；完成白马、岩头2个"百亩方"永久基本农田集中连片整治项目验收。

【用地保障】 2022年，全县新增建设用地指标90.77公顷，完成率为136%，比上年增长34.3%；消化批而未供用地133.47公顷，完成率111%，比上年增长4.7%；盘活存量建设用地84.13公顷，完成率114.7%；完成城镇低效用地再开发111.67公顷，完成率152.3%，比上年增长23%；推进低效工业用地整治，完成集中连片拆除71.87公顷，完成率107.8%；供而未用工业用地专项整治1.13公顷，完成工业用地临时改变房屋用途6.2万平方米，完成率102.4%；新供工业用地59.53公顷；出让商住用地60宗，面积63.13公顷，收取土地出让金45.42亿元；浦南街道丽水村东侧矿地综合利用项目完成挂牌，收取矿地出让金4.74亿元；创新用地制度，出台《农村集体经营性用地入市管理办法（试行）》。

【资源保护】 2022年，深化"田长制"，县资规局出台《浦江县全面推行田长制实施方案》，构建三级田长制责任体系；完成"耕地智保"应用贯通，安装高空探头176个，完成率100%；深化"林长制"，建立三级林长制责任体系，开展县、乡、村级林长巡林共计1747人次；落实耕地保护激励机制，发放2022年度耕地保护奖补资金956.8万元；强化生态公益林管理，发放2022年度森林生态效益补偿资金1769万元，发放2021年度天然商品林停伐补偿资金128万元；加强地质灾害防治，动态更新全县地质灾害风险"一张图"，虞宅乡1∶2000地质灾害风险调查项目通过野外验收和专家评审；加强虫害防控，清理株数7.7万株，完成率114%，除治面积9800公顷，完成率153%，打孔注药4万瓶，保护松科植物1.6万株；加强森林防火，2022年未发生重大森林火情，县林场森林消防队、县仙华山风景名胜区森林消防队在全市国有林场和自然保护地森林消防技能比武中分别获得二等奖和三等奖；实施野生动植物救护，共救助野生动物169只，其中国家二级保护动物94只，救护古树1株；完成白马镇嵩溪村废弃矿山及浦南前于毛阳岗采石场废弃矿山治理并通过省、市验收。

【执法监察】 2022年，县资规局以卫片执法为重点，核查卫片图斑1671个，查处违法图斑17个，完成2021年度自然资源督查问题整改销号19个；依规开展自然资源动态巡查，查处案件47件，收缴罚没款129.92万元；开展林地事中事后监管45次，完成森林督察图斑核查936个，查处违法图斑42个，完成2021年度森林违法图斑整改9个。

【农民安居工程】 2022年，县资规局推进农民安居工程，白马镇农民集聚安置区完成分房，共有116户地质灾害户、104户无房户（缺房户）分到房；西部山区地质灾害安置区完成主体工程建设，占地面积5.03公顷，总建筑面积162340平方米，共计909套。

【生态修复规划】 2022年，县资规局完成县级国土空间总体规划方案意见征求方案及11个乡镇的乡级国土空间总体规划初步方案；完成“三区三线”划定最终成果并通过自然资源部审查；完成高铁站前区控制性详细规划成果；完成浦江县工业控制线专项规划评审方案，划定一级、二级工业控制线总计1400公顷；完成《礼张村“多规合一”实用性村庄规划》评审稿并报省自然资源厅；完成《县域乡村专项规划》专家评审稿；完成9个全域土地综合整治与生态修复工程谋划（省级3个，市级6个），其中岩头、浦阳片区被纳入浙江省全域土地综合整治与生态修复工程“11350”工程名单，郑家坞镇朱路等5村、白马镇嵩溪等4村2个全域土地综合整治与生态修复工程完工并通过验收。

【数字赋能】 2022年，县资规局推进全域土地整治修复智治在线场景应用建设，完成省级试点“工程方案联合审查”环节开发并得到省自然资源厅认可，基本完成三个子场景及驾驶舱建设，实现智能选址、方案联审及耕作剥离土智能调度等特色场景功能；推进不动产智治建设，完成查询、抵押、转移、预告登记等高频事项功能测试并上线，开展登记业务12110件，通过银监系统办理抵押登记业务8849件；推进不动产司法处置“一件事”改革，不动产登记信息与法院裁判信息交互共享，实现不动产查、解封登记“网上办”“即时办”，办理线上查、解封198件；推进不动产查询与抵押登记“全市通办”，与县内15家银行、县外32家银行签订“全市通办合作”协议，完成全市通办抵押登记6408件。

【国土绿化行动】 2022年，县资规局开展“新增百万亩国土绿化行动”，完成国土绿化213.87公顷，完成率103%；开展千万亩森林质量精准提升工程，完成落地上图2368.47公顷，完成率102.3%，其中战略储备林333.33公顷、美丽生态廊道133.33公顷、健康森林1733.33公顷；调运和分发2022年省控珍贵彩色容器苗2.25万株；组织开展“3·12”义务植树活动，全民义务植树尽责率90.2%。

【创建国家森林城市】 2022年，县资规局申报浙江省“一村万树”示范村3个（浦阳街道联盟村、仙华街道曙光村、杭坪镇曹源村），省级“森林人家”1个（中余乡冷坞村），省级“森林氧吧”2个（中余乡冷坞村、虞宅乡新光村），省级生态文化基地1个（檀溪镇潘周家村），省级自然教育基地1个（浦江县林场），省级自然保护地融合发展示范村1个（郑宅镇）；完成全县森林古道情况调查和落地上图，并申报马岭古道为省级一级古道。

【培育生态产业】 2022年，县资规局推广“一亩山万元钱”模式，新建培育140公顷，辐射推广280公顷，巩固深化500公顷；组织30家企业参加第15届中国义乌国际森林产品博览会，组织浦江雨露苗木场的八重红枝垂樱花和浦江伟景家庭农场的紫金锤参加第11届中国花卉博览会；推荐陈彩霞等3人为省级林业乡土专家，推荐魏淑莲等3人为第三批市级林业乡土专家；做好食用林产品质量安全监管工作，完成11批次春笋抽样检测工作，合格率100%。

（郑燕颖）

节能减排

【环境保护宣传教育】 2022年，金华市生态环境局浦江分局在“5·22”国际生物多样性日、“6·5”世界环境日、全国低碳日等重要节日期间，联合发改局、法院、教育局等部门，通过现场攻坚成果展、环保业务咨询、发放宣传资料的多样化形式，宣传环保政策法规、生物多样性、排污许可工作、“污水零直排区”建设的相关生态环境知识，共发放宣传册6000余份。联合县教育局组织全县四年级学生开展“环保日记”品牌活动。以校园生态环境教育新形式，组织学生用观察、绘画和日记等形式记录生态环境保护日常，截至2022年，该品牌活动共举办5届，评选优秀作品700余份，受众3.5万余名小学生。借助多形式宣传活动，加大公众开放的力度，邀请社会公众参观垃圾焚烧厂、浦阳江国家湿地公园、治水主题馆等场地，全年接待参观团队20余批次500余人次。借助“科普画廊”平台，展示“双碳”“无废城市”“蓝天保卫”“生物多样性”等科普知识，让群众在日常休闲中近距离触碰感受生态环境的魅力。

【总量减排管理】 2022年，金华市生态环境局浦江分局完成主要污染物重点工程累计减排量：氮氧化物94.9吨、挥发性有机物122吨、化学需氧量1吨、氨氮0.5吨，四项指标全部达成2022年减排目标。

（贾子杰）

综　述

【农业农村发展】　2022年，全年实现农林牧渔业总产值16.84亿元，比上年增长2.7%，增幅排名全市第三。农民收入持续增长，农村居民人均可支配收入29465元，比上年增长5.2%。低收入农户人均可支配收入15795元，比上年增长12.3%。粮食、水果、蔬菜、茶叶、花卉、畜牧业、水产业等农业产业取得新成效，新时代乡村建设、历史文化村落建设、“未来乡村”建设等乡村振兴项目取得新亮点，“数字三农”深化农村集成改革取得新突破，强村富民集体经济发展取得新进展。

【高标准农田建设】　2022年，县农业农村局贯彻落实“藏粮于地、藏粮于技”战略，持续推进高标准农田建设工作，并将此项工作作为助推乡村振兴的基础工程和改善民生的民心工程，通过实施高标准农田建设，完善农田基础设施，提高农业生产条件。浦江县农业综合开发服务中心结合上级规划，开展工作部署会4次，深入15个乡镇（街道）调研，在广泛征求意见的基础上，编制完成《浦江县高标准农田建设“十四五”规划》，于6月28日通过市、县两级部门联审并由县发改局发文实施。2022年，全县高标准农田建设任务926.67公顷，涉及15个乡镇（街道），项目总体建设形象进度达到75%以上。筹备启动高标准农田现状调查，先后开展技术培训3次，现场指导30余人次，并将调查成果报送省、市审查。

【稳产保供】　2022年，浦江县加大政策扶持力度，粮食生产实现恢复性增长。全县粮食生产面积5020公顷，比上年增长7.9%；粮食总产量2.46万吨，比上年增长8.8%，完成市级下达产量任务。全年发放粮食生产补助资金1230万元，比上年增长57.3%。

【省级乡村振兴产业发展示范项目】　2022年，打造浦江乡村产业大数据中心（“葡萄产业大脑”），开发浙江省首台阳光玫瑰智能采摘机器人。“葡萄产业大脑”在2022年第十五届浦江县葡萄节开幕式上线，葡萄“超级农场”进行现场展示，全国第一台葡萄自动采摘机器人“淘萄”做现场采摘演示。“葡萄产业大脑”入围2022年金华市数字化改革第五批双月“最佳应用”线上评选会，参加浙江省数字经济系统最佳应用评选及细分行业产业大脑优秀案例路演，入选浙江省2022年度数字经济系统产业大脑优秀案例，获评2022年度全省农业农村数字化改革“优秀应用”。开发浦江县“数字农旅”应用，加快休闲农业智慧信息平台建设，构建集“农旅大脑+农旅地图+24节气游乡村+民宿经营一件事”的“数字农旅”体系，上线“浙里办”“浙政钉”。推出浦江县智慧葡农“一键通”应用，构建生产服务、惠农服务、社会化服务、品牌服务和营销服务五大场景，注册用户14389人，累计服务208585人次，专家诊断100余人次，提供涉农咨询服务20278次、社会化服务3930次，累计为10248家葡农进行品牌授权，追溯码赋码2万余次。该应用被纳入全省数字化改革重大应用“一本账”S1，服务成效在省委数字化改革《工作动态》上刊登。创建全市首个葡萄“超级农场”，搭建浦江县葡萄种植数字化管理平台，打造11个数字植物工厂、浦江县靓松家庭农场等6个出口基地和11个葡萄“机器换人”示范基地，建设圣炫、十里阳光等标准控产提质示范基地120公顷，打造1200平方米葡萄专业智慧物流中心，设立18个便民村级葡萄物流揽收点。浦江县“超级农场”的投入应用，为浦江县十里阳光农场综合节约人工90%以上，降低农事失误率90%以上，每年总体有效节约劳动力投入、农资投入等成本30%。浦江葡萄“超级农场”数字化应用系统入围2021年全省数字赋能促进新业态新模式的典型企业和平台。

【省级数字乡村示范县建设】 2022年，浦江县深化数字(未来)乡村建设，从乡村产业、乡村治理、乡村服务切入，巩固乡村数字化建设。培育葡萄、高山蔬菜等五大特色产业，结合打造省级乡村振兴示范县，培育建成智能农业示范点24个，纳入农产品质量安全追溯体系的主体321家，设立视频监控点345个，“高空慧眼”15个，环境传感器260余个，监测面积近4500公顷。打造数字乡村平台，建设“三全数字党建”“互联码智慧门牌”等应用场景，全县搭建259个益农信息社、235个万村联网网站，实现村社全覆盖，累计服务人数138.01万人次，村社全部上线“三资”数字系统；农民信箱总注册用户数81329人。打造28个“未来乡村(未来社区)”，其中3个村入选省级“未来乡村”试点村。中余乡五星村和白马镇群心村在2022年数字乡村整县制推进“金翼奖”评选中入选全省百优村。浦江县连续三年获评全国县域数字农业农村发展水平先进县，获评2022年全国县域农业农村信息化发展先进县，入围全国数字乡村指数百强县，获评浙江省数字乡村“金翼奖”十佳县。浦江县农业农村局获评全省数字乡村建设工作成绩突出集体。浦江县白马镇嵩溪村获评浙江省“最暖家园”。

【农民培育】 2022年，县农业农村局以数字乡村产业人才需求为导向，建立数字乡村人才库，搭建农民在线“云上学习”平台，创新“三分四合”培训方式，开展高素质农民、农村实用人才培训，培育“绿领”新人才。10月，成立浦江县农创客发展联合会，选举产生首届理事会。截至2022年，全县累计培育农技专家60名、农村实用人才17174名、高素质农民2058名、农创客475名、“农人工匠”10名；乡村专业技术人才职业技能培训4270人，农村电商“领头人”培训2219人，乡村振兴大讲堂培训1033人。开展2022年度“新农匠”和“十佳农创客”申报评选工作。提高农技推广队伍服务能力，组织培训基层农技人员88名。

农村经济

【强村富民集成改革】 2022年，浦江县坚持打好强村富民“四套组合拳”，即市场化改革+集体经济、标准地改革+农业“双强”、宅基地改革+乡村建设、数字化改革+强村富民，制定《浦江县全面深化强村富民乡村集成改革工作方案》《浦江县强村富民12大模式》，通过落实党建联建机制、创建4条共富示范带、推行“五重抱团”、首创“公司化消薄”模式、规范强村公司运作等方式，多措并举推进以集体经济为核心的强村富民乡村集成改革。9月，浦江县被列为“市场化改革+集体经济”“宅基地改革+乡村建设”双领域省级强村富民乡村集成改革实践试点，在郑宅镇开展先行先试。全县村级集体总收入3.18亿元，经营性收入1.87亿元，比上年分别增长17.85%和28.65%。实现总收入达到30万元以上且经营性收入达到15万元以上行政村全覆盖；204个行政村经营性收入达到50万元以上，占比89.87%，比上年增长32.15%；80个行政村经营性收入达到100万元以上，占比35.24%，比上年增长25.11%。

【省“农房盘活”数字化场景先行先试】 5月13日，浦江县被列为“浙农富裕”应用农房盘活数字化场景第一批“先行先试”推广应用试点县。开展全县闲置宅基地和闲置农房盘活利用调查，截至12月，全县共有闲置宅基地和闲置农房2947宗，盘活1791宗，其中出租1398宗、自营140宗、合营12宗，为村集体和村民增加收益3400余万元。5月18日，为加快推进先行先试应用工作，全县确定县级管理员1名、镇级管理员15名、村级管理员227名，实现管理员县、乡、村三级全覆盖。

【农村“三资”管理】 2022年，县农业农村局推动实现农村“三资”智慧监管平台与基层公权力大数据监督应用互融互通，互通率100%。开展“五整治五提升”专项行动，制定并下发村级“三资”管理突出问题专项整治方案，落实工作部署和业务培训。组织乡镇街道全面开展村级“三资”管理突出问题专项调研与自查自纠，梳理形成5个问题清单，推出9条举措。全县共排查出各类问题72个，全部完成整改，涉案总金额86.2万元，处理违规违纪人员12人，退赔资金41.5万元，完善制度21个，推进农村“三资”管理规范化、制度化、阳光化、数智化、集成化建设。

【农产品营销服务】 2022年，浦江县良种繁育中心制定调研方案，邀请金华海关监管四科科长孔玲玲一行到浦江调研指导农产品出口工作。邀请金华海关、金华市市场监督管理局、县市场监督管理局召开浦江水果出口涉及知识产权政策宣讲暨座谈会。主动和相关农产品购销企业、电商平台联系，帮助企业化解2.5万千克农产品（马铃薯）销售困难。县优质农产品公共品牌经营管理有限公司获AAA级诚信经营示范单位。7月，县农业农村局副局长傅积善带队会同县市场监管局到台州地区学习考察农产品地理标志证明商标运行管理等方面先进经验。8月，首次组织农产品出口企业参加浙江出口农产品网上交易会。截至10月21日，浦江邮政、顺丰、果之道三家快运公司合计发运225139单147.97万千克，比上年增长167%。

【休闲农业】 2022年，全县农业投资总额40337.8万元，休闲农业投资总额21165万元，休闲农业营业收入44102.3万元，休闲农业经营主体406家，带动农户数14976户，举办节庆活动36次，接待人次

360.53万。全县民宿农家乐总数为233家，其中金宿3家、银宿1家、精品12家、舒适31家、标准74家。全县民宿农家乐集聚村共8个，其中马岭村、新光村、前明村、上河村、嵩溪村、冷坞村为省级农家乐集聚村，乌浆村为市级农家乐集聚村，民生村为县级农家乐集聚村。勘查新申请开办民宿农家乐15家，推进民宿农家乐社会面管控工作，走访、检查民宿农家乐700余次。

（黄雅婷）

种植业

【概况】 2022年，全县粮食播种面积5020公顷，比上年增长7.9%；总产量2.46万吨，比上年增长8.8%。全县葡萄生产面积4466.67公顷，产量12.25万吨，产值13.42亿元，比上年增长10.63%。全县蔬菜种植面积5186.67公顷，总产量12.61万吨，总产值3.22亿元，分别比2021年增加0.91%、0.16%、2.87%，其中山地蔬菜种植面积2080公顷，产量6.83万吨。全县西甜瓜种植面积603.33公顷，草莓种植面积40.4公顷。茶叶种植面积2653.33公顷，产量1025吨，产值9860万元。全县香榧种植面积2533.33公顷，其中集中连片规模基地面积1000公顷，累计投资2.8亿元，从业人数3000余人，规模6.67公顷以上的香榧基地24家，其中省级林业龙头企业1家，省级现代农业生产发展综合示范基地3个，省级精品园5个，省级种质资源库1个。全县花卉种植面积100公顷，涵盖杭坪镇、檀溪镇、虞宅乡等多个山区乡镇。花卉种植村村集体经济经营性收入全部超过50万元。

【蔬菜生产】 2022年，全县新增钢架大棚2.33公顷、连栋大棚1公顷、喷滴灌面积3公顷。截至12月，全县蔬菜（草莓）大棚面积191.67公顷、喷滴灌面积249.67公顷。创建2021年全国蔬菜绿色高质高效行动示范县，项目总投资373万元，其中补助资金200万元，主要用于绿色生产技术应用补助、社会化服务补助与技术推广服务补助，项目建设主要内容完成并通过验收。浦江县蔬菜技术推广站完善推广“三分六统”新型产业经营管理模式。以“一个中心，二个示范点”为建设重点，一个中心即依苗农业育苗中心，二个示范点即杭坪镇寺坪和大塘高山蔬菜示范基地，打造山地蔬菜产业联合体，推进全县高山蔬菜产业转型升级。截至2022年，全县共建成蔬菜“三分六统”模式示范基地11个，示范面积340公顷，龙头企业15家，带动农户1200余户，每年实现总产值1.35亿元以上，农民人均收入4.5万余元。

【市级农业产业化联合体申报】 2022年，县农业综合开发服务中心引导市级农业龙头企业发挥牵头作用，整合农业龙头企业和有机绿色农业优势资源，加强企业互助合作，组织申报产业化联合体，推动县现代农业全产业链高质量发展。浦江县宏峰现代农业产业联合体和金华市丰瑜生态农业产业联合体2家企业获金华市首批市级农业产业化联合体称号。

【“非粮化”整治】 2022年，县农业农村局根据《浦江县粮食生产功能区整治优化工作方案》，按照“坚决遏制增量、逐步消化存量、严格治理抛荒”的要求，针对“非粮化”的不同情形，因地制宜，分类施策，稳妥有序推进耕地“非粮化”整治。对全县4766.7公顷粮食生产功能区采取清理腾退、调整优化等措施，在“浙农田”系统销号605.79公顷，其中清理腾退474.74公顷，调整补入131.05公顷，完成率100%。通过"非粮化"整治，全县增加粮食种植面积466余公顷。"浦江县高标准农田'非农化、非粮化'问题"整改入选省级示范榜案例。

【优质稻米基地建设】 2022年，浦江县良种繁育中心依据县域内气候环境、地理位置、种植水平及社会效应，分别在浦南街道、杭坪镇、檀溪镇，落实杂交水稻优质新品种示范基地3个，面积54.8公顷，其中浦江县农丰粮食专业合作社21.7公顷、浦江县永兴粮食专业合作社20公顷、浦江县中村粮食专业合作社13.1公顷。开展杂交水稻优质米新品种大田示范推广，强化良种良法配套，助推粮农增收增效，引进以"华中优9326、嘉科优11、春优801、嘉禾293"等品种为主优质杂交水稻（常规粳稻）14个示范品种，展示品种20个，分别落实在浦南街道、杭坪镇、檀溪镇相关种粮大户种植示范，筛选适应本地种植的优质杂交水稻新品种。依据浙江省种子管理总站文件要求，落实实施2022年杂交水稻新品种区域试验7组，其中籼（粳）杂交稻团粒（A、B）组品种25个、籼型杂交稻（A、B、C）组品种35个、连作杂交晚粳组品种14个、连作杂交籼粳组品种13个、生产试验5组品种18个、省农业科学院作物与核技术利用研究所品种筛选207个，合计312个，为全省新品种审定推广提供依据。建成国家水稻产业技术体系示范基地，《金华日报》刊发《浦江县良种繁育中心为粮食安全贡献力量》一文。

【"云上葡萄节"】 8月5日，2022浙江·浦江"云上葡萄节"开幕，县委副书记钱福安、副县长贾珊参加开幕仪式。葡萄节以线上直播的方式进行，先后开展葡萄节宣传片播放、浦江2022年度"十佳葡萄"和2021年度优秀经销商颁奖仪式、"浦江葡萄"国家地理证明商标发布、浦江"葡萄产业大脑——浦色萄香"平台上线，以及吉祥物"淘萄"发布、超级农场展示、《"淘萄"带您游浦江》册页发布等一系列活动，共吸引超11万人在线观看。

【秸秆收储体系建设】 2022年，县农业农村局按照"划片收储、集中转运、规模利用"原则，在浦南街道、岩头镇、黄宅镇、白马镇建成700平方米的秸秆收储中心4个，实现葡萄、油菜等规模化果蔬种植区域秸秆快速收储全覆盖。确定秸秆收储利用企业3家，分别为志陈秸秆加工厂（依托黄宅收储中心，对秸秆进行收集粉碎、集中外运，作为电厂燃料）、浙江泊泰环保科技有限公司（依托仙华收储中心，利用秸秆和餐厨垃圾生产有机肥）、浦江县方寸农业科技有限公司（依托岩头收储中心，利用秸秆制作碳棒），促进秸秆综合利用水平提高，实现秸秆"肥料化、基料化、饲料化、燃料化、原料化"利用，让废弃秸秆成为宝贵资源。2022年，县农业农村局根据农业农村部、省农业农村厅工作部署，建立并上报县域农作物秸秆资源台账，推行科学规范的秸秆产生和利用情况调查标准和方法，为制定农作物秸秆综合利用政策和规划提供依据。2022年，浦江县可收集资源量2.93万吨，秸秆利用量2.92万吨，上报春花作物、水稻等秸秆综合利用数据，秸秆综合利用率97.52%。

养殖业

【渔业生产】 2022年，全县渔业产量5207吨，比上年增长1.11%，其中淡水捕捞产量778吨，产值1385万元，分别比上年增长30.1%和29.68%。

【省级渔业健康养殖示范县创建】 创建4家健康养殖示范场，并通过验收。16家养殖企业（户）落实水产品质量安全追溯系统建设和养殖水域水质检测工作，建设循环水、数字化设施渔业1家，引导设施渔业规范化建设2家，3家养殖户获得水产品无公害认证，开展外来入侵水生生物普查工作，实施莲鱼虾鳖共生团队项目，开展渔业资源保护增殖放流工作2次，总计放流鱼苗640余万尾。11月28日，浙江省农业农村厅公布2022年浙江省渔业健康养殖示范创建结果，浦江县被评为浙江省渔业健康养殖示范县（第三批）。

【畜牧生产】 2022年，全县生猪出栏8.63万头，生猪存栏5.46万头，比上年增长7.3%，能繁母猪存栏0.82万头，比上年增长14%。浦江县畜牧农机发展中心指导华统猪场全面铺开生产并成功创建“两化”示范场，截至2022年12月，华统猪场存栏生猪3万头，在全县占比超50%。牵头推进并完成“七张问题清单”华统污水池整改工作，联合自然资源、生态环境、建设等部门组织专家论证会确定整改方案并跟踪督促落实，污水池及应急池容积由1.9万立方米提升至3万立方米，污水日处理能力由700吨/天提升至1400吨/天，加厚加固并完善防渗防漏工艺。2022年7月，启用浙江省数字畜牧应用新系统，完成基础数据迁移及完善工作，培训100余人次，落实养殖管理模块、免疫管理模块、生猪报检出栏、委托检疫申报、资源化利用模块等使用及台账记录工作，实现畜禽养殖数字化管理；12月，浦江外贸猪场完成设施提升改造并投产，引进种猪3038头，全县生猪生产保供压力得到缓解。

2022年12月，外贸猪场新型除臭设施装备投入使用 （陈荣辉 摄）

农产品质量安全监管

【农产品质量安全巡查检查】 2022年，县农业农村局组织开展节前农产品质量安全、“三品一标”标志使用等专项巡查检查行动，出动450余人次，对全县种植养殖主体、家庭农场、合作社、农业公司等321家主体，就内部管理规范制度落实、农兽药使用环节、生产档案记录、主体信息公示、二维码追溯合格证开具使用等情况进行全面检查，并与所有“三品”企业签订安全生产承诺书。

【农产品质量检测】 2022年，县农业农村局制定下发《浦江县2022年农产品质量安全监测计划》，全县各乡镇（街道）完成农产品定性快速检测11250批次以上，合格率98%以上。完成各类定量抽检916批次，具体为县级农产品定量抽检601批次，其中水果166批次（草莓17批次），蔬菜224批次，茶叶18批次，畜禽产品144批次，水产品34批次，粮食作物15批次，监督抽检不合格2批次；市级定量抽检104批次，其中监督抽检54批次，例行抽检29批次，风险监测21批次，监督抽检不合格1批次；省级抽检211批次，其中例行抽检83批次，监督抽检77批次，风险和专项监测51批次，专项风险抽检不合格5批次，例行抽检合格率98%以上。

【绿色优质农产品认定】 2022年，县农业农村局制定下发《2022年全县绿色优质农产品工作目标任务》，推进绿色食品主体认定及续展。全县有效期内无公害主体10家，其中养殖3家，存栏数8.1万头；蔬菜4家，面积58公顷；水果2家，面积45.4公顷；茶叶1家，面积14公顷。无公害产地整体认定2个，浦江县盆地省级现代农业综合区面积2341.9公顷，13个粮食生产功能区面积4069.5公顷，无公害总面积6528.87公顷。绿色食品有效期内主体43家，总面积387公顷，其中葡萄34家，面积304.2公顷；猕猴桃5家，面积64.2公顷；火龙果2家，面积12.93公顷；梅梨1家，面积4公顷；樱桃1家，面积1.67公顷。有机食品2家，面积10公顷。浦江葡萄、浦江桃形李2个农产品地理标志登记产品面积分别为1800公顷、1333.3公顷。2022年，通过无公害复查换证主体1家，面积14公顷；新通过绿色食品认证的主体5家，面积35.47公顷；上报农业农村部绿色中心审核3家，面积53.8公顷。

【农产品质量安全追溯体系建设】 2022年，县农业农村局为进一步强化农产品质量安全追溯体系建设，持续推进食用农产品合格证使用工作，根据《浙江省农业农村厅办公室关于进一步做好"浙农优品"数字化升级有关工作的通知》要求，对全县规模农产品生产主体进行调查核实，确定全县规模农产品生产主体321家，数据全部纳入"浙农优品"平台，在全市率先实现"浙农优品"主体入库率和主体激活率100%。加强对浙江省农产品质量安全追溯主体库主体信息的动态管理，进一步完善主体库主体信息并动态增减数量。新印制第三代食用农产品承诺达标合格证1万本50万张，全县规模农产品生产者共开具各类合格证13.3万多张；联合县市场监管局制定《关于加强食用农产品产地准出与市场准入衔接工作的通知》，将食用农产品合格证开具产地准出制度纳入《浦江县扶持现代农业高质量发展实施意见》中，对于完成开具任务的生产经营主体，每年给予0.2万元奖励。

【乡镇农产品质量安全网格化管理】 2022年，为进一步建立健全由县、乡、村监管员和企业内检员构成的四级监管体系，浦江县重点完善乡镇网格化管理体系，落实乡镇网格长15名、乡镇网格监管员58名、村级网格协管员238名，并制定完善县级农产品监管制度9个、乡镇农产品监管制度5个、农产品产地环境管理制度等管理制度7个、农产品生产经营主体内部质量安全管理规范12条，形成"纵向到底、横向到边、全域覆盖"的监管格局。

农业机械及技术

【概况】 2022年，浦江县农机总动力8.36万千瓦，农机总数量25409台，落实中央及省、县各级财政购机补贴资金194.71万元，其中中央补贴资金178.11万元，省级补贴资金6.64万元，县级补贴资金9.96万元，受益农户和农机（业）合作组织437户。新增各类财政补贴农业机械603台，其中耕整地机械329台、种植施肥机械12台、田间管理机械82台、收获机械15台、粮油糖初加工机械19台、果菜茶初加工机械38台、农用动力机械8台、农用搬运机械1台、设施环境控制设备7台、报废高速插秧机2台，报废更新补贴资金1.65万元，全部为中央农机购置补贴资金。

2022年度浦江县农机基本情况表

表3

名称	数量(台)	动力(千瓦)
耕作机械	2589	13746
种植机械	43	419
排灌机械	8361	27375
植保机械	8730	13250
收获机械	35	2227
收获后处理机械	83	312
农产品初加工机械	578	915
畜牧养殖机械	1324	2932
渔业机械	210	338
林果业机械	334	1222
茶叶机械	2743	3019
食用菌机械	12	51
运输机械	37	43
农田基本建设机械	323	17693
其他农业机械	7	96
合计	25409	83638

【农机安全生产管理与新型农机推广】 2022年，全县免费实地检验大中型耕作拖拉机、联合收割机75辆，未发生农业机械伤人亡人事故。实施“机械强农”工程，水稻耕种收综合机械水平90.5%，主要农作物综合机械化率72.2%，畜牧养殖业机械化率76%，池塘水产养殖机械化率54%，设施种植机械化率52%。创建省级全程机械化应用基地2个，编制《浦江县现代化农事服务中心发展规划(2022—2027年)》。推广设施水果管道喷雾高效植保装置和臭氧水替代杀菌药技术，实施以该项技术为主要内容的市农业基金会项目1个。11月3—4日，全省首届果园机械化生产技术培训班在浦江县举办，来自全省各地农机部门及果园实体的近150人参加，浦江县、奉化区、常山县和临海市4地分享先进经验，浦江县长丰果园、十里阳光和圣炫农业3个基地作为培训参观点，基地设施装备、宜机化改造等方面得到与会领导、专家和农业主体肯定；长丰果园作为现场实训基地，进行34类果园生产机械现场演示。

2022年11月3日，全省首届果园机械化生产技术现场实训活动在长丰果园举行　　（陈荣辉　摄）

【农机农艺融合技术装备推广】 2022年，县农业农村局推广全省首创的臭氧水杀菌、管道喷雾高效植保等先进适用装备技术，该项技术应用使大棚葡萄打农药效率提升10倍、农药成本每亩减少500元，县内推广700余亩。实施市农业基金会项目，举办臭氧水制作流程和使用注意事项培训班2期，落实臭氧水试验对比基地12个，分配臭氧水机12台套，邀请电视台拍制臭氧水和管道喷雾应用新闻宣传2次。

【应用葡萄控产提质技术推广】 7月，县农业农村局组织2022年葡萄高品质示范基地现场验收，完成5个葡萄控产示范点建设和“十佳葡萄”评比，开展标准化葡萄栽培新技术的示范和应用。组织实施浙江省农业重大技术协同推广计划项目《中熟“巨峰”葡萄设施轻简化栽培技术研究与示范》，参与省三农九方“葡萄健康栽培与农机农艺融合技术研究及示范”项目的示范基地建设，总结农机农艺融合的葡萄大树冠垄式健康栽培生态种植模式，提高葡萄生产附加值。

【加强耕地地力农田质量提升】 2022年，县农业农村局推广“水肥一体化”技术，签订化肥定额施用承诺书，全年推广商品有机肥2.1万吨，覆盖面积5600公顷；推进耕地酸化治理，开展耕地酸化试验10个；落实水稻及葡萄千亩核心示范面积86.7公顷，实现减肥13.08%以上、增产22.2%。果园土壤酸化防治技术通过省级遴选，入选浙江省土壤健康培育关键技术，浦江县2个化肥减量增效（化肥定额制）示范方入选2022年省级示范方。

农业执法

【概况】 2022年，县农业农村局围绕规范农资市场秩序、确保农资产品质量、保障农业生产和农产品质量安全这一目标，明确“绿剑”春、夏、秋三季集中执法行动主要目标和任务，出动执法人员2000余人次，检查经营单位、现场700余家次。对农业投入品经营单位的52批次产品进行抽检，其中不合格的2批次农药产品查处完毕。开展农产品质量监督抽检360批次，对不合格的3批次农产品进行立案查处和移送。办理农业行政处罚案件67件，其中移送综合执法局2件，移送公安1件，罚没款37.7万余元。“浦江县某家庭农产销售含有违禁药物或者兽药残留量超过标准的食用动物产品案”被浙江省农业农村厅评为2022年农产品执法典型案例。全年检疫生猪52811头，屠宰生猪91262头，开展备案审批659批次，无害化处理动物及动物产品26695千克。处置投诉举报案件21起，其中种植业12起，畜牧业9起。

【专项执法行动】 2022年，县农业农村局开展兽药、饲料专项执法检查，结合农产品生产主体农（兽）药经营主体记录专项检查，检查7家兽药饲料经营单位和40余家养殖场。开展“渔政亮剑2022”等专项执法行动，处置110联动警情（舆情）101次，联合县综合行政执法局、公安局开展“打击电鱼专项执法百日攻坚”等联合执法行动6次，出动执法人员900余人次，缴获钓竿65根、渔网（虾笼）83副。开展违规调运专项执法行动，联合县公安局、市场监督管理局等部门开展检查6次，出动执法人员30人次。开展“互联网+监管‘掌上执法’”检查，完成“掌上执法”次数97次，出动执法人员600余人次，完成监管事项、“双随机”检查事项、“监管一件事”等事项100%覆盖。开展跨部门联合检查行动，与县市场监督管理局、综合行政执法局、公安局、自然资源局等部门开展联合执法检查19次，出动执法人员95人次，检查经营单位65家次。贯通“监管一件事”系统，对“私屠滥宰监管执法一件事”“非法捕捞监管执法一件事”“农业投入品质量安全监管执法一件事”3个系统进行落地贯通，执法人员进行学习培训并开展应用。

【农药废弃包装物回收与处置】 2022年，县农业农村局通过推行回收豁免管理政策，将农药塑料包装废弃物交由浦江三峰环保能源有限公司进行无害化焚烧处理。全县65个回收点内农药废弃包装物均通过集中运输回收，库存全部处置完毕。全年共回收33.7吨，回收率134.8%，完成省级90%的回收率考核目标。

【农业普法宣传活动】 2022年，县农业农村局结合“放心农资下乡”和“3·15”消费者权益日等活动，通过农民信箱发送“非法捕捞”“私屠滥宰”等普法信息，利用培训、下乡等时机宣传农业法律法规知识，增强农资生产经营者的法律意识和群众的维权意识。全年累计向农资经营单位及农户发放农业法律法规等宣传资料800余份，组织举办培训班2期，培训经营人员140人次，开展农产品质量安全诚信教育活动1次。

【动物防疫】 2022年，县农业农村局起草并出台《浦江县突发重大动物疫情应急预案》，组织开展春、夏、秋、冬4次重大动物疫病集中免疫行动及免疫效果抽检工作，并根据抽检结果进行动物疫病风险评估。开展非洲猪瘟抗原专项检测，指导企业自检129422头份，均未发现阳性。开展H10N3禽流感紧急防控工作，采集送检养殖场、农贸市场、野鸟栖息地等环境样品210份，均未发现阳性。22家规模猪场、5家动物诊疗机构、1家生猪定点屠宰企业和县畜牧农机发展中心实验室等单位产生的动物医疗废弃物，经集中收集后委托公司进行无害化处置。

【农田氮磷生态拦截沟渠系统建设】 2022年，县农业农村局根据《2022年全省耕肥与生态能源工作要点》和《2022年金华市农业农村工作要点》，下达浦江县农田氮磷生态拦截沟渠系统新建任务1条。建设项目选址于杭坪镇杭坪村，沟渠总长约1400米，覆盖农田面积40余公顷，渠道建有生态透水坝9座、底泥捕获池2座、反硝化池3座，生态砌块长约30米、进出口设置反硝化除磷装置。渠顶绿化、渠底清淤及碎石护底并种植沉水植物，渠底间断设置贴边花槽，种植挺水植物。2022年，沟渠建设完工并通过验收。

农村建设

【美丽乡村建设】 2022年，浦江县争创省级新时代美丽乡村达标村21个、精品村13个、美丽乡村示范乡镇1个、特色精品村5个。截至12月，完成省级新时代美丽乡村的创建，其中中余乡获评省级美丽乡村示范乡镇，白马镇五丰村、郑家坞镇吴大路村、前吴乡民生村、大畈乡湃桥村、中余乡中余村获评省级美丽乡村特色精品村。

【新时代美丽乡村长效管理】 2022年，浦江县继续开展新时代美丽乡村长效管理工作，全县共227个行政村列入管护范围。完善新时代美丽乡村长效管理机制，通过每周一督查、每月一考核、每月一通报，查找长效管理落后乡镇(街道)、村及落后原因，抓牢细节，突出重点，加强督查，做到发现问题“秒整改”。2022年，县乡村振兴领导小组办公室组织县委组织部、县委宣传部、县考评督查办等相关单位开展美丽乡村长效管理现场考核5次，随机抽查村庄81个，其中79个村合格，2个村不合格，并对存在问题立即整改提升。开展美丽乡村长效管理日常督查工作，日常开展随机抽查，共检查村次78次，查摆问题865处，并交办相关乡镇(街道)、村做好整改落实。

【历史文化村落保护与利用项目】 2022年，浦江县开展历史文化村落保护与利用建设。2013—2022

年，浦江县共立项历史文化村落一般村项目13个、重点村项目8个。第九批重点村马墅村项目处于第二年建设周期，第八批一般村张官村项目因石宕整治工程取消立项，其余19个项目均完工并通过浙江省历史文化村落保护利用项目绩效评估。2022年，浦江县申报第十一批历史文化村落一般村6个，分别为白马镇旌坞村、黄宅镇横山村、前吴乡塘岭金村、檀溪镇平湖村、郑宅镇安山村与郑宅镇区；申报重点村1个，为花桥乡前坞村。

历史文化村落重点村——花桥乡前坞村

（金　飞　摄）

【乡村振兴示范创建】　2022年，浦江县继续推进乡村振兴示范村创建工作。截至2022年，共实施62个村111个乡村振兴项目，其中55个村103个项目完成，39个村69个项目通过验收。建设完成并投入运营的项目，为全县村集体经济直接增加收入1936.69万元、村民增加收入3846.5万元。2022年，浦阳街道同乐村、大畈乡上河村、虞宅乡新光村、郑宅镇寺后村、中余乡中余村获评省级乡村振兴示范村。

【“未来乡村”创建】　2022年，浦江县按照“一统三化九场景”原则，遵循“微改造、精提升”的乡村有机更新模式，打造未来邻里、健康、低碳等九大场景。全年共创建省级“未来乡村”3个，分别是大畈乡上河村、白马镇嵩溪村、杭坪镇薛家村；创建市级“未来乡村”1个，为黄宅镇横山村。3个省级“未来乡村”上线“浙里办—数字社会—我的家园”，共计上架应用13个，截至12月，村均点击量持续保持在全市前三。数字化驾驶舱统一使用省农业农村厅开发的“浙里未来乡村在线”平台，服务端全部开通，村均注册用户416人。

【清廉村居创建】　8月，县农业农村局制定下发《浦江县清廉村居建设实施方案（试行）》，明确浦江县清廉村居创建的总体目标、评价体系、负面清单、申报及评价流程等。通过落实年度任务指标、组织申报创建程序、联合县纪委实地督促指导、月度工作进展调度等措施，推动清廉村居创建工作落到实处，创建2022年度县级清廉村居50个、市级“示范型”清廉村居5个、省级清廉村居标杆村1个、省级清廉村居标杆乡镇1个。郑宅镇创建清廉村居标杆乡镇的做法，在全省清廉村居创建推进会上作经验交流。

水　利

【概况】　2022年，县水务局完成水利投资3.22亿元。完成金坑岭二级和外胡2座水电站标准化电站复评；推进大岩岭、枫坞里、曲折源等11座水库除险加固，塘下畈、石姆岭、石洋塘、郭村源4座水库通过竣工验收；创建幸福河湖试点县，获评为试点优秀单位；完成市级考核任务的49座山塘整治、全县326座山塘安全评估。浦江县年度水利综合考核获全省第九、全市第一，新增东溪、蜈蚣溪两条省级

“美丽河湖”，2022年实行最严格水资源管理制度考核荣获优秀。

浦江县水务局以全省第13名的成绩获省农业水价综合改革工作绩效五连优，水利建设项目质量抽检位列全省前十。金坑岭水库水源地连续四年位列优秀水源地榜单。杭坪镇里存水厂通过省水利厅遴选获评2022年省级规范化水厂。

【浙江省浦江抽水蓄能电站可行性研究阶段三大专题报告审查（咨询）会】 10月16—19日，浙江省浦江抽水蓄能电站可行性研究阶段三大专题报告审查（咨询）会召开。项目审查过程中，与会专家和代表实地查勘了工程现场，听取了报告主要成果的汇报，并对报告内容进行了讨论和审议，通过了《浙江省浦江抽水蓄能电站可行性研究阶段枢纽布置格局专题报告》《浙江省浦江抽水蓄能电站可行性研究阶段正常蓄水位选择专题报告》《浙江省浦江抽水蓄能电站可行性研究阶段施工总布置规划专题报告》，并形成审查意见初稿。

金坑岭水库　　（何　敏　摄）

【水利数字化改革】 2022年，县水务局入选县域版浙里“九龙联动治水”应用试点单位、县域版水域监管“一件事”应用第一批试点单位；“水源安享”列入省数字化改革典型案例，入选数字政府系统优秀应用案例（第三批）及2022年金华市数字化改革第四批双月“最佳应用”，其算法模型入围浙江省数据开放创新应用大赛优胜奖。《水库型水源地供水安全风险智能识别与管控技术》入选水利部《2022年水利先进实用技术重点推广指导目录》；《基于AI计算一体化系统的河湖（库）水生态风险智能识别与预警技术》入选水利部《2022年度成熟适用水利科技成果推广清单》；“水源安享”应用实战实效性逐步显现，助推处置涉水环境违规违法事件272起，防洪放水精准调配度得到有效提升，实现蓝藻事件大面积零爆发，高温抗旱调度实现“提前全拦洪水100%”。

【水质监测】 2022年，县水务局公布农村饮用水水源地名录，划定6座200吨以上日供水规模的饮用水源地保护范围并开展源水水质监测。成立农村饮用水水质检测中心、同时委托安环检测公司和县疾控中心联合对全县农饮水工程水源水、出厂水和末梢水水质进行监测。县水务局与发改局、财政局联合制定年度建设计划（2022年农村饮用水安全提档升级工程），项目总投资500万元，涉及1座水站供水管网延伸、2座水站制水设施提档升级、6个村内管网改造工程，受益总人口5295人。省民生实事“供水管网更新改造”任务51千米，实际超额完成

黄宅镇上山泵站　　（陈志钢　摄）

58.13千米;全县55座供水工程,有36座实现数字化实时监测。

【幸福河湖创建】 浦江县在2021年被列入浙江省幸福河湖试点县建设名单,通过构建实施幸福河湖评价标准、建设体系和管理制度,有序推进试点县建设,逐步形成全域幸福河湖立体式、系统化网络。试点县建设期间,16项建设指标全部达标,2022年完成幸福河湖试点县创建,经县级自评、省级验收评估,获评为试点优秀单位。建设东溪、蜈蚣溪2条"美丽河湖",以及浦阳街道、浦南街道、白马镇、郑宅镇、岩头镇、花桥乡、大畈乡7个"水美乡镇"。推进壶源江流域(虞宅段)、大陈江流域等中小河流治理工程,治理河长12千米。

【"五个一百"示范创建】 2022年,县水务局编制《浦江县"十四五"农业灌溉工程更新升级实施方案》,开展农村水电站生态流量监测设施设备提升改造工作,安装生态流量计8座,实时生态流量监测比率50%。浦江县农业灌溉泵站机埠堰坝水闸提升改造任务数20座,列入省政府民生实事任务数9座,实际提升改造农业灌溉泵站机埠堰坝水闸60座,完成10座省政府民生实事任务。金坑岭水库灌区,黄宅镇上山泵站、蜈蚣溪泵站、上山村,白马镇霞岩泵站,杭坪镇大禹堰坝、薛家灌片,虞宅乡柘林堰坝、屏风堰坝,大畈乡清溪村农民用水管理小组创建为省"五个一百"示范点。

【水旱灾害防御】 2022年,县水务局落实水利工程"三个责任人"315名、山洪灾害防御责任人653名;实施水文防汛"5+1"工程、山洪灾害防御和声光电预警设施建设等项目,全年无人员伤亡和重大财产损失。全年启动全县水旱灾害防御应急响应6次,发布水旱灾害防御工作提示函8期,山洪预警工作提醒函3期,山洪灾害预报预警7期,通过县级山洪灾害监测预警平台累计预警记录50条,发布短信98条,发送预警信息0.35万余条人次。全年累计修订完善11个乡镇、57个行政村、88个山洪灾害防御自然村的山洪灾害应急预案;设置水雨情遥测站点102处,发布预警短信3568条;出动118人次,检查水利工程140余处,发现并整改风险隐患69处;储备防台物资近7万件。小流域山洪高风险村声光电预警监测设备安装率、介入率均为100%。

【水资源管理】 2022年,县水务局编制印发《浦江县水资源节约保护与利用总体规划》《浦江县全面推进取用水监测计量标准化建设实施方案》。以"水清、健康、生态"为标准,深化落实通济桥水库水源保护工作。打捞外运漂浮物垃圾400余吨,继续推进"以鱼养水"清源工程,开展渔业增殖放流工作,全年在库区共投放花白鲢鱼苗3万余千克,投入资金30万元。对自备取水户监测计量设施实行升级改造,实现非农取水户100%在线监测。新创建节水标杆单位1家,该单位节水实践被省水利厅评为2022年度优秀实践案例。推荐节水大使5名,其中一名被评为2022年度省级节水大使。与县人行联合开展节水贷融资服务,为4家企业融资贷款共4780万元。拍摄节水小视频《八公升水》获2022年度浙江省"节水达人show"短视频大赛二等奖。

【农田灌溉水有效利用系数测算】 2022年,县水务局开展农田灌溉水有效利用系数测算工作,完成工作计划制定、测算分析工作培训、5个样点灌区量水设施检查、杭坪子江堰库灌区的1处渠首计量点的率定、1个典型田块调整及机械水表安装,完成工作台账编制与系数测算分析工作成果报告。全县量水设施在线计量设备累计24处,在线计量率89%,保证了量水规范、数据准确。以样点灌区测算结果为基础,选择合适的点面转化方法,逐级推算分析不同规模与类型灌区以及全县的农田灌溉水有效利用系数。系数测算结果逐年提高,从2014年的0.554提高至2022年的0.585,为合理有效利用水资源提供了技术支撑。

【灌区现代化改造】 2022年,县水务局完成通济水库灌区、金坑岭水库灌区两个中型灌区的灌区"一张图"的上图工作,新建计量设施15处,投入灌区维修养护资金100余万元,开展抗旱灌溉四轮,灌溉放水1565万立方米。通济桥水库灌区续建配套与节水改造项目通过省水利厅、财政厅组织的遴选,以全省第六名的成绩列入水利部2023—2025年建设项目,争取上级资金9724万元,改善灌溉面积5000公顷。该灌区于2022年12月通过水利部节水型灌区复核,获国家级节水型灌区称号。

【河湖管护】 2022年,县水务局稳步推进堤闸安全鉴定,全面开展水利工程系统治理评估,制定出台"行动方案+工作要点",有序推进系统治理建设工作;扎实推进汛前安全检查和隐患排查整治,发现问题隐患及时处置,确保工程安全运行;深入推进河湖"清四乱"常态化规范化,做到"四乱"问题动态清零,全年整改"四乱"问题15处。

【水政执法检查】 2022年,县水务局复核部、省、市66处水域图斑动态监测情况,制定水政日常巡查计划,全年巡查70余人次,共下发《责令(限期)改正通知书》6份,移送县综合行政执法局案件3件。开展生产建设项目水土保持监督检查69个,检查人次205人次。全年完成水土流失治理任务2.84平方千米,完成年度任务的149.47%。全年审批水土保持方案97个,落实水土流失防治责任范围176.1公顷,水土保持设施验收报备项目4个,水土保持补偿费减免项目16个,减免金额50573元。

(郑雅珍 鲍萍萍)

工　业

综　述

【产业发展】　2022年，全县工业总产值621.49亿元，比上年增长12.17%；规模以上工业总产值306.32亿元，比上年增长7.9%；规模以上工业增加值54.19亿元，比上年增长1.1%，增长率全市排名第五；工业投资36.61亿元，比上年增长13.8%，增长率全市排名第七；制造业投资35.67亿元，比上年增长20.9%，增长率全市排名第六；技改投资15.46亿元，比上年增长38.7%，增长率全市排名第三。

【项目建设】　浦江县投资促进中心统筹协调和指导全县投资促进（招商引资）工作，负责全县重点区域、重点产业和重大招商引资项目的跟踪和服务等工作。2022年，县投资促进中心完成市下达的招商引资任务。2022年，共签约亿元以上项目27个，协议投资额137.9亿元，其中3亿元以上项目17个，完成市下达任务的106.25%；落地10亿元以上制造业项目4个，完成市下达任务的100%。全年重大产业项目到位资金39.73亿元，其中制造业项目到位资金22.38亿元，完成市下达任务的101.9%。

（石淑珍）

【工业扶持政策资金兑现】　2022年，浦江县全面完成2021年度工业扶持政策资金兑现工作，共计兑现资金37184万元，惠及企业1565家次。2021年与2020年相比，资金增加12460万元，扶持资金总额增长50%。

【工业信息化】　2022年，浦江县数字经济核心产业制造业增加值3.43亿元，比上年下降0.2%。数字经济系统建设有序推进，谋划建设应用6个，其中上线应用4个，在建应用2个。建设数字经济系统特色应用13个，其中省级试点项目4个，分别为“水晶产业大脑”、“葡萄产业大脑”、“浦慧展”、杭机股份“未来工厂”，其中杭机股份“未来工厂”获评市数字化改革“最佳应用”，“葡萄产业大脑”入选省数字经济最佳案例。

【工业绿色发展】　2022年，浦江县持续推进绿色低碳方向技术改造，通过调整工业政策，鼓励更多企业向绿色、低碳方向转型。持续推进绿色制造体系建设，加快推进节水型企业、清洁生产建设，以及绿色工业园区、绿色工厂建设，促进全县工业绿色低碳转型。建设节能减碳储备项目库，创建市级绿色低碳工厂6家，创建省级节水型企业2家、省级节水标杆企业1家、市级节水型企业3家。

【低效工业企业整治】 2022年，浦江县开展对亩均税收5万元以下低效企业和D类企业整治提升工作，全年完成低效企业出清120家，总面积2413.35亩，其中提升发展82家，政府收储21家，兼并重组和关停淘汰18家，提升税收3314万元，腾出用地659.22亩。

【企业培育】 2022年，浦江县获评国家级“专精特新‘小巨人’”企业5家，获评省级“专精特新”企业20家。年度升规企业18家，任务完成率450%，企业家数和完成率均全市排名第一。截至2022年，全县有省“未来工厂”试点1家（浙江杭机股份有限公司），省级智能工厂2家（浦江恒昌集团、浙江浦江伯虎链条股份有限公司），省级数字化车间1家（浙江亚特新材料有限公司），市级数字化车间（智能工厂）10家，列入市级数字化车间、智能工厂培育库共33家。全县累计“专精特新”企业36家，其中浙江省“专精特新”中小企业34家，国家级“专精特新‘小巨人’”企业7家，国家级“专精特新”重点“小巨人”企业1家。

【技术创新】 2022年，浦江县实施500万元以上工业投资技改项目112个，完成技改投资15.4亿元，比上年增长38.7%。浙江百川导体技术股份有限公司的“高品质热熔包覆不锈钢纤维丝”项目列入省重点产品工程化项目。浙江亚特新材料有限公司的“高弹花式新型环保空气包覆丝”被评为2022年度“浙江制造精品”。

制锁行业

【概况】 2022年，全县制锁业有企业402家，规模以上企业21家。全行业实现工业产值58.73亿元，实现出口交货值13.83亿元，利润总额2.82亿元，规模以上产值8.6亿元。

【挂锁协会工作】 2022年，浙江省挂锁行业协会（简称“挂锁协会”）获评“党建促发展”单项奖、金华市金牌劳动关系协调组织、全省性AAAA级社会组织。召开四届第七次、第八次会长常务会议、四届第十二次会长办公会议、四届常务理事会第十次全体会议和五届一次会员代表大会。收集归纳挂锁行业形势、营商环境、原材料价格等问题，提出《浅谈挂锁外贸发展》《俄乌战争外贸风险防范浅析》和《简析美元强势升值对我县挂锁外贸出口的影响及应对措施》等各类意见和建议10余条。制定和发布《叶片锁芯》《无源智能挂锁》《小型挂锁》3个团体标准。组织56人次参加浙江省外经贸法律服务月浦江站暨金融暖心助企活动2场。11月30日，浙江省挂锁行业协会五届一次会员代表大会召开。大会代表应到125人，实到119人。会议审议通过第四届理事会工作报告、财务收支情况报告、《浙江省挂锁行业协会章程》修改情况说明（草案）、会费缴纳标准及管理办法（草案）、大会选举办法（草案）、会员行为守则（草案）。会议通过丁晋旺等66人为浙江省挂锁行业协会第五届理事会理事，郑勇进为第五届理事会会长兼任法定代表人、周晓明等23人为第五届理事会副会长、杨新明为秘书长(专职)。

【浙江智能锁具知识产权联盟在浦江成立】 2022年，浙江智能锁具知识产权联盟成立，45家会员企业、2家科研院所成为联盟的首批成员；建立专利池，25个实用型专利纳入管理，已有43家企业向国家知识产权局申请专利实施许可备案，共同促进数据信息共享，破除技术性贸易壁垒。6月8日，全市知识产权联盟工作会议召开，会议学习习近平总书记有关知识产权方面的重要讲话精神，通报联盟建设情况，宣讲省市对联盟建设项目的申报和政策支持内容。9月20日，浙江省专利许可试点工作实施方案培训召开，县市场监督管理局徐红武授课。

【高技能人才培养】 2022年，挂锁协会完成14家企业的锁具修理工职业技能等级认定的培训、考评工作，参加学员1922名，评定锁具修理工三级618人、评定锁具修理工五级795人。完成钳工一级、二级的职业技能等级认定，评定钳工高级技师32人、评定钳工二级技师105人。经申报、推荐、审查、联审、评审和公示，梅花锁业的郑期浪、雷力仕锁业的郑红钢、三环锁业的赵文春、亚环锁业的陈红专、金垒锁业的杨华评为生产一线中青年高技能人才，入选金华市新时代“百工之乡八婺金匠”培育工程第三层次2022年“八婺金匠”培养项目。6月9日，工程师郑期浪作为2022年“八婺金匠”优秀代表上台领奖。

【应对贸易摩擦】 2022年，挂锁协会面对各级商务部门对预警工作的新要求，注重重点出口市场的出口比例、产品份额分析及原材料、上下游供应链统计分析，形成月度常态化预判分析、季度重点预判分析、重大问题提前预警的预判预警分析制度。在省对外贸易公共服务平台上报信息49条、下发信息462条、季度分析4篇，编印4期《浙江挂锁》内部期刊，及时发布政务信息、行业动态、参展、标准、预警等信息供会员企业参考。5月27日，组织预警员集中收看2022年“浙”里有“援”浙江省外经贸法律服务月金华站活动。6月22日，组织8家企业参加省商务厅《美欧反强迫劳动法要点分析专场培训》。6月22日，组织8家企业参加省商务厅《美欧反强迫劳动法要点分析专场培训》。7月21日，预警点组织涉外商贸企业代表到金华参加2022年浙江企业国际化经营合规风险排查暨中国国际贸易促进委员会(中国国际商会)金华调解中心授牌仪式活动。11月8日，组织16家预警点企业预警员线上观看第五届中国国际进口博览会“2022长三角产业安全发展论坛”配套活动。

【参加国内外展览】 4月25日，挂锁协会组织7家自营进出口企业参加东盟国家产业园区推介会柬埔寨专场线上活动。7月13日，组织21家企业参加第六届中国义乌国际五金电器博览会。10月20日，组织会员企业到澳门参加第27届澳门国际贸易投资展览会。11月24日，组织22家企业参加第28届中国义乌国际小商品博览会，参展企业、展位数分别比上年增长5%和10%。

【青年发展委员会】 6月29日，挂锁协会开展第一期青年发展委员会CEO研修班，主要探讨标准化工作在挂锁企业的应用。9月1日，组织青年发展委员会参加义乌双童商学院游学研讨班，了解创业创新的底层逻辑，跳出自己限定的条条框框，用不同的视角去观察问题，引发对自身企业问题的全新思考，获取新的解决方案，从而能在巨变时代下持续“活下去”。

(陈丽容)

绗缝制品行业

【概况】 2022年，全县绗缝制品业有企业638家，规模以上企业96家。全行业实现工业总产值41.5亿元，出口交货值25.13亿元，规模以上产值20.23亿元。

【浙江省绗缝工艺协会工作】 2022年，浙江省绗缝工艺协会（以下简称“绗缝协会”）在册会员单位147家，其中浦江县境内145家、衢州市1家、金华市1家。绗缝协会以浦江县家纺设计研发中心（简称“设计研发中心”）为载体，发挥政府与企业之间的桥梁纽带作用，依法依章开展工作，为企业出谋划策，帮企业趋利避难，维护会员单位合法权益，促进行业健康发展。开展集中座谈调研4次，走访调研会员企业60余次。开展集中座谈调研3次，走访调研会员企业42家次，关注会员企业面临的市场、资金、政策、印染、用工、物价、利润等各个层面的现状，探讨企业应对策略和业务发展方向。通过短信、微信等方式向绗缝协会会员企业宣传“浙里检”线上实验室开放活动，帮助企业解决技术难题，实现高质量发展。累计为康佳工艺、温馨家纺等12家绗缝企业开放实验室，免费检测绗缝制品13批次，共享仪器设备35台次，累计为千百卉家纺、百丽工艺、迪欧家纺等9家企业提供标准化服务，解决难题7个。

【参展参会活动】 2022年，绗缝协会鼓励会员企业境内外线上线下参展，力求多元化迈出发展新步伐。11月24—27日，组织14家28个展位参加第28届中国义乌国际小商品（标准）博览会；12月2—4日，组织7家企业14个展位参加第14届中国澳门国际消费品及家居用品博览会暨第15届圣诞缤纷购物节。邀请研发中心部分设计师一同到澳门展会参观学习以推进教学产融合，提升产品创新水平。配合省、市、县商务部门宣传通知会员企业参与2022浙江出口网上交易会、线上广交会、数字商贸论坛累计81家次。

【外贸预警及培训】 2022年，浦江绗缝家纺制品对外贸易预警点由绗缝协会承办，参与预警联络企业共31家，通过浙江省对外贸易公共服务平台网站、公众号、微信、QQ等平台，为企业收集和发布有效预警信息130条，编写绗缝行业经济运行季度分析报告4期，向省商务厅上报行业经济运行情况、新疆棉事件调查汇报累计9篇，组织企业参加省、市、县商务部门预警培训活动6次。3月25日，组织预警点部分企业联络员参加线上“RCEP（《区域全面经济伙伴关系协定》）生效后工作座谈会”。4月1日，组织6家重点外贸企业参加线上《区域全面经济伙伴关系协定》政策宣讲会。5月19日，协会预警点负责人及工作人员参加省商务厅举办的2022年省贸易救济工作会议暨“浙”里有“援”外经贸法律服务月启动仪式。5月27日，组织31家企业分两个会场参加线上举行的2022年“浙”里有“援”外经贸法律服务月金华站活动，听取企业如何做好风险防范及中美经贸摩擦应对等主题课程。6月1日，组织预警联络员观看“防风险促合作抢抓RCEP发展机遇对接会”的视频直播。6月21日，组织企业参加线上欧美反强迫劳动法要点分析专场培训。12月13日，顺利通过2022年度预警考核工作，被省商务厅再次评定为“优秀外贸预警点”。

【设计研发中心】 2022年，县家纺设计研发中心设计团队年度服务企业51家，完成自创设计稿

2687项，完成中心资料数据库各类花样资料整理与提取1590余项，总计4277项，被企业选中投入生产稿件1047项。定期更新“浦江绗缝历史及工艺展览厅”展品，宣传浦江绗缝历史及产业文化，并接待政府部门、企业及社会各界参观学习，实时反映浦江家纺产业动态，推广浦江绗缝品牌形象。

【“中国绗缝家纺名城”复评】 2022年，绗缝协会按照中国纺织工业联合会关于加强纺织产业集群工作的部署要求，联系沟通县有关部门，组织绗缝名城第五次复查相关材料并及时申报。在12月8日召开的全国纺织产业集群工作总结视频会议上，浦江纺织产业集群试点地区第五次获“中国绗缝家纺名城”称号。

（楼湘君）

水晶制品行业

【概况】 2022年，全县水晶制品业有企业375家，规模以上企业81家。全行业实现工业总产值82.6亿元，出口交货值18.03亿元，利润总额5.27亿元，规模以上产值28.12亿元。

【水晶工艺制品协会（浦江县水晶商会）工作】 2022年，浙江省水晶工艺制品协会（简称“水晶协会”（水晶商会））有会员单位368家。水晶协会配合县市场监管局、县水晶产业园区管委会成立水晶行业品牌指导服务站，提升处理消费纠纷速度和产品质量，解决品牌建立、管理、保护及运用相关问题。水晶商会被评为全国“四好商会”；水晶协会被评为全国日用玻璃标准化技术委员会先进单位。

【开展活动】 2022年，轻工行业职业技能评价基地培训工作有序开展，组织5家企业90余名职工参加水晶玻璃加工工—水晶玻璃冷加工高级工和技师技能评价。水晶协会在浙江省区域内开展“浙江省水晶行业名牌产品”评选活动，有30家企业获奖，鼓励企业争优创牌。组织20余家企业参加“第27届义乌国际小商品博览会”开设展位40个，协助企业开拓国内外市场，增加贸易合作机会。7月21日，水晶协会（商会）开展税务培训及理财交流活动，共20余家水晶企业参加活动。8月16日，水晶协会品牌指导站召开知识产权培训会，介绍知识产权保护和保险的有关优惠政策，各企业就知识产权方面的问题进行交流学习，为知识产权保驾护航。11月2日，开展企业经济犯罪、合规不起诉法律知识培训。12月15日，开展企业营销管理培训。履行社会责任，协会（商会）2022年先后慰问虞宅乡、中余乡老人，岩头镇全体教职员工、园区保安等，为他们送上暖心关怀，彰显社会责任和正能量。配合水晶园区完成油漆废渣等危险废物的收集、清运和处置等工作，全年共处置危险废物约100吨。

【标准制定】 2022年，水晶协会作为全国日用玻璃标准化委员会工艺水晶分技术委员会秘书处的承担单位，修订颁布了推荐性国家标准《工艺水晶饰品》。递交申请《工艺水晶玻璃香水瓶》行业标准制定立项和修订轻工行业标准《工艺水晶灯饰件》的材料，待立项答辩。发布《工艺水晶玻璃刻面加工工艺技术规范》《工艺水晶玻璃把手》两项协会团体标准。浦江县市场监管局批准《工艺水晶玻璃砖》《工艺水晶玻璃奖杯奖牌》和《水晶玻璃打孔机》团体标准已获立项。参与制定国家职业技能等级评价规范（职业编码：6-15-03-04）玻璃制品加工工的修订工作，修改稿已完成，待报批、发布。制定《玻璃制品加工——工艺水晶玻璃制品研磨刻面工》团体标准，已获中国日用玻璃协会已获批准发布。

【水晶行业岗位技能竞赛】 2022年，由县总工会、县人力社保局、水晶产业园区管理委员会牵头举办，水晶协会承办的浦江县第四届水晶行业岗位技能竞赛在水晶产业园区举办。竞赛分为水晶玻璃刻面、水晶玻璃拉丝、水晶玻璃热成型（手动）三个类别，参赛选手88名，其中水晶玻璃刻面参赛选手40名，水晶玻璃拉丝参赛选手16名，水晶玻璃热成型（手动）参赛选手16组32名。颁发优秀组织奖3家、团体优胜奖2家；个人优胜奖6名；个人三等奖9名；个人二等奖6名；个人一等奖3名。

【预警机制】 2022年，水晶协会承办浦江水晶玻璃对外贸易预警示范点（简称“预警点”），预警点下设16位预警员，负责预警信息的上报。预警点每季度进行一次数据统计、信息整理、分析、编报，发现问题上报商务部门并反馈给企业。预警点每年4月召开外贸预警企业信息员会议并组织外出考察，增加团队凝聚力；根据疫情、行业形势，分析情况撰写原创分析文章《乌克兰修订水晶玻璃产品技术法规》《关于印度对华家电用钢化玻璃反倾销调查的排查》《2022年水晶产业问题及建议》《工艺水晶玻璃制品海关编码有变化》等报告；发动联系企业利用浙江省商务厅的“呼叫中心”解决法律问题。

（楼建霞）

【水晶产业园区】 2022年12月，根据县委县政府决策部署，完成园区体制改革，将原水晶园区下属5家国有公司的资产、人员全部划转到浦江县产投集团，水晶产业园区管委会仅保留行政、事业人员，工作职责以聚焦水晶产业发展为主。对接财政部浙江监管局，有效化解政府隐性债务风险，完成开发公司10.8亿元隐债化解工作，为政企分离，体制机制改革打好基础。入驻水晶企业291家。实现工业总产值77.15亿元，比上年增长17.3%；规模以上工业总产值24亿元，比上年增长20.4%；工业投资完成5.4亿元，比上年增长91.7%。浦江水晶产业区入库税收约2.7亿元，水晶行业主导产品前三类为烫钻、水晶灯饰配件、工艺品，市场占有率均达到70%以上。

以项目招引带人才，引进大学生518名。组织岗位技能比武大赛4次，新培育技能人才800余名。公共实训基地完成培训5000余人次。

2022年，水晶产业园区“产业聚集治污 强化服务引导 助力传统产业转型升级”实践案例被列入全省小微企业园建设与管理最佳实践案例；水晶产业园区被评选为提升职工生活品质塑造幸福生活环境“五满意”企业（园区）试点；“水晶行业产业大脑”应用被列入浙江省数字化改革数字经济组第二批工业领域行业产业大脑建设名单。水晶产业园区深入实施“招大引强突破年”活动，开展全民招商、以商引商。全年在库重大签约项目共计16个，完成投资协议签约项目5个，招引落地项目3个。全年完成投资4.6亿元，完成2022年度项目投资目标（4亿元）的115%，其中制造业投资4.4亿元，完成制造业投资目标（2.5亿元）的176%。完成重大签约项目投资额4.6亿元，实际利用外资315万美元。2022年，水晶产业园区落实全程代办，做好全优服务，推进工程建设。全年在库项目38个，其中新建或续建厂房项目18个，基础设施项目8个，技改项目11个，其他项目1个，累计完成投资5.73亿元，比上年增长92.02%。浙江哈维丝特实业有限公司年产88万件水晶佛像、工艺酒具生产线建设项目，浦江皓晟工贸有限公司年产30万盏高档水晶灯及20

万套LED光电生产线项目,浙江集利新材料科技有限公司年产10万枚高精密半导体石英硅零部件生产线建设项目等均已完成主体工程;金属表面科技产业园、金华信园科技有限公司、浙江浦江宏安金属表面处理有限公司、金华伯安工贸有限公司、浦江县兴启工贸有限公司等厂房已完成建设,部分已投入使用;东部水晶产业园二期地块横一路、横二路道路绿化等基础设施项目已全部完工。2022年,水晶产业园区加大企业培育力度,打造行业龙头。全年新增规模以上企业15家,规模以上工业企业79家;新培育国家高新技术企业2家,达到8家;新增省级科技型中小企业22家,达到64家;新增股份制企业1家,达到3家;新培育亿元以上企业1家。

【园区产业数字化发展】 2022年,水晶产业园区发挥浙江农林大学和水晶产业研究院驻点服务功效,"省水晶产业创新服务综合体"平台通过省科技厅中期评估;对接中国计量大学,围绕产品设计、产业提升、品牌推广,探讨产学研合作模式;围绕"三个全覆盖"目标,深入推进企业轻量化数字改造,新签约数字化改造企业20家;推进"水晶行业产业大脑"应用建设,已完成驾驶舱、数据舱构建,接入省级产业大脑总门户,申报浙江省关于数字经济系统最佳应用评选及细分行业产业大脑优秀案例。

【创新晶博会】 2022年,第13届晶博会新增云上视频致辞、"水晶行业产业大脑"上线仪式、订单中心剪彩仪式、采购商大会、技能评定开班仪式等活动。坚持"精简预算、简单大方"原则,实现预算降低15%以上,创新市场化办展方式,累计线下观展5000人次以上,线上观展200万人次以上,线上线下累计实现销售和订单5500余万元。持续发挥晶博会的磁吸效应、窗口效应、平台效应,完成订单集成中心规划设计方案,引进供应链金融、总部经济、文创设计等项目8个,计划投资超6000万元。

(李 岚)

服装针织化学纤维行业

【服装针织行业】 2022年,全县服装针织业有企业1814家,规模以上企业102家,全行业实现工业总产值115.5亿元,出口交货值44.6亿元,利润总额4.5亿元,规模以上产值32.68亿元。

【化学纤维行业】 2022年,全县化学纤维业有企业10家,规模以上企业4家。全行业实现工业总产值13.94亿元,出口交货值0.006亿元,利润总额0.43亿元,规模以上产值13.88亿元。

电力工业

【概况】 2022年,浦江县售电量30.88亿千瓦时;全社会用电量32.72亿千瓦时,比上年增长12.80%;工业用电量22.14亿千瓦时,比上年增长7.56%;三大传统行业——非金属制品(水晶)、纺织业、金属制品业用电量分别为4.90亿千瓦时、2.92亿千瓦时、2.35亿千瓦时;综合供电电压合格率99.804%;供电可靠率99.9880%;线损率2.78%;全社会最高负荷61.70万千瓦时,比上年增长5.71%。

【电网建设】 2022年,国网浙江省电力有限公司浦江县供电有限公司(简称"县供电公司")投产省内首个工业园区分钟级可调节负荷聚合项目，迎峰度夏期间响应电量占比达到15%。研发智能断路器跳闸触发控制器，创新分励脱扣器开关改造技术，打通分路负控推广堵点。建成金华首个“全感知、高自愈”西部山区配电网示范区，实现配电自动化有效覆盖率、合闸速断FA功能投入100%。全年累计投资并网光伏容量12.8兆瓦，完成首个中压光伏电站接入，实现直采直测光伏用户零的突破。参与虚拟电厂体系建设，实现用户数据直接接入平台。建成全省首个民宿集聚区灵活性资源聚合能效提升项目，实现点滴负荷资源柔性控制。推进金义都市圈220千伏线路补强工程，配合完成220千伏丰云线、杭温高铁等线路迁改工程，完成110千伏黄宅变电所主变增容。

【安全生产】 2022年，县供电公司开展安全生产专项整治和安全隐患大排查大整治行动，整改问题隐患763项。开展无违章班组创建，查纠违章及问题910起。挂牌成立电力行政执法联络室，常态开展电力联合执法11次，外破数量比上年下降29%。与县公安局签署战略合作协议，推动警企合作。实现基于供服系统故障短信的无人机自主巡检，提升故障巡视效率。完成省公司配电网项目需求智能生成平台试点工作。开展线夹、电缆、避雷器等设备隐患整治，提升设备本质安全水平。完成国家网络安全专项演习。

【电力保供】 2022年，县供电公司优化电网运行方式，提升电网顶峰能力，精细安排需求响应和有序用电，守牢电网安全和民生用电底线。完成金华首个居民小区地下配电设施防汛上迁改造示范工程，推动政府出台地下空间和住宅小区配电设施防涝能力建设文件，全年处置相关风险174处，完成台风防御工作。完成党的二十大召开期间、省第十七届运动会等重大节点的保电任务。

【供电服务】 2022年，县供电公司推动出台《浦江县电力接入工程费用分担机制实施办法》。为企业提供金融支持服务金额2221.66万元，帮助企业解决资金周转困难问题。参与研发“售电精算师”，累计帮助企业减少用电成本约624万元，经验做法在中央电视台一套《晚间新闻》播出。省内首创推出“驿电通”乡村便民云服务点，全年建成云服务点224个，并在全市推广应用，经验做法在《人民日报》《国网公司工作动态》刊出。建设“光储充换”项目，打造“零碳排放+多模消纳”综合能源一体化示范，入编《百县千项清洁能源示范项目典型案例目录》。加强充电网络布局，充电量比上年增长116.57%。创新“三省一快”充电桩建设模式，研发移动式充电桩，缓解老旧小区公共充电设施缺失、“油车占位”等问题。助力“招大引强”，仅用83天完成祥邦35千伏配电工程建设任务。推进数字化供电所建设，实现供电所全业务工单化、工单数字化管理模式，“i国网”工单完成率100%。县供电公司供电营业厅获评浦江县2021年度“文明示范窗口”。

（范姝玥）

重点企业选介

【浙江祥邦永晟新能源有限公司】 2022年3月，浙江祥邦永晟新能源有限公司在浦江注册成立，建成年产5亿平方米光伏胶膜及电子胶膜生产线项目，用地11.47公顷，总投资20亿元，是截至2022年底浦江引进的投资规模最大的制造业项目。项目分两期实施：一期供地6.3公顷，有形成年产2.5亿平方米光伏胶膜及电子胶膜的生产能力，一期项目于2022年4月7日挂牌，4月18日摘牌，4月29日动工建设，9月正式投产，实现当年度建成、当年度竣工、当年度投产、当年度纳税；二期供地5.13公顷，处于开工建设阶段，项目已入库。2022年，浙江祥邦永晟新能源有限公司实现产值2.6亿元，纳税1900余万元。

【浙江万赛汽车零部件股份有限公司】 浙江万赛汽车零部件股份有限公司成立于2011年（创建于1996年），位于黄宅镇中兴路11号，占地面积4.68公顷，建筑面积6.7万平方米，总投资1.5亿元。主要以设计、研发、生产、销售（商用车、乘用车、摩托车及工程机械）摩擦片为一体的国家高新技术企业，是中国盘式刹车片制造的领军企业之一。产品涵盖卡（客）车、轿车、摩托车、工程机械全品类3000多种型号产品，其中900多款产品通过E-MARK认证。2022年，实现产值2.45亿元，纳税880万元。公司通过IATF 16949：2016质量管理体系、ISO 14001：2015环境管理体系认证和ISO 45001：2018职业健康与安全管理体系。公司专业服务于汽车OEM以及售后市场，属浦江“浙江制造”品字标认证首家企业、国家级第三批“专精特新‘小巨人’”企业；荣获专利共29项，其中发明专利1项，实用新型专利25项，外观专利3项。建立全球化的营销网络体系，产品畅销欧美及中东等地的50多个国家。2018年8月，完成股份制改造，成为浦江第一家成长版挂牌企业；10月，销售额首次突破1亿元。2019年10月，通过浦江县政府质量奖；12月，通过“浙江制造”品字标认证体系（同时发布“电动自行车用盘式制动块”及“大巴用盘式制动块”标准）。2020年12月，提名为省隐形冠军培育企业。2021年1月，通过省级企业研究院评定；7月，通过国家级第三批“专精特新‘小巨人’”企业认定。2022年，获批国家级重点“小巨人”荣誉。

【浙江聚衣堂服饰有限公司】 浙江聚衣堂服饰有限公司成立于2010年4月，注册资本1000万元，位于浦江县前方大道301号，公司占地面积1.49公顷，建筑面积4.78万平方米，主要经营范围为服装、鞋帽、针纺织品的网上批发、零售及加工。公司是一家集生产与电商销售于一体的生产型企业，产品涉及瑜伽服、男子健身服、孕妇裤、女士打底裤四大类目。公司销售端多元化、多平台发展，拥有稳定的销售网络。产销一体，年产量3500余万件，流水化专业生产。

浙江聚衣堂服饰有限公司是浦江县电子商务协会常务副会长单位、浦江县服装行业协会常务副会长单位、第3届浦江县电子商务促进会副会长单位。浙江聚衣堂服饰有限公司被评为金华市商标品牌示范企业、浦江县电子商务十佳示范企业，2019年纳税超100万企业、2020年电子商务十强企业、2020年纳税优胜企业、数字化改造示范企业；被列入全市十大智能化改造示范项目。2022年，实现产值5348万元，比上年增长57.19%，纳税221万元。

（蒋 颖）

经济开发区

【概况】 2022年，浦江经济开发区（以下简称“开发区”）总规划面积20.26平方千米。开发区有经营主体1939家，其中规模以上企业264家，落地企业522

家。全年规模以上企业工业产值182.44亿元，比上年增长6.8%；规模以上企业工业增加值31.11亿元，比上年增长-1.4%；实现出口交货值51.37亿元，比上年增长-0.3%，其中规模以上企业出口交货值40.77亿元，比上年增长-3.53%；固定资产投资16.19亿元，比上年增长4.01%；工业投资15.56亿元，比上年增长1.23%。

开发区农转用报批4宗，总面积15.94公顷，其中齿轮厂以东地块1.80公顷，平七路以东前方大道以南地块二1.04公顷，平七路以东前方大道以南地块三5.86公顷，奥隆以北地块7.24公顷。出让“标准地”8宗，累计出让土地23.09公顷，出让金额1.06亿元。

【基础设施建设】 2022年，开发区投资6200万元完成新浦后路、星碧大道等14个道路及节点工程建设，启动并完成前方大道、百炼大道等9条道路设计。结合文明创建工作，新划设停车位1600个。2022年9月，总投资700万元的主入口标志工程正式投用。

【招商引资】 2022年，开发区排摸254条招商信息，对接35个重大项目，签约金华博思瑞家居有限公司年产6万套沙发智能工厂项目、浙江祥邦科技股份有限公司年产5亿平方米光伏胶膜及电子胶膜建设项目、华清八度光电集团有限公司浦江清洁能源产业发展项目、苏州赛伍应用技术股份有限公司年产8000吨高端聚烯烃新材料项目、浙江祥邦科技股份有限公司年产3亿平方米光伏胶膜及电子胶膜建设项目、华清八度光电集团有限公司年产5000件光储充一体化逆变器生产线项目、浙江海纳半导体股份有限公司切磨抛扩产项目7个重大项目，计划总投资55.68亿元。其中总投资10亿元的浙江祥邦科技股份有限公司年产2.5亿平方米光伏胶膜及电子胶膜建设项目、总投资10亿元的浙江祥邦科技股份有限公司年产3亿平方米光伏胶膜及电子胶膜建设项目、总投资10亿元的华清八度光电集团有限公司浦江清洁能源产业发展项目、总投资3.5亿元的华清八度光电集团有限公司年产5000件光储充一体化逆变器生产线项目、总投资2.18亿元的赛苏州赛伍应用技术股份有限公司年产8000吨高端聚烯烃新材料项目、总投资1.5亿元的山东恒鹏卫生用品有限公司年产2万吨弹性非织造布项目6个项目实现落地。同步引进产值2000万元以上“零土地”项目17个，利用闲置厂房5万平方米。其中总投资5000万元的浦江英伯特医疗科技有限公司年产10亿人份医疗检测产品塑料件建设项目完成产值1.6亿元，总投资2600万元的欧科项目正式投产。

【项目建设】 2022年，开发区实施重大项目15个，其中浙江亥博新材料有限公司年产2.5万吨光伏组件用硅胶及3600万平方米胶带项目(一期)等5个项目竣工投产，奥隆机械(浦江)有限公司年产95套纺粘无纺布设备生产线建设项目等6个项目在年底前竣工，其中浙江祥邦新能源有限公司年产2.5亿平方米光伏胶膜及电子胶膜建设项目被列入省重点建设项目。实施总投资50万元以上技改项目78个，其中投资500万元以上技改项目56个，实现竣工投产19个。

【转型升级】 2022年，开发区新培育亿元企业6家、新增“小升规”企业27家、新认定国家高新技术企业20家、省级科技型中小企业42家、“一企一线”数字化改造项目14个、市级研发机构29家、申报“双龙”计划人才4名，引进大学生200名。

【低效整治】 2022年，成立开发区低效整治专班，推进班班区块和百炼区块连片整治。并开展点式收购，完成浙江浦江三和塑料有限公司3.53公顷地块收购，完成浙江浦江超瀛家纺有限公司3.86公顷地块收购意向签约，做好浙江浦江伯虎链条股份有限公司、浦江环美工贸有限公司、浙江万岁珠宝有限公司3家企业共计5宗10.87公顷地块收购工作。

【企业服务】 2022年，开发区为解决企业原材料中断问题，实施企业“白名单”、货车“通行证”制度，由网格员全程代办，为28家企业发放通行证67个、白名单3个。为解决产业链中断问题，实施内循环对接、工贸销售对接服务制度，召开内循环对接会11场、工贸销售对接会4场，帮助50余家企业达成战略合作，其中浦江召日电器有限公司与浙江杭机股份有限公司浦江分公司达成超1000万元的订单合作。为解决企业融资难问题，常态化开展“量身定制”银企对接会，帮助343家企业新增贷款20.35亿元，同时为浙江祥邦永晟新能源有限公司、浙江浦江圣力工贸有限公司、浙江三和塑料有限公司、浦江琦品电器有限公司4家企业争取到中长期制造业贷款1.5亿元。2022年初出台留浦过节暖心服务，包含稳健生产、留工稳岗、升规入库、返工返岗、发放旅游门票、提供体检服务等9个方面，共对176家企业补助129.1万元。

【光伏产业】 开发区光伏产业总投资10亿元的浙江赛伍应用技术有限公司项目截至11月完成产值18.9亿元，成为浦江县制造业产值第一企业；总投资20亿元的浙江祥邦科技股份有限公司年产5亿平方米光伏胶膜及电子胶膜建设项目于5月1日开工建设、9月底全面投产，截至11月完成产值1.9亿元；12月31日，总投资5亿元的浙江亥博新材料有限公司年产2.5万吨光伏组件用硅胶及3600万平方米胶带项目全面建成投产。

（张娴娴）

商贸服务业

国内贸易

【贸易流通】 2022年，全县实现社会消费品零售总额104.4亿元，比上年增长2%，全市排名第六，其中限额以上社会消费品零售总额21亿元，比上年增长6.9%，全市排名第五；批发业商品销售额较2021年比上年增长5.1%，全市排名第八，其中限额以上批发业销售额52.9亿元，比上年增长2.7%，全市排名第八；零售业商品销售额较2021年增长5.1%，全市排名第五，其中限额以上零售业销售额22亿元，比上年增长9.5%，全市排名第六。新增限额以上批零住餐企业(下升上入统)25家。亿元以上商贸批零企业21家，其中批发企业16家、零售企业5家。

【发放消费券】 2022年，县经济商务局发放消费券激发市场活力，面向全县市民累计发放汽车、家电、普惠消费券1120万元，其中汽车消费券970万元、家电消费券50万元、普惠消费券100万元，累计拉动消费3.21亿元，进一步激发消费活力。

国外贸易

【概况】 2022年，全年实现外贸进出口总额15.63亿美元，比上年增长13.5%，全市排名第三。其中，外贸出口15.01亿美元，比上年增长12.25%，全市排名第二，出口占全国份额0.488‰，出口占全国比重较2021年增加0.097‰。新增外贸出口主体147家。出口超千万美元企业22家，其中出口超亿元企业5家。

【组织企业参展】 2022年，浦江县共组织137家次企业参加线上中国进出口商品交易会、浙江省出口网上交易会等境内外重点展会39场次。全年组织44家次企业到泰国、越南、印度尼西亚、日本等境外国家商务考察开拓市场活动。

【推进小微外贸企业政府统保制度】 2022年，浦江县鼓励企业参加出口信用保险，推进小微外贸企业政府统保制度，全年参保企业400家，比上年增长15.61%，承保规模5.3亿美元，比上年增长41.71%。开展政策性融资担保汇率避险增信服务，实现外汇

2022年浦江县主体市场自营出口情况表

表4

地区/国家	出口地名	2022年		2021年		比上年增减(%)	比重增减(个百分点)
		出口总额(美元)	占比重(%)	出口总额(美元)	占比重(%)		
合计		1501422428		1337573510		12.25	
地区	亚洲	597693104	39.81	466407689	34.87	28.15	4.94
	欧洲	329187420	21.93	292141119	21.84	12.68	0.08
	北美洲	288132511	19.19	311730158	23.31	-7.57	-4.12
	拉丁美洲	209046671	13.92	202812496	15.16	3.07	-1.24
	欧盟(27)	163247824	10.87	136370771	10.20	19.71	0.68
	东盟(10)	86783453	5.78	66871191	5.00	29.78	0.78
	非洲	64392215	4.29	52532869	3.93	22.58	0.36
	大洋洲	12970507	0.86	11949179	0.89	8.55	-0.03
国家	美国	274088852	18.26	298335801	22.30	-8.13	-4.05
	阿联酋	151039797	10.06	126920203	9.49	19	0.57
	印度	146529189	9.76	115388902	8.63	26.99	1.13
	俄罗斯	128653814	8.57	109216510	8.17	17.8	0.40
	墨西哥	72549179	4.83	48304530	3.61	50.19	1.22
	智利	65802548	4.38	82630201	6.18	-20.37	-1.79
	韩国	42125413	2.81	45985465	3.44	-8.39	-0.63
	土耳其	34766722	2.32	15675425	1.17	121.79	1.14
	德国	31808284	2.12	26358153	1.97	20.68	0.15
	英国	26661071	1.78	28514093	2.13	-6.5	-0.36
	伊拉克	24546554	1.63	12358397	0.92	98.62	0.71
	巴西	24056899	1.60	31176979	2.33	-22.84	-0.73
	印度尼西亚	23572006	1.57	24553560	1.84	-4	-0.27
	荷兰	22943356	1.53	22558339	1.69	1.71	-0.16
	希腊	22421959	1.49	11937324	0.89	87.83	0.60
	越南	21217515	1.41	4373251	0.33	385.17	1.09

续表4

地区/国家	出口地名	2022年		2021年		比上年增减(%)	比重增减(个百分点)
		出口总额(美元)	占比重(%)	出口总额(美元)	占比重(%)		
国家	西班牙	19294462	1.29	15657272	1.17	23.23	0.11
	也门共和国	18453430	1.23	6324033	0.47	191.8	0.76
	巴基斯坦	18237797	1.21	14961466	1.12	21.9	0.10
	马来西亚	16895425	1.13	18411838	1.38	-8.24	-0.25
	沙特阿拉伯	15338989	1.02	10266326	0.77	49.41	0.25
	意大利	15044514	1.00	11276456	0.84	33.42	0.16
	法　国	14176773	0.94	14765633	1.10	-3.99	-0.16
	加拿大	14043425	0.94	13393899	1.00	4.85	-0.07
	日　本	14018602	0.93	11176206	0.84	25.43	0.10
	泰　国	13246847	0.88	11019982	0.82	20.21	0.06
	尼日利亚	12749257	0.85	9483599	0.71	34.43	0.14
	巴拿马	12013200	0.80	6822746	0.51	76.08	0.29
	波　兰	10899269	0.73	8833255	0.66	23.39	0.07
	澳大利亚	10772681	0.72	9191794	0.69	17.2	0.03

2022年浦江县自营出口商品情况表

表5

序号	分行业	2022年出口金额(美元)	2021年出口金额(美元)	比上年出口金额增减(%)	占比(%)
	合计	1501422428	1337573510	12.25	
1	水晶	96539412	80502146	19.92	6.43
2	制锁	68916119	63517968	8.50	4.59
3	绗缝	173828475	230243201	-24.50	11.58
4	纸及纸制品	4454306	4247798	4.86	0.30
5	针织	75599918	61765746	22.40	5.04
6	服装	280286694	242611746	15.53	18.67
7	贸易	463278414	386177191	19.97	30.86
8	医药制造业	215426	218987	-1.63	0.01

续表5

序号	分行业	2022年出口金额（美元）	2021年出口金额（美元）	比上年出口金额增减（%）	占比（%）
9	橡胶和塑料制品业	69094562	34218972	101.92	4.60
10	文教、工美、体育和娱乐用品制造业	37360784	19721060	89.45	2.49
11	通用设备制造业	660548	367027	79.97	0.04
12	汽车制造业	23729417	21845479	8.62	1.58
13	其他制造业	41667700	34141804	22.04	2.78
14	皮革、毛皮、羽毛及其制品和制鞋业	16688301	15072836	10.72	1.11
15	木材加工	537517	1090942	-50.73	0.04
16	金属制品业	37179617	30907463	20.29	2.48
17	家具制造业	12935007	7738724	67.15	0.86
18	计算机、通信和其他电子设备制造业	4758645	1631875	191.61	0.32
19	化工	10812858	11509402	-6.05	0.72
20	非金属矿物制品业	4143273	4330714	-4.33	0.28
21	纺织	37471996	36058769	3.92	2.50
22	电气机械和器材制造业	36043931	38309259	-5.91	2.40
23	食品	599637	431156	39.08	0.04
24	专用设备制造业	4619871	10913245	-57.67	0.31

衍生品资格银行签约全覆盖，进一步扩大增信业务覆盖面，全年外贸企业汇率避险增信签约家数17家，签约金额1553万美元。

【推进浙江省贸易调整援助试点工作】 2022年，浦江县开展两批次贸易调整援助工作，对12家因贸易摩擦、关税壁垒、国际营商环境变化等因素而导致贸易利益受损的中小企业以项目补助的形式进行援助，援助金额共计120余万元。

电子商务

【概况】 2022年，浦江县实现国内网络零售额105.8亿元，比上年增长3.1%。全县有省级电子商务专业镇5个，专业村23个，省级跨境电子商务园区1个。全年累计开展线上线下电子商务培训活动49场，惠及1294人；开展“美好生活浙播季”活动

1697场，带货6000余万元。

2022年，电子商务公共服务中心举办“浦江双12电商狂欢节年终放肆购”直播，线上销售本地农特产品　　（县经济商务局提供）

【数字生活新服务样板县创建】　2022年，浦江县打造省级直播电商基地，投资1200万元建设货郎先生直播教研实践基地，搭建直播间66个，新注册会员68万人，经济效益超2亿元。4月26日，举办主题为“共享数字新机遇、重塑县域新动能”的数字商贸论坛，构建浦江县数字生活地图平台，通过数字商圈、数字文旅、数字学习、数字出行等多个生活领域的数字化建设，实现出行、餐饮、购物、支付等主要生活功能数据融合。

【全省首个县域跨境电商研究院落地浦江】　11月20日，浦江县与浙江外国语学院签订合作协议，全省首个县域跨境电商研究院落地浦江。研究院立足于浙江数字经济“一号工程”，启动合作课题研究，推动研究院实现实体建制，力争将浦江县打造成为县域跨境电商发展的全省高地、县域跨境电商咨询服务的全国标杆、中东欧国际经贸跨境电商人文交流的重要阵地和跨境电商高端人才的“聚集地”。

【国家电子商务进农村示范建设推进】　2022年，浦江县健全物流配送体系，建设县级物流配送中心1个、乡镇物流示范点24个及村级物流服务站点186个。完善配套公共服务，升级改造电商服务站244家，对接本地企业35家，排摸本地农特产品40款，带动农副产品销售额1636万元。打造浦江特色品牌，创建农产品区域公共品牌“浦色浦香”，打造“浦大发”“糕集典”2个浦江重点产业电商品牌。

粮食和物资储备

【概况】　2022年，浦江县全面落实粮食安全党政同责，县委常委会会议传达学习习近平总书记关于粮食安全的重要论述及相关会议精神，研究制定《2022年度县委县政府粮食安全工作“三张清单”》《浦江县全面推行田长制实施方案》《浦江县粮功区调整优化方案》。县委、县政府分别与15个乡镇（街道）党委、政府签订粮食生产考核责任书，下发《关于下达2022年粮食生产任务的通知》，分解落实5386.67公顷粮食播种面积和2.46万吨粮食总产量任务，压实主体责任，明确目标任务，形成齐抓共管粮食安全的良好氛围，健全粮食安全保障体系。

【粮食轮换和收购】　2022年，浦江县落实县级储备粮油规模30355吨，其中小麦9000吨，早籼稻谷9100吨，晚籼稻谷11500吨，成品粮700吨，大豆油55吨。其中，新增储备粮1500吨，晚稻占比由原来的35%增加到40%，全年月末储备实物库存占储备规模比例均达到考核要求的70%以上。落实粮食订单收购政策，对早稻实行县内订单全覆盖，晚稻敞开收购。2022年，全县共签订早稻订单面积190

公顷，订单粮食1140.3吨，实际收购早稻515吨、晚稻695吨。订单早籼谷收购价每50千克128元，订单早籼谷价外奖励每50千克30元，中晚籼稻收购价为每50千克148元（含政府奖励每50千克15元），政府奖励在粮食收购时直接兑现。

【安全仓储】 2022年，浦江县把落实“一规定两守则”工作、提升仓储设施、安全生产无事故、完成储备粮的轮换作为主要目标。开展2022年全国政策性粮油库存检查，实现“账账相符、账实相符、账表相符”，数量真实，质量完好。建立库存粮食质量档案，每月填报粮食质量变化情况表，对库存粮食的质量、品质进行全程跟踪管理。严格储备粮管理，每季度对县粮食收储有限公司各粮库进行“一符四无”粮仓检查鉴定，完成中心粮库安全生产标准化认证，县级储备粮油数量真实，质量达标，储存安全。

【粮食流通和监督管理】 2022年，浦江县严格按照《浙江省实施〈粮食流通管理条例〉办法》和《浙江省地方储备粮管理办法》的规定，开展粮食收储轮换和日常保管工作。落实《浙江省粮食安全保障条例》有关规定，要求粮食企业保持必要库存，督促从事收购、加工、批发销售的粮食企业应当保持不少于上年度日均经营量十倍的粮食库存，批发销售的个体工商户和销售粮食的大型超市应当保持不少于上年度日均经营量五倍的粮食库存，推动社会化储粮，要求机关、学校、医院、大中型企业等单位确保储存维持十五日以上的口粮。

【信息化改造】 2022年，浦江县完善“浙江粮仓”数字化平台的储备管理、仓库监管、收购一条龙、定向销售等环节优化，充分解决粮食购销储运的“碎片化”工作。截至2022年，该平台覆盖浦江县4个储备粮库区、41仓库，并实时更新扦样、检斤、质检等数据，实现粮食储备可视化。同时，涉及扦样检验、检测定级、熏蒸（充氮）、粮温监测等数字化应用，浦江县粮食储备数字化监管覆盖率100%。

【应急体系建设】 2022年，浦江县组织县粮食安全工作协调小组成员单位开展粮食安全应急预案演练。重视粮食安全应急保障，健全粮食应急供应网络，落实粮食应急供应网点20个，应急加工厂4个，粮食应急加工能力达到160吨/日。整改应急物资仓库，通过公开招标采购应急储备物资，新增入库棉大衣500件，棉帐篷25顶，折叠床50张，采购金额共10万元。每月按要求在应急物资管理平台进行库存盘点。全年在县委、县政府的统筹安排下及时投放政府储备冻猪肉27吨。

（蒋　颖）

供销合作

【概况】 2022年，全县供销系统实现营业总收入5441万元，比上年增长105.7%，利润884万元，比上年增长9%。全县有基层中心供销社2家（黄宅中心供销社、城关中心供销社），下属全资企业4家（浦江县兴合资产经营有限公司、浦江县供销电子商务有限公司、浦江县供销农副产品经营有限公司、浦江县烟花爆竹专营有限公司）。2022年被评为全省供销系统信息宣传工作先进单位。

【农合联组织换届】 9月9日，浦江县农民合作经济组织联合会（以下简称“农合联”）第二届会员大会召开，119名农合联会员参加，金华市供销社副主任厉红亮到会指导。会议听取和审议县农合联第一届理事会工作报告、监事会工作报告和财务收支情况报告，选举产生县农合联第二届理事会理事长、常务副理事长、副理事长、秘书长名单，监事会监事长。浦江县委常委、县政府党组成员陈鹏进当选县农合联第二届理事会理事长。15个乡镇（街道）完成乡镇（街道）农合联的换届工作，选举产生新一届农合联理事会、监事会，人员结构进一步优化，并开展社团登记工作。

2022年9月9日，浦江县农民合作经济组织联合会第二届会员大会召开（郑玉峰 摄）

【数字化改革】 2022年，浦江县完成浦江县数字农合联基础服务平台建设，发展农合联会员200余家，发布各类信息30余条。深化数字融合“三位一体”改革项目列入省供销系统实施项目，获省供销社财政专项资金补助200万元。

【为农服务体系】 2022年，浦江县完成全省葡萄产业农合联服务提升活动的承办任务，通过与省内同行的学习交流，进一步提升全县葡萄种植户的理论水平和实践技能，增强产业发展信心。以县农合联现代农业综合服务中心和浦江浙农农业科技服务有限公司为依托，探索完善“线上+线下”交流、乡镇设点布局，开展农资配送、测土配方施肥、技术培训、农机作业、统防统治等一系列社会化服务，做好1200吨农资化肥应急储备，全方位满足春耕粮食生产和特色产业多层次、多样化的需求，为全县粮食安全生产保驾护航。

【农副产品销售】 2022年，浦江县以县第十五届葡萄节为契机，到上海、长沙、合肥等地开展浦江葡萄品鉴推介活动，表彰浦江2022年度“十佳葡萄”和2021年度优秀经销商，持续提升浦江葡萄的知名度和美誉度，助推农业增效、农民增收。评选优秀农产品经纪人17人，申报县专项奖励3.9万元。全年巨峰葡萄总体收购价比上年提高15%～20%，促进全县葡萄产业产值增加1.3亿元。助力葡萄产业发展和共同富裕的做法，分别在央视17频道《中国三农报道》、央视13频道《新闻直播间》和《浙江日报》刊播。

【社有资产管理】 以成立“一委三中心”（社有资产管理委员会、资产经营管理中心、财务核算管理中心和农副产品营销中心）为契机，进一步规范社有资产投资、出租、转让和社有资金使用，不断完善以管资本为主的社有资产管理体系，促进资产保值增值。完成县农批市场一期33间商铺的认购，新增资产730余万元，预计年租金收入增加近30万元。

（郑玉峰）

烟草专卖

【概况】 2022年，县烟草专卖局累计销售卷烟16270箱，比上年增长1.83%；实现税利2.02亿元，比上年增长8.7%；单箱销售额4.68万元，比上年增长4.65%。重点品牌销量15125箱，比上年增长4.64%；终端网络建设量质并举，建成加盟终端42家，比重1.56%。现代终端627户，比重23.24%。建成“香溢红色驿站”10家、“会员驿站”12家、“数智驿站”7家、“雪茄驿站”3家。

县烟草专卖局被评为2022年度全省卷烟打假打私工作成绩突出集体，全年查处各类违法经营案件134起，查获卷烟10.2万条、烟丝4015千克。突出“违法大户”“重点籍”零售户监管，查获违法违规大户案件34起。查获省外“双5”无证运输省外烟案件5起。清理异常状态零售许可证182本。

2022年，县烟草专卖局综合业绩考核在全市烟草系统排名第二位。

【终端服务】 2022年，县烟草专卖局关注终端成长，推动梯次发展。创新“7+X”爱心便民服务项目，全年累计服务400余人次。构建会员驿站“1252”和香溢商盟“132”零售终端会员生态运营新模式，拓展生态合作伙伴、共推口碑商品服务，实现终端引流，全年累计发展9家合作商家，开展会员活动10期，发放优惠券4000张。推广应用RFM全商品价值识别模型和“热销排行榜”“爆款推荐榜”，依托“浦烟杂谈”栏目开展经营培训9期，引导数字经营新风尚；携手安徽中烟开展“王冠雪茄高端品鉴会”，聚拢国产雪茄潜在消费群体。

【“7·05”涉毒电子烟案】 2021年7月1日，国家把“整类合成大麻素类物质”和“氟胺酮”等18种新精神活性物质，列为毒品进行管制。7月5日，一受害人到县烟草专卖局报案，称其从微信购买的电子烟、烟丝疑似有毒品。县烟草专卖局稽查人员随即将线索移交给县公安局，经缉毒部门鉴定，在烟丝、电子烟中含有国家整类列管的合成大麻素类物质，随即成立由烟草、缉毒、派出所等部门组成的专案组。经侦查发现，在“蝙蝠”、微信等社交软件中，有多个团伙在贩卖疑似含有合成大麻素物质的电子烟烟油、烟丝，专案组对以郭某、刘某、岩某为首的各团伙进行摸排侦查，部署周密的抓捕计划。浦江县2021“7·05涉毒电子烟案”自7月底起开始收网，共计出动烟警人员共计76人，现场控制嫌疑人32人，逮捕25人(其中13人为异地逮捕)，共查获银行卡41张，作案手机28只，含有合成大麻素电子烟烟油18瓶，含有合成大麻素烟丝实物2包，含有合成大麻素电子烟烟杆36根，涉案金额645万元。该案于2021年10月至2022年4月期间，对15名涉案人员进行审判，分别判处1～8年有期徒刑。

（王奕辰）

文化·旅游·体育

【概况】 2022年，县文广旅体局全面推进“文旅富县”战略，推动文旅体事业高质量发展。全县接待游客207.2万人次，比上年下降20.9%；实现国内旅游总收入30.5亿元，比上年下降22.3%。创新推出“浦江文旅月系列活动，完成全县文化和旅游发展大会暨浦江文旅（上海）推介会、第十五届中国书画节暨“万年浦江”全国书画作品展、第九届乡村旅游节、“万年上山 诗画浦江”全国摄影大展和宁波、绍兴、台州、温州四地推介会等30余项活动，其间发布文旅招商项目27个，签约项目5个，投资规模超83亿元。

完成图书馆原青少年宫改造、浦江中国美术图书馆过渡场地改造以及潘周家古建筑群之光裕堂新厅、嵩溪石灰窑群遗址保护修缮工程，成立美丽乡村·书画展销中心暨浦江美术馆嵩溪分馆，嵩溪村、礼张村入选全省首批美育示范村。新增省级非遗工坊1个、县级非遗项目10个、县级非遗代表性传承人42名、县级非遗工坊27个。全年共举办送戏下乡242场，送讲座、展览下乡290场，文化走亲23场，送电影下乡3903场，送书下乡3.86万册。

浦江县连续四年上榜全国县域旅游综合实力百强县。上河村入选“2021浙江文化和旅游总评榜”之“2021浙江最具人气夜间文旅消费目的地”榜单。郑家坞镇、中余乡获评浙江省国家AAA级旅游景区镇，实现景区镇全覆盖。出台《浦江县实施“文旅富县”战略推动高质量发展的激励政策》，兑现2021年度旅游发展专项资金130.83万元，给予26家旅游业企业困难补助230万元；发放6轮文旅消费券100万元，发动47家商家参与，拉动消费率424.95%。年度重大文旅项目总投资28亿元。推进“微改造、精提升”试点行动，全年实施项目23个，总投资约9100万元。新增省级“百县千碗”体验店1家。“浦江文旅”微信公众号打造“早安浦江”栏目，创新县域文旅推广传播的新路径。“乡村旅游通”数字化应用场景被省文旅厅列为全省文化和旅游数字化改革第二批试点项目。

举办浙江省第十七届运动会圣火采集暨火炬传递启动仪式，承办国际象棋、女子足球甲乙组、空手道、五子棋5场省运动会比赛。《浦江县持续完善公共体育服务体系改革》在省委改革办《竞跑者》上刊发。县文广旅体局被评为2018—2021年度全省群众体育工作成绩突出集体。

【浦江县文化和旅游发展大会】 11月18日，全县文化和旅游发展大会在县府大会堂召开。县委书记俞佩芬出席会议并强调，坚持以文塑旅、以旅彰文，全力推动文化旅游深度融合、协同发展。会议以视频形式召开，浦江开发区、县水晶产业园区、县机关各单位及各乡镇（街道）设分会场。县主要领导，县机关各单位、各乡镇（街道）党政主要负责人，相关部门成员及2021年度文旅发展优秀企业代表等在主会场参加会议。会上播放《万年上山 诗画浦江》文旅视频，宣布成立中国书画艺术中心项目指挥部，宣读浦江县2021年度文旅发展优秀企业名单并进行现场颁奖，介绍浦江县文旅拟签约项目、招商项目，解读《浦江县实施“文旅富县”战略推动高质量发展的激励政策》，相关部门和乡镇对“文旅富县”目标提出各自的发展思路。

2022年11月18日，浦江召开全县文化和旅游发展大会 （郑建东 摄）

【浦江文旅（上海）推介会】 11月22日，“万年上山 诗画浦江”2022浙江浦江文旅（上海）推介会在上海市黄浦江畔游轮上举办。推介会现场签约战略合作项目2个、文旅重点投资项目4个，投资规模超83亿元；向上海客商推介浦江精品文旅线路和资源，启动“百万闵行人游浦江”活动，持续向上海市闵行区居民发放1.5万张“旅游金卡”，吸引上海游客到浦江旅游。同日，“万年上山 诗画浦江”浦江县中国画作品展在上海宝龙美术馆开幕，共展出浦江近现代书画名家及中青年画家的中国画作品110件。

2022年11月22日，“万年上山 诗画浦江”2022浙江浦江文旅（上海）推介会在上海黄浦江畔游轮上举办 （冯阳康 摄）

【2022浦江·第十五届中国书画节】 11月25日，2022浦江·第十五届中国书画节暨2022“万年浦江”全国中国画作品展览开幕。书画节首次探索线上线下相结合的新形式，以“书画节开幕式+直播间访谈+云逛展”为主要内容，依托“美丽浙江”融媒体矩

2022年11月25日，2022“万年浦江”全国中国画作品展览现场 （冯阳康 摄）

阵，推出“诗画浦江·一起云逛展”大型沉浸式直播活动，全方位呈现书画节盛况，展示浦江深厚的书画文化底蕴。书画节期间，浦江中国美术图书馆开馆并发布美术图书与文献征集公告，省美术家协会、省美术馆捐赠首批图书约600册；县文广旅体局、白马镇与杭州师范大学艺游学研究院签约“水墨嵩溪——乡村跨代美育”项目。活动由“美丽浙江”抖音号等8家融媒平台同步直播，直播总观看量675.5万人次，相关短视频总播放量832.1万次。

【乡村美育工作】 2022年，美丽乡村·书画展销中心暨浦江美术馆嵩溪分馆成立，探索书画市场运营新模式。白马镇嵩溪村、岩头镇礼张村入选首批浙江省美育示范村（社区）名单，并在浙江省首届美育示范村授牌仪式暨建设成果展示交流大会上作经验交流。展销中心以经营展销全国书画艺术家、美术院校师生作品为主要业务，旨在形成集聚效应，做强做大书画市场和书画文化品牌，助力乡村振兴，推动共同富裕。

2022年1月27日，美丽乡村·书画展销中心挂牌暨浦江美术馆嵩溪分馆开馆仪式举行（郑建东 摄）

【“东山有戏”群文大舞台】 2022年，县文广旅体局打造“东山有戏”群文大舞台品牌，每周五、周六晚上推出优质节目表演。同时以“诗画浦江、多彩家园”赛事为抓手，以广场舞、浦江什锦和优秀业余团队展演为赛事内容，建立节目库、人才库、团队库，提升社会文艺团队建设，丰富群众文化生活。全县参赛队伍80支，其中“丰安古韵”浦江县什锦班比赛初赛采用网上直播的形式举行，线上直播服务超260万人次。

【壶源江乡村旅游联盟成立】 12月11日，第九届诗画浦江乡村旅游节壶源江乡村旅游联盟成立暨踩线推介会在檀溪镇举行。由县文广旅体局牵头，在杭坪镇、檀溪镇、虞宅乡、大畈乡、中余乡五个壶源江流域乡镇政府的支持下成立的壶源江乡村旅游联盟，将通过“部门引导、企业自愿、市场为主、利益共享”的新模式，以乡村游为重点，政企联手，共闯市场。壶源江乡村旅游联盟代表在推介会上宣读了壶源江乡村旅游联盟倡议书，并和浙江智博企业管理咨询有限公司签署战略合作协议。

2022年12月11日，壶源江乡村旅游联盟成立（裘尚凯 摄）

【“早安浦江”栏目】 11月，“浦江文旅”微信公众号推出“早安浦江”栏目。栏目通过用心选题、精心编排，巧妙结合诗歌、朗诵、摄影三大文艺形式，每日推出一张以浦江美景、美食、人文景观、非遗文化为主题的海报图，把一道道浦江文旅大餐精准传播，如《迎春门》《登仙姑山志感》《登高雪景》等，在新华网客户端24小时的阅读量均突破20万次。2022年，“早安浦江”栏目全年累计推送408期、阅读量110余万次，单期最高阅读量4.2万次，创新县域文旅推广传播的新路径。

【文化民生实事】 2022年，浦江县新增“15分钟品质文化生活圈”56个、城市书房2家、文化驿站1家、乡村博物馆3家。130家“e家书房”实现进社区、文化礼堂，9家乡镇(街道)文化站图书室提升为图书馆分馆或实现图书通借通还。浦江县文化馆被文化和旅游部公布为一级文化馆。

【体育民生实事】 2022年，浦江县新增1个体育设施进公园、4个百姓健身房、1个村级全民健身广场、1个笼式足球场、4个多功能运动场，培育岩头镇飞轮村、前吴乡灵溪村2个体育示范村。

【浙江省第十七届运动会举办】 9月21日，浙江省第十七届运动会圣火采集暨火炬传递启动仪式在浦江县上山考古遗址公园举办，圣火经过金华各地360多名火炬手之手，于省运动会开幕式当晚绽放在主会场的火炬塔之上。浦江县承办国际象棋、女子足球甲乙组、空手道、五子棋5场省运动会比赛。浦江县获得赛前金牌15枚，现场金牌17.5枚、银牌7枚、铜牌7枚，超额完成省运动会金牌任务，并打破浦江省运会金牌数历史纪录。

【文旅市场管理】 2022年，县文化市场行政执法队推进“大综合一体化”行政执法改革工作，全年聚焦疫情防控、安全生产、文明创建，组织开展涉老旅游及艺术品诈骗整治、文化和旅游市场百日攻坚行动、校园周边整治等10余项专项行动，护航党的二十大会议召开。全年出动检查6297人次，检查场所1932家次，行政处罚立案调查18件，办结18件，警告14家次，罚款70500元，没收违法所得1498元，保障了各场所的经营规范有序，全年文旅市场安全、平稳、有序。县文化市场行政执法队被浙江省文化和旅游厅评为2022年度全省文化市场综合行政执法工作成绩突出集体，2022金华市文化市场执法岗位练兵技能竞赛获团体二等奖。

(陈畅捷)

上山文化

【概况】 上山遗址发现于2000年，距今10000～8500年，位于浦江县黄宅镇上山村。2006年11月，在浦江举行的中国第四届环境考古学大会暨上山遗址学术研讨会上，“上山文化”正式命名，为“万年浙江”文化之源。时任浙江省委书记习近平作出“要加强对‘上山文化’的研究和宣传”的重要批示。历经20余年考古研究，截至2022年，在4市11县(市、区)已确定21处“上山文化”遗址点，是迄今中国境内乃至东亚地区发现的规模最大、分布最为集中的早期新石器时代遗址群。自上山遗址发现以来，对上山遗址的保护利用和研究宣传，成为上山遗址管理中心工作的主要内容。

【上山遗址管理中心成立】 2月7日，按浦编委〔2022〕7号文件通知，浦江县上山遗址博物馆更名为浦江县上山遗址管理中心，挂浦江县“上山文化”研究中心牌子，机构规格由股级调整为正科级，承担省申遗工作专班秘书处职责。5月13日，浦江县上山遗址管理中心正式挂牌。9月15日，按浦编委

〔2022〕43号文件通知，明确浦江县上山遗址管理中心主要职责、内设机构。相继出台12项单位内部制度，机构运行整体高效，工作推进有力有为。组织召开两次省工作专班例会，全面启动上山考古遗址公园规划（国家级）建设，统筹推动“上山文化”遗址群6个项目编制，为“上山文化”遗址群进入中国世界文化遗产预备名单做充足准备。

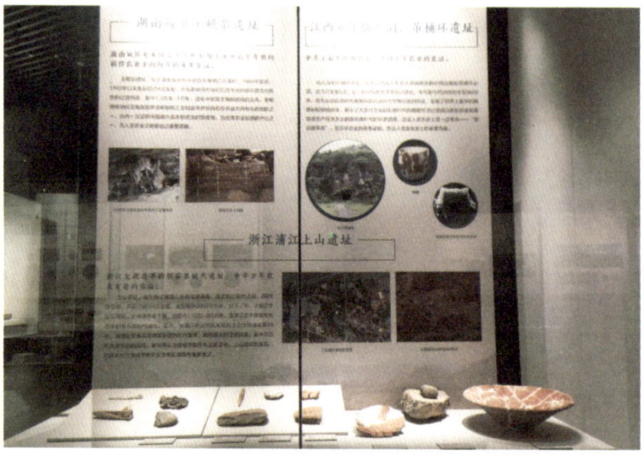

2022年9月1日，“上山文化”元素在“繁星盈天——中国百年百大考古发现展”中展出

（县上山遗址管理中心提供）

【“上山文化”系列重要会议】 6月20日，省第十五次党代会报告提出“推进上山、河姆渡、良渚等文化之源大遗址群保护利用”。6月27日，省委书记袁家军在省委理论学习中心组举行的“深化中华文明探源工程”专题学习会上提出，“在推进考古发掘、运用‘浙江实证’上聚焦用力，要推进上山、河姆渡、良渚等文明之源大遗址群保护利用”。9月2日，中国博物馆协会史前遗址博物馆专业委员会在郑州召开，浦江上山遗址通过审议正式入会。10月28日，金华市委、市政府成立金华市“上山文化”遗址保护和申遗工作领导小组。市委书记朱重烈，市长邢志宏任组长。12月8日，全省文物工作会议在杭州以视频会议形式召开。浦江县委书记俞佩芬在主会场参加会议并就“上山文化”遗址群申遗工作作交流发言。

2022年9月2日，上山遗址正式进入中国博物馆协会　（县上山遗址管理中心提供）

【“第二课堂”活动走进上山考古遗址公园】 5月18日，由市外事办、市委宣传部、浙江广厦建设职业技术大学、县外事办联合主办的刚果（布）留学生中国国情教育“第二课堂”活动“向世界讲好上山故事”走进上山考古遗址公园。21名刚果（布）留学生参观世界稻作农业起源地，了解万年前的大米，领略万年上山的文化魅力。

2022年5月18日，中国国情教育“第二课堂”学生走进上山考古遗址公园　（县上山遗址管理中心提供）

【大型纪录片在上山考古遗址公园拍摄】 7月，中央广播电视总台大型纪录片《寻古中国·稻谷记》栏

目组以“万年上山”为主题到浦江拍摄专题纪录片。栏目组在浦江县上山考古遗址公园通过浙江省文物考古研究所研究员、“上山文化”发现者蒋乐平讲述上山先民驯化稻米的故事并现场模拟稻谷脱壳实验，对“上山文化”有了更加深刻的理解和认识。《寻古中国·稻谷记》栏目组在浦江拍摄为期一周，主要围绕万年“上山文化”的历史文物、自然水系、文化传承三个方面展开拍摄，让观众感受“上山文化”从古到今给浦江当地居民生活带来的影响。

【央视《开学第一课》开讲万年上山】 9月1日，万年上山首次在《开学第一课》亮相。全国中小学生共同收看《开学第一课》，中国社会科学院历史学部主任、中国考古学会理事长王巍登台讲述《一粒稻米的故事》，介绍上山遗址与“上山文化”。

【省运会圣火采集在上山考古遗址公园举行】 9月21日，浙江省第十七届运动会圣火采集暨火炬传递启动仪式在浦江上山考古遗址公园举行，圣火在浦江上山考古遗址公园点燃。浦江站火炬传递路线为上山考古遗址公园—旧骆村—风景路—浦郑公路高桥口，共2千米。浦江站传递结束后，省运会圣火在兰溪、义乌、东阳、磐安、永康、武义、金华市区等地传递。

【万年上山、世界稻源——“上山文化”考古特展】 9月26日至11月30日，由省文物局、市委宣传部主办，省考古所、市文旅局承办，“上山文化”遗址联盟、市博物馆执行的“万年上山、世界稻源——‘上山文化’考古特展”在金华市博物馆开展，展览为期5天。展览汇集了近200件“上山文化”早、中、晚三期极具代表性的文物，包括最早的炭化稻米、彩陶、定居村落遗迹等重要标志性遗存。

2022年9月26日，万年上山、世界稻源——“上山文化”考古特展　（县上山遗址管理中心提供）

【上山考古遗址公园建设】 2022年，上山国家级考古遗址公园成功立项。8月12日，“上山文化”遗址保护规划集中审查会议在杭州召开。会上，中国建筑设计研究院、北京建筑工程学院团队介绍了上山遗址保护规划修编和上山考古遗址公园规划编制情况。省文物局、中国建筑设计研究院、省文物考古研究所、省空间规划院、西安碑林博物馆等领导对上山遗址保护规划修编和上山考古遗址公园规划编制方案提出完善思路。

12月，邀请美国斯坦福大学刘莉教授团队、浙江大学林舟教授团队到浦江对上山遗址稻作农业起源、地貌演变等课题进行研究，完成上山遗址博物馆建筑方案设计单位招标。在2022年“三区三线”划定中调整出永农空间约13.33公顷，为后续项目建设提供保障。完成省厅以追加用地指标的方式保障博物馆建设用地约5.73公顷的征地工作。启动林地报批程序，申请空间规划额度，上报征地组件至省自然资源厅。明确合温高速东移500米的高速线位迁移方案。推进高压杆线迁移工作，完成田间博物馆和稻田景观提升工程，完成遗址公园入口道路生态素土路修复工程。

【"上山文化"遗址申遗工作】 2022年，浦江县全面启动"上山文化"申遗工作，上山考古遗址公园列入第四批国家考古遗址公园立项名单，"推进上山等文明之源大遗址群保护利用"写入省党代会报告。4月20日，为加强对"上山文化"遗址研究保护和申遗工作的领导，统筹推进"上山文化"遗址群申报世界文化遗产，省政府成立"上山文化"遗址保护和申遗工作专班。5月13日，副省长成岳冲到浦江召集召开浙江省"上山文化"遗址保护和申遗工作专班第一次工作例会，并举行联合申遗城市签约仪式。6个遗址分布所在县市，浦江县、嵊州市、义乌市、永康市、龙游县、仙居县汇报辖区内"上山文化"遗址保护和申遗工作情况，并签订联合申遗合作协议，标志着"上山文化"遗址申遗正式迈出第一步。

2022年5月13日，浙江省上山文化遗址保护和申遗工作专班第一次工作例会在浦江召开

（县上山遗址管理中心提供）

7月11日，由"上山文化"遗址联盟秘书处、浦江县委宣传部主办，浦江县上山遗址管理中心承办的"上山文化"保护和申遗培训会在浦江举行。会议邀请相关专家就"上山文化"保护与申遗开展专题培训，分析"上山文化"申遗的策略，为"上山文化"申报世界文化遗产工作提出意见、建议，并对项目申报注意事宜等方面进行梳理及讲解，提升参训人员的业务技能和综合素养。

8月，完成《"上山文化"遗址群申报世界文化遗产预备名单文本》编制项目采购，邀请相关专家开展申遗业务培训。上山遗址北区列入国家文物局2023年考古发掘计划。11月，邀请中国科学院吕厚远教授团队对上山遗址开展植硅体测年考古研究。11月16日，"上山文化"遗址保护和申遗工作专班第二次工作例会在杭州召开，浦江县作为申遗秘书处代表各遗产地汇报"上山文化"遗址保护和申遗工作情况。11月17日，浦江县委常委（扩大）会议传达学习第二次工作例会精神，提出贯彻落实意见，并对工作任务进行分解，牵头梳理遗址联盟《"上山文化"遗址申报中国世界文化遗产预备名单重点任务清单》（2022年12月—2023年5月），明确上山考古研究、预备名单文本编制、上山国家考古遗址公园建设等重点任务进度安排，并上报省文物局。11月27日，完成上山遗址博物馆拟建区块考古勘探工作。向国际权威学术期刊投稿关于浙江省文物考古研究所联合中国科学院地质与地球物理研究所吕厚远团队在上山、荷花山遗址发现2万～3万年前的水稻遗存的成果报告；开展《2022年浦江上山遗址区河流地貌演变过程项目》研究；浦江上山稻作文化系统入选全省首批重要农业文化

2022年7月11日，"上山文化"保护和申遗培训会在浦江召开　　（县上山遗址管理中心提供）

遗产;申请以“上山文化”和“万年上山”为名称的全类别商标注册。细化省政府《“上山文化”遗址保护和申报世界文化遗产实施方案(2022—2025年)》和省文物局《2022年“上山文化”遗址保护和申遗重点工作任务分解表》,明确责任、倒排计划;参与梳理市级“上山文化”重点工作任务“三张清单”,涉及具体工作任务16项;拟定浦江县《“上山文化”保护利用和申遗四年工作计划》,梳理近期、中期、远期目标任务,稳步推进各项工作。

【“上山文化”宣传工作】 2022年,主流媒体聚焦“上山文化”报道380余篇,“上山文化”传播效应持续放大。中国社科院学部委员、历史学部主任王巍署名发表理论文章《打造万年“上山文化”地标 溯源中华文明光辉起点》。县党史研究室在“学习强国”学习平台浙江频道“浙里学史”发表文章2篇:《江东县政府旧址》《袁隆平题词与上山万年稻》;县委党校的《传承“上山文化”赓续浙江历史文脉》获第八届浙江省党校系统精品课比赛“优秀奖”、第八届全市党校系统“精品课”;上山考古遗址公园被纳入金华市“真理味道 信仰之源”红色文化长廊,多次亮相中央电视台《开学第一课》《寻古中国》等主流媒体。在中央电视台推出的《可爱的国 美丽的家》国庆特别节目中,县融媒体中心积极对接和策划,高质量提供“上山文化”相关素材,播出时长15分钟,节目播出后,获中央广播电视总台的肯定,并收到感谢信;与浙江卫视联合摄制省广电重点工程《万年上山》三集考古文献纪录片,于10月24—26日在浙江卫视播出。《中国文物报》大篇幅报道《上山与中华一万年文化史》。黄宅镇助力“上山文化”遗址群申遗,拓展上山研学的内涵和外延,打造“上山+非遗+农耕+红色”文旅精品线,讲好“万年上山”故事。上山元素亮相首届全球重要农业文化遗产大会。

【“上山文化”遗址荣誉】 2022年,上山考古遗址公园入列国家文物局第四批国家考古遗址公园立项名单,先后被评为第八批浙江省科普教育基地、全省第二批大花园耀眼明珠、省级优秀科普教育基地、第三批浙江省国际人文交流基地、浙江省华侨国际人文交流基地、浙江省第三批中小学生研学实践教育基地。构建“大上山”联盟推进“上山文化”申遗项目获评第十届“金华市宣传思想文化工作创新项目”;“上山文化”被浙江省文化和旅游厅公布为首批100项“浙江文化标识”培育项目;由《万年上山》等作品构成的“迎接党的二十大人文纪录精品矩阵”入选“2022年浙江省宣传思想文化工作创新项目”;“上山文化”获评省优秀文化基因解码项目;上山稻作文化系统入选首批省级重要农业文化遗产资源名单。

(璩晓雯等供稿 县地方志编纂室整理)

档 案

【概况】 2022年,县委档案管理科抓住“6·9”国际档案日等重要时间节点,开展“喜迎二十大 档案颂辉煌”知识精神、档案书刊进基层、“档小二”党建品牌创建等系列活动;同时,组织县档案馆专业人员到各乡镇(街道)、机关部门、行业协会开展宣讲活动15场280人次,“线上+线下”同步推进档案业务指导,推进档案深入机关、走进基层、贴近群众。深入推进“村档镇管”工作。按照市档案局关于“村档镇管”工作最新要求,严格执行“六有四统一”工作标准,累计清整归集档案1.08万卷,完成数字化扫描0.63万卷74.3GB。持续推进数字档案室创建。逐一走访10家省级数字档案室创建单位,进行现场指导,经省、市档案局验收，浦江县7家单位成功创建省示范数字档案室，3家单位通过省规范化数字档案室测评。

2022年，县档案馆加大档案资源结构调整，强化档案资源建设，加强档案管理，制定和印发《浦江县村社建设项目档案管理方法》，完成“2021年浦江县村社档案数字化”项目及浦南街道历史遗留档案的整理、数字化等工作。推进新修订《中华人民共和国档案法》宣传，配合县档案局开展执法检查。开展上门服务，到县创建办举办档案业务全员培训。举办130余人参加的全县档案业务培训会。启动“档小二”党建品牌创建活动，举办创建活动启动仪式，县委常委陈鹏进作讲话并揭牌。设置档案文献中心查阅室和党史县情查阅室，举办周红灯优秀事迹展和姓氏家谱“晒谱节”。

全年开展跨馆查档、预约查档、电话查档，接待查档人数3162人次、利用档案2720卷1316件，复印档案2363张，提供证明760余次。深化村档镇管工作，省委办公厅相关处长、市档案局局长陈艳艳等到浦江调研档案服务基层治理工作开展情况。全面展开纪检巡察工作，召开动员会，安排部署，分工负责，配合巡察组工作，立查立改，开展巡察整改、问题整改、业务提升等活动，完成巡察整改任务。

【省档案数据共享中心资源汇集试点】 2022年，县档案馆建立多方参与、资源整合、统筹推进的长效机制，梳理馆藏档案中华人民共和国成立后非涉密文书档案案卷目录8.5万条，卷内文件目录128.8万条，中华人民共和国成立后“一文一件”文书档案目录13.2万条；出生医学证明档案目录6万条；扶贫档案70条。开通电子出证功能，全年出证12次。全年完成各项试点任务，在全省档案工作数字化改革培训会上汇报交流。

【档案数字化改革】 2022年，县档案馆围绕“浙里数字档案应用”，加大核心业务网上协同办理力度，建立档案业务和资源基础数据库，深化完善新冠疫情防控档案专题数据库，基本实现90%以上核心业务数字化运行。继续开展网办行政权力事项电子文件归档移交工作，深化权力事项婚姻事项电子档案归档移交工作流程，形成从归档到移交闭环。

【档案指导】 2022年，县档案馆以“线上+线下”相结合的方式，通过线上电话、“钉钉”等方式指导县交通集团、县城投集团、县省运会档案等单位档案业务；线下上门服务县创建办、县“上山文化”遗址博物馆、县审计局、县交通集团及示范数字档案室、规范化数字档案室创建等单位。做好原林业局遗留档案进馆前的指导、数据质量检查和档案数据导入工作。开展档案事业年报统计，审核报送59家单位室存档案总量111余万卷34万余件年报数据。

【档案保管利用】 2022年，县档案馆制定《档案移交工作制度》《数据接收标准（试行）》《2022年度档案年终考核细则》。着手将馆藏图书资料按新的图书分类办法进行清点、分类、编号、重新上架。对征集进馆的200余册图书资料、“三重一特”资料开展编目、消毒、上架及地方文献室图书编目。对一楼库房密集架的定位标签进行重新标注和粘贴。档案开放审核鉴定档案12299件，开放1467件，控制10832件。排查和补录2018—2020年度婚姻档案数据。将原林业局移交进馆的电子数据导入馆藏系统。

【档案安全和登记备份】 2022年，县档案馆制定《浦江县档案馆网络和系统安全管理制度（试行）》。开展档案系统BM检查和安全检查，做好日常运维；

对数字档案室平台142服务器进行扩容，新增4TB存储。完成2021年度档案登记备份材料的整理和2021年度备份档案数据入库，开展2017年度、2018年度档案备份数据光盘迁移，迁移光盘271张0.8TB。受理19家单位档案登记申请和20家单位的档案数据备份请求，完成档案数据备份约170GB。校对档案馆2016—2017年文书档案数字化成果。争取2023年度省重点档案保护与开发专项资金。

【档案征集接收】 2022年，县档案馆继续征集宗谱、名人档案、红色档案等。对接收的原县林业局文书档案8卷1761件、业务档案619卷、会计档案1391卷、原粮食局档案674卷、民政局档案936卷、浦南街道档案993卷、婚姻档案7440件等共计4621卷9201件进行校对、消毒、上架等。对接中余乡卫生院，将周红灯陈列馆相关红色文物收回档案馆寄存，并做好登记造册工作。常态化做好疫情防控档案的收集整理工作。

【档案宣传与编研】 2022年，县档案馆围绕“6·9”国际档案日系列活动，开展线上“喜迎二十大，档案颂辉煌”档案知识竞赛，收到有效答卷415份，浏览人数2400余人次；举办档案开放日活动，浦江园区小学相关师生在县档案馆学习档案知识和接受革命再教育；开展档案书刊进基层活动，向红色教育基地、中小学校赠送《浦江革命诗文选》《浦江百年红色记忆读本》等编研成果。完成《浦江百年红色记忆读本》印刷、《档案中的浦江文化元素》招标、《档案馆指南》校对工作。

【全市档案业务工作会议在浦江召开】 9月，全市电子文件归档及电子档案移交专题研讨会在县档案馆召开，浦江县档案馆负责会场布置和接待工作，金华市档案局（馆）及各县、市档案局（馆）共30余人参加会议，会议主要内容是电子档案移交专题总结交流和研讨电子文件归档及电子档案移交情况，部署第四季度专题活动方案。

【档案馆助力文明城市创建】 2022年，县档案馆制作和悬挂文明城市创建宣传标语30余幅，实时在单位液晶显示屏滚动播出文明城市口号；组织单位干部职工到结对村社开展环境整治，向沿街商铺发放文明知识宣传单；开展整治环境脏乱差工作，制定治理方案，实行片区责任制，排查卫生死角，彻底整治遗留问题；开展环境提升工程，明确环境绿化方向，绿化补种面积1100平方米；迎接文明城市测评活动，制定文明城市创建排雷方案，压实责任，立纠立改，加大对第三方测评发现问题的整改力度，完成测评迎检任务；查漏补缺，完善“创建文明城市”文档资料，完成全国文明城市测评档案资料的上报和网页上传任务；定期开展爱国主义教育系列活动，注重青少年观展。配合做好全县防疫工作，组织全体人员分期分批次到黄宅高速路口、桐坞岭等卡点执勤。持续开展文明劝导志愿服务活动。

（李　雄）

地方志工作

【概况】 2022年3月，浦江县委、县政府办公室下发《浦江年鉴（2022）》编纂工作文件，浦江县地方志编纂室协调全县99个单位6月底前完成稿件，10月底前完成排版校对。12月初正式出版发行。3月底，完成《浦江县志（修订本）》工作，正式出版发行，印刷

4000本。浦江县地方志编纂室发动社会各界申报志书编纂,地方文献、地方名人著作整理,民俗、民间手艺、民间艺术、口述历史收集整理课题,共收到《风希堂诗文集》《倪氏产宝》《超然抒情集》与《荫庵诗草·镜中楼吟草》4个课题。7月1日,历史文化评审专家组对4个课题进行评审。共编辑《浦江方志》期刊两期:4月编辑印刷增刊《〈浦江县志〉评论集》,11月印刷第七期《史志中记载的浦江人物专辑(一)》。11月,整理点校印刷古籍《康熙浦江县志》300套。7月28日,浙江省人民政府地方志办公室同意浦江县地方志承接"浙里编年鉴"子场景应用建设试点任务,制定子场景建设方案,开展应用建设工作。

【《浦江年鉴(2022)》出版】 12月,《浦江年鉴(2022)》出版发行。《浦江年鉴(2022)》是浦江县第五部年鉴。全书设25个类目,138个分目,30个子分目,1016个条目,34张图表,共418页,690千字。鉴首彩色插图29幅,按照四季丰安、千年浦江、百年征程、活动掠影呈现。随文插图191幅,《浦江年鉴(2022)》记载了2021年度全县人民在县委、县政府领导下所取得的新成就、新经验以及遇到的新情况和新问题,反映各行各业年度大事、要事、特事,体现年度特点和浦江特色。

【《浦江县志(修订本)》出版】 2022年,《浦江县志(修订本)》由浙江人民出版社出版发行。《浦江县志》(1990年版)是中华人民共和国成立后编纂的第一部《浦江县志》,是一部了解浦江、研究浦江重要的资料性文献。2019年,浦江县地方志编纂室开展《浦江县志》(1990年版)的修订工作,2021年底完稿,2022年3月印刷完成。《浦江县志》(1990)修订本全书共93.3万字,设篇目22卷86章,彩页26页,插图259幅,印张51.5,16开精装,全彩色印刷。本次修订,全面校正已知有误字句,补入当年限于篇幅而删减的一些史料,增入部分先贤事迹和1990年后文史研究的成果,按最新地图出版标准重绘《浦江县政区图》《县城浦阳镇街道图》等地图。

【"浙里编年鉴"数字化改革项目】 7月,浦江县"浙里编年鉴"子场景应用是省"浙里有志"应用子场景之一,该项目通过数字化手段,推行年鉴在线编纂,重新梳理年鉴编纂业务流程,实现系统重塑和流程再造,构建年鉴编纂工作流程、标准、规范,加强编纂工作参与人员培训教育,建立"浙里编年鉴"编纂知识中心,形成撰稿人员教育学习基地,打造具有方志辨识度的数字化改革成果。

【历史文化课题】 7月1日,浦江县地方志编纂室组织县历史文化研究课题评审专家库5位专家,召开课题评审会对2022年申报的4个历史文化课题进行评审,评审专家组对4个课题进行评审,评审结果:一级课题《倪氏产宝》(洪宏亮校注),一级课题《风希堂诗文集》(张抒校注),二级课题《超然抒情集》(江东放校注),二级课题《荫庵诗草·镜中楼吟草》(潘小年校注)。

(金月红)

新闻传媒

【概况】 浦江县融媒体中心有广播、电视节目各1套,《今日浦江》报1份,"浦江发布""浦江微讯"2个微信端,"诗画浦江""浦江有滋味"2个抖音号,"诗画浦江"App和浦江新闻网等媒体平台。广播节目呼号“浦江人民广播电台”，频率FM105.8MHz，全年播出自制节目时间2000多小时，主要栏目有“浦江新闻”“丰安新农村”“一路领先”“下班了”；电视节目呼号“浦江电视台”，频道31CH，全年播出自制节目时间700多小时，主要栏目有“浦江新闻”“直通百姓”“走进新农村”“多彩丰安”“先锋视点”“浦江警视”“中医健康讲坛”；《今日浦江》报出刊251期，每周五期，年发行量13500份。

【中国共产党第二十次全国代表大会主题宣传】 2022年，全县把迎接、宣传、贯彻党的第二十次全国代表大会（简称二十大）作为贯穿全年的重大政治任务，县融媒体中心启动“奋进新征程 建功新时代”大型主题采访活动，通过广泛深入采访报道，共推出推动工业经济高质量发展、共同富裕、数字化改革、社会基层治理、党建等相关报道100余条（篇）。开设《喜迎二十大 奋进共富路》《喜迎二十大 浦江这十年》《二十大精神在基层》等专栏，综合运用图解、端视频、纪录片等多种形式，挖掘工作亮点、记录浦江故事、宣传发展成效、展示良好形象，累计推出相关报道200余条（篇）。

【主题报道】 2022年，县融媒体中心围绕“生态立县、工业强县、开放活县、文旅富县、科创兴县”五条道路、县两会、干部大会、“三大年”活动、疫情防控、二十大主题宣传、省第十七届运动会等重要节点、重点工作，做好宣传文章，先后开设《奋进新征程 建功新时代》《扛旗争先三大年 立中起势图赶超》《文明创建在行动》《我们的省运会》《喜迎二十大 奋进共富路》《浦江这十年》《二十大精神在基层》《浦江往事》等20余个专栏，推出新闻消息、主题报道、系列报道、新闻特写等各种题材新闻报道超4000条（篇）。

【省第十七届运动会宣传】 2022年，县融媒体中心盯紧省第十七届运动会五大赛事、圣火采集暨首站火炬传递等活动，开设《喜迎省运会》《聚焦省运会》《寻找身边的体育达人》等专栏12个，广播、电视每日高频播出省运动会公益广告，市县媒体累计推出报道2000余条（篇）；在省运动会官方网站和官方微信公众号、中新网、浙江新闻客户端、民生网等平台推出报道340余条（篇）。

【新冠疫情防控宣传】 2022年，县融媒体中心围绕各个重要时间节点，迅速反应、持续聚焦，及时解读政策，推送防疫知识，报道暖心故事。各平台开设《疫情防控》《战“疫”有我》《主播说防疫》等专栏，推出新闻（照片）、专版、防疫知识公益广告等相关内容近1600余条（版）。防疫“新十条”出台后，第一时间利用全媒体平台进行全覆盖、全过程宣传，回应群众关心的药物储备、医疗救治安排等问题，累计发布“新十条”防疫宣传200余条（篇），新媒体各平台阅读量超100万次。

【对外宣传】 2022年，县融媒体中心加强与上级主流媒体平台的对接和协作，挖掘本土特色，采写了一批独具浦江元素的报道。2022年，中央级媒体用稿19条，省级主流媒体用稿106条，市级媒体用稿500余条。中央电视台17频道《中国三农报道》栏目播出题为《浙江浦江：书画为媒 探索乡村发展新业态》的报道；浦江报道檀溪镇毛店村疑似陨石坠落新闻在中央电视台2频道、7频道、14频道相继播出。

【经营创收】 2022年，县融媒体中心经营创收745.5万元。完成第十七届省运会圣火采集暨火炬传递启动仪式、“云上葡萄节”、“云上书画节”等重大活动的宣传、直播任务。策划创作文化旅游形象宣传片、工业经济大会宣传片、葡萄节宣传片等作品20余件，与浙江卫视联合摄制省广电重点工程“万年上山”三集纪录片。加强与浦江农商银行、县人社局、县中医院等单位的对接服务，新增郑宅镇、杭坪镇、花桥乡、中余乡以及县公安局、县总工会等战略合作单位。创新推出八大经营项目，短视频创作运营部、小记者培训部、艺术设计部、技术服务部等项目部实现增收约75万元。

【安全播出】 2022年，县融媒体中心全力保障日常安全播出工作。落实每日例行检查、每周常规检查、每月全面检查和主干线路巡查制度，对电台制播设备、电视播出设备、非编设备、100平方米虚拟演播室和400平方米演播大厅进行日常管理维护，定期检查维修采访摄像机、话筒、三脚架等设备，为新闻宣传工作提供技术支撑。圆满完成重要时期安全播出工作。紧盯二十大开闭幕会、县两会、干部大会、葡萄节、书画节等重要活动、重要会议，加强值班值守，规范巡视巡护；定期开展应急演练和联合演练，做到重大活动、重点时段、重要节目安全播出万无一失。

【媒体品牌成果获奖】 2022年，“帮忙老哥”品牌建设获省委组织部副部长龚和艳批示肯定，“帮忙老哥”工作室获评浙江省最佳志愿服务组织、2022年度金华市最佳志愿服务项目。作品评奖方面，视频作品《金华浦江人的24小时》《等你来》分别获“学习强国”学习平台2022年春季、夏季全国县级融媒体中心优秀作品比赛三等奖，实现零的突破；其他作品评奖中，省级获奖作品6件，市级获奖作品12件，县市新闻奖9件。

（陈柳柳）

教　育

综　述

【概况】 2022年，全县共有普通高中6所（含综合高中3所），在校生6030人，校均规模1005人，其中省等级重点中学5所；职业高中1所，在校生7029人（其中含中山中学891人，景濂中学784人，建华中学1807人），其中国家级重点职校1所；初中14所（含民办学校3所），在校生15930人，校均规模1138人；小学28所（含民办学校1所），在校生33285人，校均规模1189人；幼儿园73所，在园幼儿15087人，园均规模207人；特殊教育学校1所，在校生67人（不含职高学生），校均规模67人。

全县有中小学幼儿园在职教职工6187人（含民办学校），其中专任教师5074人（含民办学校），有享受国务院政府特殊津贴1人，全国模范教师1人，全国优秀教师2人，全国最美教师1人，省特级教师4人，正高级教师4人，省级优秀教师（中小学师德楷模、农村教师突出贡献奖）13人，省杰出教师1人，省教书育人楷模1人，省教坛新秀13人，省师德先进个人1人，金华市名师名校长16人，金华市教坛新秀62人，县园丁奖获得者117人，县名师名校长145人。

2022年，县实验小学王国刚获浙江省教坛新秀称号，县实验小学陈建卫、堂头中学季德威获金华市教坛新秀称号。浦江中学周倩获浙江省中小学体育与健康教学活动评审高中组一等奖，浦江三中朱聪聪获浙江省中小学体育教学活动评审高中组二等奖。浦江三中朱聪聪、堂头中学季德威、县实验小学傅淑英、浦江中学杜易、浦江中学周倩获金华市中小学体育教学活动评审一等奖。檀溪中小张丹妮获金华市中小学体育教师篮球综合素养评审一等奖。浦江县职业技术学校张兴起、张金龙、方建斌、孙桂芳获金华中职体育课堂教学评审一等奖，严鹏、季佳君、孙桂芳获金华市中职体育基本功大赛一等奖。

2022年，中小学生艺术节金华市级获奖作品77件，浙江省级获奖作品18件。第二届金华市中小学生“童绘新时代 奋进新征程”绘本大赛获5个一等奖，金华市中小学美术优秀社团评比6个获奖，其中1个一等奖，初中、小学各有一位教师获金华市美术课堂教学一等奖（黄宅镇初级中学洪晓岚、浦江县南苑小学李宣宣），市艺术素养检测小学段位居金华市第一位。

【教育经费投入】 2022年，全县地方教育经费总收入168112.03万元，比上年下降4.12%。其中财政性教育经费总收入140739.61万元，占总投入比例为83.72%；事业收入19543.07万元，占总投入的11.63%；社会捐赠经费收入2783.61万元，占总投入的1.65%；其他收入5045.74万元，占总投入的3.00%。一般公共教育经费拨款102497.43万元，比上年增长0.28%。生均一般公共预算教育事业费支出，幼儿园13054.54元，比上年增长16.62%；普通小学13541.25元，比上年下降2.55%；普通初中19718.27元，比上年增长0.40%；普通高中20052.49元，比上年下降20.32%；中等职业学校15816.75元，比上年下降6.69%。

（周旭兵）

【教育数字化改革】 2022年，县教育局准确把握数字化改革"1612"体系建设总体要求和2022年全省重大改革（重大应用）"一本账"S2路径，制定《浦江县教育系统数字化改革"延伸扩面"工作方案》和《浦江县教育系统数字化改革"延伸扩面"顶层架构优化设计构想》。通过"浙里办"App"学在浙江"，贯通"浦江阳光招生""浙里课后服务""双减通"应用。开发建设"心路e通"心理健康管理平台，系统注重心理问题的全面监测和科学干预，筛选出中小学生可能存在的心理健康问题，并按照不同积分提醒不同介入主体采取不同的干预措施，全力保障未成年人健康成长。开发"未来乡村"教育场景建设试点，建设"未来乡村（上河）"教育场景，"浙里办仙华学堂应用"正式上线（微信端同步上线），"未来乡村"终身学习家园方案获省级优秀案例。开展省级艺术互联网学校建设试点工作。

（贯金波）

【督学全覆盖】 9月，县教育局督导室调整督学责任区，全县共划分14个督学责任区，配备15位主任（副主任）督学及66位责任督学，更换各级各类学校责任区督学公示牌。10月，县教育局督导室编制《浦江县责任督学挂牌督导工作手册》，强化督学挂牌督导留痕，进一步规范责任督学挂牌督导的工作流程。12月，对全县的主任督学和责任督学开展年终评优，评选出李赤阳等5位优秀责任督学。

【省现代化学校创建】 浙江省从2020年启动省现代化学校评估认定，县教育局对全县所有学段学校对照标准开展排摸，成熟一所创建一所，各校也创设条件，创建省现代化学校。2022年，浦江县职业技术学校、黄宅镇初级中学、郑宅镇中心小学、虞宅乡中心小学、浦江县机关幼儿园、虞宅乡成人文化技术学校6所学校被认定为浙江省现代化学校。

【省等级幼儿园创建】 2022年，省等级幼儿园评估认定结果出炉。11月9日，省一级幼儿园评估专家组对马良幼儿园开展现场评估认定；11月28日至12月2日，2组金华市省等级幼儿园评估专家组对月泉幼儿园等10所幼儿园开展省二级幼儿园的评估认定。评估专家组对11所幼儿园的办园条件、保教保育质量、安全与卫生保健、园务管理与教师队伍建设等方面进行评估，各园通过评估认定。

（傅文胜）

【后勤采购管理】 2022年，县教育发展服务中心完成教育系统各单位作业本、油印纸、五金电器、办公家具、体育用品、钢木课桌凳、学生床、餐桌等33次采购招标，预算资金1004.84万元。全年累计完成采购额约706万元，节约资金298.84万元，资金平均节约率29%。对蔬菜配送企业加强监管，帮助、督促企业提高配送质量。1—12月，例行检查45次，定期对蔬菜农残进行抽检8批次175品种数。修订出台《浦江县学校食堂食品配送企业管理实施细则》，加强动态管理。对食品进货源头中6家豆腐生产企业和浦江、兰溪及华统生猪、家禽屠宰企业进行溯源走访调查。全年采购销售葵花籽油和玉米油13350箱，配送金额347.1万元。配送学校大米16.75万千克，配送金额817.4万元。

（费炜然）

【贫困学生资助】 2022年，县教育局组织安排资助资金，对中职免学费、中职助学金、普高免学费、普高助学金、营养餐、寄宿生生活补助、非寄宿生生活补助、学前减免保育费等项目合计资助29568人次，金额2665.217万元；国家奖学金11人次计6.6万元；高校在校困难学生生源地信用助学贷款，共接收申请学生130人，发放贷款214.52万元，学生就学期间的助学贷款利息由财政全额贴息，共计86382元。

（方炳伟）

【校园安全管理】 8月10日至11月20日，县教育局组织开展“除险保安”百日攻坚行动。制定行动方案1个，制作《浦江县教育系统除险保安工作手册》1本，举行“除险保安”百日攻坚工作动员大会、推进会和调度视频会3次，开展“除险保安”百日攻坚和挑刺行动2次，开展“除险保安”县内学校交叉互查和县、市交叉互查工作2次。共下发6期安全专报。发现一般安全隐患562处，学校做好安全整改闭环管理。开展消防、交通、防溺水、防诈骗和未成年人保护等安全培训教育8场次，培训师生186235人次。学校开展每周安全研判会，按照《浦江县重大活动应急响应等级规范》落实值班值守工作。

（陈团结）

【清廉学校建设】 2022年，县教育局召开清廉学校建设推进会，推进清廉学校建设工作落细落实。发挥清廉机关示范引领作用，按照市、县纪委关于清廉单元建设的部署要求，全面推行“五个一”机制和“四清”校园建设，修订完善《浦江县清廉学校建设标准及评价细则》，加强清廉学校动态化管理。深入推进清廉学校建设，强化清廉学校示范校培育，浦江县实验小学获评首批省级清廉学校示范校，浦江县浦阳第二小学、郑宅镇中心小学获评为第二批市级清廉学校示范校；浦江县教育研究与教师培训中心、浦江县第五中学、郑宅镇初级中学、浦江县浦阳第五小学、黄宅镇第二小学、浦江县园区小学、浦江县金融希望小学、檀溪镇中心小学获评县级清廉建设示范单位。组织参加浙江省首届“童画廉心”青少年廉洁画征集活动，参加金华市“清廉金华·横有戏”微电影微视频创作大赛，共340余件作品汇集报送，浦江县实验小学、浦江县南苑小学、大溪中心小学的作品获奖。抓住食堂、招生、采购、人事、基建五大重点领域、关键环节，细化深化清廉学校建设标准，落实完善相关制度，不断提升管理水平。在重要节假日前，制作清廉过节宣传海报、廉洁短信，向全体党员干部、教职工发送廉洁提醒信息，敲响廉洁警钟。

（季成效）

学前教育

【概况】 2022年，浦江县共有幼儿园73所，其中公办26所，民办47所，在园幼儿15087人，园均规模207人，学前三年幼儿入园率100%。教职工有2141人，其中专任教师1121人，专任教师人数与在校生之比(师生比)1∶13.46。公办园在园幼儿覆盖面占比57.67%,普惠性幼儿园在园幼儿覆盖面达到96.45%,浙江省一级、二级幼儿园在园幼儿覆盖面占比78.10%,等级幼儿园覆盖面100%,学前教育实现普及普惠优质均衡发展。

【特色课程入选省市精品课程】 8月,浦阳幼儿园《小浦记忆体验课程》入选省第三届幼儿园精品课程;县机关幼儿园《小浦印美课程》、县马良幼儿园《童话育人课程》入选市第三届幼儿园精品课程。

【学前教育普及普惠】 2022年,浦江县学前教育以"公办增量、民办提质"为发展目标,实现普及普惠发展。全县公办园在园幼儿占比57.67%,省一级、二级幼儿园在园幼儿占比78.10%,普惠性幼儿园在园幼儿占比96.45%。六个幼共体由城乡公办园联合组成;六个幼教联盟以城区优质园为龙头,乡镇中心园为骨干,民办幼儿园全员参与,形成城乡一体、公民办协同发展的办园格局。通过"办园理念、保教资源、教育科研、队伍建设"四共享,实现联盟内"办园高品质、师资高素质、保教高水平、收费大众化、管理规范化"普及普惠目标。新办园由幼共体牵头园组建管理团队,提前介入工程建设、文化建设等方方面面,保障新开园做到规范办园。

【规范办园】 2022年,县教育局从控制班额、配足人员、规范收费、规范课程4个方面入手,规范幼儿园招生管理,建立健全入园需求监测机制,在开学前对接浦江县公安部门,对县域适龄儿童进行摸底,做到底数清。组织开园审核,督促幼儿园根据备案班级数,配足配齐保教人员,开展实地督查,确保保教人员证照一致,持证上岗。按收费标准对幼儿园保教费、代管费、伙食费进行备案,杜绝超范围收费和违规收费。推进幼儿园课程改革,落实《幼儿园保育教育质量评估指南》,健全幼儿园保教质量科学评价标准和评估监管体系,推动幼儿园办园质量整体提升。推进幼儿园人防、物防、技防及长效机制建设,推进幼儿园"智安校园"全覆盖。

【特色幼儿园】 2022年,浦江县机关幼儿园秉承"各美其美 美美与共"的办园理念,坚持"为孩子播下美的种子"的教育梦想,注重培养幼儿对美的感知、欣赏和创造能力。幼儿园利用地域资源,开展"小浦印美"课程的特色活动,让幼儿了解家乡文化和艺术之美,增强浦江地域归属感和文化自信。通过集美工场活动、项目学习、特色寻美等多种方式支持幼儿学习。将浦江特色元素融入艺术活动,开发幼儿创造力和表达能力,让幼儿乐欣赏、善表现、会创造、爱家乡。

(郑琴飞)

【新建幼儿园】 七里中心幼儿园,位于浦江县仙华街道万苑东路368号,是县教育局主管的公办幼儿园,总投资3500万元,按照18个班在园幼儿540名的规模建设,占地面积约11300平方米,建筑面积约7000平方米,室外活动场地面积3000余平方米,2022年9月投入使用,第一学期招生13个班,幼儿341名,教职工50人,全体教师均具有幼师专业资格,大专以上学历达96%。幼儿园建筑采用米白色作为主基调,再配以绿色进行点缀,建筑造型为"C"字形,包括幼儿用房、综合楼、生活服务用房、室外活动场地、道路广场、绿化,教学设施设备齐全,整体风格简洁明快、温馨活泼,兼备现代感和艺术感,是一座自然野趣的儿童乐园。

平安中心幼儿园,位于浦江县浦南街道平一村600号,是县教育局主管的公办幼儿园,总投资2800

万元，按照12个班在园幼儿360名的规模建设，用地面积7500平方米，总建筑面积5900余平方米，2022年9月投入使用。2022年，招收8个班级，幼儿225名，教职工32人，专任教师16人，全体教师均持有幼儿教师资格证，大专以上学历达100%。幼儿园坐落于生态田园间，立足周边田园自然资源，园舍建筑布局合理，为U形设计，包括教学楼、多功能用房、综合楼、生活服务用房、室外活动场地、道路广场、绿化，教学设施设备齐全，白墙灰瓦、整体感觉温馨雅致并与自然融合，是一所闹中取静的田园式幼儿园。

中余乡中心幼儿园，位于浦江县中余乡兴仁路109号，是县教育局主管的公办幼儿园，总投资1750万元，按照6个班在园幼儿180名的规模建设，用地面积5318平方米，总建筑面积3223.97平方米，2022年12月投入使用，有5个班，幼儿121名，教职工23人，全体教师均具有幼师专业资格，大专以上学历达100%。依托中余乡山水田园之美，建筑采用围合式布置，融合周边中式建筑，与现代坡屋面结合，采用清新的白色作为主调，包括幼儿用房、附属用房、室外活动场地、绿化，教学设施设备齐全。

（方炳伟）

义务教育

【概况】 2022年，浦江县义务教育阶段学生有49215人，其中小学生33285人，初中生15930人；有班级1174个，其中小学818个，初中356个；有小学教职工1854人（不含民办），其中专任教师1822人，专任教师人数与在校生之比（师生比）1∶18.27；初中教职工1221人，其中专任教师1188人，专任教师人数与在校生之比（师生比）1∶13.41。学龄人口入学率100%，巩固率100%，初中毕业生升入高中段比例为99.53%。全县小学生均占地面积23.54平方米，生均建筑面积12.41平方米，生均图书39.78册，平均3.72人拥有1台计算机；初中生均占地面积32.93平方米，生均建筑面积17.09平方米，生均图书51.99册，平均3.91人拥有1台计算机。

【校内“双减”】 2022年，县教育局围绕“双减”工作，强化学校教育主阵地作用，推进作业管理和评价改革。在中小学校开展作业“双控”，落实“小学晚上9:00后，初中晚上10:00后不作业”“分层设计作业”等措施。“晨管晚托”学校全覆盖，初中晚自习不上课、不讲评，各小学建立“1+X”体系课后服务课程，满足学生多样化学习需求，学生参与率达99%以上，学生作业总量减少20%。推进课堂教学“微改革”“微创新”，提升课堂教学质量，推进小学综合评价改革。2个案例荣获2022年省级“双减”优秀实践案例，分别是杭坪中小《公益夏令营：暑期托管的有效试验田》、实验小学《“36”有约：双减服务下的“提质落心”》，7月实验小学获浙江“双减”年度十佳样本案例。累计获得金华市级“双减”典型案例9个。

【中考招生】 2022年，浦江县参加中考的人数5230人，录取人数4621人，录取人数占总人数的88.36%，其中普通高中录取人数2161人，录取率41.32%，公办普高录取人数1915人，录取率36.62%，民办普高录取人数246人，录取率4.70%，职高录取人数2460人，录取率47.04%。

【金华市义务教育阶段共同体（集团化）全域深化实施现场会在浦江举行】 12月19日，浦江县南苑小学教育集团岩头校区举行主题为“全域深化，让每位孩子都能享受优质的教育”的金华市义务教育阶段教共体（集团化）全域深化实施现场会活动。活动中，对金华市教共体先进集体和先进个人进行现场颁奖，与会人员一起参观教共体（集团化）办学成果展并作经验交流。

（楼倩雯）

素质教育

【大阅读活动“书香满校园”】 2022年，通过教育局行政推动、研训中心科研联动、学校实践行动，浦江县逐渐形成“局长校长带头读”“老师学生一起读”“城市农村一体读”“家长孩子共同读”的全民阅读良好生态。2022年，举行浦江县“书香满校园”主题阅读素养监测，着重考查学生阅读量和阅读素养，作为学生展示阅读能力的一个平台。年人均书籍阅读量20本左右。

【大书写活动】 2022年，县教育局举行书写水平和书法课堂教学水平研训活动，落实浦江县“大书写”精神，举行汉字书写大赛、让汉字说话活动、全体语文教师书写比赛、学生书写基本达标监测活动。在2022年金华市“虹廬杯”第三届书法临帖比赛中，浦江县总获奖人数53名，一等奖6名；优秀指导教师奖4名。2022年4月，举办中小学生大书写成效展。

【体卫艺工作】 2022年，浦江县金融希望小学女子乙组获金华市中小学生校园春季足球联赛冠军，浦江第四中学获浙江省校园足球联赛初中女子组亚军，县职业技术学校获金华市高中男子秋季联赛亚军，郑宅镇中心小学获金华市女子乙组秋季联赛季军，大溪中心小学获金华市女子甲组秋季联赛季军。大溪中心小学、杭坪镇中心小学和檀溪镇中心小学创建为金华近视防控示范校。联合县卫健局、县人民医院和县中医院开展春、秋季两次全县儿童青少年近视普查并建立5.5万份儿童青少年视力屈光发育档案。

【健康促进学校】 2022年，县教育局联合县卫健局、县疾控中心、县爱卫办指导浦江龙峰小学、浦阳第一小学和虞宅乡中心小学三所学校创建浙江省健康促进金牌学校；南苑小学、中余乡中心小学、园区小学、浦阳第五小学、郑家坞镇中心小学、黄宅镇初级中学、浦江第四中学和前陈中心小学8所学校被评为浙江省健康促进银牌学校。

【校园文化】 2022年，全县各学校立足社会主义核心价值观教育、中华优秀传统文化教育、日常行为规范教育，逐步形成“系统规范、开放多元、和谐健康、生态雅致”为主要特征的校园文化特色。加大“一训三风”（校训、校风、教风、学风）及学校办学思想的系统提炼与梳理。南苑小学、岩头镇中心小学、白马初级中学3所学校被评为省级诗教示范学校。实验小学、浦阳第五小学、七里中心小学申报市级诗教示范学校。

【科普教育】 2022年，县教育局评定公布10所学校为浦江县第五批非遗传承教学基地。组织认定科普教育基地6个，推荐上报浦江中学为市级科学家精神教育基地。依托科普基地，开展“科·浦”研学活动，与县科协联合开展中小学生防治脊柱侧弯健康科普，持续开展“科·浦”小实验公益课堂，共为包括随迁子女在内的中小学生开展“科·浦”小实验、“科·浦”夏令营和“科·浦”研学等活动60余期。“弘扬科学家精神”百场宣讲进浦江活动，邀请中国科普作家演讲团的5名讲师为浦江县10所学校学生开展科学家精神主题科普讲座，受众学生3500余人次。

特色学校

【浦江县实验小学】 又名书画小学，是浙江省示范性小学。学校成立于1993年，坐落于浦江城区中心。著名画家吴山明为学校题写了校名，中国美术协会会员柳村先生曾任名誉校长。著名儿童文学作家冰心老人曾为其题词：“生活的乐园 成长的摇篮 科学的曙光 未来的希望。”学校以民主、平等、法治、诚信的“契约精神”为文化导向，秉承“翰墨养精神 品质铸人生”的办学理念，构建“集团有约”“教师有约”“小鬼有约”3个领域的学校治理新模式，着力打造高度自主、高能协同、高质发展的“品合”集团。依托学校“契约”文化，打造“36”工程，助力“双减”落地。让教师研究“教学36计”上好课，“精编36题”减负担，让学生践行“3·6家务日”养习惯，让家长学习“36家长金课”“36本漂流书”助成长。提质减负的举措让学校“双减”成果累累：“契约文化”课题全国立项，“小鬼有约”入选教育部典型案例，“晨管晚托”获中国教育学会立项，“36有约”入选浙江省“双减”首批十大优秀案例，“四点半课堂”提质课后托管服务获浙江省城乡教育共同体区域与学校典型案例，小学数学作业反馈策略获浙江省“双减”专项课题。

【浦江县浦阳第一小学】 又称马良小学，始创于1905年，是浦江县最具历史底蕴的百年名校。著名校友有书画家吴茀之、张书旂、张振铎及《神笔马良》作者洪汛涛。学校致力于“童话”的研究和实践四十余年，提出“童话育人——让每个孩子都与众不同”的理念。学校先后获得“全国童话特色学校”“全国书香校园”“全国青少年冰雪运动特色学校”“全国青少年足球特色学校”“浙江省百年名校100强”“浙江省现代化学校”“浙江省绿色学校”“浙江省语言文字规范化示范校”等荣誉称号。

【浦江县实验中学】 实验中学作为“全国青少年文明礼仪教育示范基地”、“浙江省文明校园”、“五星级德育品牌”学校，浦江县实验中学坚持“五育”并举，将中华民族优秀的礼仪文化与德育工作相结合，开发校本课程《文明礼仪教育读本》、创设德育方案《明礼尚德，五爱一星》，擦亮“郑氏家训与文明礼仪”“育见美好与心理健康”两大德育品牌，深耕“浦风画韵与田野文化”“上山文化与社会讲堂”两大地方文化课程。经过多年的文化积淀，确立“丰安有礼”校园文化特色品牌，从礼制度、礼课程、礼活动、礼文化和礼基地五个方面进一步完善全国青少年文明礼仪教育示范基地。学校将以打造“丰硕校园”、培养“丰实教师”、培育“丰美少年”为抓手，着手建设正德敬业、精业乐群的教师队伍，培养明理重义、人格健全的丰美少年，全面打造礼为核心、诗画浸润、多元发展的浙中名校。

【浦江县堂头中学】 堂头中学曾被授予“全国教育系统先进集体”、“浙江省德育先进集体”、金华市中小学五星级德育品牌等各项荣誉。学校坚持“五育并举，德育为先”，高举“立德树人”旗帜，以“塑造中国心，培育报国情”为德育品牌，把爱国主义教育和行为习惯养成教育作为主抓手，做好德育的常态化管理工作，着力培养有理想、敢担当、能吃苦、肯奋斗的新时代好少年。"人人都是德育工作者，处处都是德育阵地"是学校德育工作特色。为全面推进德育工作，学校以"五包责任制"为主线，以时政育人、管理育人、阵地育人、活动育人、清廉育人、榜样育人为支线，创建具有学校特色的德育系列活动。

普通高中教育

【概况】 2022年，全县有普通高中6所，其中公办4所，民办2所，省一级特色示范高中1所，二级特色示范高中3所。全县普通高中有专任教师517人，年内普通高中招收新生2142人，毕业生1970人，在校生6030人。

【高考成绩】 2022年，全县普通高中特殊类型招生控制线上线人数922人。全省前100名1人(695分)，3人被北京大学、清华大学录取。浙江省浦江中学、浦江县第三中学、浦江县第二中学、浦江县中山中学因2022年教育教学质量整体提升，获浦江县政府通令嘉奖。

【高中教育教学工作会议】 10月14日，高中教育工作会议在浦江中学召开，会议的主题为"铸魂育人守初心 强校有为向未来"。各公办高中围绕理念引领、人文关怀、制度管理、文化熏陶等方面，进行学校办学经验介绍。县教育局局长陈建浦对全县高中学校提出4个要求：明确学校办学目标、办学方向和定位，加强学校管理文化的探索和实践，注重教师队伍特别是年轻教师的培养工作，坚守教育的初心与使命。

(楼倩雯)

职业教育及成人教育

【概况】 2022年，全县有1所公办全日制中等职业技术学校——浦江县职业技术学校，是国家级重点中等职业学校。浦江技工学校于2019年依托县职技校挂牌成立，合校办公。学校占地16.4公顷，建筑面积10万平方米，在校生4645人(其中技工学校学生1118人)，在编教职工259人(其中技工学校教职工38人)。有全国职教名师、大师名家、省教坛新秀、省技术能手、市学科带头人40人。学校教学设施有体育馆、图书馆、电子阅览室、学生公寓等，以及数控和普车实训车间、电子电工实训室、电脑室、画室、钳工房、汽修实训车间、艺术创作室、钢琴房、舞蹈室等近百个校内外实训基地。学校开设艺术类、商贸类、智能制造类3大类13个专业，其中电子电工、智能制造、汽修、烹饪为技工学校专业。工艺美术和电子电工专业为浙江省示范性专业，2021年入选全省"双高"专业建设群，在2022年中期验收中获得一优(工艺美术)一良(电子电工)的好成绩；机电实训基地、数控技术应用实训基地、水晶工艺实训基地为省级实训基地，水晶工艺设计为省"三名工程"名专业。学校汽车专业与中德诺浩达成战略合作协议。职业教育形成普通高校艺术类考试、高职考、"3+2"大专班等多条升学渠道，其中升学率保持在95%以上，本科录取率50%以上。

【专业技能建设】 2022年，浦江职业技术学校2个省级高水平专业顺利通过省验收，工艺美术专业被评为优秀、电子电工专业被评为良好。承办金华市第十三届中职师生技能大赛，浦江职技校获金华市中职学校团体总分第四名。

【浙江广播电视大学浦江分校更名】 2022年，浙江广播电视大学浦江分校更名为浙江开放大学浦江学院，完成机构改革和职能调整。浙江开放大学浦江学院主要职责是负责全县的终身教育与服务，由原广播电视大学、社区教育、老年教育、学分银行等机构及其他教育资源整合组建。

【社区教育品牌建设】 2022年，县教育局开展2022年浦江县“百姓学习之星”等相关社区教育项目评选。虞宅乡终身学习品牌项目入选省级成教品牌项目；浦阳街道成人技校的《智慧家长微课堂》被评为浙江省社区家庭教育优秀案例（全省22个）；县教育局技术中心选送的《未来乡村终身学习家园——浦江县上河村》被评为浙江省未来社区（乡村）教育场景（全省15个）。

【职业教育校企合作】 2022年，县职业技术学校深化产教融合、校企合作，推进与浦江三思光电、浙江华天机械等企业合作，成立4家产业学院；深化“高一适岗、高二跟岗、高三顶岗”现代学徒制，在实习生顶岗实习招聘会中，与43家县内外企业合作，学生实习就业签约率97%；县职业技术学校申报产教融合项目，《合作创新校企合作》协作育人项目被评为2022年金华市产教融合“五个一批”项目。

（刘剑伟）

特殊教育

【概况】 2022年，全县有3～17周岁残疾儿童少年共325名，每个年龄段学生的入学安置率均符合规定。学前段（3～5周岁）37名，安置37名，其中普通幼儿园就读24名，康复机构6名，其他7名，安置率100%；义务教育学龄段（6～14周岁）193名，入学185名，其中特殊教育学校57人，随班就读114名，送教上门14名，入学率100%；高中段（15～17周岁）95名，入学64名，其中特教学校就读21名，随班就读37名，送教上门6名，不具备接受教育能力24名，入学率▲90.14%。

▲入学率：高中段入学率计算方法为入学人数÷（总数－不具备接受教育能力人数）×100%。培智学校学生、随班就读、送教上门学生的生均经费都已按普通学生的10倍拨付落实。

【标准化特殊教育学校建设】 4月6日，占地17100平方米，建筑面积6306.4平方米，投资3000万元，建设规模15个班，拟招生数150人的浦江培智学校迁建工程开工，12月5日通过主体竣工验收。

【特殊教育学校内涵发展】 2022年，县培智学校继续在学校内涵发展上下功夫。学校被确定为特级教师工作室带徒基地学校；教师周洁在浙江省特殊教育教师素养大赛中获三等奖、金华市特殊教育课堂教学评比中获一等奖，省特殊教育课堂教学评比获二等奖；教师张增鑫被聘为金华市特殊教育专家库成员。学校在运动康复校本教材和烹饪课教材的基础上，编撰集结德育校本教材、经典诵读校本教材，启动家政、剪纸校本教材的编写工作。依托省网络IEP管理平台，构建学校教育质量监测和评估机制，规范教师个别化教学管理。

【融合教育常态化】 2022年，县教育局从合格资源教室建设、教师队伍建设、校园文化建设、个别化教育等为随班就读的学生提供个性化服务，推进融合教育。15个资源教室被评为金华市第三批合格资源教室，2所市示范性资源教室通过复评。浦江县园区小学《“卫星班”普特融合之路的架海金梁》入选省融合教育优秀教育教学案例，入围省“之江汇”教育平台展示。

（楼倩雯）

民办教育

【规范民办义务教育发展专项工作】 2022年，县教育局获“浙江省规范民办义务教育发展专项工作成绩突出集体”荣誉。在规范民办义务教育发展专项工作中，成立专项工作领导小组及工作专班，县委教育工作领导小组2次召开专题会议把方向、定政策。对标将民办义务教育学校在校生占比控制在5%内的目标，将民办义务教育学校在校生占比从20.06%压减到0。结合浦江实际，制定“转、托、购、扩、建”五大举措保障专项工作落地。“公参民”学校浦江县龙峰国际学校更名转制为浦江龙峰小学，占用公办教育资源的仙华外国语学校暂停办学，学生由月泉中学托管。上述两校按照“摇号入学”政策完成招生工作。新浦江人子女学校6000余个学位全部由政府购买服务，公办中小学按照积分制政策“能招尽招”，随迁子女新生入学率比上年增加10个百分点。

【校外培训机构】 2022年，6家非营利性学科类机构，于7月18日完成二次压减，全部注销清零，学科类机构压减率为100%。县文广旅体局、科技局会同教育局，根据非学科类机构准入条件和容缺受理审批政策，开展非学科审批准入工作，截至2022年底，文化艺术类审批准入241家、体育类审批准入42家、科技类审批准入3家，审批准入率100%。推进非学科类机构全流程监管，落实非学科类机构入驻校外培训机构全国平台，推进其他机构在“全国校外培训监管平台”全流程监管。大部分机构与银行签订资金托管协议，开设培训资金监管银行账户和全流程监管。扎实开展隐形变异培训机构的监管查处。发挥浦江县“双减”工作专班牵头抓总作用，组建三个由行业主管部门（教育、文广旅体、科技部门）分管领导担任带队领导的治理检查小组，安排县执法局、县市场监管局、县教育局、“双减”办成员参加，按照各组分工职责，由各组带队领导制定时间表、路线图、任务书，不断加大“日查+夜查”“联检+抽检”力度，运用执法力量，现场查处、当场移交、依法处置，建立治理体系。截至2022年底，校外培训机构“隐形变异”检查267家次，查处12家，罚款3.3万余元。

教师队伍建设

【县管校聘】 2022年，全县教职工在原学校未聘54人，其中解聘2人，到其他学校寻聘上岗14人，通过师德师风考试在本学校寻聘上岗24人，待岗培训14人，谈话提醒208人。

【职称改革】 2022年，新增浦江县第四中学为高级及以下职称自主评聘试点学校（全市义务教育阶段学校3所），自主评聘向义务教育阶段延伸，5人被评为高级教师，5人被评为一级教师，1位硕士研究生被初定为一级教师，更加体现教师岗位特点，更加突出学校用人导向，进一步发挥职称评审对教师队伍业务提升的促进作用，有效激发教师队伍活力。

（周利民）

【新教师招聘】 2022年,县教育局通过优秀应届毕业生引进和社会招考,招聘新教师146人。其中,引进优秀应届毕业生21人,定向培养毕业生21人,公开招考在编教师36人、雇员制教师68人(其中“民转公”定向招聘雇员制教师10人)。

【师德师风建设】 2022年,县教育局坚持把师德建设放在教师队伍建设首位,开展以“追梦教坛,星满丰安”为主题的满天星优秀教师评选活动,评选教学星、育人星、科研星、奉献星200名。正风肃纪持续开展,共有6人因违规家教、职务违法等受到处分。

【培养年轻教师】 2022年度满一年新教师考核123人,其中122人合格,1人不合格,不合格人员需重新参加2023年新教师考核。参加2022年度三年新教师考核83人,全部合格,其中15人评选为2022年浦江县教坛新苗。

(沈 辰)

【义务教育教师交流】 2022年,义务教育学校共交流教师139人,占符合交流条件教师数的29.83%。其中,骨干教师交流30人,骨干教师交流占教师交流比例的21.58%,共发放城区骨干交流教师农村任教特殊津贴20.95万元,有力推进义务教育均衡和谐发展。

(盛礼军)

【教师待遇保障机制】 2022年,县教育局根据国家和省、市有关落实义务教育教师待遇的规定,建立健全义务教育教师工资与公务员工资长效联动机制。2022年,义务教育教师年人均工资收入167942元,高于当地公务员年人均工资收入164421元。确保义务教育教师平均工资水平不低于当地公务员。完成事业单位工作人员基本工资调标,共有3680名教职工符合工资调标条件,月平均增资332元,执行时间从2021年10月起;完成全县2022年教育系统事业单位工作人员薪级工资正常晋升工作,共有3540名教职工符合晋升条件,月人均增资额90.16元;完成42位农村学校任教满8年教师薪级工资浮动转固定工作,月人均增资额79.77元。保障公办幼儿园非编教师待遇,2022年共安排财政待遇补差资金672万元。按年人均24588元标准补差,补差后公办幼儿园非编教师年平均工资97994元,高于在编幼儿教师的年平均工资85353元(基本工资+绩效工资)。

(盛礼军)

【教师荣誉】 2022年,郑宅镇中心小学祝响响被评为全国最美教师、浙江省特级教师、浙江省教书育人楷模,实验小学徐双莲被评为浙江省杰出教师,浦江县实验小学潘东红获浙江省中小学思政课教师年度人物提名,浦江县第二中学陈昌亮、檀溪镇中心小学罗智杰、浦江县新华幼儿园陈亚利获浙江省春蚕奖,浦阳第二小学陈健滢被评为金华市名校长,浦江中学楼优奇、浦江县实验小学薛芳芳被评为金华市名师,浦江县第三中学吴丽娟被评为金华市最美教师,浦江县中山中学洪庆华等35人获评浦江县第四届“园丁奖”。

(张晓欢)

教育科研

【概况】 2022年,浦江县教育科研工作以服务学校、服务学生、服务教师为宗旨,发挥教育科研在学校发展和教师成长中的作用，通过抓教科室主任队伍、班主任队伍、心理健康辅导人员队伍三支队伍，提高科研管理与指导水平；通过抓省市级重点课题和对薄弱学校的课题指导，提升课题质量与科研水平；通过抓县级、集团级、校级三级活动的开展，提升科研的氛围与研究水平。全年有167项课题在国家、省、市级立项，83项课题在省、市级课题评比中获奖，1300余篇论文在省、市级论文评比中获奖或发表。

（杨顺连）

【课题立项情况】 2022年，全县有31项课题被列为省级课题，其中省教育科学规划课题4项，省教研课题3项，省师干训课题10项，省体艺卫课题2项，省信息化课题6项，省职成教课题3项；136项课题被列为市级课题，其中市重点规划课题5项，一般规划课题49项，市教研课题23项，市作业专项课题13项，市教师发展课题33项，市教育信息化课题4项，市职成教课题4项。

【课题获奖情况】 2022年，全县有7项课题获省级优秀课题，其中，浦江县龙峰小学祝晌晌负责的《双元晋级制：校本化小学学业质量评价研究与实践》、浦江县实验小学徐双莲负责的《契约制：现代学校治理体系建设新途径》课题获省教育科学规划优秀成果一等奖；浦阳第二小学陈健滢负责的《童戏馆：小学戏剧育人“意义学习”新样态》课题获省教育科学规划优秀成果三等奖；另有2项课题获省师干训课题一等奖、1项课题获省教研课题二等奖、1项课题获省职成教课题三等奖。全县有98项课题获市级优秀成果奖，其中金华市教育科学规划课题一等奖7项，二等奖25项，三等奖9项，金华市教研课题一等奖4项，二等奖4项，三等奖5项，金华市家庭教育课题一等奖3项，二等奖7项，三等奖9项。

【学校心理健康教育】 2022年，全县开展浦江县未成年人心理健康辅导站的服务工作，落实学校心理健康教育课程化建设，建立学校心理危机预警和干预工作；完成浙江省心理健康教育教师上岗资格培训400余人次，全县93%以上教师持有各级省心理健康教育教师上岗资格证书。

（杨顺连）

【班主任素质提升】 3月，浦江县班主任核心团队成立，成员来自小学、初中、高中集团总校校长的推荐。2022年，团队开展5次“齐读共谈”活动，8次主题班会研磨活动，10次专题研讨活动。2022年，6位班主任代表浦江参加金华市班主任基本功大赛，获得市一、二、三等奖各两名。其中，浦江县实验小学的骆肖峰和浦阳第一小学的赵一娇分别获市一等奖第一名、第二名，并代表金华市参加省班主任基本功大赛，获省三等奖，赵一娇的育人故事获省二等奖。

（沈小红）

科技·卫生

科学技术

【概况】 2022年，浦江县新增国家高新技术企业36家，省科技型中小企业完成审核推荐105家，新认定“科技小巨人”企业1家；组织认定备案金华市科学技术研究开发中心62家，审核推荐省级高新技术企业研发中心5家，组织申报市级众创空间1家。

全县财政科技投入13235万元，比上年增长15.5%，其中兑现科技扶持政策资金7469.37万元，研发经费奖励5614.46万元。组织全县科技计划项目立项71项，其中工业类20项、农业类10项、卫生类40项、社发类1项；完成各级各类科技计划项目验收51项，其中市级项目7项、省级新产品项目3项，发放项目补助资金113万余元。推动年技术合同成交额突破7亿元。

【科技创新服务】 2022年，县科技局建立科技、经商、发改等部门立项项目赋码沟通机制，科技、统计、税务等部门研发投入申报比对机制。修订完善科技扶持政策，聚焦科技研发投入、高层次科技人才引育、高能级创新平台打造、关键核心技术攻关、科技企业培育等方面制定惠企措施，形成覆盖科技企业和人才发展全周期的政策体系，支撑引领产业高质量发展。建立全体科技干部联企服务机制，聚焦闭环式全程服务、体系化联动服务、滴灌式精准服务，攻克行业共性难题，带动产业链上下游提升创新能力。开展科技业务培训活动，围绕研发投入核算、项目申报等内容，联合各工业乡镇、经济开发区、水晶产业园区，组织开展培训会6场次，累计培训企业负责人、财务人员600余人次，实现县域规模以上工业企业全覆盖。

【杭州电子科技大学浦江微电子与智能制造研究院】 2022年，杭州电子科技大学浦江微电子与智能制造研究院与浦江县10家企业围绕智能制造数字化车间改造、传统行业装备提升等方面展开技术合作，合作金额1300余万元，多家企业在智能制造领域取得突破。其中，“基于NFC”的无源智能挂锁项目通过专家验收，将显著提升浦江锁具产品技术含量和附加值，促进浦江制锁业的转型升级；“水晶用伺服电机”项目进入样机生产测试阶段。

【农业科技服务】 2022年，县科技局坚持以科技强农为突破口，壮大科技特派员服务队伍，紧抓农业新品种、新技术、新模式“三新”并进，促进全县农业科技成果落地转化，推进农民增收致富和农村科技发展。选派市、县农业科技特派员31名，省级农业科技特派员团队2个，举办各类培训、讲座50余场次，培训人员2000余人，引进新品种12个。截至2022年底，创建省级“星创天地”2家、浙江省农业“机器换人”示范基地2个。

2022年2月25日，省农科院科技特派员走访农业基地 （张巧红 摄）

【家纺设计研发中心】 武汉纺织大学浦江家纺研发中心是省绗缝工艺协会与武汉纺织大学合作共建的机构，服务浦江绗缝及相关产业，立足浦江现有的产业链，拓展产业及产品的开发；连接企业产品与市场的流通。中心集图案色彩工艺设计、功能性家纺产品研发、整体家纺造型设计研发、新型填充物开发，以及开展科技交流、培养设计人才等功能于一体。2022年，武汉纺织大学浦江家纺研发中心共完成设计产品花稿、包装稿及产品展示4300余件，其中650余件花稿被30家企业采用，企业融合度不断提升。

【浙江大学金华研究院浦江分院揭牌】 9月25日，浙江大学金华研究院浦江分院揭牌运行。浦江三思光电技术有限公司、浦江中宝钢球有限公司、浙江文岗医疗科技有限公司等企业进行项目签约。浙江大学金华研究院浦江分院围绕信息电子、生物科技、智能制造、高端装备等新兴领域，推进应用研究、产业化推广、人才引进与培育项目。截至2022年，招引5家企业入驻浦江（杭州）科创中心，并与浦江中宝机械有限公司开展技术合作，聚力攻关“基于人工智能的钢球表面缺陷检测关键技术”。

2022年9月25日，浙江大学金华研究院浦江分院揭牌成立 （虞敏樱 摄）

【浙中科创走廊建设】 2022年，县科技局以融入浙中科创走廊为契机，开展项目招引，招引亿元以上项目25个，总投资164.4亿元，其中10亿元以上制造业项目5个，祥邦永晟新能源项目列入省示范性重大产业项目，百亿级光伏新材料产业集群雏形显现，浙江大学金华研究院檀溪科创谷和浦江北部科创培育带列入浙中科创走廊发展规划，浙江大学金华研究院檀溪科创谷和高梅山科技产业园区项目列入省重点建设项目库；推进项目建设，实施科创园区项目3个，实施总投资亿元以上高新技术产业项目12项，实施重点配套公建项目3项，累计投资18.72亿元；开展招院引所，浙大金华研究院浦江分院、浙江外国语学院跨境电商浦江研究院挂牌运行，累计招引6所高等院校在浦江设立研究院；运行“科创飞地”，招引6家科技孵化企业入驻浦江（杭州)科创中心,2家企业拟产业化落地;开展人才引育,国家引才计划入选人数实现9年来首次破零,省引才计划入选人数实现6年来首次破零。

【"产学研"科技交流合作】 2022年,县科技局坚持"产学研"深度融合,推动科技成果高效转化。持续探索优化科技"揭榜挂帅"模式,根据重点产业链培育方向,聚焦闭环式全程服务、体系化联动服务、滴灌式精准服务,攻克行业共性难题,带动产业链上下游提升创新能力。举办"千榜进百校'2+4+X'重点产业云揭榜——水晶产业专场"活动,共征集技术榜单11项,榜额2000余万元。全年累计发布各类榜单160余项,榜额超1.51亿元,成功揭榜71项,攻克54项,兑现榜金1642万元。实施科技成果对接行动,通过开展现场集中办公、组织专家进企业一对一"技术问诊"等方式,拓展企业与高校院所合作的广度与深度,全年精准走访服务企业350余家次。

【数字化改革赋能】 2022年,县科技局坚持每月召开数字化改革专题工作会议,先后7次到省科学技术厅汇报,争取多跨场景应用试点。严格落实省科学技术厅"整合资源,统一谋划多跨场景应用"要求,抓好场景应用贯通,浦江"关键核心技术攻关在线"应用活跃用户745家,用户访问量9749次,业务访问量38151次,服务获取量1353次。成果入选关键核心技术攻关榜案例3例,攻克关键核心技术攻关榜单3个。浦江县水晶行业产业大脑"水晶产品库""水晶政策库"和"水晶云上博览会"三个组件被纳入省科学技术厅的"科技大脑"能力中心。

【优化营商环境】 2022年,县科技局《科技联络员队伍 助力企业高质量发展》获评2022年度浦江县半年度优化营商环境"十大优秀案例"。全体科技干部下沉到企业一线,深入了解企业的生产经营、研发创新、高企申报、人才技术等方面的困难需求,建立"一企一册",为企业提供研发费用归集、科技型企业培育、高新技术企业申报等方面定制式精准服务,全年帮助企业解决各类问题75个。

(魏晓尖　虞敏樱)

卫生健康

【概况】 2022年,全县有各类医疗卫生机构361家,其中县级医院3家(县人民医院、县中医院、县妇幼保健院),县人民医院及县中医院均为二级甲等医院;民营医院9家;乡镇卫生院(社区卫生服务中心)16家、社区卫生服务站5家、村卫生室151家,每个乡镇(街道)均拥有一家公立卫生院或社区卫生服务中心,镇(乡)、村两级医疗卫生机构的设置,基本满足"20分钟医疗服务圈"的要求。全县各级各类医疗机构有核定床位数1688张,实际开放床位数2484张,其中县人民医院796张,中医院447张,浦江第二医院260张,街道(乡镇)卫生院115张。每千人拥有床位数5.2张;执业(助理)医师1610人,每千人拥有医生3.5人;注册护士1647人,每千人拥有护士3.58人。

2022年,按照计生统计口径户籍人口出生2079人,比上年减少230人。一孩出生1279人,一孩率61.52%;二孩出生727人,二孩率34.97%;三多孩出生73人,三多孩率3.51%。总出生人口性别比107.28(女为100)。全县公共场所母婴设施累计建设20家。

2022年,甲、乙类传染病报告发病率为128.00/10万,与2021年同期相比下降19.55%(病例数增加较多的是新型冠状病毒感染)；丙类传染病报告发病率为946.27/10万，与2021年同期相比上升330.37%(主要为流行性感冒)；采集手足口病病例标本67份进行检测，其中阳性40份(CA16阳性22份、CA6阳性13份、CA10阳性3份，其他肠道病毒阳性2份)；HIV检测86130份，自愿咨询检测1281份，抗病毒治疗覆盖率96.34%；登记肺结核病例219例(浦江户籍160例、非浦江户籍59例)，与2021年同期相比下降3.52%；开展登革热媒介伊蚊幼虫密度监测，根据监测结果建议在全县范围内开展以清除伊蚊滋生地为主的环境整治，降低蚊媒密度；开展血吸虫病监测，完成春季查螺面积2.29万平方米，未发现钉螺，连续44年未查到钉螺；开展两轮脊髓灰质炎、麻腮风集中式查漏补种工作，脊髓灰质炎疫苗报告接种率分别为99.10%和98.38%，麻腮风疫苗报告接种率分别为98.77%和96.30%。高血压患者规范化管理率70.16%、血压控制率70.19%，糖尿病患者规范化管理率70.13%、血糖控制率59.41%；报告浦江县户籍死亡2959例，比上年增长16.04%(死亡日期作为统计时间)。

2022年，人才引进主要以"网上报名+现场招聘"的方式进行，累计引进人才58人，其中研究生学历5人，高级职称2人。6月，根据县委、县政府的指示要求，由县委组织部、县委编办、县人力社保局分别带队到西北、东北、西南三个方向进行人才招引，共招引6名省外医学人才。组织开展2022年度医疗机构事业人员公开招聘，共招录32人。卫健系统基层卫生人才定向培养21人(含医共体总院)。承办国家级继续教育项目1项，省级继续教育项目2项，市级继续教育项目20项，累计培训2500余人次，选派46名优秀医务人员外出专科进修。全县新增省医药卫生科技计划项目6项，市级科研11项，县级科研38项。

围绕巩固国家卫生县城和国家卫生乡镇创建结果的工作目标，组织各乡镇、街道人员定期对城乡环境卫生进行整治，巩固国卫创建成果。推进绿色环境建设，提高全民健康环境基础，截至2022年，全县各乡镇均建有健康步道和健康主题公园。建立健康科普专家库、资源库及健康科普知识发布和传播机制；成立浦江县国民营养健康指导组，统筹推进国民营养健康工作。

全年累计出动监督员1510人次，监督检查监管单位2120余家次，其中开展全领域"双随机"执法316家，完结率100%；发现违法行为共立案279起，结案298起(其中一般程序182起、简易程序116起)，罚款总额131万余元，没收37440元，执法事项完成全覆盖。推行非现场高效执法，通过智慧监管风险预警平台线上固定证据、线下监督核查，对全县192家门诊部、个体诊所、村卫生室、1355名医师、58家口腔诊所、4家企业、3家住宿场所等进行智能监管，开展非现场执法立案9起，责令停业整顿19家，罚款14500元。其中，通过中小医疗机构智能监管平台监管诊疗行为742818次、诊疗违规预警140件。8月，省委、省政府健康浙江领导小组办公室通报浦江县健康浙江考核为优秀等次。浦江县卫生监督所在全省卫生健康行政执法效能监测中荣获满分，全年入选省级医美行业十大典型案例1例、市级十大典型案例2例。

2022年，托育服务工作纳入省、市、县民生实事工程，全年新增托位526个(其中包括370个普惠性托位)。截至2022年，浦江县共有托育机构47家，其中县卫健局备案的民办纯托育机构7家，幼儿园托育部40家，共计托位数1688个(其中纯托育机构托位数317个，普惠性托位数1151个)，每千人托位数3.65个，托育机构乡镇覆盖率100%。

2022年，开展重大疾病筛查工作，其中重点人群结直肠癌筛查10161人，前列腺癌筛查8635人，妇女“两癌”筛查10865人；慢阻肺筛查7465人。重点人群流感疫苗免费接种12340剂次；接种免疫规划疫苗72895针次。全县家庭医生规范签约数180801人，签约率45%，重点人群签约率90.1%。0～6岁眼保健人数19148人，检查覆盖率95.4%，眼保健档案建档数17808册，建档率96.09%。孕产妇早孕建册率99.77%、系统管理率98.25%；3岁以下儿童系统管理率99.18%，7岁以下儿童保健率99.08%。完成困难群体白内障免费手术治疗24例。完成省民生实事项目新（改扩）建规范化村卫生室（社区卫生服务站）4个，分别是白马镇清塘村卫生室、浦南街道五村卫生室、虞宅乡马岭村卫生室、黄宅镇张官村卫生室。

2022年，全系统在疫情防控措施调整的新阶段，工作重心第一时间由“防感染”向“保健康、防重症、遏死亡”转变，筹建定点医院及亚定点医院，快速完成发热门诊扩容建设和重症医疗救治团队的组建和人员培训，统筹调配医院资源，完善分级分类诊疗机制，打破内外科分类收治，确保新冠病毒感染者医疗救治工作。

2022年，全系统着力于提升医疗卫生服务。县人民医院和县中医院全面推动县级重点学科、专科和专病中心建设，县人民医院先后创建胸痛中心、卒中中心、创伤中心、危重孕产妇救治中心、危重儿童和新生儿救治中心及中医肿瘤中心；县人民医院借助浙江大学医学院附属第一医院（简称“浙医总院”）的品牌和医疗资源，深耕胸痛中心、卒中中心、创伤中心、心衰中心建设，心内科和感染疾病科通过金华市二类医学重点学科考核验收；高血压达标中心完成中国高血压达标中心总部现场核查，胸痛中心全年救治各类胸痛患者330例，创伤中心抢救多发伤3684例，抢救成功率98%，卒中中心全年救治脑卒中患者123例，其中急性脑梗死介入取栓、颈椎前路颈椎间盘摘除等多项四类高难度手术填补县域空白，区域医疗救治体系不断完善。县中医院拥有省级中医药重点学科1个（中医肿瘤中心）、省级中医药重点专科1个（中医妇科）。2022年，县人民医院、县中医院均通过等级医院复评工作。

2022年，浙医总院累计派出常驻医疗专家600余人次，完成门诊2500余人次，手术110余例，查房4100余人次；举办各类学术讲座5次、科内讲座、业务学习等多种形式的科研教学工作；选拔浦江分院内优秀医疗人员到总院进修，学习最新的医疗技术，可持续性与浙医总院开展学术交流，提高浦江分院的医疗技术能力；借力浙医总院资源，推行精准诊疗服务，开设多学科综合门诊、血管介入及风湿免疫等多个专科专病门诊，提升专业诊疗服务能力和水平。浦江分院全年门、急诊量859298人次，住院35375人次，手术7995人次，Ⅲ、Ⅳ类手术1989人次，关键性技术指标呈逐年稳定上升趋势。

2022年，县中医院医共体与省中医院（浙江省中医药大学附属第一医院）（简称“省中总院”）的紧密合作持续加强，在原有合作科室的基础上新增消化内科和胃肠外科，省中总院常驻专家5个，成立黄琦（省中医院党委书记）名中医工作室、张烁（省中医院党委副书记、副院长）消化系教授工作室和曹毅省级名中医工作室。2022年，省中总院派出22个专科专家定期下沉坐诊，推拿科等5个科室由省中总院常驻专家担任业务主任，全年专家下沉682人次，接诊9052人次，手术116余例，查房2000余人次；举办各类学术讲座、科内讲座、业务学习等多种形式的科研教学工作；选拔浦江中医院分院3名优秀医疗人员到省中总院进修，学习最新的医疗技术，提高浦江中医院分院的医疗技术能力。在省中总院的引领下，省重点学科中医肿瘤、省重点专科中医妇科持续优质运行。浦江中医院分院全年门诊量404079人次、住院量14139人次、手术量2286人次、Ⅲ、Ⅳ类手术373人次。深化医改工作，严控医疗费用不合理增长，全县门诊均次费用为261元，住院均次费用为7533元，全县医疗服务收入占比比上年上升3.19%，全县百元医疗收入的医疗支出占比为113.52，比上年上升5.86元。

【郑宅镇卫生院新址启用】 1月16日，浦江县人民医院郑宅院区（郑宅镇卫生院）新院启用，副县长张明凯，县卫健局党委书记、局长方守红，镇政府领导班子成员，县人民医院医共体领导班子成员、相关职能科室负责人等参加启用仪式。郑宅院区迁建工程总投资额3500万元，建筑面积约6500平方米，设全科医生诊室、中医馆、抢救室等多个诊室，开放床位45张，配备医师11人、护理9人，全年门诊量9.7万人次。新院区对硬件设施、空间环境、就医流程、服务能力等方面做了提升，可满足郑宅镇及周边群众就医需求。

2022年1月16日，郑宅镇卫生院新址启用

（县卫健局提供）

【浦江首个数字化卫生室正式揭牌】 2月25日，浦江首个数字化卫生室——中余乡普丰村未来数字化卫生室正式揭牌，打通偏远山区群众就诊“最后一公里”。数字化卫生室以原有村级卫生室为基础进行改建，配备健康管理员1名，智能诊室1间、一体机1台、“云诊间”1个、储药柜1个，通过数字化手段，打造“互联网+医疗+健康管理员”的新型服务模式。老百姓可在“未来数字化卫生室”实现便捷的就医和健康管理等服务，实现足不出户享受智能健康体检、在线询诊配药等智慧化医疗服务。

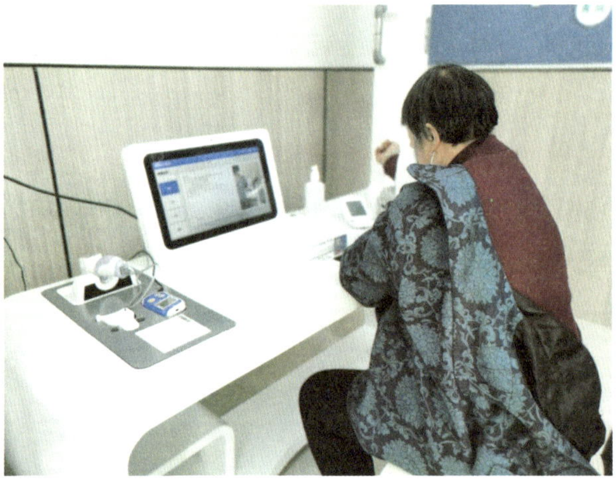

2022年2月25日，中余乡普丰村数字化卫生室智能诊室投入使用 （县卫健局提供）

【慰问援沪医护人员家属】 4月22日，浦江县支援上海抗疫的核酸采样医疗队103人，历经24个日夜平安凯旋。医疗队在沪奋战期间，共采样321374人次，完成支援任务。4月24—26日，戴翀、郑文红、张建顺、钱福安等县领导分别带队走访慰问援沪医护人员家属，以“视频连线+现场走访”的方式，向冲锋在抗疫一线的白衣英雄致以崇高敬意，对家属们做出的无私奉献表示衷心感谢。

【民生工程项目】 5月25日，浦江县公共卫生临床中心启用。项目为省重点建设民生工程，于2021年8月15日开工建设，用地面积17453平方米，总投资3000余万元。按照国家传染病区设置标准建设，主要建设门急诊、医技、病区、应急物资库房、医护人员清洁生活区以及室外直升机救援场地等配套工程。用于传染病防控和感染性疾病诊疗工作，新增床位200张，配备X光、CT等医技检验设施，能够满足患者的日常就诊及住院需求，提升浦江县传染病救治能力和公共卫生事件应对能力。

2022年5月25日，浦江县公共卫生临床中心启用

（县卫健局提供）

【省卫健委副主任到浦江调研高水平县级医院建设】 6月16日，省卫健委副主任俞新乐、医政医管处处长付铁红、科教处处长黄凤等一行到浦江调研高水平县级医院建设及县域医共体建设工作。副主任俞新乐一行实地走访了县人民医院浙中心血管中心、县域影像共享中心、县公共卫生临床中心及县人民医院医共体浦南院区，深入了解县级医院建设及县域医共体建设情况，就存在的问题和困难提出具有针对性和指导性的意见建议。

【县中医院介入中心启用】 7月6日，县中医院介入中心启用，县卫健局党委书记、局长方守红及县中医院领导班子成员参加揭牌仪式。介入治疗是一种在不开刀的情况下，借助医学影像设备的引导，将特制的导管、导丝等精密器械引入人体，对体内病态进行诊断和局部治疗，具有操作安全性高、创伤性小、疗效佳、时间短、恢复快、综合性能优越等特点。县中医院介入中心的启用，实现了县中医院介入诊疗技术从无到有的突破，为医院学科发展注入了新活力，也为急危重症患者的救治搭建起更为广阔的技术平台。2022年，共施行介入治疗病例200余例。

2022年7月6日，县中医院介入中心揭牌启用

（县卫健局提供）

【医院等级评审】 9月28—30日，浙江省第四周期中医医院评审专家组一行13人到浦江，对浦江县中医院开展为期3天的二级甲等医院复评工作。评审现场，专家组分为管理组、临床组、护理组、院感组、药事组、检验组、影像组七个专业组，严格按照二级中医医院评审标准，采用查阅台账、实地检查、人员

2022年9月30日，浦江县中医院完成浙江省第四周期中医医院等级评审工作 （县卫健局提供）

访谈、现场考核等多种形式，到医院各个科室、部门及院区，进行全方位、多维度的综合评审和检查指导。汇报会由评审专家组领队吴建文主持，县府办副主任祝昌红，县卫健局党委书记、局长方守红，县卫健局党委委员张超然以及县中医院党政班子成员等参加。浦江县中医院院长潘文双就医院基本情况、党建引领、中医药服务能力、医共体建设、疫情防控及中医惠民等方面向评审专家组作详细汇报。9月30日，浦江县中医院完成浙江省第四周期中医医院等级评审工作。

【高血压达标中心通过现场核查】 10月27日，中国心血管健康联盟高血压达标中心总部专家组对县人民医院高血压达标中心建设情况进行现场核查。专家组对牵头医院继发性高血压筛查、特殊类型高血压诊疗、高血压病人双向转诊、高血压病人随访、高血压团队建设、信息化平台建设等问题现场提问；查阅认证资料、抽阅病历、现场提问，对高血压达标中心数据资料进行详细核查。到心血管内科门诊和心电图室，对血压监测仪器、高血压专病门诊、高血压患者健康宣教等内容进行走访，并现场对高血压规范化诊疗情况进行问询。中心通过智慧化手段，帮助医疗机构建立起数字化高血压长期随访模式，使基层医疗机构和患者能够从数字化管理中真正获益。县人民医院高血压达标中心建设通过中国高血压达标中心总部现场核查。

2022年10月27日，浦江县人民医院高血压达标中心(智享版)接受高血压达标中心总部认证核查专家组现场评审　　(县卫健局提供)

【医疗信息化】 2022年，浦江县以数字化改革为抓手，推进“互联网+医疗健康”，完善全民健康信息平台功能，实现“浙里办”预约挂号、门诊缴费、报告查询等服务；承接贯通“浙里健康e生”“浙里互认”“浙有善育”等省级重大应用；谋划“职业健康服务一件事”应用建设，开展国家医疗健康信息互联互通标准化四级甲等成熟度测评数字化改革基础支撑。金华市首个未来数字化卫生室落地浦江县中余乡普丰村，规划建设东街智慧化社区卫生服务站，打通百姓就诊“最后一公里”。

(张　楚)

医疗保障

【概况】 2022年，全县基本医疗保险参保缴费36.82万人，其中城镇职工基本医疗保险(一档)参保8.49万人，城乡居民基本医疗保险(二档、三档)参保28.33万人，基本医疗保险户籍人口参保率99.96%；大病保险选缴34.87万人，比2021年度新增1.47万人，选缴率94%；全年累计资助1.24万名困难人员参加基本医保二档，资助1.01万名困难人员参加大病选缴，资助金额共计2585.24万元，医疗救助607.54万元，符合条件困难群众资助参保率、医疗救助政策落实率、“一站式”结算率均实现100%。

2022年，新增医保定点医疗机构1家，新增定点零售药店10家，取消医保协议管理的定点零售药店5家，全县医保定点医药机构累计182家，其中定点医疗机构46家（二级以上医疗机构3家、专科医院7家、乡镇卫生院16家、门诊部及诊所20家），定点零售药店136家。

【医保政策调整】 1月起，县医保局实施《金华市医疗保障局等7部门关于贯彻落实〈浙江省巩固拓展医疗保障局脱贫攻坚成果促进共同富裕有效衔接乡村振兴战略实施意见〉的通知》，年度救助限额提高到10万元；实施门诊救助，限额为0.5万元；最低生活保障家庭成员住院救助比例提高到80%，取消最低生活保障边缘家庭成员的救助起付线，救助比例提高到70%。4月1日起，实施新修订的《金华市人民政府办公室关于印发金华市大病保险实施办法的通知》和《金华市医疗保障局等6部门关于印发金华市大病保险实施细则的通知》，提高合规费用报销比例，连续缴纳选缴保费1份、2份、3份且未满三年的，起付标准以上的合规医疗费用报销比例从原来的75%分别提高到76%、77%、78%；连续缴纳选缴保费1份、2份、3份满三年的，起付标准以上的合规医疗费用报销比例分别提高至76%、80%、85%。

7月1日，县医保局实施《金华市医疗保障局 金华市财政局关于贯彻助力"浙有善育"促进优生优育工作有关事项的通知》。扩大生育保险覆盖面，灵活就业人员同步参加生育保险，参保由个人缴费，缴费费率为0.5%，缴费基数与其参加职工基本医疗保险缴费基数一致，按照上年度省社会职工平均工资60%确定。职工参保人员生育医疗费用，按职工基本医疗保险待遇"一站式"报销；男职工未就业配偶享受与参保女职工同等生育医疗费报销待遇，所需资金从职工医保统筹基金列支，不享受生育津贴；城乡居民参保人员生育医疗费用按规定纳入基本医疗保险"一站式"报销。生育保险待遇享受起始时间与基本医疗保险一致，其中城乡居民医保参保人员不享受生育津贴，职工参保人员生育保险缴费未在参保地连续满6个月的，生育津贴待遇待其缴满6个月后，进行回溯支付；生育津贴统一发放给职工医保参保本人。将癫痫及儿童孤独症纳入全市门诊特殊病种保障范围，相关待遇按现行政策执行。

根据《金华市医疗保障局等3部门关于公布金华市2023年基本医疗保险缴纳标准的通知》，2023年基本医疗保险二档个人缴费标准为2050元（含大病保险基本保费个人缴纳部分），三档个人缴费标准由600元提高到615元（含大病保险基本保费个人缴纳部分）。根据《金华市医疗保障局 金华市财政局关于确定金华市2023年城乡居民基本医疗保险财政补助标准的通知》，明确2023年浦江县居民医保财政补助标准为每人每年1000元。

【基金征缴】 11月17日，县医保局召开浦江县2023年度城乡居民基本医疗保险费和大病保险选缴保费征缴工作部署会，各乡镇（街道）和县财政局、县税务局、县教育局、相关银行、大病保险承保

2022年11月17日，县医保局召开2023年度浦江县城乡居民医保征缴工作动员会 （刘越超 摄）

公司等部门分管负责人和有关人员参加。会议要求全县基本医疗保险户籍人口参保率实现99.9%以上，大病保险选缴率实现95%以上；参加职工医保人员的大病选缴保费直接从医保个人账户中予以扣缴，无须个人另行缴纳。在11月25日至12月31日的征缴期间，2023年城乡居民基本医疗保险参保缴费人数28.27万人，大病选缴保费缴费人数33.69万人，大病保险选缴率92.4%。

【疫情专项保障】 2022年，县医保局全力保障60岁以上老年人"防疫包"资金拨付，共计拨付242.39万元。及时为企业纾困解难，对符合政策要求的企业开展医保费用减征和缓缴政策，全年缓缴医保费用867万元；及时拨付新冠病毒疫苗费用548.97万元，接种费用390.98万元。

【医保高额自负金额费用化解】 2022年，县医保局医疗救助对象覆盖城乡特困供养人员、低保对象、低收入对象和因病致贫对象，实现"一站式"结算定点医疗机构全覆盖，方便困难群众看病就医，缓解困难群众就医负担。通过与民政、乡村振兴、残联、红十字会等部门形成合力，采取"一人一议""一事一议"等方式，化解合理合规的医疗费用，减轻困难群众医药负担，防范和化解因病致贫返贫问题。截至12月，经基本医保、大病保险、医疗救助保障后自负金额5万元以上3名困难人员的医疗费用全部化解。

【药品、医用耗材采购改革】 2022年，县医保局根据省医保局《支持中医药传承创新发展实施意见》文件精神和国家贯彻标准要求，新增中医门诊辨证论治费后，不再设置普通中医门诊诊查费。各医疗机构按照门诊诊查费15元/次收取，允许同时收取相应的专家门诊诊查费加收和中医门诊辨证论治费。从2月1日起，急诊、法定节假日和双休日挂号诊查费加收仅限于普通门诊，专家门诊不得加收。5月，市级联合（金华）带量采购，通知医疗机构和中选企业在省药械采购平台签订购销协议；落实国家第六批带量采购（胰岛素专项）中选品种网上采购工作。11月，落实长三角（沪浙皖）联盟地区药品集中采购涉及国采第三批药品中选品种，国采第三批中选品种（采购周期2年和3年），国采第五批中选品种和国采第七批中选品种的网上采购工作。12月，落实国家组织冠脉支架集中带量采购协议期满后接续采购中选产品协议采购量确定的工作。

1—12月，超额完成国家级、省级、市级组织药品、耗材集中采购任务。国家第一批药品集采25个药品平均降价52%左右；国家第二批药品集采32个药品平均降价53%；国家第三批药品集采56个药品平均降价54%；国家第四批药品集采45个药品平均降价52%，单个药品最高降幅96%；国家第五批药品集采65个品种平均降幅56%；省第一批药品集采10个品种，药品平均降幅34%。2022年，药品、耗材集中带量采购直接减轻浦江县患者负担6000余万元，其中冠脉支架、扩张球囊、全髋、药物球囊等耗材直接减轻患者负担200余万元。

【省"智慧医保"平台上线】 2022年，县医保局根据省、市医保信息平台上线工作安排，浦江县第一时间成立县"智慧医保"上线工作专班，对省"智慧医保"系统停机上线切换期间可能出现的情况进行分析研判，共梳理出门诊特慢病待遇结算等19个问题，并制定《浦江县切换上线浙江省"智慧医保"平台应急处置预案》《浦江县省"智慧医保"项目上线应急处置方案》。召开"智慧医保"上线动员部署会，明确各专班成员单位工作职责，及时发布停机切换公告，并多次组织“两定”医药机构进行业务培训，部署切换上线工作；梳理浦江县医疗保险相关政策与省“智慧医保”差异化需求，配合市局做好新系统《待遇算法矩阵》、参保、公共服务的测试场景功能算测试和数据迁移等相关工作。2月15日，省“智慧医保”平台在浦江县平稳上线。

【医保电子凭证结算】 2022年，县医保局推进“互联网+医保”模式，优化医保领域便民服务，提高医保电子凭证激活率和使用率，县医保局出台医保电子凭证结算率考核机制，推动“两定”医药机构推广使用医保电子凭证工作。全县182家“两定”医药机构全部完成医保电子凭证接入改造工作，参保人员领码激活人数34.16万人，激活率93.40%，“两定”医药机构医保电子凭证结算率42.94%。

【建立OCR智能应用系统】 2022年，县医保局依托浙江省“智慧医保”平台，通过OCR（光学字符识别）技术智能收件和流程再造，构建以“OCR智能零星报销系统”为核心的数字化场景应用，改变原来传统报销靠人工识别单据、手工加减报销金额等模式，实现零星报销到支付全流程电子化、智能化、高效化，提升医保报销质量和效率，大幅缩短报销周期，缓解患者医疗费用垫付压力。同时，将报销事项延伸至基层末梢，最终实现医保费用零星报销“智能快办”。

【构建10分钟医保便民圈】 2022年，县医保局通过制定医保服务事项下放清单和标准化服务清单，除涉及审批权限事项外，其余经办服务事项全部下延至基层。形成以1个县级经办中心“为轴”、15处乡镇（街道）服务平台“成面”、N家定点医疗机构、合作银行网点和村（社区）医保服务站点“延伸”的“1+15+N”医保经办服务网络，为群众提供多层次、多平台、全覆盖的“县、乡、村一体式”便民服务体系，切实解决参保群众就医难、购药难、报销难等问题。

【实现门诊规定病种跨省联网结算】 2022年，县医保局在基本医保、大病保险、医疗救助、工会互助、优抚补助、残联救助、商业健康保险七医“一站式”刷卡结算基础上继续拓宽跨省异地联网结算范围，增加长期居住异地参保人员高血压、糖尿病、恶性肿瘤门诊放化疗、尿毒症透析、器官移植术后抗排异治疗5个门诊规定病种医疗费用跨省直接结算。

【规范定点医药机构准入管理】 2022年，县医保局严格执行省、市“两定”医药机构确定评估工作方案要求，并成立浦江县“两定”医药机构确定评估工作小组，邀请县派驻纪检监察组参与现场核查监督。全年受理16家医药机构的准入申请，经现场核查、专家评估，审核通过11家。

【持续推进医保支付方式改革】 2022年，根据市医保局统一部署，自6月1日起，浦江县实施急性后期住院按“PDPM点数法”付费方式。按照时间节点，完成县人民医院、县中医院、浦江二院、县康复医院、县献礼医院、县怡宁黄锋医院、县康宁精神专科医院7家具备资质的定点医疗机构线上业务培训和线上考试，同时完成权限开放及定点医疗机构系统全流程测试工作，确保“PDPM点数法”付费方式顺利开展。

【完成医保基金清算、预算工作】 2022年，县医保局落实住院按“病组点数法”付费政策，门诊按人头包干结合“APG点数法”付费政策，按照“总额控制、合理支付、消除浪费、节约共享、超支分担”的原则，县医保局完成对浦江县29家医疗机构2021年度的清算工作，并会同县财政局、县卫健局商定2022年度医保基金总额预算金额。

【建立“特殊药品”双通道保障机制】 2022年，县医保局通过遴选“双通道药店”，落实国家谈判药品“双通道”管理机制，采取“两个供药渠道、一个待遇标准”的办法，形成供应保障合力，使参保患者在医院和药店均能享受医保报销待遇，让患者配得上药，用得上药，更好地满足其合理用药需求。

2022年4月20日，县医保局开展打击欺诈骗保宣传活动　（于志敏　摄）

【基金监管】 2022年，县医保局共检查定点医药机构183家，现场检查覆盖率100%；通报批评58家，约谈医保定点医药机构24家，要求整改问题142家，暂停医保服务3家，行政处罚4家，医保医师扣分78人；完成市级对浦江县人民医院和中医院的交叉督导专项检查及县医保局对磐安县人民医院和中医院交叉督导专项检查、定点医药机构规范使用医保基金自查自纠工作和现场检查、开展定点医疗机构康复领域自查自纠和现场检查、冒用死亡人员参保信息刷医保卡检查，全年收缴违规款763.79万元，拦截医保基金2141.7万元。

【第三方监管】 2022年，县医保局成立医保基金第三方监管中心，全年核查县域医保参保人意外伤害就医案件6006件，其中拦截不属于外伤支付案件2199件，涉及款项2141.7万元；开展第三方专家审核，组织浙江大学医学院附属第四医院专家从各医院抽取726份病历，发现并收缴违规款6.24万元，收缴违约金8.30万元。印发《浦江县医疗保障基金社会监督员工作制度》，聘请人大代表、政协委员、媒体人员、党员干部、群众等22位浦江县医疗保障基金社会监督员，成立浦江县医疗保障基金社会监督员队伍。

【提升监督效能】 2022年，县医保局联合其他部门开展“双随机、一公开”检查工作4次，单独开展“双随机、一公开”检查工作2次。1月，与县公安局、县卫健局印发《浦江县进一步加强打击诈骗医保基金专项整治行动工作方案》；6月，与县卫健局、县市场监管局联合印发《浦江县医疗保障基金部门联动执法结果互认实施细则》；7月，与县委政法委、县公安局、县人民检察院、县人民法院、县司法局、县卫健局、县市场监管局建立《浦江县医疗保障行刑衔接联席会议制度》，组建基金监管工作专家库，建立全县查办骗取医疗保险基金刑事案件衔接工作联席会议制度。

【打击欺诈骗保宣传活动】 4月，县医保局结合“医保进万家 情系你我他”宣传品牌开展打击欺诈骗保宣传月活动，组织医保系统工作人员进经办大厅、进医院、进药店、进社区、进农村进行现场宣传，并联合妇联工作人员为老人提供暖心服务。发放各类宣传折页、政策问答手册、宣传海报4万余份，通过报刊、网站、微信等媒体发布16条宣传信息，开展1次媒体通气会，融合浦江非物质文化遗产地方特色，录制打击欺诈骗保道情方言微视频进行宣传，使老百姓看得懂、记得牢，提高相关政策措施公众知晓率，全年在媒体公开曝光医保违规案例115例，发放举报奖励2500元，加大欺诈骗保打击力度，营造“不想骗”氛围。

（黄　佳）

社会生活

社会事务

【概况】 2022年，浦江县民政局开展养老工作，完成省市县民生实事建设。新增认知障碍照护床位50张，提升改造居家养老服务照料中心2家。持续做深做实养老服务，拨付建设、就餐、运行资金2880余万元。

建设全县15家乡镇(街道)未成年人保护工作站，覆盖率100%。完成大中型水库移民后期扶持直补人口年度复核工作。经复核，核减直补人口108人，其中死亡93人，行政、事业单位在编在职10人，犯罪服刑5人；项目扶持转直补人数7人。核定2022年度发放大中型水库移民直补人数11536人，应发放直补资金693.36万元。第一批安排水库移民后期扶持项目19个，拨付移民资金1138万元，打造新时代美丽移民村目标4个。

打造省AAAA级婚姻登记机关，办理“婚育户一件事”联办事项1136件，办理婚姻登记业务13413件。出台殡葬基本服务全流程免费办法，推行绿色殡葬，办理生前申请逝后生态安葬20人，“身后一件事”联办平台办理2073件，办件率96%。

2022年，按照“产业兴旺、生态宜居、乡风文明、治理有效、生活富裕”的总体要求，县民政局加大基础设施、公共服务、人居环境、社会治理等方面扶持力度。安排水库移民后期扶持项目47个，其中美丽家园建设类项目28个，产业转型类项目19个；总投资2527万元，其中移民补助资金1819万元。补齐移民村人居环境短板，完善基础设施建设，提升村级基本公共服务水平，推进环境综合整治，壮大移民村集体经济，增强移民发展内生动力，促进移民持续增收，增强移民幸福感和获得感。

【开展巡回下乡集中补证工作】 2022年6月起，婚姻登记处以“窗口登记+驻点巡回”方式，将集中补证服务延伸至乡镇，在各乡镇设立婚姻登记处临时补证服务点，实现群众少跑腿。工作人员采用“移动办公”“无须预约”的形式，为需要补领婚姻登记证的群众提供政策解答、免费拍照、信息核对、就地办证等“一站式”便民服务，并向乡镇居民宣传婚姻方面的法律法规知识，引导群众婚事新办、喜事简办，树立新型婚俗观。2022年，共计下乡巡回9个乡镇，补领(办)婚姻登记证13648件。

【公开招聘专职社区工作者】 2022年，根据市委组织部、市民政局工作部署，县民政局分两批次开展专职社区工作者公开招聘工作。组织资格审查1400人次、笔试1200人次、面试260人次、体检200人次、考察135人次，完成专职社区工作者录用程序。浦江县每万名城镇人口拥有专职社区工作者人数18人，提前完成此项省级考核指标。开展专职社区工作者业务培训2次，培训149人次。

社会救助

【最低生活保障】 2022年，全县有在册低保2814户3898人，县民政局累计发放各类救助金3587.29万元，发放残疾人两项补贴资金2632.44万元。入户调查困难家庭3579户5030人。

【特困人员供养】 2022年，县民政局对无法核实身份的14名长期滞留流浪乞讨人员集中进行落户安置，办理社会保障卡，纳入特困人员供养，让“无名氏”变身新浦江人。

【流浪乞讨人员救助】 2022年，县民政局在做好常态化街头巡查的同时，开展“寒冬送温暖”“夏季送清凉”等专项救助工作。聚焦“科技+互联网+传统”三个手段叠加，通过公安DNA比对、人像识别、指纹比对等技术手段，利用微信朋友圈、寻亲群等移动社交手段拓展寻亲渠道，对长期滞留无法识别身份信息的流浪乞讨人员，利用点滴信息分析求证，通过反复问询、甄别、多方求证方式，寻亲成功11人。2022年，通过寻亲找到家人11名，落户安置14名，帮助4名流浪人员返乡。建立易流浪走失人员信息库。

【慈善救助】 2022年，县慈善总会创新慈善新模式，建立乡镇（街道）乡贤共富基金，募集慈善款物2000余万元，首期350万元。实施《善行浦江》情暖系列慈善品牌项目。县慈善总会会同县委组织部、县文明创建办、县退役军人事务局联合推出“情暖党员”“情暖好人”“情暖老兵”慈善项目，投入善款33.3万元，帮扶困难老党员227人、退役军人35人，褒奖“浦江好人”22人。

社会福利

【概况】 社会福利科负责拟订全县社会福利事业发展规划、政策。牵头孤儿及其他困境儿童福利工作，指导推进农村留守儿童关爱保护和农村留守妇女关爱服务工作，负责收养登记管理，指导儿童福利机构和收养机构的建设与管理。指导残疾人权益保障和集中就业工作。承担老年人福利工作，负责老年人优待工作，参与老年人权益保障工作。负责养老、儿童福利和收养机构的安全监督管理。县社会福利工作坚持以“科学、公平、公正”为工作总基调，为确保生活困难群众基本生活、促进经济社会发展和维护社会稳定作出贡献。

【老年福利】 2022年，县民政局完成全县9.24万名60周岁以上老年人自理能力筛查工作。初筛转专业评估率7.09%，完成专业评估6533人。

【残疾人福利】 2022年，县民政局协调县残联，衔接残疾人两项补贴审批发放工作。发挥各乡镇街道残疾人专职委员职能，及时提醒符合对象申请办理，利用数据比对优势，每月定期核准未申请人员，第一时间督促提出申办，切实保障残疾人权益。

【儿童福利】 2022年，县民政局依托“金保未”未成年人关爱保护应用程序，常态化开展留守儿童、困境儿童、孤儿和低保低边家庭中残疾儿童的探访关爱工作，发挥儿童主任作用，动态掌握关爱对象的学习生活动态，帮助解决困难，为特殊困难儿童身心健康成长创造良好环境。

养老服务

【概况】 2022年，县民政局始终把养老服务工作列为民生领域重点工作，聚焦打造幸福颐养品质名城目标，初步建成“居家社区机构相协调、医养康养相结合”的基本养老服务体系。社会服务与养老指导中心负责拟订全县养老服务发展规划、政策和标准。负责全县养老服务体系建设，参与推动养老服务业发展。指导居家养老服务工作。负责指导和管理城乡养老机构建设。

【养老服务设施】 2022年，全县新增认知障碍照护床位50张，提升改造居家养老服务照料中心2家。新增持证养老护理员44名，每万名老年人配备持证护理员29.72人，位居金华前列。

【养老机构建设与居家养老服务】 2022年，全县建设公办智慧养老院2家，为15家乡镇(街道)居家养老服务中心配备无感服务智能终端。全县建有居家养老服务415家(含乡镇、街道居家养老服务中心15家)，其中131家开办老年食堂，284家为配送餐点。“一日三餐”覆盖率90%。

【养老服务活动】 2022年，县民政局下拨补助资金1900余万元，8900余名老人享受居家养老服务，950余名90周岁以上老人得到多层次多元化上门服务，老人服务满意率95%。

【医养结合发展】 2022年，浦江县依托45个“快乐老家”医疗服务点，由基层医疗卫生机构指派签约医生轮诊坐诊，就近开展日常保健诊治，让老年人在家门口享受基本医疗服务。在县人民医院、县中医院、浦江第二医院设置老年医学科，二级以上医院设置比例100%，完成3家县级医院、9家民营医院、16家乡镇卫生院(街道社区卫生服务中心)等老年友善医疗机构的创建工作，提升老年健康管理服务水平。

【举办首届养老护理员技能大赛】 6月14日，县民政局联合县人社局、县总工会在县养老理员培训基地——爱心敬老院组织举办浦江县首届养老护理员技能大赛活动，166名人员参加培训并竞赛。其中149名人员获养老护理员高级证书，新增持证养老护理员59人，每万名老年人口拥有持证养老护理员人数31.52人，养老护理员高级技师比例50%以上。

社会组织管理

【概况】 社会组织管理科负责拟定社会组织建设的发展规划、政策措施。社会组织管理科以“培育发展与监督管理”并重的方针，推进社会组织培育发展，负责全县社会组织的登记、监督管理工作。负责开展社会组织评估、培育发展和信用管理工作。负责取缔非法社会组织。会同有关部门拟订全县社会工作、志愿服务发展规划和政策，指导、推动相关领域社会工作、志愿服务开展。负责推进社会工作人才队伍建设。指导全县志愿者注册等工作，会同有关部门开展志愿服务组织负责人和志愿者的培训和激励评价工作。承担本部门相关行政审批、审核工作。负责牵头拟制本部门行政审批服务工作的规章制度和办事流程。依法提出本部门行政审批事项的增加、修改或取消建议。

【社会组织建设体系】 4月，县民政局全面启动9个社会工作站建设，通过场地选址、软硬件设施建设、政社签订服务合同（依托社会工作专业力量，打造民政服务+社工站运营服务2.0版）、配备配强专职人员等工作，组织社工业务培训工作2次约70人，下拨2022年度9个新建社会工作站建设及运行资金58.48万元，完成9家社会工作站建设，实现全县15个乡镇（街道）社会工作站全覆盖。构建“党社联盟、牵手同行”结对共建模式，按照“优势互补、互帮互学、共同提高”的原则，依托各乡镇（街道）社会工作站开展各类志愿服务活动，构建“1个社会组织服务中心+1个乡镇（街道）社工站+1个志愿者队伍”服务阵地体系，15个乡镇（街道）社工站先后发出“微心愿”21个，开展个案活动34个，走访困难群众367户，捐赠物资折合约10.8万元，开展“外来务工人员子女暑期夏令营活动”“增强安全防范意识 呵护未成年人成长”“周六公益学堂”等公益活动20余次，受益群众3000余人。

【社会组织领域专项整治行动】 2022年，县民政局持续开展“僵尸型”社会组织专项整治工作。梳理清算审计注销、限时整改和列入信用体系三类处置方式，解决破解社会组织“注销难”问题。完成“僵尸型”社会组织注销登记32家，列入信用体系的16家。经组织各社会团体自查，结合年度报告审查及抽查审计等工作，对浦江县老年人体育协会下属15家分支（代表）机构进行备案登记，取消浦江县建筑行业协会工程机械分会。

（郎诗文）

人力资源开发

【概况】 2022年，浦江县人力资源和社会保障局（以下简称“县人社局”）创新“以老带新”招工模式，组织发动170余家缺工企业建立“招工先锋队”，有效缓解用工需求，该模式被评为市人社系统改革创新优秀案例，相关做法被写入浙江政务信息第84期（复工返岗）中。落实人社助企纾困政策3146.8万元，共惠及企业5298家。全域推广“重点群体就业帮扶在线”平台，开展重点群体就业帮扶7623人次，帮助实现就业3934人，重点群体帮扶率100%，帮扶就业率88.25%。

实施新时代“浦江工匠”培育工程，加快构建“产教训”融合、“政企社”协同、“育选用”贯通的技术技能人才培育新模式。2022年，浦江县共颁发技能人才证80878本，高技能人才增长率连续三年为全市第一。“浦江工匠”培育工程被列入全市人社系统共同富裕先行示范优秀案例，相关工作获得浙江省副省长高兴夫批示肯定。设立紧缺人才岗位，首次面向全国推出博士研究生岗位，推出硕士研究生以上岗位32名，比上年增加52%。打造管理岗位人员晋“岗位等级”和“职员等级”晋升“双通道”，完成首批11位管理岗位人员晋升备案。

承接省、市联动数字化改革项目2个，“人力社保大脑驾驶舱”建设项目被省数字化改革领导小组评为“最强大脑”；“工伤智防联控”项目以数字化分析加强工伤事故源头治理，浦江县工伤事故发生率比上年下降10.5%，该项目获浙江省人力社保厅副厅长毛鹏岳批示肯定。聚焦群众讨薪难、维权难问题，打造具有本地特色的“安薪一点通”数字化改革项目，应用上线以来跨部门联动化解欠薪隐患283件，化解率94%，案件平均处置时长缩短50%，项目入选金华市“浙政钉”应用类优秀案例集和数字化改革最佳应用。

创新“一乡一品”发展模式，联合出台《关于致力乡村振兴推行“一乡一品一队”工作机制的实施方案》，构建“1+3+N”合作创业模式。组织村干部、乡村技能带头人等开展“乡村品牌运营官”培训5期，培训合作创业带头人115名；开展专技专家团队助力乡村振兴工作，组织6支专家人才服务团队到田间地头对种植管护技术、农旅产业经营进行专业培训；开展乡村工匠、种养能人、直播电商等乡村技能人才职业技能培训72班次，累计培训4270人次。累计打造葡萄种植、高山蔬菜种植、一根面制作、豆腐皮制作等27个特色产业。

【人才安居保障】 2022年，浦江县人力社保局提升人才服务，强化人才安居保障。兑现人才购房补贴154万元，人才租房补贴37.34万元。同时根据《关于实施“才聚浦江”行动 打造创业创新高地的意见》出台《浦江县人才购房补助操作细则》，将购房补贴提高到省级以上领军人才最高补助150万元；博士级别最高补助80万元；硕士级别最高补助50万元；本科级别最高补助30万元；大专级别最高补助15万元。

【与陕西商洛签订劳务协议】 2月18日，浦江县人社局抓住春节前后企业用工先机，到陕西商洛开展劳务协作对接交流，深化浦江与东西部地区的劳务协作，拓宽企业招工用工渠道。

2022年2月18日，浦江—商洛人力资源协作座谈会召开 （黄榕波 摄）

【“安薪一点通”应用正式上线】 3月，“安薪一点通”应用正式上线，上线以来跨部门联动欠薪隐患化解率92%，案件平均处置时长缩短50%，基层欠薪案件处置数比上年增加1874%，行业主管部门联动案件数比上年增长460%。

【浦江高级技工学校筹建工作】 1月，县政府工作报告明确要求2022年建成浦江高级技工学校。4月，县长办公会议审议通过了《浦江高级技工学校筹建工作方案》，浦江高级技工学校筹建进入冲刺阶段，对照高级技工学校筹建要求的校级班子、师资、学生数、教学设备与实训设备等指标进行逐项突破。通过专班化运作、清单化管理、借鉴永康、嘉兴、宁波等地筹建经验等举措，在省市人社部门的指导和县委县政府重视下，2022年共开设数控加工等专业9个，完成招生829人，在校生（筹建高级技工学校的关键指标）总量1172人。

【徐新国技能大师工作室授牌】 12月，组织部副部长朱婉华、县人力社保局副局长郭邦李参加浦江县徐新国技能大师工作室授牌仪式。该工作室配备M7120磨床、摇臂钻、钳桌、水平仪、粗糙度仪、塞规等设备及工量器具30余台(套)，有高技能人才7人，其中技师2人，高级工3人，中级工2人，团队成员全部在高档数控机床试制、装配、调试岗位工作10年以上。

2022年12月9日，徐新国技能大师工作室授牌仪式　　（叶杨浒　摄）

劳动就业

【高校毕业生就业】 2022年，浦江县人社局开展高校毕业生专场招聘会，为用人企业和未就业高校毕业生搭建供求对接平台。全年组织开展高校毕业生招聘活动11场，累计组织76家次企业提供岗位4336个，达成就业意向765人。宣传高校毕业生就业补贴、小微企业吸纳高校社保补贴等政策措施，促进高校毕业生就业，落实相关补贴42.44万元。

【困难群体就业】 2022年，浦江县人社局依托省人社工作平台“数字就业”应用场景，将困难群体就业帮扶工作下沉到村(社区)，建立困难群体“出现一人、发现一人、帮扶一人、解决一人”的“一对一、闭环式”就业帮扶机制，帮助困难人员群体实现再就业542人。

【职业技能培训】 2022年，浦江县人社局依托县技能培训机构、行业协会和各技能大师工作室等19个培训平台，有针对性开展各类技能提升培训，重点培养“工匠级”高技能人才、行业和产业紧缺的技能人才，实现产业人才精准化、梯度化、市场化培养。全年开展职业技能培训14384人次，新增技能人才、高技能人才完成数分别为6558人、3087人，审核拨付培训资金416余万元。开展浦江工匠培育、推选工作，推选1人荣获“浙江杰出工匠”，3人荣获“浙江工匠”荣誉称号，“浦江工匠”培育工程被列入全市人社系统共同富裕先行示范优秀案例(第一批)中，相关工作在浙江政务信息(专报)第490期上刊登。

社会保险

【养老保险】 2022年，浦江县人社局推进社保提质扩面工作，扩大社保参保覆盖面。浦江县户籍人口基本养老保险参保人数31.6万人，参保率99%以上。企业职工基本养老保险基金参保人数105262人，和上年比净增7273人，完成率125.4%，位居全市第一。从2022年5月起，浦江县城乡居民基本养老保险基础养老金标准与全市统一，由原每人每月230元提高到每人每月290元，惠及全县5.5万名城乡居民养老保险待遇领取人员，缩小城乡居民基本养老保险待遇区域差距。

【工伤保险】 2022年，浦江县工伤保险参保人数131007人，比上年度增长17.39%。大力推进新业态从业人员社会保险覆盖面，联合县邮管局、交通局、经济商务局等部门，对全县新业态企业负责人及员工做针对性业务培训，鼓励符合条件的新业态从业人员参与到社会保险保障体系中来。工伤医疗费用联网结算实现“零”的突破，全年通过与各工伤定点医院等相关部门进行多轮沟通衔接，全县5家定点医院均开通工伤医疗联网结算。工伤保险医疗费联网结算的实现，将大幅提升工伤保险经办服务效率，同时有效缓解工伤人员就医垫资的经济压力，改变以往先付费后报销的传统模式，实现就医后现场结算、即时报销，真正实现了工伤人员、参保单位、协议机构和工伤基金的共赢。

【失业保险】 2022年，浦江县人社局落实失业保险扩围政策，坚持“保生活，促就业”的原则，按时足额发放失业保险金、失业补助金、代缴医疗保险费、价格临时补贴等各项失业保险待遇，切实保障失业人员基本生活。全年为8604名失业人员发放失业保险金1337.81万元。

【经办服务】 2022年，浦江县人社局政务服务2.0好评率99.78%，编写社保业务办理“一口清”解答手册，出台浦江县社保中心关于2022年度全面加强业务能力建设方案，提升社保全体干部职工的综合业务能力水平；贯彻落实社保费缓缴纾困政策，通过“快”宣传、“便”服务、“简”流程等多举措推动阶段性社保费缓缴政策落地落实，助企纾困促发展；对社保业务经办服务进行适老化改造。

【基金监管】 2022年，县人社局社保拟定《局社会保险基金管理提升年行动方案》，明确科室责任及进度要求。编写社保业务办理“一口清”解答手册，出台关于2022年度全面加强业务能力建设方案，提升干部职工的综合业务能力建设。对就业、社保等经办机构岗位人员绘制岗位人员的画像进行完善，及时掌握工作人员思想动态，强化风险防控管理。加强经办权限管理，认真落实信息系统业务权限审批制度。开展基层（含基层银行网点工作人员）点对点的培训16次约400人，组织社保各条线业务骨干编写社保下放事项“一网通办”操作流程，系统性整合部分高频社保政策问答，如失地农民、城乡居保等问答合集。

（黄雨丁）

社会发展投资

【概况】 2022年1月14日，浦江县社会发展投资集团有限公司（简称“县社发集团”）挂牌，3月11日成立，主要负责浦江县文化旅游、卫生健康、民政养老、教育体育、农业农村五大板块的开发、建设、经营、管理以及县委、县政府交办的任务。县社发集团拥有浦江县文化旅游集团有限公司（简称“县文旅集团”）、浦江县教育发展有限责任公司、浦江县农业发展有限公司（简称“县农发公司”）、浦江县社发医疗卫生服务有限公司、浦江县养老产业经营有限公司（简称“县养老公司”）、浦江县常青殡仪服务有限公司、浦江诗画里广告策划有限公司、浦江县社发工程项目管理有限公司、浦江县康馨园物业服务有限公司、浦江县社发文教投资发展有限公司等一级子公司10家。

强化人才队伍建设，县社发集团分别于2022年3月和4月启动合同制员工和卫生专业技术人员招聘工作，40名合同制员工中持有工程、财务、医疗等相关资格职称25人。择优聘用16名卫生专业技术人员，为全县核酸检测工作充实力量。

2022年，县社发集团围绕“文化旅游、医疗卫生、民政养老、教育体育、农业农村”五大板块共同开创新局面，抓项目、促营收，全年实现营业收入9311.57万元。县社发集团下属景区共接待游客133295人次，江南第一家被列入浙江省廉洁文化教育基地、2022年度省级民族团结进步教育基地、2022年金华市级科普教育基地。浦江文旅·诗画里被列为浙江省老干部书画艺术创作基地。

【丰富景区新业态】 2022年，县文旅集团不断丰富活动载体，创新打造“露营+”模式，全面开展“露营+公司团建”“露营+生日派对”“露营+个性婚礼”等沉浸式体验活动。引入打造少女峰帐篷营地、神丽峡露营基地和诗画里天幕营地，开拓旅游消费新场景，丰富完善景区新业态，借助融媒体宣推，实现跨界融合和多领域合作互动，累计接待露营游客1.47万人次，收入约93.76万元。景区开展多平台、多渠道宣传营销，联合营地举办“三八女神节”、登山活动、生日会、相亲会、品牌自驾巡游等活动。开展浦江文旅月活动，主要包括浦江文旅（上海）推介会、2022浦江·第十五届中国书画节、浦江县文化和旅游发展大会、中国美术图书馆等一系列活动。

【非义务教育资产收购】 2022年，县社发集团收购学校非义务教育资产17宗。通过浦江县教育振兴基础设施建设项目包装与县内多家银行对接收购项目融资事宜，最终经县农业银行向省农业银行争取后获批5.98亿元，是浙江省首例盘活教育资产融资项目；县社发集团向兴业银行义乌分行申请贷款2亿元，项目共获得融资款7.98亿元。该项目涉及17所浦江县县属学校（幼儿园）的收购与改造提升，主要内容包括防水层修缮、墙体修缮、运动场地翻新、智能化改造以及新建户外游乐设施等工程。通过浦江县教育振兴基础设施建设项目的落实，有效盘活国有资产。

【保障“两非”整治成效】 2022年，县社发集团加强“两非”整治土地后期长效管护工作，为“两非”整治后半篇文章做好兜底保障。完成新整治土地收储管护300余公顷，全年粮食生产面积较2021年比上年上升20%。

【浦江养老中心建设工程】 浦江养老中心建设工程项目位于月泉西路以南，中医院以南，210省道以东。项目用地6.44公顷，总建筑面积90242.70平方米，主要建设内容为特困人员供养中心、护理楼、综合楼、旅居楼、老年公寓及道路市政绿化等配套设施。该工程为市重点工程，也是2022年地方政府专项债券重点推进工程。6月30日，浦江养老中心建设工程泉溪改造工程开工建设，预算投资额约913万元；7月23日，浦江养老中心建设工程EPC总承包项目施工单位进场，启动临时用房施工、土方外运，完成主体建设的准备工作，预算投资额约43422万元。浦江养老中心建设工程泉溪改造工程项目于12月20日建设完工。浦江养老中心建设工程项目完成两幢楼的基础施工；完成四幢楼的二、三、四层的梁板浇筑；完成六幢楼的桩基施工，累计完成总工程量的40%。

【浦江县社会发展教育基地项目】 浦江县社会发展教育基地项目位于仙华路168号，总投资7921万元，总用地面积19416.40平方米，对现有建筑

2022年11月28日，浦江县社会发展教育基地项目投入使用　　（县社发工程项目管理公司提供）

面积8285平方米进行改造及景观绿化提升，建成社会发展教育基地。2022年5月9日，浦江县社会发展教育基地项目开工建设，11月28日竣工并投入使用。

【其他工程项目】　4月6日，总投资3000万元的浦江培智学校迁建工程正式开工，截至2022年，完成总工程量的60%。启动金狮湖鼓风机厂改造工程项目，总体定位为“科创+文创”综合体，总投资5000万元，12月6日正式开工。

（陈丹琳）

浦阳街道

【概况】 浦阳街道总面积40.07平方千米，下辖9个行政村、10个社区，常住人口11.51万人，户籍人口7.78万人，流动人口1.63万人。街道全年财政总收入2.06亿元。

2022年，浦阳街道粮食播种面积126公顷。经济作物面积563公顷，其中蔬菜播种面积478公顷，产量13601吨；水果类播种面积110公顷，产量3079吨。发展特色高效农业，完成粮食功能区整治8.95公顷，同乐农场枸杞番茄绿色高质高效创建项目和凯鼎蔬菜基地提升改造项目已完成并通过县级验收。9个村抱团发展，共组建4个产业振兴共富联盟，合力推动6个抱团项目，实现收入460.93万元。联合打造浦阳江潮共富联盟党建示范带，聚焦物业经济、农产品产销产业，共建项目15个，推动浦阳村集体经济增收。2022年，9个村经营性收入总计590.7万元，总收入1148.51万元。

浦阳街道全年实现企业总产值12.80亿元，比上年增长18.74%，其中规模以上工业总产值4.78亿元，比上年增长15.11%；引进内资1.95亿元，引进重大签约项目完成投资7484万元，提供招商信息12条；完成工业技改投资1595万元，坚强塑料、万博公司和聚润医药三个工业技改项目完工。全年实现限额以上批发业销售额8.66亿元，比上年增长8.02%；实现限额以上零售业销售额5.33亿元，比上年增长26.40%；实现限额以上住宿餐饮业营业额0.73亿元，比上年增长39.48%。

【完善养老服务体系】 2022年，浦阳街道完成示范性居家养老服务中心无感服务智能终端建设。完善慈善救助体系，龙峰社区通过省级无障碍社区验收，19个村（社区）红十字会乡村服务站实现全覆盖。完善社会保障体系，安装电动自行车充电桩101座，完成“两癌”筛查1693人，加装老旧小区电梯13台。

【推进平安建设】 2022年，浦阳街道完成全市挂牌电信网络诈骗高发整治街道摘帽工作，投资20.2万元安装电动自行车电梯轿厢阻止系统174套。开展除险保安百日攻坚行动，组织巡防力量，开展安全隐患排查整改，实行“每日一检查一汇总，每日一例会一复盘”，累计排查各类重点行业领域场所3.8万家次，整改隐患问题3648个，平安护航二十大。强化“152”“141”体系街道贯通，完成“大综合一体化”行政执法改革。累计调处矛盾纠纷389起，涉及金额721.57万元。开展无信访积案支部创建，受理信访件2575件，实现100%办结。

【出台村社考核办法】 2022年，浦阳街道出台村社考核办法和街道干部考核办法，实施“周月季年”四步绩效考核方式。实行重点工作清单化推进、专班化运作，组建文明创建等16个工作专班，推行周末一线工作法。强化监督管理，健全内部管理制度，探索建立党员管理“三色”预警系统，搭建“红色e校”让流动党员“离乡不离学”，党员违纪违法事件比上年下降80%。

【城乡建设】 2022年，浦阳街道完成消化“批而未供”土地13.47公顷，办理工业用地临时改变用途收取收益金61宗。完成涉及5个社区、283栋楼、1779户居民，投资超8000万元的老旧小区改造工程。推进城区“两定四分”垃圾分类模式，186个“两定四分”集中投放点正常投运，创建5家省级高标准示范小区。人民广场街区、新华东路(和平北路—环城东路)被评为2022年度浙江省“高品质示范街区”和“街容示范街”。7月6—20日，完成浦江县环城西路建设工程浦江加油站区块房屋征收项目签约工作。8月6—20日，完成浦江县环城西路建设工程浦江加油站区块房屋征收项目腾空工作。11月4日，开展浦江县环城西路建设工程浦江加油站区块房屋征收项目安置房选房工作。

【未来社区】 5月26日，浦江东街社区入选浙江第五批未来社区创建名单。推进老街运营项目，引入陶瓷技艺、浦江十字花、浦江竹编、浦江剪纸、浦江发糕5个非遗研学项目。12月9日，非遗研学基地、非遗产品展销中心场馆运营公司——浦江县东街有礼文旅有限公司完成注册。11月1日，由中国美术学院国际联合学院院长、教授俞坚带队的省级专家验收组对东街创建省级未来社区开展初步验收工作。

2022年浦阳街道各行政村、社区基本情况表

表6

村(社区)名	户数(户)	人口(人)	耕地面积(公顷)	山林面积(公顷)
塔山社区	4562	10265	0.00	0.00
龙峰社区	3615	7090	0.00	0.00
金狮社区	1031	2750	0.00	0.00
宣和社区	3411	6247	0.00	0.00
南苑社区	1401	3895	0.00	0.00
西街社区	4539	8764	0.00	0.00
太白社区	4031	9266	0.00	0.00
文景社区	3067	7209	0.00	0.00
月泉社区	2558	4238	0.00	0.00
西站社区	2253	6747	0.00	0.00
群生村	663	993	27.85	123.56
狮岩村	223	798	24.04	116.46
同乐村	509	1310	19.56	134.81
铜桥村	534	1666	44.06	35.68
兆丰村	214	653	25.98	365.02
杨田村	390	1420	12.55	13.24
联盟村	675	1843	39.27	486.38
沉湖村	325	985	13.48	45.22
善庆村	606	1663	60.74	390.96
合　计	34607	77802	267.53	1711.33

【文明创建】 2022年,浦阳街道开展全国文明城市创建活动,进行贯穿全年的环境卫生大整治行动。围绕公益广告、小区环境卫生、楼道堆积、停车秩序、僵尸车五大类常规问题,开展长效治理,累计新增公益广告2280余处,清理门前屋后乱堆乱放2.1万处。完成辖区311个楼道的粉刷工程;整治城区飞线23378户;新增居民小区机动车位4900余个、非机动车位2550余米。9月19—20日,完成省测迎检任务。

【基层党建】 2022年,浦阳街道进一步深化"红色台门里"工作机制,开设"台门积分超市",通过"红色台门里"社区治理创新实验区验收。推进现代社区建设,宣和社区、塔山社区通过市级示范型现代社区验收,以宣和社区为试点探索构建的现代社区居家养老"1334"模式获得市委常委、组织部部长王尧祥批示肯定。10月27日,市现代社区建设领导小区办公室第三次主任会议在宣和社区设立参观考察点。

(王文杰)

仙华街道

【概况】 仙华街道总面积56.95平方千米,下辖17个行政村、5个社区,常住人口7.2万人,户籍人口4.1万人,流动人口3.1万人。2022年,仙华街道完成县级任务和街道"五个十大"重点项目,获评省级五水共治工作考核优秀乡镇(街道)、金华市实施乡村振兴战略成绩突出集体、县级"全国文明城市创建工作优秀单位"、疫情防控执行力指数评价优秀乡镇(街道)、马墅村入选第六批中国传统村落名单并获评"浙江省善治示范村"、曙光村获评"省级民主法治村"等。

【党建统领】 2022年,仙华街道推行"即考即评 快罚立兑""村社干部绩效考核办法"等考评机制,2022年兑现奖励97.37万元,扣罚9.4万元,激励全体党员干部事争一流、彰显队伍本色。打造中埂社区"有事找小哥 帮忙找老哥"党建品牌,获评金华市现代社区创建第一名,挂牌成立"共享爷爷"五老工作室,事迹先后在金华新闻、浙江新闻、《中国日报》、"学习强国"等各大平台报道,实现社区共建共融共治共享。建设"仙华同秀"党建联建示范带,建成徐村物业大楼、安顺车辆综合检测点、廿亩物业楼等5个优质物业项目,年收益253.88万元,推动集体增收、村民共富。2022年,17个村实现经营性收入1093.08万元,比上年增长18.28%;集体经济总收入1795.14万元,比上年增长23.49%,均超额完成消薄任务。其中,14个村实现突破经营性收入50万元,6个村突破100万元。

【工业经济】 2022年,仙华街道搭建产业平台,发挥仙华投资公司、浦星园区管理公司、物业公司、"浙里仙味"、消薄公司五大平台推动作用,完成廿亩山农贸市场项目设计、351国道加油站土地出让、项宅电商大厦土地调规、七里产业园政策处理等重点项目,拉动经济增长。盘活存量低效及闲置用地,推进工业用地有机更新,完成低效用地再开发7.53公顷,盘活存量建设用地13.13公顷,完成奥隆机械(浦江)有限公司以北地块国有土地出让7.24公顷,完成七里中学以南地块13家企业搬迁安置和土地控规。推出暖企助企"十三条",累计提供代跑服务389次,解决企业问题21个。2022年,工业总产值12.82亿元,比上年增长15.6%;规模以上工业总产值1.99亿元,比上年增长36.7%;工业制造业投资

2084万元；规模以下抽样企业1127.5万元，比上年增长43.4%，产业发展目标任务基本完成。

【文明创建】 2022年，仙华街道出台创建文明工作考评办法，变“要我创”为“我要创”，形成“晒比拼”创建热潮，累计兑现奖励370.3万元。推行“兄弟抱团创建”模式，结成“社区+村”主题联盟，带动周边村社群众幸福指数提升。梳理群众“需求清单”，在金垒大道、东山路、班班大道等主要道路两侧新划车位523个，建设“两定四分”垃圾分类投放点37个，实现社区全覆盖。持续开展“日整夜查”“构建文明新风景”等特色活动，组织“把脉施针”专项整治行动，随机抽取测评点位，指出存在问题，明确整改措施，并全程跟进整改。2022年，仙华街道累计获文明城市创建考评“骏马奖”30个、“金马奖”8个，连续8个月测评排名第一。

【除险保安】 2022年，仙华街道成立矛盾调解中心，受理民情民访代办604件，办结率100%，化解各类矛盾纠纷89起，信访积案12件，实现信访积案动态清零。开展村社平安大行动42次，排查辖区生产安全和消防安全隐患，累计出动8950人次，闭环整改1947处。投资496万元完成梅坞水库加固等6个水利工程，完成天仙骨科医院地块黄龙溪治理工程招标。在“5·27”强降水、台风防御期间，累计出动856人次，检查隐患房屋235宗，山塘水库13处，小流域山洪、地质灾害隐患点5处，转移人员27人次，实现事故零发生。在全市乡镇（街道）“除险保安”考核中，从第146位升至第10位，实现各项安全指数稳定向好。

【普惠便民】 2022年，仙华街道打造“放管服”改革15分钟便民服务圈，365便民服务中心累计办件2918件，代跑2658件，完成率100%；政务服务2.0系统办件21589件，无证明代办322件；“365”便民服务中心获评“金华市有礼示范窗口”，实现“窗口端、移动端、自助端”政务服务业务全支撑。建立低保

2022年仙华街道各行政村、社区基本情况表

表7

村（社区）名	户数（户）	人口（人）	耕地面积（公顷）	山林面积（公顷）
金宅社区	1030	2638	11.08	37.95
项宅社区	990	2666	10.06	44.82
中埂社区	804	2234	19.25	12.01
七里社区	1326	3565	44.69	173.55
五里社区	1719	5140	33.87	59.10
大许村	752	2160	35.51	3.00
后谢村	486	1276	20.66	2.33
冯村村	641	1769	32.49	16.54
马墅村	493	1279	37.07	49.22
五善塘	408	1051	36.24	67.77
登高村	185	541	30.31	119.99
河山村	424	1019	24.40	19.01
十里亭村	595	1495	46.39	48.22
曙光村	672	1785	59.60	145.87
后郎村	633	1691	79.47	193.23
天仙村	446	1232	60.49	137.40
红旗村	768	2028	78.76	157.48
戴宅村	401	1051	27.32	160.81
方宅村	369	954	30.48	134.33
仙华村	417	1121	26.30	342.30
道光村	829	2116	52.82	271.27
浦北村	715	1992	24.04	184.09
合　计	15103	40803	821.30	2380.29

户动态进出长效管理机制,规范资金发放,严查错保、漏保、人情保、关系保等违规行为,核销低保户52户。发放低保金259万元;发放重度残疾人护理补贴225万元,惠及667人;发放生活困难补贴81万元,惠及224人,让关怀政策直达困难家庭。

【农业生产】 2022年,仙华街道完成永农补划整改面积249.47公顷,总面积位居全县第一。完成83.33公顷高标准农田建设项目设计,调整471.53公顷粮功区,建设66公顷农业标准地。完成37.33公顷非粮化整治验收工作,建成曙光村6.8公顷早稻示范方。完成主要农作物主体统防统治227.8公顷。新引进种粮大户2户,种植水稻61.47公顷、玉米46.93公顷、小麦38.33公顷。北山脚特色农旅产业集群初显雏形。

【住房保障】 2022年,仙华街道根据各村"三房户"不同情况,结合新农村建设实际,修编完善村庄规划,采取旧房修缮、原地拆建、异地批建、置换安置等方式实施改造。全年共计受理宅基地申请35宗,办理确权224宗,注销、置换18宗。通过原拆原建、修缮、改建整治危房户,惠及70户123人,安置面积5431平方米,建筑面积14261平方米。安置无房户17户39人,安置面积1610平方米,建筑面积5108平方米。

(郝晶晶)

浦南街道

【概况】 浦南街道总面积66.52平方千米,下辖21个行政村、2个社区,总人口54069人,总户数15902户,其中农业户10004户。耕地面积1340.22公顷,林地面积7128.93公顷。2022年,浦南街道获评省五星级街道食安办、市农田建设优秀乡镇、县农业水价综合改革优秀奖。

指导种粮大户做好早稻、晚稻种植,完成早稻种植68.73公顷,位列全县第一,播种单季度晚稻114公顷;完成农口系统非粮化整治目标112.2公顷,消灭抛荒田2.8公顷,挂牌抛荒田图斑206.33公顷,完成14个粮食功能区整治,整体面积由1090.93公顷优化至644.93公顷;完成葡萄套种马铃薯1公顷,建立宋溪村套种示范区;完成八村、浦南村"一事一议"项目竣工验收;完成22.27公顷高标准农田建设任务;完成徐地畈高标准农业生产基地项目政策处理;完成街道低收入帮扶对象237户338人网上赋码、走访工作;规范农作物社会化服务组织3家;完成主要农作物签约备案36.67公顷,实施绿色防控41公顷,农药减量275千克;完成农发资金补助395万元,新增家庭农场5家,创建县级示范性家庭农场2家,完善提升畜牧13家规模化养殖场台账。

全年实现工业总产值22.45亿元,比上年增长14.8%,其中规模以上工业产值10.96亿元,增长14.53%;累计出口4.5亿元,增长92.21%。规模以下抽样企业2家,全年累计营业收入612.9万元,比上年增长9.82%。固定资产投资完成额10.67亿元,工业投资完成额1239万元;培育浙江前方复合材料有限公司一家亿元企业,产值近1.24亿元;浦江成晟气体有限公司实现年度升规;商贸限额以上企业11家,其中批发零售企业8家,全年累计销售额15.33亿元,比上年增长50%;住宿餐饮企业3家,即浦江天慧商务酒店有限公司、浦江和拓酒店管理有限公司、浦江江南一埠酒店管理有限公司,累计营业额1874万元,比上年增长1.55%。

【原拆原建治理】 2022年，浦南街道原拆原建治理D级危房40户；地毯式排查辖区内城乡自建房，将23213户房屋数据录入自建房排查系统。排查发现疑似危房87户，安排鉴定公司完成全部疑似危房鉴定工作，经鉴定，有C级12户、D级75户，其中拆除1户C级、23户D级，修缮4户C级、4户D级，腾空48户D级、7户C级并组织人员对户主开展思想工作，切实做到应拆尽拆；全面排查辖区内16208户居民用户、1979户出租户燃气安全，发现隐患155处，及时告知用户按期整改，已实现闭环销号；针对信访案件、“8890”平台交办单，及时开展矛盾纠纷化解，共调处建房邻里纠纷6起；常态化对辖区内2个液化气公司、3个加油站、6个工地进行平安检查。

【民生实事】 2022年，浦南街道救助因病、因残、因其他重大事故困难对象85人次，发放临时救助金11.32万元。上报申请低保困难人员28户，审批通过15户，注销财产超标低保对象15户。辖区内共建有28个居家养老服务中心，全年累计服务老人10942人次，其中95周岁以上老人41人、百岁老人3人；对90周岁以上老人开展上门养老护理服务672人次。调解劳资纠纷54起，累计涉及金额43.2万元。开展城乡居民医疗保险和“金惠保”征缴工作，其中城乡基本医疗保险参保27454人，参保率95.47%；“金惠保”选缴24484人，完成率89.62%；“大病三份”选缴23080人，完成率达84.48%。办结城乡居民养老保险相关业务1327人次，完成已到龄未享受待遇人员一次性补缴61人，通知居保欠费人员1617人按时补缴，完成485个城乡居民养老保险生存认证，核实跨年度人员生存情况及异地领取待遇情况。办理“4050再就业优惠政策”101件。针对辖区内1328名持证残疾人，开展基本状况调查走访和系统录入工作。申请评残107人，办理护理补贴71人。完成5户困难残疾人家庭无障碍改造。开展红十字会组织志愿服务812次，志愿服务时长

2022年浦南街道各行政村、社区基本情况表

表8

村(社区)名	户数（户）	人口（人）	耕地面积（公顷）	山林面积（公顷）
文溪社区	2132	12613	78.43	337.67
江滨社区	2496	6915	0	0
浦南村	806	2778	77.56	417.73
前于村	1024	2521	128.26	771.53
石埠头村	235	670	0	49.20
平一村	806	3094	41.64	153.80
平二村	428	1258	55.02	121.53
金星村	615	1832	105.26	293.20
横塘村	358	1123	51.71	1110.33
西张村	653	2107	100.08	572.27
宋溪村	600	1834	95.75	184.93
巧溪村	680	1747	48.87	156.67
七村村	430	1289	91.34	857.87
八村村	432	1300	64.83	128.47
湖山村	433	1445	47.59	111.07
丽水村	283	924	15.60	945.40
五村村	550	1750	59.66	110.93
长春村	216	785	5.64	51.53
朱云村	956	2756	101.80	361.60
潘宅村	737	2286	58.21	126.67
四村村	325	948	37.89	53.93
三村村	272	886	29.13	128.40
黄都村	425	1208	45.92	84.20
合　计	15892	54069	1340.22	7128.93

2173小时，参加志愿服务3000人次，被服务280096人。“慈善一日捐”累计募集资金103558元。办理网上生育登记203件、独生子女证22件、公益金23件、省奖扶226件、县奖扶18件、特扶7件、女儿户养老保险16件、中考加分43件。无偿献血229人次，完成率133%；“两癌”筛查1428人次，完成率108%；国免完成数187对，完成率117%。

【基层建设】 2022年，浦南街道发展党员13人；完成“基层治理四平台”迭代升级工作，实现77个岗位与127名干部职工人岗相适；深化“1+3+N”网格体系，推动“党建+治理”双网融合，划分网格94个、微网格277个，选配网格力量890人；开展“再塑群众观”教育活动，围绕矛盾纠纷大排查大化解、困难群众大调查、安全隐患大检查、岗位风险大防范、业务能力大提升、进村入户（企）大走访“六大”行动，设计排查表格17种，收集排摸各村问题358个，化解340个。完成江滨社区现代社区创建工作，组建“小巷监事”“小巷管家”等12支队伍；打造全县首个健康诊疗站，组建94支暖心小分队，配送防疫爱心包18800份；21个村抱团共富，创建党建联建项目5个；牵头组建“浦阳江潮”党建共富示范带，与国有企业对接，创建桐坞岭资源循环利用项目等共建项目15个；完成4个“共富工坊”建设。

【重大项目】 2022年，浦南街道完成浦江中学东侧地块土地征用政策处理；出让原外贸猪场西侧地块；基本完成丽水村东侧矿地综合开发利用项目土地征用等前期政策处理工作；完成白石湾抽水蓄能电站项目前期政策处理和景区评估工作；推进江南医疗中心建设工程涉及土地征用工作，并达成初步协议；招引总投资3亿元的无印良品功能性纺织产品研发制造及营销中心项目。

【遗留问题攻坚】 2022年，浦南街道基本完成文溪东路路面拓宽和人行道修建工作；围绕全国文明城市创建工作要求，完成文溪社区停车场建设，新增车位120余个；完成文溪社区拆迁区块围挡，提升区块面貌和整体形象；开展文溪中心幼儿园建设工程，完成四至围墙砌筑；攻坚平安中心幼儿园招生开园遗留难题，实现9月1日开园；完成八村樟山头自然村遗留公寓楼和前于村毛阳岗自然村的分房安置工作。

【文明创建】 2022年，浦南街道开展“兄弟村”抱团共建，助力5个创建村（社）集中攻坚；投资300余万元完成“飞线整治”美颜工程，整治范围辐射涵盖用户10219户；实施老旧小区楼道批白改造，完成200余个楼道批白；新增免费停车位7800余个，完成江滨社区汽运中心西侧道路拓宽、东方和园停车位改造、前于水阁道路硬化等惠民工程建设；开展精神文明创建工作，组织开展移风易俗宣传、好家风宣传、“烟头不落地”、“光盘行动”等各类文明实践和文化娱乐活动962次，挖掘2名“金华好人”和1名“浦江好人”先进事迹。

（王妙婷）

黄宅镇

【概况】 2022年，黄宅镇下辖42个行政村，户口21753户，常住人口65227人，流动人口44915人。全年完成工业总产值88.8亿元，比上年增长15.6%；其中规模以上工业总产值完成39.2亿元，比上年增长6%；完成固定资产投资9.3亿元，其中制造业投资6亿元，比上年增长10.2%。全年新增规模以上企业18家、限额以上商贸业3家、亿元企业1家、高新技术企业5家、省科技型企业21家。浙江万赛股份成为全县首家国家"专精特新"重点"小巨人"企业。

黄宅镇发展空间持续拓宽，以县域副中心为发展目标，科学划定"三区三线"，形成工业用地164公顷、商住用地53.33公顷的发展空间。启动黄宅镇控制性详细规划编制，划定总范围6.98平方千米的城镇开发边界，推进专项产业规划和镇区有机更新规划编制，打造高品质发展空间。

黄宅镇获得金华市社会综合治理成绩突出集体荣誉。2022年，处置初信初访734件，办结率和满意率均为100%；13件信访积案和突出矛盾纠纷全部清零，没有出现重复访问题。

黄宅镇持续增进民生福祉，2022年打造政银合作网办点25个，建成便民服务站42处，办理事项3.4万余件，将政务服务2.0向基层延伸。完成危旧房拆建备案登记197户，办理农民个人建房审批80宗。完成全镇204户弱势群体居住场所消防安全整改。投资5.3亿元推进安居工程黄宅云悦园项目建设，加速破解无房户、缺房户的住房问题。推进被征地农民养老保险、职工养老保险提质扩面等工作，新增办理2200余人次。加大力度推进居家养老中心建设，全年发放相关补助380余万元。

2022年黄宅镇各行政村基本情况表

表9

村名	户数（户）	人口（人）	耕地面积（公顷）	山林面积（公顷）
新华村	790	2459	43.20	25.48
信华村	549	1641	34.77	27.48
合心村	433	1336	82.85	0.00
朱宅村	730	2505	111.35	0.00
一心村	615	1707	83.14	0.00
永锋村	252	823	44.93	81.64
下店村	582	1950	31.50	1.87
日升村	807	2304	106.71	4.09
胜利村	686	1998	43.98	11.34
新宅村	443	1286	53.07	44.49
东一村	644	1890	73.95	18.56
项店村	397	1190	21.35	57.10
古塘村	375	1050	37.70	121.93
鹤塘村	420	1180	40.82	13.57
上市村	575	1785	51.15	53.49

续表9

村名	户数（户）	人口（人）	耕地面积（公顷）	山林面积（公顷）
集贤村	798	2472	19.39	55.94
上山村	654	1864	52.34	3.87
智勇村	408	1211	63.98	29.55
群联村	487	1493	45.62	29.28
海塘村	450	1300	23.30	32.92
六联村	750	2382	84.66	25.95
渠北村	335	891	56.37	5.96
横山村	580	1865	29.96	53.13
官岩村	356	1163	14.13	5.80
前一村	563	1503	47.41	18.01
后江村	485	1453	66.96	2.49
西溪村	537	1500	23.63	3.13
前二村	435	1289	74.88	23.61
星塘村	463	1362	42.82	0.00
胜丰村	313	1008	21.31	1.10
张官村	625	2025	102.31	87.44
赤心村	620	1703	18.56	113.79
八联村	515	1518	78.45	17.17
四联村	304	934	35.64	82.97
刘铁村	359	1052	56.25	90.51
六一村	618	1847	43.90	187.36
振兴村	414	1143	20.48	16.41
何　村	275	870	46.90	12.67
红星村	556	1711	40.27	34.88
八一村	712	2102	12.78	0.00
浦口村	478	1394	28.40	95.25
沿江村	365	1068	8.37	2.93
合　计	21753	65227	2019.54	1493.16

【基层党建】 7月2日，黄宅镇为庆祝中国共产党成立101周年，喜迎党的二十大召开，在黄宅中学大操场举行“永远跟党走”主题党日活动。党的二十大召开后，全镇上下形成学习宣传贯彻党的二十大精神氛围，领导班子成员到联系村开展党的二十大精神宣讲，县领导、县宣讲团成员到镇、村开展宣讲活动，引导党员干部完整、准确、全面领会党的二十大精神。

【招大引强】 2022年，黄宅镇全年招引10亿元项目2个、3亿～5亿元项目1个、亿元项目2个，总投资额31.8亿元。投资15.5亿元的乌山运动康养项目完成战略签约。创新推行“先租后供”招商模式，确定“零土地”技改项目34个，盘活闲置厂房、低效用地超40公顷。

【消薄工作】 2022年，黄宅镇42个村集体经济总收入8494万元，比上年增长13.8%，其中经营性收入5136万元，比上年增长24.6%。在全县率先实现行政村经营性收入超50万元全覆盖，超100万元村13个。

【多方共建】 2022年，黄宅镇加强与城投合作、与前吴共建，探索农村集体经济新出路。7月13日，百镇共建·黄宅前吴来料加工村企合作项目战略协议正式签约。将两地资源优势互补，打造“线上+线下”农产品助销体系，共同推进来料加工项目，提高居民收入。11月1日，百镇共建·黄宅前吴农产品展销“共富馆”开馆仪式在黄宅镇老市街举行。市集古街“共富馆”“共富餐厅”“共富工坊”开馆，通过助销农产品带动增收80余万元。推行“强村共富贷”、推进黄宅综合市场及物业楼、再生资源小微园二期等项目建设。黄宅镇参与的“浦阳江潮·党建联建”完成桐坞岭资源循环利用项目签约。相关共建经验做法在中国农网、人民论坛网等国家级媒体上刊发推广。

2022年11月1日，百镇共建·黄宅前吴农产品展销“共富馆”开馆仪式在黄宅镇老市街举行

（黄宅镇提供）

【特色乡村】 10月，“未来乡村”试点村横山村完成建设并通过市级验收。特色产业优势凸显，其中葡萄产业产值超4亿元，成为镇域经济发展新引擎。重点提升古塘、项店、上山等特色乡村品质，发挥上山遗址公园、陈肇英故居、中山中学、任氏祖居等文化辐射带动效应。完成上山遗址博物馆项目用地的征收工作，助力“上山文化”遗址群申遗，拓展上山研学的内涵和外延，打造“上山+非遗+农耕+红色”文旅精品线，讲好“万年上山”故事。

2022年10月，横山村完成智慧农业建设

（黄宅镇 提供）

【基础设施】 2022年，黄宅镇锚定创建全国农业特色强镇目标，深入推进高标准农田建设，实施农田水利项目17个，投资额超1600万元，有力改善提升农业基础设施。同时，稳步推进镇区免费停车场、隔离带、公厕等基础配套设施完善，加快改善镇区道路条件，复明或新增停车位1200余个。

（胡艳阳）

岩头镇

【概况】 岩头镇镇域总面积49.1平方千米，其中镇区面积0.98平方千米，辖20个行政村，总人口27600人。

2022年，全镇一般公共预算收入完成5872.93万元；完成工业总产值7.88亿元，比上年增长20.46%，其中规模以上工业总产值1.08亿元，比上年增长324.15%；工业增加值1908万元，比上年增长27.7%。全镇共有工业企业135家，以绗缝加工、服装加工等产业为主，同步发展材料、工具制造等其他产业，产品远销国内外。

全镇共有耕地面积1309.6公顷，其中葡萄种植面积268.67公顷、黄桃种植面积130.6公顷，依托得天独厚的自然生态和人文环境，精心培育推广葡萄、黄桃、火龙果、桃形李、猕猴桃、蜜梨、樱桃等特色水果产业，因村制宜建立“一村一品”农业发展生态。

2022年，岩头镇被评为浙江省美丽城镇建设基本达标乡镇、浙江省“五水共治”工作考核优秀乡镇、金华市廉洁文化教育基地、金华市清廉建设成绩突出单位、金华市建设（城乡风貌提升）成绩突出集体，中共浦江县委旧址成功入选浙江省青少年红色基因传承基地名单（第三批），礼张村被评为首批浙江省美育村。

2022年岩头镇各行政村基本情况表

表10

村名	户数（户）	人口（人）	耕地面积（公顷）	山林面积（公顷）
岩头陈村	1060	2978	83.76	0
蜈溪村	562	1480	71.02	0
荷塘村	697	1993	112.11	5.66
宏伟村	474	1435	77.80	0
和丰村	406	1106	74.19	0
拥建村	502	1421	62.38	0
宏亮村	554	1465	55.75	1.43
车门村	308	857	37.01	246.61
王店村	358	1013	39.38	0
三红村	334	973	34.61	0.27
西黄村	406	1167	76.76	0
朝阳村	563	1646	66.54	3.09
飞轮村	655	1862	42.87	0.90
胜建村	605	1670	87.54	241.01
礼张村	580	1518	61.32	674.79
夏泉村	260	777	41.65	169.68
青锋村	375	1023	59.98	229.35
群丰村	279	794	71.05	120.33
龙溪村	539	1538	109.97	550.22
幸福新村	297	884	43.95	154.33
合　计	9814	27600	1309.64	2397.67

【重点项目】 2022年，岩头镇建设外联大动脉，全力保障杭温高铁施工，护航浦江高铁站建设，确保浦江“高铁时代”如期而至。发展服务新业态，大力开展冷链物流、浦粤物流、仓储基地等项目建设，构建枢纽型现代物流体系，结合三大园区产业基础，

推进物流业和制造业深度融合的创新发展。

2022年，杭温高铁施工现场 （洪四清 摄）

【招大引强】 2022年，岩头镇实施“先租后让”“零地招商”机制，招引首家亿元投资高新企业杜迪（浙江）新材料有限公司，并于12月底正式投产，落地青年博士后1人、博士1人；推进医学实验动物种质资源培育中心项目、无印良品功能性纺织产品研发制造及营销中心项目、高级防伪酒瓶盖生产线项目、建筑材料租赁加工租赁基地项目4个重点洽谈项目。

【集体经济】 2022年，岩头镇坚持共同富裕先行目标，深挖传统资源、政策资源、人气资源、产业资源，因村制宜划分山区文旅开发片、下山异地安置片、产业配套服务片等三大片区，通过“融合型开发”

2022年6月16日，浦江县岩头镇农居点二期建设项目开工仪式 （全 航 摄）

“社区型安居”“配套型服务”“市场化发展”的生动实践，带动政策、资金、土地、人气、文化、区位等资源要素充分集聚，逐步探索出“4+N”集体经济多元化致富新模式。全年完成村集体经济收入2254.23万元，比上年增长10%，实现经营性收入30万元以上村全覆盖，其中4个村经营性收入达到100万元。

【文化建设】 2022年，岩头镇持续提高山垄王店村“中共浦江县委旧址”建设水平。11月7日，获评“浙江省青少年红色基因传承基地”。立足书画文化底蕴，深挖山水风光资源，实现农文旅融合，在传承中保护、创新、发展礼张文化，11月9日，礼张村获评首批浙江省美育示范村。

2022年，中共浦江县委旧址 （金明磊 摄）

【综合治理】 2022年，岩头镇践行“领导干部下访接访”浦江经验，发力“信访积案攻坚年”活动，探索创建“无信访积案支部”，动态清零国家、省、市交办的疑难信访件19起，调解其他各类矛盾纠纷113起。二十大期间，岩头镇落实24小时值班值守制度，坚持源头治理化解矛盾，把矛盾纠纷化解在基层，护航二十大。推进重点领域排查整治，出动检查人员587人次，排查各类生产经营单位715家次，发现隐患1372处，均完成闭环销号整改。开展消防安全“敲门行动”300余次，排摸弱势群体208户，统一完成线路套管及互联式烟感器安装，筑牢农村消防安全防线。

（徐国晗）

郑宅镇

【概况】 郑宅镇下辖15个行政村76个自然村，9245户，总人口26425人，耕地面积659.886公顷，林地面积2139.16公顷。2022年，全镇共有企业540家，其中规模以上企业18家。实现工业总产值71.36亿元，比上年增长14.8%。规模以上工业总产值8.76亿元，比上年增长-1.38%（剔除固特同期数增速为1.04%）。固定资产投资3.28亿元，比上年增长310.34%。规模以下重点企业收入3.70亿元，比上年增长159.53%。

全年办理无房户、缺房户农房审批手续44户84.5间，完成危旧房拆建手续28户。投资800万元打造厚大溪生态廊道，建设镇口景观和健康主题公园，启动白麟溪雾森工程；建设镇级垃圾中转站和25个镇区垃圾分类“两定四分”点；修复堂头至陈山段破损公路，迁移宋濂大道高压铁塔，精准化整治山塘3个；新增停车位1024个，非机动车位3500个；发放临时救助金额24.50万元，惠及困难家庭174户；上门为企代办返岗留浦补贴，为10家企业528名外来务工人员办理补助20余万元；建立服务点单机制和延时办理机制，累计办理便民事项1.08万件。

2022年，郑宅镇打造厚大溪生态廊道

（赵　伟　摄）

【党建工作】 2022年，郑宅镇打造红色流动驿站17个，提档升级党群阵地5个，建设“共富工坊”6个，“党建+”工作模式取得成效。完成软弱涣散村党组织整顿提升1个，党校支部党员整改6名，“四种形态”问责87人次，党纪处理14人次。畅通干部能上能下管理机制，以文明创建、除险保安等为重大赛场考察干部，4名村干部因不适应工作节奏主动退出，2名村干部因慢作为受歇职处理，1名党员因工作突出进入村干部队伍，提振干部干事创业精气神。按照“支部建在网格上，服务群众零距离”模式，将党建工作纳入一张网，全镇划分网格52个、微网格251个，配足“1+3+N”团队260人，推动党的组织触角延伸到社会治理最末梢。

【集体经济发展】 2022年，郑宅镇县域范围内首创“党建联建+飞地共富”机制，打造前店商业综合体

2022年，郑宅镇前店村综合物业大楼项目建设完工

（郑宅镇提供）

2022年郑宅镇各行政村基本情况表

表11

村名	户数（户）	人口（人）	耕地面积（公顷）	山林面积（公顷）
麟溪村	894	2588	44.89	78.44
东明村	811	2455	37.03	160.80
玄鹿村	684	2020	36.03	79.97
孝门村	662	1854	61.57	132.95
寺后村	563	1622	41.01	315.02
青山村	504	1387	47.07	302.98
前店村	545	1540	39.63	33.68
龙源村	679	1866	46.10	570.12
广方村	533	1608	31.47	43.56
红光村	532	1543	45.42	171.35
安山村	567	1634	45.62	104.42
芦溪村	586	1679	35.13	91.58
三郑村	621	1873	63.02	27.88
深一村	403	1209	33.89	22.21
深二村	368	1047	32.86	0.00
合　计	8952	25925	640.74	2134.96

项目。2022年，全镇15个行政村集体经济总收入3411.60万元，其中经营性收入1883.90万元，比上年增长13.10%，实现集体经济收入100万元以上、经营性收入50万元以上行政村全覆盖。

【社会治理】 2022年，郑宅镇全年受理群众初信初访件209件，化解202件，化解率96.60%；处理网上信访批转件161件，满意率评价97.5%；开展矛盾纠纷大起底行动，排查矛盾纠纷84件，化解74件。牢牢守住安全底线，出动1469人次，排查企业、店铺、出租房3850余家，发现并整改问题隐患867余处，整改率100%。开展燃气安全隐患排查行动，检查餐饮店121家，农户12590户，发现并整改问题195个。“好家风”评价体系入选浙江省高质量发展建设共同富裕示范区最佳案例。

【卫生院搬迁】 1月16日，浦江县人民医院郑宅院区（郑宅镇卫生院）新院启用。郑宅院区迁建工程总投资额3500万元，总建筑面积约6500平方米，设全科医生诊室、中医馆、抢救室等多个诊室，开放床位45张，功能齐全、布局合理、特色突出，提高郑宅镇医疗事业的综合实力和核心竞争力，改善患者的就医体验。

【乡贤爱心基金会】 8月26日，郑宅镇举办宋濂·乡贤爱心基金成立仪式暨乡贤恳谈会活动，以乡贤带头捐赠的350万元作为初始资金，成立郑宅镇宋濂·乡贤爱心基金。

【“浦·集”国风夜肆】 10月1日，由县文旅集团、郑宅镇人民政府主办的“浦·集”国风夜肆在郑宅镇江南第一家牌坊群开市。以“国风”古意为主题的“文化+非遗+文旅”集市开市，游客在赶集的同时，也能感受中华优秀传统文化。

（黄　振）

白马镇

【概况】 白马镇占地5904公顷，耕地面积498.64公顷，总人口27059人，其中镇区人口0.74万人。辖19个行政村，40个党组织，1429名党员。

2022年，规模以上工业总产值22.5亿元，比上年增长21.3%；规模以上工业增加值3.24亿元，比上年增长1.2%；工业投资3.8亿元，完成率126.7%；限额以上商贸业销售额9987万元，比上年增长84.5%；新增规模以上企业7家；新增高新技术企业3家；规模以上企业研发经费5299万元，比上年增长9.34%，申报浙江省科技型中小型企业10家。

【党建联盟】 2022年，白马镇创新因村施策、全域抱团、跨镇组带等形式，带动农村集体经济组团发展。2022年，白马镇集体经济总收入2357.9万元，比上年增长10.06%；经营性收入1396.4万元；成立10个“支部建在项目上”临时党支部，建立“挂图作战”工作机制，推进18个年度重点项目；召开2次“车间解难会”，帮助解决问题115个；首创党员整治立规“双月攻坚”行动，走访党员干部1264人，2022年公检法移送酒驾党员人数比上年持续下降。搭建“红色云课堂”直播平台，推动党员教育管理走深走实。

2022年6月17日，浦江盛宏纸业有限公司联合党支部“车间解难会”主题活动 （魏礼鸿 摄）

【重点项目】 2022年，白马镇招引亿元以上招商项目3个，总投资13.48亿元，均落地开工。7月18日，吉成产业园投入使用，首家智能服装企业宏然纺织建成投产。解决企业资金需求1.3亿元，帮助员工子女入学38人，落实政策奖励200余万元；召开座谈会、协调会12次，解决“带建筑出让、区块异议”等难题46件，联合执法5次；累计出清低效用地12宗、23.4公顷，新增税收约800万元；项目落地低效地块10个，投资总额13.3亿元。

2022年7月18日，白马镇吉成产业园投入使用 （魏礼鸿 摄）

【民生实事】 2022年，白马镇妥善处置三起应急事件，落实疫情防控相关事项，保障全镇人民生命健康安全；深化“4+N”模式破解农民“住房难”，共计审批农村住房51户、4309平方米，获评“浙江省农村宅基地工作成绩突出集体”；5月29日，完成瓦坞地质灾害搬迁安置分房；“民生议事堂”解决兰塘村柏油马路出行安全等民生问题；提升浦东工业功能分区基础配套，优化营商环境。

2022年5月29日，白马镇完成嵩溪瓦坞地质灾害搬迁安置房选房 （魏礼鸿 摄）

2022年白马镇各行政村基本情况表

表12

村名	户数（户）	人口（人）	耕地面积（公顷）	山林面积（公顷）
五丰村	421	1225	7.88	37.80
利丰村	670	2079	20.39	141.47
永丰村	412	1234	28.63	141.53
高坪村	408	1101	14.10	452.53
旌坞村	657	1855	18.07	533.40
联江村	447	1336	19.20	85.60
嵩溪村	1070	2931	45.39	1032.53
同新村	379	1163	39.60	309.87
清塘村	368	1079	41.26	152.87
双溪村	546	1674	27.60	303.60
联丰村	472	1346	25.76	134.87
柴坞村	227	649	10.89	102.00
长地村	278	840	26.88	65.87
柳宅村	252	788	28.11	34.73
群心村	558	1688	36.04	53.07
夏张村	512	1662	22.67	43.27
东平村	511	1436	37.93	154.93
豪墅村	561	1708	30.62	136.53
兰塘村	436	1265	19.62	7.67
合　计	9185	27059	498.64	3924.14

【溯源治理】 2022年，白马镇通过“省法治化综合改革试点”“车轮上的调解室”“一警情三推送”等治理机制，化解7起“久、大、难”历史遗留矛盾纠纷；完成国家级试点行政执法协调监督体系工作，探索构建党委统领、行政监督、法律监督、社会监督和执纪监督“五位一体”的乡级行政执法协调监督工作新机制，并在全省现场会交流发言；召开全县大综合一体化试点工作现场会；镇司法所获得“全国司法行政系统先进称号”；启动“白马微镇事”平台，推进基层治理各类问题、诉求、难点事件的科学处置。自试运行以来，白马镇共受理群众报事343件，百分之百完成处置。构建“党建+安全生产”体系，健全隐患闭环管理和值班值守机制，采用“五个一”网格化模式，成立专职应急攻坚队、补强专业设备，配合“一张桌子”“亮剑三合一”等专项行动，日常对重点单位开展巡查，共查处事故隐患2700余处，责令企业、出租房停产停业整顿100余家，整改率100%。

【乡村振兴】 2022年，白马镇美丽城镇工作通过金华市验收；“污水零直排区”样板镇创建工作通过市治水办复核验收；樟严村获评浙江省美丽宜居示范村；白马镇获评“浙江省2021年度治违控违示范乡镇街道”称号。以“1+4+N”模式推进全国文明城市创建，先后在第三方测评中获得东部乡镇2次第一、1次第二的好成绩；创建嵩溪村、五丰村、旌坞村、联江村乡村振兴示范村；嵩溪村入选浙江省第二批“未来乡村”名单，同步入选“浙江省数字系统最暖家园”；建成228.93公顷高标田，为农业发展提质增效；依托嵩溪古村景观和文化底蕴，“水墨嵩溪——跨代乡村美育”课题入选教育部首批社区教育“能者为师”实践创新项目；嵩溪村入选浙江省首批美育村，开设浦江县首家乡村美术馆。

（董小悦）

郑家坞镇

【概况】 2022年，郑家坞镇占地面积28.6平方千米，下辖行政村9个，总人口11240人。共有党的基层组织22个，党员690名。

镇内共有耕地314.51公顷、山林1353.4公顷、山塘43处、水库3处，有大陈江和梅溪两条干流。发展有粮油、林果苗木、葡萄、蜜梨、蔬菜、牛羊养殖等产业，形成“万方腐乳”、“众盛”家庭农场等一批特色农业品牌。在乡村振兴工作中，双丰村西山小微园店面房投入、苗木专业村产业、紫荆花海景观旅游带建设项目，江东村水库工业用水改造项目、主题公园火车头采购及安装项目、水上游乐园项目通过验收，吴大路村豆腐皮生产加工提升项目建设完工；全镇粮食功能区重新划定调整，面积从160余公顷增加到180余公顷；推动完成镇内2批10户农房审批工作，跟进处置违章建房；新时代美丽乡村长效管理工作，创新“三级”督查机制，全年5次考核中2月、5月获得平原片第一名，6月、8月、9月获得第二名。完成吴店村、沈里村两处5.33余公顷垦造耕地入库验收，通过2020年高标准农田验收，开工建设2022年高标准农田项目；指导帮助吴大路村13处厅堂、226间古民居、一条古街的修缮工程和一条游步道的手续完善工作。

2022年，镇内有规模以上企业29家，全年规模以上产值11.19亿元，比上年增长-3.15%；郑家坞镇完成限额以上零售批发业销售额7.75亿元，比上年增长15.43%。统计入库工业投资项目20个，全年完成工业投资11694万元；统计入库服务业投资项目2个，全年完成服务业投资20603万元；统计入库房地产投资项目1个，全年完成房地产业投资12363万元。签约重大投资项目：郑家坞健康养生项目、浙江明禹服饰有限公司高档功能型无缝内衣建设项目、浦江纬丝特服饰有限公司袜子组合系列综合生产线项目；2022年重大产业项目到位资金3.01亿元；新认定国家高新技术企业1家，国家“专精特新‘小巨人’”企业1家、省“专精特新”中小企业

2022年郑家坞镇各行政村基本情况表

表13

村名	户数（户）	人口（人）	耕地面积（公顷）	山林面积（公顷）
江东村	497	1447	18.95	162.60
杨家村	555	1692	8.50	42.50
钟宅村	292	785	17.34	91.10
双丰村	299	814	16.58	51.80
吴店村	454	1336	39.11	32.10
朱路村	331	979	39.27	120.70
沈里村	328	833	30.78	120.60
云溪村	431	1252	43.71	207.50
吴大路村	765	2102	100.27	524.50
合　计	3952	11240	314.51	1353.40

1家、省科技“小巨人”企业1家。

2022年，郑家坞镇被评为浙江省农村土地承包经营权确权登记颁证成绩突出集体；吴大路村被评为浙江省2021年度美丽宜居示范村；吴大路村被评为浙江省美丽乡村特色精品村；吴大路村通过浙江省级第七批历史文化保护村落验收。

【党建工作】　2022年，郑家坞镇聚焦意识形态，集中开展5次党的二十大精神宣讲。强化整治立规，撤换村党支部书记1名，党内除名党员2名，撤销软弱涣散两新党支部1个，谈话提醒干部25人次。打造助力发展平台载体，配足“1+3+N”服务力量，紧盯发展指标和项目落地，实现规模以上产值11亿元。开展“红色众筹会”活动，打造“项目红管家”队伍，协调项目难题，实现500万元以上项目数翻倍，固定资产投资近5亿元，比上年增长22%。建立“全员招商、盯引谋划”跟踪服务体系，招引亿元企业3家，引进博士1名；成立郑家坞劳务市场，协调企业招工问题。营造乡村振兴的良好氛围，开展共富带富专项

行动，实现经营性收入740万元，50万元以上村全覆盖，100万元以上的村超50%。设立6个“共富工坊”，助力村集体增收67万元，带动129人就业。开展除险保安攻坚行动，初信初访化解率超98%，生产安全事故数比上年下降64%。开展村镇风貌提升行动，大陈江综合治理工程完成总进度的95%。持续深化文明创建，投入200余万元，2022年获文明城市创建考评“骏马奖”1次、第二名4次、第三名2次。

【消薄工作】 2022年，郑家坞镇采取“村村立项目，全镇抱团建项目”工作方法，按照“多方联动、因地制宜、聚焦优势”工作思路，建立5个党建联盟。全镇班子人员抓项目，全体驻村干部管项目，村主要干部负总责，形成全镇上下齐抓共管消薄工作的格局，使消薄工作取得一定成效。2022年，郑家坞镇9个行政村累计经营性收入740.27万元，比上年增长130.3%。经营性收入9个村均超过50万元，5个村超100万元。

【2021年度党组织书记抓基层党建工作述职评议会】 1月18日，郑家坞镇召开2021年度党组织书记抓基层党建工作述职评议会。9个行政村党支部书记、两新支部书记代表围绕党史学习教育、“五星三强”基层党组织建设、集体经济发展、党组织实质作用发挥以及当前存在问题等内容开展述职。与会人员根据述职情况与平时掌握情况，对各基层党组织书记2021年抓基层组织建设工作现场打分评议。

2022年1月18日，郑家坞镇召开2021年度党组织书记抓基层党建工作述职评议会（赵新尧 摄）

【郑家坞镇2022年度工作汇报会】 2月14日，郑家坞镇召开“2022年度工作汇报会”。会上，全体领导干部及5位科室负责人围绕业务线考核要求、“三大年”攻坚目标及工作实际、2022年重点及特色亮点工作、对党委政府的建议等几方面进行汇报。各领导班子针对2022年重点难点和特色亮点工作立下“军令状”。

【“永远跟党走”大党课活动】 7月2日，郑家坞镇举行“永远跟党走”大党课活动，全镇党员共同庆祝中国共产党成立101周年，学习贯彻省第十五次党代会精神，迎接党的二十大胜利召开。会上，一批先进基层党组织、优秀党务工作者、优秀共产党员、担当作为好干部受到表彰，激励全体党员干部对标先进，为郑家坞各项建设提供坚强保障。镇党委书记石元城以“学习省党代会精神、争做‘两个先行’

2022年7月2日，郑家坞镇举行庆祝中国共产党成立101周年浦江县万名党员“永远跟党走”主题活动（赵新尧 摄）

排头兵”为主题给全体党员上专题党课。大会结束后，县领导开展困难党员走访慰问，各支部以“当先锋、争先行”为主题扎实开展党日活动，用实际行动践行对党的承诺。

【郑家坞镇第十七届人民代表大会第二次会议第一次全体会议】 10月9日，郑家坞镇第十七届人民代表大会第二次会议召开。会议听取并审议镇党委副书记、镇长许海英代表郑家坞镇人民政府所作的工作报告。听取并审议郑家坞镇2022年政府民生实事完成情况，审议并通过政府工作报告的决议、议案审查委员会关于代表议案和建议审查处理意见的报告、郑家坞镇2022上半年财政预算执行情况报告的决议。

2022年10月9日，郑家坞镇第十七届人民代表大会第二次会议第一次全体会议召开（赵新尧 摄）

【政银企工作恳谈会】 11月2日，县工商联搭建联建平台，郑家坞镇党政班子、郑家坞镇商会会员企业家代表与花桥乡党政班子、花桥商会会员企业代表召开政银企恳谈会。相关银行向各企业主介绍助企纾困优惠政策，并表示将为郑家坞企业和商户做好金融服务工作。在交流互动环节，各位企业家代表对打造品质、塑造品牌等问题进行提问，并为郑家坞镇经济社会平稳发展提出意见建议。镇相关业务分管领导、科室负责人就企业提出的问题建议现场进行答疑解惑。

（张　弛）

杭坪镇

【概况】 2022年，杭坪镇以稳中求进为工作基调，贯彻新发展理念，紧盯“一带两环三产”镇域空间布局，统筹疫情防控和经济社会发展，全镇经济社会各项事业实现稳步健康发展。

突出“高山果蔬”优品质，持续推动农业创新。开展农业四新行动，优化推广“三分六统”共富模式，培育规模种植主体38个，打造“舞花者”“杭山菜”“品香源”等七大“共富工坊”，帮助农户年增收700余万元。与市农科院建立战略合作关系，打造集农作物种植、病虫害监测、自然灾害防范等场景于一体的数字农业平台。发展特色鲜花经济。启动全县首个未来农场建设，开拓年宵花市场，构建以芍药花为主干，向日葵、郁金香、绣球花等品种为支撑的“花样”经济带。

推进镇综合文化站、石西民故居和非遗馆等文化阵地建设，新增县级非遗传承人4名。石宅村获评市红色旅游教育基地，杭坪村入选金华市十大“婺风乡韵”乡村文化特色村，石西民故居入选金华市“真理味道 信仰之源”红色文化长廊。升级文旅产品，提升旅游消费，以“拥抱家门口的风景”为指向，发展赏花、露营等周边游、本地游项目，实现“旅游价值”和“鲜花销售”双丰收，带动“向日葵花海”快速出圈。专注做好研学旅游，招引培育“春日谷谷”及“杭坪中小非遗”两个研学项目，开发《一粒种子的成长》《一粒米的故事》等特色研学课程，杭坪镇中心小学劳动和教育实践基地获评全市首批中小学劳动教育实践基地，聚力成为浙中研学的重要板块。

强化社会民生保障，全年新增低保6户，新申领残疾证59人，开展低保复核206户，申请临时救助61人，开展幸福清单、探访关爱走访916人次；完成老年人自理能力初筛4566人，落实居家养老运行维护，惠及老人521人；全年城乡养老保险参保3464人，城乡居民医疗保险参保率98.92%。提升城乡风貌，虞宅—杭坪“诗画乡野”城乡风貌样板区建设基本完成，壶源江综合治理工程全面完工，试点开展全域土地整治修复智治在线多跨场景应用建设。深入开展文明城市创建活动，获评7月乡镇文明城市创建考评“骏马奖”，杭坪村获评省传统村落风貌保护提升优秀村庄，薛家村获评省级“除四害”样板村，入选全省第二批“未来乡村”，7个乡村振兴示范村项目均已建设完成。强化文体活动惠民，开展群众文化活动130余场次，举办传统文化夏令营和第十六届乡村文化艺术节暨三江·杭坪文化走亲文艺会演等文化活动，惠及群众1.5万余人次；加大非遗保护传承力度，举办剪纸、米塑等培训班6期，吸引2万余人次到镇非遗馆以及米塑、剪纸等展示场所现场感受非遗魅力。

完善安全监管体系，优化调整责任队伍，制作综合信息指挥网格示意图。针对地质灾害、危旧房、山塘水库、道路交通等风险隐患，分类制作《点位一张图》，实现风险隐患一目了然，责任分工一清二楚。做深做优网格智治，建成“党建+网格”作战体系，整合安全隐患排查、矛盾纠纷调解等职责入网，实现干部下沉“快反应”、党员网格“快处置”，划分24个网格196个微网格，实现多元共治服务民生。夯实安全底线，开展“老旧民房电线更换”“出租房消防安全整治”等专项行动，累计梳理整治各类风险隐患247个。扛起耕地保护政治责任，调整优化粮食功能区面积509公顷，完成耕地“非农化”核实确认图斑109个，排摸核实违法违规占用耕地图斑48个，核实整改26处卫片图斑。

【推进“三分六统”模式】 2022年，杭坪镇探索农业企业“全权托管”、山区农户“拎包入住”，实行农户“分户管理、分户采摘、分户结算”，企业“统一品种、统一育苗、统一栽培、统一药肥、统一品牌、统一销售”的“三分六统”模式，建立企业与农户紧密衔接的“一村一品”利益共享机制。深化“公司+村集体+农户”合作模式，推广“三分六统”利益联结机制，加快从高山蔬菜领域拓展至花卉、香榧领域，共建设五家示范型基地，拓宽产品销路，丰富产品内容，打响品牌知名度。依托“三分六统”模式管理，打造“共富工坊”，参与经营的农户亩均收入从原先的0.8万元增至1.55万元，为村内低收入农户和闲散劳动力新增就业岗位100余个。新模式下的现代农业，带动产业延伸和农旅发展、村级集体经济日益壮大，5个“三分六统”模式示范基地所在村，村集体经济经营性收入均跃升至50万元以上。

【打造七大“共富工坊”】 2022年，杭坪镇共打造“朝花夕拾”“舞花者”“杭山菜”“云海番茄”“壶江源”“铿锵玫瑰”“品香源”七大“共富工坊”，经济和社会效益明显。农旅融合式“朝花夕拾·共富工坊”位于薛家村，依托浙江舞花者园艺有限公司，以花卉产业赋能乡村旅游、直播电商，农户专心“产”，工坊聚焦“销”，实现工坊与农户的合作双赢。工坊有加盟种植户8户，带动就业80余人。电商直播式“共富工坊·舞花者”位于乌浆村，依托“村企共建”优势效应，以电商直播助力种植销售芍药、郁金香等鲜切花和种球。工坊为20余名低收入农户和闲散劳动力提供就业岗位。产业赋能式“共富工坊·

2022年杭坪镇各行政村基本情况表

表14

村名	户数（户）	人数（人）	林地面积（公顷）	耕地面积（公顷）
曹源村	295	921	850.00	4851
茶山村	179	584	443.80	5125
程家村	364	1107	1088.30	11704
大塘村	146	487	11302.60	12885
登丰村	274	916	1244.60	5579
东岭村	491	1503	1410.20	12016
杭坪村	1250	3439	2576.70	21286
后阳村	230	674	690.80	3789
壶源村	289	821	1032.00	7356
芦峰村	360	1010	1306.80	3960
石宅村	605	1868	1384.50	16640
寺坪村	324	1029	1347.70	9971
乌浆村	440	1502	2257.20	10170
薛家村	329	895	1239.90	7647
裕民村	171	601	583.50	8541
中村村	275	848	850.00	5949
合　计	6022	18205	29608.60	147469

杭山菜”位于杭坪村，依托浦江葛老头生态农业发展有限公司，形成“公司+基地（合作社）+农户”产业发展模式，在内部运转上创新实施“三分六统”工作机制，完善企业和农户利益链。工坊加盟农户132户，销售收入180余万元。产业赋能式“共富工坊·云海番茄”位于大塘村，由浦江县怡康家庭农场主导建设，生产经营高山番茄，主要供应本地和义乌市场，“杭坪云顶”牌番茄获评全省农产品优质奖。工坊加盟农户10户，销售番茄25万千克，销售收入近200万元。来料加工式“共富工坊·壶江源”位于石宅村，通过村企结对共建，发展来料加工产业，帮助农民就近就地灵活就业，主要面向石宅以内的山区村庄，吸纳低收入农户、残疾人8人。来料加工式“共富工坊·铿锵玫瑰”位于杭坪村，致力破解山区留守妇女增收难题，吸纳闲置在家的家庭妇女10人，帮助妇女实现家门口灵活就业。品牌带动式“共富工坊·品香源”位于程家村，致力发展香榧干果产业，以资金、资产共投的方式打造“品缘香”香榧产品，完善香榧加工生产线，在城区开设“程家香榧”直营店，打造集观光游、采摘游及果品批发、零售、网售等于一体的现代农业产业模式，形成产、贮、销一条龙良性发展产业链。2022年，销售香榧3000千克，实现收入50万元。

【发展鲜切花产业】　2022年，杭坪镇乌浆村、石宅村、寺坪村等村种植芍药、百合、牡丹、绣球花、向日葵等160多个品种33.33余公顷。新引进荷兰郁金香品种30余个，利用育秧大棚冬季空闲期，培育郁金香50万株，开拓年宵花市场。建立专业直播团队，开拓网上销售模式，并与“东方甄选”直播间达成初步合作意向。杭坪镇集体经济发展有限公司与浙江莳花农业发展有限公司合作启动全县首个鲜切花未来农场建设项目，项目位于杭坪镇乌浆村麻田畈地块，占地面积12公顷，项目计划总投资近2000万元，到年底已基本完成土地整理、道路改造、芍药种植和部分大棚搭建等工作。通过全场景的“农业+”延伸服务，促进农业产业多业态跨界融合，带动农民增收致富，促进共同富裕。依托县内花卉龙头企业王安园艺，构建以芍药花为主干，牡丹、郁金香、绣球花等品种为支撑的“花样”经济带，助推全县鲜切花产业发展。

【结对共建】 2022年，杭坪镇与金华开发区三江街道开展“百镇共建强基”行动，围绕八个方面的共建内容，携手走好共同富裕道路。杭坪镇位于饮用水源保护区，以农业种植和乡村旅游产业为主。三江街道位于金华主城区，以商贸服务业为主。两家结对共建后，发挥自身优势，共同实施“红色根脉强基工程”，建设壶源山水党建共建示范带。项目共谋共商，双方聚焦三产融合，延伸农业产业链条，提升乡村特色产业附加值，促进农业多环节增效、农民多渠道增收。谋划建设“共富稻田”“香飞杭坪”“农产品冷链配送中心”等项目，预计总投资300余万元，实现年销售收入60余万元。文化共创共兴，文化成为开启两地交流的金钥匙，杭坪镇先后将米塑、剪纸等优秀非遗作品送至三江街道展示，三江街道也邀请市同心书画院院长孔江宁与杭坪镇书画爱好者进行“笔绘”交流，两地开展文化走亲活动6场，服务群众1000余人次。民生共惠共享，围绕山区百姓关心的医疗和教育，强化基本公共服务跨县域统筹，金华开发区东苑小学定期选送优质课，三江街道社区卫生服务中心开展送诊服务，受惠百姓和学生300余人次。

2022年5月16日，杭坪镇与金华经济开发区三江街道举行“百镇共建强基”签约仪式（杭坪镇提供）

【省第二批“未来乡村”】 8月，省爱国卫生运动委员会命名杭坪镇薛家村为省级“除四害”样板村。12月，省农业农村厅、省财政厅和省风貌办联合公布2022年浙江省“未来乡村”创建成效评价结果，薛家村获评浙江省第二批“未来乡村”称号。2022年，薛家村以产业兴旺为目标，推进乡村振兴示范村创建，招引“趣野吧”等项目，打造网红景点“云上草原”，建设户外露营基地，推进航空飞行乐园项目落地运营，打造与水共生的亲子旅游特色村，累计吸引游客15万余人次。探索共同富裕新路径，不断将“绿水青山”转化为“金山银山”，通过场地租赁、合作经营、入股分红等方式，全年村集体经济收入240余万元，经营性收入超100万元。

【金华市十大“婺风乡韵”乡村文化特色村】 杭坪村为中国传统村落，浙江省历史文化村、省文化示范村，金华市民俗文化村、“地名五十佳”最有特色地名村和省级AAA级旅游景区村庄，在文艺团队建设、志愿服务、艺术普及、传承和文旅融合等方面取得成效。村内有板凳龙队4支、什锦班3支、舞蹈队2支。浙江省年俗文化活动——杭坪摆祭（省级非遗项目），成为全县规模最大的民俗文化活动，有杭坪摆祭、剪纸2个传承基地，有省、市、县级非遗传承人8位，传统村落、非遗文化、人文景观、农业基地等相融合，提高村庄品位和魅力，促进乡村旅游，提升乡风文明。12月，被金华市委宣传部公布为十大“婺风乡韵”乡村文化特色村。杭坪村建成区范围总用地面积约为35.65公顷，整体形态以带状发展。9月，杭坪村被评为省传统村落风貌保护提升优秀村庄。

【金华市红色旅游教育基地】 石宅村为中国传统村落，浙江省历史文化村，金华市民俗文化村。村内有建于民国18年（1929）的石西民故居，故居被列入县百幢历史建筑修缮项目后，杭坪镇对其进行全面修缮，并对门口庭院、周边道路及围墙进行修砌整治，使故居得到良好保护。2022年初，石西民故居被金华市委宣传部列入“真理味道 信仰之源”红色文化长廊。11月，石宅村被金华市文化广电旅游局公布为金华市红色旅游教育基地。

2022年初，石西民故居被金华市委宣传部列入“真理味道 信仰之源”红色文化长廊（杭坪镇提供）

【打造劳动教育实践基地】 2022年，杭坪镇依托浦江趣野吧旅游开发有限公司打造“2+4+1”劳动教育实践基地，并联合特色农业专业人才、非遗传承人、教育顾问等优质人才专职研学教育，开发特色研学课程体系，让参与学生通过劳动技能、社会实践和研究性学习相结合的学习方式，感悟劳动的艰辛和快乐，提高自身素质，达到寓教于乐的目的，作出新时代中小学劳动教育的有益探索实践。5月，金华市教育局发文公布浦江趣野吧探索营地为金华市中小学生劳动教育实践基地。

【曹源村腌制竹叶熏腿腌肉】 竹叶熏腿与东阳蒋腿齐名，是金华火腿中的珍品，产于杭坪镇曹源、雪坞、程家村一带。20世纪90年代后，因农村养猪农户不断减少而致竹叶熏腿腌制量锐减。竹叶熏腿制作技艺被列入金华市非遗保护名录，为传承非遗文化，增加村集体经济收入，2021年底开始，曹源村尝试利用竹叶熏腿制作技艺腌制竹叶熏腿12只和3300多千克腌肉，由于品质好，被一些饭店和消费者购买，到2022年下半年销售完毕。2022年底又腌制3500千克腌肉和火腿，使竹叶熏腿制作技艺成为山村增收的一条新途径。

（江益清）

檀溪镇

【概况】 檀溪镇地处县境北部，总面积108平方千米，下辖13个行政村，57个自然村，共有居民5082户，总人口15353人。全镇共有耕地面积690.77公顷，茶园面积533公顷，农业合作社26家，家庭农场52个。森林面积9408公顷，公益林面积5257.93公顷。全年收支总计12280.26万元，财政总收入9602.61万元，上缴税收219万元。

安居工程集聚区建设项目完成分房工作，累计安置120户121套。浦江县檀溪消防救援站建设完工，加强西部消防力量。启动千塘百库除险清零工作，完成金鸡水库加固改造工程、山塘精准化整治工程。完成会龙村63.33公顷森林抚育工程，完成2021—2022年度病枯死松木清理，面积747.77公顷、疫木1043.13吨，通过县级验收并被评为优秀。

镇集体公司总收入410余万元，集中流转土地200公顷，为农户增收100余万元。创新搭建“政府+企业+集体+农户”共富架构，以镇集体公司为中心抱团开展全域产业党建联建，集中流转土地

224.27公顷，引进农业发展有限公司等9家农业主体。形成罗家源九母岛、月牙湖、听松潭、水竹湾等旅游品牌，开展罗家源清凉一夏、长三角冬泳比赛、板凳龙、擂大马等体育赛事和年俗活动，借助旅游业的发展，全镇农副产品销售额3000余万元。全年旅游收入1704.66万元。

以省级农村综合改革集成建设项目为支点，通过共富田园、鲜花产业、旅游基础设施等共富项目建设，累计投资17295万元，带动就业500余人次，农民增收1000余万元。梳理招商项目41个，制作招商资源地图，招引县农业发展有限公司等6家农业经营主体。建立新乡贤爱心基金，意向募集459.16万元，发放爱心基金12.6万元。

与义乌市城西街道签订镇级共建协议1份，形成“资源、需求、共建”3张清单，在全市首试“村村结对”新路径，实现13个共富结对村全覆盖。签约三角潭研学等3个项目，预计总投资5300余万元。完成64.42公顷高标准农田项目选址、设计工作，珍香茶业田园综合体通过县级验收。

新增低保8户10人，2022年共123户172人，因生活好转或死亡取消低保43人。新增低保边缘户1户3人，2022年共12户22人，因生活好转取消低保边缘户19人。给予临时救助74户，救助金额6.43万元。完成无障碍改造5户，辅具申请普通轮椅7辆、助听器4个。全年在册低收入农户143户，202人。

梳理并公布政务服务基层延伸高频事项146项，村(社区)政务服务基层延伸事项108项下放到村(社区)受理或办理。全面深化“群众办事不出村”目标，实施村级便民服务点建设，设立便民服务民生点位13个。全年受理群众办事事项4048件，其中镇“365”便民服务中心办理1536件，村级便民服务点办理3874件，网上办理1749件。办理证明类事项326件，其中市内办件实现“网上核验、数据查询”率100%。

集中开展平安检查15次，检查重点单位、寄递行业、民宿、农家乐等共计300余家次；集中开展平安建设宣传38次，发放平安宣传手册、电动安全宣传手册、网络诈骗手册及物品共计13000余份，宣传覆盖人群8000余人。开展防诈骗宣传26次，各类安全排查及讲解10余次。“四个平台”共计流转有效事项780余件。檀溪镇全年设立镇级代办机构1个村级13个，代办员21名，累计代办事项500余起。每月开展一次矛盾纠纷大排查，共计调解纠纷300余起。

全年处理网上信访、来信信访及电话信访200余次，网上办结率100%，群众满意度99%。禁毒办每月开展宣传活动，全年开展禁毒宣传活动20余次，发放宣传手册3000余份，举办禁毒大讲堂活动三场次。每季度开展一次反邪教“警钟”宣传图画张贴，组织专职网格员不定时开展反邪教、打传销线索排摸。

1月，平湖村水系连通综合整治工程获评2021年度金华市农村水系连通综合整治示范工程、檀溪镇武装部获评2021年度先进基层武装部；3月，檀溪镇获评革命老区乡镇(街道)；4月，檀溪镇“残疾人之家”获评省2021年度五星级“残疾人之家”；6月，平湖村获评省四星级老年体育现代化村、檀溪镇关工委获评市“五好”基层关工委；7月，北乡农民革命纪念馆获评金华市关心下一代示范教育基地；8月，檀溪镇获评2021年度省级健康乡镇；10月，檀溪—大畈活力风情县域风貌样板区获评省2022年度第二批城乡风貌样板区、在市“除险保安”百日攻坚行动乡镇(街道)考核排名中连续三次进入前10位，获市平安办通报表扬；11月，潘周家村获评2022年浙江省生态文化基地、一根面制作技艺获评第六批浙江省非物质文化遗产代表性项目名录推荐项目；12月，下宅村获评省2022年度省级民主法治村。

【组建“三大团”开展六大专项行动】 2022年，檀溪镇在全镇范围组建“招大引强突破团”“暖企助企服务团”“信访积案攻坚团”，通过开展学习大讨论、考核大评比、村级大点兵、招引大突破、信访大攻坚、暖企大服务六大专项行动，提振精神状态，推进各项工作落地。共认领“上岗一件事”21件，全镇共对接2022年镇重点项目11个，攻坚信访积案1件。

【开展“人大代表周”活动】 2022年，檀溪镇组织辖区各级人大代表分选区、分批次常态开展“人大代表周”系列活动，通过“学习—收集—反馈—监督”四步走，实时了解政策方针，提出发展意见建议，及时梳理对接反馈，实行每月汇总通报，推动解决群众关切的热点难点问题。2022年，共收集代表“微民生”意见建议31条，处理转办问题反馈率100%。

【檀溪镇召开在杭乡贤座谈会】 7月17日，檀溪镇召开在杭乡贤座谈会。县政协主席、党组书记张建顺，县人大常委会副主任于新宣，杭州浦江商会秘书长张剑文，浦江驻杭招商招才局局长潘要武，镇主要领导与20余名檀溪镇在杭乡贤代表出席座谈会，省委统战部省欧美同学会秘书长周涌青主持。座谈会上，与会乡贤结合自身工作围绕经济建设、产业发展、基础设施、资源共享、人居环境、创新创业等方面建言献策。会议讨论并通过《关于加强檀溪籍在杭乡贤与家乡交流互动的意见》《檀溪镇新乡贤爱心基金章程》《檀溪镇新乡贤爱心基金实施方案》。乡贤将助力慈善公益、人才招引、产业振兴、文化传承等方面，促进檀溪镇经济社会发展，实现共同富裕。

2022年8月20日，檀溪镇举行新乡贤爱心基金奖学助学金发放仪式　（金　航　摄）

【檀溪镇召开新乡贤爱心基金奖学助学金发放仪式】 8月20日，檀溪镇举行新乡贤爱心基金奖学助学金发放仪式。省委统战部省欧美同学会秘书长周涌青，县委常委、统战部部长应玉明，县财政局局长陈志平，县教育局副局长黄平标，学生代表30余人参加仪式。檀溪镇新乡贤爱心基金发放奖学助学金共计57人，其中硕士研究生3人、“985”“211”高校3人、普通高校50人、助学1人，共计发放奖学金65000元，助学金10000元。

【结对共建】 7月22日，义乌城西街道和檀溪镇在罗家源君澜温泉度假酒店举行“义浦同城‘西溪’同

2022年7月22日，举行“诗画浦江·醉美檀溪”罗家源消暑季暨“百镇共建·亲凉一夏”文旅推介活动　（金　航　摄）

心”共建项目签约仪式，共签约来料加工合作协议、旅游项目合作意向协议等6个项目。同日，浦江县檀溪镇人民政府与义乌市城西街道办事处共同举办的“诗画浦江·醉美檀溪”罗家源消暑季暨“百镇共建·亲凉一夏”文旅推介活动在檀溪镇月牙湖景区举行，进一步推动两地结对共建走深走实，促进两地文化旅游共赢发展。

【浦江檀溪—大畈活力风情县域风貌区验收】“檀溪—大畈”活力风情县域风貌区范围面积约9.54平方千米，风貌区内共有美丽乡村五星精品村3个，国家AAA级旅游景区村5个，省级美丽宜居示范村2个。其规划范围主要包含大畈乡集镇所在地、檀溪镇集镇所在地、上河村、平湖村、潘周家村等村庄，是浦江西北部凸显民俗特色、彰显活力风情的最佳体验场所。9月21日，省风貌办技术与标准组组长黄武，省建筑设计院规划设计分院院长胡适人，市风貌办常务副主任施尚华，副县长柳钢明，县建设局局长、风貌办主任陈璠，县建设局副局长、常务副主任徐雄武等领导参加验收。

【“檀溪杯”2022年浙江省冬泳系列赛（浦江站）、中国·浦江长三角冬泳比赛、浦江县首届民俗文化活动】 12月17日，檀溪镇潘周家村举办“檀溪杯”2022年浙江省冬泳系列赛（浦江站）、中国·浦江长三角冬泳比赛、浦江县首届民俗文化活动，以“民俗+冬泳”的模式共通共融，推进文化和旅游深度融合发展，进一步提升檀溪镇文化、旅游、体育等产业的知名度。12月18日，来自杭州、金华、浦江、磐安、建德等11个代表队组成的400余名冬泳爱好者参加冬泳挑战。本次赛事共设置龙舟表演赛、男女竞速赛以及男女畅游赛三大项目，年龄从18岁涵盖到69岁。

（应佳妙）

2022年檀溪镇各行政村基本情况表

表15

村名	户数（户）	人口（人）	耕地面积（公顷）	山林面积（公顷）
赤岩村	453	1265	66.27	739.20
九母岛村	241	782	33.19	638.40
罗家村	251	795	27.60	2403.13
平湖村	393	1147	52.78	704.27
城头村	232	694	10.21	262.33
洪山村	330	956	134.97	389.67
毛店村	191	619	18.65	254.07
潘周家村	705	2127	85.43	1194.13
大元村	187	565	34.55	827.00
寺前村	673	2183	56.74	643.93
廿七都村	615	1833	94.85	1275.00
下宅村	186	526	20.81	182.47
会龙村	625	1861	54.72	931.27
合　计	5082	15353	690.77	10444.87

前吴乡

【概况】 前吴乡位于浙江省浦江县西南部，南与兰溪市交接，距离浦江县城3千米，全乡面积63.97平方千米，辖13个行政村，人口1.4万人。2022年，前吴乡获年度山区片综合考核优秀。

【固本强基】 2022年，前吴乡完善以联村干部包村指数、全责书记履职指数、党员先锋指数三大指数为核心的基层党建工作体系。重塑乡、村两级干部考评体系，出台《前吴乡党员干部整治立规八项措施》《前吴乡乡村两级干部违反负面清单行为处理办法（试行）》等条例，全面打造素质过硬的干部队伍；深化主题党日“8+1”模式，各村每月主题党日参会率均90%以上；全力打造全科干部、全责书记、全心党员“三全”干部队伍，做细做实党员联系农户制度，党员每月走访率100%；深化党建智治体系，“丰安红管家”党建智治平台各项指标均排名全县前列，年度强基指数位列全县第一。

【“百镇共建强基”行动】 5月15日，前吴乡与黄宅镇签订“百镇共建强基”框架协议，依托资源优势，联合选定7家优质企业推行来料加工村企合作共建项目，建成全县首个“来料加工”型“共富工坊”，推介就业岗位60余个，村民增收200余万元。黄宅前吴农产品展销“共富馆”“吴莱状元面馆”开馆，实现“上山文化”和“吴莱文化”有机融合，打通“两山”转化通道，有效拓宽特色农产品销售渠道，推动集体增收、百姓致富。

2022年5月15日，黄宅镇与前吴乡签订“百镇共建强基”结对协议 （黄圣妍 摄）

【“水墨前吴·共富工坊”】 2022年，前吴乡基于饮用水源保护区实际，探索水源保护区突破发展新路径，围绕企业、村集体、农户三方共富目标，前吴乡探索形成“融义接杭型、百镇共建型、家庭工厂型”三类“共富工坊”，打造“共富合伙人、共富助跑员、共富监督员”三支队伍，构建“订单进村、培训入户、服务到家”三项机制，激发增收致富动力、释放本土资源活力、凝聚共谋发展合力。打造“水墨前吴·共富工坊”6个，来料加工点40个，助力350余人“家门口”就业，实现加工产值869.3万元。

【项目建设】 2022年，前吴乡全面推进总投资1.7亿元的桃源40MWP农光互补光伏发电项目落地；5月，总投资4000余万元的花前综合供能站建设项目正式投入运营，弥补制约乡域经济和民生发展重大短板；招引产值超亿元的浙江赛翔建设有限公司和东阳九鸿建设有限公司落户通济村，走出非水保区“反哺”水保区的发展新路径；深入实施“融义接杭”战略，投资4000余万元的义乌大千食品招商引资项目投入运营，70余名村民实现了“家门口”就业，月工资收入4000～8000元。

【乡村振兴】 2022年，前吴乡13个村集体经营性收入813.49万元，比上年增长44.57%，村均62.58万元，比上年增长44.59%。其中民生村、塘岭金村、枭溪村、毛家村经营性收入突破100万元。埁山村主动对接相关部门，在全县范围内首次试种珍贵南瓜新品种“拉飞南瓜”，为村集体经济增收5万余元；桃源村继续种植草莓和西瓜，发展水果产业，抓住“百镇共建强基”结对机遇，依托黄宅“货郎先生”网络销售平台助售“吴溪”红糖5000千克，为村集体增收25万余元；毛家村与春晓副食商行签订手工面购销订单，一单卖出“吴莱状元面”6万千克；寿溪村紧跟发展步伐，首次种植甘蔗制作红糖，销售额约41万元；民生村“油你真好”菜籽油远销上海、南京超市，总销售额150余万元。年度集体经济经营性收入超

100万元村有4个，超50万元村有7个。

2022年10月21日，前吴乡毛家村与浦江县春晓副食商行签订12万斤手工面购销协议

（黄圣妍 摄）

【民生实事】 2022年，前吴乡完成乡域范围内所有自建房排查工作，规划审批新建房11户、修缮困难家庭危旧房4户、原拆原建危房2户，升层盖瓦1户；完成马桥村、塘岭金村、桃源章山村规划审查报批工作。做好残疾人护理补贴、困难残疾人生活补贴、残疾证办理等工作，全乡享受残疾人护理补贴278人、困难残疾人生活补贴93人，新办理残疾证58个，为2名重度肢体残疾人申请普通轮椅；做好平时临时救助、资料审核、入户家境调查等工作，共救助27人次合计47100元，发放老年证429张；前吴乡“残疾人之家”创新“共富工坊”建设模式，为20余名残疾人提供易于上手、自给自足的就业岗位。

【除险保安】 2022年，前吴乡梳理制定《前吴乡除险保安工作手册》，以“清单化”排查筑牢除险保安新防线，确保乡域平安稳定；制定《风险隐患一张图》，精准画像，挂图作战，全年共出动检查人员1379人次，覆盖全乡13个行政村，共计发现安全隐患问题155处，整改完成率100%；以红、黄、蓝“三色管理”推进自建房排查整治，共排查疑似危房139间，第一时间设置警示牌、警戒线等硬隔离措施，转移相关人员，督促解危到位；有机结合文明城市创建常态化开展平安行动，对发现问题立整立改，日清日结。

（张心焱）

2022年前吴乡各行政村基本情况表

表16

村名	户数（户）	人口（人）	耕地面积（公顷）	山林面积（公顷）
通济村	385	1281	260	6544
灵溪村	541	1446	862	5200
塘岭金村	548	1768	756	6184
前吴村	471	1359	592	10209
墎山村	167	529	115	1243
臬溪村	353	1068	393	8890
毛家村	284	864	400	2567
寿溪村	546	1669	1069	16352
马桥村	246	687	135	2532
朱桥村	168	565	160	5000
桃源村	470	1477	741	12544
罗源村	282	952	352	3234
民生村	290	780	488	3647
合　计	4751	14445	6323	84146

花桥乡

【概况】 2022年，花桥乡总面积45平方千米，下辖11个行政村，总人口9875人，总户数3885户，耕地面积229.06公顷，山林面积4160.73公顷。

成立招商队外出招商6次，考察企业5家，并邀请10余批客商来乡考察。完成2个文旅招商项目，引进第三方运营并落地，以文旅项目建设促进文旅产业转型升级。光明村招引养蜂人才郑亿军，实现中蜂转场江西，每年蜂蜜产值增收30余万元。里黄宅村引进省农科院专家团队，指导村“两委”干部和村民学习小香薯先进种植技术，每年增加村集体经济收入20余万元。高塘村引进星空户外团队，全面改造提升露营基地，游客接待量攀升，产生效益20余万元。为优化乡内营商环境，花桥乡打出服务“组合拳”，实行“包保”责任制，坚持“一站式”服务、“保姆式”呵护、“全天候”服务，累计走访企业10余家，发现并解决疑难问题6件。乡便民服务大厅共接待办事群众5000余人次，办理各类便民服务事项3200余件。

整合小香薯、扫帚、蜂蜜、洛神花等特色农产品资源，采取“专业合作社+村集体经济+农户”模式，以全域农创推动全民共富，带动当地100余名村民就业。扫帚全年销售5万把，销售额56万元，纯收入10万元。小香薯亩产最高达到500千克，种植规模扩至13.33公顷，销售额30万元。投资1500万元，与郑宅镇同股同权合作建设前店综合物业大楼项目。投资150万元，与白马镇联建3个项目。投资50万元，与浦南街道等乡镇街道联合打造“浦阳江潮”党建联建示范带。2022年，村均集体经济收入超50万元，4个村突破100万元，村集体经济经营性收入比上年增长125%。

2022年花桥乡各行政村基本情况表

表17

村名	户数（户）	人口（人）	耕地面积（公顷）	山林面积（公顷）
里黄宅村	490	1323	40.02	443.07
外黄宅村	309	760	22.80	63.80
花桥村	276	683	15.92	194.07
前坞村	288	723	25.69	275.73
马宅村	225	551	18.52	305.67
光明村	582	1519	36.01	885.73
下宅溪村	540	1230	26.00	384.27
塘波村	199	529	13.32	188.93
长畈村	264	682	11.34	306.13
林坞口村	181	492	6.06	254.53
源头村	531	1381	13.38	858.80
合　计	3885	9873	229.06	4160.73

开展危旧房动态整治，完成无房户审批9户，危房户治理17户。对71人次发放救助金9.6万元，低保审批15人。完成57户居民独立式互联烟雾报警器的安装，完成老旧民房电线改造工作，电线套管58712米，共惠及农户258余户。成立“金保未”花桥乡社工站护童志愿队，对全乡17名困境儿童逐一进行走访、帮扶。开展就餐老人数量核对，保障全乡200余名75周岁以上老人、低保、低保边缘户一日三餐。做好2023年度城乡居民医疗保险基金征缴及大病选缴工作，完成率分别为98%和96%。

围绕全国文明城市创建内容，开展专项整治行动10次，累计组织8000余人次，清理生活垃圾25.3吨，整治“牛皮癣”197处，清理乱堆乱放265处，清理卫生死角658处，增设停车位262个。在全县新时代美丽乡村5次长效考核中获得第一名1次、第二名2次、第三名1次。提升美丽乡村基础设施，投入项目资金260余万元。2022年，完成里黄宅村省级美丽宜居创建工程建设并通过市级初验。

在全县率先完成屋顶分布式光伏发电一期项目，总投资300万元，平均年收益26.7万元。与义乌稠城街道合作运营“稠城花桥·共富工坊”，年销售额可达500万元。通过“搭平台、创载体”提升文明乡风，依托新时代文明实践所（站）、农村文化礼堂开展理论宣讲、文艺演出、志愿服务等惠民活动900余场次。

成立浦江县首个社会综合治理联勤中心“西门卫士”，全面提升基层社会治理体系和治理能力，切实为西部山区筑牢安全屏障。以“除险保安百日攻坚”行动为总抓手，开展“除险保安”大巡查大整治行动，出动人员1200余人次，整治地质灾害隐患点6处，排查整改隐患874个，排查调处各类矛盾纠纷156起，化解率98.7%。全年共办理各项有效事件4644件，办结4644件，办结率100%；平台流转事件714件，流转率100%。

2022年，花桥乡入选省第二批低（零）碳乡镇试点创建单位。前坞村入选省第十一批历史文化（传统）村落保护利用重点村创建。里黄宅村、下宅溪村公厕分别获评2022年度省级示范性农村公厕、省级星级农村公厕。

【花桥乡妇女联合会换届选举】 6月1日，花桥乡召开第十六次妇女代表大会，完成妇联换届选举工作。花桥乡党委副书记朱灵燕出席会议，各村、企事业单位的31名正式代表参加。按照《中华全国妇女联合会章程》等相关要求，大会选举产生花桥乡妇联第十六届执行委员会委员15名，在随后召开的乡妇联十六届第一次执委会议上，选举产生乡妇联主席1名、副主席3名（含兼职副主席2名）。

【“永远跟党走”主题活动】 7月2日，花桥乡举行庆祝中国共产党成立101周年暨“永远跟党走”主题活动。副县长柳钢明、县检察院检察长翁寒屏以及花桥乡全体乡干部、各村党员参加。各支部党员们争做排头兵，发挥模范作用，用实际行动为建设美丽花桥贡献自己的力量。

2022年7月2日，花桥乡举行庆祝中国共产党成立101周年浦江县万名党员“永远跟党走”主题活动

（蒋晓倩 摄）

【花桥乡第十六届人民代表大会第二次会议】 10月9日，花桥乡第十六届人民代表大会第二次会议召开。副县长柳钢明、乡领导班子成员以及来自全乡47名代表和9名列席代表参加会议。大会听取并审议花桥乡政府工作报告、花桥乡人大主席团工作报告和2022年花桥乡民生实事项目实施进展情况。

【花桥乡“西门卫士”社会综合治理联勤中心举行揭牌仪式】 10月15日，花桥乡“西门卫士”社会综合治理联勤中心揭牌仪式在花桥村举行，副县长柳钢明，副县长、公安局局长金方剑为花桥乡社会综合治理联勤中心揭牌，县检察院检察长翁寒屏等领导参加活动。县公安局、县应急管理局、县自然资源和规划局、县工商联、县消防救援大队、花桥商会等单位相关负责人及公安、巡特警、蓝天救援队、花桥商会、乡干部、村干部、乡消防队7支队伍参加活动。花桥商会会长潘卫东代表商会向“西门卫士”捐赠消防车1辆。花桥乡“西门卫士”社会综合治理联勤中心整合应急救援、森林防火、治安巡防、矛盾纠纷调解等队伍力量，确保在险情发生后，能够在最短的时间内进行应急处置，为广大人民群众的生命财产安全提供保障。

【建立“共富工坊”】 12月11日，百镇共建强基“花桥稠城·共富工坊”在义乌稠城街道举行开馆仪式，副县长柳钢明、县委组织部常务副部长骆安，县农业农村局党委书记、局长徐军峰，县妇联主席郑晓萍，义乌市人大常委会党组成员、副主任斯基根出席仪式，花桥乡、稠城街道全体班子成员、乡贤、村(社区)支部书记、相关科室负责人参加仪式。“花桥稠城·共富工坊”主营浦江及花桥农特产品，整合小香薯、蜂蜜、茶叶、糕点等花桥及浦江本地50余种热销产品，分产品展陈馆和市场摊位两个区块，由第三方农产品专业团队进行运行。

2022年12月11日，百镇共建强基“花桥稠城·共富工坊”在义乌稠城街道举行开馆仪式（陈军港 摄）

（黄少俊）

虞宅乡

【概况】 2022年，虞宅乡总面积56.95平方千米，下辖7个行政村，总户数3211户，人口8917人。全乡政府财政总收入6764.75万元，其中一般公共预算拨款收入4522.98万元，占比66.86%；政府性基金收入1240.45万元，占比18.34%；其他收入98.05万元，占比1.45%；2021年结转903.27万元，占比13.35%。

全力推进“暖企助企服务年”活动，以文旅企业例会、重点项目专班、工程办专业管理为抓手，实行“一对一”跟踪服务，提升营商“软环境”，前明村、新光村入选省级返乡入乡创业合作村，虞宅乡入选全国“一村一品”示范村镇、省级休闲乡村、省级休闲农业和乡村旅游精品线路，马岭古道入选浙江省大花园耀眼明珠，高坑村获评省级美丽宜居示范村，马岭村、前明村入选省级AAA级旅游景区村庄。续建县级重点项目1个，新招引项目3个，集中推进6项省级创建工作，省级风貌样板区已成功创建，其余5项稳步推进中；省级农业产业融合示范园、省级“未来乡村”茜溪悠谷片区联创2个项目入选创建名单；省级体育特色乡镇完成创建申报；鱼泡泡多彩田园营地完成省级研学基(营)地申报前配套提升工作。

完成360批次农产品质量安全抽检工作，确保“舌尖上”的安全。完成111公顷高标准农田任务的设计现场勘察，并完成招标施工。完成2022年中国美丽休闲乡村、全国“一村一品”示范乡、省级农业产业融合发展示范园申报。“茜溪研学谷”精品线被评为2022年“休闲农业和乡村旅游精品线路”。开展林业技术指导，完成133公顷森林抚育工作。完成460公顷、7800株病死木除治工作。做好森林消防工作，无森林火灾事故发生。完成浙江省森林特色小镇、浙江省森林康养小镇创建资料汇编。为提升壶源江防洪能力、打造生态走廊及饮水系统、丰富河湖文化内涵，争取中央、省市资源推进壶源江流域综合治理工作，工程总进度100%。完成东风、黄岭水库的除险加固工程，并通过县级合同验收。做好山塘水库汛前、汛期巡查工作，落实东风、深清源、黄岭水库三个责任人及三个方案制度，确保无安全事故发生。

全乡7个行政村，与国有企业、社会资本共同组建“茜溪悠谷乡村共同体”，探索“国资+村集体+社会资本+N”多方组合机制，推动全乡旅游资源企业化管理、市场化运营、专业化发展，共同体公司正在注册阶段。虞宅乡、杭坪镇、大畈乡按照地域毗邻、产业相近、优势互补等原则组建“壶源山水”党建共富示范带。12月中旬，由县文广旅体局牵头联合壶源江流域5个乡镇组建壶源江乡村旅游联盟，举办踩线推介会，成员单位20余家，以板块式旅游探索具有浦江辨识度的山水共富之路。与郑家坞镇组建“共建强基”结对乡镇，将虞宅秋梨膏、嗦粉面等产品与郑家坞同筹共富大礼包有机嫁接，投资70万元在新光村共建共富中心农产品展销馆，结合郑家坞电子商务平台，实现“线上+线下”统一销售，拓宽农户增收渠道。依托地缘优势，抓住三个乡镇同创省级美丽城镇样板、省级城乡风貌样板区的契机，主动与建德市乾潭镇、桐庐县富春江镇迭代“二地三县市”跨区合作平台，确定“六个一”工作机制，共建共用“马岭古道”旅游IP，沿210省道集成一条辐射三地的乡村旅游产业带，共推大马岭旅游度假体验区项目，相关做法入选金华市《八婺共富》典型案例。

完成医保缴纳工作，城乡基本医保参保6829人，大病医保参保6069人。发放临时救济款13.9万元，175户446名困难群众生活得到保障。深化村级便民服务站建设，梳理可承办高频事项清单102项，通过“云政通”平台，打通信息上报渠道，提高办事效率，实现“就近办、多点办、少跑快办”。深化“1+3+N”网格体系，重新划分网格15个、微网格52个，推动网格事件量质并举，全年累计开展矛盾纠纷排

2022年虞宅乡各行政村基本情况表

表18

村名	户数（户）	人口（人）	耕地面积（公顷）	山林面积（公顷）
马岭村	505	1428	47.73	1702.33
智丰村	410	1107	50.07	460.93
新光村	355	1012	41.20	757.67
前明村	604	1757	76.20	1133.00
虞宅村	703	1954	62.80	464.20
高坑村	323	854	47.00	622.40
张　村	311	805	41.00	2098.07
合　计	3211	8917	366.00	7238.60

查373次，调解矛盾纠纷20起，调处成功率100%；夯实“141”体系，扎实推进“除险保安”专项整治，全年累计出动乡村两级干部、网格员、志愿者等480余人次，无一例“小火亡人”事故发生；深入实施全民反诈工程，全年电信网络诈骗3起，损失率比上年下降70.78%；开展道路交通安全整治，死亡1人，比上年下降80%。

【道路交通安全隐患治理现场会】　1月12日，虞宅乡道路交通安全隐患治理现场会召开。会议要求，属地要将交通安全工作落到实处，认真分析事故原因，及时治理各整治点，排除安全隐患；要加强对重点车辆的管理，将交通安全工作纳入基层治理范畴，加强教育、宣传、劝导工作，引导村民加强交通安全意识。

【农旅发展例会】　2月16日，虞宅乡旅游办组织全乡农业、旅游企业、省级农家乐集聚村召开2022年第一次农旅发展例会，虞宅乡党委书记毛悦，党委副书记、乡长陈堂了解企业发展情况及发展难题，

共谋新年新发展。

【劳模工匠进校园活动启动仪式暨虞宅乡中心小学“石头小镇”揭牌仪式】 6月1日，由县关工委、共青团浦江县委、县总工会、县教育局、虞宅乡人民政府、虞宅乡中心小学联合举办的“红船领航成长 强国复兴有我”劳模工匠进校园活动启动仪式暨虞宅乡中心小学“石头小镇”揭牌仪式举行。启动仪式上，由虞宅乡党委书记毛悦和虞宅乡中心小学校长徐丹红共同为“石头小镇”揭牌。

2022年6月1日，劳模工匠进校园活动启动仪式暨虞宅乡中心小学“石头小镇”揭牌仪式举行

（傅甜甜 摄）

【壶源江共富联盟党建示范带建设项目推进会】 6月29日，壶源江共富联盟党建示范带建设项目推进会在虞宅乡召开，杭坪镇、虞宅乡、大畈乡乡镇党委书记带队参加，三方就项目地块合作共建，农文旅体研产业共同发展事宜进行商讨，制订近期计划，共同抓好落实。

2022年6月29日，壶源江共富联盟党建示范带建设项目推进会在虞宅乡召开 （傅甜甜 摄）

【考察调研】 7月20日，新疆阿克苏温宿县党建引领乡村振兴专题培训班人员一行到前明村考察乡村研学、乡村体育、乡村民宿等多种业态。前明村以体育为支点，通过体育运动带来人流量，获得经济效益，促进民宿餐饮产业兴旺，有效激活集体经济长效“造血”功能，走出一条乡村经济与休闲旅游、运动健身共融共赢的发展之路。

【防汛防台】 9月13日，副县长贾珊到虞宅乡检查指导防汛防台工作，走访地质灾害点、危房户、茜溪河道、东风水库等重点区域，检查防汛防台措施落实情况，指出要坚决克服侥幸心理、麻痹思想、松懈心态，严阵以待做好防汛防台工作，强调要强化隐患排查，加强督查形成工作闭环。

【职工气排球比赛】 12月2日，为期两天的金华市职工气排球比赛在茜溪体育馆开幕，来自全市的五个队别55支队伍参加此次比赛。县总工会副主席黄群生，虞宅乡党委书记毛悦、党委副书记胡建军

2022年12月2日，金华市职工气排球比赛在茜溪体育馆举行 （傅甜甜 摄）

参加开幕式，本次比赛旨在引导干部职工参与体育锻炼、增强身体素质，丰富业余文体生活，增强集体意识、竞争意识和团队精神，创先争优，凝心聚力。

【金华市社建委系统第二次“扛旗争先”大晒拼活动暨强村富民乡村集成改革现场推进会】 12月13日，金华市社建委系统第二次“扛旗争先”大晒拼活动暨强村富民乡村集成改革现场推进会在新光村举行。市委副书记、政法委书记蔡永波带队各县(市、区)委社建委主任等一行100余人，在新光村调研农旅融合发展。

2022年12月13日，金华市社建委系统“扛旗争先”大晒拼活动暨强村富民乡村集成改革现场推进会在新光村举行 （傅甜甜 摄）

（陈麒安）

大畈乡

【概况】 2022年，大畈乡总户数3064户，总人口8356人。实现工农业总产值0.3亿元，与2021年持平。全乡财政总收入4353.25万元，其中一般公共预算财政拨款收入3078.53万元，政府性基金预算财政拨款收入1274.4万元，其他收入0.32万元。村集体经济总收入994.55万元，比上年增长8.95%。

整治抛荒田存疑图斑9处、5.52公顷。推广种植集体经济作物种植20公顷。开展春、秋两季动物集中免疫行动，免疫生猪1292头、家禽5050羽。开展松线虫病病死木清理及防治工作，全年清理病死木3500余吨。

2022年，新增30余家经营主体，落地镜子迷宫、海盗船等娱乐项目，全年接待省内外游客总量超130万人次，旅游收入超2000万元。10月10日，檀溪—大畈活力风情县域风貌样板区成功上榜浙江省第二批城乡风貌样板区名单。

新增低保10户；办理临时救助48户，发放资金救助金4.9万元。提供居家养老就餐服务3500人次，发放补贴超99万元。发放森林生态效益补偿资金和配套资金超334万元。完成上河“未来乡村”建设项目、湃桥村“一事一议”美丽乡村财政奖补项目、陈竹坞水库加固改造工程、夏明村、上河村、大姑源水毁修复工程。

【上级领导考察调研】 3月15日，市委常委、统战部部长王志强到大畈乡上河村调研。9月27日，省农业农村厅党组副书记、副厅长蒋伟峰到大畈乡上河村调研“未来乡村”工作。11月9日，市委常委、统战部部长王志强到大畈乡上河村宣讲党的二十大精神。12月15日，省建设厅村镇处处长吴毅峰，市建设局局长倪喜斌、局党委委员施尚到大畈乡上河村调研。

【与秋滨街道结对】 5月16日，大畈乡与金华市开发区秋滨街道开展“百镇共建强基”结对活动。推动新农人电商培训、农产品销售、区域教育结对、双向挂职等领域的共建合作。2022年，开展共建活动6次，吸引游客超25万人次，带动餐饮、住宿等旅游经济增收150万元。

2022年大畈乡各行政村基本情况表

表19

村名	户数（户）	人口（人）	耕地面积（公顷）	山林面积（公顷）
清溪村	543	1486	129	660
建明村	420	1118	55	440
夏明村	438	1154	88	653
上河村	473	1315	63	733
湃桥村	436	1244	82	1226
大姑源村	307	820	37	1703
小姑源村	447	1219	66	1920
合　计	3064	8356	520	7335

【大畈乡“农合联”成立】 6月30日，大畈乡农民合作经济组织联合会成立，涉农企业、农村专业合作社、家庭农场负责人共计54名会员参加，选举产生理事11名，监事1名，其中方东阳为理事长，石元锋、叶荣甫、江浩阳为副理事长，陈定超为秘书长。

【田后蓬公交站点正式开通】 7月1日，在县政协、县交通局、县财政局、县交通集团、县公交公司、大畈乡人民政府共同协调下，田后蓬公交站点正式开通，该公交专线一日三班，起至大畈乡公交站，终至田后蓬，全长6.5千米，打通大畈乡公交出行“最后一公里”。

2022年7月1日，田后蓬公交站点开通

（严刚刚　摄）

【“永远跟党走”主题活动】 7月2日，大畈乡在上河村文化礼堂举行“永远跟党走”主题活动。县人大常委会副主任于新宣，大畈乡全体干部职工、全乡7个行政村农村党员参加活动。活动由乡党委副书记、乡长楼超武主持。县人大常委会副主任于新宣传达学习省第十五次党代会精神。乡党委副书记周军宣读乡“两优一先”名单和表彰文件。活动前，乡内主要领导带领班子成员开展”七一“走访慰问活动，详细了解各村老党员和困难党员生活方面情况及存在的问题难题，为他们送去党的关怀和节日的祝福。活动后，各村支部党员返村开展主题党日活动，继续深入学习省第十五次党代会精神，交流学习心得体会，开展为民解忧、“同心共创文明城”问卷调查、环境卫生整治等志愿服务活动，用实际行动践行对党的承诺。

2022年7月2日，大畈乡在上河村文化礼堂举行庆祝中国共产党成立101周年浦江县万名党员“永远跟党走”主题活动　　（傅　帆　摄）

（傅　帆）

中余乡

【概况】 中余乡总面积43.66平方千米，下辖8个行政村，全乡4195户，人口12116人。耕地面积332.93公顷，山林面积3733.14公顷。全乡各村文化礼堂全覆盖，共建有1个新时代文明实践所，8个新时代文明实践站。

乡域拥有锁具集聚区2个，容纳企业47家。2022年实现总产值7.7亿元，比上年增长0.42%；出口交货值4亿元，比上年增长0.19%；固定投资1078万元，工业投资665万元，其中制造业投资558万元；规模以下样本点营业收入1335.7万元，比上年增加42%。15家专变用户企业光伏安装并网，完成34号地块出让并启动建设。

2022年，冷坞花谷景区共接待游客8.1万人，旅游收入累计90万元，其中“坪上云居”共接待旅客3100余人次，住宿收入约35万元。全年新发展民宿农家乐2户，约床位15个。2022年“坪上云居”共有民宿17家，床位增至150个。完成浙江省AAA级旅游景区乡镇创建。中余乡获评浙江省AAA级旅游景区镇，冷坞村获评浙江省村庄设计与农房设计优秀村庄。

2022年，中余乡冷坞村“坪上云居”民宿夜景

（中余乡提供）

2022年中余乡各行政村基本情况表

表20

村名	户数（户）	人口（人）	耕地面积（公顷）	山林面积（公顷）
普丰村	437	1297	20.91	410.80
蒲阳村	666	1871	68.32	439.00
方家村	403	1230	45.14	678.80
中余村	898	2485	64.17	627.47
五星村	379	1138	34.70	224.40
高桥村	369	1114	27.27	228.80
雅湖畈村	787	2182	55.32	583.80
冷坞村	256	799	17.10	540.07
合　计	4195	12116	332.93	3733.14

组织全年送戏下乡、电影下乡及讲座展览等活动20余场；开展红色研学、红色故事主题宣讲活动24场，全年总计参观养元坑爱国主义教育基地1400余人次。深化新时代文明实践志愿服务队，开展防疫、助力企业复工复产、校园复学、田园综合整治、无偿献血、新时代美丽乡村、关心关爱老人等志愿活动700余次。联系浙江水利水电学院师生，到中余乡开展支教活动，开展春泥计划100余次。

开展“3·12”全民义务植树活动，完成省赠珍贵树种苗木种植任务；清理松材线虫病病木，对137.6公顷788个小班的松林进行春秋松材线虫病和松毛虫的调查，发现跃进水库边有小块松毛虫为害，多次观察没扩展情况。核实森林卫片督查图斑2批，未发现违规情况。开展水力灭火森林消防演练，提高了森林扑灭火技能，全乡无森林火灾发生。五星村银杏古树文化公园获评浙江省第一批古树文化公园，冷坞村获评省级森林氧吧和省级森林人家。

2022年3月11日，中余乡开展"3·12"植树节暨"我为亚运种棵树"活动　　（张燕华　摄）

7月3日，中余乡在中余村文化礼堂举行万名党员"永远跟党走"主题活动。2022年，全乡有机关党员30名，两新党员16名，农村党员498名。

坚持把美丽乡村建设作为实施乡村振兴战略的重要抓手，加强基础设施建设，推进农村人居环境改善。常态化开展环境卫生垃圾分类每周检查，并进行闭环管理，完成对生态处理中心的提升改造。完成省级美丽乡村示范乡镇创建、获评浙江省美丽城镇建设基本达标城镇；中余村被评为省级美丽乡村特色精品村。

【基层党建】　2022年，中余乡以"红色根脉强基工程"和"丰安红管家"应用为平台，每月开展基础党建工作督查；抓实党校支部，落实中余乡党校支部"3+2"积分管理办法，制定红黄积分双榜，16名党员接受党校支部整转，累计开展学习、志愿活动22次；抓牢村干部队伍，落实村干部"五分五星制"管理办法，发出中余组工通报24期，涉及人数52人次，绩效金额4.4万元；打造党建示范点3个，西部锁具园区出台"六星创育"工作法；完成中余村党建三面墙建设、普丰村养元坑"五老"工作室建设；抓好关工委工作，制定关工委"1236工作体系"并按照计划每月开展活动；落实"百镇共建"活动，通过农产品"三进"活动为中余乡百姓增收20余万元，通过"名医下乡"活动为中余乡群众提供诊疗服务300余人次。中余乡关工委获评金华市"五好"基层关工委。

【民生保障】　2022年，中余乡走访慰问困难群众120户，发放慰问金、补助金等8.3万元；"残疾人之家"常态化运营，残疾人生活补贴和护理补贴实现全覆盖，19名残疾人接受技能指导、托养、康复等服务，累计帮助残疾人创收超3万元，2022年获评省级三星级"残疾人之家"称号；推进山塘水库整治，加建堤坝站，定期清淤整修。中余溪、雅湖溪、罗源溪水毁修复工程，蒲阳大湾、高桥城坞、雅湖畈落塘、杉树湾、麻车塘5个山塘整治工程均完工；蒲阳村至普丰村、高桥村佛堂店至五星村两条乡级道路和普丰村主干道修缮完工；蒲阳村休闲广场、雅湖畈村便民服务中心建设完工；中余村黄桃基地和雅湖畈红美人基地建设完工；黄桃加工厂完成主体建设，以产业带动村民集体双增收。

【集体经济】　2022年，中余乡依托特色产业优势，深化"联建共建抱团"合作模式。全乡8个行政村实现经营性收入50万元全覆盖，其中3个村实现经营性收入100万元，集体经济总收入963.51万元，比上年增长19.55%，经营性总收入556.68万元，比上年增长113.84%。成立中余乡农民合作经济组织联合会；完成高标准农田建设项目的招标并进入施工阶段；调整优化194.4公顷粮食功能区。黄桃挂果总面积约140公顷，总产量超35万千克，在政策调整、极端天气等不利因素条件下，利用"线上+线下"销售，通过直播带货、防疫保供等渠道，为村集体和村民增收超420余万元。

【环境整治】 2022年，中余乡开展“五水共治”专项治理工作，全面检查中余溪、各村池塘、山塘水库水质、卫生状况，完成排查水体90处、排（污）水口15处，未发现黑臭水体；清理河道淤泥40余吨，确保水质长效达标。开展中余乡2022年度“五水共治”找短板寻盲区查漏洞挖死角专项行动，完成自查互查问题整改17处。中余乡五星村污水处理终端主电源线修复工程建设完工。开展中余乡蓝天保卫行动，共出动检查70人次，对中余乡餐饮油烟、工业废气等开展专项检查，其中督促餐饮业整改2家，处置秸秆焚烧53起。开展工地扬尘专项治理，加强巡查监测，发现建筑工地扬尘7起并责令整改。开展工业企业环保基本信息调查，申领企业环保码38家。

【数字赋能】 2022年，中余乡开展数字赋能社会治理工作，建设全县第一个数字乡村平台、全市首个“三网融合”未来数字化乡村卫生室。打造辖区内池塘“AI监控+云广播”系统，筑牢青少年防溺水安全防线，建成以来预警儿童靠近池塘情况60余起，无溺水伤亡事件发生。8月31日，五星村获评浙江省数字乡村“金翼奖”百优村。

【基层治理】 2022年，中余乡抓好安全生产，不断完善责任清单，常态化开展隐患排查治理；推进解决信访问题，化解各类矛盾纠纷，实行重大节日和重要活动期间信访信息“零报告”制度，确保信访渠道畅通、纠纷溯源精准、事件调处专业、乡村稳定和谐，累计排查、化解矛盾纠纷207件，化解205件，调解初信初访（包括网信、来电）42件。坚持“3+N”（“村干部+党员+团妇兵”）网格体系，聚焦治安巡逻、顽瘴痼疾整治、消防安全等方面进行重点部署。

（傅靓靓　杨珊珊）

2022年度“金华好人”

做一粒好种子

——追记浦江县委常委、宣传部部长徐利民

《浙江日报》记者 何苏鸣 施力维 蒋欣如 叶梦婷 见习记者 葛雪琪

徐利民是个什么样的人?

有人说,他挺痴的。一头扎进万年上山的历史研究,硬是让自己成了半个专家。

有人说,他挺傻的。身为县委常委、宣传部部长,却事事冲在最前面且乐此不疲。

更多的人说,他是个好人。从基层一步步成长,他始终充满激情、敢闯敢干。他热爱生活,总想着把这份热爱传递给身边的人。

在这个微寒的深秋,在他因病去世一个多月之后,我们再次来到浦阳江畔。在这片他深爱的土地上,在同事含泪讲述的那一段段依然历历在目的过往中,我们深切感受到一位基层宣传干部的热爱和奉献、执着与担当。

“人总要为什么而燃烧”

“万年上山,世界稻源。”

这是“杂交水稻之父”袁隆平为上山遗址博物馆的题词。望着门口往来不绝的“打卡者”,馆长张国萍的眼眶湿了又湿。

徐利民

2000年,上山遗址被发现。出土的数粒炭化稻米及大量混杂的稻壳、稻叶,成为一万年前稻作文化的实证。可之后这些年,当地虽在保护研究方面积累了一定成果,影响力却迟迟无法扩大。

“最大困难是什么?”2019年,徐利民就任县委宣传部部长,第一次到博物馆考察,就直奔问题而去。

“缺钱,更缺人。”张国萍把压力和盘托出:县里缺少用于研究和宣传的专项经费，也没有懂业务、会协调的工作主持人……

没想到，徐利民不仅立刻协调了编制，着手商讨落实经费，还四处托人，辗转找到了“顶流”袁隆平。

袁老的这次“代言”，让上山“出圈”了。但要推动上山遗址走向全国乃至世界，对浦江一个县来说谈何容易？

2020年，徐利民向县委提出一个大胆的建议：联合“上山文化”遗址联盟的4市11县共同申遗。

为此，他几易其稿，绘制了一张跨越15年的路线图：2021年，申报“百年百大考古发现”；2022年，申报国家考古遗址公园；2025年，申报中国世界文化遗产预备名录；2026年，“上山文化”正式申报世界文化遗产，到2035年力争申遗成功……

“上山文化”发现者、省文物考古研究所研究员蒋乐平说，这张路线图，徐利民比谁都记得清楚，一有机会就拿出来说，他把推动“上山文化”工作作为头等大事，一刻也等不起。

杭州良渚遗址管委会负责人陈寿田深有同感。2022年5月，为请陈寿田到浦江分享参与良渚申遗的经历，徐利民专程在酒店大堂从傍晚等到深夜。“第二天听别人说起，才知道为了等我，他连晚饭都没有吃。”陈寿田说。

这样的“程门立雪”，很多专家遇到过。甚至很多次，因为专家行程满，徐利民就按照他们的时间表“蹲守”，见缝插针争取一点交谈机会。

徐利民曾说，人总是要为什么而燃烧的。上山就是他为之燃烧的所在。

这两年，被考古界泰斗严文明称为“稻作农业世界第一、彩陶世界第一”的上山，吸引了许多专家学者慕名前来考察，还有不少代表团来学习取经。只要有时间，徐利民都亲自陪、亲自讲，各种数据、典故信手拈来，不少第一次见面的人还以为他是个研究员。

县委宣传部办公室主任方黎晨知道这背后的付出：徐利民的微信头像是上山的照片，朋友圈里刷屏的是上山的宣传，办公室堆满了考古类书籍，手机备忘录里记着有关申遗的思考和下一步打算，他还亲自动笔写了二三十篇关于“上山文化”的文章。

“徐部长办公室的灯，经常是部里最晚关的那一盏。他钟情上山，以自己能投身‘上山文化’工作为荣，认为这是一辈子最值得做的事。”方黎晨说，在徐利民的感染带动下，宣传部几乎每个人都成了上山的代言人。

2021年，一场名为“稻·源·启明”的“上山文化”考古特展，先后在浙江博物馆、首都博物馆、国家博物馆展出。近200件“上山文化”早、中、晚期文物，是徐利民带着人一件一件精挑细选的，连布展的位置、字号的大小他都逐一核对。

“我们要继续努力，让万年上山‘出圈’，成为‘万年中国’的标识！”特展结束后的总结会上，徐利民这样勉励大家。

他自己，更是为上山燃烧到了生命的最后一刻。

8月初，徐利民感到身体不适，强撑到申遗专班会议后才住院治疗，被确诊为急性肝炎。在医院，只要身体稍有好转，他就四处寻找被家人藏起来的手机，布置工作。甚至在换肝手术前夕，还用沙哑的嗓音嘱托申遗专家到浦江指导，约好出院后见面。

可谁能想到，手术之后他再也没有醒来……

“宣传工作也要解难题、促发展”

徐利民是土生土长的浦江人。浦江的故事，他讲了一辈子。

1990年，农家出生、农校毕业的徐利民，成了当地乡镇的农口干部。喜欢“爬格子”的他，白天下乡、晚上写作，因为笔头勤、敏感性强，被调到县委报道组，从此与宣传工作结下不解之缘。

“利民刚来时，县政府还没有汽车。他蹬着一辆自行车，跑遍了整个浦江。”曾经与他搭档的退休干部洪新年，仍记得这个年轻人端坐桌前字斟句酌的样子，“他总是说，文字是有力量的，宣传工作也要解难题、求实效、促发展”。

徐利民一直相信，众声喧哗中，宣传思想工作所凝聚的能量，胜过千军万马。

近年来，浦江产业转型升级面临挑战，曾占据全国市场六成份额的水晶产业不断萎缩。“浦江经济不行了！”社会上不时出现唱衰之声，一些基层干部有了“躺平”心态。

2021年初，一组“奋力赶超 干在今朝”系列述评在当地媒体连续推出，直面困难问题，直指症结所在。

“这次‘发声’不一般啊！”浦江政企干部、企业家、在外乡贤纷纷转发留言，有的还打来电话，为浦江发展出谋划策，收集到的优质意见建议超过400条，“发展没有旁观者”成为人们的共识。

多数人并不知道这个“爆款”背后的故事，可那些彻夜改稿的日子，县融媒体中心总编辑洪建坚历历在目：“这个系列是徐部长力主推出的，每篇稿件他都亲自修改，所有的观点、标题反复斟酌。”

仙华山是浦江有名的景区。同事们记着徐利民的一番话：干部要登上仙华山，俯瞰整个浦江发展，但根要紧紧扎在这片土地上。

2021年起，浦江创建全国文明城市，徐利民作为县委领导主抓这项工作。在他看来，这不仅是为了一块牌子，更要以此为契机提升城市文明，增进大家的幸福感。

西站社区地处城郊接合部，面积大、老小区多，卫生差、停车混乱，是当地文明创建的老大难区域。2022年4月，社区因整改工作不力，被颁发象征落后的“蜗牛奖”。为此，徐利民主动提出与社区结对。

“结对后，徐部长不仅带着大家商量整改思路，还身体力行带头干。”社区党总支书记赵宗欢说。徐利民每周六都来，这个领导“眼里有活”，总能发现卫生死角。半年时间，西站社区面貌一新，10月还拿到了最快进步奖。

“徐部长身上有一股子劲，做一样，爱一样，成一样。”县委宣传部副部长、网信办主任傅杰桢说。“干部下基层开展信访工作”是县里的金名片，可前几年，有些网络投诉渠道的响应处置效率不高。发现问题后，徐利民雷厉风行地整合了全县8个平台的网络问政板块，新推“民情暖哨”网络平台。

如今运行的平台，不少修改意见是他亲自测试后提出的。为方便老年人，还专门开发了方言投诉模块。平台上线两年多来，共收到民情诉求2万余条，总体处理完成率99.8%，解决了一批民生难题。

“人就像种子，要做一粒好种子”

“爸爸到底是个怎样的人？”在送别徐利民的日子里，多年在外求学工作的徐子涵，努力回想着父亲的样子。

老部下楼玉璋带着妻子来吊唁。他们说，当年工作忙，是在徐利民的一再张罗下，他们才相知相爱，“徐部长是个体恤下属的好领导”。

虞宅乡前明村的邱源枢老人特意从乡下赶来。他是村里的困难户。徐利民在虞宅乡任党委书记时，常去他家走访。尽管工作数次变动，可每回路过，他都会去坐坐，最后一次聊了一个多小时，还特意留下1000元现金，“徐书记就像自家人，说得上话”。

县文化馆青年干部张江涛，因创作宣传“上山文化”的歌曲和徐利民相识，最后成了跑友。在不少跑团的照片中，徐利民满脸汗水、笑容灿烂，“他为我们规划跑步线路，劝导年轻人劳逸结合，是我们的良师益友”。

对徐子涵来说，这个老爸，还有绝不妥协的“狠心”一面。几年前，有亲戚因为违法建筑找他通融，结果碰了一鼻子灰。“你爸爸啊，对自己狠，从来不舍得穿新衣服，对亲戚朋友也‘狠’，我们没人敢找他‘开后门’。”伯伯徐树民告诉她。

“人就像种子，要做一粒好种子。”袁隆平的这句话，徐利民常常挂在嘴边，而这一段段往事，让那个在徐子涵心里“似乎永远只装着工作”的爸爸生动起来，“他一直在努力做一粒好种子，也希望每个人都是一粒好种子”。

是的，每个人都成为一粒好种子，是他的美好期待。

“你认识自己的邻居吗？”在一次城市社区调研时，徐利民提出这个问题。他和街道、社区干部讨论，探索将农村台门里的生活、议事模式引入城市社区，打破城市居民互不往来的状态，在城市社区开展新时代文明实践。

从浦阳街道开始，毗邻而居的几户或几十户居民，形成了共建共治共享的“红色台门里”。通过“我为邻居做件事”“帮扶微心愿”等活动，慢慢地，邻居们见面打招呼了，互相搭把手的日子多了，心与心的距离也近了。如今，浦江17个城市社区中已涌现200多个“红色台门里”。

“徐部长走街串巷时，如果看到暖心的事就特别开心，觉得我们这项工作做对了。”县精神文明指导中心主任王红钢说，因为“红色台门里”，市民参与志愿服务活动成为常态。这两年，浦江是全省志愿服务最活跃的县之一，已有10万余注册志愿者，每年有5万余人次参与志愿服务。

文明的种子，就这样润物无声地播撒着。

一万年前，一粒种子在浦阳江畔恣意生长。

一万年后，徐利民用自己的付出，让更多人认识那粒穿越万年的黑色稻米，以及它扎根的这片土地。

9月21日，徐利民去世的第二天。省运会圣火采集暨首站火炬传递启动仪式，在上山考古遗址公园举行。这场神圣的仪式，何尝不是对他最好的告慰？

他一直在做一粒种子，扎根大地，将个人的梦想融入时代。

没有什么比一粒种子，更能感知春天的到来。

（转自2022年11月16日《浙江日报》）

2022年第一季度“浦江好人”

一、助人为乐类

1.于荷钗，女，1963年6月出生，群众，籍贯浙江浦江，白马镇兰塘村村民，浙江顺字混凝土有限公司董事长。她支持农村公益事业，为兰塘村修路、修护池塘围栏、立牌坊、修路等公共设施建设捐款累计70余万元。给就地过年的外来员工发放过年补贴30万元。每年给老年协会捐款，帮助孤寡老人。于荷钗热衷公益、回馈社会的热心肠取得了身边人的广泛好评和认可。

2.洪迎吉，女，1979年12月出生，群众，籍贯浙江浦江，浦阳第二小学教师。她业务精熟，任教期间优质课获奖多次。善于因材施教，创新学生干部“轮换制”，关爱后进生、贫困生。

3.钭美燕，女，1977年12月出生，群众，籍贯浙江浦江，浦阳街道狮岩石陵村村民，碧水蓝天户外救援协会会员。自2017年以来，钭美燕参加各种救援等志愿服务活动。多次参加送温暖活动，户外走失人员搜寻，顶着烈日为流浪人员送清凉，冒着严寒搜寻流浪人员为他们送温暖。参与每年一度的书画节的安保活动、翠湖卫士活动。每年节假日参加仙华山上垃圾清理、捡拾等志愿服务活动。

4.吴秀丽，女，1979年4月出生，群众，籍贯浙江浦江，仙华街道大许村村民，浦江县仙华公益救援中心队员。自2020年加入仙华公益救援队，曾多次参加大型救援活动和保障、森林消防演练活动。

5.张黎芳，女，1972年1月出生，群众，籍贯浙江金华，浦南街道平一村村民，浦江县碧水蓝天户外救援协会理事。参与夜间巡查、寻找流浪乞讨人员等志愿服务。短短5年的时间里，从七月酷暑在烈日下站岗，到正月寒风在山崖上执勤。从市民车辆被困山地，到老人失踪、儿童走失、少年溺水等施救中，都有她忙碌的身影。

6.周姣姣，女，1986年11月出生，群众，籍贯浙江浦江，浦阳街道西站社区居民，浦江县城投集团排水有限公司职工。从2014年开始，在县图书馆做夜间志愿者已有八年，服务期间累计整理书刊约800册，服务1000余人次，服务时长500余小时。热心为村里妇女介绍来料加工活计。积极参加植树造林、捐赠衣物书籍、照顾孤寡老人、参与书画节和水晶博览会等志愿服务工作。

7.楼联民，男，1973年7月出生，中共党员，籍贯浙江浦江，浦南街道蒋塘村村民，国网浦江县供电公司职工，浦江县丰安工艺志愿者协会理事。身为电力职工，发挥本职工作，主动为老人们免费缝纫修补、家电修理、电力线路安装。他参与“黄手环”助老项目，先后帮助找回200余名走失老人。设法筹建金狮湖志愿服务岗亭，晴天为口渴的游人送茶倒水、雨天为老人搀扶撑伞、免费为游客寄存小物件。每逢端午节自掏腰包，购买糯米、粽叶等给村里的老人们包粽子。动员家人为环卫工人们熬制“爱心粥”。每月5日参加雷锋广场开展的志愿服务，免费为老人提供理发、为行动不便老人提供上门服务。累计志愿服务时长600余小时，服务数万余人次。

8.程昌春，男，1966年2月出生，中共党员，籍贯浙江浦江，浦南街道江滨社区居民，杭坪镇中心小学教师。他热心公益、乐于助人。在虞宅公交车招呼站设立“爱心伞”，为候车村民遮阳挡雨。自购LED户外照明灯，方便晚上跳舞健身的群众。连续7年花费3万余元租房子、购买球桌、球拍，为乒乓球爱好者提供运动场所。自付2000余元购置升降篮球架，为虞宅篮球爱好者提供运动器材。建立茜溪快走队、周末开心群等丰富大家的业余生活。自付1350元购买“低音炮”音响，为茜溪快走队提供服务。节假日义务帮村民装电装水、修理小电器。每年都参加主持“杭坪镇农民文化艺术节”表演葫芦丝演奏，丰富群众文化生活，自编自演内容为垃圾分类的“三句半”，助力重点工作，获得群众好评。

9.张其信，男，1971年11月出生，群众，籍贯浙江浦江，仙华街道方宅村村民，浦江仙华公益救援中心副中队长。他先后参加浦江国际马拉松越野跑保障、书画节、葡萄节、创建文明城市、寻找走失人员、水上打捞溺水者等志愿服务工作，累计志愿服务时长2000多小时。先后获得浦江县社会救援先进个人、县志愿服务工作先进个人等荣誉。

10.张晶晶，男，1978年3月出生，群众，籍贯浙江浦江，浦阳街道文景社区居民，浦江县志愿者协会百分百公益理事。自2015年以来，参加书画节等志愿服务活动。参加慰问贫困生、给贫困户送温暖等公益活动。每月下乡开展家电维修等志愿服务。参与志愿服务150多次，累计时长达1100小时。

二、见义勇为类

1.张炎松，男，1982年4月出生，中共党员，籍贯浙江浦江，浦南街道宋溪村党支部副书记、监委会主任。4月21日晚上9点，浦南街道宋溪村某民房突然起火，张炎松挺身而出，不顾个人安危，将户主和孩子两人救出。之后他还疏通交通，引导消防车进入现场，协助扑灭火势。

2.张栽地，男，1956年2月出生，中共党员，籍贯浙江浦江，浦阳街道群生村村民，退休教师。2022年2月4日，张栽地夫妇在村水塘边洗菜时发现有人落水，张栽地不顾个人安危，来不及脱下外衣就跳进冰冷刺骨的池塘，游向落水者，将她托出水面，安全拖到岸边。他的妻子和闻讯赶来的村民一同将张栽地和落水者拉上岸。

三、敬业奉献类

1.潘娜，女，1982年8月出生，中共党员，籍贯浙江浦江，浦江县疫情防控指挥部工作人员。2021—2022年，浦江县新冠疫情期间，她参与数据统计工作，共接收统计核查数据20万余条，协调核查乡镇（街道）、各部门上报数据线索6万余条。以“耐心、细心、责任心”三颗心诠释责任担当，用“加班、忙碌、疲惫”三种常态诠释青春无悔，默默地守护全县人民群众生命安全。

2.郑丽文，女，1966年8月出生，中共党员，籍贯浙江浦江，岩头镇岩头陈村支部委员、妇联主席。2008年开始从事基层工作，先后组织村舞蹈队，丰富群众文化生活，3次被评为县优秀业余文艺团队。助推居家养老，做好调解工作，13年间，调处各类矛盾纠纷50余件，调解成功率达95%以上。

3.虞珍月，女，1966年3月出生，群众，籍贯浙江浦江，虞宅乡前明村妇联副主席，浦江县人大代表。2017年开始负责村居家养老中心工作，精选食材，为老人们挑选最新鲜安全的食品。虞珍月主动承担起为行动不便的老人派送饭菜的责任，骑着三轮车挨个送上门。

4.楼艳艳，女，1979年12月出生，群众，籍贯浙江浦江，浦江县浦阳街道居民，浦阳第一小学教师。她是一名认真的班主任，细心的年级组长，也是全校2773名师生员工及家庭成员和5个民办幼儿园的疫情防控信息统计报送员。

5.范佳鹏，男，1992年12月出生，中共党员，籍贯浙江金华，浦江县消防救援大队初级专业技术员。在浦江工作的6年时间里，共参与火灾扑救180余次，抢险救援和社会救助200余次，检查社会单位5500余家，行政处罚200余家，火灾事故调查29起，消防培训8万人次，发放宣传资料30万余份，新闻宣传在央视上发布7次，省级媒体上发布40多次，在市级媒体上发布300余次。多次获得个人三等功一次、嘉奖三次，并多次被评为优秀干部、优秀共产党员。

6.项军松，男，1978年11月出生，中共党员，籍贯浙江浦江，浦江县中余乡卫生院院长。他扎根基层22年，是百姓眼中最“靠谱”的好医生。在他的带领下，中余乡卫生院带头践行周红灯精神，组建起“红灯”医疗服务小分队，深入山区数十个自然村巡回送医送药，为村民提供面对面的医疗卫生服务，每年服务山区百姓3000余人次，真正将“红灯”精神发扬光大。

7.吴子源，男，1984年2月，群众，籍贯浙江兰溪，浦江县税务局职工。自2015年7月进入税收队伍开始，他始终坚持好学深思、与税俱进。他专业知识扎实，工作作风细致，服务态度热情，耐心接听纳税人咨询热线，为纳税人进行政策辅导，排忧解难，赢得群众好评。

8.周德胜，男，1968年9月出生，中共党员，籍贯浙江浦江，檀溪镇潘周家村副主任。他能攻坚克难，整治环境卫生，发展村集体经济，为潘周家村民的幸福生活奉献全部力量，得到群众赞扬。

9.潘红良，男，1969年1月出生，中共党员，籍贯浙江浦江，黄宅镇新华村民委员会副主任，浦江县优秀红十字志愿者。在任期间，参与全村垃圾分类、环境卫生整治、消防安全检查等工作，多次得到群众好评。全心投入农业生产、水利建设、房屋改建工作。参与美丽田园长效管理、水利设施维护、抛荒田复垦、农户危旧房改造等。负责村居家养老照料中心100余名75周岁老人及低保户的集体用餐，从食材选购、菜谱制定、质量把关、卫生监督到人员管理、账目结算，抓得井井有条。

10.胡宏伟，男，1977年12月出生，中共党员，籍贯浙江浦江，浦江县人民检察院第四检察部主任。2003年参加检察工作以来，一直奋战在反贪、公诉、控申、刑事执行、民事检察等办案业务一线，他业务精湛，成功办理系列疑难复杂案件。所办案例多次入选全国民事检察跟进监督典型案例、全省《民法典》实施类精品案件。所办理的民事再审改判未移送变更执行监督类案，经数字化解析、梳理要素、构建模型，在解决一类突出问题中提升法律监督的功能价值，入选《浙江省检察机关数字监督办案指引》，向全省推广运用。

11.金增炎，男，1956年9月出生，群众，籍贯浙江浦江，浦江县前吴乡塘岭金村文书。作为“五老”骨干宣讲成员，以丰富的教学经验，向青少年宣讲老一辈革命英雄事迹，把红色传统、红色记忆、红色基因根植于青少年心中，让青少年真正做到永远听党话、跟党走。作为村居家养老中心管理员，对全村142名高龄老人的口味喜好、身体状况如数家珍，不管冬寒夏热，坚持每天早上6点为居家养老中心购买安全餐食物资，得到老人们的一致好评。

12.朱宏杰，男，1985年8月出生，中共党员，籍贯浙江浦江，国网浦江县供电公司浦东供电所所长。2021年，参与完成8条10千伏线路的改造迁改工程，新增变压器9个，增容变压器15个，有力保障了辖区内电力可靠供应和乡村振兴的电力需求。为医院等重要场所检查线路12次，消除隐患2处，紧急抢修1次，现场保供电6次。所在单位多次获评浙江省电力公司“五小”供电所示范点、浙江省电力公司示范星级供电所、金华公司电网先锋党支部等荣誉。

13.魏建宇，男，1979年12月出生，群众，籍贯浙江浦江，浦江县城乡自来水有限公司职工。他和其他同事一起肩负着城乡一体化供水管道的巡查、维护、抢修，每年365天、每天24小时时刻待命，第一时间到达现场进行抢修，保障管道正常供水、居民生产生活用水。参与2016年抗击冰冻灾害、2018年的全县水表普查的维护、抢修工作。工作之余，参与“水润万家”浩哥服务队志愿服务活动，用自己理发的特长，为行动不便的老人免费理发，受到群众欢迎和点赞。

（县委宣传部提供）

2022年第二季度“浦江好人”

一、助人为乐类

1.陈荷女，女，1963年5月出生，59岁，群众，籍贯浙江浦江，岩头镇荷塘村村民。2022年5月10日，陈荷女骑车经过浦江县岩头镇镇区路时，看到一个小女孩独自一个人边走边哭，陈荷女抱着女孩，沿街挨家挨户询问，累了，又背着小女孩寻找父母，最后只能到岩头镇人民政府求助。后经民警帮助，女孩平安回到了父母的怀抱。热心人陈荷女帮助女孩找父母的事迹，被《人民日报》、新华社、中央电视台新闻频道点赞，被网友称为“紫霞仙子”。

2.陈亚佳，女，1990年10月出生，党员，籍贯浙江浦江，县综合行政执法局花桥中队长。2022年初，陈亚佳在巡逻中发现一辆轿车和车里的3名群众，被困在花桥乡高塘村路边雪地里，她及时救助，成功帮助受困群众和车辆安全转移。为避免发生类似事故，陈亚佳及时组织人员清理了沿路的冰雪，确保其他车辆的安全出行。在垃圾分类“一场两员”行动中，她随时化身“小老师”，深入餐厅、企业、居民户，面对面开展垃圾分类知识教学，提升群众垃圾分类意识。

3.吴高锋，男，1985年12月出生，籍贯浙江浦江，无党派人士，黄宅镇人大代表，浦江县政协委员，浙江红鼎衫工贸有限公司总经理。吴高峰创业成功后，热衷于慈善公益事业。2020年以来，向黄宅镇和前吴乡、派出所、医院捐赠防疫紧缺物资10余次，共计20000元。多年来累计做公益活动超20次，获群众点赞。

4.郑登伟，男，1979年5月出生，群众，籍贯浙江浦江，郑宅镇寺后村岭脚村民，理发师。自2018年开始，郑登伟每个月都会关店一天，抽出时间上门为郑宅各村的老人家、残疾人、困难群众免费理发，成了附近有名的爱心理发师。只要一有时间，他便放下生意，积极参与镇残联、妇联、计生协等组织的各类志愿服务活动。五年时间，他的爱心足迹遍布郑宅镇15个村庄，为各村孤寡老人、残疾人、困难群众免费理发300余人次。

5.张顺福，男，1957年7月出生，共产党员，籍贯浙江浦江，前吴乡埬山村村民。张顺福勤劳致富，热心公益事业。经常为村民和社会事业捐款捐物。为村里修桥、修路、建避雨凉亭、修建文化礼堂捐款近5万元，为防疫工作捐资1万元。捐献价值2000多元的户外音响设备，用于村里老人跳广场舞。逢年过节积极慰问帮助困难群众。张顺福的善举，获得群众一致好评，荣获前吴乡“好家风”示范户等荣誉。

6.林朝旺，男，1978年12月出生，群众，籍贯浙江浦江，花桥乡林坞口村民。2019年加入浦江仙华公益救援中心以来，先后参与浦江县书画节志愿服务、寻找走失人员及文明创建劝导等志愿服务累计350多次，累计志愿服务时长达到3800小时。

二、见义勇为类

1.于兴林，男，1973年10月出生，预备党员，籍贯浙江浦江，浦南街道前于村委会副主任。2022年5月25日傍晚，于兴林在田间开展秸秆焚烧巡查时，突然接到村民打来的电话，说村口池塘有小孩不慎失足落水。于兴林一边给附近的村干部打电话，一边跳入塘中，快速靠近，成功将溺水儿童救出。

2.吴根牛，男，1959年1月出生，群众，籍贯浙江浦江，中余乡雅湖畈村村民。2022年5月24日晚，吴根牛在自家门口聊天，忽然听到不远处有人在呼救，循声而去，看见有人掉在池塘里，挣扎着游不出来。63岁的吴根牛顾不得多想，跳下水，奋力将落水者救了上来。

三、敬业奉献类

1.叶伟亮，男，1993年3月出生，群众，籍贯浙江浦江，浦江县堂头中学教师。叶伟亮承担学校科学教学任务外，开设趣味创新科学实验课程，参与科普志愿服务活动。多年来，作为浦江县科普讲师积极配合各单位受邀进社区、进校园、进企业为学生开展公益性的趣味创新科学活动40多场，活动深受学生喜爱，受益学生上千。多次辅导学生参加县级、市级、省级的比赛并获得良好成绩。

2.孙颖超，男，1960年3月出生，群众，籍贯浙江浦江，虞宅乡马岭村村委。在文明城市创建中，发挥了他多才多艺的优势和经验，精心策划组织新时代文明实践活动20余次。在关爱未成年人工作中，认真开展好“春泥计划”活动，组织孩子们参加趣味学英语、争当啄木鸟·来识错别字等活动。在雪天为孤寡老人家清扫门口积雪，遇恶劣天气及时转移居住在危旧房内的村民。曾荣获虞宅乡优秀村级好干部、浦江县关心下一代工作先进个人等荣誉。

3.祝天凯，男，1991年11月出生，党员，籍贯浙江浦江，白马镇群心村支部书记、村主任。自2020年担任群心村支部书记、村主任以来，祝天凯设法解决困扰村民多年的灌溉水渠硬化问题，牵头建设了祝宅自然村篮球场。参与化解村民矛盾纠纷，全村信访户成功清零。将闲置四年的办公楼成功出租，村集体经营性收入实现翻两番。面对村民住房困难的突出问题，经多次组织座谈、上门走访并积极向上争取建房指标，解决了15户农民的住房问题。祝天凯组织村民开办群心夜市，帮助12名村民实现年增收3万元。

4.张朝煌，男，1974年1月出生，党员，籍贯浙江浦江，仙华街道金宅社区支部委员。张朝煌参与全国文明城市创建，主动入户走访开展文明创建宣传工作。组织年轻党员开展健步走、骑行等运动，丰富党员业余生活，提高团队凝聚力。2021年，他经常定时定点，为年老体弱、行动不便、孤寡老人送餐。经常关心独居老人，陪他们说话，帮助他们解决生活中的难题。他经常主动为社区修复破损的公共设施，同时帮助居民解决楼顶漏水等问题。

5.沈家初，男，1973年2月出生，党员，籍贯浙江浦江，郑家坞镇沈里村党支部副书记。自2008年担任村委会主任以来，沈家初投身村庄整治、基础设施改善等美丽乡村建设，将村里的黄泥路改建为水泥路，将村里“摸黑路”升级为“亮堂路”；改善村内池塘、水库水质，实施塘堤整治，增设护栏，新建三个凉亭，村容村貌焕然一新。他经常关心困难群众，帮助解决生活中的实际困难，曾荣获浦江县法制宣传教育先进个人、浦江县社会治安综合治理工作先进个人、浦江县“爱国拥军模范个人”、郑家坞镇“担当作为”好干部荣誉。

四、孝老爱亲类

傅宏亮，男，1969年9月出生，群众，籍贯浙江浦江，白马镇五丰村村民。2006年，妻子贾美杭突发帕金森病，生活不能自理。大儿子常年在外工作，小儿子在校读书，为了让两个儿子无后顾之忧，一人担起妻子一日三餐和衣食起居。16年5840个日日夜夜，傅宏亮对妻子始终不离不弃、悉心照料。傅宏亮用真诚和爱，悉心地经营着这个家，照顾着妻子，传承和发扬着中华民族的传统美德，让人无不为之动容。

（县委宣传部提供）

2022年第三季度“浦江好人”

一、助人为乐类

1.李媛，女，1976年8月出生，群众，籍贯浙江浦江，浦阳街道宣和社区居民。她善良纯朴，乐于助人。丈夫从医20余年间，每当遇到家境困难的病患，李媛总是有求必应，拒收药费，无偿帮助他们。她谨遵家训，体贴孝顺。父亲卧病，她每日下班骑车探望；母亲手术，她风雨无阻，为其煲汤送饭。2022年8月31日，她不幸遭遇车祸，导致不可逆的脑死亡。她的家人强忍悲痛，遵照着她助人为乐的基本准则，无偿捐献她的器官，拯救他人生命。2022年9月荣获“红十字生命之光”奖章。

2.张玉萍，女，1978年12月出生，群众，籍贯浙江浦江，仙华街道红旗村村民。参加每月10日的环卫工人“美丽计划”，热情为老人、残疾人和尿毒症患者理发，服务2000余人次。多年来，她累计参加志愿服务活动260余次，志愿服务时长2000余小时。事迹曾被金华晚报等媒体报道，荣获浦江县红十字会优秀志愿者等荣誉。

3.陈利群，女，1964年7月出生，中共党员，籍贯浙江浦江，檀溪镇平湖村副书记、监委会主任。自2008年上任村干部以来，陈利群带领村民参与新农村建设、“五水共治”等工作。2016年3月，上河村三名儿童失联，她主动参加搜救，在上河周边山上连续奋战三天三夜，直至三名儿童被找到。2021年，她主动加入蓝天救援队，参加救援保障、低保户救助、防溺水科普等志愿服务工作130余次。她是平湖红豆糕的非物质文化传承人，红豆糕的制作技艺远近闻名，通过传授制作技艺，带动村民致富，让传统手艺得到传承发扬。她带动鼓励村民参加体育锻炼，组建健身队、腰鼓队、长跑队，带领大家参加体育比赛和文艺交流，取得了优异成绩。

4.蒋永麟，男，1977年3月出生，群众，籍贯浙江浦江，浦江县白马镇严店村村民。他孝顺长辈、温和善良、热衷公益、乐于助人。2022年7月29日，蒋永麟在工地干活时不慎从木架摔落，后脑勺着地受伤，虽经全力抢救，仍因伤情太重，未能挽回生命。悲痛之余，家属经慎重考虑，含泪签下器官捐献表，帮助蒋永麟捐献了肝脏、双肾，用于挽救他人生命。2022年7月荣获“红十字生命之光”奖章。

二、敬业奉献类

1.祝响响，女，1979年11月出生，无党派人士，籍贯浙江浦江，浦江县郑宅镇中心小学教师。她深耕教坛26载，连续10次荣获省市县优质课评比一等奖，持续11年做“互文阅读教学研究”，并辗转于西藏、新疆、贵州、四川等地做研究成果推广上百次。她主动交流到浦江最偏远的山区学校做校长，成为浦江县“一校两区”办学模式改革的先锋队，把好学校办到了山区村民的家门口，推动浦江城乡义务教育的均衡发展。她是教育扶贫的践行者，奔赴西藏、新疆等地支教、送教130余次，曾驻扎在四川省的深度贫困县，开展东西部教育扶贫协作。她首创的“云教研”等多项活动被列为东西部扶贫协作工作典型案例。先后获得全国最美教师、全国优秀教师等二十多项荣誉。中央电视台、中央人民广播电台、《工人日报》、《浙江日报》等十多家媒体报道了她扎根乡村、绘就教育蓝图的先进事迹。

2.傅响娣，女，1981年8月出生，群众，籍贯浙江浦江，白马镇同新村妇联主席。从2010年参加村务工作以来，她恪守“奉献、友爱、互助、进步”的志愿服务精神，用正能量感染身边的人。她是村里的巾帼领袖，无论是环境卫生整治、“五水共治”、美丽田园建设，还是为“消薄”开荒种地，都有她带领的巾帼志愿队身影，将巾帼“半边天”的作用发挥得淋漓尽致。她是文化礼堂管理员，在村“儿童之家”，她经常会组织动手动脑的亲子活动，让孩子和父母做“朋友”，为留守儿童、外来务工子女提供更多的学习机会。她是村代办员，帮助弱势群体做好各类村民救助、补贴申请、农村医疗保险、水电费代缴、代购生活用品和药物服务。她是红十字会志愿者，每年参加无偿献血，累计11次共献血3300毫升。先后获得浦江县“最美巾帼志愿者”、金华市“美家美院美生活”最美巾帼当家人等荣誉。

3.张丽艳，女，1975年10月出生，中共党员，籍贯浙江浦江，杭坪镇乌浆村村委、妇联主席、文化礼堂管理员。张丽艳怀揣奉献之心，做平凡之事，热心为村民服务。她是妇女姐妹的致富带头人，为妇女姐妹介绍来料加工20余次，带动大家致富。她是老年人的贴心人，牵头做好村居家养老照料中心工作，帮助老年人解决生活问题120余次。她是孩子们的知心人，每年组织春泥计划70余次，帮助孩子们健康快乐成长。她是村居文明的践行者，积极投身垃圾分类和环境卫生整治。先后组建村舞蹈队和大鼓队，勤于“种文化”，丰富村民精神文化生活。自编自演文艺节目参加比赛多次获奖。曾获县首批乡村文化能人、县老年体育运动工作先进个人、县最美防疫巾帼志愿者、县优秀红十字防疫志愿者等荣誉。

4.李海珍，女，1984年7月出生，中共党员，籍贯浙江浦江，国家税务总局浦江县税务局职工。参加工作以来，她敬业善思，务实精进，干好每一笔业务。她砥砺勤思，税宣在心，讲好每一个故事。她是浙江省朗诵协会、金华市作家协会成员、“浙里潮音”青年讲师、婺江潮声宣讲团成员，积极参与浦江青年理论宣讲工作，奋力推进地方文化建设和社会工作。荣获“喜迎二十大 奋进新时代”暨“共同富裕·青年说”微型党课大赛二等奖、“奋斗者”主题演讲比赛一等奖等各级各类奖项，荣获全国五好家庭，并获得金华市税务局许保国局长表扬性批示及普法依法治理工作优胜个人等荣誉称号。

5.黄岳贤，男，1968年4月出生，中共党员，籍贯浙江浦江，浦江县南苑小学教师。他素来心怀大爱，勇于担当。40多年前，年仅9岁的他不顾个人安危，勇救一名6岁的溺水儿童。他甘于奉献，改善教学条件。多年来，陆续解决学校厕所的臭气问题、气排球场的球架及照明灯问题、食堂的运饭车和厨工们挑饭工具问题。他刻苦钻研，教学成绩优秀。每年训练的学校航模队员，多次在省、市、县乃至全国的各类比赛中获奖。2008年以来，金华市海陆空模型锦标赛，县市代表队组的车辆模型和航空模型的团体第一几乎无一旁落。第20届全国“飞北赛”，为浙江省航空航天模型队夺得1金（浙江队共得4金）。曾获金华市教育技术先进个人、金华市科技创新优秀指导教师、浙江省航模优秀教练员、第20届中国飞北赛优秀教练员等荣誉。

三、孝老爱亲类

薛群飞，男，1965年10月出生，群众，籍贯浙江浦江，檀溪镇寺前村村民。14年前，父亲脑血管劈裂中风，导致右边手脚瘫痪，生活不能自理，长期卧病在床。从此，薛群飞每天给父亲擦身、洗脸、穿衣、喂饭，照顾父亲的衣食起居。为了更好地照顾父亲，薛群飞放弃外出远门务工，靠平时打打零工补贴家用。每天凌晨2点、3点半、4点，他都雷打不动、风雨无阻地前往父亲家中照顾他起夜。14个春夏秋冬，5110个日日夜夜，薛群飞始终坚守在旁，对父亲不离不弃、悉心照料。薛群飞用自己的躬身践行弘扬孝老爱老的传统美德，在村里成为一段佳话，得到了村民的高度赞赏。

（县委宣传部提供）

2022年第四季度“浦江好人”

一、助人为乐类

1、蒋立完，女，1977年6月出生，群众，籍贯浙江浦江，仙华街道中埂社区居民。她孝顺长辈、温和善良、热衷公益、乐于助人。2022年，蒋立完因乳腺癌复发，经救治无效去世。蒋立完的家人根据她生前意愿，帮助她成功捐献遗体，用于乳腺癌的医学研究。2022年11月，蒋立完获遗体捐献荣誉证书。

2.张剑华，男，1965年2月出生，群众，籍贯浙江浦江，中国人保寿险金华市支公司客户经理。他乐于助人，积极奉献。自2004年起，张剑华积极参与无偿献血13次，累计献血4500毫升。2019年7月11日，张剑华在翠湖不顾自身安危，救起2名溺水人员。此后，他还多次参与营救其他溺水群众。曾获全国无偿献血奉献奖、浦江县见义勇为荣誉证书等荣誉。

3.洪奇平，男，1974年7月出生，群众，籍贯浙江浦江，黄宅镇海塘村村民。2015年开始参加志愿服务活动。七年来，他参与文明城市创建、人民医院零排队、书画节、葡萄节等各种志愿服务活动560多次，公益时长3680多个小时。

二、见义勇为类

刘付生，男，1977年12月出生，群众，籍贯河南唐河人，黄宅镇前方村经营超市。罗加伦，男，2003年11月出生，群众，籍贯贵州惠水人，浦江县鑫弘塑料袋厂员工。2022年10月19日17时49分许，犯罪嫌疑人班某饮酒后在刘付生经营的超市内，无故与正在购物的受害人王某发生争吵和肢体冲突，并掏出水果刀将其胸腹部捅伤。危急关头，刘付生与罗家伦临危不惧，挺身而出，两人默契配合，将班某双手牢牢控制，夺下刀具，共同将其制服。王某胸腹部被各捅一刀，但第一时间被送往医院救治，转危为安。2022年10月，刘付生、罗加伦荣获浦江县见义勇为荣誉证书。

三、敬业奉献类

陈必荣，男，1960年10月出生，中共党员，花桥乡塘波村支部副书记。2002年开始，陈必荣持续20年义务讲好塘波村红色故事，每年吸引大量的游客参观。不管工作多忙，不论刮风下雨，只要有游客和团队来塘波红色教育基地参观学习，他都热情接待，认真讲解。为了节省开支，他动员妻子和家人也加入义务工队伍，烧开水、借凳桌、打扫卫生，不领一分报酬。有时一天接待团队六七批次，他从早忙到晚，腰酸腿疼，连水也顾不上喝。他没有豪言壮语，却用自己的行动默默书写一位党员干部的责任和担当。

四、孝老爱亲类

1.楼英桃，女，1932年4月出生，群众，籍贯浙江浦江，大畈乡建明村村民。楼英桃早年左眼失明和右脚残疾，但是她生性乐观，始终坚强面对生活。1976年，小女儿王彩华出生便落下残疾，生活不能自理，楼英桃不离不弃，在家精心照顾女儿46载。她每天给女儿洗脸、洗脚、上药、按摩、喂饭，每一个步骤都不敷衍，忙得就像个陀螺。虽然日子清苦，楼英桃却很少抱怨，耄耋之年的她用坚强的毅力、勤劳的双手为残障女儿撑起一片天，用执着和无私书写着母爱的伟大，获得村民的交口称赞。

2.江理贤，男，1962年11月出生，中共党员，籍贯浙江浦江，杭坪镇卫生院驾驶员。2010年，母亲中风半边手脚瘫痪，生活不能自理，需要长期服药悉心照顾。为更好地照顾母亲，江理贤放弃更好的外出工作机会。他以孝当先，日夜悉心呵护母亲，让母亲身上无异味、无褥疮，学会打针、量血压，甚至开药方，成了家里的“半把手”医生。江理贤12年如一日，用实际行动诠释着“百善孝为先”的真谛。

（县委宣传部提供）

浦江县人民代表大会常务委员会工作报告

——在浦江县第十五届人民代表大会第二次会议上的报告

（摘录）

浦江县人大常委会主任　郑文红

一、2022年工作回顾

过去的一年，在中共浦江县委的领导和上级人大常委会的指导下，县人大常委会以习近平新时代中国特色社会主义思想为指导，深入学习贯彻党的十九大、十九届历次全会和党的二十大精神，紧扣全过程人民民主一条主线，聚焦全县中心大局和人民群众关切两个重点，聚力经济稳进提质、共同富裕、“三大年”活动三大任务，严格依法履职，勇于担当尽责，圆满完成了县十五届人大一次会议确定的各项目标任务。一年来，共召开常委会会议8次，主任会议13次，听取和审议专项报告62个，为推动浦江县经济社会发展和民主法治建设作出了积极贡献。

（一）提高站位，忠诚担当，把牢人大工作正确方向

常委会深刻领悟“两个确立”的决定性意义，不断增强“四个意识”、坚定“四个自信”、做到“两个维护”，确保人大工作在县委领导下依法有序开展。

坚持党的全面领导不动摇。自觉把党的领导贯穿于人大工作的全过程各方面，严格执行重大事项请示报告制度，定期向县委汇报常委会工作安排，做到重大事项提前向县委请示、重点工作主动向县委汇报、重要活动及时提请县委支持。推动出台“党领导人大工作”绩效考核制度，细化五个方面37项具体指标任务，明确31个部门和单位责任，进一步营造全县各级党组织重视、支持人大工作的良好氛围。

加强政治理论武装不松懈。深入学习贯彻习近平新时代中国特色社会主义思想和中央人大工作会议精神，全面开展党的二十大精神“大学习、大讨论、大宣讲”活动，严格执行理论学习“第一议题”制度，认真传达学习中央和省、市、县委重要会议精神，不断提升人大代表和人大干部的政治判断力、政治领悟力和政治执行力。

贯彻县委决策部署不走样。始终做到县委工作重心在哪里，人大工作就跟进到哪里，力量就汇聚到哪里。围绕政府债务限额、财政预决算等重大事项作出决议决定7项，确保县委决策通过法定程序转变为人民的意志。全面落实县委人事意图，依法任免国家机关工作人员66人次。认真落实县委工作部署，圆满完成县委交办的重点工程、重点工作等各项任务。

（二）围绕中心，聚焦发展，全力助推浦江高质量发展

常委会始终把服务大局、推动发展作为首要任务，突出监督重点，创新监督形式，增强监督实效，努力推动全县经济发展提质增效。

助力经济稳进提质。组织科技创新创业平台建设视察，开展工业用地有机更新、建筑业高质量发展、浦义产业合作区建设调研，推动稳经济政策落地见效。组织政府投资项目建设情况视察，开展政府债务、专项债项目申报工作监督和税收管理工作调研，提出意见建议21条。专项调研深化国资国企改革工作，专题听取和审议国企国有资产管理工作报告，推动国资国企管理稳步提升。开展“千名代表进千企，四级联动助攻坚”主题活动，通过“一代表一企业”跟踪服务，推动解决企业发展难题408个。

助力共同富裕建设。开展乡村振兴“一法一条例”执法检查和文旅富县工作监督，组织代表视察共同富裕建设，专题听取农产品营销队伍建设情况报告，开展壮大新型农村集体经济促进共同富裕课题调研，调研报告获省人大常委会领导批示肯定。省市县三级人大联动开展就业促进法执法检查，推动落实就业优先政策和社会保障工作。开展以“十个一”为载体的“争当三员，共富同行”主题活动，帮扶困难家庭358户，化解社会矛盾387起，提出共富良策226条。

助力“三大年”活动。两位常委会领导常驻上海、杭州招商部，成功签约10亿元以上制造业及文旅体项目4个，3亿元以上制造业及文旅体项目6个。开展1亿元以上制造业项目招引落地工作监督，推动职能部门在“招大引强”上有新突破。全力完成县委布置的“六个一”工作任务，走访企业126家，协助解决实际困难226个，进一步提振企业发展信心。组织相关部门会商研究信访积案32次，逐件把脉会诊、因案施策，推动解决历史遗留问题24个。

助力新冠疫情防控。专题听取和审议疫情防控工作情况报告，组建5个监督组，深入15个乡镇（街道）开展督查，督促整改问题46个。常委会领导驻守黄宅高速路口、郑家坞03省道卡口，现场督导、指挥协调排查和管控工作；人大干部下沉基层，参与联防联控、志愿服务250余人次；发动各级人大代表参与疫情防控工作8400余人次，捐款捐物120余万元，为疫情防控贡献力量。

（三）保障公平，维护正义，扎实推进法治浦江建设

常委会深入贯彻习近平法治思想，坚持宪法和法律至上，强化法治理念，依法有效作为，努力为全县经济社会发展营造良好的法治环境。

促进法律法规有效实施。督促部门抓好“八五”普法工作，加大释法普法力度，着力营造全民知法用法守法的浓厚氛围。先后对《金华市物业管理条例》等15部地方性法规贯彻实施情况开展执法检查，有力推动法律法规的贯彻落实。积极配合省、市人大开展《金华火腿保护条例（草案）》等7部地方性法规立法调研，推动“上山文化”遗址保护纳入金华市立法计划预备项目，针对《金华市居家养老服务条例（草案）》提出的5条意见建议全部被采纳。依法审查规范性文件15件，为维护法治统一、规范权力运行严格把关。

推进依法行政和依法监察。听取和审议县政府2021年度法治建设情况报告，推动法治政府建设的各项要求和各项措施落到实处。开展《浙江省综合行政执法条例》贯彻落实工作监督，推进浦江县“大综合一体化”行政执法改革。专题听取交警执法工作报告，清单化交办5个方面7条意见建议并督促落实。首次开展监察工作专项监督，听取和审议县监察委员会整治群众身边不正之风和腐败问题工作报告，完善权力运行机制和管理监督制约体系，推动清廉浦江建设。

维护社会公平正义。出台《关于进一步监督和支持检察机关法律监督工作的意见》，为更好发挥检察机关法律监督作用提供制度供给和履职保障。听取和审议法院、检察院半年工作报告，开展“府院”联动工作监督，针对诉源治理、行政争议化解等方面提出17条意见建议，有效提升法院、检察院工作成效。

（四）聚焦民意，维护民利，有力保障人民生活改善

常委会始终把维护人民群众的根本利益作为工作的出发点和落脚点，从人民群众最关心最直接最现实的利益问题入手，力促民生改善，增进人民福祉。

主动回应民生热点。聚焦群众急愁盼，“一对一”全程跟踪县十大民生实事和“微民生实事”项目实施，开展代表监督小组活动51次，推动项目落地见效。紧盯医保“老大难”，专项监督医疗保障体系建设，深入调研医保基金清算工作，收集意见建议3200余条，为《浙江省医疗保障条例》贯彻实施汇聚民意基础。着眼养老新需求，精准监督全县养老事业发展，清单化交办审议意见，督促整改重点问题6个。关注农民建房难，提出破解建房落地难的指导性意见，获市人大常委会领导批示肯定。

力促城乡面貌改善。开展城乡规划工作监督，调研高铁小镇站前区控制性详规编制工作，强化规划对产业布局、基础建设、生态保护等刚性约束，确保一张蓝图绘到底。聚焦现代物流和综合交通建设，推进杭温高铁浦江站建设、351国道浦江至兰溪段工程。听取和审议年度环境状况和环境保护目标完成情况报告，促进全县生态环境质量稳定向好。开展全国文明城市创建和人民中路改造工作视察，监督推动老旧小区改造项目，不断提升人民群众的获得感、幸福感。

助推社会事业发展。围绕教育事业发展，督促压减学科类校外培训机构，调研视察推动课后服务“晨管晚托”“一校一特”和课堂教学“双微改革”等工作，有力助推“双减”政策落地落实，省人大常委会主要负责人到浦江进行专题调研，对浦江该项工作取得的成效给予充分肯定；开展普通高中入学率偏低问题专项调研，督促完善网络平台统一招生工作；持续推动学校布局优化调整。针对社会关注度高的拆迁政策不统一问题开展专项调研，助力完善房屋征迁政策体系。督促加强退役军人就业安置、教育培训、帮扶解困等，保障军人地位和合法权益。开展邮政快递工作视察，协调推进疫情背景下快递行业和电商产业的深度融合发展。

（五）创新机制，强化服务，切实促进代表有效履职

常委会坚持尊重代表、依靠代表、服务代表，突出履职主线，在拓渠道、搭平台、强保障等方面作出有益探索，促进代表履职更加有效、有力。

创新多元履职渠道。做细“菜单式”监督，制定七大类20项监督议题菜单，由代表根据自身专业优势、兴趣特长自主点选监督活动，变“被动参与”为“主动申请”，充分激发代表履职热情。做优“专业化”监督，组建7个专业代表小组，开展活动29次，有效发挥代表专业优势，提升监督的深度和针对性。农业代表组关于发展芍药等花卉产业的调研报告获县委主要领导批示肯定，推动政府出台《浦江县扶持现代农业高质量发展实施意见》。加强“面对面”监督，创新“代表直通车”活动载体，形成人大代表、县人大常委会各委办、“一府一委两院”负责人进站会商机制，推动平安幼儿园开园等16项难题得以解决，该做法入选全省基层单元建设最佳实践案例。

健全民意表达平台。建立常态化民意收集机制，在全市率先完成四级人大代表“亮码”工作，推动领导干部代表进站接待选民活动制度化，通过“线上+线下”“固定+流动”“接待+活动”“站内+站外”等模式收集意见建议12800余条。拓展代表联系群众新途径，组织代表进选区、入网格、亮身份、听民意，打造“民情茶馆”“田间叙话”等特色品牌，将代表联系服务群众工作延伸到基层最末梢。联动“三服务”平台、基层治理“四平台”和县“8890”便民服务平台，推动群众意见建议闭环处置，解决周期比上年缩短40%。

强化代表履职保障。组织全体县人大代表在省委党校开展履职能力提升集中培训，指导各乡镇（街道）人大开展形式多样的培训活动，增强代表履职意识，提升代表履职能力。开展代表小组活动60次，邀请代表列席人大常委会会议、政府常务会议53人次，参加视察调研、执法检查、旁听案件审理等活动210人次，保障人民的知情权、参与权、表达权、监督权。推行代表履职积分晾晒制，加强代表履职考核，推动代表“勤履职”“常进站”“多办事”。采取重点督办、跟踪督办、现场督办等形式，提升代表建议办理成效，满意率达90%以上。

（六）固本强基，唯实惟先，全面加强人大自身建设

常委会主动顺应新时代、新要求，坚定不移加强自身建设，锤炼过硬作风，全面提升依法履职能力和水平，着力打造县委放心、群众满意的模范机关。

制度体系更加健全。建立健全《浦江县人民代表大会常务委员会议事规则》《中共浦江县人大常委会党组工作规则》等制度13项，提高人大工作规范化、程序化水平。深化“党建+”工作机制，打造“知行人大·直通惠民”党建品牌，推动党建工作和人大业务双融合双促进。创新建立“四维闭合”监督机制，从选题、力量、方法、实效四个维度着手，构建全链条、聚合式监督流程闭环，经验做法在全市人大数字化改革暨基层单元建设推进会上作典型发言。出台人大信息宣传工作制度，形成县乡两级人大争先晒拼的氛围，全年在省市级以上媒体及刊物上发表109篇，居全市前列。

数字化改革初显成效。打造白马“民情e站”特色应用场景，完成全省首批人大践行全过程人民民主基层单元试点培育。承接市人大常委会“金司评”应用场景试点建设，健全人大司法监督体系，形成可复制、可推广经验。全面贯通16个省市统建应用场景，推动代表高效便捷履职。推进人大核心业务下沉基层单元，以数字化手段助推社会建设领域工作，市人大常委会领导批示“经验做法值得各地学习推广”。

作风效能全面提升。始终把调查研究作为人大基础性工作来抓，坚持扎实、精准、认真调研，形成了一批高水平、有价值的调研成果，获得省市级领导批示肯定6次。深化“双联系四联动”机制，拓展干部下基层开展信访工作经验，经验做法在《浙江人大》刊登推介。强化上下联动协同，健全人大常委会联系指导基层人大工作机制，定期开展乡镇（街道）人大工作交流，及时衔接、配合完成各项联动任务，增强人大工作整体效能。

各位代表，人大常委会一年来取得的工作成绩，是在中共浦江县委正确领导下，在全体人大代表和人大干部共同努力下，在“一府一委两院”、政府组成部门和全县人民大力支持下取得的。在此，我谨代表县人大常委会表示衷心的感谢！

在肯定成绩的同时，我们也清醒地认识到工作中存在的差距和不足，主要是综合运用监督方式有待深化，基层单元建设和开发区人大工作有待加强，人大履职团队适应数字化变革能力有待提升。对于这些问题，在今后的工作中要高度重视，切实推动解决。

二、2023年主要任务

2023年是全面贯彻落实党的二十大精神的开局之年，是推动实现浦江加速崛起、赶超发展的关键之年。面对新的形势和任务，县人大常委会工作的总体要求是：高举习近平新时代中国特色社会主义思想伟大旗帜，全面贯彻落实党的二十大精神和习近平总书记关于坚持和完善人民代表大会制度的重要思想，紧跟县委决策部署，紧贴人民群众对美好生活期盼，紧扣“四个机关”定位要求，认真履行法定职责，全面构建高效能监督、高水平决定、高标准代表履职新格局，全力打造践行全过程人民民主县域典范，全方位助力实施“五大发展战略”，为浦江实现乘势而上、突围发展贡献人大力量。

一是坚持党的领导，着力强化思想政治引领。把坚持党的全面领导作为首要政治原则，进一步增强坚定捍卫“两个确立”、坚决做到“两个维护”的政治自觉、思想自觉、行动自觉。加强政治理论学习，深入学习贯彻习近平新时代中国特色社会主义思想和党的二十大精神，不断提高运用党的创新理论指导实践、破解难题、推动工作的能力。坚持在县委领导下依法履行职责、开展工作，做到党委有部署、人大有行动。

二是坚持服务大局，着力推进县域共同富裕和现代化。围绕两圈交汇枢纽点建设、百亿级新兴产业群培育、万年文旅特色县打造等重点领域开展监督，助力浦江实现突围发展。紧盯农业水系连通、养老服务保障、现代社区建设等重点工作精准发力，全面夯实共同富裕基石。聚力推进基层社会治理现代化，建立代表“网格+选区”工作机制，发挥社会治理中心代表联络站作用，促进代表履职与基层社会治理深度融合。

三是坚持依法监督，着力提升人大监督实效。紧盯执法能力和水平建设，提升“金法督”应用场景使用效率，联动开展执法检查，加强规范性文件备案审查，推进法治政府建设。跟踪监督法院、检察院专项工作，重点开展破产案件审理、检察建议工作监督，认真办理来信来访，努力维护人民群众合法权益。围绕县委决策重点、政府关注难点、群众关切焦点精选监督议题，综合运用专题询问、满意度测评、专项视察等监督方式，清单化项目化落实审议意见，加大联动监督力度，不断提高人大监督的质量和效果。

四是坚持守正创新，着力发展全过程人民民主。加快建设县级代表联络总站，扎实推动基层单元建设，按照“123456”建设标准迭代升级15个乡镇（街道）联络站，全面提升35个代表联络点，深化“代表直通车”制度，做好“联络站+”文章。加强代表培训、服务和保障工作，建立“双组互动+两级融合”代表小组活动机制，激发代表履职活力。认真督办代表建议，实施“三级立体督办”，形成代表建议从提交、办理到反馈、评价的全过程管理。

五是坚持实干争先，着力激发人大队伍整体活力。实施数字化改革“赋能提质行动”，迭代优化“民情e站”，推进核心业务下沉，推动数字化应用场景更好服务人大履职作用发挥。实施履职能力“固本提升行动”，加强和改进调查研究工作，开展履职能力提升“四个一”活动，进一步提高审议质量，加强人大宣传和理论研究,打造适应现代化要求的履职团队。实施各级人大"联动提效行动",坚持系统观念,密切上下级人大之间的工作联系和协作配合,加强与"一府一委两院"之间的沟通协调,增强人大工作合力。

各位代表,路虽远,行则将至;事虽难,做则必成。让我们更加紧密地团结在以习近平同志为核心的党中央周围,在县委的坚强领导下,踔厉奋发、勇毅前行,为加快建设中国式现代化浦江新篇章而不懈奋斗!

名词解释

1. 乡村振兴"一法一条例":《中华人民共和国乡村振兴促进法》和《浙江省乡村振兴促进条例》。

2."十个一"活动:是指"争当三员,共富同行"主题活动中,以发出一份全员倡议、组织一次专题培训、开展一次主题宣讲、召开一次群众座谈、树立一批典型示范、帮扶一户困难家庭、化解一起社会矛盾、提出一个共富良策、参加一次公益活动、提供一条招商信息为载体,发动各级人大代表争当共富宣传员、监督员、领跑员。

3."双联系四联动"机制:"双联系"指人大常委会组成人员联系人大代表、人大代表联系人民群众制度,"四联动"指基层单元参与立法、协同监督、民主决策、基层治理联动机制。

4."123456"建设标准:以"一站、两员、三码、四场所、五大功能、六项基本制度"为主要内容的基层单元建设体系标准。"一站"即建立线上线下融合的代表联络站。"两员"即建立专职管理员、联络员队伍。"三码"即代表码、联络站码和活动码。"四场所"即群众接待、督政议事、学习交流、宣传展示的场所。"五大功能"即发挥基层单元"联、商、督、促、智"五大功能。"六项基本制度"即建立健全代表亮身份联系群众、参与立法监督、意见建议处理、学习交流、履职激励评价、领导干部代表和地方国家机关工作人员进站等人大职能下沉规范制度。

5."双组互动+两级融合"代表小组活动机制:选择若干监督议题,由10个代表小组和7个代表专业小组互动,常委会专工委和乡镇(街道)人大两级融合开展活动。

6."三级立体督办"制:常委会领导、工作委员会、乡镇(街道)人大三级有分有合,灵活开展立体督办。

7. 履职能力提升"四个一"活动:建立一个讲师团、制订一个年计划、明确一个月主题、打造一个好品牌。

中国人民政治协商会议
第十届浦江县委员会常务委员会工作报告

——在政协第十届浦江县委员会第二次会议上的报告

（摘录）

浦江县政协主席 张建顺

一、2022年工作回顾

刚刚过去的2022年，是党和国家历史上具有重要里程碑意义的一年，也是十届县政协履职的开局之年。一年来，在省市政协的有力指导和中共浦江县委的坚强领导下，县政协及其常委会高举习近平新时代中国特色社会主义思想伟大旗帜，深入学习中共二十大精神，认真贯彻落实中共中央和省市县委决策部署，牢牢把握团结和民主两大主题，紧紧围绕“招大引强突破年”“暖企助企服务年”“信访积案攻坚年”活动，切实履行政治协商、民主监督、参政议政职能，广泛凝聚共识，集众思建诤言，聚众智谋良策，为推动浦江县经济社会高质量发展作出了积极贡献。

一年来，政协常委会持续强化思想理论武装，始终把牢正确政治方向。坚持把强化理论武装摆在首要位置，围绕学习贯彻中共二十大精神主题主线，全面落实“第一议题”制度，筑牢一心向党的政治忠诚。健全政协党组理论学习中心组学习制度，制定完善习近平新时代中国特色社会主义思想学习座谈会制度，开展“矢志不渝跟党走、同心奋进新征程”为主题的中共二十大精神学习宣传贯彻活动。深化“书香政协”建设，坚持党组理论学习中心组引领学、主席会议系统学、常委会会议重点学、委员线上线下互动学，将读书学习活动贯穿于委员履职全过程，进一步提高政治站位，深刻领悟“两个确立”的决定性意义，更加自觉增强“四个意识”，坚定“四个自信”，做到“两个维护”，进一步深化对习近平新时代中国特色社会主义思想的政治认同、思想认同、理论认同、情感认同，不断夯实团结奋斗的共同思想政治基础。

一年来，政协常委会切实加强思想政治引领，以高质量党建推动高水平履职。坚持把党的领导作为根本原则，全面贯彻落实新时代政协党的建设总要求，有力促进党建与履职深度融合、提质增效。全面发挥政协党组把方向、管大局、保落实作用，主动争取县委对政协工作的领导、重视和支持，严格执行请示报告制度，统筹推进各项工作。紧紧围绕全县大局履行职能，做到县委中心工作推进到哪里，政协工作就跟进到哪里，建言助力就体现到哪里，确保与党政决策部署同频共振、同向同行。加强政协党的建设，打造“文化之源·同心向党”党建工作品牌，建立7个专委会临时党支部和在浦省市政协委员临时党支部，下设16个界别组临时党小组，实现党的组织对党员委员全覆盖、党的工作对政协委员全覆盖。《以高质量机关党建，服务政协高质量履职》在全市政协系统党的建设工作会议上作交流发言。坚持全面从严治党，严格落实党组主体责任和班子成员“一岗双责”，严格执行中央八项规定及其实施细则精神和浙江省办法等各项规定，坚持勤俭办会、勤俭办事，扎实推进党风廉政建设走深走实。

一年来，政协常委会聚焦党委中心工作，全力助推“两个先行”的浦江实践。坚持县委有部署、政协见行动，做到建言资政和凝聚共识双向发力、融合互促。围绕事关高质量发展、深化改革、改善民生等领域的重大问题，开展专题议政性常委会会议协商2次，提交建议案2件；坚持主席会议研究确定重点提案和重要提案、常委会会议定期听取提案办理情况通报和民主评议等制度，组织重点提案办理协商5次，197件立案提案全部办结，委员满意率、基本满意率为100%，许多意见建议纳入县委县政府的重要决策和工作部署。紧扣疫情防控和复工复产汇智聚力。专题围绕“助推我县经济稳进提质”“中小企业惠企助企政策落实情况”“服务助推数字化改革”等开展网络主题议政及线上专题协商会，广泛发动委员交流互动，提出真知灼见。政协党组和主席会议成员履职担责，率先垂范，严格落实县领导“六个一”工作机制，深入开展“精准精细三服务、‘扛旗争先’促发展”助企服务和“助企纾困听心声”委员大走访大调研活动。广大委员积极投身疫情防控，医卫界委员身先士卒冲在抗击疫情第一线；文艺界委员制作“共战疫情、暖人暖事”系列作品18部，歌颂抗疫精神，鼓舞凝聚人心；经济界、宗教界、工商联等各界委员奉献爱心，慰问一线，累计捐款捐物125余万元。紧扣“12347”三年计划目标任务协商议政。围绕优化营商环境、金浦特色优势产业合作区建设、企业用热用气情况等开展专题调研，调研报告获县主要领导批示肯定。围绕“集智聚力助推实体经济高质量发展”开展“请你来协商”活动，县委书记俞佩芬亲自点题并与委员共谋实体经济高质量发展良策，活动得到《人民论坛网》《联谊报》等主流媒体报道。紧扣重点项目和关键环节监督视察。专题视察浦江养老中心建设工程、岩头新农居建设工程等政府专项债券项目建设，通过实地视察、听取情况汇报，与相关单位共同研究探讨解决方案，推动政府专项债券项目建设加快进度。开展省运会筹备、“农村水环境整治”、“数字化改革推进情况”、“反电信诈骗”等专项民主监督活动，查找问题、提出建议，有效推进相关工作的落实。

一年来，政协常委会围绕群众关切反映民意，诠释人民政协为人民的深厚情怀。坚持协商于民、协商为民，把实现好、维护好、发展好广大人民群众根本利益作为履职尽责的出发点和落脚点，努力让人民群众感受到政协很近、委员很亲。切实发挥委员主体作用，形成调研报告17份，委员参与各项履职活动2153人次。紧贴民生大事要事。围绕“补齐乡村共富短板，全面推进乡村振兴”开展常委会专题调研，就新型农业经营主体培育、村庄布局规划和用地保障等问题，群策群力、务求实效，推动高质量发展建设共同富裕示范区工作。紧贴群众所需所盼。聚焦“农村住房困难户建房难”“培育农业龙头企业，提高农业产业化水平”“发挥美食资源优势，助推浦江文旅发展”等主题开展“请你来协商”活动，推动住房改善、农民增收、文旅发展；深化服务为民，精准结对帮扶，开展“六送下乡”活动，推动更多优质资源服务基层群众；反映民情民意，聚焦群众身边的急难愁盼问题，在经常性履职中通过“民情一点通”收集报送微建议421条。紧贴社会热点难点。县政协领导深入一线，直面问题，召开协调会15次，协助解决了“要求尘肺职业病鉴定群体涉稳隐患”遗留问题，深入推进浦阳教堂征迁、马岭二期安置等信访包案的解决；围绕“巾帼助农——促乡村共富”“水保惠民振兴乡村”“助力全国文明城市创建”“提升城市社区物业管理水平”等涉及面广、关联度大的民生议题调研协商、科学建言，努力增强群众的获得感、幸福感和安全感。

一年来，政协常委会广泛深入凝聚共识，汇聚改革发展强大合力。坚持大团结大联合，巩固和发展最广泛的爱国统一战线，构筑共谋振兴最大同心圆，汇聚促进发展最强正能量。深化团结联谊。强化与各民主党派、工商联、无党派人士和人民团体的合作共事，努力为其发声发力创造条件、搭建平台。各民主党派、工商联全年参与调研视察18次、大会发言5次，提交集体提案18件，获主要领导批示5次。组织开展"喜迎二十大·奋进新征程"羽毛球、乒乓球比赛，以活动促团结强联谊，增进与各界人士密切联系。促进对外交流。与市政协共同举办"沉浸式体验政协协商民主——非洲青年学者走进金华政协"活动，23名市政协港澳台侨委委员和浙师大非洲研究院青年专家学者全程观摩"艺术乡建——文艺助力乡村振兴"民生议事堂协商，活动成效多次在"学习强国"学习平台、《人民政协报》、《浙江日报》等省级以上主流媒体报道；举办《之江同心·党外知识分子》优秀书画作品浦江巡展和"庆祝二十大、建功新时代——浦江县政协委员书画作品展"，全面展现人民政协制度优势，凝聚起推进政协事业发展的强大合力。注重文史育人。完成《浦江常见的野菜野果》、《金华书院考略》浦江四大书院和《金华古桥》浦江十座古桥的文史资料编撰；助推《浦江文献集成》课题研究，推进浦江传统文化深层开发；完成政协专题门户应用场景部署和政协门户网站建设，恢复运营"浦江政协"微信公众号，推送文章85篇，刊发《浦江政协》杂志4期，全年省级以上媒体刊登52篇，进一步扩大了政协影响力。

一年来，政协常委会不断夯实履职基础，着力提升履职能力和水平。坚持在改革中发展，在创新中前行，持续丰富拓展履职载体和活动形式，不断探索履职新平台、新载体，奋力开创协商民主新局面。建好协商平台。全面深化"请你来协商"，采用会场与现场、线上与线下结合的方式，形成多层次、宽领域、常态化的协商议政格局，全年开展活动9次，邀请县委、县政府领导12人次、相关部门负责人107人次、各界代表168人次参加，协商成果得到县委县政府主要领导的高度肯定和有关部门的有效落实。规范建好"民生议事堂"，与"委员同心汇·界别窗口"、委员工作室、民情联络站和乡镇联络组"五位一体"建设，15个乡镇(街道)和开发区实现全覆盖，全年开展活动64场，委员参与784人次，提出建议229条，有力助推当地党委政府中心工作。有序推进协商驿站建设，全县244个村(社区)实现全覆盖，建立50个"协商驿站"示范点，协商民主工作积极向村(社区)延伸。创新履职体系。创造性地建立了主席联系专门委员会、专门委员会联系界别组、界别组联系乡镇(街道)和以界别为基础的界别组、以属地委员为主体的乡镇联络组、以界别组党员委员为成员的临时党小组的"三联三组"委员履职架构及N个履职平台，打造"3+3+N"委员履职体系，为提升委员履职能力、推进协商民主规范化、体系化建设奠定坚实基础。擦亮履职品牌。成立法治暖企、"上山文化"、心力量等6个特色型委员工作室，努力打造具有鲜明辨识度的浦江政协履职"金名片"，《法治暖企委员工作室"五招"打响品牌》在全市政协工作推进会上作经验交流发言；因地制宜创建"浦江中国书画之乡政协委员会客厅"，得到省市政协领导的充分肯定。

一年来，政协常委会全面加强自身建设，培树新时代政协人的新样子。坚持强基固本，守正创新，着力加强制度化、规范化、程序化建设，进一步提升政协委员和政协机关履职水平。加强制度保障。扎实推进制度建设，新制定和修订了《全体会议工作规则》《常务委员会工作规则》等21项规章制度，进一步健全政协工作体系，并推动制度刚性执行，为提高政协工作水平提供制度保障。提升委员管理。组织全体委员到省委党校开展履职能力提升培训，全面推进委员履职“数字化”建设，建立健全委员履职工作规程、考评办法，委员履职的积极性、主动性明显提高。抓好机关建设。县委高度重视解决政协“两个薄弱”问题，增设社会法制民族宗教和港澳台侨委员会，规范了专委会设置；增加政协机关行政编制2名，增强了工作力量。全体机关干部全力投身疫情防控和文明城市创建工作，扎实推进党建统领的“学习型、服务型、创新型、智慧型、清廉型”机关建设，努力打造适应新时代要求的高素质专业化机关干部队伍。

各位委员，同志们，我们深切地感到，过去一年县政协工作取得的成绩，是省市政协关心指导和中共浦江县委坚强领导的结果，是县人大、县政府及社会各方面大力支持的结果，是县政协各参加单位、广大政协委员和政协工作者共同努力的结果。在此，我代表县政协常委会表示衷心感谢！

对照中央和省市县委的要求、对照政协委员和人民群众的期待，对照新时代人民政协的新使命新任务，我们也清醒看到工作中存在的差距和不足。主要是：协商议政的针对性实效性有待进一步提升，建言资政的质量有待进一步提高，凝聚共识的平台载体有待进一步拓展，委员履职的积极性主动性有待进一步增强，履职成果转化的机制有待进一步完善。在今后的工作实践中，我们要高度重视，更好地改进工作，提高履职质效。

二、2023年工作目标任务

2023年，是全面贯彻落实中共二十大精神的开局之年，也是十届县政协履职的深化提升之年。县政协工作的总体要求是：高举中国特色社会主义伟大旗帜，坚持以习近平新时代中国特色社会主义思想为指导，全面学习贯彻中共二十大精神，深入学习贯彻习近平总书记关于加强和改进人民政协工作的重要思想，坚定捍卫“两个确立”、坚决做到“两个维护”，紧紧围绕县委提出的深入实施“五大发展战略”和着力建设两圈交汇枢纽点、培育百亿新兴产业群、打造万年文旅特色县，坚持发扬民主和增进团结相互贯通、建言资政和凝聚共识双向发力，充分发挥专门协商机构作用，团结进取、守正创新，为全力推进中国式现代化浦江实践贡献政协智慧和力量。

（一）强化理论武装，着力在政治引领上取得新成效。坚持把学习宣传贯彻中共二十大精神作为首要政治任务，做好“学”“宣”“研”文章。认真落实习近平新时代中国特色社会主义思想学习座谈会制度，深入推进“书香政协”建设，创新学习载体、完善学习体系、丰富学习活动，切实增强学习实效。加强思想政治引领，团结引领广大政协委员、各党派团体、界别群众深刻领悟中国共产党领导和中国特色社会主义制度的显著优势，始终在习近平新时代中国特色社会主义思想的旗帜指引下携手前进。

（二）坚持双向发力，着力在服务大局上作出新贡献。充分发挥政协优势，自觉在县委中心大局下谋划工作，建睿智之言、谋务实之策。重点围绕县委县政府重大决策部署开展前瞻研究、广泛讨论、深度协商。认真开展优化营商环境、打造壶源江流域乡村旅游精品线等专题议政性常委会会议协商，提出具有前瞻性、战略性的建言成果；倾情关注民生，发挥协商式监督特色优势，紧扣2023年重点建设项目和十大民生实事项目、市政基础设施建设、优化城区教育布局等领域开展好民主监督和专项视察，为浦江高质量发展献计出力，以政协工作出新出彩为全局工作增光添彩。

(三)聚焦主责主业,着力在协商民主上开创新局面。深入践行发展全过程人民民主要求,充分发挥人民政协专门协商机构作用,进一步加强制度化、规范化、程序化等功能建设。协商格局务求更“广”,突出工作重点做强“请你来协商”,强化问题导向做精“民生议事堂”,拓展协商渠道做好“协商驿站”,着力打造全方位多元化协商民主格局。协商选题务求更“准”,采取党政领导点题、委员界别荐题、社会各界征题等方式,科学制订年度协商计划。协商调研务求更“真”,坚持“不调研不协商、向调研要质量”原则,查找短板问题症结。协商成果务求更“实”,完善协商成果领导批示和部门采纳、落实、反馈制度,促进协商“议得好”向成果“办得好”转变。

(四)广泛凝心聚力,着力在增进团结上汇聚新能量。充分发挥统一战线重要法宝作用,坚持大团结大联合,强化政协凝心聚力工作理念思路、制度机制、方式方法的变革创新。扎实推进浦江中国书画之乡政协委员会客厅、委员同心汇·浦江窗口和民生议事堂、委员工作室、社情民意信息联系点“三位一体”平台提质增效。完善政协党组成员联系党员委员和界别代表人士、党员委员联系非中共党员委员、政协委员联系界别群众的工作机制。支持各党派团体和无党派人士参与政协履职活动,做好党外知识分子和新的社会阶层人士统战工作,不断巩固和发展最广泛的爱国统一战线。

(五)不断探索创新,着力在队伍建设上展现新气象。深刻领会贯彻新时代党的自我革命战略部署,以更高标准推进政协履职能力建设。加强委员队伍建设,探索建立线上课堂,举办委员讲坛,完善常态化读书学习培训制度,强化委员履职评价激励和动态考核机制。加强机关干部队伍建设,持续加强政协机关综合协调和服务保障能力,巩固拓展“五型机关”建设。加强专委会和界别建设,培育“一委一品”工作品牌,完善界别工作机制,更好发挥专委会基础性作用和界别独特作用。加强数字政协建设,做好省市政协各类统建应用的承接贯通和推广使用。加强作风建设,持之以恒落实中央八项规定精神,驰而不息纠治“四风”,推动政协全面从严治党向纵深发展。

各位委员、同志们,团结就有力量,奋斗就有未来。让我们高举中国特色社会主义伟大旗帜,更加紧密地团结在以习近平同志为核心的党中央周围,在中共浦江县委的坚强领导下,凝聚共识乘势而上,汇聚力量突围发展,为全力推进中国式现代化浦江实践作出政协新的更大贡献!

浦江县主要机构及负责人名单

（截至2022年12月31日）

中国共产党浦江县委员会

书　记　俞佩芬（女）
副书记　戴　翀（—2022年08月）
　　　　胡作滔（2022年08月—）
　　　　钱福安
常　委　俞佩芬（女）
　　　　戴　翀
　　　　胡作滔
　　　　钱福安
　　　　章胜辉
　　　　应玉明
　　　　徐利民（—2022年09月）
　　　　傅晓辉（—2022年12月）
　　　　朱红卫（—2022年08月）
　　　　张　杰
　　　　龚涛涛
　　　　郑燎原
　　　　陈鹏进
　　　　董　闯（2022年08月—）
　　　　方　渊（2022年11月—）
　　　　童　超（2022年12月—）

县委办公室

[机要局（县密码管理局）、保密委员会办公室（县国家保密局）、县档案局、县政府外事办公室]

主　任　方　渊
副主任　倪伟虹（女）（—2022年01月）
　　　　张伟文
　　　　张海英（女）（2022年01月—）
　　　　张树安（2022年09月—）
　　　　楼江红
　　　　杨远航
　　　　朱旭聃（2022年09月—）

浦江县人民代表大会常务委员会

主　任　郑文红（女）（2022年01月—）
副主任　虞红梅（女）（2022年01月—）
　　　　朱晓飞（女）
　　　　楼新有（2022年01月—）
　　　　于新宣
　　　　张明凯（2022年01月—）
　　　　黄先柏（2022年01月—）

办公室

主　任　黄金泉

法制与监察司法工作委员会

主　任　于建松

财政经济工作委员会

主　任　郑秉刚

城乡建设与环境保护工作委员会

主　任　徐红伟

科教文卫工作委员会

主　任　傅昌俊

代表与选任工作委员会

主　任　吴洪源

农业农村工作委员会

主　任　邵建定

社会建设工作委员会
主　任　王宏大

中国人民政治协商会议浦江县委员会

主　席　郑文红(女)(—2022年01月)
张建顺(2022年01月—)
副主席　楼真安(—2022年01月)
韦钟铺(2022年01月—)
张放远
傅兴琰(—2022年01月)
盛丹平(—2022年01月)
赵仕党
胡晓红(女)
许淑芬(女)(2022年01月—)
石明胜(2022年01月—)
秘书长　张晓鸣(2022年01月—)
办公室
主　任　严龙顺
委员工作委员会
主　任　傅国方
提案委员会
主　任　陈　超
教文卫体和文史资料委员会
主　任　何金海
经济科技委员会(—2022年10月)
更名为经济委员会(2022年10月—)
主　任　薛儒家
资源环境与农业农村委员会(—2022年10月)
更名为农业农村和资源环境委员会(2022年10月—)
主　任　董海平

中国共产党浦江县纪律检查委员会、监察委员会

书　记　傅晓辉(—2022年12月)
童　超(2022年12月—)
副书记　黄伟胜
祝懋发
组织部(新经济与新社会组织工作委员会、直属机关工作委员会、县公务员局)
部　长　章胜辉
常务副部长　黄先柏(—2022年03月)
骆　安(2022年03月—)
宣传部(县政府新闻办公室、县精神文明建设委员会办公室、县新闻出版局、县互联网信息办公室)
部　长　徐利民(—2022年09月)
方　渊(2022年09月—)
常务副部长　方向阳
统一战线工作部(县民族宗教事务局、县政府侨务办公室)
部　长　张建顺(—2022年01月)
应玉明(2022年01月—)
常务副部长　吴红青
政法委员会
书　记　钱福安
常务副书记　张若来
全面深化改革委员会办公室(县最多跑一次改革办公室、政策研究室)
主　任　杨淡风(女)
机构编制委员会办公室
主　任　张建新
巡察工作领导小组办公室
主　任　董铁飞
县委第一巡察组
组　长　张方升
县委第二巡察组
组　长　张旭军

县委第三巡察组

组　长　陈贤锋

县委第四巡察组

组　长　李遵炎

信访局

局　长　倪伟虹（女）

张海英（女）（2022年01月—）

党　校

校　长　章胜辉

常务副校长　李文戈

行政学校

校　长　龚涛涛

常务副校长　李文戈

社会主义学校

校　长　张建顺（—2022年01月）

常务副校长　李文戈

党史研究室

主　任　黄　鹰（2022年09月—）

档案局（馆）

局（馆）长　张伟文

融媒体中心

党委书记、主任　吴双渊

总编辑　潘文明（—2022年09月）

洪建坚（女）（2022年09月—）

社会治理综合服务中心

党组书记　钱福安

主　任　于萌芽（—2022年09月）

张树安（2022年09月—）

新经济与新社会组织工作委员会

书　记　骆　安（—2022年03月）

社会科学界联合会

主　席　钟旭妙（女）

互联网信息办公室

主　任　傅杰桢（2022年09月—）

民族宗教事务局

局　长　曹红雨

浦江县人民政府

县　长　戴　翀（—2022年08月）

胡作滔（2022年08月—）

副县长　龚涛涛（2022年01月—）

郑燎原（2022年01月—）

董　闯（2022年08月—）

朱红卫（挂职—2022年08月）

陈子华

楼新有（—2022年01月）

张明凯（—2022年01月）

汪祖龙

滕恩良

金方剑

贾　珊（女）

办公室（县政府金融工作办公室、大数据发展管理局）

主　任　郑家坤

副主任　石长水（—2022年09月）

花　蕾（2022年09月—）

王军勇（2022年09月—）

张坚兵（2021年12月—）

潘文戎

祝昌红

周天云

何建平（2022年09月—）

黄　鹰（—2022年09月）

发展和改革局

党委书记、局长　沈福平

经济商务局(粮食和物资储备局)

党委书记、局长　楼建超

教育局

党委书记(—2022年10月)

党组书记(2022年10月—)

滕恩良(2022年01月—)

局　长　陈建浦

科学技术局

党组书记　钟金伟

局　长　于朝东

公安局

党委书记、局长　金方剑

政　委　洪　峰

民政局

党组书记　吴福余

局　长　孙婉贞(女)

司法局(行政复议局)

党组书记、局长　石学纲(2022年03月—)

财政局

党委书记、局长　陈志平

人力资源和社会保障局

党组书记、局长　楼志静

自然资源和规划局(林业局)

党委书记、局长　徐方镇

住房和城乡规划建设局

党委书记　陈　璠

局　长　石明胜(—2022年03月)

陈　璠(2022年03月—)

交通运输局

党委书记、局长　张　杰

水务局

党委书记、局长　潘期枫

农业农村局

党委书记、局长　徐军峰

文化和广电旅游体育局

党委书记、局长　张　华

卫生健康局

党委书记、局长　方守红

退役军人事务局

党组书记、局长　陈决星

应急管理局[人民防空办公室(民防局)]

党委书记、局长　吴大勇

审计局

党组书记、局长　周占伟

国有资产监督管理办公室

党委书记、主任　张建新

市场监督管理局

党委书记、局长　黄　峰

统计局

党组书记、局长　黄英俊

医疗保障局

党组书记、局长　张朝阳

综合行政执法局(大队)(城市管理局)

党组书记、局长(大队长)　贾国锋

市生态环境局浦江分局

党组书记　黄　海

局　长　许淑芬(女)(—2022年03月)

黄　海(2022年03月—)

浦江经济开发区管委会

党工委书记、主任　郑燎原

水晶产业园区管委会

党工委书记、主任　花　蕾(—2022年09月)

郑朝锋(2022年09月—)

供销合作社联合社

党委书记、主任　潘新辉

行政服务中心

党组书记 龚涛涛

主 任 黄晓红(女)

投资促进中心

党组书记、主任 黄 韡(女)

机关事务保障中心

党组书记、主任 吴剑青

大数据发展中心

党组书记、主任 张坚兵

邮政管理局

党组书记、局长 于春城

县上山遗址管理中心

党组书记 徐利民(2022年05月—09月)

方 渊(2022年12月—)

主 任 于炤元(2022年05月—)

浦江县人民武装部

部 长 潘 宇

政 委 张 杰

浦江县人民法院

党组书记、院长 王思维(2022年01月当选)

浦江县人民检察院

党组书记、检察长 翁寒屏

群众团体

总工会

党组书记、主席 彭思灿

共青团浦江县委员会

书 记 金逍宏(女)(2022年09月—)

妇女联合会

党组书记、主席 郑晓萍(女)

工商业联合会

党组书记 孙程东

主 席 张旭钢

文学艺术界联合会

党组书记、主席 方 汶

残疾人联合会

党组书记、理事长 贾亦农

科学技术协会

党组书记 朱顺贤

主 席 沈淑琦(女)

红十字会

党组书记、专职副会长

严国荣(2022年09月—)

县属企业

国投集团

董事长 陈兴光(2022年01月—)

副董事长(副总经理) 王书平

国资集团

党组书记、董事长(总经理) 陈钦银

交通集团(2022年01月—)

党委书记、董事长 潘兴虎(2022年01月—)

总经理 楼根伙(2022年01月—)

城投集团(2022年01月—)

党委书记、董事长 张银洋(2022年01月—)

总经理 周康尧(2022年01月—)

社发集团(2022年01月—)

董事长 黄向东(2022年01月—)

总经理 张霞燕(女)(2022年01月—)

水务集团(—2022年01月)

董事长 陈兴尧(—2022年01月)

总经理 虞航军(—2022年01月)

建设集团(—2022年01月)

党组书记、董事长(总经理)

张银洋(—2022年01月)

交通集团(—2022年01月)

党组书记、董事长(总经理)

潘兴虎(—2022年01月)

文旅集团(—2022年01月)

党组书记、董事长(总经理)

黄向东(—2022年01月)

垂直管理部门

国家税务总局浦江县税务局

党委书记、局长　陈金法

供电公司

执行董事、总经理　施首健(—2022年12月)

李　磊(2022年12月—)

气象局

党组书记、局长　钱华峰

公积金管理中心

主　任　江元昱(女)

金华检验检疫局浦江办

主　任　邬生力

中国电信浦江分公司

党委书记、总经理　曹　胜(—2022年07月)

廖宏威(2022年07月—)

浙江移动浦江分公司

党委书记、总经理　吕　中

中国联通浦江分公司

总经理　王翀鹏(—2022年12月)

楼振海(2022年12月—)

邮政局(公司)

党委书记、总经理　盛剑文

烟草专卖局(分公司)

局长(经理)　杨　诚

华数公司

总经理　楼水平

中国人民银行浦江县支行

行　长　金　涛

中国工商银行浦江支行

行　长　徐晶华(女)(—2022年12月)

周　亮(2022年12月—)

中国农业银行浦江县支行

行　长　王胜锋

中国农村商业银行浦江支行

董事长　王　谨

中国建设银行浦江支行

行　长　李　英(女)

中国银行浦江县支行

行　长　陈国平

中国农业发展银行浦江县支行

行　长　温慧敏(女)

乡镇(街道)

浦阳街道

党工委书记　金家华

办事处主任　洪　伟

人大工委主任　潘向军

仙华街道

党工委书记　张　平

办事处主任　严国荣(—2022年09月)

吴伟钢(2022年09月—)

人大工委主任　张林安

浦南街道

党工委书记　赵仕党

办事处主任　王军勇

人大工委主任　金剑星

黄宅镇

党委书记　孙明光

镇　长　张光辉

黄宅镇人大主席　傅志远

白马镇

党委书记　魏斌聪

镇　长　方　镖

白马镇人大主席　黄旭曙

郑家坞镇

党委书记　石元城(—2022年11月)

王　岩(2022年11月—)

镇　长　许海英(女)

郑家坞镇人大主席　吴杭军

郑宅镇

党委书记　金灵占

镇　长　周康杰

郑宅镇人大主席　应　俊

岩头镇

党委书记　郑宏章

镇　长　黄群生(—2022年09月)

岩头镇人大主席　方延军

杭坪镇

党委书记　陈青松

镇　长　张丹东

杭坪镇人大主席　郑东东

檀溪镇

党委书记　黄志远

镇　长　黄鹏甫

檀溪镇人大主席　蒋成果

前吴乡

党委书记　朱承凯

乡　长　王东亮

前吴乡人大主席　金贤栋

花桥乡

党委书记　薛海平

乡　长　吴伟钢(—2022年09月)

徐继辽(2022年09月—)

花桥乡人大主席　黄兰蓉(女)

虞宅乡

党委书记　毛　悦(女)

乡　长　陈　堂

虞宅乡人大主席　陈小松

大畈乡

党委书记　施俊帅

乡　长　楼超武

大畈乡人大主席　骆军洋

中余乡

党委书记　项柏青

乡　长　黄　凰(女)

中余乡人大主席　楼正钢

(县委组织部提供)

2022年浦江县
国民经济和社会发展统计公报

2022年，浦江县坚决贯彻落实习近平总书记"疫情要防住、经济要稳住、发展要安全"的重要指示精神，坚持稳中求进工作总基调，高效统筹疫情防控和经济社会发展各项工作，深入实施经济稳进提质攻坚行动，采取超常举措、破解发展难题、积极引导预期、激发企业活力，全力推动经济回升向好。全年经济运行总体保持企稳回升态势，主要经济指标实现稳定增长，其中固定资产投资、高新技术产业投资、工业用电量、外贸出口等指标稳居全市前列，要素保障精准有力，居民收入持续提高，经济社会大局和谐稳定。

一、综合

经初步核算，2022年全县实现生产总值(GDP)274.76亿元，按可比价计算，比2021年增长2.6%。其中，第一产业增加值11.76亿元，比2021年增长2.5%；第二产业增加值123.05亿元，比2021年增长2.4%，其中工业增加值105.6亿元，比2021年增长1.7%；第三产业增加值139.95亿元，比2021年增长2.8%。全县生产总值(GDP)三次产业增加值结构为4.3∶44.8∶50.9。

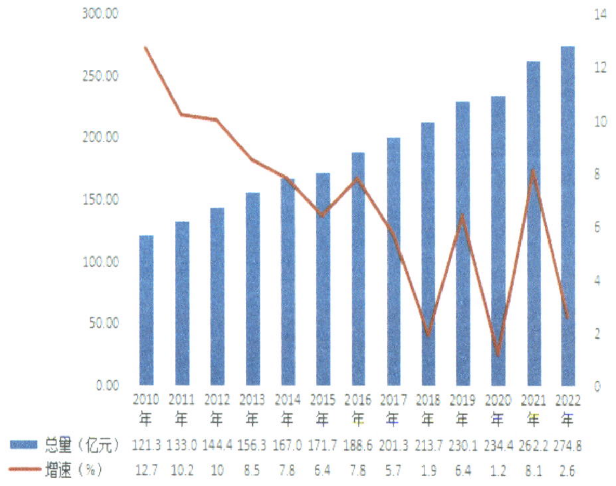

浦江县生产总值(GDP)2010—2022年走势情况对照图

按常住人口计算，全县常住人口人均地区生产总值59417元，比2021年增长2.5%。

二、农业

全年实现农林牧渔业增加值12.00亿元，比上年增长2.6%。2022年，全县实现农林牧渔业总产值16.85亿元，按可比价计算，比2021年增长2.7%。其中，农业(种植业)产值12.84亿元，比2021年增长2.7%；林业产值0.35亿元，比2021年下降1.6%；牧业产值2.8亿元，比2021年增长3.2%；渔业产值0.46亿元，比2021年增长1.7%；农林牧渔专业及辅助性活动产值0.4亿元，比2021年增长5.5%。

2022年浦江县农林牧渔业产值一览表

表21

指标名称	产值总量（亿元）	产值增速（%）
农业(种植业)产值	12.84	2.7
林业产值	0.35	-1.6
牧业产值	2.80	3.2
渔业产值	0.46	1.7
农林牧渔专业及辅助性活动产值	0.40	5.5
农林牧渔总产值	16.85	2.7

全县粮食生产面积、产量呈上升趋势。全年粮食种植面积0.50万公顷，比2021年增长7.8%，粮食总产量2.46万吨，比2021年增长9.2%。全县肉类总产量0.80万吨，其中猪肉0.76万吨。全年生猪出栏8.63万头；家禽出栏15.26万羽；水产品产量0.52万吨。

三、工业和建筑业

全县规模以上工业增加值54.19亿元，比2021年增长1.1%，销售产值301.15亿元，比2021年增长6.4%。规模以上工业企业完成出口交货值72.07亿元，占销售产值的比重为23.9%。

全县规模以上工业中高新技术产业、装备制造业、战略性新兴产业、数字经济核心产业制造业等新兴产业增加值分别下降8.3%、1.3%、1.9%、0.2%。规模以上工业企业研发费用支出9.37亿元，比上年增长7.9%；完成新产品产值114.32亿元，比上年增长4.4%，新产品产值率38.6%。规模以上工业企业资产负债率为68.1%。全年规模以上工业企业每百元营业收入中的成本为87.27元。

全年建筑业增加值17.47亿元，比上年增长6.8%。全县50家资质以内建筑业法人单位完成建筑业总产值72.6亿元，比上年增长8.3%；建筑房屋施工面积630.9万平方米，房屋竣工面积188.5万平方米。

四、固定资产投资和房地产业

全年固定资产投资比上年增长16.7%。四大重点领域投资增速"三升一降"，其中民间项目投资比2021年增长17.6%；交通运输投资比2021年增长23.8%；高新技术产业投资比2021年增长89.9%；生态环保、城市更新和水利设施投资比2021年下降21.9%。全年工业投资比上年增长13.8%，其中制造业投资比上年增长20.9%。从投资结构看，第一产业比上年下降52.4%，第二产业投资比上年增长13.8%，第三产业投资比上年增长20.7%。

全县房地产开发房屋施工面积206.8万平方米，比2021年增长30.6万平方米；竣工面积1万平方米，比2021年减少22.1万平方米。全年完成房地产开发投资33.8亿元，比上年增长20.2%，商品房销售面积29.5万平方米，比上年下降16.2%，其中住宅销售面积27.8万平方米，比上年下降16.5%。

五、国内外贸易

全年社会消费品零售总额104.41亿元，比上年增长2.0%。限额以上社会消费品零售总额21.04亿元，比上年增长6.9%，按城乡消费结构分，城镇社会消费品零售总额19.84亿元，比上年增长7.6%；乡村社会消费品零售总额1.21亿元，比上年增长0.2%。按消费类型分，餐饮收入0.98亿元，比上年增长14.7%；商品零售20.06亿元，比上年增长6.6%。在限额以上批发零售企业商品零售额中，粮油食品类、石油类、汽车类商品消费增长较快，分别增长40.7%、30.7%、33.8%；服装鞋帽针纺织品类、化妆品类、文化办公用品类分别下降17.1%、25.8%、33.3%。

全年进出口额、出口额、进口额分别为104.22亿元、100.14亿元、4.08亿元，比2021年增长17.2%、15.9%和61.5%，占全市份额分别为1.52%、1.68%和0.46%，自年初以来外贸进出口持续保持高速增长。从行业看，贸易、针织和水晶行业分别增长24.0%、19.3%和23.4%。从地区看，对东盟、非洲、欧盟出口增速分别为34.6%、27.3%和23.5%，对"一带一路"建设合作伙伴、RCEP其他成员国出口分别增长33.4%和18.7%。

六、财政和金融

全县实现财政总收入35.06亿元，比2021年下降2.6%。一般公共预算收入24.38亿元，比2021年增长1.2%，税收收入18.54亿元，比2021年下降5.2%，其中，增值税下降1.0%，企业所得税下降

21.3%，个人所得税下降26.9%。非税收入5.83亿元，比2021年增长29.0%。一般公共预算支出54.16亿元，比2021年下降1.5%。全年向上争取各类财政奖补资金16.9亿元，专项债券6.6亿元。

年末全县金融机构存贷款余额首破1000亿元，其中存款余额557.02亿元，比2021年增长12.1%；贷款余额538.68亿元，比2021年增长21.9%，其中制造业贷款152.36亿元，比2021年增加25.3亿元，比上年增长19.9%。月末贷款不良率0.53%，比年初减少0.22个百分点。

七、交通和邮电

综合交通建设加快，杭温高铁二期浦江段完成总工程量的52%，351国道二期联盟至兰溪界段完成施工准备，合肥至温州高速桐浦义段纳入《国家公路网规划(2022—2035年)》。普通国道路基路面养护、普通省道公路养护大中修、农村公路桥梁安全防护改造提升、农村公路大中修、公路安全生命防护、农村公路路域环境提升、县道日常养护、路况桥隧检测等8个养护工程提前完工。完成后佛线K12+400路段不良边坡治理工程，完成县级挂牌治理隐患点段整治42处。210省道浦江杭坪超限运输检测站建设工程完成进度70%，新增优化17个公交候车亭。

全县快递业务量累计完成24651.2万件，比上年增长35.7%；快递收入66912.5万元，比上年增长26.3%。2月，成立邮政管理局，联合县委组织部、宣和社区、快递企业共同迭代升级“红色小达·幸福快递”党建服务，投入300万元实施三级物流体系建设，其中建设县物流配送中心1个，15个乡镇共配中心和227个行政村物流服务点正在有序规划建设中。推行“线上销售+线下寄递”模式，实现农产品“全国买、全国卖”，有效扩大销售半径，初步形成农村寄递服务体系推动农产品销售，助力农特产品销售仅葡萄一项达3000万元。

八、教育、文化和科技

年末全县共有各类学校123所（不含技工学校），在校生7.74万人，教职工0.62万人，其中小学28所，在校生3.33万人；初中14所，在校生1.59万人；普通高中6所，在校生0.6万人；职业高中1所，在校生0.7万人（含附设中职班学生）；特殊教育学校1所，在校生67人(不含附设中职班18人)；幼儿园73所，在校生1.51万人。连续两年累计教育投入超10亿元，2所公办幼儿园投入使用，培智学校迁建工程完工，完成规范民办义务教育发展专项工作，实验小学获评省“‘双减’年度十佳样本”，高考特控线上线人数首次突破900人，万人比上线率连续12年位居全市前三。

省第十七届运动会圣火在上山考古遗址公园点燃，举办第十五届浦江·中国书画节、全县文旅发展大会和上海旅游推介会等“喜迎二十大”浦江文旅月系列活动，上河村入选“2021浙江最具人气夜间文旅消费目的地”，上山考古遗址公园、马岭古道入选省第二批大花园“耀眼明珠”名单，连续4年上榜“全国县域旅游综合实力百强县”。岩头镇礼张村、白马镇嵩溪村获评首批省美育示范村，“上山文化”、浦江书画、仙华山传说、江南第一家获评省优秀文化基因解码项目，“上山文化”获评首批“浙江文化标识”培育项目，上山考古遗址公园入选省国际人文交流基地、国家考古遗址公园立项名单，上山稻作文化系统入选首批省级重要农业文化遗产资源名单。

浙江大学金华研究院浦江分院、浙江外国语学院跨境电商浦江研究院挂牌运行。新增院士专家工作站3家、国家高新技术企业36家、省科技型中小企业105家、省级知识产权示范企业2家。国家引才计划入选人数实现9年来首次破“零”；新增青年博士17人、高技能人才4077人，完成率均居全市第一。

九、环境和卫生

城区环境空气优良率97.3%，生态环境公众满意度排名全省第五。连续两年荣获“五水共治”“大禹鼎”金鼎、“美丽浙江”建设工作考核优秀县，连续五年获评省农村生活污水治理工作优秀县，获评全省农村和城镇垃圾分类工作优秀县、省首批生态文明建设实践体验地。浦阳江（浦江段）入选全国首批美丽河湖优秀案例，东溪、蜈蚣溪获评省美丽河湖。

县公共卫生临床中心投入使用，县人民医院、县中医院通过二级甲等综合医院复评。建成“医防护”儿童健康管理中心和婴幼儿照护服务指导中心10个、村（社区）婴幼儿照护服务驿站10家，新增婴幼儿照护托位366个。建成公办智慧养老院2家、提升改造居家养老服务照料中心2家；每万名老年人持证护理员达29.7人，位居全市第三；城乡居民基本养老保险基础养老金提增26%，达到290（元/人·月）。

十、人口和收入

年末户籍总人口39.84万人，其中男性20.66万人，女性19.19万人。年末常住总人口46.3万人，其中城镇人口29.17万人，城镇化率63.0%。全年出生人口2124人，出生率5.32‰；死亡人口2698人，死亡率为6.76‰；自然增长率-1.44‰。

据城乡住户抽样调查，2022年全县居民人均可支配收入46581元，比2021年增长5.2%。按城乡分类，城镇居民人均可支配收入57731元，比上年增长4.8%；农村居民人均可支配收入29465元，比上年增长5.2%。按全体居民收入来源分类，人均工资性收入27405元，比上年增长4.9%；人均经营性净收入9904元，比上年增长6.8%；人均财产性净收入6084元，比上年增长4.3%；人均转移性净收入3188元，比上年增长4.9%。全体居民人均生活消费支出29900元，比上年增长5.7%，其中城镇常住居民人均生活消费支出36408元，增长5.3%；农村常住居民人均生活消费支出19909元，比上年增长5.8%。

年末每百户居民家庭拥有家用汽车41.5辆，拥有计算机54.4台，拥有移动电话181.6部，拥有彩色电视机128.5台、电冰箱87.6台、洗衣机80.0台、空调94.5台、热水器55.7台。

（浦江县统计局）

说明：

（1）本公报所列各项数据为年度初步统计数据，部分数据因四舍五入的原因，存在与分项合计不等的情况。

（2）本公报所列地区生产总值、各产业增加值按现价计算，增长速度按可比价计算。

（3）自2013年开始，国家统计局实施城乡一体化住户调查改革，统一城乡居民收入名称、分类和统计标准。以此为背景，计算新口径浦江县全体居民人均可支配收入以及分城乡居民人均可支配收入。

（4）户籍人口数为公安部门统计年报数，部分指标数据由相关单位提供。

统计资料

2022年浦江县地区生产总值(当年价)统计表

表22　　单位:亿元

指标名称	增加值
地区生产总值	274.76
农、林、牧、渔业	12.00
工业	105.60
建筑业	17.47
批发和零售业	31.73
交通运输、仓储和邮政业	5.31
住宿和餐饮业	6.16
金融业	16.25
房地产业	26.46
营利性服务业	22.01
非营利性服务业	31.75
第一产业	11.76
第二产业	123.05
第三产业	139.95

注:2022年浦江县地区生产总值数据为快报数。

2022年浦江县地区生产总值(可比价)统计表

表23

指标名称	增加值(亿元)	增速(%)
地区生产总值	259.99	2.6
农、林、牧、渔业	12.19	2.6
工业	95.66	1.7

续表23

指 标 名 称	增加值(亿元)	增速(%)
建筑业	15.31	6.8
批发和零售业	32.24	2.7
交通运输、仓储和邮政业	4.89	-1.7
住宿和餐饮业	6.68	5.1
金融业	16.63	8.6
房地产业	20.81	0.6
营利性服务业	21.11	3.0
非营利性服务业	34.46	1.9
第一产业	11.94	2.5
第二产业	110.93	2.4
第三产业	137.13	2.8

注:2022年浦江县地区生产总值数据为快报数。

2022年浦江县按行业分农业总产值统计表

表24 **单位:万元**

项 目	按现行价计算
合 计	168482
一、农业产值	128357
1.粮食作物	13392
2.油料	4847
3.棉花	24
4.糖料	1715
5.中草药材	842
6.蔬菜	39020
7.食用菌	856
8.花卉园艺	1253

续表24

项 目	按现行价计算
9.水果、坚果、茶	65304
10.其他农作物	1104
二、林业产值	3453
1.林木的培育和种植	879
2.林产品	605
3.竹木采运	1969
三、牧业产值	28016
1.牲畜饲养	25866
2.家禽饲养	1333
3.其他畜牧业	817
四、渔业产值	4647
五、农林牧渔服务业	4009

2022年浦江县用电情况统计表

表25　　单位:万千瓦时

项 目	2021年	2022年
全社会用电总计	290042.69	327181.08
(一)农、林、牧、渔业	780.8969	1443.05
(二)工业	205904.9354	221482.36
(三)建筑业	3160.9509	7392.49
(四)交通运输、仓储和邮政业	1833.5492	2344.61
(五)信息传输、软件和信息技术服务业	3618.9779	3942.76
(六)批发和零售业	9559.5308	11977.14
(七)住宿和餐饮业	3845.6479	3937.69
(八)金融业	530.3936	555.03
(九)房地产业	406.0554	558.59

续表25

项 目	2021年	2022年
（十）租赁和商务服务业	1522.4324	1371.01
（十一）公共服务及管理组织	12201.2058	13288.99
（十二）城乡居民生活	46678.1089	58887.35
其中：城镇	16366.0027	19841.63
农村	30312.1062	39045.72

注：数据由国网浙江浦江县供电公司提供。

2022年浦江县工业企业分行业综合能耗情况统计表
（范围：年销售收入2000万元以上工业企业）

表26

指标名称	综合能耗（吨标准煤）		
	同期（万元）	本期（万元）	增长（%）
总计	578287.61	594630.24	2.30
农副食品加工业	1684.53	2023.01	20.09
纺织业	136960.51	151973.78	11.00
纺织服装、服饰业	157257.61	149358.23	-5.02
皮革、毛皮、羽毛及其制品和制鞋业	1051.43	931.23	-11.43
木材加工和木、竹、藤、棕、草制品业	4.55	3.42	-24.78
家具制造业	0.00	0.00	-100.00
造纸和纸制品业	39303.78	41671.00	6.02
印刷和记录媒介复制业	1374.36	1448.63	5.40
文教、工美、体育和娱乐用品制造业	41857.91	60196.84	43.81
化学原料和化学制品制造业	4553.78	4167.93	-8.47
医药制造业	2571.52	3206.39	24.69
化学纤维制造业	53589.75	56149.36	4.78
橡胶和塑料制品业	26211.12	37816.77	44.28
非金属矿物制品业	85986.90	90617.18	5.38

续表26

指标名称	综合能耗(吨标准煤)		
	同期(万元)	本期(万元)	增长(%)
黑色金属冶炼和压延加工业	694.72	611.22	-12.02
有色金属冶炼和压延加工业	548.60	420.36	-23.38
金属制品业	21773.33	21341.21	-1.98
通用设备制造业	13957.85	13228.55	-5.23
专用设备制造业	572.88	471.03	-17.78
汽车制造业	3855.46	3997.02	3.67
铁路、船舶、航空航天和其他运输设备制造业	0.00	0.00	-100.00
电气机械和器材制造业	3283.49	3029.37	-7.74
计算机、通信和其他电子设备制造业	3642.67	5238.18	43.80
仪器仪表制造业	0.00	0.00	-100.00
其他制造业	2915.04	3442.61	18.10
废弃资源综合利用业	438.98	497.43	13.31
电力、热力生产和供应业	83838.89	66661.74	-20.49
水的生产和供应业	7242.17	7284.90	0.59

2022年浦江县房地产开发投资完成情况统计表

表27

指 标 名 称	计量单位	2022年
一、计划总投资	万元	2701751
二、本年完成投资	万元	338153
1.按注册登记类型分		
内资	万元	338153
有限责任公司	万元	85575
其他有限责任公司	万元	85575
私营企业	万元	252578

续表27

指标名称	计量单位	2022年
2.按构成分		
建筑工程	万元	188356
安装工程	万元	2119
设备工器具购置	万元	3600
其他费用	万元	144078
土地购置费	万元	92842
3.按用途分		
住宅	万元	239283
其中:90平方米以下	万元	81610
144平方米以上	万元	97658
90～144平方米	万元	60015
办公楼	万元	251
商业营业用房	万元	39924
其他	万元	58695
三、施工、销售情况		
1.房屋施工面积	平方米	2067626
2.房屋竣工面积	平方米	9918
商品住宅竣工套数	套	111
竣工房屋价值	万元	4154
3.商品房销售面积	平方米	295092
其中:住宅	平方米	278266
办公楼	平方米	0
商业营业用房	平方米	16826
其他房屋	平方米	0
4.商品房销售额	万元	472753

文件目录

2022年浦江县委重要文件(县委发)一览表

表28

文号	文件标题	签发日期
浦委发〔2022〕2号	中共浦江县委关于印发《浦江县开发区(园区)整合提升实施方案》的通知	1月30日
浦委发〔2022〕8号	中共浦江县委关于浦江县推进生态共富实施意见(2022—2025年)	9月30日

2022年浦江县委重要文件(县委办发)一览表

表29

文号	文件标题	签发日期
浦委办发〔2022〕9号	中共浦江县委办公室关于开展第十批浦江县拔尖人才选拔工作的通知	5月11日
浦委办发〔2022〕10号	中共浦江县委办公室关于印发《浦江县基层“五整治五提升”专项行动实施方案》的通知	5月23日
浦委办发〔2022〕18号	中共浦江县委办公室关于印发《2022年度党政信息工作考核办法》的通知	7月13日
浦委办发〔2022〕28号	中共浦江县委办公室关于印发《浦江县全省婚俗改革试点工作实施方案》的通知	12月5日

2022年浦江县委重要文件(浦委)一览表

表30

文号	文件标题	签发日期
浦委〔2022〕2号	中共浦江县委关于浦江县2021年度乡村振兴工作的报告	1月6日
浦委〔2022〕15号	中共浦江县委关于浦江县2021年法治政府建设情况的报告	3月3日
浦委〔2022〕41号	中共浦江县委关于浙江丰安齿轮股份有限公司北交所上市仪式拟邀请市领导的请示	12月12日
浦委〔2022〕43号	中共浦江县委关于2022年度县级党委政府落实粮食安全责任制情况的总结报告	2023年1月5日

2022年浦江县委重要文件(浦委专报)一览表

表31

文号	文件标题	签发日期
浦委专报〔2022〕4号	中共浦江县委关于浦江县党建统领推进“两非”整治实现“良田”回归“良田”的报告	10月13日

2022年浦江县政府重要文件(政府令)一览表

表32

文号	文件标题	签发日期
浦政〔2022〕2号	浦江县人民政府关于2021年度浦江县实行最严格水资源管理制度考核自查报告	1月13日
浦政〔2022〕8号	浦江县人民政府关于浦江产业基金相关情况的报告	4月17日
浦政〔2022〕13号	浦江县人民政府关于申报第七批浙江省历史文化名镇名村的请示	5月25日
浦政〔2022〕15号	浦江县人民政府关于要求申报上山国家考古遗址公园立项的请示	6月23日
浦政〔2022〕17号	浦江县人民政府关于申报国家园林城市的请示	6月30日
浦政〔2022〕22号	浦江县人民政府关于要求申报上山国家考古遗址公园评定的请示	5月30日
浦政〔2022〕27号	浦江县人民政府关于申办第13届水晶玻璃产业博览会的请示	8月10日
浦政〔2022〕34号	浦江县人民政府关于申请浦江县2022年度计划第三批次建设用地土地征收的请示	9月14日
浦政〔2022〕35号	浦江县人民政府关于申报食品安全示范县创建的请示	9月14日

2022年浦江县政府重要文件(浦政发)一览表

表33

文号	文件标题	签发日期
浦政发〔2022〕4号	浦江县人民政府关于印发《浦江县农村集体经营性建设用地入市管理办法(试行)》的通知	4月17日
浦政发〔2022〕5号	浦江县人民政府关于印发《浦江县推进“大综合一体化”行政执法改革方案》的通知	5月11日
浦政发〔2022〕6号	浦江县新一轮制造业“腾笼换鸟、凤凰涅槃”攻坚行动方案(2021—2023年)	5月13日
浦政发〔2022〕7号	浦江县人民政府关于印发浦江县扶持现代农业高质量发展实施意见的通知	5月25日
浦政发〔2022〕10号	浦江县人民政府关于公布2021年度浦江县建筑业龙头企业、重点骨干企业的通知	6月30日
浦政发〔2022〕12号	浦江县人民政府关于印发《浦江县实施“文旅富县”战略推动高质量发展的激励政策》的通知	7月13日

续表33

文号	文件标题	签发日期
浦政发〔2022〕13号	浦江县人民政府关于印发《浦江县国有土地上房屋征收与补偿实施细则》的通知	7月13日
浦政发〔2022〕18号	浦江县人民政府关于公布第四届园丁奖评选结果的通知	9月20日

2022年浦江县政府重要文件(浦政办发)一览表

表34

文号	文件标题	签发日期
浦政办发〔2022〕5号	浦江县人民政府办公室关于兑现2020年度现代农业发展扶持资金和2021年度粮食生产扶持资金的通知	1月13日
浦政办发〔2022〕7号	浦江县人民政府办公室关于印发《浦江县综合交通运输发展"十四五"规划》的通知	1月13日
浦政办发〔2022〕8号	浦江县人民政府办公室关于公布2022年度县级挂牌整治重大火灾隐患单位的通知	2月11日
浦政办发〔2022〕9号	浦江县人民政府办公室关于印发浦江县国有企业投资和承接政府投资项目监督管理办法的通知	2月11日
浦政办发〔2022〕11号	浦江县人民政府办公室关于印发浦江县科技发展"十四五"规划的通知	2月26日
浦政办发〔2022〕13号	关于进一步明确有关行业领域安全生产监管职责的意见	2月26日
浦政办发〔2022〕14号	浦江县人民政府办公室关于下达2022年永久基本农田集中连片整治工作目标管理任务的通知	4月1日
浦政办发〔2022〕16号	浦江县人民政府办公室关于印发浦江县2022年度"珍爱生命、远离车祸"道路交通安全大会战实施方案的通知	4月14日
浦政办发〔2022〕18号	浦江县人民政府办公室关于公布2022年度浦江县人民政府重大行政决策事项目录的通知	4月17日
浦政办发〔2022〕30号	浦江县人民政府办公室关于印发浦江县基层统计治理专项改革工作方案的通知	6月1日
浦政办发〔2022〕31号	浦江县人民政府办公室关于印发《浦江县营商环境优化提升实施方案(2022—2025年)》的通知	6月1日
浦政办发〔2022〕35号	浦江县人民政府办公室关于浦江县低效用地再开发"新四破"实施意见	6月1日
浦政办发〔2022〕39号	浦江县人民政府办公室关于印发《浦江县农村供水安全保障应急预案》的通知	6月27日
浦政办发〔2022〕41号	浦江县人民政府办公室关于印发《浦江县农村供水安全保障应急预案》的通知	6月27日
浦政办发〔2022〕43号	浦江县人民政府办公室关于印发数字浦江建设"十四五"规划的通知	7月18日
浦政办发〔2022〕49号	浦江县人民政府办公室关于印发2022年浙江·浦江第十五届葡萄节活动方案的通知	7月28日

荣誉浦江

2022年度浦江县荣获上级表彰的重要荣誉

1.浦江县连续三年被评为全国县域数字农业农村发展水平先进县

2.浦江县被评为全国县域农业农村信息化发展先进县

3.浦江县被评为全国县域旅游综合实力百强县

4.浦江县连续8年夺得“大禹鼎”,捧获大禹鼎“金鼎”

5.浦江县平安建设考核全省第一,并实现十六连创

6.浦江县被评为浙江数字乡村“金翼奖”十佳县

7.浦江县被评为全省无违建创先争优示范县

8.浦江县被评为全省农村生活垃圾分类处理工作优胜县

9.浦江县被评为全省农村生活污水治理工作专项考核优秀县

10.浦江县被评为浙江省节水型城市

11.浦江县被评为全省第二批数字生活新服务样板县

12.浦江县被评为全省生活垃圾分类工作优秀县

13.县公安局被评为全国公安机关执法示范单位

14.白马司法所被评为全国司法行政系统先进集体

15.浦阳江(浦江段)入选全国首批美丽河湖案例名单

16.县水晶商会被评为全国“四好”商会

17.县融媒体中心支持央视频工作获得中央广播电视总台感谢信

18. 丰安齿轮股份有限公司成功登陆北交所，成为浦江县首家上市企业

19. 县委政法委被评为全省“平安护航建党100周年”成绩突出集体

20. 县委网信办、县农业农村局被评为全省数字乡村建设工作成绩突出集体

21. 县公安局被评为全省优秀公安局

22. 县文广旅体局被评为全省群众体育工作成绩突出集体

23. 市生态环境局浦江分局被评为全省美丽浙江建设工作考核优秀单位

24. 上山稻作文化系统入选全省第一批重要农业文化遗产资源名单

25. 白马镇被评为全省治违控违示范乡镇

26. 郑家坞镇被评为全省农村土地承包经营权确权登记颁证成绩突出集体

27. 郑宅镇被评为全省自然保护地融合发展镇

28. 檀溪镇、花桥乡、郑宅镇、郑家坞镇被评为省级健康乡镇

29. 岩头镇被评为全省“五水共治”工作考核优秀乡镇

30. 虞宅乡被评为全省美丽城镇建设省级样板

31. 中余乡被评为全省农村文化礼堂建设示范乡镇

32. 中余乡被评为全省美丽乡村示范乡镇

33. 浦江檀溪——大畈活力风情县域风貌样板区被评为省级城乡风貌样板区

34. 杭温高铁指挥部(浦江段)被评为全省忠实践行“八八战略”奋力打造“重要窗口”立功竞赛先进集体

35. 通济桥水库灌区被评为全省节水型灌区称号

36. 白马镇嵩溪村、岩头镇礼张村被评为全省首批美育村

2022年度纳税状元奖企业名单

表35

排名	企业名称	法定代表人
	（1家，21947万元）	
1	浦江县浦创产业投资集团有限公司	陈钦银

2022年度纳税十强企业名单

表36

排名	企业名称	法定代表人
	（9家，纳税额9478万～4315万元）	
2	浦江绿谷置业有限公司	王进坚
3	浦江县交通集团有限公司	楼根伙
4	浙江交投浦新矿业有限公司	曹根富
5	浙江浦江农村商业银行股份有限公司	王　谨
6	金华浦悦房地产开发有限公司	卢　友
7	浙江圣奥浦诚房地产有限公司	陈珍玲
8	浦江县国有资本投资集团有限公司	陈兴光
9	浦江县城市建设投资集团有限公司	张银洋
10	浦江荣建置业有限公司	吴　鑫

2022年度纳税三十强企业名单

表37

排名	企业名称	法定代表人
	（20家，纳税额3740万～1179万元）	
11	金华名宇建设有限公司	马欣欣
12	浙江赞宇新材有限公司	王宇亮
13	金华市烟草公司浦江分公司	杨　诚

续表37

排名	企业名称	法定代表人
14	浙江玺欣资产管理有限公司	陈　玺
15	国网浙江省电力有限公司浦江县供电公司	李　磊
16	浙江亚特新材料有限公司	胡忠娟
17	浙江万固实业集团有限公司	钟红灿
18	浦江县社会发展投资集团有限公司	黄向东
19	浙江丰安齿轮股份有限公司	黄健民
20	中国农业银行股份有限公司浦江县支行	王胜锋
21	浦江三思光电技术有限公司	陈必寿
22	浙江炫磊建材有限公司	张有展
23	浦江富春紫光水务有限公司	陈新溪
24	浦江长住华臻置业有限公司	刘　涛
25	浙江元耀建设有限公司	黄　萍
26	浦江万固建筑材料有限公司	金建军
27	中铁十二局集团有限公司	李天胜
28	浦江好瑞房地产开发有限公司	吴　鑫
29	浙江浦江梅花锁业集团有限公司	郑勇进
30	浦江联利置业有限公司	吕世良

2022年度纳税五十强企业名单

表38

排名	企业名称	法定代表人
（20家，纳税额1152万～752万元）		
31	浙江宏峰建筑安装工程有限公司	洪海焬
32	浦江开发区万洋众创城开发有限公司	王宽全
33	浙江顺宇混凝土有限公司	于荷钗
34	浙江省浦江宏达有限公司	张必球
35	浙江浦江腾辉建设工程有限公司	楼东辉
36	浙江省浦江经济开发区投资发展有限公司	方　翔

续表38

排名	企业名称	法定代表人
37	金华万洋众创城开发有限公司	王宽全
38	浦江县鼎通再生资源回收有限公司	贾康康
39	浦江金鑫塑业股份有限公司	李明阳
40	中国建设银行股份有限公司浦江支行	李 英
41	浙江万赛汽车零部件股份有限公司	傅文锋
42	核工业井巷建设集团有限公司浦江分公司	王雪林
43	浙江百弘建设有限公司	吴旭东
44	浦江凯普服饰有限公司	ASYDORI MORRIS
45	金华隆捷房地产开发有限公司	李世新
46	中国银行股份有限公司浦江县支行	陈国平
47	浙江省二建建设集团有限公司	卓建明
48	中国工商银行股份有限公司浦江支行	周 亮
49	浙江浦江永在商品混凝土有限公司	张晟康
50	浙江省浦江高峰管道燃气有限公司	苏 莉

2022年度纳税百强企业名单

表39

排名	企业名称	法定代表人
(50家,纳税额751万～438万元)		
51	浦江金坤房地产开发有限公司	刘柏艳
52	浦江县丰源家纺有限公司	宋夏英
53	浦江海工机械有限公司	程龙兵
54	浙江浦江永进工贸有限公司	周勇进
55	浙江汉旗建设有限公司	童兴联
56	浙江嘉泰工艺品有限公司	郑新蓝
57	中信证券股份有限公司浦江中山北路证券营业部	李伟庭
58	浦江金厚置业有限公司	周冠中

续表39

排名	企业名称	法定代表人
59	浙江浦江伯虎链条股份有限公司	郑小根
60	浦江县荣越房地产开发有限公司	郑　锫
61	浦江亿通塑胶电子有限公司	毛丛敏
62	浦江瑞森服饰有限公司	鲍丽丽
63	浙江亚华工贸有限公司	郑风平
64	浙江龙桥建设工程有限公司	陈娴娟
65	浦江县三阳工贸有限公司	周国昌
66	浦江盛宏纸业有限公司	马德宝
67	浦江九黎实业有限公司	吕祖庆
68	恒昌集团有限公司	徐鸣鹤
69	浙江创鼎建设有限公司	江艳丽
70	浙江省交通投资集团有限公司杭金衢分公司浦江管理处	施福勇
71	浦江丰收包装有限公司	周燕春
72	浦江求精五金工具有限公司	何德环
73	中铁上海工程局集团有限公司第一机械化施工分公司	江　辉
74	浙江鼎甲建设有限公司	黄燕珍
75	浙江派对动漫文化有限公司	陈　隆
76	浙江五联纸业有限公司	林孟栋
77	金华银行股份有限公司浦江支行	张东升
78	浙江广运建筑工程有限公司	罗丽军
79	浦江中宝机械有限公司	张思聪
80	浦江月泉加油站有限公司	徐祖杰
81	浦江瑞通房地产开发有限公司	刘　伟
82	浦江英伯特医疗科技有限公司	王　伟
83	浦江馨艺服饰有限公司	鹿风梅
84	浦江创嘉工艺有限公司	傅旭龙
85	浙江百炼工贸集团有限公司	张越康
86	浙江前方复合材料有限公司	朱献明
87	浦江县顺华水晶饰品有限公司	王伟林

续表39

排名	企业名称	法定代表人
88	浙江省浦江天河工艺有限公司	张正英
89	浙江浦江嘉银村镇银行股份有限公司	金益丹
90	浙江兰塘纸业有限公司	严明甫
91	浙江杭机股份有限公司	于立鹏
92	浦江德工精密机械有限公司	张秀蓉
93	浙江百川导体技术股份有限公司	张荣良
94	浙江奥星工贸有限公司	骆爱连
95	浦江县共赢建筑垃圾处置利用有限公司	张朝勇
96	浙江一步鞋业有限公司	黄灵美
97	中国邮政储蓄银行股份有限公司浦江县支行	黄向阳
98	浦江县伊路维尼服装有限公司	陈勇剑
99	浦江贝康纺织工艺品有限公司	陈书阳
100	浦江晨腾针织有限公司	应国强

2022年度纳税优胜企业名单

表40

排名	企业名称	法定代表人
	(100家，434万～211万元)	
1	浙江浦江中星有限公司	朱雪彪
2	浙江汇鸿工贸有限公司	傅章禄
3	浙江红鼎衫工贸有限公司	吴高锋
4	浦江浙农农副产品市场开发有限公司	姚卫民
5	浙江展诚建设集团股份有限公司	黄志勇
6	浦江百丽工艺有限公司	张惠珍
7	金华坤腾建筑有限公司	刘法坤
8	浙江华天机械有限公司	高建成
9	浦江县金利工艺有限公司	柳遵志
10	浙江海创建设有限公司	洪建栄

续表40

排名	企业名称	法定代表人
11	浙江靖和光电科技股份有限公司	吴熙亭
12	浙江稠州商业银行股份有限公司浦江支行	蔡铁芳
13	浙江富利华水晶科技有限公司	张风定
14	浙江川卓建设工程有限公司浦江分公司	刘巧珍
15	浙江浦江裕恒五金制品有限公司	朱耀清
16	浙江浦江三建工具有限公司	傅建卫
17	浙江省三建建设集团有限公司	丁卫星
18	浦江县美浦工贸有限公司	倪贤芳
19	浦江英特药业有限公司	傅红照
20	浦江县柏润莲服装有限公司	任余庆
21	浙商银行股份有限公司金华浦江支行	何恃俊
22	浙江祥聚建筑劳务分包有限公司	徐成芳
23	浦江红颂包装有限公司	周颂颂
24	浦江盛博饰品有限公司	刘衍明
25	浙江圣格袜业有限公司	王贤民
26	浦江美阳家纺有限公司	洪青苗
27	浦江康佳工艺品有限公司	童群仙
28	浦江卓禾工贸有限公司	黄向阳
29	浦江吉达家纺有限公司	倪步伦
30	浦江县嘉绣服饰有限公司	杨晓兰
31	浙江三鱼刺服饰有限公司	杨慧迅
32	浙江浦江江合新型建筑材料有限公司	吴武娟
33	浙江省浦江吴氏锁业有限公司	吴兴桥
34	浙江省浦江天顺建筑工程有限公司	郑伟成
35	浙江永在化工有限公司	楼永财
36	浦江浦南加油站有限公司	徐祖杰
37	交通银行股份有限公司金华浦江支行	周　涛

续表40

排名	企业名称	法定代表人
38	浦江凯瑞生物科技股份有限公司	黄倩雯
39	浦江光远电力建设有限公司	张照锋
40	浙江三和塑料有限公司	吴中心
41	浦江宏盛工艺有限公司	楼柏城
42	浙江浦江豪隆制衣有限公司	葛洲阳
43	浙江省浦江县万博有限公司	张　潇
44	杭州滨江物业管理有限公司浦江分公司	吴亮丰
45	浦江县龙泽建设管理有限公司	陈泽燎
46	浦江成晟气体有限公司	龚益平
47	浦江达力铁链有限公司	冯响鸣
48	浙江瑞原置业有限公司	刘家坤
49	浦江县亮泽化妆品科技有限公司	廖金福
50	浙江浦江致诚建设有限公司	季桂伏
51	浙江华聚光电股份有限公司	姚江栋
52	浦江县江南服装涂层砂洗厂	黄国周
53	浙江光源玩具有限公司	任青青
54	浦江经济开发区恒大染色厂	方秋仙
55	浦江童辉鞋业有限公司	李吐根
56	浙江多乐卫浴科技有限公司	黄少彦
57	浦江杰泰拉链有限公司	陈秀莲
58	浙江浦江百而森工贸有限公司	朱位钦
59	浦江纳尔图思劳保用品有限公司	项水珍
60	浙江省浦江县畅达有限公司	张国梁
61	浙江宝田环境建设有限公司	吴添财
62	浙江饰然工贸有限公司	金乒震
63	浦江县创军水晶有限公司	王创军
64	浦江恒远工贸有限公司	黄伟喜

续表40

排名	企业名称	法定代表人
65	浦江万银小额贷款有限公司	张　潇
66	浦江牧牛商贸有限公司	谢美芳
67	浙江翼邦智造针织内衣有限公司	叶巧群
68	浙江明欧饰品有限公司	张东明
69	一百岁集团有限公司	郑文贵
70	金华市八达供电服务有限公司浦江分公司	张文明
71	浦江青龙服饰有限公司	翁海青
72	浦江县锶颖再生资源有限公司	楼小连
73	浦江县和泰制衣有限公司	何国锋
74	浙江浦江货郎先生工贸有限公司	吴丽娟
75	浙江浦江超瀛家纺有限公司	黄桔英
76	浦江雅祥服饰有限公司	郑晓正
77	浦江县万欣工艺有限公司	黄文松
78	浦江县凯帝服装饰品有限公司	黄　瑛
79	浙江千百卉家纺有限公司	潘　鸣
80	浦江和惠过滤器材有限公司	黄宏旺
81	浦江万福染整有限公司	黄遵焕
82	浙江一正文化用品有限公司	徐亮志
83	浦江琦品电器股份有限公司	张时勇
84	浦江丰之星汽车销售服务有限公司	叶卫强
85	浦江县今饰界水晶有限公司	王军正
86	浦江特种染整有限公司	刘荣林
87	浦江欧圣莱家纺工艺有限公司	贾叶根
88	浦江容富水晶有限公司	谢成岗
89	浙江宝业建设集团有限公司	金吉祥
90	浦江越成袜业有限公司	张　宏
91	浦江县盛开花边厂	赵金莲

续表40

排名	企业名称	法定代表人
92	浦江厚盛智能服饰有限公司	黄 强
93	浙江金华安博智能科技有限公司	马国华
94	浦江无印良品家纺有限公司	周栋东
95	浦江萱琪服饰有限公司	黄炼炼
96	浦江县百吉工艺品有限公司	程龙兵
97	浦江金印工贸有限公司	郑毅楠
98	浙江浦江丰途工贸有限公司	张晋军
99	金华市国力建设有限公司	于丽燕
100	浦江县建铭水晶饰品有限公司	黄 建

2022年度争先移位奖企业名单

表41

序号	企业名称	法定代表人
	纳税额首次超亿元以上（1家）	
1	浦江县浦创产业投资集团有限公司	陈钦银
	纳税额首次超3000万元以上（2家）	
2	浦江县国有资本投资集团有限公司	陈兴光
3	浦江荣建置业有限公司	吴 鑫
	纳税额首次超1000万元以上（8家）	
4	浦江县社会发展投资集团有限公司	黄向东
5	浦江富春紫光水务有限公司	陈新溪
6	浦江长住华臻置业有限公司	刘 涛
7	中铁十二局集团有限公司	李天胜
8	浦江好瑞房地产开发有限公司	吴 鑫
9	浙江省浦江宏达有限公司	张必球

续表41

序号	企业名称	法定代表人
10	浦江县鼎通再生资源回收有限公司	贾康康
11	浦江金鑫塑业股份有限公司	李明阳
纳税额首次超500万元以上(18家)		
12	浙江百弘建设有限公司	吴旭东
13	金华隆捷房地产开发有限公司	李世新
14	浙江省二建建设集团有限公司	卓建明
15	浦江海工机械有限公司	程龙兵
16	浙江嘉泰工艺品有限公司	郑新蓝
17	中信证券股份有限公司浦江中山北路证券营业部	李伟庭
18	浦江县荣越房地产开发有限公司	郑　锫
19	浙江龙桥建设工程有限公司	陈娴娟
20	浦江九黎实业有限公司	吕祖庆
21	中铁上海工程局集团有限公司第一机械化施工分公司	江　辉
22	浙江派对动漫文化有限公司	陈　隆
23	浙江五联纸业有限公司	林孟栋
24	浦江中宝机械有限公司	张思聪
25	浦江月泉加油站有限公司	徐祖杰
26	浦江英伯特医疗科技有限公司	王　伟
27	浦江馨艺服饰有限公司	鹿凤梅
28	浙江前方复合材料有限公司	朱献明
29	浙江广运建筑工程有限公司	罗丽军

2022年度亩均税收贡献奖企业名单

表42

排名	企业名称	法定代表人
1	浦江晨腾针织有限公司	应国强
2	浦江县顺华水晶饰品有限公司	王伟林
3	浦江瑞森服饰有限公司	鲍丽丽
4	浦江卓禾工贸有限公司	黄向阳
5	浦江县伊路维尼服装有限公司	陈勇剑
6	浦江县凯帝服装饰品有限公司	黄　瑛
7	浦江县丰源家纺有限公司	宋夏英
8	浙江省浦江宏达有限公司	张必球
9	浦江美阳家纺有限公司	洪青苗
10	浦江县今饰界水晶有限公司	王军正

2022年度地方税费大户奖企业名单

表43

排名	企业名称	法定代表人
1	浦江县浦创产业投资集团有限公司	陈钦银
2	浦江绿谷置业有限公司	王进坚
3	浙江圣奥浦诚房地产有限公司	陈珍玲
4	浦江县交通集团有限公司	楼根伙
5	金华浦悦房地产开发有限公司	卢　友
6	浙江交投浦新矿业有限公司	曹根富
7	浦江县城市建设投资集团有限公司	张银洋
8	浦江县国有资本投资集团有限公司	陈兴光
9	浙江浦江农村商业银行股份有限公司	王　谨

续表43

排名	企业名称	法定代表人
10	浦江荣建置业有限公司	吴　鑫
11	浦江县社会发展投资集团有限公司	黄向东
12	金华市烟草公司浦江分公司	杨　诚
13	浙江赞宇新材有限公司	王宇亮
14	金华名宇建设有限公司	马欣欣
15	国网浙江省电力有限公司浦江县供电公司	李　磊
16	浦江长住华臻置业有限公司	刘　涛
17	浙江玺欣资产管理有限公司	陈　玺
18	浙江亚特新材料有限公司	胡忠娟
19	浙江省浦江经济开发区投资发展有限公司	方　翔
20	浦江三思光电技术有限公司	陈必寿
21	中国农业银行股份有限公司浦江县支行	王胜锋
22	浦江好瑞房地产开发有限公司	吴　鑫
23	浙江万固实业集团有限公司	钟红灿
24	浦江联利置业有限公司	吕世良
25	浙江丰安齿轮股份有限公司	黄健民
26	金华隆捷房地产开发有限公司	李世新
27	中铁十二局集团有限公司	李天胜
28	浦江县荣越房地产开发有限公司	郑　锫
29	浙江元耀建设有限公司	黄　萍
30	浙江炫磊建材有限公司	张有展

浦江县部分机构简称、全称对照表

表44

简　称	全　称
县委	中共浦江县委员会
县委办	中共浦江县委办公室
县人大常委会	浦江县人民代表大会常务委员会
县人大办	浦江县人民代表大会常务委员会办公室
县府	浦江县人民政府
县府办	浦江县人民政府办公室
县金融办	浦江县人民政府办公室金融科
县政协	中国人民政治协商会议浦江县委员会
县政协办	中国人民政治协商会议浦江县委员会办公室
县纪委、监委	中共浦江县纪律检查委员会、浦江县监察委员会
县委组织部	中共浦江县委组织部
县委宣传部	中共浦江县委宣传部
县委统战部	中共浦江县委统一战线工作部
县委政法委	中共浦江县委政法委员会
县委编办	中共浦江县委机构编制委员会办公室
县信访局	中共浦江县委浦江县人民政府信访局
县委党校	中共浦江县委党校
县检察院	浦江县人民检察院
县法院	浦江县人民法院
县人武部	浦江县人民武装部
县社会治理中心	浦江县社会治理综合服务中心
县矛调中心	浦江县社会矛盾纠纷调处化解中心
县发改局	浦江县发展和改革局
县人社局	浦江县人力资源和社会保障局
县资规局	浦江县自然资源和规划局
县建设局	浦江县住房和城乡建设局
县交通局	浦江县交通运输局

续表44

简 称	全 称
县经商局	浦江县经济商务管理局
县文广旅体局	浦江县文化广播旅游体育局
市生态环境分局	金华市生态环境局浦江分局
县市场监管局	浦江县市场监督管理局
县执法局	浦江县综合行政执法局
县国资办	浦江县国有资产监督管理办公室
县供销社	浦江县供销合作社联合社
公积金管理浦江分中心	金华市住房公积金管理中心浦江分中心
县水晶产业园区	浦江县水晶产业园区管委会
县供电公司	国网浙江浦江县供电有限公司
县卫健局	浦江县卫生健康局
县医保局	浦江县医疗保障局
共青团浦江县委	中国共产主义青年团浦江县委员会
县妇联	浦江县妇女联合会
县科协	浦江县科学技术协会
县工商联	浦江县工商业联合会
县文联	浦江县文学艺术界联合会
县残联	浦江县残疾人联合会
县关工委	浦江县关心下一代工作委员会
县老干局	浦江县委老干部局
县产投集团	浦江县浦创产业投资集团有限公司
县社发集团	浦江县社会发展投资集团有限公司
县交通集团	浦江县交通集团有限公司
县国投集团	浦江县国有资本投资集团有限公司
县城投集团	浦江县城市建设投资集团有限公司
县邮政局	浦江县邮政管理局
邮政浦江分公司	中国邮政集团有限公司浙江省浦江县分公司
浦江电信公司	中国电信集团有限公司浦江分公司
浦江移动公司	中国移动通信集团浙江有限公司浦江分公司

续表44

简　称	全　称
浦江联通公司	中国联合网络通信有限公司浦江县分公司
浦江华数公司	浦江县华数广电网络有限公司
县人行	中国人民银行浦江县支行
工行浦江支行	中国工商银行股份有限公司浦江支行
农行浦江县支行	中国农业银行股份有限公司浦江县支行
中行浦江县支行	中国银行股份有限公司浦江县支行
建行浦江支行	中国建设银行股份有限公司浦江支行
农发行浦江县支行	中国农业发展银行浦江县支行
金华银行浦江支行	金华银行股份有限公司浦江支行
浦江农商银行	浙江浦江农村商业银行股份有限公司
邮储银行浦江县支行	中国邮政储蓄银行股份有限公司浦江县支行
浙商银行浦江支行	浙商银行股份有限公司金华浦江支行
稠州银行浦江支行	浙江稠州商业银行股份有限公司浦江支行
浦江嘉银村镇银行	浙江浦江嘉银村镇银行股份有限公司
交通银行浦江支行	交通银行股份有限公司金华浦江支行
平安银行浦江支行	平安银行股份有限公司金华浦江支行
广发银行浦江支行	广发银行股份有限公司金华浦江支行
泰隆银行浦江支行	浙江泰隆商业银行股份有限公司金华浦江支行
台州银行浦江支行	台州银行股份有限公司金华浦江小微企业专营支行
中国人寿浦江县支公司	中国人寿保险股份有限公司浦江县支公司
浦江人保财险	中国人民财产保险股份有限公司浦江支公司

一、本索引采用主题分析方法编制，分数字索引、主题词索引、表格索引三部分。

二、数字索引按首位数字大小顺序排序。主题词索引以汉语拼音为排序依据，按索引条目首字汉语拼音(同音字按音调)顺序排列；首字相同，按第二字拼音排序，以此类推。表格索引按表格顺序排序。

三、索引词后的阿拉伯数字表示内容所在的页码。

四、本年鉴的彩图、特载、大事记、人物·荣誉、附录等内容不做索引。

数字索引

主题词索引

A

B

C

D

H

J

K

L

M

N

P

Q

R

S

T

W

X

Y

Z